D1730129

Wettbewerbsrecht I
Schweizerisches Kartellgesetz (KG)

Wettbewerbsrecht I
Kommentar

Schweizerisches Kartellgesetz (KG) mit den
Ausführungserlassen sowie einschlägigen
Bekanntmachungen und Meldeformularen der WEKO

Jürg Borer

3., überarbeitete Auflage 2011

orell füssli Verlag AG

Stand der Gesetzgebung: 1. Januar 2011

Änderungen bei den im Buch enthaltenen Erlassen können abgerufen werden unter: www.navigator.ch/updates

3., überarbeitete Auflage 2011
© 2011 Orell Füssli Verlag AG, Zürich
www.ofv.ch
Alle Rechte vorbehalten

Die im Buch enthaltenen Erlasse der Schweizerischen Eidgenossenschaft basieren auf Daten der Schweizerischen Bundeskanzlei. Diese Ausgabe ist nicht amtlich. Massgebend ist allein die Veröffentlichung durch die Bundeskanzlei.

Druck: fgb • freiburger graphische betriebe, Freiburg

ISBN 978-3-280-07238-7

Bibliografische Information der Deutschen Nationalbibliothek:
Die Deutsche Nationalbibliothek verzeichnet diese Publikation in der Deutschen Nationalbibliografie; detaillierte bibliografische Daten sind im Internet unter http://dnb.d-nb.de abrufbar.

MIX
Papier aus verantwortungsvollen Quellen
FSC
www.fsc.org
FSC® C011100

Vorwort

Die Praxis der Wettbewerbsbehörden seit der am 1. April 2004 in Kraft gesetzten Teilrevision des Kartellgesetzes ist geprägt durch die ersten Entscheide zu den direkten Sanktionen und die Entwicklung einer Praxis der Wettbewerbskommission zu den Vertikalabreden. Mit der 3. Auflage dieses Kurzkommentars werden diese zentralen Entwicklungen aufgezeigt und kritisch kommentiert. Dabei werden nicht nur die materiellrechtlichen Aspekte der seit dem 1. April 2004 eingetretenen Verschärfungen beleuchtet, sondern auch Hinweise darauf angebracht, inwiefern die rechtliche Qualifikation der direkten Sanktionen die verfahrensrechtliche und institutionelle Entwicklung beeinflusst.

Am 30. Juni 2010 hat der Schweizerische Bundesrat eine Vernehmlassung für eine erneute Teilrevision des Kartellgesetzes eröffnet. Schwerpunkt dieser Teilrevision ist neben der materiellen Beurteilung von Vertikalabreden und Fusionsvorhaben der institutionelle Rahmen des Schweizer Kartellgesetzes. Diskutiert wird die Einführung eines Wettbewerbsgerichts. Daneben sollen auch einzelne Bereiche des Kartellzivilrechts revidiert werden.

In der Neuauflage dieses Kommentars werden die Entwicklungen in der Praxis nachgezeichnet und wird auch vereinzelt auf das laufende Revisionsvorhaben Bezug genommen, sofern dies für die kritische Analyse der Praxis der Wettbewerbsbehörden sinnvoll ist.

Der Stil der früheren Auflagen dieses Kommentars wird beibehalten. Es besteht nicht die Absicht, bezüglich der kommentierten kartellrechtlichen Problemfelder sämtliche wissenschaftlichen Strömungen einzubeziehen und kritisch zu hinterfragen. Stattdessen erfolgt anhand der Praxis der Schweizer und der europäischen Wettbewerbsbehörden eine Kommentierung in Kurzform.

Diese Auflage des Kommentars zum Kartellgesetz erscheint unter dem neuen Titel «Kommentar Wettbewerbsrecht I». Als Band I wird der Kommentar zum Kartellgesetz durch einen zusätzlichen Band II ergänzt werden, in welchem die Erlasse VKU, SVKG, VertBek, PüG, BöB, UWG, BGBM und THG kommentiert sind.

Inhaltsverzeichnis

Abkürzungsverzeichnis

ABl.	Amtsblatt der Europäischen Gemeinschaften
Abs.	Absatz
aBV	frühere Bundesverfassung der Schweizerischen Eidgenossenschaft vom 29. Mai 1874, in Kraft gewesen bis 31. Dezember 1999
AEUV	Vertrag über die Arbeitsweise der Europäischen Union vom 25. März 1957, ABl. C 83 vom 30. März 2010, S. 47 (konsolidierte Fassung)
aGestG	früheres Bundesgesetz über den Gerichtsstand in Zivilsachen (Gerichtsstandsgesetz) vom 24. März 2000, in Kraft gewesen bis 31. Dezember 2010
aKG 1985	früheres Bundesgesetz über Kartelle und ähnliche Organisationen vom 20. Dezember 1985
aLugÜ	früheres Übereinkommen über die gerichtliche Zuständigkeit und die Vollstreckung gerichtlicher Entscheidungen in Zivil- und Handelssachen vom 16. September 1988, in Kraft gewesen bis 31. Dezember 2010
a.M.	anderer Meinung
aOG	früheres Bundesgesetz vom 16. Dezember 1943 über die Organisation der Bundesrechtspflege, in Kraft gewesen bis 31. Dezember 2006
Art.	Artikel
AS	Amtliche Sammlung der Bundesgesetze und Verordnungen (Eidgenössische Gesetzessammlung); ab 1948: Sammlung der eidgenössischen Gesetze
BankG	Bundesgesetz über die Banken und Sparkassen (Bankengesetz) vom 8. November 1934, SR 952.0
BankV	Verordnung über die Banken und Sparkassen (Bankenverordnung) vom 17. Mai 1972, SR 952.02
BBl	Schweizerisches Bundesblatt
BGBM	Bundesgesetz über den Binnenmarkt (Binnenmarktgesetz) vom 6. Oktober 1995, SR 943.02
BGE	Entscheidungen des Schweizerischen Bundesgerichts, Amtliche Sammlung, Lausanne
BGer	Bundesgericht

9

BGG	Bundesgesetz über das Bundesgericht (Bundesgerichtsgesetz) vom 17. Juni 2005, SR 173.110
Botschaft 1994	Botschaft zu einem Bundesgesetz über Kartelle und andere Wettbewerbsbeschränkungen (Kartellgesetz, KG) vom 23. November 1994, BBl 1995 468
Botschaft 2001	Botschaft über die Änderung des Kartellgesetzes vom 7. November 2001, BBl 2002 2022
Bst.	Buchstabe
BV	Bundesverfassung der Schweizerischen Eidgenossenschaft vom 18. April 1999, SR 101
BZP	Bundesgesetz über den Bundeszivilprozess vom 4. Dezember 1947, SR 273
bzw.	beziehungsweise
ca.	zirka
d.h.	das heisst
E.	Erwägung
EMRK	Konvention zum Schutze der Menschenrechte und Grundfreiheiten (Europäische Menschenrechtskonvention) vom 4. November 1950, SR 0.101
etc.	et cetera
EU	Europäische Union
f./ff.	folgende Seite(n)
GebV-KG	Verordnung über die Gebühren zum Kartellgesetz (Gebührenverordnung KG) vom 25. Februar 1998, SR 251.2 → Nr. 3
IPRG	Bundesgesetz über das Internationale Privatrecht vom 18. Dezember 1987, SR 291
i.S.	im Sinne
i.V.m.	in Verbindung mit
KG	Bundesgesetz über Kartelle und andere Wettbewerbsbeschränkungen (Kartellgesetz) vom 6. Oktober 1995, SR 251 → Nr. 1
KMU	kleine und mittlere Unternehmen
LCart	Loi fédérale du 6 octobre 1995 sur les cartels et autres restrictions à la concurrence, RS 251 = KG
lit.	Litera
LugÜ	Übereinkommen über die gerichtliche Zuständigkeit und die Anerkennung und Vollstreckung von Entscheidungen in Zivil- und Handelssachen vom 30. Oktober 2007, SR 0.275.11

LVA	Abkommen zwischen der Schweizerischen Eidgenossenschaft und der Europäischen Gemeinschaft über den Luftverkehr (Luftverkehrsabkommen) vom 21. Juni 1999, SR 0.748.127.192.68
m.a.W.	mit anderen Worten
N	Note
Nr.	Nummer
OR	Bundesgesetz betreffend die Ergänzung des Schweizerischen Zivilgesetzbuches (Fünfter Teil: Obligationenrecht) vom 30. März 1911, SR 220
PüG	Preisüberwachungsgesetz vom 20. Dezember 1985, SR 942.20
REKO/WEF	frühere Rekurskommission für Wettbewerbsfragen, bis 31. Dezember 2006, heute durch Bundesverwaltungsgericht
RPW	«Recht und Politik des Wettbewerbs», Publikationsorgan der schweizerischen Wettbewerbsbehörden, Bern
resp.	respektive
Rz.	Randziffer
s.	siehe
sic!	Zeitschrift für Immaterialgüter-, Informations- und Wettbewerbsrecht, Zürich
SR	Systematische Sammlung des Bundesrechts (Systematische Rechtssammlung), Bern
StGB	Schweizerisches Strafgesetzbuch vom 21. Dezember 1937, SR 311.0
StRat	Ständerat
SVKG	Verordnung über die Sanktionen bei unzulässigen Wettbewerbsbeschränkungen (KG-Sanktionsverordnung) vom 12. März 2004, SR 251.5 → Nr. 5
UWG	Bundesgesetz gegen den unlauteren Wettbewerb vom 19. Dezember 1986, SR 241
VertBek	Bekanntmachung der Wettbewerbskommission über die wettbewerbsrechtliche Behandlung vertikaler Abreden vom 18. Februar 2002 → Nr. 6
vgl.	vergleiche
VKU	Verordnung über die Kontrolle von Unternehmenszusammenschlüssen vom 17. Juni 1996, SR 251.4 → Nr. 4
vs.	versus
VStrR	Bundesgesetz über das Verwaltungsstrafrecht vom 22. März 1974, SR 313.0
VwVG	Bundesgesetz über das Verwaltungsverfahren vom 20. Dezember 1968, SR 172.021
WAK	Kommission für Wirtschaft und Abgaben

Weko	Wettbewerbskommission
z.B.	zum Beispiel
ZGB	Schweizerisches Zivilgesetzbuch vom 10. Dezember 1907, SR 210
Ziff.	Ziffer
ZPO	Schweizerische Zivilprozessordnung vom 19. Dezember 2008, SR 272

Literaturverzeichnis

Die nachfolgend aufgeführten Werke werden abgekürzt zitiert:

AUTOR/AUTORIN   in: AMSTUTZ/REINERT, Basler Kommentar, Kartellgesetz, Basel 2010
(zitiert: Basler Kommentar, Art. ..., N ...)

AUTOR/AUTORIN   in: Baker & McKenzie, Kartellgesetz, Bern 2007
(zitiert: Baker&McKenzie, Art. ..., N ...)

AUTOR/AUTORIN   in: GEISER/KRAUSKOPF/MÜNCH, Handbücher für die Anwaltspraxis, Band
IX, Schweizerisches und europäisches Wettbewerbsrecht, Basel 2005
(zitiert: Handbuch)

AUTOR/AUTORIN   in: HOMBURGER/SCHMIDHAUSER/HOFFET/DUCREY, Kommentar zum
schweizerischen Kartellgesetz, Zürich 1997
(zitiert: Homburger, Kommentar)

AUTOR/AUTORIN   in: TERCIER/BOVET, Commentaire romand, Droit de la concurrence,
Basel 2002
(zitiert: Commentaire romand, Art. ..., N ...)

Kommentar

Nr. 1   **Bundesgesetz über Kartelle und andere Wettbewerbsbeschränkungen (Kartellgesetz, KG)**
vom 6. Oktober 1995 (Stand am 1. Januar 2011)
SR 251

Die Bundesversammlung der Schweizerischen Eidgenossenschaft,

gestützt auf die Artikel 27 Absatz 1, 96[1], 97 Absatz 2 und 122[2]
der Bundesverfassung[3],[4]
in Ausführung der wettbewerbsrechtlichen Bestimmungen internationaler
Abkommen,
nach Einsicht in die Botschaft des Bundesrates vom 23. November 1994[5],

beschliesst:

1. Kapitel: Allgemeine Bestimmungen

Vorbemerkungen zum Kartellgesetz

1   Die heutige schweizerische Kartellrechtsordnung basiert auf dem teilrevidierten Kartellgesetz
2003 (in Kraft seit 1. April 2004) und der Novelle von 1995 (in Kraft seit 1. Juli 1996). Mit
der Novelle aus dem Jahre 1995 brach für die Schweiz eine neue wettbewerbspolitische Epo-
che an. (Zur Grundausrichtung der Neukonzeption des neuen schweizerischen Kartellgesetzes
gestützt auf die Revision 1995 vgl. insbesondere MARINO BALDI, Überblick und allgemeine
Bestimmungen – zwölf Charakteristika des neuen Kartellgesetzes, in: ZÄCH, Das neue schweizerische Kartellgesetz, Zürich 1996, 3 ff., sowie MARINO BALDI, Les fondements de la nouvelle
loi sur les cartels, in: Sondernummer der Schweizerischen Zeitschrift für Wirtschaftsrecht, Das
neue schweizerische Kartell- und Wettbewerbsrecht, Zürich 1996, 3 ff.; vgl. dazu auch die
Umschreibung des Paradigmawechsels bei WALTER R. SCHLUEP, Entwicklungslinien des
schweizerischen Kartellrechts, in: Aktuelle Juristische Praxis 1996, 795 ff., insbesondere 805.)
Der Paradigmenwechsel der Revision 1995 brachte den schweizerischen Wettbewerbsbehörden die grundlegenden Mittel, um eine auf die Förderung des Wettbewerbs (vgl. Art. 1
KG) und damit auf die Erhaltung wirksamen Wettbewerbs (vgl. die Umschreibung der Eingriffsvoraussetzungen mit dem Begriff «wirksamer Wettbewerb» in Art. 5 KG für den Bereich
der Wettbewerbsabreden und in Art. 10 Abs. 2 KG für den Bereich der Unternehmens-

---

AS 1996 546

1   Dieser Bestimmung entspricht Art. 31bis der BV vom 29. Mai 1874 [BS 1 3].
2   Dieser Bestimmung entspricht Art. 64 der BV vom 29. Mai 1874 [BS 1 3].
3   SR 101
4   Fassung gemäss Ziff. I des BG vom 20. Juni 2003, in Kraft seit 1. April 2004 (AS 2004 1385 1390;
     BBl 2002 2022 5506).
5   BBl 1995 I 468

zusammenschlüsse) ausgerichtete Wettbewerbspolitik zu betreiben. (Die auf das Wettbewerbsprinzip bezogene Ausrichtung wird bereits aus dem Zweckartikel [Art. 1 KG] deutlich – nämlich mit dem Hinweis auf die Förderung des Wettbewerbs im Interesse einer marktwirtschaftlichen Ordnung; vgl. zur wettbewerbspolitischen Ausrichtung des neuen Kartellgesetzes auch die Hinweise bei MARINO BALDI/JÜRG BORER, Das neue schweizerische Kartellgesetz – Bestimmungen über Wettbewerbsabreden und marktbeherrschende Unternehmen, in: Wirtschaft und Wettbewerb 1998, 343 ff., insbesondere 343.) Die Novelle von 1995 enthielt das Ziel, die Beurteilung von Wettbewerbsbeschränkungen strikte auf die Aufrechterhaltung wirksamen Wettbewerbs auszurichten (vgl. beispielsweise die Verwendung dieses Kriteriums in Art. 5 Abs. 1 und 3 KG für die Beurteilung von Wettbewerbsabreden und in Art. 10 Abs. 2 lit. a KG für die Prüfung von Unternehmenszusammenschlüssen). Damit wird angezeigt, dass die Wettbewerbspolitik primär eine von den übrigen Bereichen der Wirtschafts- und Sozialpolitik losgelöste, eigenständige Bedeutung hat; der wettbewerbliche Aspekt ist nicht mehr nur eines von vielen Kriterien für die Beurteilung von durch Unternehmen veranlassten Wettbewerbsbeschränkungen (damit sind die Wettbewerbsabreden [vgl. die gesetzliche Regelung in den Art. 5 ff. KG] und die missbräuchlichen Verhaltensweisen marktbeherrschender Unternehmen angesprochen [vgl. die gesetzliche Regelung in Art. 7 KG]) und Strukturveränderungen (damit sind Unternehmenszusammenschlüsse gemeint; vgl. dazu die gesetzliche Regelung in den Art. 9 f. KG).

2   Anlass für die Teilrevision aus dem Jahre 2004 war eine weitere verschärfte Gangart in der Schweizer Wettbewerbspolitik. Das materielle Prüfungsraster wurde durch ein System von direkten Sanktionen ergänzt (vgl. die grundlegende Bestimmung in Art. 49a KG). Die Wettbewerbsbehörden müssen sich nach dem seit 1. April 2005 geltenden Recht nicht mehr damit begnügen, die Kartellrechtswidrigkeit einer Abrede oder eines Verhaltens festzustellen; sie können vielmehr bereits zusammen mit der Feststellung der Rechtswidrigkeit einschneidende finanzielle Sanktionen gegen die betroffenen Unternehmen verhängen (gemäss dem einschlägigen Art. 49a Abs. 1 KG). Seit der Inkraftsetzung des Sanktionssystems hat die Wettbewerbskommission mehrere Sanktionsentscheide erlassen. Mehrerer Entscheide ergingen gestützt auf eine einvernehmliche Regelung mit der Wettbewerbskommission. Insbesondere bei drei Entscheiden wurde jedoch die Verhängung einer Sanktion zum Gegenstand eines Rechtsmittelverfahrens (Swisscom, Terminierungsgebühren; Publigroupe, Kommissionierung von Berufsvermittlern; Gaba, Import von Elmex-Zahnpasta). Die noch nicht abschliessend entschiedenen Rechtsmittelverfahren werden zeigen, ob die geltende kartellgesetzliche Ordnung dazu ausreicht, um Unternehmen mit massiven Verwaltungssanktionen von maximal 10 % des Umsatzes der letzten drei Geschäftsjahre zu belasten (vgl. die gesetzlichen Regelung in Art. 49a KG). Entscheidend wird dabei, ob die kartellrechtlichen Direktsanktionen letztlich als Strafnormen zu qualifizieren sind und ob die bestehenden kartellgesetzlichen Institutionen dazu ausreichen, um von der Wettbewerbskommission unterstützt von ihrem Sekretariat die Unternehmen mit derart massiven Beträgen zu belasten. Der Bundesrat scheint sich diesbezüglich nicht sicher zu sein, schlägt er doch in seinem Vorschlag für eine erneute Teilrevision vom 30. Juni 2010 eine Anpassung der kartellgesetzlichen Institutionen im Hinblick auf den möglichen Strafcharakter der direkten Kartellsanktionen vor.

3   Das im Jahre 1996 in Kraft gesetzte Kartellgesetz 1995 mit seiner strikten Ausrichtung auf
     wettbewerbliche Ziele und seinem neuen prozeduralen Instrumentarium hat einen eigentli-
     chen Paradigmawechsel in der Schweizer Wettbewerbspolitik bewirkt (vgl. N 1). Damit die
     Verwendung des Begriffs «Paradigmawechsel» gerechtfertigt ist, muss der Nachweis gelin-
     gen, dass das bis zum Inkrafttreten des Kartellgesetzes 1995 geltende alte Recht (Bundesge-
     setz über Kartelle und ähnliche Organisationen vom 20. Dezember 1985) eine Wirtschaftspo-
     litik förderte, die dieser Ausrichtung auf wettbewerbliche Ziele nur beschränkt gerecht wer-
     den konnte. Das scheint bei einer näheren Analyse sowohl des Kartellgesetzes aus dem Jahre
     1985 (Bundesgesetz über Kartelle und ähnliche Organisationen vom 20. Dezember 1985) als
     auch desjenigen aus dem Jahre 1962 (Bundesgesetz über Kartelle und ähnliche Organisatio-
     nen vom 20. Dezember 1962) tatsächlich der Fall gewesen zu sein, auch wenn bei der auf
     das Kartellgesetz 1985 abgestützten Rechtsanwendung gewisse Tendenzen sichtbar gewor-
     den sind, den durch das damals geltende Gesetz festgesetzten Regelungsspielraum bis an die
     Grenzen auszunutzen und damit die im Kartellgesetz 1995/2004 nun klar umschriebenen
     Schranken für Wettbewerbsbeschränkungen bereits deutlich zu machen (vgl. dazu die Hin-
     weise bei Pierre Tercier, Le nouveau droit de la concurrence: le temps des questions, in: Ak-
     tuelle Juristische Praxis 1996, 791 ff., insbesondere 792).

4   Mit dem im Juli 1996 in Kraft gesetzten und im Jahre 2004 teilrevidierten Kartellgesetz wurde
     in der Schweiz die dritte Phase kartellgesetzlicher Rechtsetzung eingeleitet. (Zu den Entwick-
     lungslinien der schweizerischen Kartellgesetzgebung vgl. die ausführliche Darstellung bei
     Walter R. Schluep, Entwicklungslinien des schweizerischen Kartellrechts, in: Aktuelle Juristi-
     sche Praxis 1996, 795 ff., und bei Bruno Schmidhauser, in: Homburger, Kommentar, Ein-
     leitung, Rz. 20 ff.) Die Vorgänger der umfassenden Novelle aus dem Jahre 1995 stammen
     aus den Jahren 1962 und 1985. Diese beiden Gesetze waren zivilrechtlich ausgerichtete
     Erlasse (vgl. dazu beispielsweise die Hinweise bei Marino Baldi, Zur Konzeption des Entwurfs
     für ein neues Kartellgesetz, in: Zäch/Zweifel, Grundfragen der schweizerischen Kartell-
     rechtsreform, St. Gallen 1995, 259 ff.). Die darin enthaltenen verwaltungsrechtlichen
     Regelungsansätze waren nur als Ergänzungen zu den im Vordergrund stehenden zivil-
     rechtlichen Instrumenten gedacht. Die zivilrechtliche Ausrichtung hat ihre Ursprünge in den
     vorpositiven Bemühungen schweizerischer Kartellrechtsanwendung (vgl. nachfolgend N 5),
     die Lösung der von Kartellen und kartellähnlichen Organisationen (vgl. die Terminologie in
     den Art. 2 und 4 des Kartellgesetzes 1985) ausgelösten Machtprobleme mit Hilfe von per-
     sönlichkeitsrechtlich ausgerichteten Ansätzen zu suchen. Danach ist dem Persönlichkeitsrecht
     auf freie wirtschaftliche Betätigung stets auch die aus der Vertragsfreiheit stammende
     Koalitionsfreiheit des Kartells gegenüberzustellen. Die Lösung dieser persönlichkeitsrecht-
     lichen Problemlage und die dafür notwendige Interessenabwägung sollten sich nach den
     Vorstellungen der damaligen Praxis und des Gesetzgebers, wie es die Boykottrechtsprechung
     des Bundesgerichts vorgezeichnet hatte (vgl. nachfolgend N 5), auf privatrechtlicher Ebene
     abspielen.

5   Vorpositiver Ausgangspunkt schweizerischer Kartellgesetzgebung war die sogenannte Boy-
     kottrechtsprechung des Bundesgerichts (eine Zusammenfassung der Boykottrechtsprechung
     findet sich beispielsweise in BGE 86 II 374 ff.; vgl. dazu auch die Übersicht bei Bruno
     Schmidhauser, in: Homburger, Kommentar, Einleitung, Rz. 1 ff.), welche sich zunächst an das

Recht des Schutzes der wirtschaftlichen Persönlichkeit der Wirtschaftsteilnehmer anlehnte (vgl. die Begründung des Bundesgerichts im ersten Boykotturteil betreffend den Bäcker Vögtlin: BGE 22 175) und den Boykott als widerrechtlich erklärte. Die Praxis des Bundesgerichts war jedoch nicht immer auf eine Unterstützung des Boykottierten ausgerichtet, sondern zeigte erhebliche Schwankungen. Beispielsweise wurde dem Boykottierten in einem Entscheid aus dem Jahre 1950 (vgl. BGE 76 II 289) vorgeworfen, sich nicht an die rechtlich zulässige Kartellordnung gehalten zu haben und dadurch durch Preisschleuderei, Unterbietung und dergleichen eine vernünftige Marktorganisation gefährdet und so die Existenz der Kartellmitglieder bedroht zu haben. Bereits unter dem Blickwinkel der Gesetzgebungsarbeiten für das KG 1962 ist dann aber die Begründung des die eigentliche Boykottrechtsprechung abschliessenden Bundesgerichtsentscheides aus dem Jahre 1960 zu würdigen. Das Bundesgericht stellte der Koalitionsfreiheit des Kartells das private Recht des Boykottierten auf wirtschaftliche Betätigung gegenüber und vertrat unter Berufung auf die Handels- und Gewerbefreiheit den Standpunkt, dass der Boykott grundsätzlich widerrechtlich, jedoch wegen der rechtlich geschützten Koalitionsfreiheit des Kartells eine Interessenabwägung vorzunehmen sei, aufgrund derer sich allenfalls ergeben könne, dass das Kartell mit dem Boykott offensichtlich überwiegende öffentliche Interessen verfolge, die es auf keine andere Weise wahren könne (vgl. BGE 86 II 374 ff.).

6   Dem Kartellgesetz 1962 gingen die wettbewerbspolitischen Studien der sogenannten Preisbildungskommission voraus. (Die Preisbildungskommission wurde vom Bundesrat bereits im Jahre 1962 eingesetzt und hatte den Auftrag, die Faktoren der Preisbildung, insbesondere bei den Grundnahrungsmitteln, zu untersuchen. Später, nämlich im Jahre 1963, wurde der Kommission auch die Ausarbeitung einer Studie über das Kartellwesen übertragen. Zu den Arbeiten der Preisbildungskommission vgl. die zusammenfassende Darstellung bei FRITZ MARBACH, Die «Preisbildungskommission» des Eidgenössischen Volkswirtschaftsdepartements, Wettbewerbspolitik in der Schweiz, in: Festschrift MARBACH, Bern/Stuttgart 1972, 229 ff., und FRITZ MARBACH, Rückblick auf die Tätigkeit der Preisbildungskommission, Wettbewerbspolitik in der Schweiz, in: Festschrift MARBACH, Bern/Stuttgart 1972, 243 ff.) Ihre wettbewerbstheoretische Grundausrichtung hatte die Preisbildungskommission am Modell des «möglichen Wettbewerbs» herausgearbeitet (vgl. die Publikation der Preisbildungskommission, Kartell und Wettbewerb in der Schweiz, 31. Veröffentlichung der Preisbildungskommission des Eidgenössischen Volkswirtschaftsdepartements, Bern 1957, 161). Die Wettbewerbspolitik hatte nach dieser Konzeption «dafür zu sorgen, dass es allen Wettbewerbswilligen im Rahmen von Recht und Sitte möglich ist, echten Wettbewerb auszuüben, das heisst aufgrund der eigenen Leistung sich um die Wette zu bewerben» (Publikation der Preisbildungskommission, Kartell und Wettbewerb in der Schweiz, 31. Veröffentlichung der Preisbildungskommission des Eidgenössischen Volkswirtschaftsdepartements, Bern 1957, 161). Diese Modellvorstellung diente neben den bereits erwähnten Ansätzen der Boykottrechtsprechung des Bundesgerichts (vgl. N 5) dem Kartellgesetzgeber des Jahres 1962 als Vorgabe der materiellrechtlichen Ansätze für das Kartellgesetz 1962. Allzu kartellfreundliche Rücksichtnahmen führten jedoch zu einer gewissen Pervertierung des Ansatzes der Preisbildungskommission. «Das KG 1962 hat das Prinzip des ‹Möglichen Wettbewerbs› in ein *Leitbild der ‹Möglichen Wettbewerbsbeschränkung›* umfunktioniert» (vgl. WALTER R. SCHLUEP, Entwicklungslinien des schweizerischen Kartellrechts, in:

Aktuelle Juristische Praxis 1996, 800). Der Ansatz des Kartellgesetzes 1962 ging zwar von der Konzeption des «möglichen Wettbewerbs» aus; die Möglichkeiten zur Berufung auf Ausnahmen im Hinblick auf das Gesamtinteresse waren jedoch derart breit angelegt, dass derartige Rechtfertigungsgründe jederzeit konstruiert werden konnten. Die mit dem Kartellgesetz 1962 eigentlich beabsichtigte Verwirklichung einer Wettbewerbsordnung, «welche den frei gewählten kollektiven Verzicht auf Wettbewerb nicht ausschliesst, jedoch jedermann jederzeit die Möglichkeit offen lässt, Wettbewerb zu treiben» (vgl. Botschaft 1994, 35), wurde durch den breit angelegten Rechtfertigungsraster wieder erheblich relativiert. (Vgl. die kritische Würdigung der Grundmuster des KG 1962 bei WALTER R. SCHLUEP, Entwicklungslinien des schweizerischen Kartellrechts, in: Aktuelle Juristische Praxis 1996, 800 f.; eine Zusammenfassung des Kartellgesetzes 1962 findet sich bei BRUNO SCHMIDHAUSER, in: Homburger, Kommentar, Einleitung, Rz. 20 ff.)

7 Die vorwiegend zivilrechtliche Ausrichtung des KG 1962 hat zwar die praktische Anwendung des schweizerischen Kartellrechts im Wesentlichen auf das Zivilrecht beschränkt, sie konnte jedoch nicht verhindern, dass auch ein theoretisches Gerüst für die verwaltungsrechtliche Beurteilung von Wettbewerbsbeschränkungen in der Praxis entwickelt werden musste. Es handelt sich dabei um die legendäre *Saldomethode*. Anhand eines sogenannten «bilan économique et social» wurden im Rahmen der Saldomethode die negativen wirtschaftlichen Auswirkungen von Wettbewerbsbeschränkungen den durch sie verursachten positiven Wirkungen gegenübergestellt und gegeneinander abgewogen. (Die Saldomethode wurde von HUGO SIEBER entwickelt: vgl. HUGO SIEBER, Aktuelle Probleme der schweizerischen Wirtschaftspolitik, in: Wirtschaft und Recht 1967, 25 ff.; HUGO SIEBER, Über die Kriterien der volkswirtschaftlichen Schädlichkeit von Kartellwirkungen, in: Wirtschaft und Recht 1973, 48 ff.) In die für die Saldierung bereitstehende Waagschale konnten dabei nicht nur wettbewerbspolitische, sondern auch allgemein politische Aspekte jeglicher Art und Ausprägung eingeworfen werden.

8 Obwohl sich die Schwerfälligkeit der Saldomethode bereits bei der Anwendung des Kartellgesetzes 1962 deutlich gezeigt hatte, wurde das System der Saldierung von positiven und negativen Auswirkungen für die Rechtsanwendung unter dem Kartellgesetz 1985 nicht nur beibehalten, sondern mit Art. 29 Kartellgesetz 1985 für das Kartellverwaltungsrecht im Gesetz sogar institutionalisiert. Ziel dieser Institutionalisierung war es, wie bereits schon unter dem Kartellgesetz 1962, den in der Verfassung verankerten Begriff «volkswirtschaftlich oder sozial schädliche Auswirkungen» (vgl. Art. 31bis Abs. 3 lit. d BV) zu konkretisieren. Zunächst war jedoch auch das Kartellgesetz 1985 ein zivilrechtlicher Erlass, bis schliesslich die kartellfreundliche Praxis des Bundesgerichts zu den zivilrechtlichen Bestimmungen dazu führte, dass das Kartellzivilrecht seiner Substanz entleert wurde. Das Bundesgericht hat die Anforderungen an die Intensität der überwiegenden schutzwürdigen privaten Interessen, die das Gesamtinteresse nicht verletzen dürfen (vgl. Art. 7 aKG 1985), in seiner Praxis derart weit herabgesetzt (vgl. beispielsweise BGE 109 II 250 ff., in welchem die Rechtfertigung für Preisbindungen der zweiten Hand für Tabakwaren durch ein Kartell mit der Strukturerhaltung für die Lebensmitteldetaillisten gerechtfertigt wurde), dass das Prozessrisiko des behinderten Aussenseiters in keinem Verhältnis mehr zu einem allfälligen Prozessgewinn stand. Das hat schliesslich dazu geführt, dass sich die Anwendung des Kartellprivatrechts unter dem aKG 1985 auf einige wenige Schauprozesse beschränkt hat.

9   Die eigentliche schweizerische Wettbewerbspolitik hat sich folglich unter dem Kartellgesetz 1985, trotz seiner grundsätzlich zivilrechtlich ausgerichteten Grundstruktur, auf die Ebene des Kartellverwaltungsrechts verlagert. Dabei stand weniger die Anwendung der in Art. 29 Abs. 1 Kartellgesetz 1985 aufgeführten Kriterien der Saldomethode im Vordergrund als die Kontroverse um die zentrale, bei der Kartellgesetzrevision des Jahres 1985 eingeführte Neuerung – nämlich die Abkürzung des Prüfungsverfahrens der Saldomethode beim Vorliegen einer sogenannten Verhinderung wirksamen Wettbewerbs (vgl. Art. 29 Abs. 3 Kartellgesetz 1985). In ihrer Praxis hat sich die Kartellkommission der ursprünglich umstrittenen Frage, ob bei einer Verhinderung wirksamen Wettbewerbs die Schädlichkeit grundsätzlich gegeben sei oder ob auch in diesen Fällen eine ausgedehnte Prüfung nach der Saldomethode durchgeführt werden müsse (vgl. den Streit zwischen SCHLUEP als Vertreter des abgekürzten Prüfungsverfahrens und SCHÜRMANN sowie SCHMIDHAUSER als Vertreter des umfassenden Prüfungsverfahrens: WALTER R. SCHLUEP, in: SCHÜRMANN/SCHLUEP, KG und PüG, Zürich 1988, 685 ff.; LEO SCHÜRMANN, in: SCHÜRMANN/SCHLUEP, KG und PüG, Zürich 1988, 659 ff.; BRUNO SCHMIDHAUSER, Entstehung und Auslegung von Art. 29 Abs. 2 und 3 des Kartellgesetzes vom 20. Dezember 1985, in: Festschrift SCHÜRMANN, Freiburg 1987, 367 ff.), der radikaleren Lösung angeschlossen und mit Hilfe der von ihr zur Anwendung gebrachten abgekürzten Prüfungsmethode auch erreichen können, dass die schweizerische Wettbewerbspolitik gegenüber eindeutig feststellbaren krassen Wettbewerbsbeschränkungen einige Erfolge verbuchen konnte (vgl. dazu die Hinweise bei PIERRE TERCIER, Le nouveau droit de la concurrence: le temps des questions, in: Aktuelle Juristische Praxis 1996, 791 ff., insbesondere 792). Trotz diesen Erfolgen konnte das im Kartellgesetz 1985 bestehende wettbewerbspolitische Instrumentarium nicht genügen, um der schweizerischen Binnenwirtschaft genügend Anstösse für ein Umdenken in Richtung einer vermehrten Beachtung wettbewerbsorientierter Leitbilder zu vermitteln (vgl. Botschaft 1994, 10 ff.; vgl. zu den Mängeln des Kartellgesetzes 1985 auch MARINO BALDI, Zur Konzeption des Entwurfs für ein neues Kartellgesetz, in: ZÄCH/ZWEIFEL, Grundfragen der schweizerischen Kartellrechtsreform, St. Gallen 1995, 255 ff.). Dazu waren radikalere Lösungen als die unter Umständen rechtsstaatlich bedenkliche Ausschöpfung der Grenzlinien des damals bestehenden Kartellgesetzes notwendig.

10   Ziel der im Jahre 1995 eingeleiteten und im Jahre 2004 fortgesetzten Kartellgesetzrevision war es, bei der materiellen Beurteilung von Wettbewerbsbeschränkungen sich auf klare und einfach handhabbare materielle Regeln abstützen zu können. Der Gesetzgeber ging davon aus, dass ein den neuen materiellen Regeln entsprechendes adäquates Verfahrensrecht zur Verfügung gestellt werde. Das Gewicht wurde dabei weniger auf die zivilrechtliche als auf die verwaltungsrechtliche Seite gelegt, was einerseits durch die Vereinheitlichung des materiellen Rechts (vgl. Art. 5 ff. KG) und andererseits durch die Einführung finanziell einschneidender Verwaltungssanktionen (vgl. Art. 49a KG) zum Ausdruck kommt. Die hängigen Rechtsmittelverfahren betreffend die Direktsanktionen werden zeigen, ob die Vorstellungen des Gesetzgebers berechtigt waren oder ob angesichts des strafrechtlichen Charakters der Kartellsanktionen sich eine Neuordnung des Verfahrens und der Institutionen erfolgen muss. Mit der Einführung von Direktsanktionen wurde im Schweizer Kartellrecht nicht nur einem internationalen Trend entsprochen, sondern auch der Erkenntnis Rechnung getragen, dass die Erhaltung und Durchsetzung wettbewerbsorientierter Grundideen nicht ein Anliegen ist, das in

das Belieben der einzelnen Marktteilnehmer gestellt werden kann, sondern auch eine Aufgabe des Staates, der den in seinem Wirtschaftsgebiet aktiven Marktteilnehmern die für die Abwicklung der Wirtschaftsbeziehungen notwendigen Spielregeln zur Verfügung stellen muss.

Art. 1 Zweck

Dieses Gesetz bezweckt, volkswirtschaftlich oder sozial schädliche Auswirkungen von Kartellen und anderen Wettbewerbsbeschränkungen zu verhindern und damit den Wettbewerb im Interesse einer freiheitlichen marktwirtschaftlichen Ordnung zu fördern.

I. Ausgangslage

1 Dem Kartellgesetz ist ein Zweckartikel vorangestellt. Die Einleitung eines Gesetzes mit einem derartigen Zweckartikel ist in der schweizerischen Gesetzgebungspraxis nicht üblich; die Rechtfertigung für dieses Vorgehen beim Kartellgesetz liegt in der den wirtschaftsrechtlichen Erlassen immanenten Funktionalität. Funktionalismus deutet an, dass die wirtschaftsrechtlichen Normen zu der von der Wirtschaftsverfassung vorgesehenen Verwirklichung der Ordnungsvorstellungen beitragen sollen und folglich auch einer besonderen Materialisierung zugänglich sein müssen. (Zum Funktionalismus im Wirtschaftsrecht vgl. insbesondere WALTER R. SCHLUEP, Was ist Wirtschaftsrecht?, in: SCHLUEP, Zum Wirtschaftsrecht, Bern 1978, 72 ff.; WALTER R. SCHLUEP, in: SCHÜRMANN/SCHLUEP, KG und PüG, Zürich 1988, 300 ff.) Es mag Ausdruck eines gewissen Misstrauens des Gesetzgebers gewesen sein, dass er diese Materialisierung bei der Kartellgesetzgebung nicht zufälligen Entwicklungen in der Praxis überlassen, sondern durch die im Zweckartikel umschriebenen Leitbilder (gemäss der Botschaft des Bundesrates sind im Zweckartikel die Leitbilder des Gesetzes enthalten; vgl. Botschaft 1994, 65) gewisse Grundvorstellungen dem Gesetz und seinen materiellen Normen unverrückbar vorangestellt haben wollte. In diesem Sinne lässt sich der Zweckartikel nicht nur als Wiederholung des noch im Jahre 1994 geltenden Verfassungstextes von Art. 31bis Abs. 3 lit. d aBV (in Art. 96 Abs. 1 BV wird in der geltenden Verfassung der gleiche Wortlaut verwendet) verstehen, sondern als durchaus eigenständige Norm, die die einschlägigen Verfassungsbestimmungen mit materiellem Gehalt anzureichern vermag und insbesondere auch darüber Auskunft gibt, welcher wettbewerbstheoretische Hintergrund den materiellen Beurteilungsmustern im Kartellgesetz zugrunde zu legen ist (vgl. dazu auch die Ausführungen in der Botschaft 1994, 65, und bei RENÉ RHINOW/GERHARD SCHMID/GIOVANNI BIAGGINI, Öffentliches Wirtschaftsrecht, Basel/Frankfurt 1998, § 21, Rz. 7.).

II. Verfassungsgrundlagen

2 Diskussionen des Verfassungsinhalts im Zusammenhang mit der schweizerischen Wirtschaftspolitik werden zunächst von Fragen um Bedeutung und Inhalt der in der geltenden Verfassung in Art. 27 BV als Wirtschaftsfreiheit bezeichneten früheren Handels- und Gewerbefreiheit (in der früheren Verfassung in Art. 31bis enthalten) geprägt (vgl. aus der neueren Literatur beispielsweise PAUL RICHLI, Grundriss des schweizerischen Wirtschaftsverfassungsrechts, Bern 2007, 8 ff.; KLAUS A. VALLENDER/PETER HETTICH/JENS LEHNE, Wirtschafts-

freiheit und begrenzte Staatsverantwortung, 4. Auflage, Bern 2006, 116 ff. und 272 ff.; ETIENNE GRISEL, Liberté du commerce et de l'industrie, volume I, Berne 1993, 82 ff.). Unbestritten ist in diesem Zusammenhang, dass die zusammen mit den Wirtschaftsartikeln im Jahre 1947 neu in der Verfassung ausdrücklich verankerte Handels- und Gewerbefreiheit ursprünglich darauf ausgerichtet war, den privaten Marktteilnehmern einen gewissen Wirtschaftsfreiraum gegenüber dem Staat zu sichern. Die Wirtschaftsfreiheit bzw. die Handels- und Gewerbefreiheit beschränkt sich nach traditioneller Auffassung auf vertikale Wirkungen und erzeugt folglich keine horizontalen Effekte im Sinne von unmittelbaren Drittwirkungen zwischen den einzelnen Wirtschaftsteilnehmern (vgl. die Hinweise bei PAUL RICHLI, Grundriss des schweizerischen Wirtschaftsverfassungsrecht, Bern 2007, 189 f. und 256 ff. mit Weiteren Hinweisen auf die einschlägige Literatur und Praxis, sowie bei RENÉ RHINOW/GERHARD SCHMID/ GIOVANNI BIAGGINI, Öffentliches Wirtschaftsrecht, Basel/Frankfurt 1998, § 5, Rz. 1 ff.). Aus der in der Verfassung verankerten Wirtschaftsfreiheit bzw. der Handels- und Gewerbefreiheit kann folglich nicht unmittelbar geschlossen werden, dass die Bundesverfassung als Koordinationssystem privater Wirtschaftstätigkeit eine Wettbewerbsordnung vorschreibt (in diese Richtung jedoch JÖRG PAUL MÜLLER, Die Grundrechte der schweizerischen Bundesverfassung, 4. Auflage, Bern 2008, 1045 f.; vgl. auch BGE 116 Ia 240). Zu Recht wird jedoch darauf hingewiesen, dass mit der Handels- und Gewerbefreiheit der früheren Verfassung zwar keine positive, jedoch wenigstens eine negative Wettbewerbsgarantie in der Bundesverfassung verankert sei (vgl. die Beschreibung dieses Standpunkts bei PAUL RICHLI, Grundriss des schweizerischen Wirtschaftsverfassungsrechts, Bern 2007, 236 f.). Aus der Handels- und Gewerbefreiheit der früheren Verfassung kann deshalb zumindest nicht der Schluss gezogen werden, die Verfassung stelle es ins Belieben der Wirtschaftsteilnehmer, ob sie ihre Marktordnung durch ein Koordinationssystem oder ein Wettbewerbssystem regeln wollen (vgl. beispielsweise die Hinweise bei FRANZ HOFFET, in: Homburger, Kommentar, Art. 1, N 16 mit Hinweis auf LEO SCHÜRMANN, Wirtschaftsverwaltungsrecht, 3. Auflage, Bern 1994, 33). Der aus dem Jahre 1999 stammende Verfassungstext der Bundesverfassung verzichtet wiederum auf eine Definition des an verschiedener Stelle verwendeten Begriffs «Wettbewerb». Die Verfassung überlässt es erneut dem Kartellgesetzgeber, die entscheidenden Weichen zur inhaltlichen Anreicherung dieses Begriffs zu stellen. Immerhin wird der Inhalt des ordnungspolitischen Grundentscheids in der Verfassung wenigstens dadurch gestärkt, dass – im Gegensatz zum bisherigen kartellrechtlichen Kompetenzartikel (Art. 31bis Abs. 3 lit. d aBV) – der Erlass von Vorschriften zur Sicherung einer Wettbewerbsordnung nicht mehr als Abweichung von der Wirtschaftsfreiheit verstanden wird (vgl. den Wortlaut von Art. 96 Abs. 1 BV).

3   Art. 96 Abs. 1 BV ist in erster Linie als Kompetenznorm zu verstehen für die Schaffung einer Kartellgesetzgebung. Die Bestimmung kann auch als Auftrag verstanden werden, für eine verfassungsgemässe Wettbewerbspolitik besorgt zu sein. Der Inhalt dieser Wettbewerbspolitik wird jedoch in der Verfassung nicht klar umschrieben, sodass letztlich offen bleibt, welcher konkrete ordnungspolitische Grundentscheid diesem Auftrag zugrunde gelegt werden soll (vgl. die Hinweise auf diese Diskussion bei RETO JACOBS, in: EHRENZELLER/MASTRONARDI/ SCHWEIZER/VALLENDER, Die schweizerische Bundesverfassung, Kommentar, 2. Auflage, Zürich 2008, N 4 f. zu Art. 96 BV).

III. Verfassungsbedingte Leitbilder

A. Kartellgesetzgebung als Grundrechtseinschränkung

4 Die durch die Kartellgesetzgebung geschaffenen Interventionsmöglichkeiten des Gesetzgebers sind als Grundrechtseinschränkungen zu verstehen und müssen folglich den dafür vorgesehenen rechtsstaatlichen Anforderungen genügen. Das setzt voraus, dass sie auf einer hinreichend bestimmten gesetzlichen Grundlage beruhen, in überwiegendem öffentlichen Interesse liegen und verhältnismässig sind (vgl. speziell für die Kartellgesetzgebung beispielsweise RENÉ RHINOW/GIOVANNI BIAGGINI, Verfassungsrechtliche Aspekte der Kartellgesetzrevision, in: ZÄCH/ZWEIFEL, Grundfragen der schweizerischen Kartellrechtsreform, St. Gallen 1995, 98; vgl. auch FRANZ HOFFET, in: Homburger, Kommentar, Art. 1, Rz. 16).

5 Eine Grundrechtseinschränkung durch kartellgesetzliche Interventionen ergibt sich daraus, dass die Vertragsfreiheit wesentlich eingeschränkt werden kann. Auf dieser Basis ist der Kartellartikel in der Verfassung nicht als Durchbrechung oder Abweichung von der Wirtschaftsfreiheit zu verstehen. Vielmehr ist die vom Kartellartikel ermöglichte Einschränkung der Privatautonomie bzw. der Vertragsautonomie notwendig, um die Wirtschaftsfreiheit bzw. Handels- und Gewerbefreiheit zu erhalten und sie davor zu schützen, dass sie durch unternehmerische Absprachen und Strukturen beseitigt wird (vgl. in diesem Sinne PAUL RICHLI, Grundriss des schweizerischen Wirtschaftsverfassungsrechts, Bern 2007, 237, sowie RENÉ RHINOW/GERHARD SCHMID/GIOVANNI BIAGGINI, Öffentliches Wirtschaftsrecht, Basel/Frankfurt 1998, § 20, Rz. 18 f.). Mit der Formulierung von Art. 96 Abs. 1 BV in der neuen Verfassung wird diesem Ansatz nun zu Recht Rechnung getragen.

B. Systemvorgaben der Verfassung

6 Die Verfassung enthält in Art. 96 BV keine Hinweise darauf, mit welchen Mitteln oder Systemen das Verfassungsziel – die Bewahrung vor volkswirtschaftlich oder sozial schädlichen Auswirkungen – zu erreichen ist. Die Mittel bzw. Systemwahl haben sich folglich in erster Linie an den bereits dargestellten Schranken für Grundrechtseinschränkungen (vgl. N 4) zu orientieren (vgl. RENÉ RHINOW/GERHARD SCHMID/GIOVANNI BIAGGINI, Öffentliches Wirtschaftsrecht, Basel/Frankfurt 1998, § 20, Rz. 30).

7 Bei der Interpretation des Kartellartikels der früheren Bundesverfassung wurde allgemein die These vertreten, der Kartellartikel liesse lediglich eine Missbrauchsgesetzgebung, nicht jedoch eine Verbotsgesetzgebung zu. Nur die schädlichen Wirkungen, nicht jedoch Kartelle und ähnliche Organisationen als solche dürften Gegenstand einer schweizerischen Kartellgesetzgebung sein (vgl. beispielsweise die Hinweise bei FRANZ HOFFET, in: Homburger, Kommentar, Art. 1, N 25 f. mit weiteren Verweisen auf die einschlägige Literatur). Auch in der seit der Verfassungsreform geltenden Verfassungsgrundlage für die Kartellgesetzgebung sind keine Angaben über das durch den Gesetzgeber zu verwendende Instrumentarium der Kartellgesetzgebung enthalten (vgl. Art. 96 Abs. 1 BV). Im Zusammenhang mit den jüngeren Kartellrechtsrevisionen wird der Standpunkt vertreten, dass es dem Kartellgesetzgeber verwehrt sei, Normen zu schaffen, die Kartelle, oder offener formuliert grundsätzlich Wettbewerbsabreden, und andere Wettbewerbsbeschränkungen, insbesondere aber die Ausübung von Marktmacht, per se zu verbieten, ohne dass für die beteiligten Marktteilnehmer die Möglich-

keit bestehen würde, ihre Wettbewerbsbeschränkung im Hinblick auf eine allfällige volkswirtschaftliche oder soziale Unschädlichkeit hin überprüfen zu lassen. Mit welchen Mitteln diese Überprüfung der volkswirtschaftlichen oder sozialen Schädlichkeit vorzunehmen sei, werde von der Verfassung jedoch nicht vorgegeben. Von der Verfassung werde einzig verlangt, dass *eine* Überprüfung im Hinblick auf die Schädlichkeit durchzuführen und dass dafür ein System einzuführen sei, welches die bereits beschriebenen Vorgaben (vgl. N 4) erfüllen müsse. (Vgl. dazu RENÉ RHINOW/GERHARD SCHMID/GIOVANNI BIAGGINI, Öffentliches Wirtschaftsrecht, Basel/Frankfurt 1998, § 20, Rz. 43; vgl. dazu auch die Hinweise bei RETO JACOBS, in: EHRENZELLER/MASTRONARDI/SCHWEIZER/VALLENDER, Die schweizerische Bundesverfassung, Kommentar, 2. Auflage, Zürich 2008, N 19 ff. zu Art. 96 BV, sowie RENÉ RHINOW/ANDRÁS A. GUROVITS, Gutachten über die Verfassungsmässigkeit der Einführung von direkten Sanktionen im Kartellgesetz, zuhanden des Generalsekretariats des Eidgenössischen Volkswirtschaftsdepartements EVD, in RPW 2001/3, 592 ff., 601.)

8   Diese verfassungsbedingten Systemvorgaben machen aus ökonomischer Sicht – und die Kartellgesetzgebung ist in erster Linie ein von der Ökonomie geprägtes Rechtsinstrument – durchaus Sinn. Sämtliche aus der Ökonomie bekannten Wettbewerbstheorien gehen davon aus, dass wettbewerbsbeschränkende Vereinbarungen, Verhaltensweisen von marktstarken Unternehmen und auch strukturverändernde Unternehmenszusammenschlüsse unter der Beteiligung von marktstarken Unternehmen häufig einen ambivalenten Charakter haben können und folglich auf ihre ökonomische Schädlichkeit oder Unschädlichkeit hin überprüft werden müssen (vgl. auch die wettbewerbstheoretische Beurteilung, nachfolgend N 15 ff.). Welches System – eine Missbrauchsgesetzgebung oder Verbotsgesetzgebung – zur Überprüfung heranzuziehen ist, ist eine Frage der effizienten Ausgestaltung der Gesetzgebung und nicht von künstlich wirkenden Verfassungsinterpretationen. (Gemäss RENÉ RHINOW/GERHARD SCHMID/GIOVANNI BIAGGINI, Öffentliches Wirtschaftsrecht, Basel/Frankfurt 1998, § 20, Rz. 43, bietet die schweizerische Wirtschaftsverfassung zwar keine Grundlage für ein durchgängiges Verbot aller Kartelle und ähnlicher Organisationen, jedoch kann der Gesetzgeber das Handlungsinstrument durchaus für die Bekämpfung allgemein bekannter schädlicher Auswirkungen einsetzen und beispielsweise auch selektive Kartellverbote erlassen. Vgl. dazu auch das im Zusammenhang mit der jüngsten Revision erstellte Gutachten über die Verfassungsmässigkeit direkter Sanktionen: RENÉ RHINOW/ANDRÁS A. GUROVITS, Gutachten über die Verfassungsmässigkeit der Einführung von direkten Sanktionen im Kartellgesetz, zuhanden des Generalsekretariats des Eidgenössischen Volkswirtschaftsdepartements EVD, in RPW 2001/3, 592 ff., 601. Vgl. in diesem Sinne auch ROGER ZÄCH, Schweizerisches Wettbewerbsrecht wohin?, in: Aktuelle Juristische Praxis 1992, 857 ff., insbesondere 860 ff.)

9   Wie die Erfahrungen aus anderen Jurisdiktionen zeigen, lassen sich mit den verschiedensten Regelungsmustern die für eine Wettbewerbsordnung erforderlichen wettbewerbspolitischen Zielvorgaben verwirklichen. Welcher Ausgangspunkt gewählt wird – ein Verbot oder eine Missbrauchsverhinderung –, ist rechtstechnisch gesehen von untergeordneter Bedeutung. Je nach Ausgestaltung der Ausnahmen vom Verbot bzw. der Definition der Missbräuche lassen sich mit beiden Systemen die gleichen Ziele verfolgen (zum fliessenden Übergang zwischen Verbots- und Missbrauchsgesetzgebung vgl. beispielsweise WALTER R. SCHLUEP, in: SCHÜRMANN/SCHLUEP, KG und PüG, Zürich 1988, 47). Sämtliche nationalen Kartellrechtsordnungen

sehen die Möglichkeit vor, schädliche von unschädlichen und allenfalls wettbewerbsstimulierenden Wettbewerbsbeschränkungen abzugrenzen. Ob die Kompetenzbegründung zur Überprüfung auf der Basis von Ex-ante-Verboten oder über Ex-Post-Kontrollen erfolgt, hat auf das Ergebnis keinen Einfluss (vgl. dazu ANDREAS HEINEMANN, Konzeptionelle Grundlagen des Schweizer und EG-Kartellrechts im Vergleich, in: WEBER/HEINEMANN/VOGT, Methodische und konzeptionelle Grundlagen des Schweizer Kartellrechts im europäischen Kontext, Bern 2009, 46 ff.), denn der wettbewerbstheoretische Hintergrund der Kriterienauswahl ist bei beiden Systemen gleich und muss sich selbstredend an den neuesten Erkenntnissen der Ökonomie orientieren. Unterschiede ergeben sich allenfalls bei der Verfahrenseffizienz.

10 Mit der Revision des Jahres 2004 ist nun auch die Schweiz dazu übergegangen, schwerwiegende Wettbewerbsbeschränkungen wie horizontale Preis-, Mengen- und Gebietsabreden, vertikale Preisbindungen und Gebietsabschottungen durch Vertikalabreden sowie missbräuchliche Verhaltensweisen marktbeherrschender Unternehmen unmittelbar mit Verwaltungssanktionen zu belegen (vgl. Art. 49a KG). Damit verbunden ist eigentlich kein grundsätzlicher Systemwechsel, sondern die durch ökonomische Grundlagen belegte Einsicht, dass derartige Wettbewerbsbeschränkungen in jedem Fall volkswirtschaftlich oder sozial schädlich sind und folglich kein Grund besteht, sie nicht mit den schärfstmöglichen Mitteln einer Kartellgesetzgebung zu bekämpfen. Im Sinne der Verfassungsvorgaben wurde alsdann mit der Einführung des Widerspruchsverfahrens gemäss Art. 49 Abs. 3 lit. a KG versucht, dem Missbrauchsansatz insofern Rechnung zu tragen, indem die Rechtsunterworfenen die Möglichkeit der sanktionsfreien Meldung von Wettbewerbsbeschränkungen bei der Wettbewerbskommission haben. Das Meldeverfahren hat insofern den Praxistest nicht bestanden, als bereits die Einleitung einer informellen Vorabklärung im Sinne von Art. 26 KG genügt, um die Sanktionsdrohung wieder aufleben zu lassen (vgl. dazu die kritischen Hinweise des Bundesgerichts in BGE 134 II 60). Die Rechtsunterworfenen haben folglich keine echte Möglichkeit, ihr Verhalten im Vorfeld auf die Kartellrechtskonformität überprüfen zu lassen.

C. Auslegungsvorgaben durch die Verfassung

11 Der Hintergrund des Zweckartikels (Art. 1 KG) besteht darin, für den Rechtsanwender in der Form von Leitbildern (zum Leitbildcharakter des Zweckartikels vgl. Botschaft 1994, 65). gewisse Auslegungshilfen zu vermitteln und dabei die bereits sich aus der Verfassung ergebenden Vorgaben zu materialisieren.

12 Eine erste Vorgabe ist darin zu sehen, dass sich aufgrund der Verfassung die Pflicht ergibt, «den Wettbewerb im Interesse einer freiheitlichen marktwirtschaftlichen Ordnung zu fördern» (Art. 1 KG). Die Analyse der Verfassungsgrundlagen hat ergeben, dass die in der schweizerischen Wirtschaftsverfassung enthaltenen Ordnungsvorstellungen die Schaffung einer Wettbewerbsordnung beinhalten (vgl. N 3). In Art. 1 KG wird dieses Auslegungsergebnis ausdrücklich festgehalten. Gleichzeitig wird mit der Wendung «fördern» jedoch darauf hingewiesen, dass die Kartellgesetzgebung für sich alleine genommen nicht ausreichend ist, um dieses Ziel zu erreichen (vgl. Botschaft 1994, 65 f.). Folgerichtig müssen auch andere Politikbereiche dazu beitragen, dass eine Wettbewerbsordnung errichtet werden und dauerhaft erhalten bleiben kann.

13   Im Gesetzestext wird in Art. 1 KG der Verfassungswortlaut wiederholt und auf die Möglichkeit der volkswirtschaftlichen und sozialen Schädlichkeit von Wettbewerbsbeschränkungen aufmerksam gemacht. Damit wird angedeutet, dass der im Verfassungstext unbestimmt formulierte Gesetzgebungsauftrag auf die Erfassung von Wettbewerbsbeschränkungen gerichtet ist, die eine bestimmte volkswirtschaftliche bzw. soziale Erheblichkeit aufweisen, wobei sich auch aufgrund einer ausführlichen Auseinandersetzung mit der Verfassungsrechtslehre und Verfassungsgeschichte nicht feststellen lässt, welche erheblichen Wirkungen dem Volkswirtschaftsbereich und welche dem Sozialbereich zuzuordnen sind (vgl. RENÉ RHINOW/GERHARD SCHMID/GIOVANNI BIAGGINI, Öffentliches Wirtschaftsrecht, Basel/Frankfurt 1998, § 20, Rz. 29). Hinzu kommt, dass in der Verfassung selbst über den Inhalt dieser beiden Kriterien keine Hinweise enthalten sind, weil die Feststellung der Schädlichkeit je nach den tatsächlichen Faktoren im Verlauf der Zeit unterschiedlich ausfallen kann (vgl. RENÉ RHINOW/GIOVANNI BIAGGINI, Verfassungsrechtliche Aspekte der Kartellgesetzrevision, in: ZÄCH/ZWEIFEL, Grundfragen der schweizerischen Kartellrechtsreform, St. Gallen 1995, 104 f.). Entsprechend hat der Gesetzgeber bei der Ausgestaltung kartellgesetzlicher Regelungsmuster einen beträchtlichen Wertungs- und Konkretisierungsspielraum (vgl. RENÉ RHINOW/GIOVANNI BIAGGINI, Verfassungsrechtliche Aspekte der Kartellgesetzrevision, in: ZÄCH/ZWEIFEL, Grundfragen der schweizerischen Kartellrechtsreform, St. Gallen 1995, 104 f., 107 mit weiteren Literaturverweisen).

14   Die Konkretisierung des verfassungsmässig vorgegebenen Erheblichkeitskriteriums hat der Gesetzgeber mit der Ausformulierung der materiellen Beurteilungskriterien im Gesetz vorgenommen (beispielsweise in Art. 5 KG) und in diesem Zusammenhang bereits im Zweckartikel sinngemäss festgehalten, dass durch das Verhalten der Marktteilnehmer die von der Verfassung vorgeschriebene Wettbewerbsordnung nicht in ihren Grundsätzen erschüttert werden darf. Es kann folglich bei der Rechtsanwendung im Rahmen des Kartellgesetzes nicht mehr darum gehen, volkswirtschaftlich oder sozial erhebliche von unerheblichen Sachverhalten abzugrenzen und eine gesamtwirtschaftliche Betrachtung anzustellen. Diese Ausscheidung hat der Gesetzgeber unter Nutzung seines Konkretisierungsspielraums mit der Formulierung der materiellrechtlichen Bestimmungen des Kartellgesetzes bereits vorgenommen. Letztlich ist bei der im Rahmen der Rechtsanwendung vorzunehmenden Erheblichkeitsprüfung, wie sie beispielsweise in Art. 5 Abs. 1 KG ausdrücklich vorgesehen ist, nur noch entscheidend, ob die zu beurteilende Beschränkung das geschützte Wettbewerbssystem gefährdet. Der ausdrückliche Verweis auf den Wettbewerb als zu verfolgendes Ordnungsprinzip im grundlegenden Zweckartikel hat folglich den Sinn, den Wettbewerb als Institution im Sinne eines Massstabs zu fixieren. Flexibilität herrscht jedoch, wenn es darum geht, zu prüfen, ob unternehmerisches Handeln die Institution Wettbewerb tatsächlich gefährdet. Diese Frage lässt sich nicht ein für alle Mal gleich beantworten, insbesondere ist bei ihrer Beantwortung zu berücksichtigen, dass Wirtschaftsprozesse und auch die diese Wirtschaftsprozesse regelnden Wettbewerbsbedingungen dynamische Erscheinungen sind, die jeweils im Hinblick auf den Entwicklungsstand einer bestimmten Volkswirtschaft und auf die darauf bezogenen ökonomischen Erkenntnisse beurteilt werden müssen (in diesem Sinne auch Botschaft 1994, 44).

IV. Wettbewerbstheoretische Grundlagen

A. Offenheit der wettbewerbstheoretischen Grundlagen

15 Mit dem von der Verfassung vorgegebenen Entscheid für den Wettbewerb als ordnungspolitisches Grundmodell wird unverzüglich die Frage aufgeworfen, welche Rahmenbedingungen dafür geschaffen werden müssen.

16 In seiner Botschaft aus dem Jahre 1994 hat sich der Bundesrat darum bemüht, Offenheit in Bezug auf die wettbewerbstheoretischen Grundlagen des Kartellgesetzes zu signalisieren und zu betonen, dass das zentrale materielle Entscheidkriterium – der wirksame Wettbewerb – nicht an eine bestimmte wettbewerbstheoretische Schule angelehnt sei (vgl. Botschaft 1994, 44 ff.). Insbesondere hat der Bundesrat darauf hingewiesen, dass sich der Begriff «wirksamer Wettbewerb» des Kartellgesetzes von den «workability»-Konzepten der traditionellen Harvard-Wettbewerbsschule der fünfziger und sechziger Jahre bewusst abgrenze: «Wirksamer Wettbewerb steht im vorliegenden Zusammenhang für ein Wettbewerbsverständnis, das in enger Anlehnung an die moderne Markt- und Wettbewerbstheorie keinen allgemeingültigen Rezepten verpflichtet ist. Wettbewerb ist in dieser Sicht ein vielgestaltiger, dynamischer Prozess, und Wettbewerbspolitik hat (hauptsächlich) sicherzustellen, dass die vom Wettbewerb allgemein erwarteten statischen und dynamischen Funktionen ausreichend erfüllt, das heisst nicht durch private Wettbewerbsbeschränkungen (und auch dysfunktionale staatliche Regulierungen) grundlegend beeinträchtigt werden. Wirksamer Wettbewerb soll m.a.W. die in einem Markt handelnden Unternehmen immer wieder zwingen oder doch anspornen, den Ressourceneinsatz zu optimieren, die Produkte und Produktionskapazitäten an die äusseren Bedingungen anzupassen sowie neue Produkte und Produktionsverfahren zu entwickeln» (vgl. Botschaft 1994, 45).

17 Aus diesem bundesrätlichen Votum lassen sich folgende Schlussfolgerungen ziehen: Das Kartellgesetz ist, wie erwähnt, nicht einem wettbewerbstheoretischen Grundmuster verhaftet. Aus dieser negativen Abgrenzung kann abgeleitet werden, dass für die wettbewerbsrechtliche Beurteilung nicht eine bestimmte wettbewerbstheoretische Grundausrichtung heranzuziehen, sondern dass im Prinzip jede rationale ökonomische Begründung geeignet ist, einen Entscheid im Rahmen des Kartellgesetzes zu begründen, solange die im Gesetz vorgegebenen Beurteilungsmuster nicht verlassen werden. Diese Schlussfolgerung entspricht durchaus dem Stand der Ökonomie, lässt sich doch bei einer Analyse der von der Wettbewerbstheorie erarbeiteten Vorstellungen feststellen, dass die einzelnen wettbewerbstheoretischen Grundausrichtungen, soweit die Grundanliegen betroffen sind, häufig ähnliche Lösungsansätze vertreten. (Vgl. die ausführliche Zusammenstellung der verschiedenen Ansätze bei Markus Ruffner, Wettbewerbstheoretische Grundlagen der Kartellgesetzrevision, in: Zäch/Zweifel, Grundfragen der schweizerischen Kartellrechtsreform, St. Gallen 1995, 145 ff. mit zahlreichen Hinweisen auf Ansätze der Wettbewerbstheorie. Eine Zusammenstellung wettbewerbstheoretischer Erkenntnisse findet sich auch bei Bernd Schips, Ökonomische Überlegungen zum Vorentwurf vom 3. September 1993 für ein «Bundesgesetz über Kartelle und andere Wettbewerbsbeschränkungen», in: Gewerbliche Rundschau, Nr. 2/1994, 43 ff.) Konsequenterweise lassen sich wettbewerbstheoretische Grundmuster höchstens aus der Botschaft 1994 des Bundesrates herauslesen, nicht jedoch aus dem Gesetzestext selbst.

B. Wirksamer Wettbewerb als wettbewerbstheoretisches Leitbild

18   Das offene wettbewerbstheoretische Beurteilungsmuster des Kartellgesetzes wird einzig durch den im Gesetz mehrfach an prominenter Stelle verwendeten Begriff des «wirksamen Wettbewerbs» materialisiert (vgl. Art. 5 Abs. 1 und Abs. 2 lit. b KG sowie Art. 10 Abs. 2 lit. a KG; zum Begriff des wirksamen Wettbewerbs vgl. PETER HETTICH, Wirksamer Wettbewerb, Bern 2003, passim). Der verwendete Begriff würde eigentlich auf eine gewisse Nähe zu den «workability»-Konzepten der früheren Harvard-Schule hindeuten (vgl. dazu Botschaft 1994, 37 f., sowie MARKUS RUFFNER, Wettbewerbstheoretische Grundlagen der Kartellgesetzrevision, in: ZÄCH/ZWEIFEL, Grundfragen der schweizerischen Kartellrechtsreform, St. Gallen 1995, 152), was sich jedoch mit dem nach Offenheit tendierenden Ansatz des Kartellgesetzes nur bedingt verträgt. Mit Blick auf die ihm im Kartellgesetz zugedachten Funktionen (vgl. dazu die Hinweise bei MARINO BALDI/JÜRG BORER, Das neue schweizerische Kartellgesetz – Bestimmungen über Wettbewerbsabreden und marktbeherrschende Unternehmen, in: Wirtschaft und Wettbewerb 1998, 344 f.) ist der Begriff wirksamer Wettbewerb einerseits zentraler Prüfungsmassstab und Markstein für die Beurteilung von Wettbewerbsabreden (vgl. Art. 5 Abs. 1 und 2 lit. b KG), andererseits auch Interventionsschwelle bei der Prüfung von meldepflichtigen Unternehmenszusammenschlüssen (vgl. Art. 10 Abs. 2 KG). Vor dem Hintergrund dieser für das Kartellgesetz zentralen Triage-Funktion muss der Entscheid darüber, ob noch wirksamer Wettbewerb vorhanden ist, die Antwort auf die Frage sein, ob im konkreten Fall die zentralen Funktionen des Wettbewerbs (Allokation, Anpassung und Innovation) beeinträchtigt werden (vgl. Botschaft 1994, 45). Ziel einer derart auf den Schutz von Marktprozessen ausgerichteten Wettbewerbspolitik ist nicht ein bestimmtes wohlfahrtsökonomisches Anliegen, sondern der Schutz des Wettbewerbs als Institution, der, solange sein Funktionieren gewährleistet ist, in aller Regel zu den besten Ergebnissen für die Wohlfahrt einer Volkswirtschaft führt (vgl. beispielsweise Botschaft 1994, 46; vgl. auch MARINO BALDI, Überblick und allgemeine Bestimmungen – zwölf Charakteristika des neuen Kartellgesetzes, in: ZÄCH, Das neue schweizerische Kartellgesetz, Zürich 1996, 4 f.). Die Erhaltung eines Wettbewerbssystems ist demnach in erster Linie Mittel zur Erreichung optimaler Markergebnisse. Diese Qualifikation als Mittel schliesst jedoch nicht aus, dass die mit diesem Mittel angestrebten Ziele, deren Legitimität sich aus der staatlichen Verfassung herleiten lässt, immer wieder Anlass geben sollten, das verwendete Mittel kritisch zu hinterfragen.

19   Dieses theoretische Grundmuster hilft in der Praxis nur bedingt, konkretes Marktverhalten oder konkrete Strukturen auf ihre Vereinbarkeit hin mit den im Kartellgesetz enthaltenen Ansätzen zu überprüfen. Wettbewerbspolitik und damit die Anwendung von wettbewerbsrechtlichen Regelungsmustern lassen sich nicht anhand theoretischer Modelle durchspielen, sondern bedürfen der dauernden Bezugnahme auf den zu beurteilenden Sachverhalt und deren Einbettung in die komplexen Mechanismen des Wirtschaftslebens. Mit den nachfolgend aufgeführten Hinweisen zur Bedeutung des wirksamen Wettbewerbs als Prüfungsmassstab für Wettbewerbsabreden bzw. als Interventionsschwelle für Unternehmenszusammenschlüsse lassen sich erste Hinweise auf die Auslegung des Begriffs wirksamer Wettbewerb geben, jedoch erreichen diese nie die Bedeutung direkt anwendbarer Regeln für die Beurteilung von nach dem Kartellgesetz relevanten Wettbewerbsbeschränkungen oder Strukturveränderungen.

C. Wirksamer Wettbewerb als Massstab für die Beurteilung von Wettbewerbsabreden

20   Bei der Beurteilung von Wettbewerbsabreden ist der wirksame Wettbewerb Prüfungsmassstab, der über die Zulässigkeit einer Wettbewerbsabrede entscheidet. Wettbewerbsabreden, die wirksamen Wettbewerb beseitigen und die folglich die zentralen Funktionen des Wettbewerbs ausschalten, können konsequenterweise nicht mehr mit Gründen der wirtschaftlichen Effizienz im Sinne von Art. 5 Abs. 2 KG gerechtfertigt werden, sondern sind in jedem Fall unzulässig (vgl. Art. 5 Abs. 1 KG). Bei horizontalen Preis-, Mengen- und Gebietsabsprachen sowie bei vertikalen Preisabreden und Gebietsabschottungsklauseln hat der Gesetzgeber die Vermutung aufgestellt, dass durch diese Art von Abreden wirksamer Wettbewerb beseitigt wird (vgl. Art. 5 Abs. 3 und 4 KG). Diese Vermutungen machen deutlich, was in der modernen Wettbewerbstheorie und Praxis nicht bestritten wird, nämlich dass derartige Arten von Wettbewerbsabreden in aller Regel darauf ausgerichtet sind, Kartellrenten für die beteiligten Unternehmen zu erwirtschaften, und grundsätzlich keine volkswirtschaftlich relevanten Effizienzvorteile erzeugen (vgl. Botschaft 1994, 49 f.; vgl. dazu auch MARKUS RUFFNER, Wettbewerbstheoretische Grundlagen der Kartellgesetzrevision, in: ZÄCH/ZWEIFEL, Grundfragen der schweizerischen Kartellrechtsreform, St. Gallen 1995, 193 f.). Die dadurch bewirkte Ausschaltung wirksamen Wettbewerbs und damit des Wettbewerbsprinzips zwischen den beteiligten Unternehmen verhindert, dass die vom Wettbewerb allgemein erwarteten statischen und dynamischen Funktionen erfüllt und allfällige Effizienzvorteile über das System des Marktes an andere Marktstufen weitergegeben werden können. Die Unternehmen werden nicht mehr dazu angespornt, ihre Produktion unter Effizienzgesichtspunkten zu optimieren.

21   Die erwähnte Schrankenfunktion macht klar, dass es bei der Beurteilung von Wettbewerbsabreden nicht darum gehen kann, jede Einwirkung auf den Wettbewerbsprozess rechtlich zu sanktionieren. Mit der Beseitigung der Wirksamkeit als Schranke wird angedeutet, dass nur massive Störungen des Wettbewerbsprozesses dazu geeignet sind, eine Intervention der Wettbewerbsbehörden zu rechtfertigen. Ungleichgewichte, die dem Wettbewerbsprozess infolge seiner Dynamik inhärent sind, sind die treibende Kraft einer funktionierenden Wettbewerbswirtschaft (vgl. Botschaft 1994, 38). Folglich sind Übertreibungen bei der Anwendung des Wettbewerbsrechts zu vermeiden, da ansonsten durch die interventionistische Ausgleichung jeglicher Ungleichgewichte zwischen den Marktteilnehmern der Wettbewerbsprozess vollständig zum Erliegen gebracht werden könnte. Eine derartige interventionistische Wettbewerbspolitik wäre Anmassung von Wissen, weil es gerade die Grunderkenntnis moderner Wirtschaftspolitik ist, dass die Prozesshaftigkeit des Wettbewerbs, wenn auch nicht immer kurzfristig, so doch insgesamt betrachtet, zu volkswirtschaftlich erwünschten positiven Ergebnissen führt.

D. Wirksamer Wettbewerb als Interventionsschwelle bei der Prüfung von Unternehmenszusammenschlüssen

22   Der Begriff wirksamer Wettbewerb hat auch einen zentralen Stellenwert bei der Beurteilung von Unternehmenszusammenschlüssen. Neben der Begründung oder Verstärkung einer marktbeherrschenden Stellung ist die Gefahr der Beseitigung wirksamen Wettbewerbs die zweite materiellrechtliche Voraussetzung, um eine Eingriffskompetenz der Wettbewerbskom-

mission gegenüber einem Zusammenschlussvorhaben zu begründen (vgl. die Formulierung in Art. 10 Abs. 2 lit. a KG, wonach die Wettbewerbskommission einen Zusammenschluss untersagen oder ihn mit Bedingungen und Auflagen zulassen kann, wenn «eine marktbeherrschende Stellung, durch die wirksamer Wettbewerb beseitigt werden kann, begründet oder verstärkt» wird). Der Hinweis auf die Möglichkeit der Beseitigung wirksamen Wettbewerbs im Zusammenhang mit der Prüfung von Unternehmenszusammenschlüssen deutet an, dass für eine Intervention der Wettbewerbskommission, ganz im Sinne des bereits aufgezeigten theoretischen Hintergrunds des Kartellgesetzes, nicht jede zu einer starken Marktstellung führende Strukturveränderung zu genügen vermag. Mit Rücksicht auf die den Wettbewerbsprozessen eigene Dynamik ist bei Unternehmenszusammenschlüssen immer danach zu fragen, ob die durch den Zusammenschluss bewirkte Entstehung oder Verstärkung von Marktmacht den Wettbewerb auch noch in der Zukunft ermöglichen wird (vgl. zur dynamischen und in die Zukunft gerichteten Betrachtungsweise bei der Beurteilung von Unternehmenszusammenschlüssen die Hinweise bei MARINO BALDI/JÜRG BORER, Das neue schweizerische Kartellgesetz – Bestimmungen über Wettbewerbsabreden und marktbeherrschende Unternehmen, in: Wirtschaft und Wettbewerb 1998, 344 f.). Erst wenn die Prognose auf eine dauerhafte Marktschliessung hindeutet, sind die Wettbewerbsbehörden berechtigt, in das Marktgeschehen einzugreifen (vgl. zu diesen materiellen Eingriffvoraussetzungen die nachfolgende Kommentierung zu Art. 10 KG). Auch bei der Beurteilung von Unternehmenszusammenschlüssen wird folglich deutlich, dass ein Eingriff in jede zu einer Konzentration von wirtschaftlicher Macht führende Strukturveränderung eine den Wettbewerbsprozess störende Anmassung von Wissen wäre. Das Bundesgericht hat allerdings in seiner Praxis die Interventionsschranken noch höher gesetzt und will eine Intervention nur dann in Betracht ziehen, wenn eine Monopolstellung zu entstehen droht. Der Teil «Beseitigung wirksamen Wettbewerbs» wird folglich vom Bundesgericht nicht als dynamisierendes Element, sondern als qualifizierte Marktbeherrschung verstanden (vgl. BGE 133 II 104).

Art. 2   Geltungsbereich

¹ Das Gesetz gilt für Unternehmen des privaten und des öffentlichen Rechts, die Kartell- oder andere Wettbewerbsabreden treffen, Marktmacht ausüben oder sich an Unternehmenszusammenschlüssen beteiligen.

¹ᵇⁱˢ Als Unternehmen gelten sämtliche Nachfrager oder Anbieter von Gütern und Dienstleistungen im Wirtschaftsprozess, unabhängig von ihrer Rechts- oder Organisationsform.[1]

² Das Gesetz ist auf Sachverhalte anwendbar, die sich in der Schweiz auswirken, auch wenn sie im Ausland veranlasst werden.

---

[1]   Eingefügt durch Ziff. I des BG vom 20. Juni 2003, in Kraft seit 1. April 2004 (AS 2004 1385 1390; BBl 2002 2022 5506).

I. Ausgangslage

1   Zentraler Ansatz für die Bestimmung des Geltungsbereiches des Kartellgesetzes ist der Unternehmensbegriff. Erfasst werden unternehmerische Handlungen, die sich auf das Verhalten am Markt und auf die Art des Marktauftritts beziehen. Der in Art. 2 KG definierte Geltungsbereich des Gesetzes lässt sich in eine persönliche und sachliche Komponente aufgliedern. Der Vollständigkeit halber ist auch noch die zeitliche Komponente zu erwähnen, die jedoch der Gesetzgebungstradition entsprechend bei den Schlussbestimmungen des Kartellgesetzes geregelt wird (vgl. dazu die nachfolgende Kommentierung zu den Art. 61 und 62 KG).

2   Von den erwähnten Komponenten des Geltungsbereichs ist neben dem örtlichen Geltungsbereich des Gesetzes, der sich wie bei allen staatlichen Erlassen auf das Territorium der Schweiz bezieht, der örtliche Anwendungsbereich zu unterscheiden. Eine entsprechende Regelung ist in Abs. 2 von Art. 2 KG enthalten.

II. Persönlicher Geltungsbereich

3   Der persönliche Geltungsbereich knüpft an den Unternehmensbegriff an. Da es sich beim Begriff «Unternehmen» nicht um einen fest definierten Begriff des schweizerischen Rechts handelt, ist mit dieser Umschreibung des persönlichen Geltungsbereichs bereits in einem gewissen Sinne eine Vorwegnahme des sachlichen Geltungsbereichs verbunden. Diese sachliche Komponente besteht darin, dass als Unternehmen im Sinne des Kartellgesetzes auf eine ökonomische Begriffsumschreibung abgestellt wird, welche folglich in persönlicher Hinsicht vom Kartellgesetz diejenigen Marktteilnehmer als Unternehmen erfasst wissen will, welche sich – sei es als Anbieter oder Nachfrager – selbstständig als Produzenten von Gütern und Dienstleistungen am Wirtschaftsprozess beteiligen (vgl. Botschaft 1994, 66; vgl. dazu PATRICK KRAUSKOPF/SOPHIE HENKEL, Art. 2 Abs. 1bis KG: Gedanken zum neuen Unternehmensbegriff, in sic! 2006, 740 ff.).

4   Das schweizerische Recht enthält, was angesichts der ökonomischen Ausrichtung nicht erstaunt, keine Legaldefinition des Unternehmens. Traditionellerweise wird im Recht denn auch in persönlicher Hinsicht zwischen natürlichen und juristischen Personen oder allenfalls zwischen bestimmten Rechtsformen des privaten oder öffentlichen Rechts unterschieden, in welchen sich Personen im Rechtssinne oder Personenvereinigungen organisieren lassen. All diese Unterscheidungen sind für die Bestimmung des persönlichen Geltungsbereichs des Kartellgesetzes jedoch nicht relevant. Abzustellen ist, wie bereits hervorgehoben, allein auf die Unternehmensqualität im ökonomischen Sinne. Das Kartellgesetz ist ein wirtschaftsrechtlicher Erlass, der wirtschaftliche Phänomene unabhängig von ihrer rechtlichen Struktur erfassen will.

5   Im Sinne eines möglichst stringenten Einbezugs jeglicher Form unternehmerischer Wirtschaftstätigkeit werden vom persönlichen Geltungsbereich des Kartellgesetzes auch Unternehmen erfasst, die sich in einer Rechtsform, welche vom öffentlichen Recht zur Verfügung gestellt wird, als Unternehmen organisiert haben (vgl. den ausdrücklichen Hinweis in Art. 2 Abs. 1 KG; vgl. JENS LEHNE, Basler Kommentar, Art. 2, N 13). Bedient sich die öffentliche Hand zur Erfüllung ihrer von Gesetz und Verfassung vorgegebenen Aufgaben eines Unternehmens, soll dieses den gleichen Verhaltensregeln unterworfen werden wie die ihm gegenüberstehenden privaten Unternehmen. Ausnahmen sind nur dort angebracht, wo der Ge-

setzgeber mit der Schaffung einer besonderen staatlichen Marktordnung oder mit der Ein-räumung bestimmter Rechte zur Erfüllung öffentlicher Aufgaben dies ausdrücklich vorgese-hen hat (vgl. dazu die nachfolgende Kommentierung zu Art. 3 Abs. 1 KG). Das Bundesgericht ist jedoch im Falle der Schweizerischen Meteorologischen Anstalt dieser Absicht des Gesetz-gebers nicht gefolgt und hat für Art. 2 Abs. 1 KG eine gewichtige Einschränkung gemacht. Gemäss dieser Rechtsprechung soll das Kartellgesetz von seinem persönlichen Geltungsbe-reich her keine Anwendung finden, wenn das Verhalten oder die Wettbewerbsabrede von einem öffentlich-rechtlichen Unternehmen ohne Rechtspersönlichkeit ausgeht, das hoheitlich auftritt und sich seine Dienstleistungen gestützt auf eine staatliche Gebührenordnung abgel-ten lässt (BGE 127 II 32 ff.). Eigentlich wollte der Gesetzgeber mit seiner weiten Formulie-rung in Art. 2 Abs. 1 derartige Schlupflöcher gerade verhindern (zum SMA-Entscheid des Bundesgerichts vgl. ausführlich Jens Lehne, Basler Kommentar, N 16 f.). Im Rahmen der Revi-sion 2003 wurde der durch die bundesgerichtliche Praxis angeblich bestehende Nachbesse-rungsbedarf thematisiert und das vom Bundesgericht aufgezeigte Schlupfloch zu stopfen ver-sucht. Art. 2 Abs. 1bis KG macht deutlich, dass die Rechts- oder Organisationsform für die Unternehmensqualität und damit für die subjektive Unterstellung unter das Kartellgesetz keine Rolle spielen darf (vgl. dazu die Ausführungen bei Olivier Schaller/Christoph Tagmann, Kartellrecht und öffentliches Recht – neuere Praxis im Bereich des Gesundheitswe-sens, in: Aktuelle Juristische Praxis 2004, 704 ff.; zur neueren Praxis zur Unternehmensqua-lität staatlicher Unternehmen vgl. RPW 2007/4, Armasuisse, 519 f., Rz. 20 f.).

6　　Die Verwendung des Unternehmensbegriffs zur Bestimmung des persönlichen Geltungsbe-reichs hat zur Folge, dass ein breites Feld von Marktteilnehmern den Marktregeln des Kartell-gesetzes unterworfen wird, sofern diese Marktteilnehmer durch ihr Verhalten oder durch die Form ihres Marktauftrittes die im Gesetz umschriebenen sachlichen Geltungsbereichsvoraus-setzungen erfüllen. In diesem Sinne wird, wie der Bundesrat in seiner Botschaft ausdrücklich festhält, eine gewisse Gleichbehandlung aller (auch der in einer Form des öffentlichen Rechts organisierten Unternehmen) am Markt als Unternehmen auftretenden Marktteilnehmer er-reicht (vgl. Botschaft 1994, 66). Dieser durch den Unternehmensbegriff vorgegebene positive Sinngehalt des persönlichen Geltungsbereichs lässt sich gegenüber Privatpersonen, Arbeit-nehmern und Konsumenten negativ abgrenzen.

7　　Mit dem Unternehmensbegriff wird zunächst eine Abgrenzung gegenüber den Privatpersonen vorgenommen. Diese Abgrenzung ist nicht immer ohne Schwierigkeiten möglich und muss sich teilweise an subtilen Kriterien orientieren. Ausgangspunkt ist ein sogenannter funktio-naler Unternehmensbegriff, dessen Verwendung dazu führt, dass die im Kartellgesetz ent-haltenen Wettbewerbsregeln auf alle Marktteilnehmer, die als Unternehmen eine wirtschaftli-che Tätigkeit ausüben, anwendbar sind. Die Abgrenzung der unternehmerischen von der pri-vaten Tätigkeit ist folglich nicht aufgrund formeller Kriterien möglich, sondern entscheidend ist, ob eine bestimmte Tätigkeit darauf ausgerichtet ist, als Teilnahme am Wirtschaftsverkehr zu gelten, wobei diese Teilnahme auf selbstständiger Tätigkeit beruhen muss. Gemäss der Formel des Gerichtshofes der Europäischen Union umfasst der Begriff des Unternehmens im Rahmen des Wettbewerbsrechts jede eine wirtschaftliche Tätigkeit ausübende Einheit, unab-hängig von ihrer Rechtsform und der Art ihrer Finanzierung (Gerichtshof der Europäischen Union, Urteil vom 16. März 2004, Rechtssachen C 264/01, 306/01, 354/01 und 355/01,

AOK Bundesverband, Krankenkassen in Deutschland, zugänglich über die Internetseite http://curia.europa.eu/jcms/jcms/j_6). Die Hinweise auf die Begriffe stellen klar, dass einer natürlichen Person nicht ohne Weiteres die Unternehmensqualität im Sinne des Kartellgesetzes abgeht, sondern sie bzw. ihre Tätigkeiten und Verhaltensweisen durchaus von den kartellgesetzlichen Regelungen erfasst werden können. Das gilt beispielsweise dann, wenn eine natürliche Person ein Einzelunternehmen führt und demnach als Unternehmer schlechthin auftritt, aber auch in den Fällen, wo natürliche Personen beispielsweise als professionelle Investoren auftreten.

8   Die Umschreibung des persönlichen Geltungsbereichs durch den Unternehmensbegriff schliesst aus, dass neben reinen Privatpersonen Arbeitnehmer vom Kartellgesetz erfasst werden. Zwar nehmen Arbeitnehmer als Wirtschaftsteilnehmer durch die Zurverfügungstellung ihrer Arbeitsleistung am Wirtschaftsverkehr intensiv teil, jedoch erbringen sie ihren Beitrag in einem Abhängigkeitsverhältnis zugunsten des Arbeitgebers, welchem anschliessend die Handlungen seiner Arbeitnehmer, auch wenn sie sich auf die Wettbewerbsverhältnisse auswirken, zugerechnet werden müssen. Bei der Arbeitnehmertätigkeit fehlt es gerade an der für die Qualifikation als Unternehmen notwendigen Selbstständigkeit (zum gleichen Ergebnis, aber mit anderer Begründung BERNHARD RUBIN/MATTHIAS COURVOISIER, in Baker & McKenzie, Art. 2, N 14 ff.).

9   Die für die Abgrenzung verwendete Unternehmensqualität schliesst nicht nur den einzelnen Arbeitnehmer vom persönlichen Geltungsbereich des Kartellgesetzes aus, sondern auch die (gewerkschaftliche) Organisation von Arbeitnehmern zur Verstärkung ihrer zweifellos wirtschaftlichen Macht auf dem Arbeitsmarkt. In dieser Hinsicht ist nicht ein unabhängiger Auftritt auf dem Güter- und Dienstleistungsmarkt betroffen, der die Wettbewerbsverhältnisse auf diesen Märkten selbstständig berühren würde. Obwohl nicht zu verkennen ist, dass der kollektive Auftritt von Arbeitnehmern auf dem Arbeitsmarkt sich auf die Teilnahme am Wirtschaftsverkehr bezieht, ist aufgrund der Aussage des Bundesrates in der Botschaft davon auszugehen, dass die mangelnde Selbstständigkeit und die durch die Koalitionsbildung folglich nur indirekte Auswirkung auf Produkte- und Dienstleistungsmärkte dazu führen, kollektive Vereinbarungen der Arbeitnehmer nicht als bestimmte Form des Marktauftritts von Unternehmen zu qualifizieren (Ausnahmen können sich dort ergeben, wo die Absprache auf dem Aktienmarkt als Vehikel unerlaubter Absprachen auf dem Güter- und Dienstleistungsmarkt benützt wird; vgl. dazu WALTER R. SCHLUEP, in: SCHÜRMANN/SCHLUEP, KG und PüG, Zürich 1988, 162 ff.); sie sind dem persönlichen Geltungsbereich des Kartellgesetzes entzogen (vgl. Botschaft 1994, 66 f.). Eine Neuausrichtung im Sinne einer kartellrechtlichen Erfassung von Kollektivvereinbarungen der Arbeitnehmer müsste durch einen politischen Entscheid abgestützt werden.

10   Der für die Bestimmung des persönlichen Geltungsbereichs verwendete Unternehmensbegriff schliesst aus, dass das Verhalten von Konsumenten den Regeln des Kartellgesetzes unterstellt ist. Der Zusammenschluss von Konsumenten in Konsumentenorganisationen und von diesen Organisationen initiierte oder ausgeführte Handlungen können von den Wettbewerbsbehörden folglich nicht auf ihre Vereinbarkeit mit dem Kartellgesetz hin überprüft werden. (Es gelten in Ausnahmefällen die gleichen Vorbehalte wie bei den Kollektivvereinbarungen auf dem Arbeitsmarkt, d.h., die Absprachen dürfen nicht Vehikel für eine unerlaubte Unternehmensabsprache sein.) Obwohl nicht zu übersehen ist, dass Konsumenten und insbesondere in Ver-

bänden organisierte Konsumentenvereinigungen durch ihr Verhalten die Marktverhältnisse erheblich beeinflussen können, sind sie bezogen auf die für das Kartellgesetz relevanten Produkt- und Dienstleistungsmärkte gerade nicht selbstständige Marktteilnehmer mit Unternehmensqualität. Gleichwohl kommt der mit dem Kartellgesetz angestrebte Schutz des funktionierenden Wettbewerbs letztlich über günstige Marktverhältnisse auch, aber nicht ausschliesslich, den Konsumenten zugute. So wurde zwar im Verlaufe der Kommissionsberatungen der Hinweis auf den Verbrauchernutzen als notwendige Voraussetzung für eine Rechtfertigung aus Gründen der wirtschaftlichen Effizienz (vgl. Art. 5 Abs. 2 KG) gestrichen, allerdings nur mit dem Hinweis, dass die Notwendigkeit der Aufrechterhaltung wirksamen Wettbewerbs genügend Gewähr dafür biete, dass Effizienzvorteile über den Markt und damit letztlich auch den Verbrauchern zugutekommen müssen (vgl. Protokoll der Kommission für Wirtschaft und Abgaben des Nationalrates vom 20. bzw. 22. Februar 1995, 45, Votum Spoerry; vgl. zur Stellung der Konsumenten im Kartellgesetz die Darstellung von ALEXANDER BRUNNER, Konsumentenkartellrecht, in: Aktuelle Juristische Praxis 1996, 931 ff.). Der Ausschluss vom persönlichen Geltungsbereich verwehrt den Konsumenten jedoch nicht, im Sinne von Art. 26 Abs. 1 KG beim Sekretariat der Wettbewerbskommission eine Anzeige gegen ein kartellrechtswidriges Verhalten von Unternehmen einzureichen oder als Dritte sich am Untersuchungsverfahren im Sinne von Art. 43 Abs. 1 lit. c KG zu beteiligen.

11   Durch die Verwendung des ökonomisch geprägten Unternehmensbegriffs für die Umschreibung des persönlichen Geltungsbereichs wird klargestellt, dass nicht die Organisation als rechtliche, sondern als wirtschaftliche Einheit die Unternehmenseigenschaft zur Folge hat. Dies soll auch durch den mit der Revision neu eingefügten Art. 2 Abs. 1bis KG keine Änderung erfahren. Der in dieser Bestimmung verwendete Begriff der Organisationsform darf nicht wirtschaftlich, sondern muss rechtlich verstanden werden. Unternehmensorganisationen mittels Konzernstrukturen müssen folglich als einzelne Unternehmenseinheiten angesehen werden, sofern innerhalb der Konzernstruktur nicht verschiedene wirtschaftliche Einheiten bestehen, die ihren Marktauftritt bis zu einem gewissen Grade autonom gestalten können. Das bedeutet, dass Absprachen zwischen Unternehmen, die dem gleichen Konzern angehören, grundsätzlich nicht als Wettbewerbsabsprachen, Umstrukturierungen innerhalb eines Konzerns nicht als Unternehmenszusammenschlüsse angesehen werden, hingegen bei der Qualifikation der Marktstellung für die Verhaltenskontrolle marktbeherrschender Unternehmen der Konzern als Gesamtheit von den materiellrechtlichen Bestimmungen des Kartellgesetzes erfasst wird (RPW 2010/2, 355 ff., E.4, Publigroupe, Bundesverwaltungsgericht; vgl. zum Konzernprivileg CHRISTOPH LANG/RETO M. JENNY, Keine Wettbewerbsabreden im Konzern; Zum Konzernprivileg im schweizerischen Kartellrecht, sic! 2007, 299 ff.). Mit dem Kartellgesetz werden in erster Linie nicht rechtliche, sondern wirtschaftliche Phänomene beurteilt; die kartellgesetzliche Ordnung muss folglich auch der wirtschaftlichen Organisationsform des Konzerns entsprechend Rechnung tragen (vgl. dazu RPW 2008/4, Tarifverträge Zusatzversicherungen des Kanton Luzern, 544 f., Rz. 26 f. unter Verweis auf die Ausführungen dazu in der Zwischenverfügung in der gleichen Sache, RPW 2006/3, 513 ff.; zur Behandlung von Unternehmen im Konzern im europäischen Recht vgl. Entscheid des Gerichtshofs der Europäischen Union, Urteil vom 10. September 2009, Rechtssache C 97/08 P, Akzo Nobel, zugänglich über die Internetseite http://curia.europa.eu/jcms/jcms/j_6).

III. Sachlicher Geltungsbereich

12   Der durch den Unternehmensbegriff umschriebene persönliche Geltungsbereich des Kartellgesetzes reicht allein betrachtet für eine Unterstellung unter das Kartellgesetz nicht aus. Es
müssen dafür noch gewisse zusätzliche Anforderungen erfüllt sein, welche sich unter dem Titel
sachlicher Geltungsbereich zusammenfassen lassen. Nicht jedes unternehmerische Marktverhalten bzw. jeder unternehmerische Marktauftritt ist dazu geeignet, ein Unternehmen dem
Geltungsbereich des Kartellgesetzes zu unterstellen. Die zusätzlichen sachlichen Anforderungen werden in Art. 2 Abs. 1 KG umschrieben. Für die Unterstellung ist erforderlich, dass die
beteiligten Unternehmen Kartell- oder andere Wettbewerbsabreden treffen, Marktmacht ausüben oder sich an Unternehmenszusammenschlüssen beteiligen.

13   In Art. 2 Abs. 1 KG wird von Kartell- und zusätzlich von Wettbewerbsabreden gesprochen.
Rein sprachlich betrachtet ist das Kartell bereits im Begriff der Wettbewerbsabrede enthalten.
Die bei der Bestimmung des Geltungsbereichs in Art. 2 Abs. 1 KG (eigentlich überflüssige)
Verwendung des unter dem früheren Kartellgesetz aus dem Jahre 1985 bestens bekannten
Kartellbegriffs lässt sich psychologisch erklären. Der Kartellbegriff wird im Kartellgesetz nur
noch im Titel und in der erwähnten Geltungsbereichsbestimmung verwendet. Im Übrigen
wurde bei der Redaktion des Gesetzes konsequent der umfassendere Begriff «Wettbewerbsabrede» verwendet. Das Kartellgesetz 1985 erfasste gemäss seiner Geltungsbereichsbestimmung Kartelle und ähnliche Organisationen (vgl. Art. 1 Abs. 1 aKG 1985). Unter dem
Begriff des Kartells wurden nach dem aKG 1985 nur Horizontalabreden verstanden, weil die
Begriffsbestimmung unter Art. 2 Abs. 1 aKG 1985 für die Qualifikation als Kartell verlangte,
dass eine gemeinsame (d.h. von mehreren Unternehmen der gleichen Wirtschaftsstufe gemeinsam veranlasste) Wettbewerbsbeschränkung vorlag (vgl. Art. 2 Abs. 1 aKG 1985). Vertikalabreden wurden folglich vom früheren Recht grundsätzlich nicht dem Kartellgesetz unterstellt (vgl. zur Diskussion über den Geltungsbereich des früheren Kartellgesetzes die Ausführungen bei WALTER R. SCHLUEP, in: SCHÜRMANN/SCHLUEP, KG und PüG, Zürich 1988, 206 ff.;
ERIC HOMBURGER, Kommentar zum schweizerischen Kartellgesetz, Zürich 1990, Art. 2,
Rz. 8 ff.). Die gleichzeitige Verwendung des Begriffs «Kartell» und «Wettbewerbsabrede» im
Kartellgesetz 1995 will deutlich machen, dass das revidierte Kartellgesetz im Vergleich zum
früheren Recht einen wesentlich erweiterten Geltungsbereich hat. Wie die in Art. 4 Abs. 1 KG
enthaltene Begriffsumschreibung zeigt, werden nicht nur die gemäss der alten Terminologie
als Kartelle bezeichneten Horizontalabreden erfasst, sondern ohne Einschränkungen auch die
Vertikalabreden (in Art. 4 Abs. 1 KG wird von Unternehmen gleicher oder verschiedener
Marktstufe gesprochen; vgl. dazu die nachfolgende Kommentierung zu Art. 4 KG).

14   Bei der Bestimmung des Geltungsbereichs verwendet der Gesetzgeber den Begriff der
Ausübung von Marktmacht, ohne diese Marktmacht anschliessend bei den Begriffsbestim-
mungen in Art. 4 KG zu definieren; Art. 4 Abs. 2 KG enthält nicht eine Definition des marktmächtigen, sondern des marktbeherrschenden Unternehmens. Warum der Geltungsbereich
die Ausübung von Marktmacht erfasst, im Übrigen jedoch im Gesetz der Begriff des marktbeherrschenden Unternehmens für die Anknüpfung von Rechtsfolgen als massgeblich angesehen wird (vgl. die Begriffsbestimmung in Art. 4 Abs. 2 KG; Art. 7 KG knüpft die Verhaltenskontrolle an den Bestand einer marktbeherrschenden Stellung an; Art. 10 Abs. 1 und 2 KG
nehmen die Entstehung oder die Verstärkung einer marktbeherrschenden Stellung zum

Anlass für eine Prüfung gemäss den Vorschriften über die Fusionskontrolle), wird in den Materialien, insbesondere auch in der bundesrätlichen Botschaft, nicht näher erläutert. In der Botschaft 1994 findet sich lediglich der Hinweis, dass mit Marktbeherrschung eine qualifizierte Form der Marktmacht angesprochen wird (vgl. Botschaft 1994, 80 f.). Die Unterscheidung zwischen Marktmacht im Bereich des Geltungsbereichs und Marktbeherrschung bezüglich der Interventionsschwellen (vgl. die Verhaltenskontrolle gemäss Art. 7 KG und die Kontrolle von Unternehmenszusammenschlüssen gemäss Art. 10 KG) macht aus der Sicht der Wettbewerbsbehörden bei der praktischen Handhabung der Bestimmungen des Kartellgesetzes allenfalls Sinn. Rein terminologisch betrachtet handelt es sich bei der marktbeherrschenden Stellung um eine qualifizierte Form der Ausübung von Marktmacht. (Vgl. zu dieser Begriffsabgrenzung Botschaft 1994, 80 f. In ihrer Praxis schliesst sich die Wettbewerbskommission dieser Begriffsabgrenzung an; vgl. RPW 2004/3, Markt für Schlachtschweine – Teil A, 678, Rz. 11.; RPW 2006/4, Flughafen Zürich AG [Unique] – Valet Parking, 625 ff., Rz. 34; RPW 2007/2, Richtlinien des Verbandes Schweizerischer Werbegesellschaften VSW über die Kommissionierung von Berufsvermittlern, 190 ff., Rz. 74.) Die Verwendung des Begriffs Marktmacht beim Geltungsbereich hat die praktische Folge, dass die den Wettbewerbsbehörden im Rahmen des Kartellgesetzes zukommenden Untersuchungsinstrumente bereits dann Anwendung finden, wenn bezüglich eines Unternehmens Anzeichen von Marktmacht vorliegen. Bei der Unterstellung unter den Geltungsbereich sind folglich die Wettbewerbsbehörden nicht darauf angewiesen, den unter Umständen komplizierten Nachweis zu erbringen, dass ein Unternehmen auf einem bestimmten Markt eine marktbeherrschende Stellung innehat. Der unter dem früheren Kartellgesetz mögliche Einwand eines Unternehmens, wonach es mangels Marktbeherrschung vom Geltungsbereich (als kartellähnliche Organisation) des Gesetzes gar nicht erfasst werde, wird gemäss dem geltenden Recht mit weit weniger Begründungsaufwand zu widerlegen sein. (Der von SCHMIDHAUSER erwähnte Verdacht eines «redaktionellen Versehens» bei der Formulierung von Art. 2 KG, vgl. BRUNO SCHMIDHAUSER, in: Homburger, Kommentar Art. 2, N 18, ist nicht stichhaltig und wird auch durch die explizite Stellungnahme des Bundesrates in seiner Botschaft mit Bezug auf diese Differenzierung widerlegt, vgl. Botschaft 1994, 80 f.)

15   In sachlicher Hinsicht werden vom Geltungsbereich des Kartellgesetzes auch Unternehmen erfasst, die sich an Unternehmenszusammenschlüssen beteiligen. Welche Unternehmen bei Unternehmenszusammenschlüssen als beteiligte Unternehmen gelten, wird in Art. 9 KG und in Art. 3 der bundesrätlichen Ausführungsverordnung zu den Bestimmungen über Unternehmenszusammenschlüsse (VKU → Nr. 4) näher umschrieben. Die darin enthaltenen Präzisierungen machen deutlich, dass nicht jede Beteiligung an einem Unternehmenszusammenschluss dazu führen muss, dass die daran beteiligten Unternehmen dem Geltungsbereich des Kartellgesetzes unterstellt sind. Die in Art. 9 KG enthaltenen Aufgreifschwellen wurden mit Absicht auf der Basis von formalen Umsatzkriterien definiert, damit die betroffenen Unternehmen eine allfällige Unterstellung unter das Kartellgesetz mit einfachen Mitteln feststellen können.

16   Die Unterstellung unter den Geltungsbereich des Kartellgesetzes hat für die betroffenen Unternehmen zur Folge, dass die Wettbewerbsbehörden – insbesondere die Wettbewerbskommission und ihr Sekretariat – die im Kartellgesetz vorgesehenen Untersuchungsmass-

nahmen einleiten können (vgl. die Umschreibung der Untersuchungsmassnahmen in Art. 39 ff. KG). Darunter fallen die in Art. 42 KG speziell umschriebenen und besonders einschneidenden Untersuchungsmassnahmen wie die Anordnung von Hausdurchsuchungen und die Sicherstellung von Beweisgegenständen sowie die in Art. 40 KG geregelte umfassende Auskunftspflicht. Die Auskunftspflicht betrifft jedoch nicht nur die vom Geltungsbereich des Kartellgesetzes erfassten Unternehmen, sondern auch, wie der Wortlaut von Art. 40 KG ausdrücklich festhält, betroffene Dritte. Das bedeutet, dass es für das Bestehen einer Auskunftspflicht nicht darauf ankommen kann, ob das um Auskunft ersuchte Unternehmen oder allenfalls sogar eine Privatperson als Unternehmen vom sachlichen Geltungsbereich des Kartellgesetzes erfasst wird. Eine irgendwie geartete Betroffenheit durch das Marktverhalten oder durch den Marktauftritt eines dem Kartellgesetz unterstellten Unternehmens vermag zu genügen, um eine Auskunftspflicht zu begründen. Dennoch ist nicht zu übersehen, dass die Auskunftspflicht der dem Geltungsbereich des Kartellgesetzes unterstellten Unternehmen eine andere Qualität haben kann als diejenige betroffener Dritter. Im Hinblick auf die qualitativen Unterschiede und zur Wahrung eines fairen Verfahrens sind die Wettbewerbsbehörden verpflichtet, bei Auskunftsbegehren zu präzisieren, in welchem Zusammenhang das Auskunftsersuchen gestellt wird und ob aufgrund des derzeitigen Kenntnisstandes der Behörden die um Auskunft ersuchten Personen als unter den Geltungsbereich des Kartellgesetzes fallende Unternehmen oder als betroffene Dritte angesprochen werden.

IV. Örtlicher Geltungs- und Anwendungsbereich

17   Die Gesetzgebungslehre verlangt streng genommen eine Unterscheidung zwischen dem Geltungs- und Anwendungsbereich eines Gesetzes. Demnach ist zwischen dem Geltungsbereich, welcher die mit der Formalität ausgewiesene Existenz (Bestand) eines Gesetzes begründet, und dem Anwendungsbereich, mit welchem das Feld umschrieben wird, auf dem der Rechtsanwender tätig sein soll, zu unterscheiden (vgl. zur Unterscheidung zwischen Geltungs- und Anwendungsbereich im Kartellrecht die Ausführungen bei WALTER R. SCHLUEP, in: SCHÜRMANN/SCHLUEP, KG und PüG, Zürich 1988, 151 ff.).

18   Was den örtlichen Geltungsbereich des Kartellgesetzes betrifft, lässt sich dieser wie auch bei anderen nationalen Gesetzen mit dem Staatsgebiet der Schweiz umschreiben. Diesbezüglich ergeben sich bei der Anwendung des Kartellgesetzes keine besonderen Probleme.

19   Problematischer ist die Bestimmung des örtlichen Anwendungsbereichs des Kartellgesetzes. Vom Kartellgesetz erfasste Handlungen und Marktstrukturen beschränken sich bezüglich ihrer Wirkungen nicht in jedem Fall auf das Gebiet des örtlichen Geltungsbereichs des Gesetzes, sondern darüber hinaus auf das Staatsgebiet anderer Staaten, von welchen aus Wirtschaftsteilnehmer den schweizerischen Markt bearbeiten. Vom Anwendungsbereich des Gesetzes werden deshalb nicht nur in der Schweiz veranlasste Sachverhalte erfasst, sondern es genügt gemäss der in Art. 2 Abs. 2 KG enthaltenen Formulierung für die Anwendbarkeit des schweizerischen Kartellgesetzes bereits, dass sich derartige Sachverhalte auf die Schweiz auswirken.

20   Damit wird das in der Schweiz schon seit längerer Zeit in der Praxis zur Anwendung gebrachte Auswirkungsprinzip nun auch im Gesetz ausdrücklich als Anwendungsbereichregel erwähnt (vgl. zur früheren Praxis den Hachette-Entscheid: BGE 93 II 192 ff.; vgl. dazu auch

Botschaft 1994, 68). Obwohl das Auswirkungsprinzip als Anknüpfungsregel für die Beurteilung kartellrechtlicher Sachverhalte lange Zeit umstritten war (vgl. die Hinweise bei ROLF BÄR, Das Auswirkungsprinzip im schweizerischen und europäischen Wettbewerbsrecht, in: VON BÜREN/COTTIER, Die neue schweizerische Wettbewerbsordnung im internationalen Umfeld, Bern 1997, 87 ff., insbesondere 89; vgl. zum Stand der früheren Diskussion KARL M. MEESSEN, Völkerrechtliche Grundsätze des internationalen Kartellrechts, Baden-Baden 1975), scheint sich nun allgemein die Rechtsauffassung durchzusetzen, dass es für die Anwendung nationalen bzw. supranationalen Kartellrechts genügt, dass eine allenfalls gänzlich im Ausland veranlasste Wettbewerbsbeschränkung sich tatsächlich im Inland auswirkt (vgl. dazu die Formulierung in der Botschaft 1994, welche die erforderliche Binnenbeziehung «durch eine erhebliche Auswirkung der Wettbewerbsbeschränkung auf den inländischen Markt» umschreibt, Botschaft 1994, 69). Sowohl die europäischen als auch (und insbesondere) die amerikanischen Kartellrechtsanwendungsbehörden haben sich für die Begründung ihrer Zuständigkeit zur Beurteilung von Kartellsachverhalten immer wieder auf das Auswirkungsprinzip berufen (vgl. die Hinweise auf die Praxis der EG-Kommission bei ERNST-JOACHIM MESTMÄCKER/HEIKE SCHWEITZER, Europäisches Wettbewerbsrecht, 2. Auflage, München 2004, § 6, 34 ff.; eine Differenzierung ergibt sich jedoch hinsichtlich des Grundsatzentscheides des Gerichtshofes der Europäischen Gemeinschaften: In seiner Zellstoffentscheidung hat der Gerichtshof nicht die Auswirkung, sondern die Durchführung einer Wettbewerbsabrede als relevantes Anknüpfungskriterium bezeichnet; vgl. Gerichtshof der Europäischen Gemeinschaften, Urteil vom 27. September 1988, Rechtssachen 89, 104, 114, 116, 117 und 125 bis 129/85, Ahlström und andere/Kommission, Zellstoff, publiziert in: Sammlung der Rechtsprechung des Gerichtshofes 1988, 5193 ff. Hinweise auf die Praxis von US-Gerichten zur extraterritorialen Anwendung von US-Recht finden sich beispielsweise bei JOHN J. GIBBONS/TERRY MYERS/RUDOLF DOLZER, Zur Reichweite der US-Gerichte in internationalen Angelegenheiten, in: Recht der Internationalen Wirtschaft 2004, 899 ff.; PETER HAY/TOBIAS KRÄTZSCHMAR, Begrenzt der U.S. Supreme Court die extraterritoriale Anwendung US-amerikanischen Antitrust-Rechts?, in: Recht der Internationalen Wirtschaft 2004, 667 ff.).

21 Zur Begründung einer Zuständigkeit der schweizerischen Wettbewerbsbehörden ist zunächst erforderlich, dass sich die von den Marktteilnehmern verursachten Wettbewerbswirkungen *unmittelbar* auf den schweizerischen Markt auswirken. Dieses im Gesetzestext nicht genannte einschränkende Kriterium ist notwendig, um eine überbordende Anwendung des Auswirkungsprinzips durch die Berücksichtigung nicht mehr überblick- und voraussehbarer Rück- oder auch Weiterwirkungen zu verhindern (vgl. zu dieser Einschränkung ROLF BÄR, Das Auswirkungsprinzip im schweizerischen und europäischen Wettbewerbsrecht, in: VON BÜREN/COTTIER, Die neue schweizerische Wettbewerbsordnung im internationalen Umfeld, Bern 1997, 92). Die gleichen Überlegungen führen dazu, neben der Unmittelbarkeit der Auswirkung ihre Wesentlichkeit zu verlangen (Generalanwalt DARMON zum Zellstoff-Urteil, publiziert in: Sammlung der Rechtsprechung des Gerichtshofes 1988, 5227, Rz. 57 f.). Dieses Erfordernis ist nicht unproblematisch. Es handelt sich nämlich nicht um eine Erheblichkeitsprüfung im Sinne der materiellrechtlichen Kriterien des Kartellgesetzes (vgl. die Notwendigkeit der Prüfung der Erheblichkeit im Zusammenhang mit der Beurteilung von Wettbewerbsabreden im Sinne von Art. 5 Abs. 1 KG), sondern um die Frage, ob die Auswirkungen auf

dem inländischen Markt überhaupt spürbar, d.h. tatsächlich wahrnehmbar, sind. Damit soll verhindert werden, dass von den materiellen Tatbestandsmerkmalen her eigentlich erfasste, bloss mögliche Wirkungen (vgl. Art. 4 Abs. 1 KG, der bezüglich der Definition des Begriffs der Wettbewerbsabrede ausdrücklich sowohl bezweckte als auch bloss bewirkte Abreden erfasst und folglich nicht unterscheidet, ob eine allenfalls bezweckte Abrede sich auf den inländischen Markt auch tatsächlich auswirkt) durch Wettbewerbsabreden zum Anlass für die Einleitung eines nationalen Kartellverfahrens genommen werden, auch wenn im Inland keine Wirkungen tatsächlich spürbar sind. In diesem Zusammenhang ist auch darauf hinzuweisen, dass nach allgemeinem Verständnis Exportkartelle nicht in den Anwendungsbereich des KG fallen, da sie keine Auswirkungen auf die Schweiz haben sollen. Anwendbar ist lediglich das Kartellgesetz desjenigen Staates, in welchem sich die Handlungen primär auswirken (vgl. ROLAND VON BÜREN/EUGEN MARBACH, PATRIK DUCREY, Immaterialgüter- und Wettbewerbsrecht, 3. Auflage, Bern 2008, Rz. 1263; FLORIAN BECKER, The case of export cartel exemptions: between competition and protectionism, Journal of Competition Law and Economics, 3[1], 97 ff.). Allerdings könnte man sich die Frage stellen, ob nicht insofern im Inland Auswirkungen feststellbar sind, als die Exportaktivitäten inländischer Unternehmen betroffen sind. Dabei handelt es sich jedoch um eine sekundäre Auswirkung, welche von der primären Auswirkung überlagert wird.

22 Aus kollisionsrechtlicher Sicht ist Art. 2 Abs. 2 KG als einseitige Kollisionsnorm ausgestaltet. Das heisst, sie umschreibt die Voraussetzungen, welche zu einer Anwendung des *schweizerischen* Kartellgesetzes führen. Sie wirkt jedoch nicht allseitig, indem sie generell das anwendbare Kartellrecht bei Wettbewerbssachverhalten bestimmt (zur Einseitigkeit von Art. 2 Abs. 2 KG vgl. beispielsweise ROLF BÄR, Das Auswirkungsprinzip im schweizerischen und europäischen Wettbewerbsrecht, in: VON BÜREN/COTTIER, Die neue schweizerische Wettbewerbsordnung im internationalen Umfeld, Bern 1997, 90 f.; vgl. auch BRUNO SCHMIDHAUSER, in: Homburger, Kommentar, Art. 2, N 45). Entscheidend sind gemäss dem Gesetzeswortlaut in Art. 2 Abs. 2 KG die Auswirkungen in der Schweiz, wobei es sich dabei ähnlich wie bei Art. 137 IPRG nur um die Marktauswirkungen handeln kann (vgl. beispielsweise ROLF BÄR, Das Auswirkungsprinzip im schweizerischen und europäischen Wettbewerbsrecht, in: VON BÜREN/COTTIER, Die neue schweizerische Wettbewerbsordnung im internationalen Umfeld, Bern 1997, 92 f.). Marktauswirkungen können sich dabei nur auf den sogenannten relevanten Markt beziehen. Dieser relevante Markt ist gemäss der nicht nur für die Beurteilung von Unternehmenszusammenschlüssen anwendbaren Definition in Art. 11 Abs. 3 VKU (→ Nr. 4) aus der Sicht der Marktgegenseite zu bestimmen. Die in Art. 11 Abs. 3 VKU enthaltene Definition des sachlich und räumlich relevanten Marktes bezieht sich zwar auf Unternehmenszusammenschlüsse; für die Beurteilung von Wettbewerbsabreden bzw. des Verhaltens marktbeherrschender Unternehmen ergeben sich jedoch bezüglich der Abgrenzung des relevanten Marktes keine Besonderheiten, sodass die erwähnten Formeln auch für diese Bereiche uneingeschränkt Anwendung finden können. Damit wird, wie bereits angetönt, sichergestellt, dass nur unmittelbare Marktauswirkungen vom Auswirkungsprinzip des Kartellgesetzes erfasst werden und allfällige Weiterungen durch Rück- und Weiterwirkungen grundsätzlich nicht zu einer Anwendung schweizerischen Kartellrechts führen (in diesem Sinne auch ROLF BÄR, Das Auswirkungsprinzip im schweizerischen und europäischen Wettbewerbsrecht, in:

VON BÜREN/COTTIER, Die neue schweizerische Wettbewerbsordnung im internationalen Umfeld, Bern 1997, 92, sowie BRUNO SCHMIDHAUSER, in: Homburger, Kommentar, Art. 2, N 47; für ein umfassenderes Verständnis des Begriffs der Inlandauswirkung plädiert beispielsweise DENIS ESSEIVA, L'application du droit européen des cartels par le juge civil sur la base de l'article 137 LDIP, in: Aktuelle Juristische Praxis 1996, 694 ff., insbesondere 698 ff.; der gleiche Beitrag ist auch in deutscher Sprache erschienen: DENIS ESSEIVA, Die Anwendung des EG-Kartellrechts durch den schweizerischen Richter aufgrund des Artikels 137 IPRG, in: Zeitschrift für vergleichende Rechtswissenschaft 1995, 80 ff.).

23   Die Inlandauswirkung als entscheidendes Kriterium gilt nicht nur für die Beurteilung von Wettbewerbsabreden und des Verhaltens marktbeherrschender Unternehmen, sondern auch für Unternehmenszusammenschlüsse. Demnach wäre grundsätzlich bereits bei der Prüfung der Meldepflicht im Sinne von Art. 9 KG danach zu fragen, ob ein an sich wegen der Überschreitung der Grenzwerte meldepflichtiger Unternehmenszusammenschluss Inlandauswirkungen erzeugt, die eine Anwendung schweizerischen Kartellrechts rechtfertigen. Die rein formalen Umsatzkriterien bei der Ermittlung der Meldepflicht verleiten jedoch dazu, die Frage der allfälligen Inlandauswirkungen erst bei der materiellen Prüfung des Zusammenschlussvorhabens zu beurteilen und bei der Feststellung der Meldepflicht auf die rein formalen Umsatzkriterien abzustellen. Das Bundesgericht hat jedenfalls in einem Entscheid aus dem Jahre 2001 in Sachen Merial entschieden, dass in den Grenzwerten von Art. 9 KG definierte quantitative Bezug zur Schweiz im Sinne des Auswirkungsprinzips ausreichend sei, um eine genügende Verbindung zur Schweiz zu schaffen und damit die Zuständigkeit der Wettbewerbskommission im Rahmen der Fusionskontrolle zu begründen (BGE 127 III 219). Dies gilt gemäss der Praxis der Wettbewerbskommission im Übrigen auch für eine Anknüpfung gestützt Art. 9 Abs. 4 KG, der Meldepflicht gestützt auf eine vorbestehende Marktbeherrschung (vgl. RPW 2007/2, Swisscom/Fastweb, 313, Rz. 20 unter Verweis auf RPW 2006/2, Swisscom Eurospot AG/Core Communications Corporation, 292 f., Rz. 21 ff.) Allein aus der Tatsache, dass beispielsweise die Muttergesellschaften eines Gemeinschaftsunternehmens in der Schweiz Umsätze erzielen, kann noch nicht geschlossen werden, dass durch die Kontrolle über eine gemeinsame Tochtergesellschaft ohne Marktbezüge zur Schweiz tatsächlich im Sinne von Art. 2 Abs. 2 KG relevante Inlandauswirkungen entstehen. Das führt in der Praxis teilweise zu formalistischen Meldepflichten bei der Fusionskontrolle mit entsprechendem Aufwand bei den Rechtsunterworfenen und den Behörden.

24   Der einseitigen Kollisionsnorm von Art. 2 Abs. 2 KG ist als allseitige Kollisionsnorm Art. 137 IPRG gegenüberzustellen. Art. 137 IPRG findet jedoch nur Anwendung auf Ansprüche aus Wettbewerbsbehinderung, was im Sinne einer autonomen Auslegung dieses Begriffs auf zivilrechtliche deliktische Ansprüche hindeutet (vgl. zur Begriffsumschreibung FELIX DASSER, in: Kommentar zum Schweizerischen Privatrecht, Internationales Privatrecht, Basel 2007, Art. 137 IPRG, Rz. 5 f.). Aufgrund der lex-posterior-Regel könnte man versucht sein, zwischen Art. 137 IPRG und Art. 2 Abs. 2 KG ein gewisses Konfliktpotenzial zu erblicken. In seiner Botschaft 1994 hat der Bundesrat hingegen bestätigt, dass das Verhältnis zwischen Art. 2 Abs. 2 KG und Art. 137 IPRG konfliktneutral sei (vgl. Botschaft 1994, 69.). Dieser Stellungnahme ist bei der Auslegung der beiden Normen Rechnung zu tragen. Die einseitige Formulierung von Art. 2 Abs. 2 KG schliesst folglich bei einer Anwendung eines aufgrund von

Art. 137 IPRG berufenen fremden Rechts nicht aus, dass über Art. 18 IPRG das schweizerische Kartellgesetz als zwingendes einheimisches Eingriffsrecht Anwendung findet.

Art. 3   Verhältnis zu anderen Rechtsvorschriften

[1] Vorbehalten sind Vorschriften, soweit sie auf einem Markt für bestimmte Waren oder Leistungen Wettbewerb nicht zulassen, insbesondere Vorschriften:

a.   die eine staatliche Markt- oder Preisordnung begründen;

b.   die einzelne Unternehmen zur Erfüllung öffentlicher Aufgaben mit besonderen Rechten ausstatten.

[2] Nicht unter das Gesetz fallen Wettbewerbswirkungen, die sich ausschliesslich aus der Gesetzgebung über das geistige Eigentum ergeben. Hingegen unterliegen Einfuhrbeschränkungen, die sich auf Rechte des geistigen Eigentums stützen, der Beurteilung nach diesem Gesetz.[1]

[3] Verfahren zur Beurteilung von Wettbewerbsbeschränkungen nach diesem Gesetz gehen Verfahren nach dem Preisüberwachungsgesetz vom 20. Dezember 1985[2] vor, es sei denn die Wettbewerbskommission und der Preisüberwacher treffen gemeinsam eine gegenteilige Regelung.

I. Gesetzlicher Wettbewerbsausschluss

1   Mit Art. 3 Abs. 1 KG hat der Gesetzgeber anerkannt, dass gewisse gesetzliche Vorschriften – insbesondere öffentlich-rechtliche Vorschriften, aber auch zwingendes Privatrecht – zu einem Wettbewerbsausschluss führen können. Gemäss den Ausführungen in der Botschaft 1994 wurde jedoch unter dem Kartellgesetz 1985 (das Kartellgesetz aus dem Jahre 1985 enthielt in Art. 44 Abs. 2 lit. b einen allgemeinen Vorbehalt zugunsten abweichender öffentlich-rechtlicher Vorschriften) allzu schnell der Schluss gezogen, es liege eine staatliche Markt- und Preisordnung vor, was zu einer lediglich eingeschränkten Empfehlungskompetenz (vgl. Art. 25 aKG 1985) der Kartellkommission geführt hatte (vgl. dazu Botschaft 1994, 71 f.; die Begründung für diese Praxis wird eingehend erläutert bei WALTER A. STOFFEL, Wettbewerbsrecht und staatliche Wirtschaftstätigkeit, Freiburg 1994, 201 ff. mit Hinweisen auf die Praxis der früheren Kartellkommission).

2   Im Zusammenhang mit der Deregulierungsdiskussion wurde darauf hingewiesen, dass die auf dem schweizerischen Markt bestehenden Wettbewerbsstrukturen nicht allein das Ergebnis privaten unternehmerischen Verhaltens bzw. privater Entscheide über Unternehmensstrukturen sind, sondern vielmehr ihre Ursachen auch in der zu hohen Regulierungsdichte durch staatliche Vorschriften haben können (vgl. dazu beispielsweise die Hinweise bei SILVIO BORNER/AYMO BRUNETTI/ROLF WEDER, Ökonomische Analyse zur Revision des schweizerischen

---

1   Satz eingefügt durch Ziff. I des BG vom 20. Juni 2003, in Kraft seit 1. April 2004 (AS 2004 1385 1390; BBl 2002 2022 5506).

2   SR 942.20

Kartellgesetzes, in: ZÄCH/ZWEIFEL, Grundfragen der schweizerischen Kartellrechtsreform, St. Gallen 1995, 49 f. und 83 f.; vgl. auch BERND SCHIPS, Ökonomische Überlegungen zum Vorentwurf vom 3. September 1993 für ein «Bundesgesetz über Kartelle und andere Wettbewerbsbeschränkungen», in: Gewerbliche Rundschau, Nr. 2/1994, 43. Die Problematik staatlich veranlasster Wettbewerbsbeschränkungen hat zu einer Reihe von kritischen Stellungnahmen zu diesem Thema geführt: vgl. beispielsweise MARC AMSTUTZ, Vom Kartellrecht der öffentlichen Unternehmen. Vorstudien zur Anwendbarkeit des Kartellgesetzes auf die staatliche Wirtschaftstätigkeit, in: KELLERHALS, Aktuelle Fragen zum Wirtschaftsrecht, Zürich 1995, 73 ff.; MARC AMSTUTZ, Neues Kartellgesetz und staatliche Wettbewerbsbeschränkungen – Thesen zur Deregulierungsfunktion des Kartellrechts, in: Aktuelle Juristische Praxis 1996, 883 ff.; BENOÎT CARRON, Le régime des ordres de marché du droit public en droit de la concurrence, Fribourg 1994; WALTER A. STOFFEL, Wettbewerbsrecht und staatliche Wirtschaftstätigkeit, Freiburg 1994). Bei der Revision des Kartellgesetzes im Jahre 1995 wurde diesem Anliegen Rechnung getragen. Die marktwirtschaftliche Erneuerung sollte nicht einseitig auf die Schaffung eines verschärften Wettbewerbsumfelds für private Unternehmen ausgerichtet sein, sondern auch die Interventionen des Staates in die Wirtschaftstätigkeit müssen vermehrt an wettbewerbsrechtlich orientierten Massstäben gemessen werden können. Konsequenterweise wurde deshalb bei der Formulierung der Vorbehaltsklausel in Art. 3 Abs. 1 KG versucht, dem Wettbewerbsprinzip im Falle von Interventionen des Staates so weit als möglich zum Durchbruch zu verhelfen. In diesem Sinne macht Art. 3 Abs. 1 KG mit der darin enthaltenen Differenzierung (vgl. die Regelungen in Art. 3 Abs. 1 lit. a und b KG) deutlich, dass nicht jegliche staatliche Intervention zu einer Ausschaltung des Wettbewerbsprinzips auf dem fraglichen Markt angesehen werden darf, sondern dass immer dann, wenn die gesetzliche Regelung noch Raum für die Anwendung wettbewerbsrechtlicher Prinzipien lässt, dieser auch ausgefüllt werden muss.

3   Der Wortlaut von Art. 3 Abs. 1 KG enthält keine Angaben über die Qualität der Vorschriften, welche zu einem Ausschluss des Wettbewerbsprinzips führen können. In der Botschaft 1994 wird der Eindruck erweckt, es müsse sich dabei zwangsläufig um öffentlich-rechtliche Vorschriften handeln (vgl. den Titel für die Kommentierung von Art. 3 Abs. 1, Ziff. 223.1, Botschaft 1994, 70, und auch die Formulierung in der Kommentierung, vgl. Botschaft 1994, 70). Eine derartige Beschränkung ist jedoch dem Gesetzestext nicht zu entnehmen und macht auch bei einer näheren Betrachtung der Rechtswirklichkeit wenig Sinn. Mit Hilfe von zwingenden privatrechtlichen Vorschriften lassen sich sowohl punktuelle wie auch generelle Wettbewerbsausschlüsse bewerkstelligen, ohne dass auf Normen mit öffentlich-rechtlichem Charakter zurückgegriffen werden müsste. Beispiele lassen sich ohne Weiteres im Bereich des Mietrechts, des Arbeitsrechts, aber auch allgemein im Konsumentenrecht feststellen. Auf die Rechtssatzqualität einer Norm, d.h. ob öffentlich-rechtlicher oder privatrechtlicher Natur, kann es folglich nicht ankommen. Einmal mehr lässt sich feststellen, dass der Übergang zwischen öffentlichem Recht und Privatrecht bei der Beurteilung von wirtschaftsrechtlichen Problemlagen fliessend ist (vgl. dazu die grundlegenden Ausführungen von ERNST A. KRAMER, Die «Krise» des liberalen Vertragsdenkens. Eine Standortbestimmung, München/Salzburg 1974, 40 ff.). Als vorbehaltene Vorschriften im Sinne von Art. 3 Abs. 1 KG kommen in erster Linie Gesetze im formellen Sinne in Frage. In Einzelfällen kann jedoch auch eine Verordnung einen

Vorbehalt nach Art. 3 Abs. 1 KG darstellen, vorausgesetzt, die Grundsätze der Gesetzesdelegation wurden eingehalten (RPW 2007/4, Armasuisse, 517 ff., Rz. 27 unter Verweis auf RPW 2006/4, Flughafen Zürich AG [Unique] – Valet Parking, 625 ff., Rz. 36 ff.).

4   Für die Begründung eines Vorbehalts im Sinne von Art. 3 Abs. 1 KG ist erforderlich, dass die fraglichen Vorschriften Wettbewerb nicht zulassen. In der Botschaft 1994 wird zu dieser Vorbehaltsbedingung ausgeführt, dass sie nur in den Fällen ihre wettbewerbsausschliessende Wirkung entfalten könne, wenn dieses Ziel sich tatsächlich in der Absicht des Gesetzgebers nachweisen lasse (vgl. Botschaft 1994, 72). Der Gesetzestext im Kartellgesetz verlangt eine derart restriktive Auslegung nicht, und man kann sich die Frage stellen, ob sich der Wettbewerbsausschluss tatsächlich immer stringent im Willen des Gesetzgebers nachweisen lassen muss oder ob es nicht für einen Vorbehalt zu genügen vermag, dass der Gesetzgeber in einem bestimmten Bereich ein Marktversagen festgestellt hat und die zu seiner Behebung notwendigen rechtlichen Mittel bereitstellt, ohne sich im Detail darüber Gedanken zu machen, ob mit diesen Mitteln tatsächlich ein Wettbewerbsausschluss bewirkt wird. Je nach Art und der Intensität des Marktversagens steht für dessen Behebung nur eine beschränkte Auswahl von Mitteln zur Verfügung; aus der Mittelwahl lässt sich unter Umständen ohne Weiteres ein Wettbewerbsausschluss als mitgedacht herleiten.

5   Der Gesetzgeber hatte bei der Schaffung von Art. 3 Abs. 1 KG die klare Absicht, den Vorbehalt möglichst nur in engen Grenzen zuzulassen. Daraus ergibt sich die in den lit. a und b von Art. 3 Abs. 1 KG vorgenommene Differenzierung. Nicht jede Intervention darf bei der Anwendung des Kartellgesetzes zur Annahme verleiten, der Gesetzgeber habe eine vollumfängliche Markt- und Preisordnung schaffen wollen. Die Differenzierung zwingt bei der Rechtsanwendung dazu, sich Gedanken über den Umfang einer interventionistischen Gesetzgebung zu machen. Nur wenn sich tatsächlich die Schaffung einer ganzheitlichen Markt- und Preisordnung feststellen lässt, kann ein Vorbehalt bezogen auf einen bestimmten Markt angenommen werden. In allen übrigen Fällen beschränkt sich der Vorbehalt auf die Zuweisung bestimmter öffentlicher Aufgaben an einen bestimmten Unternehmensträger, der zur Erfüllung dieser Aufgaben mit besonderen Rechten ausgestattet worden ist (vgl. RPW 2006/4, Flughafen Zürich AG [Unique] – Valet Parking, 625, Rz. 36 ff.). Nur für den engen Bereich dieser spezifischen Aufgabenerfüllung kann sich dieser Unternehmensträger auf den Vorbehalt im Kartellgesetz berufen. Soweit für die Erfüllung dieser Aufgabe jedoch noch Raum für die Anwendung wettbewerbsrechtlicher Prinzipien bleibt, ist das Kartellgesetz uneingeschränkt anwendbar (vgl. Botschaft 1994, 73; ein Vorbehalt gemäss Art. 3 Abs. 1 KG wurde im Elektrizitätsbereich verneint in RPW 2006/2, Axpo Vertriebspartnerschaften, 227 ff., Rz. 25 ff. sowie in RPW 2007/3 NOK – Anschlussbegehren SN Energie AG/EWJR, 353 ff., Rz. 19 ff.; vgl. zur Frage von vorbehaltenen Vorschriften im Bereich der Zusatzversicherungen, RPW 2006/3, 513).

6   Was die systematische Einordnung dieser Vorschrift betrifft, hat das Bundesgericht festgehalten, dass das Vorhandensein eines Vorbehaltes nicht dazu führe, dass der Wettbewerbskommission grundsätzlich die Untersuchungszuständigkeit fehle; werde ein derartiger Vorbehalt vom betroffenen Unternehmen rechtzeitig im Verfahren geltend gemacht, müsse die Wettbewerbskommission die Untersuchung vorerst auf die Frage des Vorhandenseins eines Vorbehalts gemäss Art. 3 Abs. 1 KG beschränken (Urteil des Bundesgerichts vom 17. Juni 2003 in Sachen Elektra Baselland, 2A.492/2002, E. 5.2, nicht in der amtlichen Sammlung

publiziert, in RPW 2003/3, 695 ff.; vgl. dazu auch Rudolf Rentsch, Deregulierung durch Wettbewerbsrecht, Basel 2000, 204.; vgl. zur Frage der Zuständigkeit der Wettbewerbskommission und der Anwendung von Art. 3 KG auch RPW 2007/3, Teleclub AG/Cablecom GmbH/Swisscable, 400 ff., Rz. 62).

II. Vorbehalt aus den Vorschriften über das geistige Eigentum

7   In Art. 3 Abs. 2 KG enthält das Gesetz einen Vorbehalt zugunsten von Vorschriften aus der Gesetzgebung über das geistige Eigentum. Wettbewerbswirkungen, die sich ausschliesslich aus der Gesetzgebung über das geistige Eigentum ergeben, werden vom Kartellgesetz nicht erfasst. Angeknüpft wird an den Begriff geistiges Eigentum. Damit wird hervorgehoben, dass das Kartellgesetz einen umfassenden Vorbehalt sicherstellen und den Vorbehalt nicht bloss auf einzelne Arten von etablierten Ausschliesslichkeitsrechten beschränken will. Die Begriffsumschreibung lässt auch Raum für zukünftige Entwicklungen in diesem Bereich, die aufgrund des dynamischen technologischen Fortschritts nicht zu vernachlässigen sind (vgl. zum offenen Begriff des geistigen Eigentums die Ausführungen in der Botschaft 1994, 74).

8   Das Verhältnis zwischen Kartellrecht und dem Recht des geistigen Eigentums ist spannungsgeladen. Einerseits ist nicht zu verkennen, dass die vom geistigen Eigentum zur Verfügung gestellten Ausschliesslichkeitsrechte für das Funktionieren einer Marktwirtschaft notwendig sind. Nur durch die Schaffung von Ausschliesslichkeitspositionen lässt sich sicherstellen, dass innovatives und damit unter dem Blickwinkel einer Wettbewerbswirtschaft erwünschtes Verhalten entsprechend belohnt wird. Hervorragende Leistungen, besondere schöpferische Tätigkeiten und die damit verbundenen Persönlichkeitsrechte müssen geschützt werden, damit ein Ansporn für deren Erbringung besteht. Andererseits führen die mit diesen Ausschliesslichkeitsrechten geschaffenen Monopolpositionen zu einer Wettbewerbsbeschränkung; sie verhindern, dass diese Positionen genutzt bzw. kurzfristig erodiert und dadurch neue hervorragende Leistungen erbracht werden können (SCHLUEP spricht in diesem Zusammenhang auch von einem Janusgesicht der Immaterialgüterrechte, vgl. WALTER R. SCHLUEP, Neues Markenrechtsgesetz und Kartellgesetz, in: sic! 1997, 17; vgl. dazu auch grundlegend HANNS ULLRICH, Lizenzkartellrecht auf dem Weg zur Mitte, in: Gewerblicher Rechtsschutz und Urheberrecht, Internationaler Teil, 1996, 555 ff.). Dieses Spannungsverhältnis hat die Kartellrechtsliteratur und -praxis schon seit längerer Zeit stark beschäftigt, und es wurde nach Wegen für eine sinnvolle Abgrenzung gesucht (vgl. dazu die umfassenden Studien von RETO M. HILTY, Lizenzvertragsrecht. Systematisierung und Typisierung aus schutz- und schuldrechtlicher Sicht, Bern 2000, 381 ff. und FELIX SCHRANER, Kartellrecht und Immaterialgüterrecht, Ihr Verhältnis und die einseitige Einführung regionaler Erschöpfung im Patentrecht, Zürich 2010; aus schweizerischer Sicht ROLAND VON BÜREN, Der Lizenzvertrag, in: VON BÜREN/DAVID, Schweizerisches Immaterialgüter- und Wettbewerbsrecht, Band I/1, Grundlagen, 2. Auflage, Basel 2002, 295 ff., sowie WALTER R. SCHLUEP, Lauterkeitsrechtliche und immaterialgüterrechtliche Geltungsschranken des Kartellgesetzes, in: ZÄCH, Kartellrecht auf neuer Grundlage, Bern/Stuttgart 1989, 239 ff.). Unter Verweis auf die Literatur (DONATELLA FIALA, Das Verhältnis zwischen Immaterialgüter- und Kartellrecht, Bern 2006, 130) hält das Sekretariat der Wettbewerbskommission (in RPW 2006/3, Medikamentenpreis Thalidomid, 433 ff., Rz. 29) fest, dass unter Art. 3 Abs. 2 KG nur Wettbewerbswirkungen verstanden würden, die auf Hand-

lungen des Schutzrechtsinhabers beruhen und die sich aus dem jeweiligen Immaterialgüterrechtserlass selber ergeben. Jede vertragliche Erweiterung absoluter Schutzrechte falle hingegen in den Geltungsbereich des Kartellgesetzes.

9 Mit dem Inkrafttreten des Kartellgesetzes 1995 musste die Suche nach einer sinnvollen Abgrenzung zwischen Kartellrecht und Schutz des geistigen Eigentums verstärkt werden. Im Gegensatz zum Kartellgesetz 1985 werden gemäss Art. 4 Abs. 1 KG Vertikalabreden, worunter auch eine Vielzahl von Lizenzverträgen über Rechte des geistigen Eigentums fällt, vom Kartellgesetz vollumfänglich erfasst. Zu dieser Ausdehnung des sachlichen Geltungsbereichs kommt noch hinzu, dass bezüglich der Schweiz als zwar kleine, aber offene Volkswirtschaft mit hohem Preisniveau in der Praxis häufig der Versuch unternommen wird, den Marktzugang vom Ausland durch entsprechende Lizenzverträge mit Gebietsschutzklauseln zu behindern. Die Problematik der Marktabschottung durch Immaterialgüterrechte besteht verschärft für den Bereich des EU-Binnenmarktes. Sie war auch Anlass, dass sich die Wettbewerbsbehörden der EU bereits früh mit der Frage des sinnvollen Verhältnisses zwischen Ausschliesslichkeitsrechten aus dem geistigen Eigentum und dem Wettbewerbsrecht auseinandersetzen mussten. Die Integrationsbemühungen zur Schaffung eines Gemeinsamen Marktes konnten unter Ausnutzung des im Recht des geistigen Eigentums geltenden Territorialitätsgrundsatzes durch geschickt aufgebaute Netze von Lizenzverträgen wieder zunichte gemacht werden. In seinem Grundsatzurteil aus dem Jahre 1966 hat der Gerichtshof der Europäischen Union klargestellt, dass durch die Lizenzierung von Ausschliesslichkeitsrechten aus dem geistigen Eigentum die Integrationsbemühungen bzw. das Kartellverbot nicht unterlaufen werden dürfen (vgl. Gerichtshof der Europäischen Union, Urteil vom 13. Juli 1966, Rechtssachen 56 und 58/64, Consten-Grundig/Kommission, publiziert in: Sammlung der Rechtsprechung des Gerichtshofes 1966, 321 ff.). Die scheinbare Machtlosigkeit der Schweiz gegenüber diesem Hochpreisinselstatus hat dazu geführt, dass bei der im Jahre 2004 abgeschlossenen Teilrevision Art. 3 Abs. 2 KG ergänzt wurde, um zu verdeutlichen, dass in der Schweiz der Wille besteht, die festgestellten Abschottungstendenzen nicht einfach hinzunehmen (Botschaft 2001, 2029). Entsprechend wurde mit der Ergänzung von Art. 3 Abs. 2 KG versucht, den zugunsten des geistigen Eigentums geltenden Vorbehalt abzuschwächen, sofern das geistige Eigentum zur Beschränkung von Einfuhrbeschränkungen genutzt wird. Ob sich damit die angesprochene Problemsituation entschärfen wird oder ob es nicht vielmehr grundlegendere Anpassungen im Recht des geistigen Eigentums selbst bedürfte (vgl. dazu das Bundesgerichtsurteil betreffend Kodak, BGE 126 III 129), wird sich in der Praxis erst noch weisen müssen. In der Schweiz fehlt zur Abgrenzung der Ausschliesslichkeitsrechte aus dem geistigen Eigentum zum Kartellrecht bis anhin eine gefestigte Praxis der Wettbewerbskommission.

10 Im Rahmen des EU-Kartellrechts wird für die Abgrenzung zwischen wettbewerbsrechtlich zulässiger und unzulässiger Berufung auf Ausschliesslichkeitsrechte aus dem geistigen Eigentum zwischen dem Bestand und der Ausübung unterschieden (vgl. Gerichtshof der Europäischen Gemeinschaften, Urteil vom 13. Juli 1966, Rechtssachen 56 und 58/64, Consten-Grundig/Kommission, publiziert in: Sammlung der Rechtsprechung des Gerichtshofes 1966, 321 ff.). Diese Abgrenzung lässt sich zwar semantisch nachvollziehen; sie lässt sich in der Praxis jedoch nicht ohne Weiteres dazu verwenden, vom Kartellgesetz nicht erfasstes Verhal-

ten kategorisch vom kartellrechtlich relevanten abzugrenzen (vgl. dazu die Ausführungen in der Botschaft 1994, 74 f.). Dazu sind immer die Umstände des Einzelfalles zu berücksichtigen und unter Anwendung einer «rule of reason» die notwendigen Abwägungen vorzunehmen (die Anwendung einer «rule of reason» wird in diesem Zusammenhang insbesondere von SCHLUEP hervorgehoben: vgl. WALTER R. SCHLUEP, Lauterkeitsrechtliche und immaterialgüterrechtliche Geltungsschranken des Kartellgesetzes, in: ZÄCH, Kartellrecht auf neuer Grundlage, Bern/Stuttgart 1989, 268 ff.). Damit ist für die praktische Rechtsanwendung noch nicht viel gewonnen, bleiben doch die Abgrenzungsregeln nach wie vor unklar.

11   Eine Suche nach einem geeigneten Abgrenzungskriterium hat sich zunächst an der bereits erwähnten Unterscheidung zwischen Bestand und Ausübung von Rechten des geistigen Eigentums zu orientieren. Mit dem Hinweis, dass sich die Wettbewerbswirkungen ausschliesslich aus der Gesetzgebung über das geistige Eigentum ergeben müssen (vgl. den Wortlaut von Art. 3 Abs. 2 KG), wird die Relevanz dieser Unterscheidung auch für das schweizerische Recht angedeutet. Dabei ist jedoch zu beachten, dass der Bestand (oder der spezifische Gegenstand) von Rechten aus dem geistigen Eigentum nicht losgelöst von deren Ausübung betrachtet werden kann; nur durch die Ausübung erhält der Bestand eines Rechts aus dem geistigen Eigentum überhaupt materiellen Gehalt. Folglich sind zur Bestimmung der vom Kartellgesetz nicht erfassten Bereiche der Ausschliesslichkeitsrechte aus dem geistigen Eigentum diejenigen Ausübungsformen abzugrenzen, welche sich nicht mehr auf den spezifischen Gegenstand des betroffenen Rechts beziehen, sondern, wirtschaftlich betrachtet, darüber hinaus darauf gerichtet sind, als Gegenstand, Mittel oder Folge eines Kartells zu wirken (vgl. Gerichtshof der Europäischen Union, Urteil vom 8. Juni 1982, Rechtssache 258/78, Nungesser/Kommission [Maissaatgut], publiziert in: Sammlung der Rechtsprechung des Gerichtshofes 1982, 2015 ff.). Daraus lässt sich wenigstens herleiten, dass nur die im Hinblick auf eine Wettbewerbsabrede vorgenommene Ausübung von Ausschliesslichkeitsrechten aus dem geistigen Eigentum überhaupt kartellgesetzlich relevant sein kann. Es braucht einen inneren Zusammenhang zwischen Wettbewerbsabrede und Schutzrechtsausübung. Ob dies tatsächlich der Fall ist, muss aufgrund der wirtschaftlichen und rechtlichen Begleitumstände beurteilt werden; es ist danach zu fragen, ob die konkrete Ausübung eine spürbare Einschränkung der fraglichen Tätigkeit oder eine Verfälschung des Wettbewerbs auf dem relevanten Markt im Hinblick auf die Besonderheiten dieses Marktes bewirken würde (vgl. Gerichtshof der Europäischen Union, Urteil vom 12. Juni 1997, Rechtssache T-504/93, Tiercé Ladbroke/Kommission, publiziert in: Sammlung der Rechtsprechung des Gerichtshofes 1997, II, 974, Rz. 147). Eine andere Problematik, welche das Verhältnis Kartellrecht/Immaterialgüterrecht streift, ist die Frage, unter welchen Voraussetzungen der Rechteinhaber geistigen Eigentums verpflichtet werden kann, wegen des drohenden Missbrauchs einer marktbeherrschenden Stellung eine Zwangslizenz zu erteilen (vgl. dazu die Kommentierung von Art. 7 KG).

12   Die erwähnten Grundsätze sind aus der Rechtsprechung der EU-Wettbewerbsbehörden hergeleitet. Es versteht sich von selbst, dass Wettbewerbsabreden mittels Ausschliesslichkeitsrechten aus dem geistigen Eigentum zum Zwecke der Abschottung einzelner Teile des Gemeinsamen Marktes mit den integrationspolitischen Zielsetzung des EG-Rechts nicht zu vereinbaren sind. Gemäss den Art. 26 ff. AEUV ist die Errichtung eines Gemeinsamen Marktes und damit das Integrationsziel eines der zentralen Anliegen der Europäischen Union;

unter diesem integrationspolitischen Blickwinkel erfolgt auch die praktische Umsetzung der EU-Wettbewerbspolitik.

13 Das schweizerische Kartellgesetz ist ein Binnengesetz und hat folglich zum Ziel, die Wettbewerbsverhältnisse auf dem schweizerischen Binnenmarkt zu ordnen. Grenzüberschreitende Sachverhalte sind gemäss dem in Art. 2 Abs. 2 KG formulierten Auswirkungsprinzip der Beurteilung durch das schweizerische Kartellrecht nur unterstellt, wenn sich Marktauswirkungen auf die Schweiz ergeben. Die Notwendigkeit einer derartigen Binnenbeziehung darf jedoch nicht darüber hinwegtäuschen, dass Abgrenzungen des räumlich relevanten Marktes vor den Landesgrenzen nicht Halt machen und die heute feststellbaren Globalisierungs- bzw. Internationalisierungstendenzen der modernen Wirtschaftsbeziehungen zu berücksichtigen sind, indem sie zumindest in räumlicher Hinsicht zu einer Ausdehnung von Märkten führen können. Unter diesen Umständen können Marktabschottungen unter Ausnutzung des im Recht des geistigen Eigentums geltenden Territorialitätsprinzips kartellrechtlich relevant werden. Jedoch bleibt es dabei, dass für die Anwendung schweizerischen Kartellrechts nicht jede Aufteilung bzw. Abschottung einzelner Teile des relevanten Marktes zu genügen vermag, sondern nur diejenigen Gebietsabsprachen von Bedeutung sind, die unmittelbar Marktauswirkungen in der Schweiz erzeugen. Damit ist klargestellt, dass ein Exportverbot eines Marktteilnehmers aus einem Drittstaat für die Schweiz kartellrechtlich relevant ist, jedoch für schweizerische Marktteilnehmer geltende Exportverbote für Drittstaaten nur unter bestimmten Voraussetzungen zu einer Anwendung des schweizerischen Kartellrechts führen. Eine Anwendung ist dann in Betracht zu ziehen, wenn das Exportverbot wesentliche Auswirkungen auf die Schweizer Exportmarktaktivitäten hat und folglich der Schweizer Exportmarkt erheblich betroffen ist. Schweizer Kartellrecht muss jedoch auch dann zur Anwendung gelangen, wenn das Exportverbot Rückwirkungen auf den Schweizer Markt hat, indem mit einer gewissen Wahrscheinlichkeit davon auszugehen wäre, dass die exportierten Produkte wieder den Weg auf den Schweizer Markt zurück finden würden. Das Exportverbot für den Drittstaat wäre als Mittel anzusehen, mit dem Reimporte in die Schweiz verhindert werden könnten. Ähnliche Überlegungen werden auch im Bereich des EU-Kartellrechts angestellt, wenn eine Absprache dazu führt, dass durch die Verhinderung einer möglichen Wiedereinfuhr der Gemeinsame Markt von einer günstigen Lieferquelle abgeschnitten wird. In ihrer Praxis geht jedoch die EU-Kommission davon aus, dass derartige spürbare Rückwirkungen nur in den seltensten Fällen bestehen (vgl. die Zusammenfassung der Praxis der EG-Kommission bei ALFRED GLEISS/MARTIN HIRSCH, Kommentar zum EG-Kartellrecht, 4. Auflage, Heidelberg 1993, Art. 85, Rz. 356). Die Unmittelbarkeit der Betroffenheit des schweizerischen Marktes lässt sich nicht mehr bestreiten, wenn derartige Wirkungen eine gewisse Intensität erreichen.

III. Verhältnis zur Preisüberwachung

14 Das Kartellgesetz enthält unter Art. 3 Abs. 3 KG auch eine Bestimmung zur Regelung des Verhältnisses zwischen der Wettbewerbskommission und dem Preisüberwacher. Im bundesrätlichen Gesetzesentwurf zur Botschaft 1994 war diese Bestimmung noch nicht enthalten. Sie hat erst im Verlauf der parlamentarischen Beratungen Eingang in den Gesetzestext gefunden. Der Aufnahme dieser Bestimmung ging eine Kontroverse über die Stellung des Preisüberwachers nach dem Erlass des Kartellgesetzes 1995 voraus. Verschiedentlich wurde be-

reits im Vernehmlassungsverfahren die Forderung erhoben, die Stellung des Preisüberwachers sei grundsätzlich zu überdenken (vgl. dazu die Ausführungen in der Botschaft 1994, 30). Politische Erwägungen haben schliesslich dazu geführt, dass am Preisüberwachungsgesetz an sich keine Abstriche vorgenommen wurden, dass jedoch im Sinne einer Verhinderung von Zweigleisigkeiten (angesprochen ist die nach früherem Recht grundsätzlich bestehende Möglichkeit der Einleitung eines Verfahrens nach dem Kartellgesetz gleichzeitig mit der Einleitung eines Verfahrens nach dem Preisüberwachungsgesetz) zumindest eine Prioritätenregelung bezüglich der Verfahren geschaffen wurde, falls sowohl die Wettbewerbskommission als auch der Preisüberwacher die Absicht haben, gegen die gleichen Unternehmen ein Untersuchungsverfahren einzuleiten.

15 Die im Gesetz enthaltene Bestimmung sieht vor, dass Verfahren der Wettbewerbskommission Priorität gegenüber Verfahren des Preisüberwachers haben. Um eine gewisse Flexibilität zu erreichen, wurde immerhin die Möglichkeit geschaffen, durch Einvernehmen zwischen dem Preisüberwacher und der Wettbewerbskommission eine abweichende Prioritätsordnung zu beschliessen. Letzteres kann sich insbesondere aufdrängen, wenn infolge der Komplexität eines sowohl nach dem Kartellgesetz als auch nach dem PüG relevanten Sachverhaltes voraussehbar ist, dass der Abschluss eines Verfahrens längere Zeit in Anspruch nehmen wird und folglich eine erwünschte rasche Preisintervention des Preisüberwachers verhindert würde. Allerdings erscheint fraglich, ob dieses Zeitargument je überhaupt zum Tragen kommen wird. Zwar begründet Art. 16 Abs. 2 PüG eine ausschliessliche Zuständigkeit des Preisüberwachers zur Beurteilung von Preismissbräuchen. Voraussetzung für eine Intervention nach dem PüG ist jedoch, dass sich der Preisüberwacher vor einer Intervention über Fragen des persönlichen Geltungsbereichs des PüG und über das materielle Kriterium, das Bestehen wirksamen Wettbewerbs, im Rahmen eines Konsultationsverfahrens mit der Wettbewerbskommission abgesprochen hat (vgl. Art. 5 Abs. 4 PüG).

– Der persönliche Geltungsbereich des Preisüberwachungsgesetzes wird in Art. 2 PüG mit den Begriffen «Wettbewerbsabreden im Sinne des Kartellgesetzes» und «marktmächtige Unternehmen» umschrieben. Beim Begriff «marktmächtige Unternehmen» fehlt der Hinweis auf das Kartellgesetz (vgl. Art. 2 Abs. 1 KG, wonach der Geltungsbereich des Kartellgesetzes Unternehmen erfasst, die Marktmacht ausüben), was darauf schliessen lässt, dass der Begriff des marktmächtigen Unternehmens gemäss PüG nicht in jedem Fall identisch ist mit dem Begriff des Unternehmens, das Marktmacht ausübt, gemäss dem Kartellgesetz.

– Wirksamer Wettbewerb besteht nach dem PüG dann, «wenn die Abnehmer die Möglichkeit haben, ohne erheblichen Aufwand auf vergleichbare Angebote auszuweichen» (Art. 12 Abs. 2 PüG).

Eine derartige Konsultation wird in der Praxis jedoch nur möglich sein, wenn sich die Wettbewerbskommission selbst darüber klar geworden ist, ob die Interventionsschwellen nach dem Kartellgesetz erreicht sind oder nicht. Das Verfahren der Wettbewerbskommission müsste folglich bereits zum Zeitpunkt der Konsultation mit dem Preisüberwacher praktisch abgeschlossen sein. Diese Abstimmungsschwierigkeiten zwischen den Wettbewerbsbehörden dürften mit ein Grund sein, dass der Preisüberwacher bis anhin seine Preisinterventionen immer auf informellem Weg durchgeführt und in seiner bisherigen Praxis keine formelle Verfügung über Preismissbräuche erlassen hat.

16 Bei der Beurteilung des Verhältnisses zwischen dem KG und dem PüG ist grundsätzlich zu bedenken, dass die Interventionsschwelle des PüG – nämlich die Feststellung, dass die Preise auf einem betreffenden Markt nicht mehr das Ergebnis wirksamen Wettbewerbs sind (vgl. die Definition des Preismissbrauchs in Art. 12 Abs. 1 PüG) – bei einer wirkungsvollen Anwendung des Kartellgesetzes gar nie erreicht werden dürfte, weil einerseits Wettbewerbsabreden, die wirksamen Wettbewerb beseitigen, grundsätzlich (vorbehalten bleibt die bundesrätliche Ausnahmegenehmigung gemäss Art. 8 KG) unzulässig sind (vgl. Art. 5 Abs. 1 KG) und andererseits das Verhalten marktbeherrschender Unternehmen – auch bezüglich der Preisbildung – der kartellgesetzlichen Verhaltenskontrolle untersteht (vgl. Art. 7 Abs. 2 lit. c KG). Eine Beseitigung wirksamen Wettbewerbs durch eine Wettbewerbsabrede sollte folglich vor dem Kartellgesetz nur noch Bestand haben, falls der Bundesrat gemäss Art. 8 KG dafür eine ausnahmsweise Zulassung erteilt. Aufgrund des in jedem Fall geltenden Verhältnismässigkeitsprinzips hätte der Bundesrat jedoch auch in diesen Fällen durch Bedingungen und Auflagen (vgl. Art. 31 Abs. 3 KG) sowie durch die periodische Überprüfung dieser Auflagen mittels einer entsprechenden zeitlichen Befristung der ausnahmsweisen Zulassung (vgl. Art. 31 Abs. 3 KG. Gemäss dieser Bestimmung ist die ausnahmsweise Zulassung in jedem Fall zeitlich zu beschränken) sicherzustellen, dass keine Preismissbräuche der beteiligten Unternehmen möglich sind.

17 Raum für eine Preisüberwachung im Sinne des Preisüberwachungsgesetzes würde folglich höchstens noch für die sogenannten administrierten Preise bestehen, d.h. bei Preisbildungen, die aufgrund staatlicher Interventionsgesetzgebung der Beurteilung der Wettbewerbsbehörden gemäss dem Kartellgesetz grundsätzlich entzogen sind. In diesem Zusammenhang muss jedoch ernsthaft die Frage gestellt werden, ob es nicht vordringliche Aufgabe des Interventionsgesetzgebers wäre, dafür zu sorgen, dass die von ihm gegenüber den Marktkräften verordneten Interventionen nicht zu ernsthaften Störungen gegenüber diesen Marktkräften führten und er dafür die notwendigen Prüfinstrumente bereits beim Erlass der entsprechenden Interventionsgesetzgebung bereitzustellen hätte. Das Institut der generellen Überwachung von administrierten Preisen durch die Preisüberwachung sollte den Interventionsgesetzgeber nicht dazu verleiten, seine Eingriffe, in der Hoffnung auf die Wirksamkeit der Preisüberwachung, ohne Rücksicht auf die konkreten Marktwirkungen und ohne eine periodische Kontrolle zu erlassen. Hinzu kommt, dass die Wettbewerbskommission aufgrund von Art. 45 KG auch den Auftrag hat, die Schaffung und Handhabung von wirtschaftsrechtlichen Vorschriften durch Empfehlungen zur Förderung des wirksamen Wettbewerbs zu begleiten. Dieses allgemeine Empfehlungsrecht muss vordringlich immer dann zur Anwendung gelangen, wenn der Wettbewerbskommission aufgrund der Vorbehalte in Art. 3 Abs. 1 KG die Hände für direkte Interventionen gebunden sind und es folglich in der alleinigen Verantwortung des Interventionsgesetzgebers liegt, im Rahmen des Verhältnismässigkeitsprinzips seine Massnahmen, soweit dies das Marktversagen zulässt, doch noch möglichst systemkonform (zugunsten des Wettbewerbsprinzips) auszugestalten.

Art. 4   Begriffe

[1] Als Wettbewerbsabreden gelten rechtlich erzwingbare oder nicht erzwingbare Vereinbarungen sowie aufeinander abgestimmte Verhaltensweisen von Unternehmen gleicher oder verschiedener Marktstufen, die eine Wettbewerbsbeschränkung bezwecken oder bewirken.

[2] Als marktbeherrschende Unternehmen gelten einzelne oder mehrere Unternehmen, die auf einem Markt als Anbieter oder Nachfrager in der Lage sind, sich von andern Marktteilnehmern (Mitbewerbern, Anbietern oder Nachfragern) in wesentlichem Umfang unabhängig zu verhalten.[1]

[3] Als Unternehmenszusammenschluss gilt:

a.   die Fusion von zwei oder mehr bisher voneinander unabhängigen Unternehmen;

b.   jeder Vorgang, wie namentlich der Erwerb einer Beteiligung oder der Abschluss eines Vertrages, durch den ein oder mehrere Unternehmen unmittelbar oder mittelbar die Kontrolle über ein oder mehrere bisher unabhängige Unternehmen oder Teile von solchen erlangen.

I. Ausgangslage

1   Die Begriffsstruktur des Kartellgesetzes ist derjenigen moderner Wettbewerbsgesetze nachgebildet und entspricht dem in der heutigen Wettbewerbspolitik allgemein anerkannten Dreisäulenkonzept. Als Begriffe sind folglich kartellgesetzlich relevant Wettbewerbsabreden, wobei mit dem Begriff Abreden auch abgestimmte Verhaltensweisen erfasst werden (vgl. Art. 4 Abs. 1 KG), marktbeherrschende Unternehmen (vgl. Art. 4 Abs. 2 KG) sowie Unternehmenszusammenschlüsse (vgl. Art. 4 Abs. 3 KG).

II. Wettbewerbsabreden

A. Allgemein

2   Vom Begriff der Wettbewerbsabrede werden sowohl eigentliche Absprachen als auch abgestimmte Verhaltensweisen erfasst. Nicht von Bedeutung für die Begriffsbestimmung ist, ob die wettbewerbsbeschränkende Absprache rechtlich erzwingbar ist oder ob es sich bloss um eine nicht erzwingbare Vereinbarung, ein sogenanntes Gentlemen's Agreement, handelt sowie welcher nationalen Zivilrechtsordnung die Absprache unterstellt ist. Entscheidend ist in diesem Zusammenhang, dass durch die Absprache Marktauswirkungen in der Schweiz erzeugt werden.

3   Zentrales Element bei der Umschreibung des Begriffs der Wettbewerbsabrede ist die damit bezweckte oder bewirkte Beschränkung der unternehmerischen Handlungsfreiheit. Die Beschränkung der Autonomie bei der unternehmerischen Entscheidfindung qualifiziert ein Einvernehmen zwischen Unternehmen als Wettbewerbsabrede, wobei zum Zwecke der Begriffs-

---

[1]   Fassung gemäss Ziff. I des BG vom 20. Juni 2003, in Kraft seit 1. April 2004 (AS 2004 1385 1390; BBl 2002 2022 5506).

bestimmung nicht von Bedeutung ist, ob es sich dabei um eine erhebliche Wettbewerbsabrede im Sinne der materiellrechtlichen Erheblichkeitsprüfung gemäss Art. 5 KG handelt. Diese Frage ist erst bei der materiellrechtlichen Prüfung einer einmal als Wettbewerbsabrede qualifizierten Vereinbarung von Bedeutung.

4 Für eine Qualifikation als Wettbewerbsabrede ist nicht entscheidend, ob die Beschränkung der unternehmerischen Entscheidautonomie ausdrücklicher Zweck der Vereinbarung zwischen den beteiligten Unternehmen ist oder sich bloss als Wirkung aus einer rechtlich relevanten Abrede ergibt. Ein subjektives Element im Sinne eines Willens auf Wettbewerbsbeschränkung muss nicht nachgewiesen werden (RPW 2001/2, JC Decaux/Affichage, 308 f., Rz. 17 ff.; vgl. auch ROLAND KÖCHLI/PHILIPPE M. REICH, Backer & McKenzie, Art. 4, N 24). Umgekehrt vermag für die Subsumtion unter den Begriff der Wettbewerbsabrede aber schon zu genügen, dass die beteiligten Unternehmen eine wettbewerbsbeschränkende Wirkung zwar bezweckten, eine derartige Wirkung jedoch aus irgendeinem Grunde nicht eintreten konnte. Das Potenzial zur Entfaltung von wettbewerbsbeschränkenden Wirkungen ist bereits ausreichend, um ein Eingreifen der Wettbewerbsbehörden zu rechtfertigen; die Wettbewerbsbehörden sind folglich nicht verpflichtet, zunächst die praktische Umsetzung des unternehmerischen Einvernehmens abzuwarten, um alsdann aufgrund effektiver Wirkungen auf dem relevanten Markt einschreiten zu können.

B. Marktstufen

5 Der Begriff der Wettbewerbsabrede gemäss Art. 4 Abs. 1 KG enthält keine Unterscheidung zwischen horizontalen und vertikalen Wettbewerbsabreden. Im Gegenteil weist der Gesetzestext gerade ausdrücklich darauf hin, dass es für eine Subsumtion unter den Begriff der Wettbewerbsabrede nicht darauf ankommt, ob die beteiligten Unternehmen auf der gleichen (Horizontalabrede) Marktstufe oder auf verschiedenen (Vertikalabrede) Marktstufen tätig sind. Rein begrifflich werden folglich Vertikalabreden den Horizontalabreden gleichgestellt. Das noch unter dem früheren Recht für die Begriffsabgrenzung entscheidende Kriterium der gemeinsamen Beschränkung des Wettbewerbs (vgl. Art. 2 Abs. 1 aKG 1985) ist, zumindest was die Begriffsbildung betrifft, nicht mehr von Bedeutung.

6 Die Unterscheidung zwischen horizontalen und vertikalen Wettbewerbsabreden darf nicht zu einer formalistischen Beurteilung verleiten. Auf der Grundlage der sogenannten Bündeltheorie gehen die Wettbewerbsbehörden davon aus, dass sich mittels einer Vielzahl von Vertikalverträgen die gleichen Wirkungen wie mit einer Horizontalabrede erzeugen lassen. In der Praxis hat diese Bündeltheorie dazu geführt, dass der sogenannte Sammelrevers betreffend Verlagserzeugnisse für Musiknoten (RPW 1997/3, Sammelrevers für Musiknoten, 334 ff., insbesondere 341 f., Rz. 45) und für Bücher (BGE 129 II 18 ff., E. 4), aber auch Bündel von Bierlieferungsverträgen zwischen Brauereien und insbesondere Gastwirtschaften nicht je einzeln bezüglich ihrer vertikalen Wirkungen, sondern in ihrer Gesamtheit auf ihre Marktwirkungen hin zu überprüfen sind (vgl. zur Abgrenzung von horizontalen und vertikalen Abreden auch RPW 2009/2, DMIF für das Debitkartensystem Visa V PAY, 130, Rz. 74 ff.). Die erwähnte Praxis erscheint gerechtfertigt, sofern die gebündelten Verträge vom gleichen Unternehmen ausgehen bzw. in irgendeiner Form bezüglich des Entscheids über die erzeugte Wettbewerbsbeschränkung zentral koordiniert werden. Nicht unproblematisch ist jedoch die Anwendung

dieser Theorie auf Netze von Vertikalverträgen, bei denen sich eine Koordination durch ein einzelnes Unternehmen oder eine effektive Koordination des Marktverhaltens nicht nachweisen lässt. Allenfalls lassen sich bei einer wettbewerbsrechtlichen Prüfung derartiger Netze die für die Beurteilung abgestimmter Verhaltensweisen entwickelten Grundsätze heranziehen (vgl. dazu die nachfolgende Kommentierung unter N 9 ff.).

C. Rechtliche Organisation von Wettbewerbsabreden

7   Die für die Beurteilung von Wettbewerbsabreden erforderliche wirtschaftliche Betrachtungsweise hat zur Folge, dass es bei der Begriffsbildung nicht darauf ankommen kann, in welcher rechtlichen Form eine Wettbewerbsabrede organisiert ist und ob die gewählte Organisationsform zwischen den beteiligten Unternehmen überhaupt rechtlich durchsetzbare Verpflichtungen schafft. Von der Definition der Wettbewerbsabrede in Art. 4 Abs. 1 KG werden sowohl Vereinbarungen auf austauschvertraglicher als auch gesellschaftsvertraglicher Basis erfasst, aber auch Übereinkünfte zur Regelung des Marktverhaltens, bei denen die beteiligten Unternehmen die rechtliche Verbindlichkeit bewusst ausgeschlossen haben. Derartige Gentlemen's Agreements oder auch Frühstückskartelle unterscheiden sich rein wirtschaftlich betrachtet bezüglich ihrer Auswirkungen auf den relevanten Markt in keiner Weise von in rechtlich verbindlichen Organisationsformen enthaltenen Wettbewerbsabreden.

8   In der Praxis lässt sich feststellen, dass auch auf den ersten Blick «einseitige Massnahmen» von der Definition der Wettbewerbsabrede erfasst werden können und folglich kartellgesetzlich relevant sind, wenn sich daraus letzlich eine Verhaltensabstimmung ergibt (vgl. zur Abgrenzung von einseitigen Massnahmen und bilateralen Verträgen und der Qualifizierung als Wettbewerbsabrede RPW 2008/4, Tarifverträge Zusatzversicherung Kanton Luzern, 548, Rz. 30 ff.). So vermag unter Umständen ein auf einem Rechnungsformular aufgedrucktes Verbot des Wiederverkaufs für ein Einschreiten der Wettbewerbsbehörden zu genügen, wenn der Urheber des Verbots in der Praxis davon ausgehen kann, dass sich der Adressat an dieses Verbot hält (vgl. dazu die Praxis der EU-Wettbewerbsbehörden: Gerichtshof der Europäischen Union, Urteil vom 11. Januar 1990, Rechtssache C 277/87, Sandoz prodotti farmaceutici/Kommission, publiziert in: Sammlung der Rechtsprechung des Gerichtshofes 1990, I, 45 ff., sowie Urteil vom 8. Februar 1990, Rechtssache C 279/87, Tipp-Ex GmbH & Co. KG/Kommission, publiziert in: Sammlung der Rechtsprechung des Gerichtshofes 1990, I, 261 ff.). Bei der Würdigung dieser sogenannten einseitigen Massnahmen ist aus vertragsrechtlicher Sicht zu beachten, dass über die Konstruktion einer stillschweigenden Annahme der einseitige Charakter sich in ein zweiseitiges Rechtsverhältnis wandelt. Diese stillschweigende Annahme ist jedoch Mindestvoraussetzung dafür, dass überhaupt eine Abrede vorliegen kann. Lässt sich diese stillschweigende Annahme durch das anschliessende Verhalten der beteiligten Unternehmen nicht nachweisen, liegt keine Abrede vor (Gerichtshof der Europäischen Gemeinschaften, Urteil vom 6. Januar 2004, Rechtssachen C-2/01 P und C-3/01 P, Bayer/Kommission, Rz. 141 ff.; zugänglich über die Internetseite: http://curia.europa.eu/jcms/jcms/j_6).

D. Empfehlungen und abgestimmte Verhaltensweisen

9   Die Empfehlung wird bei der Begriffsbestimmung für Wettbewerbsabreden zu Recht nicht erwähnt. Stattdessen werden abgestimmte Verhaltensweisen gemäss dem Gesetzestext in Art. 4 Abs. 1 KG ausdrücklich als Wettbewerbsabreden bezeichnet.

10   Empfehlungen spielen vor allem im Rahmen unternehmerischer Verbandstätigkeit eine zentrale Rolle. Aufgrund eines von den Verbänden organisierten Erfahrungsaustausches werden von den Verbandsorganen Empfehlungen ausgearbeitet, die den angeschlossenen Mitgliedern gewisse unternehmerische Entscheide erleichtern sollen. Häufig handelt es sich dabei um Entscheidungshilfen zur Förderung einer kostenadäquaten und betriebswirtschaftlich korrekten Unternehmenstätigkeit. Aus wettbewerbsrechtlicher Sicht kritisch werden derartige Empfehlungen, wenn sie bezwecken, die unternehmerische Entscheidungsfreiheit zu beeinträchtigen, indem sie eine Angleichung des marktsensiblen Verhaltens ermöglichen oder fördern.

11   Die Abgabe der Empfehlung durch die Verbandsorgane für sich allein genommen stellt noch kein wettbewerbsrechtlich relevantes Verhalten dar. Damit eine Empfehlung über marktsensible Daten kartellrechtlich relevant wird, muss sie von den Adressaten, den Verbandsmitgliedern, auch tatsächlich befolgt werden (RPW 2004/2, ASTAG Preisempfehlungen/Kalkulationshilfen, 331 ff.). Die Empfehlung rückt damit in die Nähe einer abgestimmten Verhaltensweise. An das tatsächliche Befolgen dürfen jedoch keine allzu hohen Anforderungen gestellt werden. Ein Eingreifen der Wettbewerbsbehörden ist immer schon dann gerechtfertigt, wenn sich in der Praxis nachweisen lässt, dass die Empfehlung die marktbezogene Entscheidungsfreiheit der betroffenen Unternehmen tatsächlich erheblich beeinflusst. Ein Nachweis, dass die Empfehlung von den beteiligten Unternehmen bei ihren Marktauftritten integral umgesetzt worden ist, ist folglich nicht erforderlich (vgl. dazu die Ausführungen der REKO/WEF in RPW 1999/3, Service- und Reparaturleistungen an Öl-/Gasbrennern und Kompaktwärmezentralen, 555 f.). Es liesse sich nämlich nicht rechtfertigen, dass für die Beurteilung von Empfehlungen die Wettbewerbsbehörden einen strikteren Nachweis für die Befolgung der Empfehlung zu erbringen hätten als allgemein bei der Beurteilung abgestimmter Verhaltensweisen (zum abgestimmten Verhalten vgl. N 13).

12   Die Legaldefinition des Gesetzes erwähnt bei der Begriffsbestimmung ausdrücklich abgestimmte Verhaltensweisen und qualifiziert sie damit als Wettbewerbsabreden (vgl. Art. 4 Abs. 1 KG). Damit wird deutlich gemacht, dass für die Qualifikation als Wettbewerbsabrede nicht erforderlich ist, dass sich die beteiligten Unternehmen *ausdrücklich* ins Einvernehmen über ihr Marktverhalten gesetzt haben. Probleme in der Praxis ergeben sich bei der Abgrenzung des stillschweigend aufeinander abgestimmten Verhaltens vom häufig auf oligopolistischen Märkten anzutreffenden gewöhnlichen Parallelverhalten. Allgemeine Beurteilungskriterien für eine Abgrenzung lassen sich auf rein theoretischer Grundlage nur schwer finden. In der Praxis lässt sich zumindest feststellen, dass oligopolistische Marktstrukturen und das Vorliegen eines homogenen Gutes eher den Schluss zulassen, es liege keine Verhaltensabstimmung vor, sondern reines Parallelverhalten. (Vgl. dazu beispielsweise WALTER R. SCHLUEP, in: SCHÜRMANN/SCHLUEP, KG und PüG, Zürich 1988, 274 f., sowie ERIC HOMBURGER, Kommentar zum schweizerischen Kartellgesetz, Zürich 1990, Art. 4, Rz. 42 ff., je mit weiteren Verweisen auf die einschlägige Praxis.)

13   Ein aufgrund der Markt- und Kostenstrukturen praktiziertes *bewusstes* Parallelverhalten reicht für eine Qualifikation als abgestimmtes Verhalten noch nicht aus. Notwendig ist vielmehr ein Mindestmass an Koordination der unternehmerischen Pläne. Dafür ist erforderlich, dass sich die beteiligten Unternehmen in irgendeiner Form miteinander verständigen. Demzufolge stellt abgestimmtes Verhalten «eine Form der Koordinierung zwischen Unternehmen (dar), die

zwar noch nicht bis zum Abschluss eines Vertrages im eigentlichen Sinn gediehen ist, jedoch bewusst eine praktische Zusammenarbeit an die Stelle des mit Risiken verbundenen Wettbewerbs treten lässt» (vgl. beispielsweise Gerichtshof der Europäischen Union, Urteil vom 31. März 1993, Rechtssachen C-89, 104, 114, 116, 117 und 125 bis 129/85, Ahlström und andere/Kommission, publiziert in: Sammlung der Rechtsprechung des Gerichtshofes 1993, I, 1575 ff., Rz. 63). Es handelt sich dabei um die Standardformel der EU-Wettbewerbsbehörden. Entscheidend ist folglich ein Mindestmass an Verhaltenskoordination; allein die Voraussehbarkeit des Marktverhaltens der übrigen Marktteilnehmer und das Bewusstsein eines parallelen Vorgehens reichen für die Annahme eines abgestimmten Verhaltens noch nicht aus (RPW 2002/1, Benzinmarkt Schweiz, Zeitraum 1993–2000, 81 f.).

III. Marktbeherrschende Unternehmen

14 Im Gegensatz zum sachlichen Geltungsbereich (vgl. Art. 2 Abs. 1 KG) stellt die in Art. 4 Abs. 2 KG enthaltene Begriffsbestimmung nicht auf Marktmacht ab, sondern auf Marktbeherrschung. Die Gründe für diese Differenzierung sind vor allem in praktischen Überlegungen zu suchen; die Wettbewerbsbehörden müssen bei der Frage der Unterstellung eines Unternehmens unter den sachlichen Geltungsbereich des Kartellgesetzes nicht bereits die schwierige Frage der Marktbeherrschung beantworten (vgl. dazu die Kommentierung zu Art. 2 KG, N 14).

15 Marktbeherrschung ist eine gesteigerte Form von Marktmacht (vgl. Botschaft 1994, 80 f.; RPW 2004/3, Markt für. Schlachtschweine – Teil A, 678, Rz. 11). Aus wettbewerbspolitischer Sicht ist die Entstehung von Marktmacht und auch die Entstehung der qualifizierten Form der Marktmacht – nämlich Marktbeherrschung – ein Vorgang, der mit Blick auf die Dynamik von Wettbewerbsprozessen nicht zu beanstanden ist. Durch Wettbewerb soll ja gerade erreicht werden, dass starke Marktpositionen als Anreiz für überragende Leistungen entstehen können. Allerdings soll Wettbewerb auch erlauben, dass derartige starke Positionen durch Innovation und besondere Anstrengungen wieder erodiert werden können. Folgerichtig wird durch das materielle Kartellrecht die Entstehung einer marktmächtigen oder marktbeherrschenden Stellung nicht kontrolliert, sondern die Kontrolle und damit die Interventionsmöglichkeit setzen erst dann an, wenn das marktbeherrschende Unternehmen unter Ausnützung seiner Stellung sich gegenüber den andern Marktteilnehmern missbräuchlich verhält (vgl. die Formulierung von Art. 7 Abs. 1 KG).

16 Voraussetzung für die Missbrauchskontrolle ist das Vorhandensein einer marktbeherrschenden Stellung, welche in Art. 4 Abs. 2 KG definiert wird. Gemäss dem Gesetzeswortlaut setzt die Definition voraus, dass sich das marktbeherrschende Unternehmen gegenüber den andern Marktteilnehmern im wesentlichen Umfange unabhängig verhalten kann (vgl. die Formulierung in Art. 4 Abs. 2 KG). Im Rahmen der Revision 2004 wurde der Begriff des andern Marktteilnehmers in der Legaldefinition von Art. 4 Abs. 2 KG durch eine Klammerbemerkung ergänzt. Gemäss der Klammerbemerkung handelt es sich bei den andern Marktteilnehmern um Mitbewerber, Anbieter oder Nachfrager (vgl. den Wortlaut von Art. 4 Abs. 2 KG). Aus ökonomischer Sicht ist diese Ergänzung eine Selbstverständlichkeit. Die Stossrichtung der Klammerbemerkung wird denn aus der ergänzten Vorschrift selbst heraus nicht klar, sondern erst bei einem Rückgriff auf die bundesrätliche Botschaft. Gemäss den Ausführungen in der Botschaft hat die Ergänzung nämlich zum Zweck, die Rechtsanwender des Kartellgesetzes auf

eine Begriffsbestimmung im Sinne der relativen Marktmacht zu verpflichten: «Mit der Änderung von Artikel 4 Absatz 2 KG wird klargestellt, dass bei der Feststellung einer marktbeherrschenden Stellung eines Unternehmens nicht allein auf Marktstrukturdaten abzustellen ist, sondern die konkreten Abhängigkeitsverhältnisse auf dem Markt zu prüfen sind. Marktbeherrschung kann insbesondere auch bei einem Unternehmen vorliegen, das im Verhältnis zu Mitbewerbern über eine überragende Marktstellung verfügt, oder bei einem Unternehmen, von welchem andere Unternehmen als Nachfrager oder Anbieter abhängig sind» (Botschaft 2001, 2045). Der sich aus der Botschaft ergebende eigentlich gewollte Sinn der Klammerbemerkung kann für bestimmte Unternehmen weitreichende Auswirkungen haben. Es ist aus diesem Grunde rechtsstaatlich bedenklich, wenn materiell bedeutungsvolle Änderungen im Gesetzestext selbst lediglich in getarnter Form vorgebracht werden. Die Wettbewerbskommission ist indessen gewillt, die Klammerbemerkung im Sinne der in der Botschaft gewünschten Art auch tatsächlich umzusetzen (RPW 2005/1, CoopForte-Bonus, 155 ff.; vgl. auch die Hinweise in RPW 2008/4, Coop/Carrefour, 657 ff., Rz. 476 ff.). Es stellt sich alsdann sofort die Frage, wo die Grenze zwischen rechtswidriger Ausübung von Marktmacht und unerwünschter Strukturpolitik im Sinne eines Schutzes ineffizienter, wirtschaftlich nicht überlebensfähiger Unternehmensstrukturen gezogen werden muss. Die Wettbewerbsbehörden dürfen sich auf jeden Fall nicht leichtfertig auf die Diagnose relativer Marktmacht abstützen, um Interventionen zu rechtfertigen.

17 Zur Feststellung des Masses an Unabhängigkeit eines marktstarken Unternehmens ist zunächst der relevante Markt abzugrenzen. Das Kartellgesetz selbst enthält keine Definition des relevanten Marktes. Eine Formel für die sachliche und räumliche Marktabgrenzung ist jedoch in Art. 11 Abs. 3 VKU enthalten (→ Nr. 4; vgl. dazu die Kommentierung zu Art. 2 KG, N 21). Aufgrund der bei der Anwendung des materiellen Rechts vorzunehmenden Abgrenzung des relevanten Marktes (vgl. dazu die Kommentierung zu Art. 5 KG, N 9 ff.) ist darüber zu entscheiden, ob sich das oder die betroffenen Unternehmen auf diesem Markt in wesentlichem Umfang von den andern Marktteilnehmern unabhängig verhalten können. Die mit der Marktbeherrschung einhergehende wirtschaftliche Machtstellung muss das fragliche Unternehmen in die Lage versetzen, «die Aufrechterhaltung eines wirksamen Wettbewerbs auf dem relevanten Markt zu verhindern, indem sie ihm die Möglichkeit verschafft, sich seinen Wettbewerbern, seinen Abnehmern und letztlich den Verbrauchern gegenüber in einem nennenswerten Umfang unabhängig zu verhalten» (es handelt sich dabei um die Standardformel des Gerichtshofes der Europäischen Union: vgl. Urteil vom 9. November 1983, Rechtssache 322/81, Michelin/Kommission, publiziert in: Sammlung der Rechtsprechung des Gerichtshofes 1983, 3503, Rz. 30).

18 Welche Kriterien zur Beurteilung dieses wesentlichen Umfangs der Unabhängigkeit relevant sind, lässt sich der zitierten Standardformel nicht entnehmen. Abzustellen ist denn auch richtigerweise auf die besonderen Gegebenheiten im Einzelfall. Neben den Marktanteilen ist dabei insbesondere die Marktstruktur und in begrenztem Umfang auch das Marktergebnis zu berücksichtigen. Gemäss den Ausführungen in der Botschaft zu der mit der Revision 2004 eingeführten Klammerbemerkung ist auch die relative Abhängigkeit eines Unternehmens zum möglichen Marktbeherrscher von Bedeutung. Die Gefahr liegt nahe, dass mit einer derartigen Handlungsanweisung ohne Weiteres kartellrechtlich eigentlich verpönte Strukturpolitik betrie-

ben werden kann. Das hat auch der Bundesrat realisiert und in der Botschaft 2001 ausdrücklich festgehalten, dass dies gerade nicht das Ziel der ergänzten Norm sei (Botschaft 2001, 2045). Das befreit die Wettbewerbsbehörden nicht davon, im Einzelfall mit den Qualifikationen über relative Marktmacht sehr sorgfältig umzugehen.

19   Was die Marktanteile betrifft, ist als Richtschnur davon auszugehen, dass bei Anteilen unter 20 % in der Regel eine marktbeherrschende Stellung nur vorliegt, wenn sich aufgrund einer besonderen Marktstruktur ergibt, dass gegen den Marktführer ausnahmsweise keine wirksame Gegenmacht gebildet werden kann. Auch bei Marktanteilen zwischen 20 und 40 % kann in der Regel nicht ohne Weiteres auf eine marktbeherrschende Stellung geschlossen werden. Wiederum müssen zusätzliche Anhaltspunkte nachgewiesen sein, damit von der notwendigen Autonomie in Bezug auf das Verhalten gegenüber den andern Marktteilnehmern ausgegangen werden kann. Die kritische Schwelle dürfte bei Marktanteilen von ca. 50 % erreicht werden, wobei auch bei derartigen Marktstellungen prüfenswerte Gründe vorliegen können, die das wirtschaftliche Potenzial dieser Unternehmen relativieren. Bei den erwähnten Zahlen handelt es sich um blosse Faustregeln, die in der Praxis aufgrund der Umstände des Einzelfalles überprüft werden müssen.

20   Neben diesen im Vordergrund stehenden Strukturelementen kann das Marktergebnis – nämlich die vom fraglichen Unternehmen erzielten Erfolge oder Misserfolge – Hinweise auf die Marktstellung abgeben, wobei jedoch die daraus gewonnenen Erkenntnisse keine eigenständige Bedeutung haben, sondern vor allem zur Bestätigung der Strukturanalyse herangezogen werden können. Erfolg oder Misserfolg eines Unternehmens hängen wegen der Wettbewerbsprozessen inhärenten Dynamik nicht oder zumindest nicht allein vom Marktanteil bzw. von der Unternehmensgrösse ab, sondern sie sind wesentlich auch davon beeinflusst, in welcher Marktphase sich das betroffene Unternehmen auf dem relevanten Markt gerade befindet (vgl. dazu MARKUS RUFFNER, Unzulässige Verhaltensweisen marktmächtiger Unternehmen, in: Aktuelle Juristische Praxis 1996, 837 f.).

21   Im Gesetz wird ausdrücklich darauf hingewiesen, dass eine marktbeherrschende Stellung nicht nur gestützt auf die Marktposition eines einzelnen Unternehmens festgestellt werden kann, sondern auch mehrere Unternehmen gemeinsam eine derartige Stellung einnehmen können. Damit sind einerseits die Fälle angesprochen, bei denen durch den Abschluss einer Wettbewerbsabrede im Sinne von Art. 5 KG die Marktmacht aller an der Abrede beteiligten Unternehmen die Form der Marktbeherrschung annimmt. Allerdings ist in diesen Fällen zunächst immer zu prüfen, ob nicht bereits eine konsequente Anwendung von Art. 5 KG die Situation entschärfen und folglich die durchaus mögliche kumulative Anwendung von Art. 5 und Art. 7 KG vermieden werden könnte.

22   Denkbar sind andererseits auch Fälle kollektiver Marktbeherrschung, wenn die beteiligten Unternehmen aus strukturellen Gründen untereinander keinem Wettbewerb ausgesetzt sind und ihr Auftritt gegenüber ihren Abnehmern ein einheitliches Erscheinungsbild zeigt. In der Praxis der Wettbewerbskommission ist die Frage der kollektiven Marktbeherrschung insbesondere im Rahmen von Fusionskontrollverfahren aktuell geworden (vgl. Zulassung des Zusammenschlusses nur unter Zusagen bzw. Auflagen der Parteien in Migros/Denner und Coop/Carrefour, RPW 2008/1, Migros/Denner, 204, Rz. 637 ff.; RPW 2008/4, Coop/Carrefour, 660, Rz. 505 ff., und RPW 2008/4, Coop/Carrefour, 660, Rz. 505 ff.; zur Anwend-

ung der Theorie der kollektiven Marktbeherrschung im Rahmen der Fusionskontrolle auch den früheren Fusionskontrollentscheid RPW 2003/3, Coop/Waro, 559 ff., insbesondere 585 ff.). Bis anhin wurden jedoch keine Interventionen auf der Grundlage kollektiver Marktbeherrschung im Rahmen eines Missbrauchsverfahrens verfügt.

23 Im Gesetzestext wird ausdrücklich darauf hingewiesen, dass marktbeherrschende Stellungen nicht nur auf der Angebots-, sondern auch auf der Nachfrageseite bestehen können. Es ist bei der Beurteilung von Nachfragemacht jedoch durchaus angebracht, die Besonderheiten, die sich bei der Ausübung dieses Machtpotenzials ergeben, zu berücksichtigen (vgl. dazu die Analyse von BRUNO SCHMIDHAUSER, in: Homburger, Kommentar, Art. 7, Rz. 46 ff.; MARCEL MEINHARDT/ JUDITH BISCHOF, Nachfragemacht nach revidiertem Kartellrecht, Jusletter vom 17. Oktober 2005). In ihrer früheren Praxis ging allerdings die Wettbewerbskommission noch davon aus, dass sich die Nachfragemacht eines Unternehmens nach denselben Kriterien wie die Frage der Angebotsmacht beurteile (so ausdrücklich die Wettbewerbskommission in RPW 2000/4, Schweizerischer Filmverleih- und Kinomarkt, 579). In ihrer neueren Praxis hat die Wettbewerbskommission jedoch zur Beurteilung von möglichen Nachfragemachtsituationen sehr differenzierte und mehrstufige Prüfungsraster angewendet und dabei insbesondere versucht, den möglichen Besonderheiten des Einzelfalles gerecht zu werden (zuletzt in RPW 2005/1, CoopForte-Bonus,146 ff.). Allerdings tut sich die Wettbewerbskommission nach wie vor schwer, eine einheitliche Linie zur Beurteilung der Nachfragemacht zu finden. Die jeweils mit unterschiedlichen Begründungen abgeschlossenen Fälle bezüglich des Detailhandels bilden in ihrer zeitlichen Abfolge jedenfalls nicht die Grundlage für eine vorhersehbare Praxis (vgl. die Hinweise auf die Praxis in RPW 2005/1, CoopForte-Bonus, 146 ff.; vgl. auch RPW 2008/4, Coop/Carrefour, 655 ff., Rz. 448 ff.).

IV. Unternehmenszusammenschlüsse

A. Allgemein

24 Im Sinne eines dritten Pfeilers der Wettbewerbspolitik werden vom Kartellgesetz Unternehmenszusammenschlüsse mittels einer präventiven Fusionskontrolle erfasst. Damit wird sichergestellt, dass nicht über externes Unternehmenswachstum Marktstrukturen entstehen, die wegen ihrer volkswirtschaftlichen Schädlichkeit nicht mehr toleriert werden können. Zur Bestimmung der vom Kartellgesetz erfassten Unternehmenszusammenschlüsse muss der kartellrechtlich relevante Zusammenschluss definiert werden. Im Gesetz wird unter Art. 4 Abs. 3 KG zwischen zwei vom Gesetz erfassten Zusammenschlussarten unterschieden – nämlich zwischen der Fusion im engeren Sinne (vgl. Art. 4 Abs. 3 lit. a KG) und der Erlangung der Kontrolle (vgl. Art. 4 Abs. 3 lit. b KG).

B. Fusion im engeren Sinne

25 In Art. 4 Abs. 3 lit. a KG werden Fusionen im engeren Sinne unter den Zusammenschlussbegriff des Gesetzes subsumiert. Angesprochen sind die vom anwendbaren Gesellschaftsrecht (das nach den Regeln des anwendbaren internationalen Privatrechts zu bestimmen ist) zur Verfügung gestellten Mittel, um zwei oder mehrere bis anhin rechtlich und wirtschaftlich selbstständige Unternehmen miteinander zu verschmelzen und neu in einem Unternehmen aufgehen zu lassen. Aus schweizerischer Sicht handelt es sich dabei insbesondere um die

sogenannte Absorption, Art. 748 OR, und um die sogenannte Kombination, Art. 749 OR. Soweit das anwendbare nationale Gesellschaftsrecht Teilfusionen zulässt, indem es beispielsweise die gesellschaftsrechtliche Spaltung von Unternehmen ermöglicht, werden auch diese Vorgänge vom im Gesetz enthaltenen Fusionsbegriff im engeren Sinne erfasst.

26 Von den soeben beschriebenen Fusionen im rechtlichen Sinne sind die wirtschaftlichen Fusionen zu unterscheiden. Im Gesetzestext selbst wird diese Fusionsart nicht ausdrücklich erwähnt. Allgemein wird jedoch im Sinne einer Art von Auffangtatbestand anerkannt, dass die wirtschaftliche Verflechtung zwischen Unternehmen derart eng sein kann, dass ihre Willensbildung gestützt auf diese wirtschaftlichen Gegebenheiten nicht mehr unabhängig voneinander vorgenommen werden kann. Derartige faktische Verschmelzungen von Unternehmen dürfen jedoch nicht leichthin angenommen werden. Nicht jede wirtschaftliche Abhängigkeit darf zum Anlass genommen werden, um einen Wirtschaftsvorgang als für die Fusionskontrolle erforderliche langfristige Strukturveränderung zu qualifizieren. Insbesondere gilt es zu beachten, dass auch mit Kooperationsverträgen gewisse Koordinationsprozesse bezüglich der Unternehmensleitung notwendig sind und dadurch gewisse wirtschaftliche Abhängigkeiten geschaffen werden. Für die Annahme einer wirtschaftlichen Fusion müssen die Wettbewerbsbehörden jedoch den Nachweis erbringen können, dass die strategischen zentralen Unternehmensentscheide mit einheitlichem Willen getroffen werden und dass diese einheitliche Willensbildung durch rechtliche oder in Ausnahmefällen auch durch faktische Mittel längerfristig als gesichert gelten kann.

C. Erlangung der Kontrolle

a. Allgemein

27 Bei der Begriffsbildung über den kartellgesetzlich relevanten Unternehmenszusammenschluss ist der Tatbestand der Erlangung der Kontrolle zentral und in der Praxis entsprechend bedeutungsvoll. Gemäss Art. 4 Abs. 3 lit. b KG sind damit in erster Linie der Beteiligungserwerb und die damit zusammenhängenden gesellschaftsrechtlichen Möglichkeiten angesprochen. Im Sinne einer wirtschaftlichen Betrachtungsweise können aber auch andere vertragliche Mittel geeignet sein, um unmittelbar oder mittelbar die Kontrolle über ein oder mehrere bisher unabhängige Unternehmen oder Teile von solchen zu erlangen (vgl. die Umschreibung der Erlangung der Kontrolle in Art. 4 Abs. 3 lit. b KG). Die ausdrücklich erwähnten rechtlichen Mittel bilden keine abschliessende Aufzählung. Im Grunde genommen lässt die im Wettbewerbsrecht im Vordergrund stehende wirtschaftliche Betrachtungsweise zu, dass rein faktische Gegebenheiten einen Vorgang als Erlangung der Kontrolle im Sinne des Kartellgesetzes erscheinen lassen.

28 Im Gesetzestext wird ausdrücklich darauf hingewiesen, dass es sich bei den betroffenen Unternehmen um wirtschaftliche Einheiten handeln muss, die bisher voneinander unabhängig waren. Damit wird einerseits ausgeschlossen, dass mit den erwähnten rechtlichen Mitteln vorgenommene Umstrukturierungen von Konzernen (d.h. von bisher abhängigen Unternehmen) vom Zusammenschlussbegriff des Kartellgesetzes erfasst werden. (Unter dem Blickwinkel einer wirtschaftlichen Betrachtungsweise schliesst schon der für den persönlichen Geltungsbereich verwendete Unternehmensbegriff aus, voneinander wirtschaftlich abhängige Unternehmen als *einzelne* Unternehmen im Sinne des Kartellgesetzes zu bezeichnen.) Ande-

rerseits schliesst der erwähnte Vorbehalt bei einer strikten Berufung auf den Wortlaut des Gesetzes auch aus, dass Neugründungen von Gemeinschaftsunternehmen durch zwei oder mehrere voneinander unabhängigen Muttergesellschaften unter den Zusammenschlussbegriff des Gesetzes fallen; neu gegründete Unternehmen sind naturgemäss nie von ihren Gründerunternehmen unabhängig (zur Problematik der Neugründung von Gemeinschaftsunternehmen vgl. die nachfolgenden Ausführungen unter N 42 sowie 44 ff.).

29 Für die Unterstellung unter den Begriff des Zusammenschlusses ist nicht erforderlich, dass der fragliche Vorgang ein Unternehmen als solches betrifft, sondern betroffen kann auch ein Teil eines Unternehmens sein, der nicht als selbstständige Einheit (im Rahmen einer Konzernstruktur beispielsweise) organisiert ist. (Vgl. den ausdrücklichen Hinweis im Gesetzestext von Art. 4 Abs. 3 lit. b KG; vgl. in diesem Zusammenhang auch die Formulierung von Art. 3 Abs. 3 VKU → Nr. 4). Immerhin ist bei einer Erfassung eines Unternehmensteils als Zusammenschluss im Sinne des Kartellgesetzes zu verlangen, dass diesem Unternehmensteil eine gewisse eigenständige marktstrategische Bedeutung zukommt und ihm folglich auch ein eigenständiger Umsatz zugerechnet werden kann. Letzteres insbesondere darum, weil ansonsten die für die Unterstellung unter die Fusionskontrolle notwendige Ermittlung der Grenzwerte nicht mit der erforderlichen Klarheit vorgenommen werden kann.

30 Der Begriff Erlangung der Kontrolle des Gesetzes wird in Art. 1 der bundesrätlichen Ausführungsverordnung zu den Bestimmungen über die Zusammenschlusskontrolle mit dem Begriff Ausübung eines bestimmenden Einflusses näher konkretisiert (vgl. Art. 1 VKU). Der Begriff bestimmender Einfluss lässt zunächst eine gewisse Nähe zum Konzernrecht vermuten; dort geht es bei der Bestimmung des Konzernbegriffs darum, eine einheitliche Leitung über mehrere Unternehmen festzustellen (vgl. beispielsweise LUKAS HANDSCHIN, Der Konzern im geltenden schweizerischen Privatrecht, Zürich 1994, 1). Es ist jedoch zu beachten, dass über den Konzernbegriff andere Rechtsprobleme – nämlich insbesondere Durchgriffs- und Haftungsprobleme – als mit dem Zusammenschlussbegriff des Kartellgesetzes gelöst werden müssen. Das Kartellgesetz will mit den Bestimmungen über die Zusammenschlusskontrolle präventiv schädliche Marktstrukturen verhindern. Zur Bestimmung der Schädlichkeit von Marktstrukturen muss das Marktpotenzial bzw. das Marktverhalten des fusionierten Unternehmens ermittelt werden. Für die Beeinflussung darauf bezogener unternehmerischer Entscheide ist jedoch nicht eine einheitliche Leitung im Sinne des Konzernrechts erforderlich, sondern bestimmender Einfluss auf die zentralen strategischen Entscheide eines Unternehmens. Entsprechend sind die in Art. 1 VKU erwähnten Mittel zur Kontrolle (ausdrücklich erwähnt sind Eigentumsoder Nutzungsrechte an der Gesamtheit oder an Teilen des Vermögens des Unternehmens, lit. a, sowie Rechte oder Verträge, die einen bestimmenden Einfluss auf die Zusammensetzung, die Beratungen oder Beschlüsse der Organe des Unternehmens gewähren, lit. b) immer nur dann für die Subsumtion eines Zusammenschlussvorhabens als Unternehmenszusammenschluss im Sinne des Kartellgesetzes relevant, wenn sie Einflussmöglichkeiten auf die Willensbildung im Hinblick auf die zentralen strategischen Entscheide eines Unternehmens gewähren. Damit sind insbesondere die personelle Zusammensetzung der Geschäftsleitung, wichtige Investitionsentscheide, zentrale Entscheide über die Marktstrategien, aber auch Budget-Entscheide des betroffenen Unternehmens angesprochen.

31 Als Arten der Erlangung der Kontrolle werden im Gesetz namentlich gesellschaftsrechtliche Mittel (Beteiligungserwerb), aber auch jede andere Art von vertraglichen Mitteln ausdrücklich erwähnt. Die Umschreibung in der Verordnung macht deutlich, dass die im Gesetz erwähnten rechtlichen Arten der Erlangung der Kontrolle nicht als abschliessende Aufzählung zu verstehen sind. Die Ausübung von bestimmendem Einfluss kann sowohl durch den Erwerb von Beteiligungsrechten als auch auf jede andere denkbare Weise erfolgen (vgl. Art. 1 VKU). Als Kontrollmittel kommen folglich auch sogenannte Managementverträge, Gewinnabführungsverträge, personelle Verflechtungen oder wirtschaftliche Abhängigkeiten in Betracht.

32 Die erwähnten Mittel, mit welchen ein bestimmender Einfluss ausgeübt werden kann, sind in der Praxis auch in Kombinationen anzutreffen (vgl. RPW 1997/2, Publicitas – Gasser – Tschudi Druck, 179 ff., insbesondere 181, Rz. 23 und 24; RPW 2003/3, Credit Suisse/Bank Linth, 514 ff.). Derartige Kombinationen können insbesondere dazu führen, dass unter Umständen eine Minderheitsbeteiligung geeignet ist, zusammen mit weiteren Faktoren Mittel zur Ausübung eines bestimmenden Einflusses zu sein (zur Qualifikation von Minderheitsbeteiligungen als Zusammenschluss im Sinne von Art. 4 Abs. 3 lit. b KG vgl. die nachfolgenden Ausführungen unter N 35 ff.). Wird die Qualifikation als Unternehmenszusammenschluss im Sinne von Art. 4 Abs. 3 lit. b KG mit einer Kombination von Mitteln begründet, wäre zur rechtsstaatlichen Nachprüfung einer derartigen Subsumtion von der Rechtsanwendungsbehörde jedoch zu verlangen, dass sie sich über die Gewichtung der einzelnen Elemente der geprüften Kombination ausspricht. Unter diesem Blickwinkel vermag es nicht zu genügen, wenn die Rechtsanwendungsbehörde im Anschluss an eine Aufzählung von Elementen feststellt, dass die Kombination dieser Elemente zu einem bestimmenden Einfluss im Sinne von Art. 1 VKU führe (so jedoch RPW 1997/2, Publicitas – Gasser – Tschudi Druck, 179 ff., insbesondere 181, Rz. 24.)

33 Der bestimmende Einfluss über ein Unternehmen zeigt sich daran, dass das (oder die) kontrollierende(n) Unternehmen in der Lage ist (sind), die wichtigen strategischen Entscheidungen im kontrollierten Unternehmen zu treffen. Als wichtig gelten beispielsweise Entscheide über die Besetzung der Unternehmensleitung, die Finanzplanung, grössere Investitionen, aber auch grundlegende Entscheide über die Marktstrategie eines Unternehmens.

b. Minderheitsbeteiligungen

34 Der Erwerb einer Beteiligung von mehr als 50 % der Stimmrechte (die Kapitalbeteiligung ist bei der im Kartellrecht vorzunehmenden wirtschaftlichen Betrachtungsweise für sich allein genommen, d.h. ohne entsprechende Stimmenmehrheit, nicht relevant) an einem bisher unabhängigen Unternehmen erfüllt in der Regel ohne Weiteres den Tatbestand des Zusammenschlusses gemäss Art. 4 Abs. 3 lit. b KG. Umgekehrt sind Beteiligungen mit einem Anteil von weniger als 50 % an den Stimmrechten grundsätzlich nicht geeignet, die Erlangung der Kontrolle bzw. einen bestimmenden Einfluss zu begründen.

35 In Verbindung mit weiteren rechtlichen oder allenfalls faktischen Gegebenheiten kann unter Umständen auch eine Minderheitsbeteiligung zur Erlangung der Kontrolle bzw. zu einem bestimmenden Einfluss über ein anderes Unternehmen führen. Dem Minderheitsbeteiligten können durch rechtliche Mittel – insbesondere in Aktionärbindungsverträgen – besondere Rechte eingeräumt werden, die ihm ermöglichen, die strategisch bedeutsamen Entscheide im

Unternehmen zu bestimmen oder mitzubestimmen. Zu denken ist in diesem Zusammenhang insbesondere an die Einräumung von Vetorechten bei der Beschlussfassung in den für die Willensbildung des Unternehmens zuständigen Organen. Derartige Vetorechte müssen sich jedoch nicht auf das unternehmerische Tagesgeschäft beziehen. Es genügt, wenn die durch Vetorechte eingeräumten Kontrollmöglichkeiten die strategisch bedeutsamen Entscheide betreffen. Angesprochen sind in diesem Zusammenhang insbesondere die Entscheidgewalt über das Budget und allgemein die Finanzen oder die Mitwirkung bei für das Unternehmen zentralen Personalentscheiden sowie über die strategische Ausrichtung des Unternehmens. Nicht strategisch im Sinne dieses Ansatzes sind jedoch Minderheitsrechte, welche der Minderheitsbeteiligte jeweils zum Schutz seiner Beteiligung mit den anderen Beteiligten vereinbart.

36   Auch faktische Gegebenheiten können dazu führen, dass mit einer Minderheitsbeteiligung ein bestimmender Einfluss über ein anderes Unternehmen ausgeübt werden kann. Das kann beispielsweise der Fall sein, wenn der Minderheitsbeteiligte aufgrund der Zusammensetzung der Aktionäre und der Präsenz in der Generalversammlung in einer Publikumsgesellschaft damit rechnen kann, dass seine Beteiligung ausreicht, um die Beschlussfassung in der Generalversammlung bestimmend zu beeinflussen. In der Praxis besteht diese Möglichkeit, wenn sich ein Grossteil der Beteiligungsrechte in breitem Streubesitz befindet und folglich davon auszugehen ist, dass diese Aktionäre an der Generalversammlung gar nicht teilnehmen oder zumindest nicht in der Lage sind, gegenüber dem Minderheitsbeteiligten ein ausreichendes Gegengewicht zu bilden.

37   Bei der Prüfung der erwähnten Kriterien ist jedoch zu beachten, dass beispielsweise bei einer schweizerischen Publikumsaktiengesellschaft der bestimmende Einfluss des Minderheitsbeteiligten genügend stark sein müsste, um die Beschlussfassung über die Wahl der Mitglieder des Verwaltungsrates zu beeinflussen. Die strategisch bedeutsamen Entscheide eines Unternehmens werden in aller Regel nicht in der Generalversammlung gefällt, sondern im Verwaltungsrat. Der bestimmende Einfluss des Minderheitsbeteiligten muss sich folglich vor allem bei den Beschlüssen über die Wahl der Mitglieder des Verwaltungsrates zeigen. Das Vorliegen eines Kontrollwechsels kann nicht leichthin angenommen werden, wenn sich bezüglich des Abstimmungsverhaltens in der betroffenen Gesellschaft feststellen lässt, dass die Mehrheit der Kleinaktionäre und allenfalls die das Depotstimmrecht ausübenden Bankenvertreter in der Regel den Anträgen des Verwaltungsrates in der Generalversammlung folgen werden.

c. Gemeinsame Kontrolle und Gemeinschaftsunternehmen

38   Gemäss der Definition des Beteiligungserwerbs in Art. 4 Abs. 3 lit. b KG kann die Kontrolle durch ein, aber auch durch mehrere Unternehmen erlangt werden. Mit Letzterem wird die sogenannte gemeinsame Kontrolle eines Unternehmens durch mehrere andere Unternehmen angesprochen (vgl. zur gemeinsamen Kontrolle RPW 2008/2, Sony Ericsson Mobile Communications AB/Motorola, Inc., 275, Rz. 15 ff.). Die Zahl der gemeinsam kontrollierenden Unternehmen ist für die Qualifikation als kartellgesetzlich relevanter Unternehmenszusammenschluss nicht von Bedeutung. Entscheidend ist hingegen, dass die kontrollierenden Unternehmen für die strategisch bedeutsamen Entscheide bei der Willensbildung eine Übereinstimmung erzielen müssen. Die Entscheide über Beschlüsse, welche das strategische Wirtschaftsverhalten des kontrollierten Unternehmens betreffen, können nur von allen kon-

trollierenden Unternehmen gemeinsam getroffen werden. Bei einem gemeinsam kontrollierten Unternehmen können folglich Pattsituationen entstehen, nämlich dann, wenn die kontrollierenden Unternehmen keinen Konsens finden können.

39 Gemeinsam kontrollierte Unternehmen werden als Gemeinschaftsunternehmen bezeichnet. Die Gründung eines Gemeinschaftsunternehmens kann einerseits zu einer Veränderung der Struktur der beteiligten Unternehmen führen; andererseits kann das Ziel der Vergemeinschaftung von unternehmerischen Ressourcen in einer (wenigstens rechtlich) selbstständigen Einheit auch sein, ein bestimmtes strategisch wichtiges Marktverhalten zwischen mehreren Unternehmen (den kontrollierenden Unternehmen oder Muttergesellschaften) zu koordinieren.

40 Der Schweizer Gesetzgeber wollte den möglichen Abgrenzungsschwierigkeiten, die sich aus dem ambivalenten Charakter von Gemeinschaftsunternehmen ergeben können, und der sich daraus abzeichnenden möglichen Ungleichbehandlung entgehen und hat zunächst auf eine Unterscheidung bei den Gemeinschaftsunternehmen verzichten wollen (vgl. dazu die Ausführungen des Bundesrates in der Botschaft 1994, 84).

41 In der Ausführungsverordnung des Bundesrates in Art. 2 Abs. 1 VKU (→ Nr. 4) ist angesichts der Schwierigkeit der Zuordnung nun doch eine Regelung enthalten, welche dafür sorgen soll, dass nur strukturverändernde Vollfunktionsgemeinschaftsunternehmen vom Begriff des Zusammenschlusses gemäss Art. 4 Abs. 3 KG und damit von den Regeln über die Kontrolle von Unternehmenszusammenschlüssen des Kartellgesetzes erfasst werden. Art. 2 Abs. 1 VKU hält in diesem Sinne fest, dass nur Gemeinschaftsunternehmen, die auf Dauer alle Funktionen einer selbstständigen wirtschaftlichen Einheit erfüllen, als Zusammenschlüsse im Sinne von Art. 4 Abs. 3 KG zu qualifizieren und folglich den Regeln des Kartellgesetzes über die Kontrolle von Unternehmenszusammenschlüssen unterstellt sind. Damit kann zumindest erreicht werden, dass die konzentrativen Wirkungen eines Vollfunktionsgemeinschaftsunternehmens zunächst nach den Regeln über die Fusionskontrolle geprüft werden müssen. Ergeben sich weiterreichende koordinierende Gruppeneffekte unter den beteiligten Unternehmen, verbleibt Raum für eine Überprüfung dieser Wirkungen nach den Regeln über Wettbewerbsabreden gemäss Art. 5 KG. (Vgl. dazu die ausführliche Auseinandersetzung bei Philipp Zurkinden, Gründung von Gemeinschaftsunternehmen in der Schweiz und das neue schweizerische Kartellgesetz unter besonderer Berücksichtigung des EG-Wettbewerbsrechts, Basel 1999, insbesondere 154 ff.)

42 Eine schweizerische Besonderheit ergibt sich aufgrund von Art. 2 Abs. 2 VKU. Ein neu gegründetes Gemeinschaftsunternehmen soll nur dann als Unternehmenszusammenschluss vom Kartellgesetz erfasst werden, wenn wenigstens eine der beteiligten Muttergesellschaften in das Gemeinschaftsunternehmen Geschäftätigkeiten aus ihrer bisherigen unternehmerischen Tätigkeit einfliessen lässt. Aufgrund der Erwägungen der Wettbewerbskommission in der vorläufigen Prüfung betreffend das Zusammenschlussvorhaben Diax AG ist davon auszugehen, dass der Begriff Einfliessen von Geschäftätigkeiten in einem weiten Sinne zu verstehen ist. In der erwähnten Stellungnahme wurde die von den Muttergesellschaften «der Diax eingeräumte, mit gewissen Ausschliesslichkeitsrechten versehene Rechtsposition» als Einfliessen von Geschäftätigkeiten im Sinne von Art. 2 Abs. 2 VKU qualifiziert (RPW, 1997/2, Diax-SBCIS, 200, Rz. 22).

43 Die Verordnung über die Kontrolle von Unternehmenszusammenschlüssen wurde vom Bundesrat gestützt auf Art. 60 KG erlassen. Art. 60 KG ermächtigt den Bundesrat allgemein zum Erlass von Ausführungsbestimmungen (vgl. dazu die Kommentierung zu Art. 60 KG). Beim Erlass von Ausführungs- bzw. Vollziehungsverordnungen ist der Bundesrat an enge Grenzen gebunden. Die Verordnungen dürfen nur Materien betreffen, die im Gesetz bereits enthalten sind, sie dürfen Gesetze weder aufheben noch abändern, müssen der Zielsetzung des Gesetzes folgen und können nur in den Fällen eine eigenständige materiellrechtliche Bedeutung erlangen, in denen sich eine Gesetzeslücke nachweisen lässt. (Vgl. dazu ULRICH HÄFELIN/WALTER HALLER, Schweizerisches Bundesstaatsrecht, 6. Auflage, Zürich 2005, 549, Rz. 1860, sowie FRITZ GYGI, Verwaltungsrecht, Bern 1986, 93, je mit Verweisen auf die einschlägige bundesgerichtliche Praxis.)

44 Die in Art. 2 Abs. 2 der Verordnung über die Kontrolle von Unternehmenszusammenschlüssen enthaltene Regelung, wonach nur Vollfunktionsgemeinschaftsunternehmen vom Zusammenschlussbegriff des Gesetzes erfasst werden, erscheint als sinnvolle Präzisierung bzw. Einschränkung des Gesetzestextes. Nur bei Vollfunktionsgemeinschaftsunternehmen wird die Frage einer allenfalls schädlichen Strukturveränderung, welche mit den Vorschriften über die Kontrolle von Unternehmenszusammenschlüssen verhindert werden soll, überhaupt relevant. Allerdings ist in diesem Zusammenhang nicht zu übersehen, dass der Bundesrat gemäss der erwähnten Stellungnahme in der Botschaft (vgl. Botschaft 1994, 84) ausdrücklich auf eine Differenzierung bei den Gemeinschaftsunternehmen verzichten wollte. Die Überlegungen des Bundesrates bezogen sich jedoch auf die weit schwieriger vorzunehmende Abgrenzung zwischen konzentrativen und kooperativen Gemeinschaftsunternehmen.

45 Die in Art. 2 Abs. 2 VKU (→ Nr. 4) enthaltene Regelung über die Qualifikation neu gegründeter Gemeinschaftsunternehmen ist nur dann von der Verordnungskompetenz des Bundesrates gedeckt, wenn sich bei der Regelung von Gemeinschaftsunternehmen im Gesetz eine Lücke, d.h. eine planwidrige Unvollständigkeit des Gesetzes (vgl. dazu ULRICH HÄFELIN/WALTER HALLER, Schweizerisches Bundesstaatsrecht, 6. Auflage, Zürich 2005, 43, Rz. 139 ff.), feststellen lässt. Wie bereits erwähnt (vgl. N 29), verlangt der Wortlaut des Gesetzes (vgl. Art. 4 Abs. 3 lit. b KG), dass die am Zusammenschlussvorhaben beteiligten Unternehmen vor dem Zusammenschluss voneinander unabhängig sind. Bei neugegründeten Gemeinschaftsunternehmen besteht durch die Abhängigkeit zwischen Gründerunternehmen und gegründeten Unternehmen nie eine derartige Unabhängigkeit (vgl. auch FRANK SCHERRER, Das europäische und das schweizerische Fusionskontrollverfahren, Zürich 1996, 332; PATRIK DUCREY/JENS DROLSHAMMER, in: Homburger, Kommentar, Art. 4, N 134 f.).

46 Es ist nicht zu übersehen, dass mit Hilfe eines neugegründeten Gemeinschaftsunternehmens die gleichen Strukturveränderungen erreicht werden können und folglich die gleiche Gefahr einer schädlichen Struktur durch externes Unternehmenswachstum entstehen kann wie bei einem Kontrollwechsel an einem bestehenden Unternehmen. Vom Sinn und Zweck des Gesetzes her ist die in Art. 2 Abs. 2 VKU enthaltene Erfassung neugegründeter Gemeinschaftsunternehmen durchaus folgerichtig (in diesem Sinne auch der Entscheid der REKO/WEF in RPW 1998/3, Comtop II, 460 ff., 468 f.). Vom Sinn und Zweck des Gesetzes her wäre alsdann aber die Frage berechtigt, warum bei Neugründungen von Gemeinschaftsunternehmen ein Zusammenschluss nur vorliegen sollte, wenn Geschäftstätigkeiten mindestens einer Mut-

tergesellschaft in das Gemeinschaftsunternehmen einfliessen. Planen zwei voneinander unabhängige Wettbewerber die Neuausrichtung ihrer Geschäftstätigkeiten auf ein strategisch interessantes Gebiet mit Hilfe eines neugegründeten Gemeinschaftsunternehmens, ist nicht recht einzusehen, warum die mit der strategischen Neuausrichtung einhergehende Strukturveränderung durch Übertragung von Finanzpotenzial auf ein neues Gemeinschaftsunternehmen nicht auch als Zusammenschluss vom Kartellgesetz erfasst werden sollte. Es würde jedoch eine sehr weitreichende Auslegung darstellen, den Begriff Einfliessen von Geschäftstätigkeiten in Art. 2 Abs. 2 VKU auch noch auf blosses Finanzpotenzial zu beziehen. Die Abgrenzung in Art. 2 Abs. 2 VKU wäre nahezu bedeutungslos, weil die Voraussetzung in jedem Fall erfüllt wäre. Anzumerken bleibt in diesem Zusammenhang, dass, sofern die rechtliche und wirtschaftliche Unabhängigkeit bereits beim persönlichen Geltungsbereich, d.h. bei der Definition des Unternehmensbegriffs, gemäss Art. 2 Abs. 1 KG mitgedacht ist (vgl. die Kommentierung zu Art. 2 KG, N 10), die nochmalige Erwähnung der Unabhängigkeit bei Art. 4 Abs. 3 lit. b KG keine eigenständige Bedeutung mehr hat.

d. Änderung der Qualität der Kontrolle

47 Änderungen in der Qualität der Kontrolle lösen eine Meldepflicht nach den Bestimmungen über die Fusionskontrolle aus, sofern die Aufgreifschwellen des Art. 9 KG überschritten werden. Unter einer Änderung der Qualität der Kontrolle ist der Wechsel von alleiniger Kontrolle zu gemeinsamer Kontrolle (RPW 2000/1, 46 f., SAT 1/Ringier; RPW 2008/2, 339 Morgan Stanley/SPI/Heidmar) oder umgekehrt zu verstehen; die gleichen Überlegungen gelten auch, wenn bei einem von bisher mehreren Muttergesellschaften gemeinsam kontrollierten Unternehmen ein neues kontrollierendes Unternehmen hinzutritt (RPW 2006/3, 467 f., NZZ/ Ringier/Edipresse). Eine Reduktion der kontrollierenden Unternehmen löst jedoch nicht in jedem Fall eine erneute Meldepflicht aus, wenn nicht ein Wechsel von gemeinsamer zu alleiniger Kontrolle vorliegt. Ändert sich bloss die Zahl der kontrollierenden Unternehmen, ohne dass die Zusammensetzung sich verändert, ist in der Regel davon auszugehen, dass diese keine Einflüsse auf die bestehende Marktstruktur hat (vgl. jedoch RPW 2001/4, NOK/E-On/Watt, 714). Schädliche Auswirkungen durch Zusammenschlüsse auf der Grundlage von externem Unternehmenswachstum müssen aufgrund einer Analyse der Marktstellungen sämtlicher beteiligter Unternehmen diagnostiziert werden können. Der Hinzutritt oder Wegfall eines kontrollierenden Unternehmens beeinflusst in der Regel die bei der Fusionskontrolle zu berücksichtigenden Marktstrukturen. Änderungen der Qualität der Kontrolle sind folglich als Unternehmenszusammenschlüsse im Sinne des Kartellgesetzes zu qualifizieren.

2. Kapitel: Materiellrechtliche Bestimmungen

1. Abschnitt: Unzulässige Wettbewerbsbeschränkungen

Art. 5   Unzulässige Wettbewerbsabreden

[1] Abreden, die den Wettbewerb auf einem Markt für bestimmte Waren oder Leistungen erheblich beeinträchtigen und sich nicht durch Gründe der wirtschaftlichen Effizienz rechtfertigen lassen, sowie Abreden, die zur Beseitigung wirksamen Wettbewerbs führen, sind unzulässig.

[2] Wettbewerbsabreden sind durch Gründe der wirtschaftlichen Effizienz gerechtfertigt, wenn sie:

a.   notwendig sind, um die Herstellungs- oder Vertriebskosten zu senken, Produkte oder Produktionsverfahren zu verbessern, die Forschung oder die Verbreitung von technischem oder beruflichem Wissen zu fördern oder um Ressourcen rationeller zu nutzen; und

b.   den beteiligten Unternehmen in keinem Fall Möglichkeiten eröffnen, wirksamen Wettbewerb zu beseitigen.

[3] Die Beseitigung wirksamen Wettbewerbs wird bei folgenden Abreden vermutet, sofern sie zwischen Unternehmen getroffen werden, die tatsächlich oder der Möglichkeit nach miteinander im Wettbewerb stehen:

a.   Abreden über die direkte oder indirekte Festsetzung von Preisen;

b.   Abreden über die Einschränkung von Produktions-, Bezugs- oder Liefermengen;

c.   Abreden über die Aufteilung von Märkten nach Gebieten oder Geschäftspartnern.

[4] Die Beseitigung wirksamen Wettbewerbs wird auch vermutet bei Abreden zwischen Unternehmen verschiedener Marktstufen über Mindest- oder Festpreise sowie bei Abreden in Vertriebsverträgen über die Zuweisung von Gebieten, soweit Verkäufe in diese durch gebietsfremde Vertriebspartner ausgeschlossen werden.[1]

I. Ausgangslage

1   Art. 5 KG enthält den für die Beurteilung von Wettbewerbsabreden anzuwendenden Prüfungsraster. Wie bereits im Zusammenhang mit der in Art. 4 KG umschriebenen Begriffsbildung festgestellt wurde, gilt dieser Prüfungsraster grundsätzlich sowohl für horizontale als auch für vertikale Wettbewerbsabreden (vgl. dazu die Kommentierung zu Art. 4 KG, N 6).

2   Mit Art. 5 KG hat der Gesetzgeber für die Beurteilung von Wettbewerbsabreden die praktische Umsetzung des wettbewerbstheoretischen Leitbildes vorgenommen – nämlich die Erhaltung von wirksamem Wettbewerb (vgl. dazu MARINO BALDI/JÜRG BORER, Das neue schwei-

---

1   Eingefügt durch Ziff. I des BG vom 20. Juni 2003, in Kraft seit 1. April 2004 (AS 2004 1385 1390; BBl 2002 2022 5506).

zerische Kartellgesetz – Bestimmungen über Wettbewerbsabreden und marktbeherrschende Unternehmen, in: Wirtschaft und Wettbewerb 1998, 344). Wie in der Botschaft bei der Erläuterung von Art. 5 KG hervorgehoben wird, werden Wettbewerbsabreden je nach Intensität ihrer Wirkung auf den Markt in drei Kategorien unterteilt (vgl. zu dieser Differenzierung die Ausführungen in der Botschaft 1994, 87 ff.): Dabei handelt es sich

1. um Abreden, die den Wettbewerb auf einem Markt unerheblich beeinträchtigen,

2. um Abreden, die den Wettbewerb auf einem Markt erheblich beeinträchtigen und

3. um Abreden, die den wirksamen Wettbewerb auf einem Markt beseitigen (wobei es sich bei der unter Ziff. 3 aufgeführten Kategorie um eine qualifizierte Form von Ziff. 2 handelt).

3   An die oben beschriebenen verschiedenen Kategorien von Wettbewerbsabreden werden unterschiedliche Rechtsfolgen geknüpft. Abreden mit unerheblichen Wirkungen auf den Wettbewerb sind ohne weitere Prüfung zulässig; sie werden von Art. 5 KG gar nicht erfasst (Botschaft 1994, 87). Bei Abreden, die erhebliche Wirkungen auf den Wettbewerb zeitigen, ist zunächst die Anordnung der Rechtsfolge bei den durch die Beseitigung wirksamen Wettbewerbs qualifizierten Abreden unmissverständlich; sie sind gemäss Art. 5 Abs. 1 KG unzulässig, ohne dass sie noch unter Effizienzgesichtspunkten geprüft werden könnten. Die im Wettbewerbsrecht die Beurteilung erschwerende Ambivalenz von Wettbewerbsabreden zeigt sich bei der Kategorie von Abreden, welche zwar den Wettbewerb erheblich beeinträchtigen, jedoch noch nicht zu einer Beseitigung wirksamen Wettbewerbs führen. Gemäss dem Gesetzeswortlaut sind derartige Abreden unzulässig, wenn sie nicht durch Gründe der wirtschaftlichen Effizienz gerechtfertigt werden können. Die Beurteilungsschwierigkeiten aufgrund der angesprochenen Ambivalenz haben unter anderem damit zu tun, dass es bis heute in der Wettbewerbstheorie und Praxis noch nicht gelungen ist, die Vielgestaltigkeit von wirtschaftlichen Koordinationsprozessen durch eindeutige wettbewerbsrechtliche Regelungsmuster erfassen zu können. Die Suche nach derartigen Regelungsmustern und die Behauptung, sie gefunden zu haben, würden auf eine Anmassung von Wissen hinauslaufen. Markt- bzw. Wettbewerbsprozessen ist gerade inhärent, dass sie eben Entdeckungsverfahren sind und folglich eine Eigendynamik entwickeln können, die sich mit starren Rechtsregeln nicht erfassen lässt (vgl. dazu beispielsweise MARKUS RUFFNER, Wettbewerbstheoretische Grundlagen der Kartellgesetzrevision, in: ZÄCH/ZWEIFEL, Grundfragen der schweizerischen Kartellrechtsreform, St. Gallen 1995, 145).

4   Mit dem im Gesetz in Art. 5 Abs. 2 KG verankerten Effizienztest hat der schweizerische Gesetzgeber diesen Erkenntnissen Rechnung getragen. Koordinationshandlungen von Unternehmen auf einem bestimmten Markt führen nicht ohne Weiteres zu als negativ zu wertenden Wettbewerbsbeschränkungen. Vielmehr ist anhand der im Gesetz abschliessend aufgeführten Effizienzkriterien in diesen Fällen zu prüfen, ob unter dem Blickwinkel der Prozesshaftigkeit des Wettbewerbs bestimmte Koordinationshandlungen effizienzsteigernd und damit dem Wettbewerbsprozess förderlich sind oder eben eine rein beschränkende Zielrichtung haben, die letztlich nur zur Erwirtschaftung von verpönten Kartellrenten durch die an der Wettbewerbsabrede beteiligten Unternehmen führen. Für Wettbewerbsabreden der zuletzt genannten Art kann konsequenterweise nur die Rechtsfolge der Unzulässigkeit angeordnet werden.

5   Die aufgezeigten Regelungsmuster machen deutlich, dass der vom schweizerischen Gesetzgeber in Art. 5 KG in die Praxis umgesetzte Missbrauchsansatz vom Verbotsansatz anderer Wettbewerbsordnungen nicht weit entfernt ist. Die Anordnung der Rechtsfolge – nämlich die Zulässigkeit oder die Unzulässigkeit von Wettbewerbsabreden – ist ebenso klar und unmittelbar wie bei einer Verbotsgesetzgebung. Die Unterschiede sind folglich weniger bei der Anordnung der Rechtsfolgen zu suchen als in der prozeduralen Abwicklung der Prüfung im Einzelfall. Während bei der Verbotsgesetzgebung die Rechtsunterworfenen in jedem Fall nach einer Rechtfertigung ihrer an sich verbotenen Abrede suchen müssen, gibt sich die Missbrauchsgesetzgebung in dieser Hinsicht auf den ersten Blick liberaler. Auf den zweiten Blick erweist sie sich jedoch als heimtückisch, weil trotz der Anordnung von klaren Rechtsfolgen der Entscheidfindungsprozess mit Unsicherheiten verbunden ist. Der Missbrauch lässt sich nämlich angesichts der bereits angesprochenen Ambivalenz nicht ohne Rückgriff auf komplexe Beurteilungsmuster feststellen. Diese Unsicherheit hat denn auch dazu geführt, dass im Verlauf des Gesetzgebungsprozesses selbst liberale Kreise den Ruf nach eindeutigen Regelungsmustern im Sinne der Schaffung einer Art von Gruppenfreistellungsverordnungen auch für das vom Missbrauchsprinzip beherrschte schweizerische Recht verlauten liessen. Dieser berechtigte Versuch der Anlehnung an die engen Maschen der Verbotsgesetzgebung zeigt deutlich, dass aus praktischen Überlegungen die Sicherheit eines dichten regulatorischen Regimes, nicht zuletzt auch unter Effizienzgesichtspunkten, Vorteile gegenüber dem offenen und unsicheren Missbrauchsansatz bieten kann. Das hängt jedoch in erster Linie von der konkreten Ausgestaltung der Rechtsfolgen ab, insbesondere von der Bestimmung des Zeitpunkts, ab welchem diese Rechtsfolgen ihre Wirkung entfalten, und den daraus sich ergebenden Risiken für die betroffenen Unternehmen.

II. Wettbewerbsbeschränkung

A. Ausgangslage

6   Art. 5 KG erfasst Abreden, die den Wettbewerb beeinträchtigen. Entscheidendes Tatbestandsmerkmal ist das Vorliegen einer Wettbewerbsbeeinträchtigung, die je nach ihrer Intensität unerheblich oder erheblich sein kann oder im Extremfall sogar zu einer Beseitigung wirksamen Wettbewerbs führt (vgl. zu dieser Dreiteilung die Ausführungen unter N 2). Im Mittelpunkt steht folglich der Begriff der Wettbewerbsbeschränkung, der jedoch angesichts des wenig gefestigten wettbewerbstheoretischen Hintergrundes kartellrechtlicher Rechtsetzung und angesichts der vielschichtigen Erscheinungsformen von Wettbewerbsbeschränkungen in der Praxis nur schwerlich mit materiellem Gehalt angereichert werden kann. Zentrales und wohl auch wettbewerbstheoretisch unverfängliches Element ist die Aussage, dass durch Wettbewerbsbeschränkung eine Einschränkung der wirtschaftlichen Handlungsfreiheit bzw. der marktbezogenen Handlungsfreiheit bewirkt wird. Dabei ist nicht zu unterscheiden, ob sich die Beschränkung auf die Handlungsfreiheit eines an der Wettbewerbsabrede Beteiligten (Innenwettbewerb) oder eines durch die Abrede betroffenen Dritten (Aussenwettbewerb) bezieht.

7   Zu bestimmen ist der Wettbewerb, der durch die Verhinderung von Einschränkungen der Handlungsfreiheit geschützt werden soll. Es ist in diesem Zusammenhang offensichtlich, dass es sich dabei nicht um den reinen Wettbewerb im Sinne der klassischen ökonomischen Theorien handeln kann. Abzustellen ist vielmehr auf die tatsächlich bestehenden Handlungsmög-

lichkeiten auf einem bestimmten Markt. Sie bestimmen den Handlungsspielraum, welcher den Marktteilnehmern zur Verfügung steht und welcher vor erheblichen Beschränkungen geschützt werden soll, damit seine Wirksamkeit bestehen bleibt. Damit ist auch klargestellt, dass es nur um den Schutz rechtmässigen Wettbewerbs gehen kann, weil die Rechtsordnung nur für diesen die Spielregeln zur Verfügung stellen will. Nicht als Schutzobjekte erfasst werden folglich der rechtswidrige und insbesondere auch der unlautere Wettbewerb.

8   Gemäss Art. 4 Abs. 1 KG kommt es auf die tatsächlichen Wirkungen einer Wettbewerbsbeschränkung nicht an; für die Erfassung durch die Wettbewerbsregeln genügt bereits ein wettbewerbsbeschränkender Zweck (vgl. dazu die Kommentierung zu Art. 4 KG, N 4). Damit wird klargestellt, dass nicht nur der aktuelle, sondern auch der potenzielle Wettbewerb durch die Wettbewerbsregeln geschützt werden soll. Zudem ergeben sich keine Einschränkungen bezüglich der Marktstufen. Sowohl der Wettbewerb auf der Angebots- als auch auf der Nachfrageseite verdient gleichermassen den Schutz durch die Wettbewerbsregeln.

B. Relevanter Markt

a. Allgemein

9   Voraussetzung für die Erfassung einer Wettbewerbsbeschränkung ist, dass ihr eine gewisse Erheblichkeit zukommt, indem sie überhaupt spürbar ist bzw. spürbar sein wird, soweit potenzieller Wettbewerb betroffen ist. Zur Messung der Erheblichkeit bzw. Spürbarkeit muss der von der Wettbewerbsabrede betroffene Markt eingegrenzt werden, weil nur aufgrund einer Marktabgrenzung die Erheblichkeit einer Beeinträchtigung auf diesem Markt festgestellt werden kann. Es stellt sich folglich die im Wettbewerbsrecht zentrale Frage nach der Abgrenzung des relevanten Marktes, und zwar sowohl in sachlicher, örtlicher und zeitlicher Hinsicht.

b. Sachlich relevanter Markt

10   Eine Legaldefinition des sachlich relevanten Marktes ist zwar nicht im Kartellgesetz enthalten, jedoch hat der Bundesrat als Verordnungsgeber im Zusammenhang mit der Meldepflicht von Unternehmenszusammenschlüssen gemäss Art. 9 KG in der Verordnung über die Kontrolle von Unternehmenszusammenschlüssen (VKU → Nr. 4) eine Definition des sachlich relevanten Marktes formuliert, welche sich eng an die Vorgaben des EU-Kartellrechts anlehnt. Die in der bundesrätlichen Verordnung in Art. 11 Abs. 3 lit. a VKU enthaltene Begriffsbestimmung des sachlich relevanten Marktes kann sowohl im Hinblick auf Unternehmenszusammenschlüsse als auch auf Wettbewerbsabreden gleichermassen Verwendung finden (die analoge Anwendung der VKU ist unbestritten; siehe beispielsweise BGE 129 II 33 f., E. 7.3, oder RPW 2004/3, Markt für Schlachtschweine – Teil B, 740): «Der sachliche Markt umfasst alle Waren oder Leistungen, die von der Marktgegenseite hinsichtlich ihrer Eigenschaften und ihres vorgesehenen Verwendungszwecks als substituierbar angesehen werden» (Art. 11 Abs. 3 lit. a VKU). Damit ist auch das schweizerische Wettbewerbsrecht auf das sogenannte Bedarfsmarktkonzept ausgerichtet. Entscheidend ist folglich die funktionale Austauschbarkeit aus der Sicht der Marktgegenseite.

11   Der Begriff Marktgegenseite bezeichnet die Gegenseite derjenigen Unternehmen, welchen die unzulässige Abrede bzw. das unzulässige Verhalten vorgeworfen wird (RPW 1999/2, Spitallisten bei Halbprivatversicherungen mit eingeschränkter Spitalwahlfreiheit, 229). Somit kommt

bei der Abgrenzung des sachlich relevanten Marktes sowohl die Nachfrageseite als auch die Angebotsseite in Betracht. Aus der Sicht der Marktgegenseite haben auch die nachgelagerten Märkte, insbesondere die Verbraucherpräferenzen, einen indirekten Einfluss (RPW 2000/3, Vertrieb von Arzneimitteln/Sanphar, 356). Ist beispielsweise der Detailhandel von einer Abrede seiner möglichen Lieferanten betroffen, sind die Nachfragegewohnheiten der Endverbraucher mit zu berücksichtigen. So ist für die Abgrenzung des Nachfragemarktes auch den Verhältnissen auf dem Angebotsmarkt Rechnung zu tragen (RPW 2002/3, Coop/Epa, 510, und RPW 2004/3, Markt für Schlachtschweine – Teil B, 741. Diese Grundsätze wurden im Zusammenhang mit horizontalen Abreden aufgestellt; bei vertikalen Abreden hat sich die Wettbewerbskommission nicht einheitlich geäussert, siehe dazu RPW 1999/3, Bahnhofkioske, 410; RPW 1999/3, Sammelrevers 1993 für den Verkauf preisgebundener Verlagserzeugnisse in der Schweiz, 474; RPW 2000/4, Schweizerischer Filmverleih- und Kinomarkt, 577).

12 Die Austauschbarkeit und damit die Zugehörigkeit eines Produktes zu einem bestimmten Markt ergibt sich, wenn das Produkt, nach Ansicht der Nachfrager, aufgrund seiner Eigenschaften und des Preises geeignet ist, den gleichen Verwendungszweck wie die von der Abrede betroffenen Produkte zu erfüllen. Das Kriterium des Verwendungszwecks ist unbestimmt. Entsprechend wird versucht, die praktischen Schwierigkeiten mit ökonomischen Methodenanweisungen zu umgehen. Zu erwähnen ist die Kreuz-Preiselastizität und der small but significant non-transitory increase in price-Test, SSNIP-Test (vgl. dazu allgemein ALEXANDER BISCHOFF, Der SSNIP-Test, Rückgriff auf mikroökonomische Prinzipien bei der Marktbestimmung im Kartellrecht, Zürich 2010; MANI REINERT, Ökonomische Grundlagen zur kartellrechtlichen Beurteilung von Alleinvertriebsverträgen, Zürich 2004, 27 ff., sowie betreffend der Kreuz-Preiselastizität RPW 2004/3, Markt für Schlachtschweine – Teil B, 742, und betreffend den SSNIP-Test RPW 2001/2, Vertrieb von Werbematerialien, 243 ff.). Je mehr Produkte die Nachfrager als austauschbar ansehen, desto grösser ist der sachlich relevante Markt und desto weniger kann die Abrede eine Wettbewerbsbeschränkung darstellen. Neben der Substituierbarkeit der Nachfrage muss unter Umständen auch die Angebotssubstituierbarkeit berücksichtigt werden. Können Unternehmen kurzfristig ihre Produktion umstellen und ohne grosse Risiken und Kosten in den Markt eintreten, so führt das zum selben Ergebnis wie die Nachfragesubstitution und muss bei der Marktabgrenzung beachtet werden (RPW 2003/2, Handelsgericht des Kantons Aargau: Allgemeines Bestattungsinstitut, 464; RPW 1997/3, Migros/Globus, 367; RPW 2002/3, Coop/Epa, 508). Der potenzielle Wettbewerbsdruck ist ein wichtiges Kriterium bei der wettbewerbsrechtlichen Beurteilung (siehe dazu nachfolgend N 24).

13 Für die Abgrenzung ist selbstverständlich entscheidend, dass sich sowohl auf der Angebots- als auch auf der Nachfrageseite ein entsprechender Markt überhaupt gebildet hat bzw. sich bilden kann. So ist es wenig sinnvoll, aus der Sicht der Nachfrageseite sehr enge Märkte abzugrenzen, wenn im Gegenzug auf der Angebotsseite dafür kein Angebot besteht.

c. Örtlich relevanter Markt

14 Wie im Zusammenhang mit dem sachlich relevanten Markt bereits erläutert, findet sich im Kartellgesetz selbst keine Legaldefinition des örtlich relevanten Marktes. Wiederum kann jedoch auf die Definition des Bundesrates in seiner Verordnung über die Kontrolle von Unter-

nehmenszusammenschlüssen (VKU → Nr. 4) verwiesen werden. Gemäss Art. 11 Abs. 3 lit. b VKU ist der relevante räumliche Markt nach folgender Formel zu beurteilen: «Der räumliche Markt umfasst das Gebiet, in welchem die Marktgegenseite die den sachlichen Markt umfassenden Waren oder Leistungen nachfragt oder anbietet.»

15 Zunächst fällt auf, dass bei der räumlichen Marktabgrenzung jeglicher Hinweis auf das schweizerische Territorium als Bezugsgrösse fehlt. Angesichts der Internationalisierungs- oder sogar Globalisierungstendenzen der Wirtschaft wäre eine derartige territoriale Abgrenzung willkürlich und mit den tatsächlichen Gegebenheiten nicht zu vereinbaren. Das bedeutet jedoch nicht, dass in jedem Fall eine globale Betrachtungsweise (RPW 2000/2, Vitamine, 192) bei der Abgrenzung des örtlich relevanten Marktes gerechtfertigt wäre. Vielmehr lassen sich in der Praxis zahlreiche Fälle feststellen, bei denen aufgrund des Nachfrageverhaltens von einem schweizerischen Markt (RPW 2000/3, Vertrieb von Arzneimitteln/Sanphar, 357; RPW 2001/2, JC Decaux/Affichage, 320; RPW 2001/2, Vertrieb von Werbematerialien, 247; RPW 2004/3, Markt für Schlachtschweine – Teil B, 745) oder sogar noch von engeren räumlichen Märkten (RPW 2003/4, Beschwerdeentscheid in Sachen Krankenkassen vs. Privatkliniken und Konsorten im Kanton Aargau, 869; RPW 2003/2, Fahrschule Graubünden, 285; RPW 1997/3, Migros/Globus, 367; RPW 2002/3, Coop/Epa, 508) ausgegangen werden muss. Aufgrund einer Untersuchung von Nachfragemerkmalen – wie beispielsweise die Bedeutung nationaler oder regionaler Präferenzen, besondere sachliche Präferenzen der Nachfrager oder die von den Unternehmen vorgenommenen Produkt- und Markendifferenzierungen – muss geprüft werden, ob für die Nachfrager im Sinne von Substitutionsmöglichkeiten tatsächlich alternative Lieferquellen oder für Anbieter alternative Abnehmer zur Verfügung stehen. Nicht zu unterschätzen sind in diesem Zusammenhang auch Marktzutrittsschranken für potenzielle Wettbewerber wie beispielsweise kanalisierte Vertriebswege und allgemein Schwierigkeiten bei der Markterschliessung, aber auch andere Besonderheiten wie Sprachgewohnheiten oder öffentlich-rechtliche Vorschriften, die einen Marktzugang für einen Wettbewerber erheblich erschweren oder sogar verunmöglichen können.

d. Zeitlich relevanter Markt

16 Zeitliche Komponenten bei der Marktabgrenzung spielen insbesondere dann eine Rolle, wenn bestimmte Märkte nur saisonal oder über eine kurze Zeit bestehen. Zu denken ist in diesem Zusammenhang beispielsweise an Fachmessen, Submissionen (RPW 2002/1, Submission Betonsanierung am Hauptgebäude der Schweizerischen Landesbibliothek SLB, 141) oder an Produkte, die aus biologischen Gründen nur für eine bestimmte Zeit auf dem Markt angeboten werden können. Eine zeitliche Relevanz kann sich jedoch auch daraus ergeben, dass Marktzutrittsschranken nur vorübergehender Natur sind oder sich in verschiedenen Intervallen mit unterschiedlicher Intensität auf einen bestimmten sachlichen Markt auswirken.

C. Erheblichkeit

17 Im Gesetzestext von Art. 5 Abs. 1 KG wird explizit zum Ausdruck gebracht, dass nicht jede Wettbewerbsbeschränkung, sondern nur diejenigen, welche den Wettbewerb auf einem bestimmten Markt erheblich beeinträchtigen, von den materiellen Bestimmungen des Kartellgesetzes überhaupt erfasst werden. Dadurch kann über einen Umkehrschluss zunächst festgehalten werden, dass unerhebliche Beeinträchtigungen von der materiellen Bestimmung des

Gesetzes nicht erfasst werden und folglich ohne Weiteres zulässig sind (vgl. dazu die Ausführungen in der Botschaft 1994, 87).

18 Der im Gesetzestext enthaltene Begriff der Erheblichkeit wird im Gesetz selbst nicht weiter umschrieben. In der Botschaft des Bundesrates wird in diesem Zusammenhang auf die Praxis zum Kartellgesetz aus dem Jahre 1985 verwiesen (Botschaft 1994, 87). Dabei ist jedoch zu beachten, dass das Kartellgesetz aus dem Jahre 1985 für die Prüfung von Wettbewerbsabreden unterschiedliche Beurteilungsraster kannte, je nachdem, ob die Prüfung in einem zivilrechtlichen oder verwaltungsrechtlichen Verfahren vorgenommen werden musste. Aus diesen unterschiedlichen Beurteilungsrastern ergaben sich auch unterschiedliche Anforderungen an die Erheblichkeit einer Wettbewerbsabrede. Entsprechend wurde zwischen einer zivilrechtlichen und einer verwaltungsrechtlichen Erheblichkeit unterschieden (vgl. zur zivilrechtlichen Erheblichkeit unter dem alten Recht die Zusammenfassung der verschiedenen Positionen bei ERIC HOMBURGER, Kommentar zum schweizerischen Kartellgesetz, Zürich 1990, Art. 6, Rz. 14 ff.; zum verwaltungsrechtlichen Erheblichkeitsbegriff vgl. ERIC HOMBURGER, Kommentar zum schweizerischen Kartellgesetz, Zürich 1990, Art. 29, Rz. 28, sowie LEO SCHÜRMANN, in: SCHÜRMANN/SCHLUEP, KG und PüG, Zürich 1988, 669 f.). Im geltenden Kartellgesetz wird für die materielle Prüfung von Wettbewerbsabreden jedoch keine Unterscheidung mehr zwischen dem Zivilrecht und dem Verwaltungsrecht getroffen. Die materiellrechtlichen Prüfungskriterien wurden für beide Verfahrensbereiche in Art. 5 KG vereinheitlicht. Damit ist gleichsam verbunden, dass der Begriff der Erheblichkeit zunächst einer differenzierten Auslegung je nach Verfahrensart (zivilrechtlich oder verwaltungsrechtlich) nicht mehr zugänglich ist und für die Auslegung des Begriffs der Erheblichkeit auch im verwaltungsrechtlichen Verfahren nicht mehr rein auf eine volkswirtschaftliche Spürbarkeit abgestellt werden darf (angesprochen ist damit ein sogenanntes Mindestmass an gesamtwirtschaftlichen Wirkungen), sondern dem Zweck und der Konzeption des Kartellgesetzes Rechnung getragen werden muss (vgl. dazu auch die Kommentierung zu Art. 1 KG).

19 Zunächst ist festzuhalten, dass das Kartellgesetz mit seiner Ausrichtung auf den konsequenten Schutz wirksamen Wettbewerbs einen rein auf volkswirtschaftliche Wirkungen abstellenden Erheblichkeitstest nicht zulässt. Davon zu unterscheiden ist jedoch das für das Kartellverwaltungsverfahren Anwendung findende Opportunitätsprinzip, das in Art. 27 KG verankert ist und der Wettbewerbskommission für die Eröffnung von Untersuchungen einen gewissen Spielraum bei der Festsetzung der Prioritäten gewährt. Der – jedenfalls im Sinne einer ersten Annäherung – auch individualrechtlich zu verstehende Schutz wirksamen Wettbewerbs verlangt vielmehr, dass jede nicht bloss geringfügige Beschränkung der marktbezogenen Handlungsfreiheit der betroffenen Unternehmen, auch wenn sie hinsichtlich der volkswirtschaftlichen Wirkungen zunächst als unbedeutend erscheinen mag, von den materiellrechtlichen Regeln des Kartellgesetzes erfasst wird, gleichwohl, ob die Beurteilung durch den Zivilrichter oder die Wettbewerbskommission als Verwaltungsbehörde erfolgt. (In diesem Sinne BGE 129 II 24, E. 5.2.1, wo vom «Element der Spürbarkeit» gesprochen wird, vgl. dazu MARINO BALDI, Überblick und allgemeine Bestimmungen – zwölf Charakteristika des neuen Kartellgesetzes, in: ZÄCH, Das neue schweizerische Kartellgesetz, Zürich 1996, 11; JÜRG BORER, Kooperationen und strategische Allianzen, in: Aktuelle Juristische Praxis 1996, 879 f., Fn. 28.) Vereinzelt wird die Meinung vertreten, dass nur dann eine erhebliche Wettbewerbsbeschränkung anzu-

nehmen sei, wenn die sie verursachende Abrede zumindest das Potenzial hat, zu volkswirt-schaftlichen oder sozialen Schäden zu führen (ADRIAN RAASS, Eine Frage der Erheblichkeit, in: sic! 2004, 912; RENÉ RHINOW, Grundzüge des Schweizerischen Verfassungsrechts, Basel 2003, 498, Rz. 2823). Demnach ist die Begründung oder Verstärkung von Marktmacht durch eine Wettbewerbsabrede eine sowohl hinreichende als auch notwendige Voraussetzung für eine erhebliche Beeinträchtigung des Wettbewerbs (ADRIAN RAASS, Eine Frage der Erheblich-keit, in: sic! 2004, 923). Dieser Ansatz hätte zur Folge, dass ein Grossteil der heute insbe-sondere gestützt auf qualitative Kriterien als erheblich erfasste Abreden gar nicht mehr auf ihre Effizienz hin überprüft werden müsste. Es würde sich sogar die Frage stellen, ob der Effi-zienztest überhaupt noch einen Sinn macht, weil die Erheblichkeit praktisch mit der Beseiti-gung wirksamen Wettbewerbs zusammenfallen würde. Eine Reduktion der Kartellgesetzge-bung auf Fälle der Marktmacht widerspricht jedoch dem vom Schweizer Gesetzgeber ge-wählten System. Mit der bundesgerichtlichen Rechtsprechung ist deshalb eine erhebliche Wettbewerbsbeschränkung bereits dann zu bejahen, wenn die Abrede einen auf dem ent-sprechenden Markt relevanten Wettbewerbsparameter betrifft und die Beteiligten einen nicht unerheblichen Marktanteil halten (BGE 129 II 24, E. 5.2.1; ebenso WALTER A. STOFFEL, Wett-bewerbsabreden, in: VON BÜREN/DAVID, Schweizerisches Immaterialgüter- und Wettbewerbs-recht, Band V/2, Kartellrecht, Basel 2000, 95 f.).

20 Grundsätzlich kann davon ausgegangen werden, dass eine Beschränkung dann unerheblich ist, wenn sie den Wettbewerb im Vergleich zur Situation vor der Abrede nicht in einem für die Marktteilnehmer nennenswerten Ausmass zu beeinflussen vermag, insbesondere wenn für die Nachfrager ein Ausweichen ohne Weiteres möglich ist. Nicht an der Abrede Beteiligte dürfen dabei in ihren Verhaltensweisen nicht in nennenswertem Ausmass eingeschränkt werden. Das gleichzeitige Bestehen von Innenwettbewerb ist aber nicht zwingend (so die Zusammenfassung der bisherigen Praxis der Wettbewerbskommission, in RPW 2004/2, ASTAG Preisempfehlungen/ Kalkulationshilfen, 339). Die Beurteilung der Erheblichkeit einer Beeinträchtigung des Wett-bewerbs hat gestützt auf quantitative oder qualitative Kriterien zu erfolgen.

21 Qualitativ ist zu untersuchen, wie wichtig die von der Abrede betroffenen Wettbewerbsparameter für die Konkurrenzverhältnisse sind (RPW 2001/2, JC Decaux/Affichage, 321). Die Erheblichkeit muss somit im jeweiligen wirtschaftlichen Zusammenhang beurteilt werden (ROLAND VON BÜREN/ EUGEN MARBACH, Immaterialgüter- und Wettbewerbsrecht, 2. Auflage, Bern 2002, 256 mit wei-teren Hinweisen). Sofern die Absprache den Preis betrifft, geht die Wettbewerbskommission in ständiger Praxis (zumindest) von der Erheblichkeit der Abrede aus (RPW 2003/2, Fahrschule Graubünden, 287; RPW 2006/4, Tarife für den Unterhalt von Tankanlagen, Rz. 53 ff.). Auch bei Kooperationen unter Wettbewerbern kann das qualitative Element erfüllt sein, da eine Koope-ration insgesamt zu einer Verhaltensabstimmung führt und definitionsgemäss viele Wett-bewerbsparameter betrifft (RPW 2001/2, JC Decaux/Affichage, 321).

22 Bei den vertikalen Vereinbarungen hat die Wettbewerbskommission mit der Bekanntma-chung über die Behandlung vertikaler Abreden vom 28. Juni 2010 (VertBek → Nr. 6) aus-drücklich bestätigt, dass bei der Erheblichkeit sowohl quantitative als auch qualitative Krite-rien von Bedeutung sind (Ziffer 12 VertBek). In welchem Verhältnis diese beiden Kriterienar-ten zueinander stehen, wird jedoch von der Wettbewerbskommission in ihrer Bekannt-machung nicht präzise erläutert; sie will diese schwierige Frage jeweils im Einzelfall in einer

Gesamtbeurteilung würdigen. Eine Reihe von Klauseln wird von der Wettbewerbskommission als qualitativ schwerwiegend betrachtet (vgl. Art. 12 VertBek). Die Qualifikation als qualitativ schwerwiegend führt dazu, dass sie bei der Gesamtbeurteilung unter Berücksichtigung der volkswirtschaftlichen Wirkung der Wettbewerbsbeschränkung in die Waagschale geworfen werden müssen, um die Frage der Erheblichkeit im Sinne von Art. 5 1 KG dann definitiv zu entscheiden. Qualitativ schwerwiegend bedeutet folglich noch nicht in jedem Fall auch erheblich. Dafür ist dann jeweils eine Gesamtbetrachtung auch unter Berücksichtigung quantitativer Aspekte vorzunehmen (vgl. dazu auch die entsprechende Praxis der Wettbewerbskommission, RPW 2009/2, Sécateurs et cisailles, 143 ff.).

23 In quantitativer Hinsicht sind der aktuelle und potenzielle Wettbewerb sowie die Stellung der Marktgegenseite zu beachten. Was die aktuelle Konkurrenz betrifft, wird auf die Anzahl der an der Abrede beteiligten Unternehmen und deren Marktanteil und Umsatz abgestellt (RPW 2000/3, Vertrieb von Arzneimitteln/Sanphar, 362; RPW 2004/3, Markt für Schlachtschweine – Teil B, 750; die Marktanteile können aber teilweise auch unbedeutend sein; dies ist insbesondere in Submissionsmärkten der Fall, sofern die Zuschlagschancen nicht vom Marktanteil abhängig sind, so RPW 2001/2, JC Decaux/Affichage, 323). Die Frage einer eigentlichen Bagatellgrenze wurde in der schweizerischen Praxis zu den horizontalen Abreden noch nicht beantwortet (RPW 2004/3, Markt für Schlachtschweine – Teil B, 750). In der Praxis wurde denn auch trotz hohen Marktanteilen die Erheblichkeit teilweise verneint (in RPW 1997/4, Fachhandel für Produkte des Ärztebedarfs, 458, wurde bei einem Marktanteil von 60 % die Erheblichkeit verneint, da noch genügend Substitutionsmöglichkeiten offen waren; vgl. auch die Vorabklärung in RPW 2004/2, Umwandlungssatz im Bereich der beruflichen Vorsorge, 402, wo trotz gemeinsamem Marktanteil von 80 % noch eine Wettbewerbssituation angenommen wurde, da für den Konsumenten nicht in erster Linie der Umwandlungssatz entscheidend sei; siehe ebenfalls die Untersuchung in RPW 2004/3, Markt für Schlachtschweine – Teil B, 751, wonach Marktanteile von 50 % in der Regel erheblich seien, doch könne im Einzelfall der Wettbewerbsdruck dennoch so gross sein, dass eine Abrede verneint werden könne. Demgegenüber wurde die Erheblichkeit in RPW 2003/4, Beschwerdeentscheid in Sachen Krankenkassen vs. Privatkliniken und Konsorten im Kanton Aargau, 871, bei 33 % und in RPW 2001/1, Association fribourgeoise des écoles de circulation [AFEC], 208, bei 77 % bejaht und in RPW 2003/2, Fahrschule Graubünden, 288, bei knapp 70 %; ebenso in RPW 2002/2, Swico/Sens, 263; in der anschliessenden Untersuchung hatte die Wettbewerbskommission die Frage der Erheblichkeit nicht zu beurteilen, weil sie zum Schluss kam, dass die Erhebung und Überwälzung der Gebühr für die Entsorgung für Elektroschrott gar keine Wettbewerbsbeschränkung bezwecke oder bewirke und damit keine Wettbewerbsabrede vorliege [RPW 2005/2, Swico/Sens, 261, Rz. 61] und in RPW 2002/3, Interprofession Emmentaler, 429, bei fast 100 % Marktanteil). Bei den vertikalen Abreden existiert eine solche Bagatellgrenze mit einer Marktanteilsschwelle von 15 % in Ziff. 13 VertBek.

24 Neben dem aktuellen Wettbewerb ist auch der potenzielle Wettbewerb zu beachten. In gewissen Märkten kann der potenzielle Wettbewerb von grösserer Bedeutung sein als der bestehende (vgl. beispielsweise RPW 2001/2, JC Decaux/Affichage, 330; RPW 2009/2, DMIF für Debitkarten, 137 Rz. 129 ff.). Dabei ist zu untersuchen, inwiefern potenzielle Anbieter rasch auf den Markt zutreten können und so bereits dadurch disziplinierend auf die bestehen-

den Wettbewerber einwirken (RPW 2003/2, Fahrschule Graubünden, 289). Kann die Marktgegenseite auf die an der Abrede Beteiligten Druck ausüben, so spricht das gegen die Erheblichkeit (RPW 2000/3, Vertrieb von Arzneimitteln/Sanphar, 362).

25 Marktabgrenzungsfragen spielen bei der Erheblichkeitsprüfung zunächst eine untergeordnete Rolle (MARINO BALDI/JÜRG BORER, Das neue schweizerische Kartellgesetz – Bestimmungen über Wettbewerbsabreden und marktbeherrschende Unternehmen, in: Wirtschaft und Wettbewerb 1998, 349 f.). Sie sind nur insoweit relevant, als die Erheblichkeit einer Abrede grundsätzlich eher zu bejahen ist, wenn die von der Abrede betroffenen Unternehmen im gleichen Markt tätig sind und die Beschränkung auch in einer gewissen Nähe zu diesem Markt steht. Im Weiteren kann die Marktabgrenzung dann von Bedeutung sein, wenn es darum geht festzustellen, ob ein Drittunternehmen im Sinne einer Behinderung von der Abrede betroffen wird.

26 Bei der Beurteilung ist zunächst darauf abzustellen, ob die an einer Abrede beteiligten Unternehmen in einem aktuellen oder potenziellen Wettbewerbsverhältnis zueinander stehen, wobei ein Wettbewerbsverhältnis nicht nur bezogen auf den relevanten Produktemarkt diagnostiziert werden kann, sondern unter Umständen auch beispielsweise bezüglich vorgelagerter Forschungs- oder Informationsbeschaffungsmärkte. Ist beides nicht der Fall, sind umfassende Kooperationsmöglichkeiten (bis hin zum gemeinsamen Verkauf) gegeben, ohne dass die marktbezogene Handlungsfreiheit der betroffenen Unternehmen berührt wird; eine Wettbewerbsbeschränkung liegt mithin gar nicht vor, und Art. 5 KG findet von vornherein keine Anwendung. Solche Abreden können nur dann in den Anwendungsbereich von Art. 5 KG fallen, wenn an ihnen Unternehmen mit erheblicher Marktmacht beteiligt sind oder die Kooperation zu Marktabschottungen für Dritte führt (vgl. BEAT BRECHBÜHL/BERNHARD BERGER, Erwerb einer [Minderheits-]Beteiligung als Wettbewerbsabrede?, in: Schweizerische Zeitschrift für Wirtschaftsrecht 2001, 305 ff.). Weit eingeschränkter sind die Kooperationsmöglichkeiten unter dem Blickwinkel des Erheblichkeitstests, wenn es sich bei den beteiligten Unternehmen um Wettbewerber handelt. Kooperationsvereinbarungen, die durch die Festsetzung von Preisen, die Beschränkung der Produktion oder die Aufteilung von Märkten oder Kunden eine Einschränkung des Wettbewerbs bezwecken, sind fast immer unzulässig. Die anderen Kooperationen bedürfen einer weitergehenden Untersuchung, die sich auf marktbezogene Kriterien, z.B. die Marktstellung der Partner und sonstige strukturelle Faktoren, beziehen. Eine gemäss Art. 5 KG wettbewerbsrechtlich unerhebliche Kooperation ist nur noch möglich, wenn die Vereinbarung Bereiche betrifft, die in einer genügenden Distanz zu denjenigen Märkten stehen, bei denen ein Wettbewerbsverhältnis zwischen den an der Abrede beteiligten Unternehmen festgestellt werden kann. Beispiele lassen sich in marktfernen unternehmerischen Tätigkeiten wie der Logistik oder auch der Informationsbeschaffung finden. In jedem Fall ist entscheidend, dass die beteiligten Unternehmen durch die Zusammenarbeit nicht gezwungen oder versucht sein dürfen, ihr Marktverhalten nicht mehr autonom zu bestimmen, sondern anstelle der Autonomie eine Koordination sichtbar wird, wobei Letztere durchaus in der Form einer abgestimmten Verhaltensweise in Erscheinung treten kann.

27 Aus praktischer Sicht lassen sich folgende Zusammenarbeitsformen als wettbewerbsrechtlich unerheblich ansehen, selbst wenn an der Zusammenarbeit aktuelle oder potenzielle Wettbewerber beteiligt sind: der gemeinsame Meinungs- und Erfahrungsaustausch, die gemeinsame

Marktforschung, die Errichtung von Statistiken und Kalkulationsschemata, allerdings nur insoweit, als sich daraus nicht gemeinsame Kalkulationssätze herleiten lassen, die auf der Grundlage einer Empfehlung zu einem abgestimmten Verhalten bezüglich der Preise führen können, oder im Zusammenhang mit Statistiken den beteiligten Unternehmen die Möglichkeit eröffnet, marktsensible Daten zu ermitteln wie beispielsweise Preise, Umsätze und Marktanteile der übrigen beteiligten Unternehmen. Die Möglichkeit der Berechnung des eigenen Marktanteils und der Ermittlung von Veränderungen des eigenen Marktanteils ist kartellrechtlich unbedenklich und im Sinne eines dynamischen Wettbewerbsverständnisses sogar erwünscht, weil den einzelnen Unternehmen dadurch die schnelle Reaktion auf Veränderungen am Markt (Transparenz) ermöglicht wird. Unbedenklich ist in der Regel auch die Zusammenarbeit im administrativen Bereich wie beispielsweise bei der Buchhaltung oder der Debitorenbewirtschaftung, sofern sich daraus nicht eine Koordination von Wettbewerbsparametern durch die Einsicht in marktsensible Daten der weiteren Beteiligten ergibt. Gemeinsamer Verkauf und gemeinsamer Kundendienst werden nur im Falle der Zusammenarbeit von Nichtwettbewerbern den Unerheblichkeitstest gemäss Art. 5 KG unbeschadet bestehen. Gemeinsamer Verkauf zwischen Wettbewerbern wird in der Regel wettbewerbsrechtlich erheblich sein und nur in den Fällen die im Kartellgesetz vorgesehene Hürde des Effizienztestes unbeschadet überstehen, wenn das gemeinsame Vorgehen notwendig ist, um einen neuen Markt zu erschliessen, weil die Ressourcen eines Marktteilnehmers für eine erfolgreiche Markterschliessung nicht ausreichen würden. Hingegen ergeben sich bei Einkaufsgemeinschaften in der Regel weniger kartellrechtliche Bedenken, wenn mit ihnen keine Nachfragemacht begründet werden kann und auch nicht die Gefahr besteht, dass durch die Höhe des Kostenblocks aus dem gemeinsamen Einkauf die Gefahr der Abstimmung der Verkaufspreise entsteht (vgl. zur Beurteilung gemeinsamer Einkaufspreise im Rahmen einer Einkaufskooperation RPW 2008/4, Tarifverträge Zusatzversicherung Kanton Luzern, 554, Rz. 72).

D. Beseitigung wirksamen Wettbewerbs

a. Ausgangslage

28 Von den Abreden, die den Wettbewerb erheblich beeinträchtigen (vgl. die Umschreibung der erheblichen Wettbewerbsbeschränkung unter N 17 ff.), sind Wettbewerbsabreden zu unterscheiden, die zu einer Beseitigung wirksamen Wettbewerbs auf dem relevanten Markt führen. Bei derartigen Wettbewerbsabreden ist nach der Konzeption des Kartellgesetzes eine Rechtfertigung aus Gründen der wirtschaftlichen Effizienz ausgeschlossen, weil von vornherein anzunehmen ist, dass allfällige Effizienzvorteile nur noch als Kartellrenten bei den beteiligten Unternehmen positive Wirkungen erzeugen und nicht über den Markt an weitere Marktstufen weitergegeben werden. Konsequenterweise ist für derartige Wettbewerbsabreden als Rechtsfolge die Unzulässigkeit vorgesehen (Art. 5 Abs. 1 KG am Ende).

29 Zu bestimmen ist folglich, unter welchen Bedingungen eine Abrede zu einer Beseitigung wirksamen Wettbewerbs führt, d.h. m.a.W., wann eine nach schweizerischer Terminologie als «harte Abrede» zu bezeichnende Wettbewerbsabrede vorliegt. Der wirksame Wettbewerb ist beseitigt, wenn die autonome Festlegung sämtlicher relevanter Wettbewerbsparameter ausgeschlossen ist. Sind mehrere Wettbewerbsparameter relevant und sind nicht alle von der Abrede betroffen, kann folglich ein Restwettbewerb bestehen und die Beseitigung wirksamen

Wettbewerbs ist zu verneinen. Entscheidend ist in diesem Zusammenhang die Beantwortung der Frage, ob trotz der Abrede allenfalls genügender Innen- und/oder Aussenwettbewerb vorhanden ist (BGE 129 II 36, E. 8.3.2 mit Hinweisen auf die Lehre). Einerseits ist zu prüfen, inwieweit die Beteiligten trotz ihrer Abrede untereinander noch Wettbewerb betreiben (sofern Sanktionen zur Einhaltung der Abrede zwingen, so spricht das für fehlenden Innenwettbewerb, vgl. RPW 2004/2, Tarifliste der Vereinigung Professioneller Sprecherinnen und Sprecher VPS, 355) oder ob bezüglich einzelner Wettbewerbsparameter, sofern der Wettbewerb über andere Parameter, z.B. Qualitätswettbewerb, geführt wird, muss eine Ausschaltung des Preiswettbewerbs wirksamen Wettbewerb nicht zwangsläufig beseitigen, siehe nachfolgend N 30) aufgrund anderer Faktoren ein wirksamer Wettbewerb besteht (Innenwettbewerb). Andererseits ist zu beurteilen, welche Stellung die Beteiligten auf dem sachlich, örtlich und zeitlich relevanten Markt einnehmen und inwiefern die Marktverhältnisse durch die Abrede insgesamt verändert werden bzw. ob aktuelle und potenzielle Konkurrenzunternehmen, die nicht an der Abrede beteiligt sind, genügend Wettbewerbsdruck aufbringen können (Aussenwettbewerb; BGE 129 II 35, E. 8.1 und 8.2, wonach ein Marktanteil der an der Abrede beteiligten Unternehmen von 90 % als Beseitigung wirksamen Wettbewerbs qualifiziert wurde; ebenso RPW 2001/4, Tarifvertrag in der halbprivaten Zusatzversicherung, 674, und RPW 1998/3, Service- und Reparaturleistungen an Öl-/Gasbrennern und Kompaktwärmezentralen, 389. In RPW 2003/2, Fahrschule Graubünden, 286, wurde die Beseitigung wirksamen Wettbewerbs verneint, wobei der Anteil der an der Abrede beteiligten Fahrlehrer ca. 70 % betrug, und in RPW 1998/3, SVIT-Honorarrichtlinien, 195 f., bei einem Marktanteil von 50– 60 %; der Marktanteil allein ist jedoch nicht entscheidend; es müssen die Marktverhältnisse als Ganzes beachtet werden; so kann bereits ein Marktanteil von 40 % genügen, wenn nur ein anderer grosser Marktteilnehmer existiert und dieser zwar nicht explizit an der Abrede beteiligt ist, sich jedoch kollusiv verhält; so in RPW 2000/4, Markt für Strassenbeläge, 624 f., und ebenso in RPW 2001/2, Vertrieb von Werbematerialien, 250). Auch eine starke Stellung der Marktgegenseite kann zu wirksamem Wettbewerb führen, sofern sie disziplinierend auf die an der Abrede Beteiligten wirkt (RPW 2000/4, Markt für Strassenbeläge, 629; RPW 2004/3, Markt für Schlachtschweine – Teil B, 746; RPW 2004/2, Tarifliste der Vereinigung Professioneller Sprecherinnen und Sprecher VPS, 356). Ist davon auszugehen, dass trotz der Wettbewerbsabrede die zentralen Funktionen des Wettbewerbs (Allokation, Anpassung und Innovation) noch erfüllt werden können, so ist die Wirksamkeit des Wettbewerbs zu bejahen, was zur Folge hat, dass die Abrede nicht ohne Weiteres unzulässig ist, sondern auf deren Erheblichkeit und eine mögliche Rechtfertigung zu überprüfen ist (Art. 5 Abs. 2 KG). Bei der Überprüfung der Wirksamkeit des Wettbewerbs ist deshalb jeweils zu fragen, ob die in einem Markt tätigen Unternehmen (auch in Zukunft) gezwungen oder doch angespornt werden, den Ressourceneinsatz zu optimieren, die Produkte und Produktionskapazitäten an die äusseren Bedingungen anzupassen sowie neue Produkte und Produktionsverfahren zu entwickeln (Botschaft 1994, 45). Besteht auf einem bestimmten Markt jedoch weder wirksamer Innen- noch Aussenwettbewerb, so liegt eine unzulässige Beseitigung wirksamen Wettbewerbs im Sinne von Art. 5 Abs. 1 KG vor (vgl. RPW 2008/1 Strassenbeläge Tessin, 85 ff.; RPW 2009/3, Elektroinstallationen Bern, 196 ff.). Eine Beseitigung des Innenwettbewerbs für sich allein genommen genügt folglich nicht, wenn auf dem betroffenen Markt immer noch eine genügende

Anzahl von Aussenseitern für wirksamen Wettbewerb sorgen kann (Botschaft 1994, 89; MARINO BALDI/JÜRG BORER, Das neue schweizerische Kartellgesetz – Bestimmungen über Wettbewerbsabreden und marktbeherrschende Unternehmen, in: Wirtschaft und Wettbewerb 1998, 351 f.). Das trifft insbesondere auch auf den potenziellen Wettbewerb zu. Die Ein- und Austrittsbedingungen sind ein zentrales Kriterium für die Beurteilung von Wettbewerbsbeschränkungen. Erfolgt trotz Absprachen ein lebhafter Wechsel im Bestand von Marktteilnehmern, so ist der Wettbewerb nicht beseitigt (BGE 129 II 43, E. 9.5.5). Genügender potenzieller Wettbewerb wird angenommen, sofern in den nächsten zwei bis drei Jahren eine hinreichende Wahrscheinlichkeit von Marktzutritten besteht. Diese Marktzutritte müssen dabei in einem solchen Ausmass erfolgen können, dass die an der Abrede beteiligten Unternehmen mit genügend Wettbewerbsdruck konfrontiert sind (RPW 2000/4, Markt für Strassenbeläge, 627; RPW 2000/3, Vertrieb von Arzneimitteln/Sanphar, 359).

30 Auch bei Vertikalabreden kann wirksamer Wettbewerb beseitigt sein, sofern kein genügender Innen- und Aussenwettbewerb besteht. So sind die unter N 29 geschilderten Kriterien, die hauptsächlich in horizontalen Abreden aufgestellt wurden, grundsätzlich ebenfalls bei Vertikalabreden zu verwenden (BGE 129 II 35, E. 8.1; CHRISTIAN KAUFMANN, Wettbewerbsrechtliche Behandlung vertikaler Abreden, Zürich 2004, 60). In der Industrieökonomik wird jedoch die Meinung vertreten, dass vertikale Abreden (wie beispielsweise vertikale Mindestpreis- und Gebietsschutzabreden), wenn überhaupt, nur dann als wohlfahrtsschädigend anzusehen sind, wenn die an ihnen beteiligten Unternehmen marktmächtig sind (MARC AMSTUTZ/MANI REINERT, Vertikale Preis- und Gebietsabreden – eine kritische Analyse von Art. 5 Abs. 4 KG, in: STOFFEL/ZÄCH Kartellgesetzrevision 2003, Neuerungen und Folgen, Zürich 2004, 106 mit Hinweisen auf die ökonomische Literatur; diese Autoren vertreten die Ansicht, dass bei Marktanteilen der an der Abrede Beteiligten von ca. 70 % noch genügend Aussenwettbewerb herrsche; MARIEL HOCH CLASSEN, Vertikale Wettbewerbsabreden im Kartellrecht, Zürich 2003, 299, propagiert eine Marktanteilsschwelle von 60 %.; vgl. auch Daniel Emch/Markus Saurer, Wettbewerber in der Zwangsjacke von Art. 5 Abs. 4 KG – Gefahr kontraproduktiver Wirkungen der Wettbewerbspolitik bei vertikalen Abreden, sic! 2008, 340 f.). Dabei wird dem Interbrand-Wettbewerb eine grössere Bedeutung für den Gesamtwettbewerb zugestanden als dem Intrabrand-Wettbewerb; kann eine Abrede den Interbrand-Wettbewerb fördern, so wird eine Beeinträchtigung des Intrabrand-Wettbewerbs in Kauf genommen. Vertikale Abreden können nach diesem Ansatz effizienzsteigernde Wirkungen erzeugen und stellen grundsätzlich keine Wettbewerbsbeseitigung dar (MARIEL HOCH CLASSEN, Vertikale Wettbewerbsabreden im Kartellrecht, Zürich 2003, 298 mit Hinweisen; HUBERT ORSO GILLIÉRON, Les contrats verticaux en droit communautaire et suisse de la concurrence, Genf 2004, 310 ff.; ebenso schreibt die Wettbewerbskommission in RPW 2004/1, Jahresbericht 2003, 23, dass «vertikale Abreden insbesondere dann problematisch sind, wenn der Interbrand-Wettbewerb ungenügend ist»; a.M. ROGER ZÄCH, Die sanktionsbedrohten Verhaltensweisen nach Art. 49a Abs. 1 KG, insbesondere der neue Vermutungstatbestand für Vertikalabreden, in: STOFFEL/ZÄCH, Kartellgesetzrevision 2003, Neuerungen und Folgen, Zürich 2004, 48). In diese Richtung deutet zumindest zurzeit auch die Praxis der Wettbewerbskommission, die bisher bei Vertikalabreden noch nie eine Beseitigung wirksamen Wettbewerbs angenommen hat (RPW 2004/1, Preisdifferenzierung bei Deodorants, 87; RPW 2004/1, Preisdifferenzierung bei Scho-

koriegeln, 94; RPW 2003/2, Vertrieb Veterinär-Nahtmaterial Johnson & Johnson, 253; RPW 2002/3, Système de distribution Citroën, 461; BGE 129 II 41 ff., E. 9.1; RPW 2000/2, Volkswagen-Vertriebssystem, 209; RPW 2000/4, Schweizerischer Filmverleih- und Kinomarkt, 585 f.; RPW 1999/3, Bahnhofkioske, 410.; RPW 2009/2, Sécateurs et cisailles, 143 ff.). Zudem ist in den ersten zwei in der Praxis zu den Bekanntmachungen der Wettbewerbskommission über die Behandlung von vertikalen Abreden von knapp 80 abgeschlossenen Fällen nicht eine Abrede als erheblich angesehen worden (RPW 2004/1, Jahresbericht 2003, 5). Die Wettbewerbskommission hat erstmals im Fall Sécateurs et cisailles eine erhebliche Wettbewerbsbeschränkung durch eine vertikale Abrede festgestellt und sanktioniert (RPW 2009/2, 143 ff.), gefolgt von den Entscheiden in Sachen Pfizer AG, Eli Lilly (Suisse) SA und Bayer (Schweiz) AG wegen des Festsetzens von Wiederverkaufspreisen von drei Hors-Liste-Medikamenten (RPW 2010/3, 345 ff.) sowie gegen Gaba International AG wegen eines Parallelimportverbots für Elmex Zahnpasta (RPW 2010/1, 65 ff.). Auch die an dieser Abrede beteiligten Unternehmen wurden wegen einer unzulässigen vertikalen Absprache sanktioniert. In der Lehre wird grösstenteils davon ausgegangen, dass wirksamer Aussenwettbewerb besteht, wenn funktionierender Interbrand-Wettbewerb feststellbar ist (PHILIPP ZURKINDEN/HANS RUDOLF TRÜEB, Das neue Kartellgesetz, Handkommentar, Zürich 2004, Art. 5 KG, Rz. 14; MARC AMSTUTZ/MANI REINERT, Vertikale Preis- und Gebietsabreden – eine kritische Analyse von Art. 5 Abs. 4 KG, in: STOFFEL/ZÄCH, Kartellgesetzrevision 2003, Neuerungen und Folgen, Zürich 2004, 113; PHILIPPE SPITZ, Ausgewählte Problemstellungen im Verfahren und bei der praktischen Anwendung des revidierten Kartellgesetzes, in: sic! 2004, 561; GEORG RAUBER, Verhältnis des neuen Rechts zum Immaterialgüterrecht, in: STOFFEL/ZÄCH, Kartellgesetzrevision 2003, Neuerungen und Folgen, Zürich 2004, 208 f.; HUBERT ORSO GILLIÉRON, Les contrats verticaux en droit communautaire et suisse de la concurrence, Genf 2004, 310; a.M. ROGER ZÄCH, Die sanktionsbedrohten Verhaltensweisen nach Art. 49a Abs. 1 KG, insbesondere der neue Vermutungstatbestand für Vertikalabreden, in: STOFFEL/ZÄCH, Kartellgesetzrevision 2003, Neuerungen und Folgen, Zürich 2004, 47 f.). Im Weiteren kann auch bei Vertikalabreden genügender Innenwettbewerb gegen eine Beseitigung des Wettbewerbs sprechen. «Innenwettbewerb» ist hier in einem übertragenen Sinne zu verwenden, da in vertikalen Abreden die beteiligten Unternehmen nicht miteinander im Wettbewerb stehen. Dennoch finden die obigen Kriterien Anwendung. Wirksamer Innenwettbewerb ist nicht beseitigt, wenn sich die an der Abrede Beteiligten nicht daran halten oder wenn noch über andere als die gebundenen Wettbewerbsparameter Wettbewerb herrscht. Letzteres wurde im «Buchpreisbindungs-Urteil» des Bundesgerichts entschieden, wonach der bestehende Qualitätswettbewerb hinsichtlich fachkundiger Beratung, Sortimentsbreite und übersichtlicher Sortimentsanordnung den fehlenden Preiswettbewerb kompensieren kann (BGE 129 II 41 ff., E. 9.5; dieses Urteil aus dem Jahre 2002 wurde in Kenntnis der Kartellgesetzrevision gefällt und behält somit seine Gültigkeit; so auch MARC AMSTUTZ/MANI REINERT, Vertikale Preis- und Gebietsabreden – eine kritische Analyse von Art. 5 Abs. 4 KG, in: STOFFEL/ZÄCH, Kartellgesetzrevision 2003. Neuerungen und Folgen, Zürich 2004, 113 f.; HUBERT ORSO GILLIÉRON, Les contrats verticaux en droit communautaire et suisse de la concurrence, Genf 2004, 311 f. A.M. ROGER ZÄCH, Die sanktionsbedrohten Verhaltensweisen nach Art. 49a Abs. 1 KG, insbesondere der neue Vermutungstatbestand für Vertikalabreden, in: STOFFEL/ZÄCH, Kartellgesetzrevision

2003. Neuerungen und Folgen, Zürich 2004, 47 f.). Nachdem die Wettbewerbskommission in ihren beiden ersten Bekanntmachungen zu den Vertikalabreden den Schutz des Intrabrand-Wettbewerbs noch stark in den Vordergrund gestellt hatte, vertritt sie in ihrer neuen Bekanntmachung vom 28. Juni 2010 den Standpunkt, dass für die Widerlegung der Vermutung es nicht vorwiegend auf den Intrabrand-Wettbewerb ankommt, sondern auch der Interbrand-Wettbewerb in die Betrachtungen mit einbezogen werden muss (Art. 11 VertBek → Nr. 6).

b. Vermutungstatbestände

31 Um die Rechtsanwendung zu vereinfachen, hat der Gesetzgeber bei bestimmten Wettbewerbsabreden die Vermutung aufgestellt, dass durch sie wirksamer Wettbewerb beseitigt werde. Es handelt sich dabei um horizontale Preis-, Mengen- und Gebietsabsprachen, vertikale Preisbindungen sowie gewisse vertikale Marktaufteilungen, für welche eine besondere Regelung in Art. 5 Abs. 3 und 4 KG geschaffen worden ist. Die rechtstechnisch aus Gründen der effizienten Rechtsanwendung geschaffenen Vermutungstatbestände beziehen sich nicht auf die Rechtsfolge der Unzulässigkeit, sondern – zur Wahrung des nach herrschender Lehre im schweizerischen Kartellgesetz als Grundlage dienenden Missbrauchsprinzips (vgl. die Kommentierung zu Art. 1 KG, N 7) – auf die Qualifikation als Abrede, welche den wirksamen Wettbewerb beseitigt. Diese Vermutung kann widerlegt werden, indem der Nachweis gelingt, dass trotz der erwähnten Abrede noch wirksamer Aussen- oder Innenwettbewerb bestehen bleibt. Die Vermutung ist nicht erst widerlegt, wenn nachgewiesen wird, dass uneingeschränkter Wettbewerb herrscht, sondern bereits wenn dargetan ist, dass trotz der die Vermutung begründenden Abrede noch ein gewisser – wenn auch allenfalls erheblich beeinträchtigter – Rest- oder Teilwettbewerb besteht (BGE 129 II 37, E. 8.3.2). Sofern aber die Abrede im Ergebnis zu Marktabschottungen führt bzw. aktuellen und potenziellen Wettbewerbern der Marktzutritt erschwert oder verunmöglicht wird, so dürfte die Vermutung nicht umgestossen werden können (BGE 129 II 43, E. 9.5.5). In der Praxis ist dieser Nachweis nicht immer einfach zu erbringen. Die Beweisführungslast darf aber im verwaltungsrechtlichen Verfahren nicht vollumfänglich den beteiligten Unternehmen auferlegt werden. Im Rahmen der im Verwaltungsverfahren geltenden Offizialmaxime obliegt es, auch wenn die Parteien eine erhebliche Mitwirkungspflicht trifft (wie insbesondere bei der Widerlegung einer derartigen Vermutung), der Verantwortung der rechtsanwendenden Behörde, die für die korrekte Rechtsfindung notwendigen Tatsachen zu ermitteln (dazu auch ROLAND VON BÜREN/EUGEN MARBACH, Immaterialgüter- und Wettbewerbsrecht, 2. Auflage, Bern 2002, 266). Die Rechtsanwendung unter der Offizialmaxime darf die beteiligten Unternehmen jedoch nicht dazu verleiten, sich beim Versuch der Widerlegung der Vermutung rein passiv zu verhalten. Da die für die Widerlegung der Vermutung notwendigen Tatsachen unter Umständen die internen Unternehmensverhältnisse betreffen oder zumindest Sachkenntnisse über die Verhältnisse auf dem relevanten Markt erfordern, haben die beteiligten Unternehmen zur Erfüllung ihrer Mitwirkungspflichten einen erheblichen, wenn nicht sogar den entscheidenden Beitrag zur Widerlegung der Vermutung zu leisten (Botschaft 1994, 98). Effizienzwirkungen dürfte die Bestimmung vor allem im zivilgerichtlichen Verfahren zeigen. Der Kläger hat nur zu beweisen, dass die tatsächlichen Elemente des Vermutungstatbestandes vorhanden sind. Alsdann ist es Sache des Beklagten, die schwierige Widerlegung der Vermutung in den Prozess einzubringen (teilweise scheint der Umstoss der Vermutung aber auch relativ einfach zu

gelingen, so in RPW 2004/2, Tarifliste der Vereinigung Professioneller Sprecherinnen und Sprecher VPS, 355, wo die Vermutung mit einem Preisvergleich und der Feststellung, dass keine Sanktionen bestehen, umgestossen wurde; vgl. dazu auch ROLAND VON BÜREN, Wettbewerbsbeschränkungen im schweizerischen und europäischen Recht, in: VON BÜREN/COTTIER, Die neue schweizerische Wettbewerbsordnung im internationalen Umfeld, Bern 1997, 23 f.).

32 Mit der Kartellgesetzrevision 2004 wird nun auch bei zwei in Art. 5 Abs. 4 KG erwähnten Fällen von vertikalen Abreden die Beseitigung wirksamen Wettbewerbs vermutet. Die Einführung von Art. 5 Abs. 4 KG war in der bundesrätlichen Version der Revisionsvorlage noch nicht vorgesehen und fand damit in der Botschaft keine Erwähnung. Bevor anschliessend detailliert auf den neuen Tatbestand von Art. 5 Abs. 4 KG eingegangen wird, ist die diesbezügliche grundsätzliche Anlehnung an das europäische Recht hervorzuheben. Wie aus den Materialien hervorgeht, sollte keine Vorlage geschaffen werden, die Verhaltensweisen, die nach EU-Recht zulässig sind, unter den Vermutungstatbestand fallen lässt. Mit der Anlehnung an das Recht der EU soll der bestehenden Rechtsunsicherheit entgegengetreten werden (so statt vieler das Votum von Fritz Schiesser für die Mehrheit der WAK, die sich schliesslich klar durchsetzte; Amtliches Bulletin StRat 2003, 329 f.). Somit ist zu beachten, dass der Vermutungstatbestand von Art. 5 Abs. 4 KG nur bei Preis- und Gebietsschutzabreden zulasten der Händler greift.

33 Bei vertikalen Abreden, die nicht unter Art. 5 Abs. 4 KG fallen, ist theoretisch ebenfalls die Beseitigung wirksamen Wettbewerbs vorstellbar. In der Praxis lässt sich jedoch diese folgenschwere Wirkung in der Regel nur bei horizontalen Wettbewerbsabreden feststellen. In der Schweiz wurde die Beseitigung wirksamen Wettbewerbs durch vertikale Abreden noch nie angenommen (RPW 2004/1, Preisdifferenzierung bei Deodorants, 87; RPW 2004/1, Preisdifferenzierung bei Schokoriegeln, 94; RPW 2003/2, Vertrieb Veterinär-Nahtmaterial Johnson & Johnson, 253; RPW 2002/4, Tracteurs, 564; RPW 2002/3, Système de distribution Citroën, 461; BGE 129 II 41 ff., E. 9.1; RPW 2000/2, Volkswagen-Vertriebssystem, 209; RPW 2000/4, Schweizerischer Filmverleih- und Kinomarkt, 585 f.; RPW 1999/3, Bahnhofkioske, 410). Die Evaluation der Kartellrechtsrevision 2003 hatte ergeben, dass auf die gesetzlich verankerte Vermutung gemäss Art. 5 Abs. 4 KG der Beseitigung des Wettbewerbs bei vertikalen Restriktionen zu verzichten ist. Vertikale Wettbewerbsabreden seien nicht generell schädlich und müssten daher einer Einzelfallbeurteilung zugänglich gemacht werden. Unter dem geltenden Art. 5 Abs. 4 KG bleibe die notwendige Prüfung von Effizienzgründen aber verwehrt, sofern die gesetzliche Vermutung der Beseitigung des Wettbewerbs nicht widerlegt werden könne (Evaluation gemäss Art. 59a KG, Synthesebericht der Evaluationsgruppe Kartellgesetz vom 5. Dezember 2008, 110 N 395 f.). Das schliesst nicht aus, dass auch vordergründig vertikal vereinbarte Wettbewerbsabreden wirksamen Wettbewerb beseitigen können, sofern sich nachweisen lässt, dass diese vertikalen Abreden auf irgendeine Weise miteinander horizontal verschränkt sind. Diese horizontale Verschränkung kann sich einerseits aus einer Bündelung von verschiedenen vertikalen Abreden ergeben, die vom gleichen Unternehmen ausgehen. Als klassisches Beispiel können in diesem Zusammenhang Bierlieferungsverträge erwähnt werden. Eine horizontale Verschränkung lässt sich andererseits auch daraus herleiten, dass die vertikal miteinander verbundenen verschiedenen Unternehmen dadurch horizontal miteinander verschränkt werden, indem sie beispielsweise eine neutrale Aufsichtsinstitution mit der

Überwachung der Einhaltung der verschiedenen vertikalen Abreden beauftragen. Rein ökonomisch betrachtet erzielt die durch eine derartige Institution hergestellte horizontale Verschränkung die gleichen Wirkungen wie eine eigentliche Horizontalabrede (BGE 129 II 26 ff., E. 6). Jedenfalls sind die vertikalen Abreden, die nicht unter Art. 5 Abs. 4 KG fallen, nicht direkt nach Art. 49a KG sanktionierbar, auch wenn sie wirksamen Wettbewerb beseitigen würden.

aa. Horizontale Preisabsprachen

34 Als Preisabsprachen im Sinne von Art. 5 Abs. 3 lit. a KG kommen alle Abreden in Betracht, die sich in direkter oder indirekter Form auf die Preisbildung auswirken. Somit gilt jede Art des Festsetzens von Preiselementen als Preisabrede in oben genanntem Sinn (RPW 2002/1, Submission Betonsanierung am Hauptgebäude der Schweizerischen Landesbibliothek SLB, 142; RPW 2004/3, Markt für Schlachtschweine – Teil B, 740). Gemäss dem Entscheid der Wettbewerbskommission in Sachen Tarifverträge Zusatzversicherung Kanton Luzern (RPW 2008/4, 554, Rz. 72 ff.) fallen nicht nur Abreden über die Verkaufspreise sondern auch solche über Einkaufspreise im Rahmen einer Einkaufsgemeinschaft unter den Begriff der Preisabrede im Sinne von Art. 5 Abs. 3 lit. a KG. Nicht nur die direkte Preisfestsetzung wird als Preisabsprache erfasst; vielmehr trifft diese Qualifikation auch auf indirekte Preisfestsetzungselemente wie beispielsweise Rabatte, Skonti, Margenvorgaben, Verrechnungs- oder Provisionsmodelle sowie andere preissensible Geschäftsbedingungen zu (RPW 2001/2, Vertrieb von Werbematerialien, 242; RPW 2000/3, Vertrieb von Arzneimitteln/Sanphar, 358; RPW 2001/3, SUMRA/Distribution de montres, 518). Dabei muss das Preiselement nicht exakt vorgegeben werden, sondern es genügt eine gewisse Bandbreite. (In RPW 2000/3, Vertrieb von Arzneimitteln/Sanphar, 358, wurde eine Rabattordnung vereinbart, wonach sich der Rabatt nur in einem Rahmen von +/– 2 % bewegen durfte; in RPW 2001/3, SUMRA/Distribution de montres, 518, wurde eine Marge zwischen 45–50 % vereinbart.) Entscheidend ist, ob die Abrede eingehalten wird und nicht ob sie verbindlichen oder unverbindlichen Charakter hat (vgl. RPW 2006/4, Unterhalt von Tankanlagen, 596 Rz. 49). Dies spielt insbesondere bei unverbindlichen Preisempfehlungen eine wichtige Rolle. Sobald eine solche Empfehlung weitestgehend eingehalten wird, kann sie in ihrer Wirkung einer abgestimmten Verhaltensweise im Sinne von Art. 4 Abs. 1 KG gleichkommen und ist folglich gemäss der Begriffsumschreibung in Art. 4 Abs. 1 KG einer Wettbewerbsabrede gleichzusetzen. Wegen der auf horizontaler Ebene erfolgten Abstimmung fällt eine derartige Wettbewerbsbeschränkung alsdann unter den Vermutungstatbestand von Art. 5 Abs. 3 lit. a KG (RPW 1998/2, SVIT-Honorarrichtlinie, 192; Kommentar des Sekretariats zur Bekanntmachung betreffend die Voraussetzungen für die kartellgesetzliche Zulässigkeit von Abreden über die Verwendung von Kalkulationshilfen, in RPW 1998/2, 359; in RPW 2001/3, SUMRA/ Distribution de montres, 516, ging die Wettbewerbskommission von einer Preisabrede aus, weil ca. 80 % der Adressaten sich an die Empfehlung hielten; bei der Beurteilung, ob die Empfehlung eingehalten wurde, hat die Wettbewerbskommission in RPW 2003/2, Fahrschule Graubünden, 280, auch die Fahrlehrer dazu gezählt, die mit ihren Preisen +/– 5 % neben der Empfehlung lagen).

35 Die Wirkung einer Preisabrede kann sich zudem aus horizontal vereinbarten Kalkulations-schemata ergeben, wenn diese derart ausgestaltet sind, dass ihre konsequente Anwendung automatisch zu einem bestimmten einheitlichen Marktpreis führt. Unbedenklich sind hin-gegen Kalkulationsschemata, die als rein technische Rechenhilfen konzipiert sind und beispielsweise auf Verbandsebene sicherstellen wollen, dass die Verbandsmitglieder ihre Kal-kulation nach betriebswirtschaftlich korrekten Kriterien ausführen. Mit Beschluss vom 4. Mai 1998 hat die Wettbewerbskommission eine entsprechende «Bekanntmachung betreffend die Voraussetzungen für die kartellgesetzliche Zulässigkeit von Abreden über die Verwendung von Kalkulationshilfen» (→ Nr. 10, publiziert in: RPW 1998/2, 351 ff.) verabschiedet. Nach deren Artikel 4 sind Kalkulationshilfen dann nicht zulässig, wenn sie den Beteiligten pau-schale Beträge oder pauschale Prozentsätze für Gemeinkostenzuschläge oder andere Kosten-zuschläge zur Bestimmung der Selbstkosten vorgeben oder vorschlagen (lit. a) oder wenn sie den Beteiligten Margen, Rabatte, andere Preisbestandteile oder Endpreise vorgeben oder vorschlagen (lit. b). (Vgl. zur Abgrenzung zwischen Kalkulationshilfe und Preisabsprache RPW 2006/4, Unterhalt von Tankanlagen, 593 Rz. 28 ff.)

bb. Horizontale Mengenabreden

36 Die horizontale Aufteilung der Produktions-, Bezugs- oder Liefermenge ist die klassische Form der Marktaufteilung zwischen Konkurrenten. Mit ihr soll sichergestellt werden, dass jeder Produzent (Konkurrent) eine gewisse vermarktungsfähige Menge eines Produkts herstellen und zu einem lukrativen Preis auf dem Markt verkaufen kann. Die Mengensteuerung erfolgt folglich nicht mehr über den Markt, sondern durch Absprache zwischen den Marktteilneh-mern. Derartige Mengenabsprachen sind grundsätzlich geeignet, den Wettbewerb auszu-schalten und folglich wirksamen Wettbewerb zu beseitigen, weshalb sie als Vermutungstat-bestand vom Kartellgesetz erfasst werden (vgl. Art. 5 Abs. 3 lit. b KG).

37 Häufig werden derartige Mengenabsprachen durch flankierende Massnahmen ergänzt, die für sich allein genommen noch nicht den Charakter einer erheblichen Wettbewerbsabrede aufweisen müssen. Ausgeklügelte Informationsaustauschsysteme können folglich ihre Grund-lage in einer Mengenabsprache haben. Kartellrechtlich bedenklich sind aber insbesondere Massnahmen zur Absicherung der vereinbarten Mengen wie beispielsweise Ausgleichszah-lungen oder andere Sanktionssysteme (für seltene Anwendungsbeispiele in der schweize-rischen Praxis siehe RPW 2000/4, Markt für Strassenbeläge, 618; RPW 2000/2, Vitamine, 193; noch unter dem Kartellgesetz von 1985 siehe das Zementkartell in: Veröffentlichungen der Kartellkommission und des Preisüberwachers 1993, Heft 5, 27 ff.).

cc. Horizontale Marktaufteilungen

38 Art. 5 Abs. 3 lit. c KG qualifiziert auch die Aufteilung von Märkten nach Gebieten oder Geschäftspartnern als Vermutungstatbestand. Marktaufteilungen sind naturgemäss eine schwerwiegende Wettbewerbsbeschränkung, da durch sie der Wettbewerb auf künstlich ab-geschotteten Teilmärkten gänzlich ausgeschaltet werden kann (RPW 2002/2, Swico/Sens, 265; in der anschliessend durchgeführten Untersuchung liess die Wettbewerbskommission dann allerdings offen, ob überhaupt eine Wettbewerbsabrede vorliege und wenn ja, ob der Mangel an aktueller aber das Vorliegen von potenzieller Konkurrenz eine erhebliche Wettbe-werbsbeeinträchtigung bewirke oder nicht, weil die Wettbewerbskommission zum Schluss

kam, dass die Abrede gerechtfertigt sei, vgl. RPW 2005/2, Swico/Sens, 251 ff., insbesondere Rz. 89; RPW 2000/4, Markt für Strassenbeläge, 618; RPW 2008/1, Strassenbeläge Tessin, 96, Rz. 91 ff.).

39   Die Verhinderung der Marktabschottung hat vor allem im Bereich des EU-Kartellrechts besondere Bedeutung erfahren. Durch die Errichtung des Gemeinsamen Marktes sollen die nationalen Volkswirtschaften zu einem einzigen Markt integriert werden. Das Wettbewerbsrecht der EU hat aus diesem Grunde nicht zuletzt auch eine überragende integrationspolitische Bedeutung. Ziel der EU-Wettbewerbsordnung ist deshalb in erster Linie, dass der Gemeinsame Markt nicht durch private Wettbewerbsbeschränkungen wieder in einzelne Teilmärkte aufgeteilt wird (HELMUTH SCHRÖTER, in: SCHRÖTER/JAKOB/MEDERER, Kommentar zum Europäischen Wettbewerbsrecht, Baden-Baden 2003, Vorbemerkung zu Art. 81 bis 89 EGV, Rz. 9 ff.).

40   Aus schweizerischer Sicht hat das Marktaufteilungsverbot in Art. 5 Abs. 3 lit. c KG keine derartige integrationspolitische Bedeutung. Zwar wird die künstliche Aufteilung des relevanten schweizerischen Marktes vorbehaltlos von dieser Bestimmung erfasst. Keine Anwendung findet hingegen Art. 5 Abs. 3 lit. c KG für Marktaufteilungen von ausländischen Märkten, sofern und so weit sich aus derartigen Marktaufteilungen keine erheblichen Rückwirkungen auf den relevanten schweizerischen Markt ergeben. Im Rahmen des bereits beschriebenen Auswirkungsprinzips (vgl. dazu die Kommentierung zu Art. 2 Abs. 2 KG) ist es Sache der betroffenen nationalen oder supranationalen Rechtsordnungen, wettbewerbsrechtlich erhebliche Auswirkungen auf ihre Märkte zu verhindern und zu beseitigen. Umgekehrt ist jedoch darauf hinzuweisen, dass im Ausland veranlasste Marktabschottungen des schweizerischen Marktes durchaus unter dem schweizerischen Kartellgesetz als erhebliche Wettbewerbsbeeinträchtigungen relevant sein können. Ihre Auswirkungen dürften in der Regel im Sinne des in Art. 2 Abs. 2 KG enthaltenen Auswirkungsprinzips in der Schweiz spürbar sein. Allerdings kann in diesen Fällen mangels Zuständigkeit für die Durchführung von Hoheitsakten im Ausland die praktische Durchsetzung der schweizerischen Wettbewerbsordnung fraglich sein. Derartige praktische Überlegungen dürfen jedoch nicht von vornherein zur Unanwendbarkeit schweizerischen Kartellrechts führen. Es gilt zu bedenken, dass die Schweiz als kleine offene Volkswirtschaft in besonderem Masse auf offene Märkte angewiesen ist. Der Schweizer Markt wird folglich auf Rückwirkungen infolge von Marktabschottungen sehr sensibel reagieren (vgl. dazu auch die auf die Globalisierung der Märkte abgestützte Stellungnahme von WALTER R. SCHLUEP, Neues Markenrechtsgesetz und Kartellgesetz, in: sic! 1997, 21).

dd. Vertikale Preisbindungen nach Art. 5 Abs. 4 KG

41   Die Beseitigung wirksamen Wettbewerbs wird bei Abreden vermutet, die dem Händler Mindest- oder Festpreise vorschreiben (RPW 2004/1, Jahresbericht 2003, 15). Das Festsetzen von Höchstverkaufspreisen oder das Aussprechen von Preisempfehlungen fällt nicht unter den Vermutungstatbestand von Art. 5 Abs. 4 KG, es sei denn, diese Beschränkungen zulasten der Händler wirkten sich infolge der Ausübung von Druck oder der Gewährung von Anreizen tatsächlich wie Fest- oder Mindestverkaufspreise aus (vgl. Ziffer 15 Abs. 2 VertBek → Nr. 6; RPW 2008/3, Scott Bikes, 383, Rz. 13 ff., bei welchen das Sekretariat die Preisempfehlung mangels Druck auf die Händler und nachdem die Preisempfehlungen als unverbindlich erklärt

wurden, als unbedenklich qualifizierte; im Entscheid der Wettbewerbskommission gegen Pfizer AG, Eli Lilly [Suisse] SA und Bayer [Schweiz] AG wegen des Festsetzens von Wiederverkaufspreisen von drei Hors-Liste Medikamenten, RPW 2010/3, 343 ff.) legten die Pharmaunternehmen Preisempfehlungen fest, welche gegenüber den Patienten auch unverändert angewendet wurden, was zur Verhängung einer Sanktion gegenüber den Herstellerunternehmen führte; vgl. dazu auch MARC AMSTUTZ/MANI REINERT, Vertikale Preis- und Gebietsabreden – eine kritische Analyse von Art. 5 Abs. 4 KG, in: STOFFEL/ZÄCH, Kartellgesetzrevision 2003. Neuerungen und Folgen, Zürich 2004, 87 ff. und 95 f., je mit weiteren Hinweisen; ebenso betreffend die Höchstpreisvereinbarungen HUBERT ORSO GILLIÉRON, Les contrats verticaux en droit communautaire et suisse de la concurrence, Genf 2004, 305; ROGER ZÄCH, Die sanktionsbedrohten Verhaltensweisen nach Art. 49a Abs. 1 KG, insbesondere der neue Vermutungstatbestand für Vertikalabreden, in: STOFFEL/ZÄCH, Kartellgesetzrevision 2003. Neuerungen und Folgen, Zürich 2004, 40, stimmt betreffend die Empfehlungen zu; hinsichtlich der Höchstpreisabreden propagiert Zäch bereits die Anwendung des Vermutungstatbestandes, wenn analog einer horizontalen Preisempfehlung die Höchstpreisvorgaben weitestgehend eingehalten werden resp. wenn fast alle den Maximalpreis fordern; Amstutz/Reinert lehnen diese weite Interpretation mit Bezug auf ökonomische Erkenntnisse ab). Hinsichtlich der Preisbindungen, die auf indirektem Weg durchgesetzt werden, wie beispielsweise Höchstrabatte, die Bindung an die Preise von Wettbewerbern oder die Vereinbarung von Rahmenpreisen, scheint das Schweizer Recht nicht von der Anwendung der Vermutung auszugehen. Es ergeben sich Hinweise aus den Materialien (dies ergibt sich aus den parlamentarischen Debatten, wo der Minderheitsantrag mit dem Zusatz «die direkte oder indirekte» Preisfestsetzung abgelehnt wurde), dass derartige Abreden nicht unter den Vermutungstatbestand fallen (MARC AMSTUTZ/MANI REINERT, Vertikale Preis- und Gebietsabreden – eine kritische Analyse von Art. 5 Abs. 4 KG, in: Stoffel/Zäch, Kartellgesetzrevision 2003, Neuerungen und Folgen, Zürich 2004, 95; a.M. ROGER ZÄCH, Die sanktionsbedrohten Verhaltensweisen nach Art. 49a Abs. 1 KG, insbesondere der neue Vermutungstatbestand für Vertikalabreden, in: Stoffel/Zäch, Kartellgesetzrevision 2003, Neuerungen und Folgen, Zürich 2004, 40).

ee. Vertikale Marktaufteilungen nach Art. 5 Abs. 4 KG

42 Die Beseitigung wirksamen Wettbewerbs wird vermutet bei Abreden in Vertriebsverträgen über die Zuweisung von Gebieten, soweit Verkäufe in diese durch gebietsfremde Vertriebspartner ausgeschlossen werden. Im Fokus des Gesetzgebers stehen (exklusive/selektive) Vertriebssysteme, welche Parallelimporte von Händlern bzw. Direktimporte von Privatpersonen verunmöglichen (sogenannter absoluter Gebietsschutz; RPW 2004/1, Jahresbericht 2003, 15.; vgl. Gaba International AG wegen eines Parallelimportverbots für Elmex Zahnpasta, RPW 2010/1, 65 ff.). Demgegenüber wird der Tatbestand von Art. 5 Abs. 4 KG nicht erfüllt, sofern bei Gebietszuweisungen jeder Vertriebspartner jeden Nachfrager (Endkunden oder Händler) aus anderen Vertragsgebieten mindestens auf deren Anfrage hin (passive Verkäufe) zu freien Preisen beliefern kann (ROGER ZÄCH, Die sanktionsbedrohten Verhaltensweisen nach Art. 49a Abs. 1 KG, insbesondere der neue Vermutungstatbestand für Vertikalabreden, in: Stoffel/Zäch, Kartellgesetzrevision 2003, Neuerungen und Folgen, Zürich 2004, 42). Besteht die blosse Möglichkeit von passiven Verkäufen seitens gebietsfremder Händler und Endabneh-

mer, so fällt eine Gebietszuteilung nicht unter den Vermutungstatbestand (MARC AMSTUTZ/ MANI REINERT, Vertikale Preis- und Gebietsabreden – eine kritische Analyse von Art. 5 Abs. 4 KG, in: Stoffel/Zäch, Kartellgesetzrevision 2003, Neuerungen und Folgen, Zürich 2004, 102 mit Hinweisen auf die parlamentarische Debatte). Internetverkäufe gelten in der Regel als passive Verkäufe und dürfen folglich nicht grundsätzlich verboten werden (vgl. Ziff. 3 VertBek → Nr. 6).

43   Bei der Auslegung von Art. 5 Abs. 4 KG ist gemäss den parlamentarischen Voten stets die Anlehnung an das europäische Recht zu beachten (Votum Fritz Schiesser für die Mehrheit der WAK, die sich schliesslich klar durchsetzte; Amtliches Bulletin StRat 2003, 329 f., und ebenfalls publiziert in: Stoffel/Zäch, Kartellgesetzrevision 2003. Neuerungen und Folgen, Zürich 2004, 387 f.). Der Wortlaut von Art. 5 Abs. 4 KG darf nicht extensiv ausgelegt werden. Die ursprüngliche Fassung des Nationalrats, in der noch der unbestimmte Begriff der «Marktabschottung» verwendet wurde, wurde durch die Gesetz gewordene Version ersetzt – dies mit der Begründung, dass klar zum Ausdruck kommen müsste, was unter den Vermutungstatbestand fällt und was nicht (Votum Fritz Schiesser für die WAK, Amtliches Bulletin StRat 2003, 329 f., 331). Bezüglich des Vermutungstatbestandes wird nicht unterschieden, ob sich der absolute Gebietsschutz aus einem exklusiven oder selektiven Vertriebsvertrag ergibt. Zudem wird sich die Wettbewerbskommission zumindest in der Anfangszeit an ihre bestehende Praxis, insbesondere an die VertBek, zu halten haben – dies vor allem im Hinblick auf die Sanktionsdrohung (so bereits das Gutachten von RENÉ RHINOW/ANDRÁS A. GUROVITS, Gutachten über die Verfassungsmässigkeit der Einführung von direkten Sanktionen im Kartellgesetz, zuhanden des Generalsekretariats des Eidgenössischen Volkswirtschaftsdepartements EVD, in RPW 2001/3, 617, wonach sich die Unternehmen auf die publizierte Praxis verlassen dürfen). Somit ergibt sich, dass folgende Beschränkungen nicht unter den Vermutungstatbestand fallen (ROGER ZÄCH, Die sanktionsbedrohten Verhaltensweisen nach Art. 49a Abs. 1 KG, insbesondere der neue Vermutungstatbestand für Vertikalabreden, in: Stoffel/Zäch, Kartellgesetzrevision 2003, Neuerungen und Folgen, Zürich 2004, 43 f.):

1.   Der aktive Verkauf in ein fremdes Vertragsgebiet kann einem Vertriebspartner verboten werden, d.h., dieser darf den Markt nicht bewerben oder z.B. keine Verkaufseinrichtungen betreiben. Der passive Verkauf, d.h. die Erfüllung unaufgeforderter Bestellungen individueller Kunden, muss jedoch möglich sein. Allgemeine Werbemassnahmen in den Medien oder im Internet, die andere Verkaufsgebiete erreichen und auch im eigenen Gebiet vernünftig sind, gelten als passive Verkäufe (vgl. Ziff. 3 VertBek).

2.   Einem Grosshändler darf verboten werden, an Endbenutzer zu verkaufen. Er darf diesfalls nur an Detaillisten oder andere Grossisten verkaufen. Das Verbot kann sowohl aktive als auch passive Verkäufe umfassen (vgl. Ziff. 12 Abs. 2 lit. b/i VertBek).

3.   Ebenfalls darf einem Mitglied in einem selektiven Vertriebssystem der Verkauf an nicht zugelassene Händler untersagt werden, sofern sich diese in einem Gebiet befinden, in dem ein solches System durchgeführt wird. In diesem Fall kann das Verbot sowohl aktive wie auch passive Verkäufe umfassen (vgl. Ziff. 12 Abs. 2 lit. b/ii VertBek).

III. Rechtfertigung aus Gründen der wirtschaftlichen Effizienz

44   Wettbewerbsabreden, die den Wettbewerb erheblich beeinträchtigen (vgl. die Ausführungen unter N 17 ff.) und nicht zu einer Beseitigung wirksamen Wettbewerbs führen (vgl. den Ausschluss der Effizienzprüfung bei einer Beseitigung wirksamen Wettbewerbs in Art. 5 Abs. 1 KG; gelingt die Widerlegung der Vermutung von Art. 5 Abs. 3 KG über die Beseitigung wirksamen Wettbewerbs, wird in der Regel eine Wettbewerbsabrede vorliegen, die den Wettbewerb erheblich beeinträchtigt), müssen unter dem Blickwinkel der wirtschaftlichen Effizienz auf ihre Vereinbarkeit mit dem Kartellgesetz hin geprüft werden. Der erfolgreiche Abschluss des Effizienztests im Sinne von Art. 5 Abs. 2 KG lässt diejenigen Wettbewerbsabreden kenntlich werden, die gemeinhin als Kooperationen bezeichnet werden (vgl. dazu Jürg Borer, Kooperationen und strategische Allianzen, in: Aktuelle Juristische Praxis 1996, 876 ff.). Was darunter im Einzelnen zu verstehen ist, lässt sich aus dem in Art. 6 Abs. 1 KG aufgeführten Beispielkatalog entnehmen (vgl. dazu die nachfolgende Kommentierung zu Art. 6 KG).

45   In Art. 5 Abs. 2 KG sind die für das erfolgreiche Bestehen des Effizienztests notwendigen Kriterien abschliessend aufgeführt (BGE 129 II 45, E. 10.3; Botschaft 1994, 91). Weitergehende Rechtfertigungsgründe wie beispielsweise allgemein politische Erwägungen, kulturelle Aspekte (BGE 129 II 44, E. 10.1), gesundheits- oder versorgungspolitische Anliegen (RPW 2000/3, Vertrieb von Arzneimitteln/Sanphar, 392, wo es um die Sicherstellung der Versorgung der Schweiz mit Medikamenten ging) können nicht im Rahmen von Art. 5 Abs. 2 KG berücksichtigt werden, sondern allenfalls im Ausnahmeverfahren gemäss Art. 8 KG vor dem Schweizerischen Bundesrat (vgl. die Formulierung der Ausnahmebestimmung in Art. 8 KG). Mit dem Begriff der «wirtschaftlichen Effizienz» wird eine klare Grenze für die Auslegung der Rechtfertigungsgründe gezogen. Eine Berufung auf ausserhalb des ökonomischen Prozesses liegende öffentliche Interessen wird ausgeschlossen, auch wenn diese Interessen zugleich einen volkswirtschaftlich positiven Nebeneffekt entfalten (RPW 2000/3, Vertrieb von Arzneimitteln/Sanphar, 392).

46   Der Effizienzbegriff des schweizerischen Kartellgesetzes ist volkswirtschaftlich zu verstehen. Die Effizienzvorteile dürfen nicht nur im Sinne eines betriebswirtschaftlichen Effizienzgewinns den an der Abrede beteiligten Unternehmen in der Form einer Kartellrente zugutekommen. In der bundesrätlichen Fassung des Gesetzesentwurfs war deshalb in Art. 5 Abs. 2 KG ein ausdrücklicher Hinweis enthalten, dass die Verbraucher an den Effizienzgewinnen angemessen beteiligt werden müssten. Anlässlich der parlamentarischen Beratungen wurde dieser Hinweis auf die Verbraucherinteressen mit der Begründung gestrichen, dass die beim Effizienztest vorgesehene absolute Schranke (nämlich durch die Abrede dürfe keine Beseitigung wirksamen Wettbewerbs eintreten) bereits dafür sorge, dass die Effizienzgewinne zumindest teilweise über den Markt an weitere Marktteilnehmer weitergegeben werden müssten.

47   Im Einzelnen handelt es sich bei den Effizienzgründen mit Ausnahme von zwei Gesichtspunkten (nämlich die Verbreitung von beruflichem Wissen und die rationellere Nutzung von Ressourcen) um durchaus für eine Effizienzprüfung typische ökonomische und damit wettbewerbsrechtliche Aspekte. Die Senkung von Herstellungs- oder Vertriebskosten kann sich aus Rationalisierungen oder der Erzielung von Grössenvorteilen ergeben. Mit der Zusammenlegung von Infrastrukturen können die beteiligten Unternehmen eine Kosten- oder Produk-

tionsstruktur verwirklichen, die andernfalls nicht erzielbar wäre. Die Verbindung zweier sich ergänzender Technologien kann zu einer Senkung der Produktionskosten oder zur Herstellung eines qualitativ höherwertigen Produkts führen. Kosteneinsparungen können sich auch aus Skalenvorteilen (economies of scale) ergeben, d.h. abnehmende Stückkosten bei steigender Produktion. Investitionen in Ausrüstungen und andere Vermögenswerte müssen oftmals in unteilbaren Blöcken vorgenommen werden. Kann ein Unternehmen einen solchen Block nicht in vollem Umfang nutzen, entstehen ihm höhere Durchschnittskosten als bei voller Auslastung. Vereinbarungen, mit denen Unternehmen ihre Betriebslogistik zusammenlegen, können es ihnen ermöglichen, den Ladefaktor zu erhöhen und die Anzahl der eingesetzten Fahrzeuge zu senken. Verbundvorteile (economies of scope) sind eine weitere Quelle von Kosteneinsparungen, wenn Unternehmen mit den gleichen Einsatzfaktoren unterschiedliche Produkte herstellen. Effizienzgewinne können dabei beispielsweise entstehen, wenn dieselben Komponenten und Anlagen mit demselben Personal zur Herstellung einer Vielzahl von Produkten eingesetzt werden. Dieses Argument, wonach bei Tarifverhandlungen zwischen Spitälern, Krankenversicherern und Ärzten Gruppenverhandlungen zu weniger Verwaltungsaufwand als Einzelverhandlungen führen, genügt indes nicht (RPW 2001/4, Tarifvertrag in der halbprivaten Zusatzversicherung, 680 ff.). Im Buchpreisbindungs-Urteil des Bundesgerichts wurde die Rechtfertigung einer Preisbindung zweiter Hand wegen der Vertriebskostensenkung als möglich erachtet; Gleiches wurde sowohl für die Verbesserung von Produkten als auch für die rationellere Nutzung von Ressourcen festgehalten (BGE 129 II 46 f., E. 10.3.2 und E. 10.3.3).

48 Der Begriff der Verbesserung von Produkten ist weit zu verstehen. Er beschränkt sich nicht nur auf technische oder funktionelle Belange, sondern erfasst beispielsweise auch die Umweltverträglichkeit von Produkten. Weiter ist dabei nicht nur die Verbesserung des Erzeugnisses an sich, sondern auch die Verbreiterung des Angebots oder des Produktesortiments gemeint. Das gilt auch im Fall der rationelleren Nutzung von Ressourcen. Zu den Ressourcen gehören nebst den öffentlichen Gütern auch natürliche Ressourcen, darin eingeschlossen auch die Nutzung des in der Menschheit vorhandenen Wissens (BGE 129 II 46 f., E. 10.3.2 und E. 10.3.3).

49 Ein etwas allgemeinerer Hintergrund ergibt sich einerseits beim Effizienzgrund der Förderung der Verbreitung von beruflichem Wissen und andererseits beim Anliegen der rationelleren Nutzung von Ressourcen. Die Frage ist berechtigt, ob dadurch nicht wettbewerbsrechtlich fremde Aspekte nun doch neben den allgemein politischen Rechtfertigungsgründen von Art. 8 KG Eingang in den Effizienztest gefunden haben (vgl. dazu die kritischen Bemerkungen von SILVIO BORNER/AYMO BRUNETTI/ROLF WEDER, Ökonomische Analyse zur Revision des schweizerischen Kartellgesetzes, in: ZÄCH/ZWEIFEL, Grundfragen der schweizerischen Kartellrechtsreform, St. Gallen 1995, 87 f.). Auch wenn einer derartigen Kritik eine gewisse Berechtigung nicht abgesprochen werden kann, zeigt sich durch die Berücksichtigung der beiden erwähnten Anliegen durch den Gesetzgeber, dass durch das Wettbewerbsrecht nicht ein rein wettbewerbspolitischer Selbstzweck verfolgt werden kann, sondern durch effiziente Wettbewerbsabreden Ergebnisse erzielt werden können, die nicht nur einen rein wettbewerbspolitischen Hintergrund haben. Die Schnittstelle zwischen der Wettbewerbspolitik und anderen im Allgemeininteresse liegenden politischen Aspekte verläuft häufig auf einem breiteren Band,

als dies die reine Wettbewerbstheorie anzunehmen versucht (vgl. dazu auch die Hinweise bei CHRISTIAN J. MEIER-SCHATZ, Horizontale Wettbewerbsbeschränkungen, in: Aktuelle Juristische Praxis 1996, 818).

50 Es versteht sich von selbst, dass eine erhebliche Wettbewerbsbeeinträchtigung nur in Kauf genommen werden kann, wenn sie zur Erreichung der damit verbundenen Effizienzvorteile auch notwendig ist. In diesem Sinne haben die Unternehmen jeweils das mildeste und verhältnismässigste Mittel zu wählen, um zu den gewünschten Effizienzvorteilen zu gelangen (siehe beispielsweise BGE 129 II 47, E. 10.4, und RPW 2001/4, Tarifvertrag in der halbprivaten Zusatzversicherung, 684).

IV. Rechtsfolgen

51 Die Vereinheitlichung des materiellen Kartellrechts führt dazu, dass die in Art. 5 KG unmissverständlich und unmittelbar angeordnete Rechtsfolge der Unzulässigkeit sowohl verwaltungsrechtlich als auch zivilrechtlich von Bedeutung ist. Wettbewerbsabreden, die nicht unerheblich sind, den Effizienztest nicht bestehen oder von vornherein zu einer Beseitigung wirksamen Wettbewerbs führen, sind unzulässig und damit rechtswidrig. Aus verwaltungsrechtlicher Sicht drohen im Anschluss an eine einmal festgestellte Unzulässigkeit die Sanktionen gemäss den Art. 49a ff. KG; die Anordnung möglicher zivilrechtlicher Rechtsfolgen erfolgt grundsätzlich in den Art. 12 ff. KG.

52 Die unmittelbare Anordnung der Unzulässigkeit als Rechtsfolge lässt keinen Raum mehr für eine besondere Berücksichtigung des dem schweizerischen Kartellrecht nach herrschender Lehre als Grundlage dienenden Missbrauchsprinzips. Die Ausgestaltung des Missbrauchsprinzips hat der Kartellgesetzgeber im Rahmen seines Gesetzgebungsspielraums bereits bei der Formulierung der materiellrechtlichen Rechtsfolgen wahrgenommen. Folglich besteht bei der Anordnung der Rechtsfolgen keine Berechtigung, um dem Missbrauchsprinzip auf dem Auslegungswege noch zusätzliche Bedeutung zu verschaffen. Ausnahmen gelten nur dort, wo der Gesetzgeber dies ausdrücklich vorgesehen hat.

V. Verhältnis zu den übrigen materiellrechtlichen Bestimmungen

53 Das Verhältnis der sich aus dem Dreisäulenprinzip (das Gesetz erfasst Wettbewerbsabreden, das Verhalten marktbeherrschender Unternehmen und Unternehmenszusammenschlüsse) ergebenden verschiedenen materiellrechtlichen Bestimmungen wird im Gesetz nicht geregelt. Was die Beurteilung von Gemeinschaftsunternehmen betrifft, weist die bundesrätliche Botschaft sogar ausdrücklich darauf hin, dass es sich wegen des dem schweizerischen Kartellgesetz zugrunde liegenden Missbrauchsprinzips nicht aufdränge, eine Kategorienbildung vorzunehmen, um eine Doppelkontrolle nach den Vorschriften über Wettbewerbsabreden und über die Fusionskontrolle zu vermeiden. In der Verordnung über die Kontrolle von Unternehmenszusammenschlüssen (VKU → Nr. 4) hat der Bundesrat jedoch nachträglich für die Beurteilung von Gemeinschaftsunternehmen im Rahmen der Fusionskontrolle in Art. 2 VKU eine gewisse Kategorienbildung vorgenommen. Die Konzeption des Kartellgesetzes schliesst folglich nicht aus, dass wettbewerbsbeschränkende Praktiken und Unternehmenszusammenschlüsse nebeneinander nach mehreren materiellrechtlichen Bestimmungen beurteilt werden können und auch müssen.

Art. 6   Gerechtfertigte Arten von Wettbewerbsabreden

[1] In Verordnungen oder allgemeinen Bekanntmachungen können die Voraussetzungen umschrieben werden, unter denen einzelne Arten von Wettbewerbsabreden aus Gründen der wirtschaftlichen Effizienz in der Regel als gerechtfertigt gelten. Dabei werden insbesondere die folgenden Abreden in Betracht gezogen:

a. Abreden über die Zusammenarbeit bei der Forschung und Entwicklung;

b. Abreden über die Spezialisierung und Rationalisierung, einschliesslich diesbezügliche Abreden über den Gebrauch von Kalkulationshilfen;

c. Abreden über den ausschliesslichen Bezug oder Absatz bestimmter Waren oder Leistungen;

d. Abreden über die ausschliessliche Lizenzierung von Rechten des geistigen Eigentums;

e.[1] Abreden mit dem Zweck, die Wettbewerbsfähigkeit kleiner und mittlerer Unternehmen zu verbessern, sofern sie nur eine beschränkte Marktwirkung aufweisen.

[2] Verordnungen und allgemeine Bekanntmachungen können auch besondere Kooperationsformen in einzelnen Wirtschaftszweigen, namentlich Abreden über die rationelle Umsetzung von öffentlich-rechtlichen Vorschriften zum Schutze von Kunden oder Anlegern im Bereich der Finanzdienstleistungen, als in der Regel gerechtfertigte Wettbewerbsabreden bezeichnen.

[3] Allgemeine Bekanntmachungen werden von der Wettbewerbskommission im Bundesblatt veröffentlicht. Verordnungen im Sinne der Absätze 1 und 2 werden vom Bundesrat erlassen.

I. Ausgangslage

1   Die in Art. 6 KG vorgesehene Möglichkeit des Erlasses von Verordnungen und Bekanntmachungen zur Umschreibung von gerechtfertigten Arten von Wettbewerbsabreden wird des Öfteren als eigentliche Systemwidrigkeit im Kartellgesetz bezeichnet. Das dem Kartellgesetz als Grundlage dienende Missbrauchsprinzip verbiete keine Wettbewerbsabreden; folglich bestehe auch keine Notwendigkeit für eine irgendwie geartete Freistellung (vgl. beispielsweise MARINO BALDI, Überblick und allgemeine Bestimmungen – zwölf Charakteristika des neuen Kartellgesetzes, in: ZÄCH, Das neue schweizerische Kartellgesetz, Zürich 1996, 12; vgl. auch schon die Ausführungen in der Botschaft 1994, 95). Rein theoretisch betrachtet ist diesen kritischen Bemerkungen zuzustimmen. Doch ist nicht zu übersehen, dass die in Art. 5 KG angeordneten Rechtsfolgen unmissverständlich und unmittelbar sind und folglich die Ausgestaltung des Missbrauchsprinzips gemäss dem schweizerischen Kartellgesetz nicht weit von einem in anderen Rechtsordnungen anzutreffenden Verbotsgesetz entfernt ist. In ihrer

---

1   Eingefügt durch Ziff. I des BG vom 20. Juni 2003, in Kraft seit 1. April 2004 (AS 2004 1385 1390; BBl 2002 2022 5506).

praktischen Konsequenz dürften die Wirkungen in etwa gleich sein, was den im Verlauf des Vernehmlassungsverfahrens laut gewordenen Ruf nach Konkretisierung nicht unberechtigt erscheinen lässt (vgl. dazu die Ausführungen in der Botschaft 1994, 95). Mit der Einführung von direkten Sanktionen hat die diesbezügliche Schaffung von Rechtssicherheit nochmals an Bedeutung gewonnen.

2   In Art. 6 Abs. 1 KG ist vorgesehen, dass die Umschreibung von gerechtfertigten Arten von Wettbewerbsabreden in der Form von bundesrätlichen Verordnungen oder durch Bekanntmachungen der Wettbewerbskommission erfolgen kann. Bis anhin wurden fünf Bekanntmachungen publiziert. Diese betreffen den Bereich der vertikalen Abreden (Beschluss der Wettbewerbskommission vom 28. Juni 2010 betreffend die Bekanntmachung über die wettbewerbsrechtliche Behandlung vertikaler Abreden, VertBek → Nr. 6; vgl. nachfolgend N 18 f.) und diesbezüglich insbesondere auch den Automobilhandel (Beschluss der Wettbewerbskommission vom 21. Oktober 2002 betreffend die Bekanntmachung über die wettbewerbsrechtliche Behandlung von vertikalen Abreden im Kraftfahrzeughandel → Nr. 7, publiziert in: RPW 2002/4, 770 ff.; vgl.; dazu die Erläuterungen der Wettbewerbskommission zur Bekanntmachung über die wettbewerbsrechtliche Behandlung von vertikalen Abreden im Kraftfahrzeughandel, publiziert in: RPW 2004/3, 964 ff.; vgl. nachfolgend N 24). Weitere Bekanntmachungen regeln zum einen den engen Bereich der Homologation und des Sponsorings bei Sportartikeln (Beschluss der Wettbewerbskommission vom 15. Dezember 1997 über eine Bekanntmachung betreffend Homologation und Sponsoring bei Sportartikeln → Nr. 9, publiziert in: RPW 1998/1, 154 ff.), zum anderen wurden Grundsätze betreffend die Verwendung von Kalkulationshilfen (Beschluss der Wettbewerbskommission vom 4. Mai 1998 über die Bekanntmachung betreffend die Voraussetzungen für die kartellgesetzliche Zulässigkeit von Abreden über die Verwendung von Kalkulationshilfen → Nr. 10, publiziert in: RPW 1998/2, 351 ff.; vgl. dazu die Kommentierung zu Art. 5 KG in N 35) publiziert. Entsprechend dem neuen lit. e von Art. 6 Abs. 1 KG wurde mit Beschluss der Wettbewerbskommission vom 19. Dezember 2005 eine Bekanntmachung betreffend Abreden mit beschränkter Marktwirkung eingeführt (KMU-Bekanntmachung → Nr. 8, publiziert in: RPW 2006/1, 209 ff.). Demnach sollen Abreden, welche die Wettbewerbsfähigkeit von kleineren und mittleren Unternehmen verbessern und die nur eine beschränkte Marktwirkung aufweisen, gerechtfertigt sein.

3   Die im Kartellgesetz vorgesehenen Bekanntmachungen der Wettbewerbskommission werden in der schweizerischen Rechtsordnung an keiner Stelle als eine fest definierte Erlassform umschrieben. Dennoch greifen auch andere Verwaltungsbehörden (beispielsweise die FINMA) zum Mittel der Bekanntmachung, um ihre Verwaltungspraxis den Betroffenen in allgemeiner Form bekannt zu machen. Derartige allgemeine Bekanntmachungen binden zwar die die Bekanntmachung erlassende Behörde im Rahmen des in Art. 9 BV statuierten Vertrauensprinzips; für die übrigen Rechtsanwendungsbehörden – darunter fallen natürlich auch die Zivilgerichte –, insbesondere aber die Rechtsmittelinstanzen, haben sie jedoch keine Rechtsverbindlichkeit. Dennoch ist davon auszugehen, dass die Rechtsmittelinstanzen bei der Überprüfung von Entscheiden der Wettbewerbskommission, aber auch die Zivilgerichte nicht ohne besondere Veranlassung von der Rechtsauffassung der Wettbewerbskommission in den allgemeinen Bekanntmachungen abweichen werden (auf die praktische Bindungswirkung verweisen: WALTER A.

STOFFEL, Das schweizerische Kartellrecht 1996: Neues und Altes bei der Wachtablösung nach zehn Jahren, in: Schweizerische Zeitschrift für Wirtschaftsrecht 1996, 117; ROGER ZÄCH, Schweizerisches Kartellrecht, 2. Auflage, Bern 2005, Rz. 502; ROLAND VON BÜREN/EUGEN MARBACH, Immaterial- und Wettbewerbsrecht, 2. Auflage, Bern 2002, Rz. 1245).

4 Neben den Bekanntmachungen sieht Art. 6 Abs. 1 KG auch die Möglichkeit vor, eine allgemeine Umschreibung von gerechtfertigten Arten von Wettbewerbsabreden in der Form einer bundesrätlichen Verordnung zu erlassen. Bei der praktischen Handhabung dieser Bestimmung ist zu erwarten, dass die in einer Bekanntmachung der Wettbewerbskommission enthaltenen Grundsätze, falls sie sich in der Praxis allgemein bewährt hätten, in die strengere Form der Verordnung umgegossen werden könnten, was für die an der kartellgesetzlichen Rechtsfindung Beteiligten eine grössere Rechtssicherheit zur Folge hätte. Es wird sich in der Praxis noch zeigen müssen, ob das Mittel der eher schwerfälligen und formalistischen bundesrätlichen Verordnung tatsächlich geeignet ist, die in diesem Bereich des Wettbewerbsrechts dynamischen Rechtsentwicklungen festzuschreiben. Die Beurteilung von Wettbewerbsabreden ist laufend unter Berücksichtigung der Prozesshaftigkeit von Marktentwicklungen zu hinterfragen. Die Dynamik des Wettbewerbsprozesses lässt es als ratsam erscheinen, allgemeine Umschreibungen von gerechtfertigten Arten von Wettbewerbsabreden eher im flexibleren Mittel der Bekanntmachung der Wettbewerbskommission festzulegen. Das hat einerseits den Vorteil, dass bei neuen Entwicklungen eine rasche Anpassung möglich ist; andererseits lässt auch die weniger weitreichende Rechtskraft einen grösseren Beurteilungsspielraum beim Vorliegen von Ausnahmesituationen zu.

5 Art. 6 Abs. 3 KG regelt die im schweizerischen Recht nicht ausdrücklich vorgesehene Form der Publikation der von der Wettbewerbskommission erlassenen Bekanntmachungen. Für die bundesrätlichen Verordnungen ergeben sich das Erlassverfahren und die anschliessende Publikation aus dem allgemeinen Bundesverwaltungsrecht und insbesondere auch aus Art. 1 lit. d PüG.

6 Die in Art. 6 Abs. 1 und 2 KG namentlich erwähnten allgemeinen Kooperationsformen bzw. Branchenkooperationen sind nicht als abschliessende Aufzählung zu betrachten. Der Bundesrat und die Wettbewerbskommission haben die Möglichkeit, auch über weitere Arten von Wettbewerbsabreden die Voraussetzungen für ihre Rechtfertigung in allgemeiner Form zu umschreiben (Botschaft 1994, 96).

II. Allgemeine Kooperationsformen

A. Allgemein

7 Art. 6 Abs. 1 lit. a–e KG enthält eine nicht abschliessende Aufzählung von allgemeinen Kooperationsformen, die sich nach Ansicht des Gesetzgebers grundsätzlich für eine Rechtfertigung unter Effizienzgesichtspunkten eignen und für welche folglich die Kriterien für eine Rechtfertigung allgemein umschrieben werden sollen. Der aufgeführte Katalog betrifft im Wesentlichen diejenigen Bereiche, für welche auch die EU-Kommission Gruppenfreistellungsverordnungen erlassen hat. Die Ausnahme betrifft die aus politischen Gründen ausdrücklich erwähnten Kalkulationshilfen. Bei der KMU-Bekanntmachung (→ Nr. 8) handelt es sich um eine Art von Bagatell-Bekanntmachung zur Konkretisierung des Erheblichkeitskriteriums von

Art. 5 Abs. 1 KG. Demnach geht die Wettbewerbskommission bei einer horizontalen Abrede bei einem gemeinsamen Marktanteil der beteiligten Unternehmen von 10 %, bei einer vertikalen Abrede bei einem solchen von 15 % von einer beschränkten Marktwirkung aus (vgl. Ziffer 3 der KMU-Bekanntmachung), allerdings bestehen bei harten Abreden dann doch wieder entsprechende Vorbehalte. In der VertBek wird zudem ausdrücklich darauf hingewiesen, dass die VertBek der KMU-Bekanntmachung vorgeht (Ziff. 9 Abs. 2 VertBek → Nr. 6).

B. Forschungs- und Entwicklungskooperationen

8 In Art. 6 Abs. 1 lit. a KG werden Abreden über die Zusammenarbeit bei der Forschung und Entwicklung als mögliche gerechtfertigte Arten von Wettbewerbsabreden ausdrücklich herausgestrichen. Unter dem Blickwinkel eines dynamischen Wettbewerbsverständnisses drängt sich die positive Wertung von Forschungs- und Entwicklungskooperationen als logische Konsequenz auf. Sie ermöglichen den Unternehmen die Kumulation ihres Forschungs- und Entwicklungspotenzials. Häufig sind einzelne Unternehmen nicht in der Lage, umfassende Forschungs- und Entwicklungsvorhaben alleine zu verwirklichen. Forschungsförderung und Forschungszusammenarbeit sind als Triebfeder für eine dynamische Entwicklung der Märkte von unerlässlicher Bedeutung. Aus internationaler Sicht werden deshalb Forschungs- und Entwicklungsvorhaben in aller Regel von den Wettbewerbsbehörden positiv beurteilt. Über die konkrete Ausgestaltung einer schweizerischen Regelung können auch nach über zehnjähriger Anwendung des Kartellgesetzes mangels entsprechender Fallpraxis nur Spekulationen angestellt werden. Vermutlich sind die Aussagen richtig, die davon ausgehen, dass sich eine schweizerische Regelung eng an diejenige des EU-Kartellrechts anlehnen würde (vgl. beispielsweise CHRISTIAN J. MEIER-SCHATZ, Horizontale Wettbewerbsbeschränkungen, in: Aktuelle Juristische Praxis 1996, 822), soweit die darin enthaltenen Grundsätze nicht irgendwelche auf den Gemeinsamen Markt bezogene integrationspolitischen Ziele verfolgten. Generell ist zu beachten, dass die Vergemeinschaftung von Forschung und Entwicklung auf jeden Fall nicht dazu führen darf, dass der Forschungswettbewerb auf einem bestimmten Forschungsmarkt ausgeschaltet wird und die Kooperationspartner im Zusammenhang mit der Abrede über Forschung und Entwicklung nicht irgendwelche Abreden treffen, die eine Koordination des Wettbewerbsverhaltens auf dem noch nicht bestehenden Produktemarkt vorwegnehmen (vgl. allgemein zur Beurteilung von Forschungs- und Entwicklungskooperationen nach dem Kartellgesetz die Ausführungen bei STEFAN BÜHLER/URS LEHMANN, Zusammenarbeit in Forschung und Entwicklung im neuen Kartellgesetz, in: Aktuelle Juristische Praxis 1997, 651 ff.).

C. Spezialisierungs- und Rationalisierungskooperationen

9 Spezialisierungs- und Rationalisierungskooperationen sind gemäss Art. 6 Abs. 1 lit. b KG für eine allgemeine Umschreibung als gerechtfertigte Wettbewerbsabreden vorgesehen. Auch diese Kooperationsarten erzeugen als Anreiz für dynamische Wettbewerbsprozesse erwünschte Wettbewerbswirkungen. Die mit Spezialisierungs- und Rationalisierungskooperationen normalerweise einhergehenden Effizienzvorteile sind grundsätzlich geeignet, positiv auf Wettbewerbsprozesse einzuwirken. Allerdings ist in den Fällen eine vorsichtige Beurteilung angezeigt, bei denen die Spezialisierung bzw. die Rationalisierung als Vorwand für eine verdeckte Marktaufteilung benutzt wird. Die Grenze zwischen der unter die Vermutungstatbestände fallenden Marktaufteilung gemäss Art. 5 Abs. 3 lit. c KG und der unter Effizienzge-

sichtspunkten erwünschten Spezialisierungs- bzw. Rationalisierungskooperation gemäss Art. 6 Abs. 1 lit. b KG lässt sich unter Umständen nicht immer leicht ziehen. In diesem Zusammenhang ist insbesondere zu beachten, dass sich Spezialisierungs- bzw. Rationalisierungsabreden zwischen kleinen und mittleren Unternehmen oft nicht ohne eine damit einhergehende minimale Marktaufteilung sinnvoll bewerkstelligen lassen. In diesen Fällen muss in jedem Fall Raum für eine Widerlegung der Vermutung von Art. 5 Abs. 3 lit. c KG bestehen (vgl. in diesem Zusammenhang auch den Hinweis in der Botschaft 1994, 99).

D. Kalkulationshilfen

10 Die Möglichkeit, auch für Kalkulationshilfen die Voraussetzungen einer Rechtfertigung generell zu umschreiben, fand erst im Verlaufe der parlamentarischen Beratungen zum Kartellgesetz 1995 Eingang in den Gesetzestext (vgl. Amtliches Bulletin des Nationalrates 1995, 2047, sowie Amtliches Bulletin StRat 1995, 1014). Es waren vor allem gewerbliche Kreise, die befürchteten, dass die strikte Handhabung der Vorschriften über Preisabreden, insbesondere Art. 5 Abs. 3 lit. a KG, zu einem generellen Verbot von auf Verbandsebene erstellten Kalkulationshilfen führen könnte. Die Befürchtungen der gewerblichen Kreise waren nicht unberechtigt. Kalkulationshilfen können, auch wenn sie in der Form einer Empfehlung an die Verbandsmitglieder weitergegeben werden, durchaus den Charakter einer Preisabrede aufweisen. Das ist der Fall, wenn die Kalkulationshilfe nicht nur eine technische Berechnungshilfe zur Ermittlung der betriebswirtschaftlich korrekten Kostensätze ist, sondern auf die Preisbildung mittelbar oder unmittelbar einwirkt. Hinzu kommt, dass eine Kalkulationshilfe selbst in der Form einer Empfehlung kartellrechtlich bedenklich wird, wenn diese Empfehlung aufgrund rein faktischer Gegebenheiten in der Praxis tatsächlich befolgt und damit zur abgestimmten Verhaltensweise im Sinne von Art. 4 Abs. 1 KG wird (vgl. zur Abgrenzung zwischen Kalkulationshilfe und Preisabsprache RPW 2006/4, Unterhalt von Tankanlagen, 593, Rz. 28 ff.). Die Wettbewerbskommission hat über die kartellrechtliche Beurteilung von Kalkulationshilfen eine Bekanntmachung erlassen (→ Nr. 10; siehe die Kommentierung zu Art. 5 KG in N 35 und zu Art. 6 KG in N 2).

E. Vertriebskooperationen

11 Bei den Vertriebskooperationen handelt es sich in der Regel um vertikale Absprachen. Mit Alleinvertriebs- bzw. Alleinbezugsvereinbarungen und selektiven Vertriebssystemen organisieren Unternehmen ihren Vertrieb, falls sie diesen nicht selbst übernehmen möchten. Häufig ist das produzierende oder auch das auf Grosshandelsstufe vertreibende Unternehmen nicht in der Lage, den Vertrieb mit allen seinen feinen Verästelungen auf dem relevanten Markt selbst an die Hand zu nehmen. Die beschriebenen Vertriebsverträge sind deshalb in der Wirtschaftspraxis bewährte und häufig anzutreffende Mittel, um den Vertrieb möglichst effizient zu gestalten, aber auch um neue Märkte mit dem Know-how eines geeigneten Vertriebspartners überhaupt erschliessen zu können. Die immanent praktische Bedeutung dieser Vereinbarungen hat dazu geführt, dass der Gesetzgeber sie unter Art. 6 Abs. 1 lit. c KG ohne Weiteres als für die allgemeine Formulierung von Rechtfertigungsvoraussetzungen geeignet angesehen hat.

12 Einerseits können Vertikalabreden aus wettbewerbsrechtlicher Sicht problematisch sein, insbesondere wenn an ihnen ein marktmächtiges Unternehmen beteiligt ist. Andererseits exis-

tieren auch Formen von Vertikalabreden, die wirtschaftlich sinnvoll sind, indem sie dazu beitragen, die Vertriebs- und Transaktionskosten der Unternehmen zu senken. Als Beispiele können Alleinvertriebsverträge, Verträge über die Lizenzierung von Rechten des geistigen Eigentums, Franchising-Verträge und selektive Vertriebsverträge genannt werden, sofern diese Vereinbarungen keine «überschiessenden Wettbewerbsbeschränkungen» vorsehen (Botschaft 2001, 2032).

13 Die den angesprochenen Vertriebssystemen inhärenten Beschränkungen erlauben den Vertriebspartnern, den ihnen zugeteilten Markt intensiv zu bearbeiten. Es kann dadurch verhindert werden, dass Trittbrettfahrer von den Marktbearbeitungsbemühungen der autorisierten Händler profitieren können. Zudem wird der Interbrandwettbewerb gefördert und Transaktionskosten- und Investitionsschutzprobleme können gelöst werden. Derartige Vertriebssysteme zeitigen grundsätzlich Effizienzvorteile, welche gemäss Art. 5 abs. 2 KG kartellrechtlich positiv zu berücksichtigen sind.

14 Wettbewerbsrechtliche Bedenken bestehen jedoch dann, wenn derartige Vertriebssysteme – beispielsweise durch ganze Bündel von gleichartigen Verträgen – dazu missbraucht werden (MANI REINERT, Ökonomische Grundlagen zur kartellrechtlichen Beurteilung von Alleinvertriebsverträgen, Zürich 2004, 175 ff. und 195 ff., sowie MARKUS RUFFNER, Wettbewerbstheoretische Grundlagen der Kartellgesetzrevision, in: ZÄCH/ZWEIFEL, Grundfragen der schweizerischen Kartellrechtsreform, St. Gallen 1995, 204 ff.), um horizontale Absprachen von einer anderen, insbesondere vorgelagerten Marktstufe auf die nächste Marktstufe (die Vertriebsstufe) zu übertragen, ohne dass auf dieser nachgelagerten Stufe ebenfalls eine horizontale Verschränkung notwendig wäre. Besondere Gefahren könnten dabei von Preisbindungen der zweiten Hand ausgehen, welche durch diese horizontale Verschränkung einer horizontalen Preisabrede gleichkommen können (dazu die Hinweise auf derartige Kombinationsmöglichkeiten bei CARL BAUDENBACHER, Vertikalbeschränkungen im neuen Kartellgesetz, in: Aktuelle Juristische Praxis 1996, 831). Vertikalabreden können auch dann wohlfahrtsschädigend sein, wenn die an der Abrede beteiligten Unternehmen marktmächtig sind oder die Abreden zu outputmindernden Preisdifferenzierungen missbraucht werden (MANI REINERT, Ökonomische Grundlagen zur kartellrechtlichen Beurteilung von Alleinvertriebsverträgen, Zürich 2004, 153 ff. und 162 ff.). Führen solche Abreden zu einer Beschränkung des Interbrand-Wettbewerbs oder zementieren sie bestehende Vertriebsstrukturen, so können aus wettbewerbsrechtlicher Sicht ebenfalls kritische Situationen entstehen (MANI REINERT, Ökonomische Grundlagen zur kartellrechtlichen Beurteilung von Alleinvertriebsverträgen, Zürich 2004, 179 ff. und 198 ff.).

15 Gebietsschutzklauseln in Vertriebsverträgen können zu einer künstlichen Abschottung von Teilmärkten mit künstlichen Preisbildungsmechanismen führen und Abnehmern der vom System vertriebenen Produkte keine alternativen Lieferquellen zur Verfügung stehen. So darf ein Gebietsschutz die passive Vermarktung nicht verhindern. Eine Preisbindung der zweiten Hand lässt sich nur in Ausnahmesituationen rechtfertigen – nämlich dann, wenn es darum geht, die Gefahr überbordender Preisgebaren der Händler zu dämpfen oder durch besondere Vertriebsanstrengungen neue Märkte erschlossen werden und der Nutzen aus diesen Vertriebsinvestitionen dann in erster Linie den entsprechenden Investoren (Hersteller und zugelassenen Händlern) zukommen soll, nicht jedoch allfälligen Trittbrettfahrern. Besondere Beachtung

ist auch Regelungen zu schenken, die dazu führen, dass der Händler auf Gedeih und Verderb an den Hersteller gebunden ist – beispielsweise durch eine überlange Vertragsdauer, exorbitante Lagerhaltungs- und Werbeauflagen und Einschränkungen seiner übrigen Geschäftstätigkeit. Die Wettbewerbskommission hat die kartellrechtlichen Grundsätze zur Beurteilung von Vertriebsabreden in ihrer Bekanntmachung vom 28. Juni 2010 über die wettbewerbsrechtliche Behandlung vertikaler Abreden geregelt (VertBek → Nr. 6; zugänglich auch über die Internetseite www.weko.admin.ch).

16 Die VertBek lehnt sich im Aufbau stark an die europäische Gruppenfreistellungsverordnung an (Verordnung EU Nr. 330/2010 der Kommission vom 20. April 2010 über die Anwendung von Artikel 101 Absatz 3 des Vertrags über die Arbeitsweise der Europäischen Union auf Gruppen von vertikalen Vereinbarungen und aufeinander abgestimmten Verhaltensweisen, publiziert in: Amtsblatt EG 2010, L 102/1 ff. und Mitteilung der Kommission, Leitlinien für vertikale Beschränkungen, publiziert in: Amtsblatt EG 2010, C 130/1 ff.). Neben einer Definition von vertikalen Abreden und des selektiven Vertriebs wird im eigentlich materiellrechtlichen Teil auf Erheblichkeitskriterien und die Rechtfertigung eingegangen. Die Wettbewerbskommission hat zwar viele Fälle von Vertikalabreden ins Visier genommen, doch wurden erst wenige vertiefte Abklärungen vorgenommen (vgl. RPW 2008/3, Scott Bikes, 383, Rz. 13 ff.; RPW 2009/2, Sécateurs et cisailles, 143 ff.; RPW 2010/3, 343 ff., Pfizer AG, Eli Lilly [Suisse] SA und Bayer [Schweiz] AG wegen des Festsetzens von Wiederverkaufspreisen von drei Hors-Liste-Medikamenten; RPW 2010/1, 65 ff., Gaba International AG wegen eines Parallelimportverbots für Elmex Zahnpasta).

17 In Ziffer 1 der VertBek wird zunächst der grundsätzliche Anwendungsbereich der Bekanntmachung festgelegt. Als vertikale Wettbewerbsabreden in Sinne der Bekanntmachung werden Abreden zwischen Unternehmen verschiedener Marktstufen verstanden und die die Geschäftsbedingungen betreffen, «zu denen die beteiligten Unternehmen bestimmte Waren oder Dienstleistungen beziehen, verkaufen oder weiterverkaufen können» (Art. 1 VertBek). Die VertBek regelt demgemäss in erster Linie Vertriebsvereinbarungen.

18 In der VertB verdeutlicht die Wettbewerbskommission zunächst ihre Haltung, wie sie die mit der Kartellgesetzrevision 2003 eingeführten Vermutungstatbestände der vertikalen Preisbindung und des absoluten Gebietsschutzes von Art. 5 Abs. 4 KG handhaben möchte. Dabei geht es in erster Linie um die Frage, wie die gesetzlichen Vermutungen der Beseitigung des wirksamen Wettbewerbs in Art. 5 Abs. 4 KG widerlegt werden können. Im Gegensatz zur früheren Bekanntmachung aus dem Jahre 2007 wird in der Bekanntmachung aus dem Jahre 2010 das Gewicht nicht mehr einseitig auf die Frage des trotz der Vereinbarung bestehenden Intrabrand-Wettbewerbs gelegt, sondern sachgerecht auch der Interbrand in die Analyse der Vermutungswiderlegung mit einbezogen. Das wird zwar möglicherweise dazu führen, dass die Vermutung praktisch sehr oft widerlegt werden kann, wenn nicht ausnahmsweise eine Situation von Marktmacht vorliegt und sich ohnehin oder zusätzlich die Frage der Anwendung von Art. 7 KG über den Missbrauch einer marktbeherrschenden Stellung stellt. Angesichts des vom Gesetzgeber gewählten Mechanismus – nämlich die Vermutung auch bei Vertikalbareden auf die Wettbewerbsbeseitigung auszurichten – ist diese Lösung konsequent. Würde wie in der Vergangenheit mit der früheren Bekanntmachung aus dem Jahre 2007, das Gewicht auf den Intrabrand-Wettbewerb gelegt, stellt sich umgekehrt die Problematik, dass

bei einer echten Vertikalabrede im Sinne von Art. 5 Abs. 4 KG die Vermutung nie widerlegt werden kann, es sei denn, dass gar keine Abrede vorliegt, weil sie nicht oder nur beschränkt umgesetzt wird. Eine praktisch nicht widerlegbare Vermutung in einem System der widerlegbaren Vermutungen kann jedoch der Gesetzgeber nicht gewollt haben. Im Zusammenhang mit der Ausgestaltung von Art. 5 Abs. 4 als Vermutungstatbestand stellt sich de lege ferenda ohnehin die Frage, ob die Vermutung nicht besser am Effizienzgedanken, dem Kernpunkt kartellrechtlichen Denkens, ausgerichtet werden sollte, indem bei den in Art. 5 Abs. 4 KG geregelten Abreden, die zugegebenermassen wettbewerbspolitisch problematisch sein können, die Rechtsfolge die vermutungsweise Ineffizienz sein sollte. Mit einer derartigen Lösung hätte sich die Schweizer Kartellrechtskultur die in den letzten Jahren geführte langwierige Diskussion über den noch wirksamen Wettbewerb bei Vertikalabreden sparen können. Sofern gemäss dem neuen Ansatz in der VertBek die Widerlegung der Vermutung in einer Gesamtmarktbetrachtung von Intra- und Interbrandwettbewerb gelingt, ist anschliessend zu prüfen, ob eine erhebliche Wettbewerbsbeschränkung unter qualitativen und quantitativen Aspekten vorliegt. Falls dies zu bejahen ist, muss anschliessend ein Effizienztest im Sinne von Art. 5 Abs. 2 KG durchgeführt werden.

19   Gemäss Art. 10 Abs. 2 VertBek (→ Nr. 6) sollen über den strikten Gesetzeswortlaut von Art. 5 Abs. 4 KG, welcher in Art. 10 Abs. 1 VertBek grundsätzlich wiederholt wird, hinaus auch Abreden erfasst werden, welche indirekt zu Mindest- oder Festpreisen oder einem absoluten Gebietsschutz führen. Diese Ausdehnung und damit Auslegung der Vermutungstatbestände ist vom Gesetzeswortlaut nicht gedeckt und steht in einem gewissen Widerspruch zur anerkannten Auslegungsregel, wonach Ausnahmen, und dazu zählen die Vermutungstatbestände in Art. 5 Abs. 4 KG, eng auszulegen sind. Eine weite Auslegung, wie von der Wettbewerbskommission in ihrer Bekanntmachung vorgeschlagen, ist nicht notwendig, weil sämtliche indirekten Konstrukte, welche in die Nähe der Tatbestände von Art. 5 Abs. 4 KG kommen, ohnehin von den Art. 5 Abs. 1 und 2 KG erfasst werden und der in Art. 5 Abs. 2 KG enthaltene Effizienztest eine genügend strenge Prüfung derartiger Abreden erlaubt. Abgesehen davon spricht die in Art. 49a Abs. 1 KG vorgesehene direkte Sanktionierbarkeit gegen eine weite Auslegung der Vermutungstatbestände. Durch den strafrechtlichen Charakter der Sanktionsnorm von Art. 49a Abs. 1 KG besteht eine Bindung an ein strenges strafrechtliches Legitimationsprinzip (vgl. die Kommentierung von Art. 49a Abs. 1 KG), welche bereits auf Verfassungsebene eine Ausweitung der Vermutungstatbestände verbietet.

20   Preisempfehlungen des Herstellers an die autorisierten Händler werden von der Wettbewerbskommission als kartellrechtlich kritisch angesehen. Sie werden zwar korrekterweise nicht im Sinn einer weiten Auslegung unter die Vermutungstatbestände subsumiert, selbst wenn durch Ausübung von Druck oder der Gewährung von Anreizen sie sich tatsächlich wie Fest- oder Mindestverkaufspreise auswirken; sie sind dann jedoch immerhin qualitativ schwerwiegend, und es ist im Einzelfall gemäss Art. 12 Abs. 1 VertBek zu prüfen, ob eine erhebliche Wettbewerbsabrede vorliegt, welche einem Effizienztest zu unterziehen ist – ein Test, welcher im Falle mit Druck oder Anreizen unterstützten «Empfehlung» nur in Ausnahmefällen zu bestehen sein dürfte. Die kritische Prüfung von Preisempfehlungen durch die Wettbewerbskommission ist auch daran festzustellen, dass sie bestimmte «Eingriffskriterien» formuliert, bei deren Vorhandensein eine kartellrechtlich relevante Preisempfehlung vermutet wird (vgl. Ziff. 15 Abs. 3

VertBek). Der von der Wettbewerbskommission formulierte Katalog ist nicht unproblematisch, weil die formulierten Kriterien einen offenen Inhalt haben und die Konsequenzen gravierend sind. Die von der Wettbewerbskommission formulierten Kriterien sind:

a)   Intransparenz der Preisempfehlung (Art. 15 Abs. 3 lit. a VertBek),

b)   kein Hinweis auf die Unverbindlichkeit der Preisempfehlung (Art. 15 Abs. 3 lit. b Vert-Bek),

c)   höheres Preisniveau im benachbarten Ausland (Art. 15 Abs. 3 lit. c VertBek) sowie

d)   Befolgung von einem wesentlichen Teil der Wiederverkäufer (Art. 15 Abs. 3 lit. d Vert-Bek).

21   Zentrales Element des Inhalts der VertBek ist der in Art. 5 Abs. 1 KG enthaltene Erheblich-keitstest. In Ziff. 12 Abs. 1 VertBek wird der in der Praxis der Wettbewerbsbehörden ent-wickelte Grundsatz festgehalten, dass zur Bestimmung der Erheblichkeit im Sinne von Art. 5 Abs. 1 KG sowohl quantitative (Marktanteil) als auch qualitative Aspekte (Qualität der Be-schränkung bzw. betroffenen Wettbewerbsparameter) von Bedeutung sind.

22   In quantitativer Hinsicht (unerhebliche Wettbewerbsbeschränkung aufgrund der Marktanteile, Ziff. 13 VertBek) wird zunächst festgehalten, dass keine Erheblichkeit vorliegt, «wenn kein an der Abrede beteiligtes Unternehmen auf einem von der Abrede betroffenen relevanten Markt einen Marktanteil von 15 % überschreitet» (Ziff. 13 Abs. 1 VertBek). Bei parallelen Vertriebs-netzen reduziert sich dieser Anteil gemäss Ziff. 13 Abs. 2 VertB auf 5 %, wobei die Unerheb-lichkeit immer noch besteht, wenn nicht mehr als 30 % des Marktes durch diese Netze insge-samt abgedeckt wird (Ziff. 13 Abs. 2 VertBek).

23   Diese quantitative Erheblichkeit wird dadurch relativiert, dass bestimmte qualitativ schwer-wiegende Beschränkungen dazu führen, dass trotz vordergründig fehlender quantitativer Erheblichkeit die Erheblichkeit dennoch im Einzelfall geprüft werden muss, weil eine quali-tativ schwerwiegende Abrede vorhanden ist. Qualitativ schwerwiegende Abreden, welche in jedem Fall eine Prüfung der Erheblichkeit im Einzelfall auslösen, sind:

a)   Beschränkungen der Preisfestsetzungsbefugnis des Händler (Ziff. 12 Abs. 2 lit. a VertBek);

b)   Beschränkungen des Gebietes oder von Kundengruppen mit Ausnahme des Aktivver-kaufs, des Direktverkaufs von Grossiten an Endverbraucher, Beschränkungen des Ver-kaufs an nichtzugelassene Händler im selektiven Vertrieb, Beschränkungen beim Teile-verkauf an andere Hersteller (Ziff. 12 Abs. 2 lit. b VertBek);

c)   Beschränkungen des Aktiv- und/oder Passivverkaufs beim selektiven Vertrieb (Ziff. 12 Abs. 2 lit. c VertBek);

d)   Beschränkungen von Querlieferungen beim selektiven Vertrieb (Ziff. 12 Abs. 2 lit. d VertBek);

e)   Beschränkungen des Verkaufs von Ersatzteilen an vom Abnehmer nicht autorisierte Ver-wender (Ziff. 12 Abs. 2 lit. e VertBek).

24   Die Regelung über Wettbewerbsverbote zielt auf den klassischen Fall der Händlerverpflich-tung ab (Ziff. 12 Abs. 2 lit. f und g VertBek). In der VertBek nicht geregelt werden Wettbe-werbsverbote oder Exklusivklauseln, welche der Abnehmer (Händler) dem Hersteller (Liefe-

ranten) auferlegt, um dadurch sicherzustellen, dass der Hersteller nicht einen konkurrierenden anderen Händler beliefern kann.

25 Ein Wettbewerbsverbot und exklusive Bezugspflicht können wirtschaftlich betrachtet identische Beschränkungen sein. Beim Wettbewerbsverbot wird der Händler verpflichtet, keine konkurrenzierenden Produkte anzubieten; bei der exklusiven Bezugspflicht (der Händler muss mehr als 80 % an Vertragswaren oder Substituten davon beim fraglichen Hersteller beziehen) verpflichtet sich der Händler, nicht von einem konkurrenzierenden Hersteller Vertragsware oder Substitute davon zu beziehen. Wettbewerbsverbote bzw. exklusive Bezugspflichten werden als qualitativ schwerwiegende Beschränkungen eingestuft. Dennoch müssen sie nicht weiter kartellrechtlich überprüft werden (Durchführung des Effizienztestes), wenn die Marktanteilsschwellen von Ziff. 13 Abs. 1 VertBek nicht überschritten werden. Wettbewerbsverbote bzw. Bezugspflichten, welche für eine Dauer von weniger als fünf Jahren vereinbart werden, sind kartellrechtlich unbedenklich. Wird dieser Fünjahreszeitraum überschritten, muss ein Effizienztest durchgeführt werden, wenn gleichzeitig auch die quantitative Erheblichkeitsschwelle von Ziff. 13 überschritten wird.

26 Nachvertragliche Wettbewerbsverbote sind dann unerheblich, wenn sie sich auf Wettbewerbsprodukte beziehen, sich auf die Geschäftsräume des Händlers während der Vertragsdauer beschränken, zum Schutz von übertragenem Know-how bestehen und auf höchstens ein Jahr beschränkt sind. Alle anderen nachvertraglichen Wettbewerbsverbote sind qualitativ schwerwiegend, aber nur dann erheblich, wenn auch die quantitative Erheblichkeitsschwelle von Ziff. 13 überschritten wird.

27 Gemäss Art. 6 Abs. 1 KG ist vordringlicher Zweck von Bekanntmachungen der Wettbewerbskommission die Umschreibung von effizienten Wettbewerbsabreden im Sinne von Art. 5 Abs. 2 KG. Diesem Anliegen kommt die VertBek nur beschränkt nach, indem in Ziff. 16 mögliche Rechtfertigungsgründe aufgeführt werden. Es handelt sich jedoch dabei nicht um eine Aufzählung von gerechtfertigten Abreden, wie dies Art. 6 Abs. 1 KG eigentlich vorschreiben würde, sondern um eine Aufzählung möglicher Effizienzgründe zur Präzisierung von Art. 5 Abs. 2 KG. Als Effizienzgründe werden dabei erwähnt:

a) der Investitionsschutz,

b) die Qualitätssicherung,

c) Schutz von nicht weiter verwendbaren Investitionen,

d) Lösung des Trittbrettfahrerproblems,

e) Margenbegrenzung des Handels,

f) Förderung von Know-how-Übertragung sowie

g) Sicherung von finanziellen Engagements, welche der Kapitalmarkt nicht zur Verfügung stellen würde.

Die Aufzählung wirkt über weite Teile lehrbuchhaft und ist in der Praxis nicht unmittelbar umsetzbar. Was das zuletzt genannte Kriterium des finanziellen Engagements betrifft, lässt sich zudem die Frage stellen, ob es tatsächlich einem Effizienzanliegen entspricht, vom Kapitalmarkt nicht erbrachte Leistungen über Branchenlösungen finanzieren zu lassen. Bei einem intakten Kapitalmarkt deutet die grundsätzliche Weigerung der Finanzierung darauf hin, dass in der fraglichen Branche Strukturproblem bestehen und deren Lösung vom Effizienzansatz von Art. 5 Abs. 2 KG weit entfernt ist bzw. der Vorwurf verpönter Strukturerhaltung nahe liegt.

F. Lizenzverträge

28 Die grundsätzlichen Überlegungen zur Beurteilung von Lizenzverträgen wurden bereits im Zusammenhang mit der Kommentierung von Art. 3 Abs. 2 KG angestellt (vgl. die Kommentierung zu Art. 3 KG, N 7 ff.). Die ausdrückliche Erwähnung in Art. 6 Abs. 1 lit. d KG macht deutlich, dass der schweizerische Kartellgesetzgeber dem Technologietransfer und allgemein der Lizenzierung von durch Ausschliesslichkeitsrechte geschütztem geistigem Eigentum wohlgesinnt gegenübersteht. Die genaue Ausgestaltung einer schweizerischen Regelung ist mangels entsprechender Praxis der Wettbewerbsbehörden noch weitgehend unbekannt (BERNHARD RAFAEL KELLER, Kartellrechtliche Schranken für Lizenzverträge, Bern 2004, 213 und 137.; vgl. dazu auch FELIX SCHRANER, Kartellrecht und Immaterialgüterrecht, Zürich 2010). Doch dürfte sie sich, wie die ausländischen Vorbilder, auch vom Grundsatz leiten lassen, dass die Förderung des Technologietransfers ein stetes und wichtiges Anliegen für die Schaffung von dynamischen Marktverhältnissen ist. In diesem Sinne dürfte für Wettbewerbsabreden ein weites Feld der Zulässigkeit bestehen, dessen Grenzen bei der Preisgestaltung, bei Marktaufteilungen und insbesondere bei einer allzu starken Selbstbeschränkung der am Lizenzvertrag beteiligten Unternehmen (Konkurrenzverbote, automatische Lizenzierung von Verbesserungserfindungen, Nichtangriffsklauseln) zu finden sein werden. (So auch BERNHARD RAFAEL KELLER, Kartellrechtliche Schranken für Lizenzverträge, Bern 2004, 213 mit rechtsvergleichenden Hinweisen auf das EU-Recht.)

29 Gewisse Anhaltspunkte ergeben sich dabei in der für das EU-Kartellrecht geltenden Gruppenfreistellungsverordnung über den Technologietransfer (Verordnung EG Nr. 772/2004 der Kommission vom 27. April 2004 über die Anwendung von Artikel 81 Absatz 3 EG-Vertrag auf Gruppen von Technologietransfer-Vereinbarungen, publiziert in: Amtsblatt EG 2004, L 123/12 f., Rz. 10 ff.). Bei Technologietransfer-Vereinbarungen wird angenommen, dass sie im Allgemeinen zu einer Verbesserung der Produktion oder des Vertriebs und zu einer angemessenen Beteiligung der Verbraucher an dem daraus entstehenden Gewinn führen, wenn der gemeinsame Marktanteil der Parteien auf den relevanten Märkten 20 % nicht überschreitet und die Vereinbarungen nicht schwerwiegende wettbewerbsschädigende Beschränkungen enthalten. Handelt es sich um Nichtwettbewerber, so liegt die Marktanteilsschwelle bei 30 %. Bei Technologietransfer-Vereinbarungen, bei welchen die beteiligten Unternehmen diese Marktanteilsschwellen überschreiten, kann nicht ohne Weiteres von einer wettbewerbsschädigenden Wirkung der Vereinbarung ausgegangen werden. Es sollen jedoch keine Technologietransfer-Vereinbarungen freigestellt werden, die Beschränkungen enthalten, die für die Verbesserung der Produktion oder des Vertriebs nicht unerlässlich sind. Insbesondere Technologietransfer-Vereinbarungen, die schwerwiegende wettbewerbsschädigende Beschränkungen wie die Festsetzung von Preisen gegenüber Dritten enthalten, werden ohne Rücksicht auf den Marktanteil der beteiligten Unternehmen vom Vorteil der Gruppenfreistellung ausgenommen (Kernbeschränkungen). Gleiches gilt bei der Zuweisung von Märkten. Vereinbarungen, mit denen Wettbewerber Märkte und Kunden aufteilen, haben eine

Beschränkung des Wettbewerbs zum Gegenstand. Um eine Kernbeschränkung handelt es sich, wenn sich Wettbewerber in einer wechselseitigen Vereinbarung darauf verständigen, nicht in bestimmten Gebieten zu produzieren oder in bestimmten Gebieten oder an bestimmte Kunden, die der anderen Partei vorbehalten sind, keine aktiven und/oder passiven Verkäufe zu tätigen (Bekanntmachung der Kommission, Leitlinien zur Anwendung von Artikel 81 EG-Vertrag auf Technologietransfer-Vereinbarungen, publiziert in: Amtsblatt EG 2004, C 101/16, Rz. 84). Diese Grundsätze dürften auch im Schweizer Wettbewerbsrecht ihre Gültigkeit haben. Bei der Umsetzung der Anwendungspraxis des EU-Lizenzkartellrechts ist jedoch zu beachten, dass diese Praxis in erster Linie durch einen integrationspolitischen Hintergrund geprägt ist und folglich nicht unbesehen auf die schweizerischen Binnenverhältnisse übertragen werden kann. Im Vordergrund des EU-Lizenzkartellrechts steht somit nicht das Spannungsverhältnis zwischen der Ausnutzung der Ausschliesslichkeitsrechte aus dem geistigen Eigentum unter Berufung auf die Territorialität der Schutzrechte und dem Postulat des Wettbewerbsrechts für eine Dynamisierung der Wettbewerbsverhältnisse, sondern die Verhinderung der Marktabschottung.

30   Was das schweizerische Lizenzkartellrecht angeht, ist zunächst zu beachten, dass Lizenzverträge über Ausschliesslichkeitsrechte häufig nicht nur vertikale, sondern auch horizontale Marktverhältnisse betreffen. Die eigentlich erwünschte Technologieverbreitungswirkung durch die Lizenzvergabe kann durch die damit verbundene Innovationsträgheit überlagert werden. Für die Beurteilung von Lizenzverträgen ist deshalb zunächst immer bezogen auf den Markt des Lizenzproduktes die Wettbewerbssituation der beteiligten Unternehmen zu analysieren. Die mit der Technologieverbreitung entstehenden Effizienzvorteile lassen sich folglich nur in dem Masse rechtfertigen, als nicht gleichzeitig der tatsächliche, aber insbesondere auch der nahe liegende potenzielle Wettbewerb zwischen den beteiligten Unternehmen massiv eingeschränkt oder sogar unterdrückt wird. Unter diesem Blickwinkel sind die bereits angeführten beschränkenden Vertragsklauseln (vgl. N 20) bezogen auf die Markt- und Vertragsstellung im Einzelfall zu beurteilen.

III. Branchenspezifische Kooperationsformen

31   Art. 6 Abs. 2 KG lässt Raum für die Regelung von besonderen branchenspezifischen Kooperationsformen. Aufgrund der Formulierung des Gesetzgebers sind dabei insbesondere Branchenregelungen im Bereich der Finanzdienstleistungen, darunter auch die Versicherungen, angesprochen. Bei den in Art. 6 Abs. 2 KG namentlich aufgeführten Branchen handelt es sich jedoch lediglich um Beispiele; die Bestimmung eröffnet die Möglichkeit für Branchenregelungen in den verschiedensten Bereichen. Die Wettbewerbskommission hat insbesondere eine Regelung für den Automobilsektor erlassen. So existiert neben der Bekanntmachung betreffend vertikale Abreden im Kraftfahrzeughandel auch eine Erläuterung dazu (Beschluss der Wettbewerbskommission vom 21. Oktober 2002 betreffend die Bekanntmachung über die wettbewerbsrechtliche Behandlung von vertikalen Abreden im Kraftfahrzeughandel → Nr. 7, publiziert in: RPW 2002/4, 770 ff.; vgl. dazu die Erläuterungen der Wettbewerbskommission zur Bekanntmachung über die wettbewerbsrechtliche Behandlung von vertikalen Abreden im Kraftfahrzeughandel, die im Jahre 2010 ergänzte Fassung ist zugänglich über die Internetseite www.weko.admin.ch/dokumentation/01007/index.html?lang=de; zu diesem

Themenbereich siehe ROBERTO DALLAFIOR, Neue Regelung für die freie Fahrt im Automobilvertrieb, sic! 2002, 776 FF.; PATRICK KRAUSKOPF/OLIVIER RIESEN, Aktuelle Fragen zur Kraftfahrzeug-Bekanntmachung, in: Autoinside 2003, 6 ff.). Eine weitere Bekanntmachung besteht für die Sportartikelbranche (Beschluss der Wettbewerbskommission vom 15. Dezember 1997 über eine Bekanntmachung betreffend Homologation und Sponsoring bei Sportartikeln → Nr. 9, publiziert in: RPW 1998/1, 154 ff.).

Art. 7 Unzulässige Verhaltensweisen marktbeherrschender Unternehmen

[1] Marktbeherrschende Unternehmen verhalten sich unzulässig, wenn sie durch den Missbrauch ihrer Stellung auf dem Markt andere Unternehmen in der Aufnahme oder Ausübung des Wettbewerbs behindern oder die Marktgegenseite benachteiligen.

[2] Als solche Verhaltensweisen fallen insbesondere in Betracht:

a. die Verweigerung von Geschäftsbeziehungen (z.B. die Liefer- oder Bezugssperre);

b. die Diskriminierung von Handelspartnern bei Preisen oder sonstigen Geschäftsbedingungen;

c. die Erzwingung unangemessener Preise oder sonstiger unangemessener Geschäftsbedingungen;

d. die gegen bestimmte Wettbewerber gerichtete Unterbietung von Preisen oder sonstigen Geschäftsbedingungen;

e. die Einschränkung der Erzeugung, des Absatzes oder der technischen Entwicklung;

f. die an den Abschluss von Verträgen gekoppelte Bedingung, dass die Vertragspartner zusätzliche Leistungen annehmen oder erbringen.

I. Ausgangslage

1 Das Dreisäulenprinzip bei der Beurteilung von Wettbewerbsbeschränkungen und Unternehmenszusammenschlüssen verhindert nicht, dass einzelne Unternehmen durch internes Unternehmenswachstum ihre Marktposition derart ausbauen können, dass sie eine marktbeherrschende Stellung erreichen (vgl. zum Begriff der marktbeherrschenden Stellung die Kommentierung zu Art. 4 Abs. 2 KG, N 14 ff.). Mit Art. 7 KG sollen nun beim Vorliegen des Strukturmerkmals der marktbeherrschenden Stellung bestimmte Verhaltensweisen, die als missbräuchlich zu qualifizieren sind, gesondert ins Recht gefasst werden. Dahinter steckt die Idee, dass Unternehmen, welche eine qualifizierte Form der Marktmacht nutzen können, wegen ihrer besonderen Marktstellung auch einer besonderen Verantwortung und folglich einer zusätzlichen Verhaltenskontrolle unterworfen sein sollen.

2 Die besondere Problematik bei der Prüfung von Verhaltensweisen marktbeherrschender Unternehmen ergibt sich daraus, dass sich unternehmerische Handlungen nicht ohne Weiteres in missbräuchliche und zulässige Verhaltensweisen einteilen lassen. Vom kartellgesetzlichen Normensystem ist diese Einteilung jedoch von zentraler Bedeutung, da das missbräuchlich Verhalten mit einer Direktsanktion nach Art. 49a KG belegt werden kann. Die Schwierigkeit bei der Abgrenzung des Zulässigen vom Missbräuchlichen besteht in der (vorder-

gründigen) Ambivalenz der meisten Verhaltensweisen. So kann eine Preisunterbietung Ausdruck von Wettbewerbsverhalten oder aber von einer missbräuchlichen Verdrängungsstrategie sein. Da der direkte Nachweis einer solchen Strategie häufig nicht möglich ist, muss das Verhalten aufgrund der Umstände des Einzelfalles unter Zuhilfenahme geeigneter Wettbewerbstests beurteilt werden. Bei der beispielhaft angesprochenen gezielten Preisunterbietung ist davon auszugehen, dass sie, da sie regelmässig mit Gewinneinbussen verbunden ist, für ein Unternehmen nur sinnvoll ist, wenn erhebliche Marktzutrittsschranken bestehen, welche potenzielle Konkurrenten nach erfolgter Preisunterbietung und Wiedererhöhung der Preise von einem (erneuten) Markteintritt abhalten (vgl. dazu die Ausführungen in der Botschaft 1994, 106 f.).

3 Neben dem erwähnten preislichen Verhalten ist auch der Nachweis von nicht preislichem Behinderungsverhalten schwierig. Es ist in diesem Zusammenhang darzutun, dass normalerweise durchaus erwünschte Produktdifferenzierungen, Überkapazitäten, Produktinnovationen, Forschungs- und Entwicklungsstrategien im konkreten Fall nicht legitimem Leistungsstreben entsprechen, sondern in der Absicht gründen, durch strategisches Verhalten (zum Beispiel Errichtung von Marktbarrieren) aktuelle oder potenzielle Konkurrenten von einem bestimmten Markt zu verdrängen oder fernzuhalten. Potenziellen Konkurrenten soll glaubhaft gemacht werden, dass ihnen ein Markteintritt in jedem Fall Verluste bescheren wird (vgl. Botschaft 1994, 52). Bei der Beurteilung von Verhaltensweisen marktbeherrschender Unternehmen ist folglich immer danach zu fragen, ob das Verhalten Ausdruck echten Machtmissbrauchs ist oder allenfalls durch sachliche Gründe (legitimate business reasons) gerechtfertigt werden kann (vgl. dazu grundsätzlich Markus Ruffner, Unzulässige Verhaltensweisen marktmächtiger Unternehmen, in: Aktuelle Juristische Praxis 1996, 834 ff., und die zusammenfassende Darstellung von Herbert Wohlmann, Bekämpfung des Missbrauchs von Marktmacht, in: Sondernummer der Schweizerischen Zeitschrift für Wirtschaftsrecht, Das neue schweizerische Kartell- und Wettbewerbsrecht, Zürich 1996, 22 ff.; C. Christian von Weizsäcker, Abuse of a Dominant Position and Economic Efficiency, in: Zeitschrift für Wettbewerbsrecht 2003, 58 ff.).

4 Von seinem Normaufbau her wurde Art. 7 KG in eine Generalklausel (Abs. 1) und in einen Beispielkatalog (Abs. 2) aufgeteilt. Die im Beispielkatalog aufgeführten Verhaltensweisen bilden nicht eine abschliessende Aufzählung der Missbräuche, sondern sind nur als Beispiele zu verstehen (Botschaft 1994, 103). Hinzu kommt, dass bei der Prüfung ihrer Missbräuchlichkeit immer die Kriterien der Generalklausel erfüllt sein müssen, damit eine Missbräuchlichkeit diagnostiziert werden kann (Botschaft 1994, 103. Statt vieler RPW 2004/2, Produktbündel Talk & Surf, 368).

II. Generalklausel

5 Die Generalklausel legt für die Anwendung der Verhaltenskontrolle gemäss Art. 7 KG folgende Elemente fest:

  1. Es muss eine marktbeherrschende Stellung entweder auf der Angebotsseite oder auf der Nachfrageseite im Sinne von Art. 4 Abs. 2 KG vorliegen (zum Begriff der marktbeherrschenden Stellung vgl. die Kommentierung zu Art. 4, Abs. 2 KG, N 15 ff.);

  2. diese marktbeherrschende Stellung muss missbräuchlich ausgenutzt werden;

3. sowohl der Behinderungsmissbrauch von Wettbewerbern als auch der Ausbeutungsmissbrauch von Unternehmen auf anderen Marktstufen werden von der Bestimmung erfasst (vgl. die Ausführungen in der Botschaft 1994, 102 f.).

6   Die Generalklausel von Art. 7 Abs. 1 KG enthält keine Einschränkung darüber, ob die vor- oder die nachgelagerte Marktstufe von einem Ausbeutungsmissbrauch betroffen ist. Folglich werden sowohl die Angebotsmacht als auch die Nachfragemacht der besonderen Missbrauchskontrolle von Art. 7 KG unterstellt. Im Gesetz selbst sind keine Hinweise enthalten, inwiefern die Nachfragemacht von der Angebotsmacht gesondert auf ihre Missbräuchlichkeit hin untersucht werden müsste. Unterschiede lassen sich in der Regel nicht in genereller Form umschreiben, sondern sind bei der Rechtsanwendung im Einzelfall in die Beurteilung mit einzubeziehen. Dennoch lässt sich bei der Bestimmung des relevanten Marktes bei der Beurteilung von Nachfrageverhältnissen festhalten, dass nicht, wie auf der Angebotsseite, die Produktsubstituierbarkeit entscheidend ist, sondern die Austauschbarkeit des Verwendungszwecks, dem der Produktionsapparat bzw. das produktive Potenzial einer Unternehmung ohne grosse Schwierigkeiten gewidmet werden kann. Entscheidende Kriterien sind folglich die Produktionsflexibilität, die Programmelastizität sowie die Vertriebsflexibilität der betroffenen Anbieter (vgl. beispielsweise für die Lebensmitteldistribution RPW 2004/3, Markt für Schlachtschweine – Teil B, 740 ff., sowie auch RPW 2002/3, Coop/EPA, 507 ff.; zuletzt RPW 2008/4, Coop/Carrefour, 593 ff.).

7   Eine besondere Formel, welche den Missbrauch einer marktbeherrschenden Stellung in genereller Form umschreiben würde, ist durch den Kartellgesetzgeber nicht entwickelt worden. In der Praxis – insbesondere zum EU-Kartellrecht – gibt es jedoch Hinweise, wie die Missbräuchlichkeit einer Verhaltensweise allgemein umschrieben werden kann. Die Generalklausel von Art. 7 Abs. 1 KG wirkt in dieser Hinsicht wie eine Leerformel, indem der Missbrauch mit dem Begriff des Missbrauchs umschrieben wird. Das Bundesverwaltungsgericht spricht im Zusammenhang mit Art. 7 Abs. 1 KG von einer Norm, die keinerlei Konturen enthält, welche zumindest generalklauselhaft die Kriterien für unzulässiges Verhalten bzw. den Missbrauch erkennbar und daher voraussehbar macht. Es spricht in diesem Zusammenhang auch von einem normativen Zirkelschluss (RPW 2010/2, Bundesverwaltungsgericht, Swisscom Terminierungsgebühren, 267, E. 4.5.1; vgl. auch MARC AMSTUTZ/BLAISE CARRON, Basler Kommentar, Art. 7, N 26). Unter Bezug auf die Praxis zum EU-Kartellrecht, das bezüglich der Kontrolle des Verhaltens marktbeherrschender Unternehmen von den gleichen materiellrechtlichen Prinzipien geleitet wird wie das schweizerische Kartellgesetz, wird versucht, dem Missbrauchsbegriff eine gewisse Kontur zu geben. Gemäss der EU-Praxis lässt sich der Missbrauch im Sinne von Art. 7 Abs. 1 KG wie folgt definieren: «Er erfasst die Verhaltensweisen eines Unternehmens in beherrschender Stellung, die die Struktur des Marktes beeinflussen können, auf dem der Wettbewerb gerade wegen der Anwesenheit des fraglichen Unternehmens bereits geschwächt ist, und die die Aufrechterhaltung des auf dem Markt noch bestehenden Wettbewerbs oder dessen Entwicklung durch die Verwendung von Mitteln behindern, welche von den Mitteln des normalen Produkt- oder Dienstleistungswettbewerbs auf der Grundlage der Leistungen der Marktbürger abweichen» (Gerichtshof der Europäischen Gemeinschaften, Urteil vom 13. Februar 1979, Rechtssache 85/76, Hoffmann-La Roche/Kommission, publiziert in: Sammlung der Rechtsprechung des Gerichtshofes 1979,

461 ff., 541, Rz. 91; vgl. auch die Entscheidung der Kommission vom 14. Mai 1997, Irish Sugar, publiziert in: Amtsblatt EG 1997, L 258/17, Rz. 100). Allerdings ist auch bezüglich dieses Definitionsversuchs anzumerken, dass die verlangte Abgrenzung des normalen Leistungswettbewerbs vom Behinderungwettbewerb oder von der Ausnutzung wenig Materielles herleiten lässt (vgl. dazu auch MARC AMSTUTZ/BLAISE CARRON, Basler Kommentar, Art. 7, N 26). Angesichts der Abgrenzungsschwierigkeiten wird aus ökonomischer Perspektive vorgeschlagen, zunächst einen Inhärenztest (liegt ein grundsätzlich geeignetes Verhalten vor, Wettbewerber zu verdrängen) und anschliessend einen Wirkungstest (bewirkt die Verhaltensweise tatsächlich eine marktverfälschende Behinderung) durchzuführen (vgl. die Zusammenfassung der möglichen Ansätze bei MARC AMSTUTZ/BLAISE CARRON, Basler Kommentar, Art. 7, N 30) und in diesem Zusammenhang auch zu klären, ob und welche schädigenden Wirkungen das Verhalten erzeugt und es entsprechend tatsächlich die Wettbewerbsstiuation negativ beeinflusst.

8   Mit der Generalklausel werden alle denkbaren Verhaltensweisen marktbeherrschender Unternehmen erfasst. Es wird darin nicht zwischen Behinderungs- und Ausbeutungspraktiken unterschieden (Botschaft 1994, 102). Behinderungsmissbräuche sind gegen missliebige Konkurrenz gerichtet. Durch preisliches, aber auch nichtpreisliches strategisches Verhalten kann das marktbeherrschende Unternehmen erreichen, die missliebige Konkurrenz aus dem Markt zu verdrängen oder gegen sie entsprechende Markteintritts-, Marktaustritts- oder Mobilitätsbarrieren zu errichten (vgl. dazu MARKUS RUFFNER, Unzulässige Verhaltensweisen marktmächtiger Unternehmen, in: Aktuelle Juristische Praxis 1996, 838, sowie die Ausführungen in der Botschaft 1994, 102 f.). Als Ausbeutungsmissbräuche kommen insbesondere Preisdifferenzierungen, Koppelungspraktiken sowie die Erzwingung unangemessener Preise und Geschäftsbedingungen in Betracht. Mit diesen Praktiken kann das marktbeherrschende Unternehmen unter missbräuchlicher Ausnützung seiner Stellung die ihm ausgelieferte Marktgegenseite zu seinen Gunsten ausbeuten.

9   Wie bereits angedeutet (vgl. die Ausführungen unter N 2), lässt sich das unternehmerisch korrekte Verhalten nicht ohne Weiteres vom in Art. 7 KG umschriebenen missbräuchlichen Verhalten abgrenzen. In der Botschaft des Bundesrates wird in diesem Zusammenhang erläuternd ausgeführt, dass das Verhalten von marktbeherrschenden Unternehmen grundsätzlich dann unzulässig sei, «wenn es ohne sachlich gerechtfertigten Grund andere Unternehmen in der Aufnahme oder Ausübung des Wettbewerbs behindert oder die Marktgegenseite benachteiligt» (Botschaft 1994, 102). Das marktbeherrschende Unternehmen muss sich folglich auf sogenannte «legitimate business reasons» (in der Botschaft wird in diesem Zusammenhang von kaufmännischen Grundsätzen gesprochen, Botschaft 1994, 102) stützen können oder muss – beim Vorliegen von Ausbeutungstatbeständen – darlegen können, dass die von ihm angewandten Geschäftsbedingungen nicht wesentlich von jenen abweichen, die sich bei wirksamem Wettbewerb mit hoher Wahrscheinlichkeit ergeben würden (vgl. Botschaft 1994, 102 f.). In der Praxis wurde bis anhin keine genauere Definition des Missbrauchsbegriffs ermittelt (vgl. REKO/WEF in RPW 2004/3, Unique [Flughafen Zürich AG]/Sprenger Autobahnhof AG, Alternative Parking AG, Wettbewerbskommission, 883 f. und 887, sowie die Wettbewerbskommission in RPW 2003/4, Veterinärmedizinische Tests/Migros, 770; RPW 2003/1, Kreditkarten-Akzeptanzgeschäft, 106 ff.). In der Literatur wird zu Recht darauf hingewiesen, dass sich aus diesen fragmentarisch anmutenden Beurteilungskriterien kein ei-

gentliches analytisches Konzept herleiten lasse, mit dem zuverlässig die missbräuchlichen von den zulässigen Verhaltensweisen getrennt werden könnten (vgl. MARKUS RUFFNER, Unzulässige Verhaltensweisen marktmächtiger Unternehmen, in: Aktuelle Juristische Praxis 1996, 838 f.). Es wird deshalb unter Hinweis auf ausländische Konzepte vorgeschlagen, auch im schweizerischen Recht den Nachweis einer Behinderungsabsicht zu fordern, eine Kontrolle durch eine Ausrichtung am Leistungsbezug des Verhaltens des marktbeherrschenden Unternehmens vorzunehmen sowie eine Abwägung der Interessen aller beteiligten Unternehmen durchzuführen (vgl. dazu die ausführliche Beschreibung dieser Konzepte bei MARKUS RUFFNER, Unzulässige Verhaltensweisen marktmächtiger Unternehmen, in: Aktuelle Juristische Praxis 1996, 839 f., sowie MARKUS RUFFNER, Funktionale Konkretisierung der Schlüsselartikel des neuen schweizerischen Kartellgesetzes, Zürich 1990, 117 ff.). Diese Kriterien wurden allerdings in zivilrechtlichen Verfahren angerufen und für als in der Schweiz anwendbar erklärt (vgl. die Entscheide kantonaler Gerichte in RPW 2000/3, Handelsgericht des Kantons Aargau betreffend Automobilvertrieb, 489; in RPW 1999/2, Handelsgericht des Kantons St. Gallen: Belieferung mit «Nintendo»-Videokonsolen, 333). Die Rekurskommission für Wettbewerbsfragen ging in ihrer bisherigen Praxis auf das Kriterium der Behinderungsabsicht nur insofern ein, als sie bei dessen Nachweis von einem unzulässigen Verhalten ausgeht (REKO/WEF in RPW 2004/3, Unique [Flughafen Zürich AG]/Sprenger Autobahnhof AG, Alternative Parking AG, Wettbewerbskommission, 884).

III. Beispielkatalog

A. Verweigerung von Geschäftsbeziehungen

10   Die Verweigerung von Geschäftsbeziehungen wird in Art. 7 Abs. 2 lit. a KG beispielhaft mit der Liefer- oder Bezugssperre umschrieben (vgl. dazu RPW 2007/2, Verband Schweizerischer Werbegesellschaften, Publigroupe, 190 ff.). Es handelt sich um einen Anwendungsfall des Behinderungsmissbrauchs gegenüber unliebsamen Konkurrenten. Derartige Praktiken zielen darauf ab, missliebige Konkurrenten vom Markt zu verdrängen oder potenziellen Konkurrenten den Marktzutritt zu verweigern (Botschaft 1994, 103). Unter den Tatbestand fallen sowohl die Auflösung oder die Einschränkung von Geschäftsbeziehungen zu bereits bestehenden Kunden als auch die Nichtaufnahme von Geschäftsbeziehungen zu potenziellen Kunden (RPW 2004/2, Produktebündel Talk & Surf, 373, sowie RPW 2006/4, Flughafen Zürich AG [Unique] – Valet Parking, 625 ff., insbesondere Rz. 108 ff.).

11   Grundsätzlich ist auch ein Unternehmen in einer marktbeherrschenden Stellung frei, seine Geschäftspartner nach ihm eigenen Kriterien auszuwählen (Botschaft 1994, 103). Die marktbeherrschende Stellung hat für das betreffende Unternehmen nicht einen generellen Kontrahierungszwang zur Folge.

12   Die Prüfung der Missbräuchlichkeit einer Geschäftsverweigerung ist in zwei Schritten vorzunehmen (RPW 2001/2, Watt/Migros-EEF, 284, und RPW 2004/2, Produktebündel Talk & Surf, 368 ff.): Zum einen muss das Verhalten des Unternehmens in marktbeherrschender Stellung andere Unternehmen mittelbar oder auch unmittelbar daran hindern, in den von ihm bearbeiteten Markt einzudringen oder in diesem Markt die Marktstellung zu verbessern. Zweitens ist das Verhalten auf die Möglichkeit der Rechtfertigung durch sachliche Gründe zu überprüfen. Als solche kommen objektiv zwingende wirtschaftliche und technische Gründe in

Betracht (RPW 2000/3, Handelsgericht des Kantons Aargau betreffend Automobilvertrieb, 490; als zulässig wurde beispielsweise in RPW 2001/1, Intensiv SA, 105, erachtet, wenn die Geschäftsverweigerung mit einem fehlenden Eintrag im Handelsregister oder fehlenden Nachweis der Zahlungsfähigkeit begründet wurde; weiterführende Hinweise auch bei ROGER GRONER, Verweigerung von Geschäftsbeziehungen unter Schweizer und US Wettbewerbsrecht, in: Schweizerische Zeitschrift für Wirtschaftsrecht 2001, 265 ff., und OLAF KIENER, Marktmachtmissbrauch am Beispiel der Kündigung von Vertriebsverträgen, Zürich 2002). Auch die Kosteneffizienz auf Stufe des einzelnen Unternehmens sowie ein verbessertes Preis-Leistungs-Verhältnis zugunsten der Konsumenten kann eine Geschäftsverweigerung rechtfertigen (BGE 129 II 497, E. 6.5.4). Allerdings muss sich die Kosteneinsparung auf dem Markt bemerkbar machen (REKO/WEF in RPW 2004/3, Unique [Flughafen Zürich AG]/Sprenger Autobahnhof AG, Alternative Parking AG, Wettbewerbskommission, 891). Auch die fehlende Kundenberatung kann eine Geschäftsverweigerung rechtfertigen, sofern die Kundenbetreuung tatsächlich nötig ist und der nicht belieferte Händler dazu objektiv nicht in der Lage ist (RPW 2001/1, Intensiv SA, 106; RPW 2003/2, Vertrieb Veterinär-Nahtmaterial, Johnson & Johnson, 250).

13　Ein Missbrauch kann auch vorliegen, wenn das Unternehmen in beherrschender Stellung über wichtige, nicht in kurzer Zeit duplizierbare Einrichtungen (Infrastruktur) oder eine faktische oder rechtliche Monopolstellung verfügt und durch die Verweigerung der Aufnahme von Geschäftsbeziehungen verhindert, dass aktuelle oder potenzielle Wettbewerber in diesen Markt eindringen können (BGE 129 II 497, E. 6.5.1; REKO/WEF in RPW 2004/3, Unique [Flughafen Zürich AG]/Sprenger Autobahnhof AG, Alternative Parking AG, Wettbewerbskommission, 885; sowie RPW 2006/4, Flughafen Zürich AG [Unique] – Valet Parking, 625 ff., insbesondere Rz. 108 ff.; ähnlich auch schon die Botschaft 1994, 104). Angesprochen sind in diesem Zusammenhang unter anderem die Eigentümer von Netzwerken, von welchen im Rahmen von Deregulierungsbemühungen eine Öffnung ihrer Netze verlangt wird. So hat das Bundesgericht in BGE 129 II 497 die Verweigerung der Stromdurchleitung als missbräuchliche Verhaltensweise im Sinne des Kartellgesetzes qualifiziert und damit die Liberalisierung des Strommarktes einen Schritt weitergebracht. Das Problem des Zugangs zu Infrastruktureinrichtungen wurde ausführlich unter dem aus dem US-Antitrustrecht stammenden Ansatz der «essential facility» diskutiert. So wurde versucht, aus einigen amerikanischen Gerichtsentscheiden allgemeine Regeln für derartige Sachverhalte abzuleiten. Sowohl im schweizerischen Recht als auch im EG-Recht besteht jedoch Skepsis, ob der «essential facility»-Doktrin tatsächlich eine eigenständige Bedeutung zukommt (EVELINE CLERC, Commentaire romand Art. 7, N 150 f.; KATHARINA SCHINDLER, Wettbewerb in Netzen als Problem der kartellrechtlichen Missbrauchsaufsicht, Die «Essential Facility»-Doktrin im amerikanischen, europäischen und schweizerischen Kartellrecht, Bern 1998, 220). Die Zugangsverweigerung und die herkömmliche Geschäftsverweigerung unterscheiden sich nicht derart voneinander, als dass sich eine Beurteilung durch unterschiedliche Kriterien rechtfertigen würde. Dennoch hat die Diskussion in Bezug auf die wesentlichen Einrichtungen dazu beigetragen, den Missbrauchstatbestand von Art. 7 KG resp. Art. 82 EGV zu konkretisieren (BARBARA HÜBSCHER/PIERRE RIEDER, Die Bedeutung der «Essential facilities»-Doktrin für das schweizerische Wettbewerbsrecht, in: sic! 1997, 439 ff., sowie aus ökonomischer Sicht C. CHRISTIAN VON WEIZSÄCKER, Wettbewerb in Netzen, in: Wirtschaft und Wettbewerb 1997, 572 ff.).

14 Problematisch bei Fragen der Netznutzung ist in der Regel nicht der eigentliche Zugang zu den fraglichen Netzen, sondern eher die Festsetzung der angemessenen Entschädigung für die Nutzung der bestehenden Netzwerke durch dritte Unternehmen (HELMUT LECHELER/ JOACHIM HERRMANN, Energierechtliches Unbundling und EG-Wettbewerbsrecht, in: Wirtschaft und Wettbewerb 2005, 484 f.; MICHAEL HEISE, Der Rechtsrahmen der Netzwirtschaften: Kartellrechtliche Sicherstellung des Netzzugangs? in: Wirtschaft und Wettbewerb, S. 1024 ff.). So konnte zwar mit Hilfe des Kartellrechts und mit den Grundsätzen über die Geschäftsverweigerung ein erster Schritt in Richtung einer Strommarktöffnung getätigt werden, doch blieb insbesondere die Frage der konkreten Benutzungsbedingungen unklar. Diese werden denn auch häufig in sektorspezifischen Sonderregelungen beantwortet. Es ist nicht von der Hand zu weisen, dass die Netzwerkinhaber für die von ihnen zur Verfügung gestellten Infrastrukturleistungen erhebliche Vorleistungen – insbesondere in der Form von Investitionen in Infrastrukturanlagen – erbracht haben. Die Nutzung dieser Anlagen durch neue Anbieter kann folglich nicht entschädigungslos erfolgen. Allerdings gilt es in diesem Zusammenhang zu beachten, dass die neuen Nutzer nicht für jegliche – allenfalls verfehlte – Investitionen der Netzbetreiber entschädigungspflichtig werden, sondern es muss bei der Erstellung von entsprechenden Kostenmodellen sichergestellt werden, dass nur unternehmerisch sinnvolle Kostenfaktoren, welche aufgrund der bestehenden Betriebsstrukturen und der zukünftigen Marktchancen als gerechtfertigt erscheinen, in die Berechnungen mit einbezogen werden (vgl. dazu RPW 2006/2, Vertriebspartnerschaften der AEW Energie AG und der Axpo Vertrieb AG, 227). An die Rechtfertigungsgründe einer Zugangsverweigerung sind nach Ansicht des Bundesgerichts, infolge der qualifizierten Abhängigkeit zur Einrichtung, hohe Anforderungen zu stellen. In Betracht fallen insbesondere Kapazitätsengpässe und technische Probleme (BGE 129 II 497, E. 6.5.4). Dabei wird jedoch oft übersehen, dass ein allzu leichtfertig gewährter Zugang zu einer wesentlichen Einrichtung fatale investitions- und damit innovationshemmende Wirkungen nach sich ziehen kann. Das Infrastrukturunternehmen ist nicht mehr länger bereit, für Dritte Investitionsleistungen ohne gesicherte Erträge zu erbringen; das zugangsberechtigte Unternehmen verzichtet angesichts der Zugangsmöglichkeit auf eigene Investitionen. Der Innovationswettbewerb kann durch eine fehlerhafte Zugangspolitik leicht zum Erliegen gebracht werden.

15 Die Inhaber von Ausschliesslichkeitsrechten aus dem geistigen Eigentum können sich in der Regel darauf verlassen, dass die ihnen damit eingeräumte gesetzliche Marktstellung grundsätzlich geschützt wird. Dafür sorgt schon der in Art. 3 Abs. 2 KG enthaltene Vorbehalt zugunsten von Ausschliesslichkeitsrechten aus dem geistigen Eigentum (vgl. dazu die Kommentierung zu Art. 3 KG, N 7 ff.). Allerdings werden in der Praxis Entwicklungen sichtbar, welche die sich aus derartigen Ausschliesslichkeitsrechten ergebenden besonderen Marktstellungen nicht in jedem Fall zulassen wollen. In der Schweiz ist bis anhin noch kein Grundsatzentscheid gefällt worden. Es ist jedoch davon auszugehen, dass sich die Schweizer Praxis an der Praxis der EU-Wettbewerbsbehörden orientieren wird. Dabei ist neben dem Nachweis einer marktbeherrschenden Stellung durch die immaterialgüterrechtliche Position auch erforderlich, dass die beantragte Zwangslizenz dazu benutzt wird, ein neues Produkt zu entwickeln. Die

Berufung auf einen Missbrauch scheitert in jedem Fall dann, wenn der Ansprecher die Lizenz zur blossen Kopie des bereits bestehenden Produktes nutzen möchte (vgl. die Zusammenfassung der Rechtsprechung bei MARC AMSTUTZ/BLAISE CARRON, Basler Kommentar, Art. 7, N 148). Auch das marktbeherrschende Unternehmen darf davon ausgehen, dass es seine innovativen Tätigkeiten am Markt auch nutzen kann. Die starke Markstellung darf nicht dazu führen, dass bei jeglichem Innvationsvorsprung ein Kontrahierungszwang entsteht und Wettbewerber unmittelbar eine Zwangslinzenz oder den Zugang verlangen können. Mit dem Hinweis auf die Notwendigkeit eines neuen Produktes soll reines Trittbrettfahren gerade verhindert werden.

B. Diskriminierung

16   Durch das in Art. 7 Abs. 2 lit. b KG enthaltene Diskriminierungsverbot soll verhindert werden, dass das marktbeherrschende Unternehmen ohne sachlichen Grund (legitimate business reason) Diskriminierungen bei den Preisen, beispielsweise durch Rabatte, oder bei den sonstigen Geschäftsbedingungen vornimmt (für anschauliche Beispiele siehe RPW 2004/2, ErfahrungsMedizinisches Register EMR: Eskamed AG, 474 ff., wo es unter anderem um die unterschiedliche Behandlung von Ausbildungen und die Benachteiligung von älteren Therapeuten und Therapeutinnen geht; vgl. auch die unterschiedliche Behandlung von Spitälern durch eine Versicherung in RPW 1999/2, Spitallisten bei Halbprivatversicherungen [mit eingeschränkter Spitalwahlfreiheit], 239 f.; vgl. auch RPW 2008/4, Tarifverträge Zusatzversicherungen des Kanton Luzern, 544 ff. sowie RPW 2008/3, Documed – Publikation von Arzneimittelinformationen, 385 ff.). Es handelt sich dabei um in ihren Wirkungen zwar ähnliche, aber nicht so weitreichende Verhaltensweisen wie die in Art. 7 Abs. 2 lit. a KG enthaltene grundsätzliche Verweigerung der Geschäftsbeziehung. Wiederum besteht für das marktbeherrschende Unternehmen keine formale Gleichbehandlungspflicht gegenüber seinen Marktpartnern, sondern es können sich durchaus ökonomisch vernünftige Gründe ergeben, welche die unterschiedliche Behandlung der Geschäftspartner des marktbeherrschenden Unternehmens rechtfertigen können. Darunter fallen nicht nur betriebswirtschaftliche, sondern durchaus auch strategische Gründe, die beispielsweise darauf abzielen, mittels Preisdifferenzierungen einen neuen Markt zu erschliessen oder die Marktstrukturen auf einem bestehenden Markt aufzuweichen (vgl. dazu die differenzierte Betrachtungsweise bei MARKUS RUFFNER, Unzulässige Verhaltensweisen marktmächtiger Unternehmen, in: Aktuelle Juristische Praxis 1996, 842, sowie RPW 2003/1, VSW-Aufnahmebedingungen, 101 ff.).

17   Eine Diskriminierungswirkung im Sinne von Art. 7 Abs. 2 lit. b KG kann auch mittels bestimmter Rabattsysteme erreicht werden. Grundsätzlich ist davon auszugehen, dass Preisdifferenzierungen durch Rabattsysteme, die nicht besondere wirtschaftliche Leistungen des Abnehmers (im Wesentlichen geht es dabei um Mengen) durch den Rabatt abgelten, unzulässig sind. So sind Rabatte, die ein Unternehmen auf dem nachgelagerten Markt bevorzugen, unzulässig, wenn «die Auslöseschwellen der verschiedenen Rabattstufen verbunden mit den Rabattsätzen dazu führen, dass der Vorteil des Rabatts oder des höheren Rabattsatzes gewissen Marktpartnern vorbehalten wird, sodass ihnen ein nicht durch eine entsprechende Kostensenkung gerechtfertigter Vorteil zukommt» (RPW 2004/2, Swisscom ADSL, 439 f.; ähnlich bereits REKO/WEF in RPW 1998/4, Telecom PTT-Fachhändlerverträge, 676.; MARC

AMSTUTZ/MANI REINERT, Rabatte und Kartellrecht in: Anwaltsrevue 5/2006, 187 ff.). Unter diesem Blickwinkel sind insbesondere Treuerabatte, aber unter bestimmten Umständen auch Jahresumsatzrabatte und Zielrabatte als kartellrechtlich bedenklich anzusehen (REKO/WEF in RPW 1998/4, Telecom PTT-Fachhändlerverträge, 676; ROMAN IDERST/ULRICH SCHWALBE, Effekte verschiedener Rabattformen – Überlegungen zu einem ökonomisch fundierten Ansatz, ZWeR 1/2009, 65 ff.). Während Treuerabatte an die Bedingung geknüpft sind, die Gesamtheit oder zumindest einen wesentlichen Teil der Bezüge beim rabattgewährenden Unternehmen zu beziehen, so können die Jahresumsatzrabatte indirekt zum selben Resultat führen, da sie dem Abnehmer die Wahl zwischen mehreren Bezugsquellen unattraktiv machen. Gleiches gilt für Zielrabatte, die auf den einzelnen Abnehmer individuell zugeschnitten sind. Allen drei genannten Systemen ist in der Regel gemeinsam, dass sie zum Vorteil des marktbeherrschenden Unternehmens gewisse Sogwirkungen erzeugen, welche die Abnehmer dazu bewegen, ihren gesamten Bedarf beim marktbeherrschenden Unternehmen einzudecken. Auch wenn aus der Sicht des Abnehmers ein derartiges Rabattsystem nicht ohne Weiteres negativ beurteilt wird, ist nicht zu übersehen, dass damit insbesondere aktuelle oder potenzielle Konkurrenten des marktbeherrschenden Unternehmens behindert werden. Das Rabattsystem verunmöglicht, dass sie erfolgreich in den Markt eindringen und die Stellung des marktbeherrschenden Unternehmens erodieren können. Qualitative Rabatte wie Treuerabatte sind zulässig, sofern damit echte Leistungen (z.B. Markteinführungskosten, Ausbildung von Verkaufspersonal) honoriert werden und die Möglichkeit nicht eingeschränkt wird, Konkurrenzprodukte zu führen (REKO/WEF in RPW 1998/4, Telecom PTT-Fachhändlerverträge, 676; RPW 2004/3, TicketCorner, 800). Quantitative an Mengen orientierte Rabatte lassen sich wettbewerbsrechtlich dann nicht beanstanden, wenn sie durch die Bestellmenge des Unternehmens oder durch Skalenerträge gerechtfertigt werden können (RPW 2004/2, Swisscom ADSL, 441). Immer ist bei der Ausgestaltung des Rabattsystems, insbesondere bei der Festlegung der Rabattstufen, auf Transparenz und die Nichtdiskriminierung der verschiedenen Abnehmer zu achten.

18 Als missbräuchliche Verhaltensweise kommt auch die Quersubventionierung in Frage. Eine solche liegt vor, wenn ein Unternehmen Erträge aus einem Bereich benutzt, um auf einem anderen Markt die Verluste eines anderen Dienstes abzudecken (RPW 1997/2, Telecom PTT/Blue Window, 168). Aus kartellrechtlicher Sicht ist ein solches Verhalten im Normalfall unbedenklich. Sobald aber Erträge aus einem Monopolbereich die Verluste eines nachgelagerten Dienstes abdecken, der ein strukturelles Defizit aufweist, so kann ein Verstoss gegen Art. 7 KG vorliegen. Ein strukturelles Defizit liegt vor, sobald die Einnahmen des betreffenden Dienstes auf Dauer die eigenen Grenzkosten nicht mehr tragen können. Vorübergehende Verluste in der Aufbauphase eines Geschäftes sind jedoch nicht zu beanstanden (RPW 2004/2, Swisscom ADSL, 443). Mittels einer prospektiven Analyse, die sich im Wesentlichen auf den Businessplan abstützt, ist eine Zukunftsprognose über den in Frage stehenden Geschäftsbereich durchzuführen. Ob ein Geschäft in Zukunft rentabel sein kann, läuft auf einen Beweis aufgrund der Einschätzung künftiger Entwicklungen hinaus, was nur aufgrund von Sachkunde, Erfahrungswissen oder Erfahrungssätzen geschehen kann (RPW 2004/2, Swisscom ADSL, 443 f.).

C. Erzwingung unangemessener Preise oder sonstiger Geschäftsbedingungen

19 Bei den in Art. 7 Abs. 2 lit. c KG umschriebenen Missbrauchsbeispielen handelt es sich um typische Ausbeutungssachverhalte. In einem Leitentscheid hat das Bundesverwaltungsgericht festgehalten, dass ein Preismissbrauch im Sinne von Art. 7 Abs. 2 lit. c KG nur dann angenommen werden könne, wenn ein gewisses Erzwingungspotenzial vorliege. Dies sei im Fall der Terminierungsgebühren im Mobilfunk wegen der fernmelderechtlichen Regulierung nicht der Fall (RPW 2010/2, Swisscom Terminierungsgebühren, Bundesverwaltungsgericht, 326). Es wird durch das Bundesgericht zu klären sein, welchen Zwang im Zusammenhang mit Art. 7 Abs. 2 lit. c KG letztlich relevant sein wird – ein eher objektiver, gestützt auf die Marktverhältnisse oder ein eher subjektiver, gestützt auf die konkrete Situation im Einzelfall.

20 Preise und Geschäftsbedingungen sind dann unangemessen, wenn sie offensichtlich unbillig oder unverhältnismässig sind und von der Marktgegenseite erzwungen werden können. (Beispiele aus der Praxis, welche nach Ansicht der Wettbewerbskommission den Missbrauchstatbestand erfüllen: RPW 2004/3, TicketCorner, 796, betreffend die Auferlegung von Exklusivitäten; RPW 2003/1, 153 f. bzw. RPW 2007/1, Kreditkarten-Akzeptanzgeschäft, 71 ff. betreffend die Erzwingung einer die Händler benachteiligenden «non discrimination rule», die eine Preisdifferenzierung nach Art des Zahlungsmittels untersagt; als weitere Beispiele aus der Praxis zu nennen sind: die Verpflichtung der Kunden zum Bezug eines Gesamtpakets von Dienstleistungen, RPW 2000/1, Lokoop AG vs. SBB, 7, sowie die Begrenzung der registrierbaren Therapiemethoden, RPW 2004/2, ErfahrungsMedizinisches Register EMR: Eskamed AG, 472). Unangemessenheit besteht auch im Fall von sogenannten Kosten-Preis-Scheren, wenn die Differenz zwischen dem Preis der Vorleistung und der Endleistung für Nachfrager der Vorleistung auf dem Endleistungsmarkt keine angemessene Rendite mehr zulässt. Die Feststellung der Unangemessenheit eines Preises oder von Geschäftsbedingungen kann insbesondere über Vergleichsmarktkonzepte erfolgen (vgl. dazu RPW 2007/2, Terminierung Mobilfunk, 241 ff., Rz. 200 ff.). Dabei ist die Frage zu prüfen, wie sich die Preise und Konditionen in einem Markt unter Wettbewerbsbedingungen verhalten würden. Der Vergleich ist in der Praxis mit erheblichen Schwierigkeiten verbunden, weil wegen der marktbeherrschenden Stellung des betroffenen Unternehmens gerade kein Vergleichsmarkt besteht. Es werden deshalb auch sogenannte Kostenmethoden angewandt, mit Hilfe derer der Kostensockel eines Unternehmens für ein bestimmtes Produkt ermittelt wird (vgl. dazu auch die in Art. 13 PüG umschriebenen Beurteilungselemente). Die Wettbewerbsbehörden nehmen zur Feststellung der Unbilligkeit, unter Berücksichtigung des legitimen Zweckes der vertraglichen Regelung, eine Abwägung zwischen den Interessen des Marktbeherrschers und der Handelspartner vor. Somit muss der Marktbeherrscher nebst dem Vorliegen von sachlichen Rechtfertigungs- oder Effizienzgründen auch nachweisen, dass das Verhalten ein taugliches und verhältnismässiges Mittel für das Erreichen der Effizienzziele ist (RPW 2004/3, TicketCorner, 798, wo einige Gründe genannt werden, die eine Exklusivitätsklausel rechtfertigen können: die Bindung der Kunden an das Unternehmen kann zu administrativen Vereinfachungen, zur Sicherstellung von angemessener Ausbildung der Verkäufer und zur Verhinderung von Trittbrettfahrer-Verhalten [free riding] führen; liegt ein solcher Rechtfertigungsgrund vor, so muss das Verhalten in einem zweiten Schritt auf seine Verhältnismässigkeit hin überprüft werden; die Wettbewerbskommission kam zum Schluss, dass die effizienzsteigernde Wirkung der

Kundenbindung mit dem milderen Mittel der Rabattgewährung erreicht werden könnte; gleichzeitig verweist die Wettbewerbskommission auf die Grenzen der Zulässigkeit von solchen Treuerabatten, vgl. dazu die Kommentierung bei N 17). So darf der Vertragspartner, insbesondere was die Vertragsdauer betrifft, nicht stärker gebunden werden, als es für den Vertragszweck unerlässlich ist (in diesem Sinne die Wettbewerbskommission in der Entscheidung in RPW 2005/1, Feldschlösschen/Coca Cola, 114 ff.).

21 Bei der Prüfung der Unangemessenheit von Preisen im Rahmen von Art. 7 Abs. 2 lit. c KG stellt sich zwangsläufig die Frage nach dem Verhältnis zu den Kompetenzen des Preisüberwachers. Die Abgrenzung der Untersuchungskompetenzen zwischen der Wettbewerbskommission und dem Preisüberwacher ist in Art. 3 Abs. 3 KG geregelt (vgl. dazu die Kommentierung zu Art. 3 KG). Immerhin ist an dieser Stelle festzuhalten, dass Art. 16 Abs. 2 PüG dem Preisüberwacher eine ausschliessliche Kompetenz zur Überprüfung der Missbräuchlichkeit von verabredeten Preisen oder von Preisen marktmächtiger Unternehmen vorbehält. Eine von der Wettbewerbskommission während der Sistierung des Preisüberwachungsverfahrens (vgl. Art. 3 Abs. 3 KG) vorgenommene Intervention wird jedoch in der Regel verhindern, dass die materiellrechtlichen Eingriffsvoraussetzungen für den Preisüberwacher (noch) erfüllt sind.

D. Preisunterbietung und Unterbietung sonstiger Geschäftsbedingungen

22 Preis- und Konditionenunterbietung, wie sie in Art. 7 Abs. 2 lit. d KG umschrieben werden, sind typische Behinderungspraktiken. Erneut ist bei der Beurteilung Vorsicht geboten, weil nicht jedes strategische Verhalten in Bezug auf die Preise und Konditionen als missbräuchliches Verhalten im Sinne von Art. 7 KG zu werten ist. So können mit einer Preisunterbietung durchaus legitime unternehmerische Interessen verfolgt werden. Als Beispiele lassen sich in diesem Zusammenhang die Eroberung eines neuen Marktes oder auch der beschleunigte Absatz von veralteten Produkten anführen.

23 Mit dem Kartellgesetz werden keine Gesichtspunkte des lauteren Wettbewerbs verfolgt. Dafür steht ausschliesslich das UWG zur Verfügung. Aber auch das UWG lässt den Unternehmen einen erheblichen Spielraum bei der Preisgestaltung. So ist gemäss Art. 3 lit. f UWG der Verkauf unter Einstandspreisen nur dann unzulässig, wenn besondere erschwerende Umstände hinzukommen. Die Preisunterbietung an sich wird nicht sanktioniert.

24 Der Tatbestand von Art. 7 Abs. 2 lit. d KG kommt folglich nur dann zur Anwendung, wenn die Wettbewerbsbehörde nachweisen kann (grundsätzlich darf eine Tatsache von der Wettbewerbskommission erst dann als bewiesen angesehen werden, wenn der volle Beweis erbracht ist; dies ist dann der Fall, wenn die Wettbewerbskommission von deren Vorhandensein derart überzeugt ist, dass das Gegenteil als unwahrscheinlich erscheint; für die Anforderungen an den Beweis siehe RPW 2003/1, Espace Media Groupe/Berner Zeitung AG / Solothurner Zeitung, 71 f.), dass das marktbeherrschende Unternehmen gezielt und mit Absicht durch eine bestimmte Preis- oder Konditionenstrategie versucht (schwächeren der Konkurrent muss insgesamt, aber nicht unbedingt, im relevanten Markt schwächer sein; vgl. RPW 2002/3, Radio- und TV-Markt St. Gallen, 433) (aktuellen oder potenziellen) Wettbewerber vom Markt zu verdrängen, um nach der Verdrängung in die entstandene Lücke zu springen und die Preise alsdann über das normale Niveau anzuheben. Auch wenn der Wettbewerber massiv Marktanteile einbüsst oder gar vom Markt verschwindet, ist dies unerheblich; es

sei denn, dies könne dazu benutzt werden, um überhöhte Preise durchzusetzen (RPW 2003/1, Espace Media Groupe/Berner Zeitung AG/Solothurner Zeitung, 71). Herrscht trotz einer vollständigen Verdrängung eines bestimmten Wettbewerbers noch genügend Wettbewerbsdruck und lässt sich deshalb der Preis nicht über das Wettbewerbsniveau anheben, so ist nicht von einer missbräuchlichen Verhaltensweise auszugehen. Eine Ausnahme gilt dann, wenn das Verhalten Signalwirkung hat und in anderen räumlich oder sachlich relevanten Märkten potenzielle Konkurrenten vor Marktzutritten abgeschreckt bzw. bestehende Konkurrenten zu Kooperationen oder Zusammenschlüssen gezwungen werden. Dies würde ebenfalls zur Möglichkeit führen, die Preise über das Wettbewerbsniveau anzuheben (RPW 2003/1, Espace Media Groupe/Berner Zeitung AG/Solothurner Zeitung, 74). Daraus folgt aber auch, dass die Möglichkeit, überhöhte Preise durchsetzen zu können, nicht zwangsläufig in dem Markt, in dem sich der betroffene Wettbewerber befindet, gegeben sein muss (RPW 2003/1, Espace Media Groupe/Berner Zeitung AG/Solothurner Zeitung, 65). Ein gewichtiger Anhaltspunkt für eine gezielte Preisunterbietung besteht dann, wenn sich die daraus ergebenden Verluste betriebswirtschaftlich nur durch die spätere Möglichkeit zu überhöhten Preisen oder aufgrund von Signalwirkungen auf einem anderen Markt erklären lassen. Ob die Verluste betriebswirtschaftlich vertretbar sind, kann analog zu den Regeln zur Quersubventionierung bestimmt werden. Somit muss plausibel erscheinen, dass sich das Unternehmen längerfristig selbst tragen kann und kein strukturelles Defizit vorliegt (vgl. dazu die Kommentierung in N 18.). Ein Indiz für eine missbräuchliche Preisunterbietung liegt also vor, sobald die Einnahmen des betreffenden Dienstes auf Dauer die eigenen Grenzkosten (das europäische Recht gibt klarere Kriterien vor; so sind Preise stets missbräuchlich, wenn sie unter den durchschnittlichen variablen Kosten liegen; Preise, die unter den durchschnittlichen Gesamtkosten [variable plus fixe Kosten] liegen, können missbräuchlich sein, wenn sie im Rahmen eines Plans festgesetzt werden, der die Ausschaltung des Konkurrenten zum Ziel hat; vgl. dazu die Hinweise bei ERNST-JOACHIM MESTMÄCKER/HEIKE SCHWEITZER, Europäisches Wettbewerbsrecht, 2. Auflage, München 2004, § 18, N 7; für die ökonomischen Aspekte siehe ADRIAAN TEN KATE/GUNNAR NIELS, On the Rationality of Predatory Pricing: The Debate Between Chicago and Post-Chicago, in: The Antitrust Bulletin 2002, 1 ff.) nicht mehr tragen können (RPW 2003/1, Espace Media Groupe/Berner Zeitung AG/Solothurner Zeitung, 65 ff., wobei es um die Preisunterbietung bei einem Marktzutritt ging; ähnlich bereits RPW 2002/3, Radio- und TV-Markt St. Gallen, 433 f.). Eine Ausnahme besteht dann, wenn das Verhalten branchenüblich ist. (Eine Tiefpreispolitik kann insbesondere bei komplementären Gütern branchenüblich und somit in der Regel unbedenklich sein. Produziert ein Unternehmen zwei Güter, die sich gegenseitig ergänzen [komplementäre Güter], so kann es durch die Preissenkung beim einen Produkt gleichzeitig auch das andere Produkt attraktiver machen. Dieser Effekt lässt sich bei Gratiszeitungen sehr deutlich beobachten. Der Leser- und der Werbemarkt zeichnet sich durch solche Komplementaritäten aus. Selbst die unentgeltliche Abgabe von Zeitungen kann sich lohnen, weil dank der höheren Auflagenzahlen mehr Anzeigen verkauft werden können.) Diese Ausführungen zeigen, dass der Nachweis einer missbräuchlichen Strategie bei Preisunterbietungen in der Praxis mit erheblichen Schwierigkeiten verbunden sein kann, weil im Wesentlichen subjektive Elemente von entscheidender Bedeutung sind. Hinzu kommt, dass aus der Sicht gewisser Marktteilnehmer, nämlich der Abnehmer, die

Preisunterbietung durchaus eine willkommene Gelegenheit ist, um sich mit den Produkten des marktbeherrschenden Unternehmens günstig einzudecken (vgl. dazu im Einzelnen MARKUS RUFFNER, Unzulässige Verhaltensweisen marktmächtiger Unternehmen, in: Aktuelle Juristische Praxis 1996, 843 f.).

E. Einschränkung der Erzeugung, des Absatzes oder der technischen Entwicklung

25 Die in Art. 7 Abs. 2 lit. e KG enthaltenen Beispiele der Einschränkung der Erzeugung, des Absatzes oder der technischen Entwicklung können wegen der künstlichen Verknappung des Angebots zu Preiserhöhungen führen und lassen zunächst auf einen relativ weiten Anwendungsbereich dieser Bestimmung schliessen. Im Rahmen der Missbrauchskontrolle marktbeherrschender Unternehmen kann es jedoch nicht darum gehen, eine umfassende Preis-, Mengen- und Technologiekontrolle bei Unternehmen in marktbeherrschender Stellung einzuführen (vgl. dazu MARKUS RUFFNER, Unzulässige Verhaltensweisen marktmächtiger Unternehmen, in: Aktuelle Juristische Praxis 1996, 844).

26 Die in Art. 7 Abs. 2 lit. e KG angesprochenen Beispiele sind in ihrer praktischen Anwendung strikte auf gezielte Behinderungen zu beschränken. Im Vordergrund dürften dabei insbesondere die missbräuchliche Berufung auf Ausschliesslichkeitsrechte aus dem geistigen Eigentum und die daraus entstehenden Sperrwirkungen gegenüber wettbewerbswilligen Dritten stehen. Zu denken ist in diesem Zusammenhang aber auch an die unsachlich verspätete oder unzureichende Mitteilung von technischen Daten (beispielsweise Schnittstellen) an weitere Marktteilnehmer, um wettbewerbswilligen Dritten die Teilnahme am relevanten Markt zu verunmöglichen oder zumindest erheblich zu erschweren (vgl. dazu im Einzelnen MARKUS RUFFNER, Unzulässige Verhaltensweisen marktmächtiger Unternehmen, in: Aktuelle Juristische Praxis 1996, 844 f.). Auch Ausschliesslichkeitsbindungen wie Exklusivverträge können den Absatz und die technische Entwicklung einschränken (als Beispiel eines unzulässigen Exklusivvertrages vgl. RPW 1999/1, Beschaffung, Verteilung und Lagerung von Stiersamen zur künstlichen Besamung von Rindern, 90). Oftmals lassen sich Sachverhalte, die unter lit. e fallen, zutreffender unter andere Tatbestände von Art. 7 Abs. 2 KG subsumieren. So wird auf lit. e häufig nur deshalb Bezug genommen, um die wettbewerbsbeschränkende Wirkung zusätzlich zu begründen (vgl. REKO/WEF in RPW 2003/2, Cablecom GmbH betreffend die Set-Top-Boxen, 435; RPW 1998/3, Devisierungs-, [Vor-]Kalkulations- und Regietarifprogramme von SBV und CRB, 374 f.). Wiederum zeigen die beiden Beispiele, dass die Beurteilung in der Praxis wegen der notwendigen komplexen Sachverhaltsermittlungen mit erheblichen Schwierigkeiten verbunden ist.

F. Koppelungspraktiken

27 Die in Art. 7 Abs. 2 lit. f KG aufgeführten Koppelungspraktiken müssen immer dann unter dem Blickwinkel des Missbrauchs einer marktbeherrschenden Stellung analysiert werden, wenn sich aus dem Zusammenhang ergibt, dass die vom marktbeherrschenden Unternehmen verlangte zusätzliche Leistung keinen vernünftigen Bezug zu der vom Abnehmer eigentlich nachgefragten Leistung hat (Botschaft 1994, 108 f.). Mit der Negativqualifikation derartiger Praktiken soll verhindert werden, dass das marktbeherrschende Unternehmen über Koppelungswirkungen seine besondere Stellung auf Märkte überträgt, auf denen es keine überragende Stellung hat. Diese Problematik zeigt sich beim Angebot von mehreren Leistungen aus unterschiedlichen

Märkten, die als Gesamtpaket (Bündelung) bezogen werden können (RPW 2002/1, Lokoop AG vs. SBB AG, 75) und bei denen das marktbeherrschende Unternehmen den Einzelleistungsbezug verweigert (RPW 2004/2, Produktebündel Talk & Surf, 373). Die Koppelung kann vom marktbeherrschenden Unternehmen auch durch positive Anreize oder durch faktischen Zwang durchgesetzt werden (so die europäische Rechtsprechung, zusammengestellt bei ERNST-JOACHIM MESTMÄCKER/HEIKE SCHWEITZER, Europäisches Wettbewerbsrecht, 2. Auflage, München 2004, § 17, N 25). Ein solches Koppelungsgeschäft kann gleichwohl gerechtfertigt werden, sofern objektiv überzeugende technische oder wirtschaftliche Gründe oder anerkannte Handelsbräuche für eine Zusammenfassung des Leistungsangebots sprechen.

IV. Rechtsfolgen und Verhältnis zu den übrigen materiellrechtlichen Bestimmungen

28   Was die Rechtsfolgen und das Verhältnis zu den übrigen materiellen Bestimmungen des Kartellgesetzes betrifft, kann auf die Ausführungen in der Kommentierung zu Art. 5 KG verwiesen werden.

Art. 8   Ausnahmsweise Zulassung aus überwiegenden öffentlichen Interessen

Wettbewerbsabreden und Verhaltensweisen marktbeherrschender Unternehmen, die von der zuständigen Behörde für unzulässig erklärt wurden, können vom Bundesrat auf Antrag der Beteiligten zugelassen werden, wenn sie in Ausnahmefällen notwendig sind, um überwiegende öffentliche Interessen zu verwirklichen.

I. Ausgangslage

1   Mit der Schaffung von Art. 8 KG hat der Kartellgesetzgeber grundsätzlich anerkannt, dass in bestimmten Ausnahmefällen überwiegende öffentliche Interessen vorliegen können, die die wettbewerbsrechtlichen Beurteilungsraster wegen ihrer überragenden Bedeutung überlagern können. Angesprochen sind die Fälle echten Marktversagens, wobei mit dem Begriff echt bereits angedeutet wird, dass ein derartiges Marktversagen nur in ganz wenigen Ausnahmefällen diagnostiziert werden sollte. Allgemein gesprochen geht es in Art. 8 KG um politische Ausnahmen von der Grundidee, dass die Wirtschaftsbeziehungen der schweizerischen Volkswirtschaft grundsätzlich durch den Markt geregelt werden sollen. Wegen ihres politischen Charakters hat der Gesetzgeber konsequenterweise die Entscheidkompetenz nicht der Wettbewerbskommission, sondern dem Bundesrat als politischer Behörde zugewiesen. Diese Kompetenzausscheidung hat unter dem Blickwinkel der Transparenz wettbewerbsrechtlicher Entscheide die positive Wirkung, dass sich die Wettbewerbsbehörden in ihrem Entscheidfindungsprozess strikte auf die wettbewerbsrechtlichen Aspekte beschränken können und sich nicht durch irgendwelche allgemein politischen Interessen beeinflussen lassen. Der Bundesrat hat bisher nur in zwei Fällen über einen Antrag auf ausnahmsweise Zulassung entschieden (RPW 1998/3, Gesuch des Schweizer Verbands der Musikalien-Händler und -Verleger SVMHV, 478 ff. und RPW 2007/2, Schweizerischer Buchhändler- und Verlegerverband – Sammelrevers für den Verkauf preisgebundener Verlagserzeugnisse, 341 ff.). Beide Gesuche wurden abgelehnt.

II. Dem Ausnahmeverfahren zugängliche Entscheide

2   Gemäss Art. 8 KG sind dem Ausnahmeverfahren vor dem Bundesrat Entscheide der zuständigen Behörden bezüglich Wettbewerbsabreden und Verhaltensweisen marktbeherrschender Unternehmen zugänglich. Als zuständige Behörden gelten dabei nicht nur die Wettbewerbskommission und die über deren Entscheid allenfalls beschliessenden Rechtsmittelbehörden, sondern auch die Zivilgerichte, die gemäss Art. 15 Abs. 2 KG über die Zulässigkeit einer Wettbewerbsbeschränkung zu entscheiden haben (vgl. dazu die Kommentierung zu Art. 15 KG, N 12 ff.).

3   Sachlich muss die zuständige Behörde über eine Wettbewerbsabrede oder eine Verhaltensweise eines marktbeherrschenden Unternehmens entschieden und diese für unzulässig erklärt haben. Die Möglichkeit, missbräuchliche Verhaltensweisen marktbeherrschender Unternehmen ausnahmsweise als zulässig anzusehen, deutet einen gewissen Widerspruch in sich an. Den einmal festgestellten Missbrauch aus politischen Gründen für zulässig zu erklären, erscheint eher von theoretischer Bedeutung zu sein und hängt damit zusammen, dass Art. 8 KG eben die konsequente Durchführung des nach herrschender Lehre von der Verfassung vorgegebenen Missbrauchsprinzips darstellt.

III. Formelle Anwendungsvoraussetzungen

4   Formelle Voraussetzung für die Anwendung von Art. 8 KG ist die von der Wettbewerbskommission oder einer Rechtsmittelbehörde ergangene Feststellung der Unzulässigkeit einer Wettbewerbsabrede oder einer Verhaltensweise eines marktbeherrschenden Unternehmens (vgl. zum verfahrensmässigen Vorgehen die Kommentierung zu Art. 31 KG, N 1 ff.). Soweit diese Feststellung in einem verwaltungsrechtlichen Verfahren ergangen ist, deutet Art. 8 KG unmissverständlich darauf hin, dass eine ausdrückliche Erklärung der Behörde über die Unzulässigkeit vorliegen muss.

5   Wenn über die Zulässigkeit oder Unzulässigkeit in einem zivilrechtlichen Verfahren entschieden werden muss, findet neben Art. 8 KG Art. 15 Abs. 2 KG Anwendung. Aufgrund der Formulierung von Art. 15 Abs. 2 KG ist nicht ohne Weiteres klar, in welchem Zeitpunkt – ob während oder nach Abschluss des zivilgerichtlichen Verfahrens – die ausnahmsweise Zulassung beim Bundesrat beantragt werden kann (vgl. dazu die Kommentierung zu Art. 15 KG, N 14 ff.).

6   Der Bundesrat wird nicht von sich aus tätig, sondern es bedarf dazu eines ausdrücklichen Antrags der Beteiligten. Der ausdrückliche Verweis auf die Beteiligten als mögliche Antragsteller an den Bundesrat macht deutlich, dass das Recht auf Antragstellung nicht auf die Verfügungsadressaten im verwaltungsrechtlichen Verfahren beschränkt ist, sondern dass unter Umständen auch ein weiterer Kreis von an einer Wettbewerbsabrede Beteiligten zum Antrag an den Bundesrat berechtigt sein kann. Eine entsprechende klarstellende Praxis besteht zurzeit jedoch noch nicht.

IV. Materielle Voraussetzungen

A. Überwiegendes öffentliches Interesse

7   Zentrales Kriterium bei der Prüfung eines Antrags auf ausnahmsweise Zulassung einer Wettbewerbsabrede oder eines missbräuchlichen Verhaltens eines marktbeherrschenden Unternehmens ist das Vorhandensein eines überwiegenden öffentlichen Interesses (vgl. YVO HANGARTNER/FELIX PRÜMMER, Die ausnahmsweise Zulassung grundsätzlich unzulässiger Wettbewerbsbeschränkungen und Unternehmenszusammenschlüsse, in: Aktuelle Juristische Praxis 2004, 1093 ff., und ISABELLE CHABLOZ, L'autorisation exceptionnelle en droit de la concurrence, Etude de droit suisse et comparé, Fribourg 2002, verwiesen; RPW 2007/2, Schweizerischer Buchhändler- und Verlegerverband – Sammelrevers für den Verkauf preisgebundener Verlagserzeugnisse, 343, Rz. 7 ff.). Der Kartellgesetzgeber hat die in Frage kommenden öffentlichen Interessen im Gesetz nicht aufgezählt. Folglich kann jedes öffentliche Interesse grundsätzlich geeignet sein, eine festgestellte Unzulässigkeit zu überlagern.

8   Bei der Prüfung eines Antrags auf ausnahmsweise Zulassung im Sinne von Art. 8 KG kann es nicht darum gehen, die Rechtsfolge der Unzulässigkeit beim Vorliegen von Berührungspunkten mit einem öffentlichen Interesse einfach beiseitezuschieben. Bei der Entscheidfindung hat der Bundesrat eine Interessenabwägung vorzunehmen. Er hat zu prüfen, inwiefern und inwieweit das geltend gemachte öffentliche Interesse unter den von den zuständigen Wettbewerbsbehörden wiederhergestellten Wettbewerbsbedingungen (Marktbedingungen) nicht mehr erfüllt werden kann. Daraus lässt sich allenfalls ein Defizit zulasten eines öffentlichen Interesses herleiten. Dieses muss alsdann dahingehend überprüft werden, ob es das Interesse an der Aufrechterhaltung einer intakten marktwirtschaftlichen Ordnung überwiegt und ob bei einem Überwiegen ein Schutz dieses Interesses nur möglich ist, wenn die marktwirtschaftliche Ordnung durch eine Wettbewerbsabrede oder eine Verhaltensweise eines marktbeherrschenden Unternehmens in der vorgesehenen Form und im vorgesehenen Umfang eingeschränkt wird.

B. Notwendigkeit

9   Der Gesetzestext verlangt, dass die Wettbewerbsabrede bzw. die Verhaltensweise des marktbeherrschenden Unternehmens zur Erreichung des überwiegenden öffentlichen Interesses notwendig ist. Damit wird aus verwaltungsrechtlicher Sicht der Grundsatz der Verhältnismässigkeit und aus privatrechtlicher Sicht das Gebot schonender Rechtsausübung angesprochen (vgl. dazu Botschaft 1994, 93.; vgl. RPW 2007/2, Schweizerischer Buchhändler- und Verlegerverband – Sammelrevers für den Verkauf preisgebundener Verlagserzeugnisse, 346, Rz. 18 ff.). Bei der Ausnahmevorschrift von Art. 8 KG ging der Gesetzgeber jedoch noch einen Schritt weiter. Die Angemessenheit des Mittels genügt nicht, sondern dem Ausnahmecharakter der Vorschrift kann nur dadurch nachgelebt werden, wenn für die Verwendung der Wettbewerbsbeschränkung zum Schutz des betroffenen öffentlichen Interesses eine unbedingte Notwendigkeit besteht.

C. Ausnahmesituation

10 Der Bundesrat darf dem Antrag auf ausnahmsweise Zulassung nur stattgeben, wenn tatsächlich eine Ausnahmesituation vorliegt, die mit wettbewerbskonformen Mitteln nicht mehr bewältigt werden kann. Die Betonung des Ausnahmecharakters soll den Bundesrat daran hindern, ohne Weiteres eine politische Interessenabwägung vorzunehmen. Eine Ausnahme darf nur bewilligt werden, wenn sämtliche wettbewerbskonformen Möglichkeiten ausgeschöpft sind und dennoch ein Defizit zulasten eines öffentlichen Interesses besteht, das als gewichtiger einzustufen ist als das wirtschaftspolitisch im Vordergrund stehende Interesse an der Aufrechterhaltung einer Wettbewerbsordnung.

2. Abschnitt: Unternehmenszusammenschlüsse

Art. 9 Meldung von Zusammenschlussvorhaben

[1] Vorhaben über Zusammenschlüsse von Unternehmen sind vor ihrem Vollzug der Wettbewerbskommission zu melden, sofern im letzten Geschäftsjahr vor dem Zusammenschluss:

a. die beteiligten Unternehmen einen Umsatz von insgesamt mindestens 2 Milliarden Franken oder einen auf die Schweiz entfallenden Umsatz von insgesamt mindestens 500 Millionen Franken erzielten; und

b. mindestens zwei der beteiligten Unternehmen einen Umsatz in der Schweiz von je mindestens 100 Millionen Franken erzielten.

[2] ...[1]

[3] Bei Versicherungsgesellschaften treten an die Stelle des Umsatzes die jährlichen Bruttoprämieneinnahmen, bei Banken und übrigen Finanzintermediären die Bruttoerträge, sofern sie den Rechnungslegungsvorschriften gemäss dem Bankengesetz vom 8. November 1934[2] (BankG) unterstellt sind.[3]

[4] Die Meldepflicht besteht ungeachtet der Absätze 1–3, wenn am Zusammenschluss ein Unternehmen beteiligt ist, für welches in einem Verfahren nach diesem Gesetz rechtskräftig festgestellt worden ist, dass es in der Schweiz auf einem bestimmten Markt eine beherrschende Stellung hat, und der Zusammenschluss diesen Markt oder einen solchen betrifft, der ihm vor- oder nachgelagert oder benachbart ist.

[5] Die Bundesversammlung kann mit allgemeinverbindlichem, nicht referendumspflichtigem Bundesbeschluss:

---

1 Aufgehoben durch Ziff. I des BG vom 20. Juni 2003, mit Wirkung seit 1. April 2004 (AS 2004 1385 1390; BBl 2002 2022 5506).

2 SR 952.0

3 Fassung gemäss Ziff. I des BG vom 20. Juni 2003, in Kraft seit 1. April 2004 (AS 2004 1385 1390; BBl 2002 2022 5506).

a. die Grenzbeträge in den Absätzen 1–3 den veränderten Verhältnissen anpassen;

b. für die Meldepflicht von Unternehmenszusammenschlüssen in einzelnen Wirtschaftszweigen besondere Voraussetzungen schaffen.

I. Ausgangslage

1   Mit den Art. 9 und 10 KG besteht in der Schweiz eine echte Fusionskontrolle. Echt ist diese Fusionskontrolle deshalb, weil sie als präventives und repressives Interventionsinstrument ausgestaltet ist:

    1.   Zusammenschlussvorhaben müssen vor ihrem Vollzug bei der Wettbewerbskommission gemeldet werden (Art. 9 Abs. 1 KG), und es besteht ein entsprechendes Vollzugsverbot (Art. 34 KG);

    2.   die Wettbewerbskommission hat mit der Möglichkeit der Zulassung unter Bedingungen und Auflagen bzw. der Untersagung wirksame Interventionsmöglichkeiten erhalten (Art. 10 Abs. 2 KG).

2   Aufgrund der hohen Grenzwerte (vgl. die Umschreibung der Grenzwerte in Art. 9 Abs. 1 KG), welche die Meldepflicht auslösen, wird die Zielrichtung des Gesetzgebers deutlich gemacht. Erfasst werden sollen nur Grossfusionen, d.h. Strukturveränderungen, an denen Unternehmen mit einem grossen Umsatzpotenzial beteiligt sind (vgl. dazu die Begründung des Bundesrates in der Botschaft 1994, 112 f.).

3   Das will jedoch nicht heissen, dass die der Fusionskontrolle unterstellte einzelne Strukturveränderung (Transaktion) selbst ein erhebliches Umsatzpotenzial erreichen muss, sondern es genügt bereits, dass die von der Umstrukturierung betroffenen Unternehmen oder Unternehmensteile in eine Konzernstruktur integriert sind, welche dieses Umsatzpotenzial aufweist. Entsprechend sind bei der Umsatzberechnung nicht nur die direkt beteiligten Unternehmen mit einzubeziehen, sondern gemäss Art. 5 VKU (→ Nr. 4) ist der gesamte Konzernumsatz relevant.

4   In Art. 9 KG sind die formellen Aspekte (insbesondere die Aufgreifkriterien) der Fusionskontrolle geregelt, jedoch nur in sehr allgemeiner Form. Der Bundesrat hat deshalb bereits in seiner Botschaft angekündigt, dass er über die Modalitäten des Fusionskontrollverfahrens eine detaillierte Ausführungsverordnung gestützt auf Art. 60 KG zu erlassen gedenke (Botschaft 1994, 139 und 159). Die angesprochene Verordnung über die Kontrolle von Unternehmenszusammenschlüssen (VKU) wurde vom Bundesrat am 17. Juni 1996 in Kraft gesetzt. Die Verordnung regelt eine Reihe von begrifflichen Fragen – insbesondere den Begriff des Zusammenschlusses im Sinne von Art. 4 Abs. 3 KG (vgl. dazu die Kommentierung zu Art. 4 KG, N 24 ff.) – und die Details über das Meldeverfahren.

5   Die Aufgreifkriterien der Fusionskontrolle sind im Sinne einer einfachen Handhabung sowohl für die Behörden als auch für die Unternehmen quantitativ definiert. Eine Ausnahme bildet das auf das Vorliegen einer marktbeherrschenden Stellung abgestützte qualitative Aufgreifkriterium in Art. 9 Abs. 4 KG (vgl. die Umschreibung des besonderen Aufgreifkriteriums in Art. 9 Abs. 4 KG). Mit der grundsätzlich auf Umsatzschwellen bezogenen rein quantitativen Ausrichtung kann nicht verhindert werden, dass unter Umständen völlig unbedenkliche Zusammenschlussvorhaben von der Fusionskontrolle erfasst werden. Dennoch ist diese quanti-

tative Methode einer bezüglich der Aufgreifkriterien auf Marktanteile abgestützten Fusionskontrolle vorzuziehen. Die Berechnung selbst des eigenen Marktanteils erfordert unter Umständen sehr ausgeprägte Marktinformationen, welche sowohl die betroffenen Unternehmen als auch die Wettbewerbsbehörden nicht immer ohne Schwierigkeiten besorgen können.

II. Quantitative Aufgreifschwellen

A. Umsatz als ordentliches Aufgreifkriterium

6   Art. 9 Abs. 1 KG legt den Jahresumsatz des letzten Geschäftsjahres (Art. 4 Abs. 1 VKU → Nr. 4) als ordentliches Aufgreifkriterium fest. Damit ein Zusammenschluss der Meldepflicht untersteht, müssen zwei Umsatzkriterien kumulativ erfüllt sein. Einerseits müssen die beteiligten Unternehmen einen weltweiten Gesamtumsatz von insgesamt mindestens 2 Milliarden Franken oder einen auf die Schweiz entfallenden Umsatz von insgesamt mindestens 500 Millionen Franken (Art. 9 Abs. 1 lit. a KG) und andererseits (kumulativ) müssen mindestens zwei der beteiligten Unternehmen einen Umsatz in der Schweiz von je mindestens 100 Millionen Franken (Art. 9 Abs. 1 lit. b KG) erzielt haben.

7   Mit dem zweiten Kriterium wollte der Gesetzgeber sicherstellen, dass die Übernahme eines bezogen auf die Schweiz umsatzschwachen Unternehmens durch ein umsatzstarkes Unternehmen wegen des Bagatellcharakters dieser Transaktion nicht der schweizerischen Fusionskontrolle unterstellt wird. Was das Hauptaufgreifkriterium des Gesamtumsatzes der beteiligten Unternehmen betrifft, ist zunächst ohne Weiteres nachvollziehbar, dass mit einem schweizerischen Umsatz von 500 Millionen Franken den beteiligten Unternehmen ein erhebliches Marktpotenzial in der Schweiz nachgewiesen werden kann. Dieses Kriterium für sich allein genommen würde jedoch zur Folge haben, dass eine Reihe von Schweizer Gross- und Grösstunternehmen nicht der Fusionskontrolle gemäss dem Kartellgesetz unterstellt wären, da sie ihren Umsatz vor allem im Ausland erzielen und in der Schweiz die 500-Millionengrenze bei Weitem unterschreiten. Mit dem 2-Milliarden-Umsatzkriterium kann folglich sichergestellt werden, dass Schweizer Grossunternehmen im Zusammenhang mit sich auf die Schweiz auswirkenden Strukturveränderungen der Fusionskontrolle unterstellt sind. Angesichts der Internationalisierungs- und Globalisierungstendenzen ist das Vorgehen des Gesetzgebers durchaus verständlich, weil sich im Rahmen dieser globalen Wirtschaftsentwicklung das Macht- bzw. Marktpotenzial eines Unternehmens im Inland nicht mehr allein mit Bezug auf einen inländischen Umsatz ermitteln lässt.

8   Über die Berechnung der für das Erreichen der Grenzwerte relevanten Umsätze enthält Art. 9 KG keine Regelung. Es wird pauschal auf den Umsatz der beteiligten Unternehmen verwiesen. In dieser Hinsicht besteht folglich ein erheblicher Konkretisierungsbedarf, welcher der Bundesrat in seiner Ausführungsverordnung wahrgenommen hat. Wer für die Umsatzberechnung im Sinne von Art. 9 KG als beteiligtes Unternehmen zu gelten hat, hat der Bundesrat in Art. 3 VKU geregelt. Bei der Fusion im Sinne von Art. 4 Abs. 3 lit. a KG sind es die fusionierenden Unternehmen, bei der Erlangung der Kontrolle im Sinne von Art. 4 Abs. 3 lit. b KG die kontrollierenden und die kontrollierten Unternehmen.

9   Um die effektive Marktmacht und das Marktpotenzial eines Unternehmens zu ermitteln, genügt es bei Konzernsachverhalten nicht, den Umsatz des von der Strukturveränderung be-

troffenen Konzerngliedes isoliert zu betrachten. In Art. 5 VKU hat der Bundesrat konsequenterweise festgelegt, dass für die Umsatzberechnung der beteiligten Unternehmen eine Konzernbetrachtung anzustellen ist. So gilt der Grundsatz der wirtschaftlichen Einheit (RPW 2000/1, Berücksichtigung der Umsätze eines Schwesterunternehmens, 14). Folglich sind zum Umsatz des gemäss Art. 3 VKU beteiligten Unternehmens die Umsätze seiner Tochter- (Art. 5 Abs. 1 lit. a VKU), Mutter- (Art. 5 Abs. 1 lit. b VKU), Schwester- (Art. 5 Abs. 1 lit. c VKU) und der Gemeinschaftsunternehmen (Art. 5 Abs. 1 lit. d VKU) hinzuzuzählen. Um Doppelzählungen zu verhindern, sind jedoch konzerninterne Umsätze beim so ermittelten Konzernumsatz nicht zu berücksichtigen (Art. 5 Abs. 2 VKU). Umsätze von Gemeinschaftsunternehmen, die von den beteiligten Unternehmen gemeinsam kontrolliert werden, sind den beteiligten Unternehmen zu gleichen Teilen anzurechnen (Art. 5 Abs. 3 VKU). Die soeben beschriebene Konzernumsatzberechnung findet jedoch nur Anwendung, wenn das beteiligte Unternehmen auch nach der die Fusionskontrolle auslösenden Strukturveränderung in die bestehende Konzernbeziehung eingebunden ist. Wird es aus der Konzernbeziehung herausgelöst und in eine neue Konzernstruktur eingebunden, legt Art. 3 Abs. 2 VKU fest, dass die bisher bestehende Konzernstruktur bei der Umsatzberechnung nicht zu berücksichtigen ist. Der herausgelöste Unternehmens- oder Konzernteil ist alsdann als isolierte Umsatzeinheit bei der Umsatzberechnung zu werten.

10   Die Details der Umsatzberechnung sind in Art. 4 VKU geregelt. Danach sind für die Umsatzberechnung die Umsätze der beteiligten Unternehmen im letzten abgeschlossenen Geschäftsjahr relevant (Art. 4 Abs. 1 VKU; als relevanter Zeitpunkt für die Bestimmung des letzten Geschäftsjahres gilt der Abschluss des Verpflichtungsgeschäftes; vgl. RPW 1998/1, Roche/Corange, 63 f.). Umfasst ein Geschäftsjahr ausnahmsweise nicht zwölf Kalendermonate, ist dieser Umsatz aufgrund von Durchschnittswerten der erfassten Monate auf einen vollen Jahresumsatz umzurechnen (Art. 4 Abs. 2 VKU). Fremdwährungen müssen nach den in der Schweiz anerkannten Rechnungslegungsgrundsätzen in Schweizer Franken umgerechnet werden (Art. 4 Abs. 2 VKU). In der Praxis wird in der Regel auf Durchschnittskurse über die Dauer der gesamten Rechnungslegungsperiode abgestellt oder auch auf den Mittelkurs des Bilanzstichtages, falls im Monat vor dem Bilanzstichtag keine erheblichen Wechselkursschwankungen aufgetreten sind.

11   Um Umgehungen der Fusionskontrolle zu vermeiden, hat der Bundesrat festgelegt, dass bei mehreren strukturverändernden Vorgängen zwischen den gleichen beteiligten Unternehmen innerhalb eines Zeitraums von zwei Jahren die Meldepflicht aufgrund einer Kumulation der Umsätze der an den verschiedenen Strukturveränderungen beteiligten Unternehmen zu beurteilen ist, wobei der massgebende Zeitpunkt durch das letzte Geschäft bestimmt wird (Art. 4 Abs. 3 VKU). Damit kann verhindert werden, dass eine wirtschaftlich als einheitlicher Vorgang zu betrachtende Transaktion in mehrere Teilvorgänge aufgeteilt wird, um die Meldepflicht zu umgehen.

12   Für die Bestimmung der Meldepflicht ist gemäss Art. 9 Abs. 1 lit. b KG entscheidend, ob die Umsätze in der Schweiz oder im Ausland erzielt worden sind. Es ist folglich nach einem Kriterium zu suchen, nach welchem ein Umsatz lokalisiert werden kann. Als Möglichkeiten bieten sich der Ort des liefernden Unternehmens oder der Standort des beziehenden Kunden an. Die im Wettbewerbsrecht zur Anwendung gelangende Marktausrichtung verlangt eine Abstellung

auf den Standort des Kunden. Dort wird der Umsatz erzielt und kommt der Anbieter mit seinen Wettbewerbern auf dem relevanten Markt in Berührung (vgl. die Mitteilung der Wettbewerbskommission: Neue Praxis bei Zusammenschlüssen vom 25. März 2009, zugänglich über die Internetseite www.weko.admin.ch/dokumentation/01007/index.html?lang=de). Die Meldepflicht besteht selbst dann, wenn die beteiligten Unternehmen in der Schweiz keine physische Niederlassung haben und nur die Umsatzschwelle überschreiten (BGE 127 III 224, E. 3b).

13   Das Kartellgesetz 1995 sah in Art. 9 Abs. 2 KG spezielle Schwellenwerte für die Meldepflicht von Zusammenschlüssen zwischen Medienunternehmen vor. Grund dafür waren vor dem Hintergrund der fortschreitenden Pressekonzentration insbesondere medienpolitische Überlegungen. Das ausschliesslich dem Wettbewerb verpflichtete Kartellgesetz ist jedoch nicht geeignet, medienpolitische Überlegungen zu verfolgen. Mit den Mitteln des Kartellgesetzes sollten Zusammenschlüsse zwischen Medienunternehmen nur überprüft werden, soweit sie gesamtwirtschaftlich von Bedeutung sind. Es ist daher aus kartellrechtlicher Sicht sachgerecht, wenn auf Medienunternehmen die allgemeinen Aufgreifkriterien angewendet werden (Botschaft 2001, 2042).

B. Bruttoerträge bei Banken

14   Bei der Beteiligung von Banken an einem Zusammenschlussvorhaben ist der Umsatz nicht die richtige Bezugsgrösse, um das Marktpotenzial einer Bank zu ermitteln. Die Bruttoerträge geben gegenüber der (konsolidierten) Bilanzsumme die wirtschaftliche Leistungsfähigkeit eines Finanzinstitutes wesentlich besser wieder. Die Definition des Bruttoertrages wird in Art. 8 Abs. 1 VKU (→ Nr. 4) analog der Bankengesetzgebung vorgenommen (in Art. 25a BankV werden die Bruttoerträge klar definiert). Banken und übrige Finanzintermediäre, welche internationale Rechnungslegungsvorschriften anwenden, haben die Bruttoertragsberechnung analog dieser Definition vorzunehmen (Art. 8 Abs. 3 VKU).

15   Sind an einem Zusammenschlussvorhaben sowohl Unternehmen beteiligt, für welche das ordentliche Aufgreifkriterium des Umsatzes verwendet werden muss (Art. 9 Abs. 1 KG), als auch Unternehmen mit Bankcharakter, so ist gemäss Art. 8 Abs. 4 VKU eine Mischrechnung anzustellen. Da die absolute Bezugsgrösse unverändert bleibt, können für die Berechnung des Überschreitens der Grenzwerte Umsätze mit Bruttoerträgen bzw. Bruttoprämieneinnahmen zusammengezählt werden (RPW 1997/4, Credit Suisse Group/Winterthur Versicherungen, 525; RPW 1997/4, Fastbox Ticketservice AG, 573).

C. Bruttoprämieneinnahmen bei Versicherungsgesellschaften

16   Ähnlich wie bei den Banken ist auch bei den Versicherungsgesellschaften der Umsatz nicht die adäquate Grösse, um auf das Marktpotenzial zu schliessen. Der Gesetzgeber hat zur Bestimmung der Meldepflicht auf das Kriterium der Bruttoprämieneinnahmen abgestellt (Art. 9 Abs. 3 KG; siehe beispielsweise RPW 2003/2, Converium/Northern States/Global Aerospace Underwriting Managers GAUM, 369).

17   Die notwendigen Regelungen für die Berechnung der Bruttoprämieneinnahmen sind in Art. 6 VKU (→ Nr. 4) enthalten. Danach umfassen die Bruttoprämieneinnahmen die im letzten Geschäftsjahr in Rechnung gestellten Prämien im Erst- und im Rückversicherungsgeschäft, ein-

schliesslich der in Rückdeckung gegebenen Anteile und abzüglich der auf den Erstversicherungsprämien eingenommenen Steuern oder sonstigen Abgaben.

18   Zur Berechnung des auf die Schweiz entfallenden Anteils ist auf die Bruttoprämieneinnahmen abzustellen, die von in der Schweiz ansässigen Personen gezahlt werden. Beteiligen sich sowohl Versicherungsgesellschaften als auch Banken bzw. Unternehmen, für welche die auf den Umsatz abgestützte ordentliche Berechnungsmethode zur Anwendung kommt, an einem Unternehmenszusammenschluss, so ist wegen der immer gleich bleibenden absoluten Grösse der Grenzbeträge von Art. 9 Abs. 1 KG eine Mischrechnung anzustellen (RPW 1997/4, Credit Suisse Group/Winterthur Versicherungen, 525).

III. Qualitatives Aufgreifkriterium der Marktbeherrschung

19   Art. 9 Abs. 4 KG schafft für marktbeherrschende Unternehmen eine besondere Meldepflicht. Wenn an einem Zusammenschluss ein Unternehmen beteiligt ist, für welches eine Marktbeherrschung in einem Verfahren nach dem Kartellgesetz festgestellt worden ist, muss das Zusammenschlussvorhaben unabhängig davon, ob die Grenzwerte erreicht werden, bei der Wettbewerbskommission gemeldet werden. (Als Beispiel kann u.a. auf die heutige Swisscom verwiesen werden, die in RPW 1997/2, Telecom PTT/Blue Window, 161 ff., als marktbeherrschend qualifiziert wurde und anschliessend mehrere Zusammenschlussvorhaben zur Anmeldung brachte; vgl. RPW 1998/2, Swisskey AG, 252 ff.; RPW 1998/3, Swisscom – UTA, 412 ff.; RPW 1999/3, Swisscom – Debitel, 507 ff. Siehe auch das Zusammenschlussvorhaben in RPW 2003/1, Swisscom Fixnet AG/WLAN AG, 204 ff. sowie u.a. RPW 2007/4, Swisscom AG/Infonet Schweiz AG, 601 ff., RPW 2008/2, Swisscom AG/The Phone House AG, 341 ff.; auch für die Emmi AG gilt eine von den Grenzwerten unabhängige Meldepflicht, seit die Wettbewerbskommission mit Verfügung vom 6. März 2006 feststellte, dass Emmi durch den Zusammenschluss mit der Aargauer Zentralmolkerei AG AZM auf den Märkten für Konsummilch, Konsumrahm und Butter eine marktbeherrschende Stellung im Sinne von Art. 4 Abs. 2 KG erlangt, RPW 2006/2, 261; vgl. dazu RPW 2009/3, Emmi AG/Nutrifrais SA, 227 ff., RPW 2009/4, Emmi Interfrais SA/Kellenberger Frisch Service SA, 451 ff.; auch Migros ist seit der Verfügung Migros/Denner [RPW 2008/1, 207, Auflage 4] verpflichtet, sämtliche Zusammenschlüsse analog zu Art. 9 Abs. 4 KG zu melden, wobei als relevanter Markt der Lebensmittel-Detailhandel festgelegt wurde; vgl. dazu RPW 2008/4, Mifroma SA/Emil Dörig Käsehandel AG, 663 ff., RPW 2009/2, Dörig Käsehandel AG/Alois Koch Käsehandel AG, 169 ff. , RPW 2009/1, Migros/Gries, 61 ff.) Diese «Ungleichbehandlung» bei Zusammenschlussvorhaben unter Beteiligung eines marktbeherrschenden Unternehmens wurde im Gesetzgebungsverfahren mit dem Umstand begründet, dass wegen der hohen schweizerischen Grenzwerte und dem Fehlen eines auf Marktanteilen beruhenden Schwellenwertes die Gefahr bestehe, dass sich ein marktstarkes Unternehmen sukzessive die aktuellen oder potenziellen Konkurrenten einverleiben könne, ohne dass dagegen die Wettbewerbsbehörden eingreifen könnten. Die Regelung von Art. 9 Abs. 4 KG ist von verschiedener Seite her auf Kritik gestossen (vgl. beispielsweise PATRIK DUCREY/JENS DROLSHAMMER, in: Homburger, Kommentar, Art. 9, N 67 f.; KARL HOFSTETTER/RETO SCHILTKNECHT, Fusions- und Marktmachtkontrolle im neuen schweizerischen Kartellgesetz, in: Schweizerische Juristen-Zeitung 1997, 121 ff., insbesondere 124 f.). In der Tat könnte man sich fragen, ob man dem Anliegen der Verhinderung von weiteren Ak-

quisitionen bei bereits hochkonzentrierten Märkten nicht mit einer stringenten Anwendung von Art. 7 KG hätte genügend Rechnung tragen können. Zwar lässt sich dadurch nicht eine präventive Strukturkontrolle bewerkstelligen, dennoch setzen sich Unternehmen in einer marktbeherrschenden Stellung einem erheblichen Risiko aus, wenn sie im Anschluss an eine Akquisition mit einer von der Wettbewerbsbehörde angeordneten Desinvestition rechnen müssen.

20 Art. 9 Abs. 4 KG ist deshalb kritisiert worden, weil die Bestimmung sowohl in zeitlicher als auch in sachlicher Hinsicht zu weitreichend ist. Zur Behebung der zeitlichen Problematik könnte die Lösung darin erblickt werden, dass die Wettbewerbskommission Anträge auf den Erlass einer Feststellungsverfügung im Sinne von Art. 25 VwVG zulässt und damit den Unternehmen die Möglichkeit eröffnet, den ihnen einmal aufgedrückten Stempel der Marktbeherrschung unabhängig von einer konkreten Transaktion wieder zu entfernen. Was die sachliche Seite betrifft, ist die exzessive Ausdehnung der Meldepflicht bereits im Kartellgesetz selbst vorgegeben. Art. 9 Abs. 4 KG schreibt nämlich vor, dass die Meldepflicht in jedem Fall besteht, wenn der neue Zusammenschluss entweder den beherrschten Markt oder auch einen ihm vor- oder nachgelagerten oder benachbarten Markt betrifft. Fraglich erscheint in diesem Zusammenhang, ob die Qualifikation der Marktbeherrschung auch dann eine Meldepflicht auslöst, wenn am Zusammenschlussvorhaben nicht das marktbeherrschende Unternehmen direkt, sondern ein von ihm mitkontrolliertes Gemeinschaftsunternehmen beteiligt ist, das vom marktbeherrschenden Unternehmen gemeinsam mit einem nicht marktbeherrschenden Unternehmen kontrolliert wird. Auch ein extensiv verstandener wirtschaftsrechtlicher Unternehmensbegriff hat im Zusammenhang mit dem Ausnahmetatbestand von Art. 9 Abs. 4 KG dort seine Grenze, wo die unternehmerische Willensbildung durch das marktbeherrschende Unternehmen nicht mehr alleine bestimmt werden kann.

IV. Einreichung der Meldung

A. Meldepflichtige Unternehmen

21 Die meldepflichtigen Unternehmen werden in Art. 9 Abs. 1 VKU (→ Nr. 4) bestimmt. Bei einer Fusion im Sinne von Art. 4 Abs. 3 lit. a KG ist die Meldung durch die beteiligten Unternehmen gemeinsam einzureichen (Art. 9 Abs. 1 lit. a VKU). Im Falle der Erlangung der Kontrolle im Sinne von Art. 4 Abs. 3 lit. b KG ist die Meldung von denjenigen Unternehmen einzureichen, welche die Kontrolle erlangen (Art. 9 Abs. 1 lit. b VKU). Das kontrollierte Unternehmen und der Veräusserer sind im Rahmen der Fusionskontrolle nicht meldepflichtig.

22 Art. 9 Abs. 2 VKU sieht vor, dass im Falle einer gemeinsamen Meldung die meldenden Unternehmen wenigstens einen gemeinsamen Vertreter zu bestellen haben. Damit soll verhindert werden, dass bei einer Vielzahl von meldepflichtigen Unternehmen Unklarheiten bezüglich des Zustellungsbevollmächtigten entstehen. In die gleiche Richtung geht die Vorschrift von Art. 9 Abs. 3 VKU. Danach haben ausländische Unternehmen ein Zustellungsdomizil in der Schweiz zu bezeichnen.

B. Zeitpunkt der Meldung

23 In Art. 9 KG ist lediglich festgehalten, dass die Meldung vor dem Vollzug des Zusammenschlussvorhabens bei der Wettbewerbskommission eingereicht werden muss. Auch die Ver-

ordnung spricht sich nicht darüber aus, was konkret als Vollzug eines Zusammenschluss-vorhabens anzusehen ist. Das ist nicht weiter verwunderlich, bestehen doch in der Praxis, insbesondere im Zusammenhang mit der Erlangung der Kontrolle, eine Vielzahl von Möglichkeiten, um ein Zusammenschlussvorhaben zu vollziehen. Das Vollzugsverbot bewirkt nicht, dass die beteiligten Unternehmen keine Handlungen unternehmen dürften, welche den Vollzug vorbereiteten. Vom Vollzugsverbot wird lediglich die letzte Vollzugshandlung bzw. jene Handlung erfasst, die den Zusammenschluss definitiv vollzieht (Handelsregistereintrag, Bezahlung der erworbenen Anteile etc.). Die Aussetzung anderer im Zusammenhang mit dem Vollzug stehender Handlungen, wie zum Beispiel die Zustimmung der Generalversammlung zu einem Fusionsvertrag, ist nicht nötig, weil mit solchen Handlungen die Marktstrukturen noch nicht definitiv verändert werden (RPW 2002/2, Ernst & Young/Arthur Andersen, 361). Bei der Fusion im engeren Sinne erfolgt der Vollzug durch den konstitutiv wirkenden Handelsregistereintrag. Bei der Erlangung der Kontrolle ist darauf abzustellen, ab welchem Zeitpunkt die Möglichkeit besteht, einen bestimmenden Einfluss auszuüben. Dies kann unter anderem mittels Erwerb einer Beteiligung – durch regulären Kauf oder ein öffentliches Übernahmeangebot – erfolgen (RPW 2001/1, Banque Nationale de Paris BNP/Paribas, 150). Unter Umständen ist unter Vollzug im Sinne des Kartellgesetzes aber auch erst die rechtlich verbindliche Einsitznahme in einem für die Willensbildung des zu kontrollierenden Unternehmens zuständigen Organ entscheidend. Problematisch ist ein Abstellen auf den Vollzug, wenn sich der Vollzug aus rein faktischen Gegebenheiten (wie beispielsweise die Veränderung der Stimmverhältnisse in einer Publikumsgesellschaft) oder aus einer Kombination von faktischen und rechtlichen Kontroll-möglichkeiten ergibt. Die vom Gesetzgeber gewählte Lösung verlangt in diesen Fällen von den beteiligten Unternehmen ein recht subtiles Beurteilungsvermögen über die Auswirkungen der von ihnen getätigten Markttransaktionen. So besteht die Möglichkeit, mittels eines Fest-stellungsbegehrens Klarheit über die Frage des Vorliegens einer Vollzugshandlung zu ver-langen (RPW 2002/2, Ernst & Young/Arthur Andersen, 361).

24   Die Parteien können unter Umständen daran interessiert sein, ein Zusammenschlussvorhaben möglichst frühzeitig bei der Wettbewerbskommission anzumelden, damit der Vollzug bald-möglichst nach Abschluss der Vertragsverhandlungen stattfinden kann. Dazu ist in jedem Fall erforderlich, dass sich die Parteien über die grundlegenden Elemente des die Meldepflicht auslösenden Transaktionsvertrages im Rahmen eines Verpflichtungsgeschäfts geeinigt haben. Als Faustregel für die frühestmögliche Meldung ist wohl auf den Abschluss des Verpflich-tungsgeschäfts abzustellen. In besonderen Situationen kann unter Umständen auch bereits der Abschluss einer Rahmen- oder Grundsatzvereinbarung als Grundlage für die Meldung eines Zusammenschlussvorhabens herangezogen werden. (Vgl. RPW 2008/3, Swisscom AG/Verizon Switzerland, 416 ff., wo die Parteien gestützt auf einen «Letter of intent», in welchem die wesentlichen Punkte des Asset Purchase Agreements festgehalten waren und woraus der Wille der Parteien, den Zusammenschluss zu vollziehen, ersichtlich wurde, als meldefähig erklärt wurde sowie RPW 2007/3, Tech Data/Actebis, 454 ff., welche ebenfalls gestützt auf eine Absichtserklärung gemeldet haben.) Die Parteien laufen dann allerdings Gefahr, dass die weiteren Vertragsverhandlungen zu einer wesentlichen Änderung der Ver-hältnisse führen, welche gemäss Art. 21 VKU (→ Nr. 4) dem Sekretariat unaufgefordert und umgehend mitgeteilt werden muss. Ergeben sich daraus erhebliche Auswirkungen auf die

Beurteilung des Zusammenschlussvorhabens, so beginnen die Prüfungsfristen neu zu laufen. Beteiligte Unternehmen tragen folglich ein erhebliches Risiko, wenn sie vor Einigung über die zentralen Elemente ihres Zusammenschlussvorhabens das Fusionskontrollverfahren bei der Wettbewerbskommission einleiten.

C. Inhalt der Meldung

25   Die Meldung ist gemäss Art. 9 Abs. 1 VKU (→ Nr. 4) beim Sekretariat der Wettbewerbs-kommission einzureichen, welches gemäss Art. 14 VKU deren Vollständigkeit innerhalb von 10 Tagen den meldenden Unternehmen schriftlich zu bestätigen hat. Der für eine Meldung notwendige Inhalt ist in Art. 11 VKU umschrieben. In der Praxis empfiehlt es sich, vor der Einreichung einer Meldung beim Sekretariat der Wettbewerbskommission das in Art. 12 VKU vorgesehene Verfahren einzuschlagen. In diesem informellen Vorverfahren kann der Inhalt der Meldung mit dem Sekretariat der Wettbewerbskommission besprochen und eine Vereinbarung darüber erzielt werden, was schliesslich im Detail beim Sekretariat als Meldung eingereicht werden muss.

26   Oft lässt sich der notwendige Inhalt für eine Meldung zunächst nicht ohne Weiteres im Detail umschreiben. Art. 15 VKU sieht deshalb vor, dass das Sekretariat während der gesamten Dauer des Fusionskontrollverfahrens bei den beteiligten Unternehmen und weiteren betroffe-nen Personen zusätzliche Angaben und Unterlagen einfordern kann. Von dieser Möglichkeit wird das Sekretariat vor allem bei komplexen Fusionsfällen rege Gebrauch machen müssen. Dabei ist es durchaus auch im Interesse der Unternehmen, dem Sekretariat die verlangten Informationen und Unterlagen zukommen zu lassen, um das Fusionskontrollverfahren bald-möglichst zu einem Abschluss bringen zu können.

27   In Art. 13 VKU hat der Bundesrat vorgesehen, dass die Wettbewerbskommission für die Meldung von Zusammenschlussvorhaben ein Meldeformular erstellen und die Anmeldeerfor-dernisse in allgemeinen Erläuterungen näher beschreiben kann. Die Wettbewerbskommission hat am 7. September 1998 ein entsprechendes Meldeformular erlassen, welches am 6. Mai 2004 letztmals revidiert und am 16. Februar 2006 letztmals geändert wurde (→ Nr. 12; das aktualisierte Meldeformular findet sich auch auf der Website der Wettbewerbskommission unter www.weko.admin.ch).

Art. 10   Beurteilung von Zusammenschlüssen

1 Meldepflichtige Zusammenschlüsse unterliegen der Prüfung durch die Wettbe-werbskommission, sofern sich in einer vorläufigen Prüfung (Art. 32 Abs. 1) Anhalts-punkte ergeben, dass sie eine marktbeherrschende Stellung begründen oder ver-stärken.

2 Die Wettbewerbskommission kann den Zusammenschluss untersagen oder ihn mit Bedingungen und Auflagen zulassen, wenn die Prüfung ergibt, dass der Zusammen-schluss:

a.   eine marktbeherrschende Stellung, durch die wirksamer Wettbewerb beseitigt werden kann, begründet oder verstärkt; und

b. keine Verbesserung der Wettbewerbsverhältnisse in einem anderen Markt bewirkt, welche die Nachteile der marktbeherrschenden Stellung überwiegt.

[3] Bei Zusammenschlüssen von Banken im Sinne des BankG[1], die der Eidgenössischen Finanzmarktaufsicht (FINMA) aus Gründen des Gläubigerschutzes als notwendig erscheinen, können die Interessen der Gläubiger vorrangig berücksichtigt werden. In diesen Fällen tritt die FINMA an die Stelle der Wettbewerbskommission; sie lädt die Wettbewerbskommission zur Stellungnahme ein.[2]

[4] Bei der Beurteilung der Auswirkungen eines Zusammenschlusses auf die Wirksamkeit des Wettbewerbs berücksichtigt die Wettbewerbskommission auch die Marktentwicklung sowie die Stellung der Unternehmen im internationalen Wettbewerb.

I. Allgemein

1   Art. 10 KG enthält die materiellrechtlichen Kriterien für die Beurteilung von Unternehmenszusammenschlüssen. Es handelt sich dabei um die Umschreibung der sogenannten Eingriffsvoraussetzungen. Sind diese Voraussetzungen erfüllt, ist die Wettbewerbskommission berechtigt und auch verpflichtet, bei einem bevorstehenden Zusammenschlussvorhaben zu intervenieren. Als Interventionen kommen gemäss Art. 10 Abs. 2 KG die Zulassung unter Bedingungen und Auflagen oder aber auch die Untersagung in Betracht.

2   Das Verfahren der Fusionskontrolle besteht aus einer einmonatigen Vorprüfung (Art. 32 Abs. 1 KG) und – sofern sich in der Vorprüfung Anhaltspunkte ergeben, dass durch das Zusammenschlussvorhaben eine marktbeherrschende Stellung begründet oder verstärkt wird (Art. 10 Abs. 1 KG) – einer viermonatigen Hauptprüfung (Art. 10 Abs. 1 und Art. 33 Abs. 3 KG).

3   In materieller Hinsicht lassen sich die Interventionskriterien wie folgt umschreiben:

1. durch das Zusammenschlussvorhaben muss eine marktbeherrschende Stellung begründet oder verstärkt werden;

2. die marktbeherrschende Stellung muss geeignet sein, wirksamen Wettbewerb zu beseitigen;

3. die durch den Zusammenschluss entstehenden Nachteile werden nicht durch Verbesserungen der Wettbewerbsverhältnisse in einem anderen Markt überlagert (Gesamtmarktbetrachtung).

II. Vorprüfung

A. Ausgangslage

4   Nach Eingang der vollständigen Meldung (Art. 14 VKU → Nr. 4) über ein Zusammenschlussvorhaben hat die Wettbewerbskommission einen Monat Zeit (Art. 32 Abs. 1 KG), um zu entscheiden, ob sie eine Hauptprüfung im Sinne von Art. 10 Abs. 2 KG durchführen will. Der Entscheid über die Einleitung der Hauptprüfung ist davon abhängig, ob sich Anhalts-

---

1   SR 952.0
2   Fassung gemäss Anhang Ziff. 8 des Finanzmarktaufsichtsgesetzes vom 22. Juni 2007, in Kraft seit 1. Jan. 2009 (SR 956.1).

punkte ergeben, dass durch den Zusammenschluss eine marktbeherrschende Stellung begründet oder eine bereits vorbestehende marktbeherrschende Stellung verstärkt wird (Art. 10 Abs. 2 lit. a KG). Weitere Voraussetzungen, wie beispielsweise Anhaltspunkte über eine mögliche Beseitigung wirksamen Wettbewerbs, müssen in diesem Verfahrensstadium noch nicht berücksichtigt werden. Hat die Wettbewerbskommission bei einem komplexen Fusionsvorhaben Bedenken, muss sie die Möglichkeit haben, nach einer relativ einfachen Prüfung über das Vorliegen von Anhaltspunkten über die Entstehung oder Verstärkung einer marktbeherrschenden Stellung gegen ein Fusionsvorhaben durch die Einleitung des Hauptprüfungsverfahrens Widerspruch zu erheben. Eine umfassende Prüfung eines Zusammenschlussvorhabens – selbst wenn es sich auf die Ermittlung von blossen Anhaltspunkten beschränken würde – ist innerhalb der bloss einmonatigen Vorprüfungsfrist in der Regel nicht mit der notwendigen Sorgfalt durchführbar. Gemäss Art. 11 Abs. 1 lit. d VKU werden nur diejenigen sachlichen und räumlichen Märkte einer eingehenden Analyse unterzogen, in welchen der gemeinsame Marktanteil in der Schweiz von zwei oder mehr der beteiligten Unternehmen 20 % oder mehr oder der Marktanteil in der Schweiz von einem der beteiligten Unternehmen 30 % oder mehr beträgt. Wo diese Schwellen nicht erreicht werden, kann von der Unbedenklichkeit des Zusammenschlusses ausgegangen werden. In der Regel verzichtet die Wettbewerbskommission dann auf eine nähere Prüfung. (Vgl. beispielsweise RPW 2002/2, Hewlett-Packard/Compaq, 305; siehe dazu die Ausführungen in N 9.)

5 Im Vorprüfungsverfahren muss kein stringenter Nachweis für die Entstehung oder die Verstärkung einer marktbeherrschenden Stellung erbracht werden. Es genügt, dass auf die Tatsachen abgestützte hinreichende Anhaltspunkte vorliegen, um die Einleitung des Hauptprüfungsverfahrens zu beschliessen. Der Wettbewerbskommission kommt in diesem Vorprüfungsverfahren ein grosser Beurteilungsspielraum zu. Insbesondere haben die beteiligten Unternehmen und weitere Betroffene nur beschränkte Möglichkeiten, an diesem im Wesentlichen internen Beschluss (zur Beschlussfassung in der Wettbewerbskommission vgl. Art. 21 KG) der Wettbewerbskommission mitzuwirken. Die Wettbewerbskommission kann sich im Vorprüfungsverfahren darauf beschränken, zu prüfen, ob ein Zusammenschluss im Sinne der Legaldefinition des Gesetzes (Art. 4 Abs. 3 KG) vorliegt, durch den die im Gesetz festgelegten Schwellenwerte überschritten werden (Art. 9 KG) und für den aufgrund einer plausiblen Marktabgrenzung Anhaltspunkte bestehen, dass eine marktbeherrschende Stellung begründet oder verstärkt wird. Schwergewichtig wird die Arbeitslast in der Vorprüfungsphase bei der Marktabgrenzung liegen. Doch sollte sich die Wettbewerbskommission bereits in der Vorprüfungsphase über die formellen Voraussetzungen der Meldepflicht (Vorliegen eines Zusammenschlusses im Sinne der Legaldefinition, Überschreitung der Grenzwerte) ein abschliessendes Urteil gebildet haben.

B. Entstehung oder Verstärkung einer marktbeherrschenden Stellung

6 Die in Art. 10 Abs. 1 KG als materielles Kriterium für die Vorprüfungsphase festgesetzte Entstehung oder Verstärkung einer marktbeherrschenden Stellung stützt sich bezüglich des darin enthaltenen Grundbegriffs – nämlich der marktbeherrschenden Stellung – auf die Definition in Art. 4 Abs. 2 KG ab. Danach gelten diejenigen Unternehmen als marktbeherrschend, welche «auf einem Markt als Anbieter oder Nachfrager in der Lage sind, sich von andern

Marktteilnehmern (Mitbewerbern, Anbietern oder Nachfragern) in wesentlichem Umfang unabhängig zu verhalten» (Art. 4 Abs. 2 KG). Der Begriff der marktbeherrschenden Stellung bei der Beurteilung von Zusammenschlussvorhaben deckt sich folglich mit demjenigen der Missbrauchskontrolle von Art. 7 KG (vgl. zur Begriffsbestimmung die Kommentierung zu Art. 4 KG, N 15 ff.). Der Gesetzgeber hat für die Beurteilung von Zusammenschlussvorhaben keine Differenzierung bezüglich des Begriffs der marktbeherrschenden Stellung vorgenommen. Das ist auch sachrichtig, weil es zur Bestimmung der Interventionsschwellen nicht darauf ankommen kann, ob die besondere Marktstellung – die marktbeherrschende Stellung – aufgrund von internem oder externem Wachstum zustande kommt.

7   Nach ihren Wettbewerbswirkungen werden horizontale, vertikale und konglomerale Zusammenschlüsse unterschieden. Dementsprechend ist der Schwerpunkt der Marktmachtprüfung bei den verschiedenen Arten unterschiedlich (siehe dazu die nachfolgende Kommentierung in N 11). Bei den horizontalen Zusammenschlüssen handelt es sich um Unternehmensverbindungen zwischen Unternehmen, die auf derselben Wirtschaftsstufe und im selben relevanten Markt tätig sind. Bei diesem Zusammenschluss von aktuellen oder auch potenziellen Konkurrenten addieren sich die Marktanteile. Zudem scheidet zumindest ein Wettbewerber vom relevanten Markt aus. Bei vertikalen Zusammenschlüssen verbinden sich Unternehmen, die jeweils auf den vor- bzw. nachgelagerten Wirtschaftsstufen tätig sind. Zwar werden hier aufgrund der unterschiedlichen betroffenen Märkte an sich keine Marktanteile verstärkt, doch kann sich die Position der sich zusammenschliessenden Unternehmen gegenüber ihren jeweiligen Konkurrenten durch Marktausschlusseffekte verbessern. Stehen die beteiligten Unternehmen weder in einem Wettbewerbs- noch in einem Lieferverhältnis zueinander, spricht man von konglomeralen Zusammenschlüssen. Obschon sich so weder horizontal noch vertikal Überlappungen ergeben, können sich durch ergänzende Produktepaletten (Portfolio-Effekte) wettbewerbsrelevante Verstärkungen ergeben (zu den wettbewerblich relevanten Gesichtspunkten siehe die nachfolgende Kommentierung in N 11).

8   Entscheidendes Kriterium, um festzustellen, ob eine marktbeherrschende Stellung durch den Zusammenschluss entstehen wird, ist zunächst der Marktanteil (vgl. dazu die Beschreibung der entsprechenden Schwellen in der Kommentierung zu Art. 4 KG, N 20), welcher aufgrund einer Abgrenzung des relevanten Marktes zu ermitteln ist (vgl. zur Abgrenzung des relevanten Marktes die Kommentierung zu Art. 5 KG, N 9 ff., und die dafür zentralen Umschreibungen des sachlich und räumlich relevanten Marktes in Art. 11 Abs. 3 VKU → Nr. 4). Dafür liefert ein Marktstrukturtest in der Regel die einzigen verwertbaren Anhaltspunkte. Geht es um die Frage, ob der Zusammenschluss eine bestehende marktbeherrschende Stellung noch verstärken wird, sind neben den sich aus dem Marktstrukturtest ergebenden Marktanteilen zusätzlich die Resultate eines Marktergebnistests bzw. eines Verhaltenstests von Bedeutung (vgl. dazu die Kommentierung zu Art. 4 KG, N 21). Wie gross allerdings diese Verstärkung der Marktmacht für eine Intervention sein muss, geht nicht aus dem Gesetz hervor. Die Wettbewerbskommission setzt eine «spürbare» Verstärkung voraus (RPW 2003/3, Emmi Gruppe/Swiss Dairy Food Sortenkäsegeschäft, 545 f.; RPW 1997/3, Migros/Globus, 372). So wurde der Tatbestand der Verstärkung denn auch schon verschiedentlich verneint (THOMAS ULRICH, Begründung oder Verstärkung einer marktbeherrschenden Stellung in der schweizerischen Fusionskontrolle, Zürich 2004, 55 f. mit Hinweisen).

9   In der Praxis der Wettbewerbskommission ist das Kriterium der Marktanteilsaddition der Ausgangspunkt der Beurteilung. Teilweise genügt bereits für einen Verfahrensabschluss die Feststellung, dass sich keine Marktanteilsadditionen ergeben (RPW 2002/3, Zürcher Kantonalbank/BZ-Visionen, 500). In den meisten Fällen werden aber auch andere Wettbewerbsparameter, wie beispielsweise die Finanzkraft, der potenzielle Wettbewerb und Überkapazitäten, auf ihre Veränderung hin untersucht. (In RPW 2002/2, NOK/Watt, 350 f., wurde auf die Möglichkeit hingewiesen, dass sich das Geschäftsgebaren hinsichtlich der Durchleitung von Strom ändern könnte, und so wurde trotz fehlender Marktanteilsadditionen eine eingehendere Analyse vorgenommen; vgl. ebenso wegen der Auswirkungen auf den potenziellen Wettbewerb RPW 2000/4, Bertelsmann Springer GmbH/EMAP Deutschland Gruppe, 656.) Zwar lassen sich aus der Schweizer Praxis keine klaren Kategorien herausbilden, doch sind Marktanteile bis 30 % in der Regel unproblematisch. Gemäss Artikel 11 Abs. 1 lit. d VKU werden nur diejenigen sachlichen und räumlichen Märkte einer eingehenden Analyse unterzogen, in welchen der gemeinsame Marktanteil in der Schweiz von zwei oder mehr der beteiligten Unternehmen 20 % oder mehr oder der Marktanteil in der Schweiz von einem der beteiligten Unternehmen 30 % oder mehr beträgt. Wo diese Schwellen nicht erreicht werden, kann von der Unbedenklichkeit des Zusammenschlusses ausgegangen werden. In der Regel verzichtet die Wettbewerbskommission dann auf eine nähere Prüfung (vgl. beispielsweise RPW 2002/2, Hewlett-Packard/Compaq, 305). Anteile zwischen 30 und 50 % sind nicht von vornherein unbedenklich, doch wird die Wettbewerbskommission eine marktbeherrschende Stellung nicht ohne Weiteres feststellen können, wenn der gemeinsame Marktanteil unter 50 % liegt. Hohe Marktanteile von 50 % oder mehr können für sich allein ein Nachweis für das Vorhandensein einer beherrschenden Marktstellung sein. Kleinere Wettbewerber können jedoch als Gegenkraft wirken, wenn sie die Kapazität und den Anreiz haben, ihre Lieferungen zu steigern. Auch wenn Zusammenschluss zu einem Marktanteil führt, der unterhalb 50 % liegt, können Wettbewerbsbedenken bestehen, wenn die Stärke und Anzahl der Wettbewerber, das Vorhandensein von Kapazitätsengpässen oder das Ausmass, in dem die Produkte der fusionierenden Unternehmen nahe Substitute sind, zu kritischen Situationen führen. Sofern Marktanteile von über 50 % nicht durch andere Beurteilungskriterien relativiert werden können, ist von einer marktbeherrschenden Stellung auszugehen. Bisher bewegten sich die Marktanteile der mit Auflagen und Bedingungen zugelassenen Zusammenschlüsse zwischen 70 und 90 % (vgl. die Hinweise bei Thomas Ulrich, Begründung oder Verstärkung einer marktbeherrschenden Stellung in der schweizerischen Fusionskontrolle, Zürich 2004, 71 f. mit Hinweisen). Beim Zusammenschlussvorhaben (RPW 2003/2, RAG/Degussa, 312) lagen die Marktanteile mit je über 30 % sehr hoch, doch besteht potenzielle Konkurrenz; so wurde ohne vertiefte Prüfung der Zusammenschluss als unbedenklich erklärt. Eine Produktionsüberkapazität kann Marktanteilsadditionen wettmachen (vgl. RPW 2003/4, Emmi Gruppe/ Swiss Dairy Food [Betrieb Landquart – Raclettekäsegeschäft], 784). Ebenso können gemeinsame Marktanteile von gegen 30 % kein Problem darstellen, sofern ein anderer grosser Konkurrent noch auf dem Markt verbleibt (RPW 2003/4, Ringier AG/Bolero Zeitschriftenverlag AG, 833).

10 Die Verstärkung einer vorbestehenden marktbeherrschenden Stellung lässt sich oft nicht nur anhand der bereits beschriebenen quantitativen Kriterien ermitteln. So spielen bei der Prü-

fung von Zusammenschlüssen insbesondere Marktzutrittsschranken und der potenzielle Wettbewerb eine wichtige Rolle. Die Marktzutrittsschranken, die rechtlicher oder tatsächlicher Natur sein können, entscheiden darüber, ob und inwieweit potenzieller Wettbewerb möglich ist. Die Begriffe sind jedoch nicht deckungsgleich, da die Wirksamkeit von potenziellem Wettbewerb nicht nur von den Marktzutrittsschranken abhängt. Bei der Fusionskontrolle ist somit insbesondere massgeblich, ob solche Zutrittsschranken begründet oder verstärkt werden (RPW 1997/4, Siemens/Elektrowatt, 545 f.; RPW 1998/2, Revisuisse Price Waterhouse/STG-Coopers & Lybrand, 236 f.). Im Sinne der bei der Fusionskontrolle vorherrschenden dynamischen Betrachtungsweise kann ein bevorstehender und wahrscheinlicher Marktzutritt die Auswirkungen eines Zusammenschlusses auf den Markt stark beeinflussen. Deshalb ist die Analyse des Marktzutritts ein wichtiger Bestandteil der wettbewerblichen Würdigung. Der Marktzutritt muss geeignet sein, mit hinreichender Wahrscheinlichkeit und rechtzeitig die potenziellen wettbewerbswidrigen Wirkungen eines Zusammenschlusses zu verhindern oder aufzuheben. Die grosse Bedeutung der potenziellen Konkurrenz zeigt sich bereits daran, dass sie bei der Prüfung des Zusammenschlusses neben der aktuellen Konkurrenz meist in einem eigenen Abschnitt geprüft wird (RPW 2003/2, Pfizer Inc./Pharmacia Corp., 354, oder RPW 2004/2, NZZ-Espace-Bund, 498 f.). Wirksame potenzielle Konkurrenz existiert nach der Praxis der Wettbewerbskommission nur, wenn Marktzutritte bei missbräuchlichem Verhalten der Zusammenschlussparteien wahrscheinlich sind, solche Marktzutritte innerhalb von zwei bis drei Jahren erfolgen können und die Zutritte in einem Ausmass bzw. durch Unternehmen erfolgen, welche die Stellung der im Markt bereits tätigen Unternehmen gefährden und damit eine tatsächliche Veränderung der Marktverhältnisse herbeiführen (RPW 2004/2, Berner Zeitung AG/20 Minuten [Schweiz] AG, 545 f.). Mit der bisherigen Praxis lässt sich aber nicht belegen, dass ungenügender aktueller Wettbewerb alleine mit potenziellem Wettbewerb ausreichend relativiert werden kann. Eine Ausnahme kann im Fall eines natürlichen Monopols bestehen (vgl. RPW 2002/1, AZ Vertriebs AG, 157 f.). Ansonsten müssten noch andere marktmachtbeschränkende Elemente, wie beispielsweise eine starke Marktgegenseite (RPW 2002/2, Ernst & Young/Arthur Andersen, 365) oder bestehende Produktionsüberkapazitäten (RPW 2003/4, Emmi Gruppe/Swiss Dairy Food [Betrieb Landquart – Raclettekäsegeschäft], 784), im Markt hinzutreten.

11   Mitunter lässt sich in der Praxis feststellen, dass der Zusammenschluss eine Verbesserung der Marktstellung mit sich bringt, indem sich zwar nicht irgendwelche Marktanteilsadditionen auf einem bestimmten Markt ergeben, jedoch Komplementärwirkungen erzeugt werden, mit welchen die bestehende Marktstellung zumindest qualitativ verbessert wird. Dies gilt insbesondere auch im Fall der konglomeralen Zusammenschlüsse. Werden durch Fusionen sich ergänzende Marken oder Produkte zusammengeführt, können sich Marktausschlusseffekte zulasten von Konkurrenten ergeben, da sich insbesondere die Verhandlungsposition gegenüber den Abnehmern verstärkt. Wie bereits erwähnt, können sich Marktausschlusseffekte ebenfalls bei vertikalen Zusammenschlüssen zeigen (aus ökonomischer Sicht siehe JONAS HÄCKNER, Vertical Integration and Competition Policy, in: Journal of Regulatory Economics 2003, 213 ff.). Durch solche Zusammenschlüsse wird der Zugang zum Beschaffungsmarkt und zu den Absatzmärkten abgesichert. Sofern die am Zusammenschluss beteiligten Unternehmen über Schlüsseltechnologien oder eine entscheidende Infrastruktur verfügen, ist die Gefahr von

Behinderungsstrategien besonders gross. Kann ein bereits marktbeherrschendes Unternehmen seine starke Marktstellung auf vor- oder nachgelagerte Märkte übertragen, liegen in der Regel wettbewerbsrechtliche Bedenken auf der Hand. Gleiches gilt beim Zusammenschluss von zwei Unternehmen, die auf nachgelagerten Märkten bereits je eine marktmächtige Stellung haben und wenn sich diese bereits starken Stellungen durch den Zusammenschluss wechselseitig verstärken (die Schweizer Praxis ist diesbezüglich nicht sehr reichhaltig: vgl. RPW 2003/3, Coop/Waro, 595).

12 Sind überhaupt nur wenige Wettbewerber auf dem Markt tätig (Oligopol), prüft die Wettbewerbskommission regelmässig analog zur Einzelmarktbeherrschung, ob eine kollektive marktbeherrschende Stellung begründet oder verstärkt wird (RPW 2003/2, Pfizer Inc./Pharmacia Corp., 352; RPW 2008/1, Migros/Denner, 129 ff., RPW 2008/3, Coop/Fust, 475 ff., RPW 2008/4, Coop/Carrefour, 593 ff.). Verglichen mit der Einzelmarktbeherrschung bedarf es aber zusätzlich einer koordinierenden Wirkung der am Oligopol beteiligten Unternehmen. Die Analyse der folgenden Elemente gibt Hinweise darauf, ob eine kollektive marktbeherrschende Stellung begründet oder verstärkt wird (RPW 2003/3, Coop/Waro, 580; vor der Analyse dieser Elemente sind zunächst die Wettbewerbsparameter Preis, Qualität, Standort und Sortimente zu untersuchen):

1. Anzahl der beteiligten Unternehmen;

2. Symmetrien;

3. stabile Marktverhältnisse;

4. Transparenz des Marktes;

5. Sanktionsmechanismen;

6. Stellung der Marktgegenseite;

7. potenzielle Konkurrenz.

Bestehen danach Anreize für eine Koordinierung des Marktverhaltens und können die Oligopolisten ihr Verhalten gegenseitig überwachen, so wird eine kollektive beherrschende Stellung angenommen. Sofern dem Oligopol allerdings eine erhebliche Nachfragemacht entgegensteht, kann dies ausreichen, um eine beherrschende Stellung auszuschliessen (für weiterführende Hinweise vgl. ELIANE GANZ, Die Beurteilung von Fusionen kollektiv marktbeherrschender Unternehmen im schweizerischen und europäischen Wettbewerbsrecht, Zürich 2004; MARC AMSTUTZ, Hic sunt leones – Von kollektiver Marktbeherrschung und symbolischer Gesetzgebung im Coop/Waro-Entscheid der Wettbewerbskommission, in: sic! 2003, 673 ff., und DANIEL EMCH, Das Verhältnis zwischen unzulässigen Wettbewerbsabreden und unzulässigen Verhaltensweisen marktbeherrschender Unternehmen im Lichte des Konzepts der kollektiven Marktbeherrschung, in: recht 2003, 161 ff.).

13 Gemäss dem Gesetzestext von Art. 10 Abs. 1 KG muss in der Vorprüfungsphase die Frage der Entstehung bzw. der Verstärkung einer marktbeherrschenden Stellung nicht abschliessend geklärt werden. Die vom Gesetzgeber verlangten Anhaltspunkte müssen indessen einen gewissen Bestimmtheitsgrad aufweisen. Blosse Vermutungen, die sich nicht auf eine plausible Abgrenzung des relevanten Marktes stützen können, vermögen die Einleitung eines Prüfungsverfahrens nicht zu rechtfertigen. Der Entscheid über die Einleitung des Hauptprüfungs-

verfahrens steht allerdings weitgehend im Ermessen der Wettbewerbskommission. Es handelt sich dabei nicht um eine anfechtbare Zwischenverfügung im Sinne von Art. 45 VwVG, da es den beteiligten Unternehmen wohl nicht gelingen wird, den Nachweis zu erbringen, dass ihnen durch den Entscheid der Einleitung des Hauptprüfungsverfahrens ein nicht wieder gutzumachender Nachteil entstehen wird.

III. Hauptprüfung

A. Ausgangslage

14   Hat die Wettbewerbskommission im Sinne von Art. 10 Abs. 1 KG entschieden, das Hauptprüfungsverfahren einzuleiten, hat sie einerseits die zunächst auf blosse Anhaltspunkte gestützte Diagnose der Entstehung oder Verstärkung einer marktbeherrschenden Stellung zu bestätigen und andererseits im Rahmen einer dynamischen Betrachtungsweise zu prüfen, ob der geplante Zusammenschluss tatsächlich auch in der Zukunft eine schädliche Marktstruktur schaffen wird, weil er auf dem relevanten Markt wirksamen Wettbewerb beseitigen wird. Dieser kurze Hinweis auf die bei der materiellen Prüfung anzustellenden Überlegungen macht deutlich, dass die im Hauptprüfungsverfahren durchzuführende Beurteilung über die zukünftigen Marktverhältnisse an die Wettbewerbskommission ganz besondere Anforderungen stellt. Sie hat nicht nur eine sorgfältige Analyse des Ist-Zustandes vorzunehmen, sondern auch eine fundierte Prognose über die zukünftige Marktentwicklung.

B. Bestätigung der Entstehung oder Verstärkung einer marktbeherrschenden Stellung

15   Bei der Hauptprüfung hat die Wettbewerbskommission zunächst ihre durch blosse Anhaltspunkte untermauerte Feststellung, wonach eine marktbeherrschende Stellung durch den Zusammenschluss entsteht oder verstärkt wird, mit einer fundierten Marktanalyse zu bestätigen. Dazu sind detaillierte Marktabgrenzungen vorzunehmen. Der in Art. 11 VKU (→ Nr. 4) umschriebene Inhalt der Meldung ist denn auch schwergewichtig auf die Sammlung der Marktdaten ausgerichtet. Bei der Meldung müssen die beteiligten Unternehmen alle sachlichen und räumlichen Märkte angeben, die vom Zusammenschluss betroffen sind und in denen der gemeinsame Marktanteil in der Schweiz von zwei oder mehr der beteiligten Unternehmen 20 % oder mehr oder der Marktanteil in der Schweiz von einem der beteiligten Unternehmen 30 % oder mehr beträgt (Art. 11 Abs. 1 lit. d VKU). Bezüglich der so definierten Märkte sind für die letzten drei Jahre die Marktanteile der am Zusammenschluss beteiligten Unternehmen und, falls bekannt, von jedem der drei wichtigsten Wettbewerber sowie eine Erläuterung der Grundlagen für die Berechnung der Marktanteile der Wettbewerbskommission zur Verfügung zu stellen (Art. 11 Abs. 1 lit. e VKU). Immerhin ist nicht jeder Markt, auf welchem die erwähnten Marktanteilsschwellen überschritten werden, im Meldeverfahren näher zu umschreiben. Eine sachliche oder geografische Betroffenheit durch den Konzentrationsvorgang ist gemäss dem Wortlaut der Verordnung Voraussetzung, wobei auch vor-, nachgelagerte oder unter Umständen benachbarte Märkte in die Betrachtungen mit einzubeziehen sind.

16   Bei der Beurteilung der Frage, ob eine marktbeherrschende Stellung entsteht oder verstärkt wird, hat die Wettbewerbskommission auch zu prüfen, ob überhaupt ein Kausalzusammenhang zwischen dem Zusammenschlussvorhaben und der von der Wettbewerbskommission

beobachteten oder vermuteten Marktstrukturveränderung besteht. Das hängt damit zusammen, dass einerseits Faktoren, welche Ursache für internes Unternehmenswachstum sind, bei der externes Unternehmenswachstum kontrollierenden Fusionskontrolle nicht vordergründig berücksichtigt werden dürfen. Andererseits können sich in einem dynamischen Wettbewerbsprozess von den beteiligten Unternehmen nicht beeinflusste Veränderungen der Marktstrukturen ergeben, die für den zu beurteilenden Zusammenschluss keinen kausalen Zusammenhang haben. Mit Letzterem sind insbesondere auch Sanierungsfusionen angesprochen. Bei echten Sanierungsfusionen ist die Kausalität zwischen der Fusion und dem Marktanteilsgewinn zu verneinen, da dem übernehmenden Unternehmen aufgrund der eintretenden Marktentwicklungen der Marktanteil des zu sanierenden Unternehmens ohnehin angewachsen wäre; auf dem vom marktstarken Unternehmen dominierten Markt besteht in der Regel keine Möglichkeit für eine alternative Marktstruktur. Die Wettbewerbskommission hat in ihrer Praxis auf den von ausländischen Wettbewerbsbehörden entwickelten Sanierungseinwand («failing company defence») abgestellt und zwei Zusammenschlüsse trotz möglicher Beseitigung wirksamen Wettbewerbs zugelassen (siehe RPW 1998/1, Le Temps, 40 ff.; RPW 1999/1, Zusammenschlussvorhaben Batrec AG – Recymet SA, 173 ff; fehlt die Kausalität, sind auch die Voraussetzungen für ein Eingreifen der Wettbewerbskommission im Sinne von Art. 10 Abs. 2 KG nicht gegeben). Sie hat in diesen beiden Entscheiden Kriterien entwickelt, unter welchen sie einen Zusammenschluss nicht als eigentliche Ursache für die Verschlechterung der Marktstruktur erachtet. Dies ist dann der Fall, wenn die folgenden drei Voraussetzungen kumulativ erfüllt sind (RPW 2002/2, Ernst & Young/Arthur Andersen, 368 f.; RPW 2004/2, NZZ-Espace-Bund, 518 f.):

1 Eine Zusammenschlusspartei würde ohne Unterstützung vom Markt verschwinden.

2 Das andere am Zusammenschluss beteiligte Unternehmen würde die meisten oder sämtliche Marktanteile des verschwundenen Unternehmens absorbieren.

3 Es gibt keine für den Wettbewerb weniger schädliche Lösung als das Zusammenschlussvorhaben.

Ist der Kausalzusammenhang zwischen dem Fusionsvorhaben und der Strukturveränderung zu verneinen, besteht keine Kompetenz für eine Intervention der Wettbewerbskommission; die materiellen Voraussetzungen sind nicht erfüllt.

C. Möglichkeit der Beseitigung wirksamen Wettbewerbs

17 Bei der Beurteilung von Unternehmenszusammenschlüssen ist die Gefahr der Beseitigung wirksamen Wettbewerbs die zusätzliche materiellrechtliche Voraussetzung, um eine Eingriffskompetenz der Wettbewerbskommission gegenüber einem Zusammenschlussvorhaben zu begründen (vgl. Art. 10 Abs. 2 lit. a KG). Dass dem Kriterium der Beseitigung des wirksamen Wettbewerbs im Zusammenhang mit der materiellen Beurteilung von Unternehmenszusammenschlüssen – neben dem Kriterium der Begründung oder Verstärkung einer marktbeherrschenden Stellung – eine eigenständige Bedeutung zukommt, hat das Bundesgericht 2007 in den Entscheiden «Swissgrid» (Urteil des Bundesgerichts vom 13. Februar 2007, 2A.325/2006, in RPW 2007/2, Swissgrid, 324 ff.) und «Berner Zeitung/Tamedia» (Urteil des Bundesgerichts vom 22. Februar 2007, 2A.327/2006, in RPW 2007/2, Berner Zeitung/Tamedia AG, 331 ff.) bestätigt. In der Lehre war bis zu diesem Zeitpunkt umstritten,

inwiefern dem Kriterium der Beseitigung wirksamen Wettbewerbs eine eigenständige Bedeutung zukommt; die Wettbewerbskommission war der Auffassung, dass die Begründung und Verstärkung einer marktbeherrschenden Stellung und die Möglichkeit der Beseitigung wirksamen Wettbewerbs als Einheit zu prüfen seien. Die für die Begründung einer Eingriffskompetenz zwingend notwendige Entstehung oder Verstärkung einer marktbeherrschenden Stellung impliziert bereits, dass kein wirksamer Wettbewerb auf dem relevanten Markt besteht oder in Zukunft bestehen wird. Der ausdrückliche Hinweis auf die Beseitigung wirksamen Wettbewerbs in Art. 10 Abs. 2 lit. a KG verdeutlicht jedoch, dass bei der Fusionskontrolle nicht auf eine statische, sondern auf eine dynamische Betrachtungsweise abgestellt werden muss, bei welcher auch die zukünftige Entwicklung des Marktes mit einzubeziehen ist (vgl. zur dynamischen Betrachtungsweise die Ausführungen in der Botschaft 1994, 116 ff., sowie JÜRG BORER, Unternehmenszusammenschlüsse, Art. 9–11 KG, in: ZÄCH, Das neue schweizerische Kartellgesetz, Zürich 1996, 83 f.; ROLF WATTER/URS LEHMANN, Die Kontrolle von Unternehmenszusammenschlüssen im neuen Kartellgesetz, in: Aktuelle Juristische Praxis 1996, 869).

18 Bei der Prüfung, ob durch den Zusammenschluss wirksamer Wettbewerb beseitigt werden kann, sind die gleichen Kriterien massgebend wie bei der Beurteilung der Frage, ob eine Wettbewerbsabrede im Sinne von Art. 5 Abs. 1 KG wirksamen Wettbewerb beseitigt (vgl. die Kommentierung zu Art. 5 KG, N 28). Demnach ist zu beurteilen, ob trotz des Zusammenschlusses auch noch in der Zukunft die zentralen Funktionen des Wettbewerbs (Allokation, Anpassung und Innovation) erfüllt werden können (vgl. die Kommentierung zu Art. 5 KG, N 29).

19 In der Botschaft wird dem materiellen Prüfungskriterium der Möglichkeit der Beseitigung wirksamen Wettbewerbs eine das Kriterium der Entstehung oder Verstärkung einer marktbeherrschenden Stellung qualifizierende Funktion zugesprochen (Botschaft 1994, 117). Selbst wenn sich das erwähnte qualifizierende Element nicht überzeugend von der Begriffsbildung der marktbeherrschenden Stellung abgrenzen lässt und folglich die Stellungnahme des Bundesrates zur qualifizierenden Funktion weitgehend politisch motiviert war, so wird damit doch sichergestellt, dass die Interventionen der Wettbewerbskommission bei Strukturveränderungen aufgrund externen Unternehmenswachstums erst bei hohen Konzentrationen auf den relevanten Märkten einsetzen, auf denen aufgrund bestehender Marktzutrittsschranken auch nicht zu erwarten ist, dass in naher Zukunft die auf dem relevanten schweizerischen Markt entstehende schädliche Marktstruktur innerhalb nützlicher Frist erodiert werden kann (vgl. Botschaft 1994, 116 ff.; vgl. dazu BGer vom 13. Februar 2007, 2A.325/2006, in: RPW 2007/2, Swissgrid, 324 ff. sowie BGer vom 22. Februar 2007, 2A.327/2006, in: RPW 2007/2, Berner Zeitung/Tamedia AG, 331 ff.).

Die in diesem Zusammenhang von der Wettbewerbskommission anzustellenden Prognosen über die zukünftige Marktentwicklung stellt ganz besondere Anforderungen an die Feststellung der tatsächlichen Verhältnisse. Eine Intervention sollte deshalb von der Wettbewerbskommission nur in den Fällen verfügt werden, bei denen sich die zukünftige Entwicklung der Marktstruktur mit hinreichender Bestimmtheit voraussagen lässt. Bei Unsicherheiten sollte sich die Wettbewerbskommission von der Idee leiten lassen, dass auch bei internem Unternehmenswachstum Interventionen nur bei einem Missbrauch einer marktbeherrschenden

Stellung gestützt auf Art. 7 KG möglich sind. Prognoseunsicherheiten dürfen auf keinen Fall durch eine interventionistische Überreaktion kompensiert werden.

D. Gesamtmarktbetrachtung

20   Art. 10 Abs. 2 lit. b KG enthält die ausdrückliche Anweisung an die Wettbewerbskommission, bei der Prüfung von Unternehmenszusammenschlüssen eine Gesamtmarktbetrachtung anzustellen. Das bedeutet, dass eine durch den Zusammenschluss eintretende Verschlechterung auf einem bestimmten Markt hingenommen werden kann, wenn sich als kausale Folge Verbesserungen auf einem oder mehreren anderen Märkten ergeben. So sind beispielsweise bei Zusammenschlüssen auf dem Zeitungsmarkt insbesondere auch die Auswirkungen auf den Werbemarkt zu beachten (vgl. RPW 2004/2, Berner Zeitung AG/20 Minuten [Schweiz] AG, 557 und 579).

21   Derartige Gesamtmarktbetrachtungen sind deshalb angezeigt, weil in den verschiedenen Phasen der Marktentwicklung (vgl. den ausdrücklichen Hinweis auf die Marktentwicklung in Art. 10 Abs. 4 KG) durchaus unterschiedliche Strukturen erwartet werden können, die jedoch in der Regel keinen langfristigen Bestand haben. Die Botschaft erwähnt in diesem Zusammenhang die Konzentration auf einem absterbenden Markt, welche durch positive Impulse auf neuen Märkten überlagert wird (Botschaft 1994, 118). Art. 10 Abs. 2 lit. b KG hat jedoch nicht nur Gesamtmarktbetrachtungen in Bezug auf sachliche Märkte im Auge. Art. 10 Abs. 4 KG, dessen Inhalt insbesondere im Rahmen einer Gesamtmarktbetrachtung von Bedeutung ist, erwähnt neben der bereits genannten Marktentwicklung auch die Stellung der Unternehmen im internationalen Wettbewerb als bei einer Gesamtmarktbetrachtung zu berücksichtigenden Faktor. Damit ist folglich nicht nur die bereits erwähnte Prozesshaftigkeit von Marktentwicklungen angesprochen, sondern auch die besondere Situation der Schweiz als kleine offene Volkswirtschaft. Um im globalisierten Weltmarkt eine Marktposition schaffen und erhalten zu können, sind Schweizer Unternehmen in besonderem Masse darauf angewiesen, eine bestimmte Grösse und – insbesondere als Rückendeckung für das Auslandsgeschäft – eine genügend starke Position auf dem Heimmarkt zu erreichen. Diese in einem gewissen Sinne auch industriepolitisch motivierte Anweisung an die Wettbewerbskommission, als Rechtsanwenderin die Stellung der Schweizer Unternehmen auf den internationalen Märkten zu berücksichtigen, kann dazu führen, dass Konzentrationsbewegungen auf dem relevanten Schweizer Markt hingenommen werden müssen, um den Marktteilnehmern aus der Schweiz einen gewissen internationalen Spielraum einzuräumen (vgl. in diesem Sinne auch Botschaft 1994, 119, die von einem für schweizerische Verhältnisse kritischen Konzentrationsgrad spricht).

22   Bei der Beurteilung von Zusammenschlussvorhaben ist begründeten und wahrscheinlichen Effizienzvorteilen, die von den beteiligten Unternehmen dargelegt werden, Rechnung zu tragen. Es ist möglich, dass die durch einen Zusammenschluss bewirkten Effizienzvorteile die Auswirkungen des Zusammenschlusses auf den Wettbewerb ausgleichen, so dass durch den Zusammenschluss wirksamer Wettbewerb trotz der Begründung oder Verstärkung einer beherrschenden Stellung nicht erheblich behindert wird. Obwohl im Gesetz nicht ausdrücklich erwähnt, sollten im Sinne einer Gesamtmarktbetrachtung eines Zusammenschlusses alle nachgewiesenen Effizienzvorteile berücksichtigt werden.

IV. Abschluss des Prüfungsverfahrens

A. Im Vorprüfungsverfahren

23 Nach dem Wortlaut des Gesetzes hat die Wettbewerbskommission nur die Möglichkeit, entweder während der einmonatigen Frist des Vorprüfungsverfahrens die Hauptprüfung einzuleiten oder aber die Monatsfrist verstreichen zu lassen (Art. 32 Abs. 1 KG). Die bundesrätliche Verordnung sieht wenigstens vor, dass die Wettbewerbskommission bei einem unbedenklichen Zusammenschluss den beteiligten Unternehmen ihren Standpunkt nicht nur durch Fristablauf kenntlich machen kann, sondern sie kann in der Form eines sogenannten Comfort Letters, den beteiligten Unternehmen mitteilen, sie halte den Zusammenschluss für unbedenklich (Art. 16 Abs. 1 VKU → Nr. 4).

24 Sollte die Wettbewerbskommission bereits innerhalb der Monatsfrist des Vorprüfungsverfahrens in der Lage sein, sich allenfalls ergebende Bedenken mit den Parteien zu erörtern, muss sie die Möglichkeit haben, in analoger Anwendung von Art. 29 KG mit den beteiligten Unternehmen eine einvernehmliche Regelung zu suchen, um das Hauptprüfungsverfahren zu vermeiden.

B. Im Hauptprüfungsverfahren

25 Sollten sich die von der Wettbewerbskommission zunächst vermuteten Bedenken gegen das Zusammenschlussvorhaben im Verlaufe der Hauptprüfung zerstreuen, hat die Wettbewerbskommission nach der Konzeption des Gesetzes grundsätzlich nur die Möglichkeit, die viermonatige Frist von Art. 33 Abs. 3 KG verstreichen zu lassen (vgl. die Umschreibung der Rechtsfolgen in Art. 34 KG). Auch die Verordnung des Bundesrates enthält für diese Fälle keine andere Lösung, doch ist in der Praxis davon auszugehen, dass die Wettbewerbskommission in analoger Anwendung von Art. 16 Abs. 1 VKU den beteiligten Unternehmen vor Ablauf der viermonatigen Frist in einem Comfort Letter bestätigen kann, dass sie gegen den Zusammenschluss keine Einwendungen erhebt. Allenfalls können Bedenken der Wettbewerbskommission in analoger Anwendung von Art. 29 KG durch eine einvernehmliche Regelung beseitigt werden, was wiederum den Weg für einen Verfahrensabschluss durch einen Comfort Letter in analoger Anwendung von Art. 16 Abs. 1 VKU freimacht. Ergeben sich während der vertieften Untersuchung wesentliche Änderungen der Verhältnisse, so beginnt die Frist nach Art. 21 VKU neu zu laufen (fällt beispielsweise ein aktueller Konkurrent durch einen anderen Zusammenschluss weg, so ist dies eine wesentliche Veränderung der Verhältnisse; vgl. RPW 2004/2, Tamedia AG/20 Minuten [Schweiz] AG, 611 f.).

26 Sind die materiellen Interventionskriterien erfüllt, so muss die Wettbewerbskommission gemäss Art. 10 Abs. 2 KG entweder den Zusammenschluss ganz oder teilweise untersagen oder seine Zulassung unter Bedingungen und Auflagen verfügen (RPW 1998/2, UBS/SBV, 314 ff.; vgl. auch RPW 2004/2, Berner Zeitung AG/20 Minuten [Schweiz] AG, 581 f.; hier genügte eine Zusage der Parteien nicht für eine Freigabe des Zusammenschlussvorhabens; vgl. zum Ganzen KLAUS NEFF, Auflagen und Bedingungen im Fusionskontrollverfahren in: Jusletter vom 9. Oktober 2006; die neueren Zusammenschlüsse im Detailhandel wurden von der Wettbewerbskommission nur unter Auflagen zugelassen; vgl. RPW 2008/1, Migros/Denner, 129 ff., RPW 2008/3, Coop/Fust, 475 ff., RPW 2008/4, Coop/Carrefour, 593 ff.). Art. 10

Abs. 2 KG könnte von seinem Wortlaut her als «Kann-Vorschrift» verstanden werden (KARL HOFSTETTER/RETO SCHILTKNECHT, Fusions- und Marktmachtkontrolle im neuen schweizerischen Kartellgesetz, in: Schweizerische Juristen-Zeitung 1997, 127). Der Sinn der verwendeten Formulierung ist jedoch nicht darin zu erblicken, dass die Wettbewerbskommission bei gegebenen Interventionsvoraussetzungen noch einen Ermessensspielraum hätte, ob sie überhaupt intervenieren will. Die Kann-Formulierung hat vielmehr die Funktion anzudeuten, dass die Wettbewerbskommission einen grossen Ermessensspielraum bei der Wahl des Interventionsmittels hat und in diesem Zusammenhang an den Grundsatz der Verhältnismässigkeit gebunden ist (Botschaft 1994, 119).

27 Über das konkrete Vorgehen bei einer Intervention enthält Art. 10 KG keine ausdrückliche Regelung. Es ist jedoch davon auszugehen, dass sich die Wettbewerbskommission an das Muster von Art. 37 KG halten wird. In ähnlichem Zusammenhang ist in Art. 37 KG vorgesehen, dass es in erster Linie Sache der beteiligten Unternehmen ist, konkrete Vorschläge zur Überwindung der bedenklichen Wettbewerbssituation zu unterbreiten (vgl. dazu die Kommentierung zu Art. 37 KG).

V. Zusammenschlüsse unter Beteiligung von Banken

28 Art. 10 Abs. 3 KG enthält eine Sonderregelung für Bankenfusionen. Der Gesetzgeber liess sich bei der Schaffung dieser Bestimmung von der Idee leiten, dass bei Sanierungsfusionen von Banken im Interesse des Gläubigerschutzes einerseits ein besonderer Dringlichkeitsbedarf und andererseits bei der Beurteilung eine besondere Gewichtung von Gläubigerschutzinteressen bestehen.

29 Art. 10 Abs. 3 KG findet Anwendung bei Zusammenschlüssen von Banken, welche der FINMA aus Gründen des Gläubigerschutzes als notwendig erscheinen. Es ist davon auszugehen, dass die FINMA einen derartigen Fusionsbedarf nur bei echten Sanierungsfusionen annehmen und folglich die Kompetenzbegründung zugunsten der FINMA nur in diesen Fällen praktische Bedeutung erlangen wird. Nur hier ist tatsächlich eine Notwendigkeit gegeben, eine Bankenfusion im Rahmen des im Kartellgesetz vorgesehenen Fusionskontrollverfahrens innerhalb kürzester Frist zu überprüfen. Präzisierend ist für die Umschreibung des Geltungsbereichs von Art. 10 Abs. 3 KG anzumerken, dass das in dieser Bestimmung umschriebene besondere Gläubigerschutzanliegen bei Banken auch dann zum Tragen kommt, wenn beim Zusammenschluss nur eine Bank beteiligt ist. Die Verwendung des Plurals (Banken) in Art. 10 Abs. 3 KG hindert die FINMA folglich nicht daran, immer dann die Zuständigkeit nach Kartellgesetz zu beanspruchen, wenn sie zur Überprüfung eines Zusammenschlusses unter Beteiligung einer Bank gemäss den Gläubigerschutzbestimmungen des BankG zuständig ist.

30 In aller Regel kann das Prüfungsverfahren bei Bankenfusionen bereits mit der Qualifikation als Sanierungsfusion abgeschlossen werden. Wie bereits dargelegt, fehlt es bei einer echten Sanierungsfusion an der Kausalität zwischen der Fusion und der Strukturveränderung am Markt (vgl. die Ausführungen in N 16.); die Interventionsvoraussetzungen des Kartellgesetzes werden in diesen Fällen ohnehin nicht erfüllt sein. Beschränkt sich die Anwendung von Art. 10 Abs. 3 KG strikte auf Sanierungsfusionen, kommt dem in dieser Bestimmung enthaltenen besonderen materiellen Prüfungskriterium des Gläubigerschutzes keine Bedeutung mehr zu; es muss ihm bereits bei der Begründung der Zuständigkeit Rechnung getragen werden.

31   Zur Wahrung der in Art. 10 Abs. 3 KG enthaltenen Kompetenz der FINMA sieht Art. 10 VKU
      (→ Nr. 4) vor, dass die Wettbewerbskommission die FINMA unverzüglich zu informieren hat,
      wenn sie von einem Zusammenschlussvorhaben von Banken Kenntnis erhält.

Art. 11   Ausnahmsweise Zulassung aus überwiegenden öffentlichen Interessen

**Unternehmenszusammenschlüsse, die nach Artikel 10 untersagt wurden, können vom
Bundesrat auf Antrag der beteiligten Unternehmen zugelassen werden, wenn sie in
Ausnahmefällen notwendig sind, um überwiegende öffentliche Interessen zu ver-
wirklichen.**

I. Ausgangslage

1   Wie bei den Wettbewerbsabreden und den Verhaltensweisen marktbeherrschender Unterneh-
      men verlangt das nach herrschender Lehre als Grundlage für das schweizerische Kartellrecht
      dienende Missbrauchsprinzip, dass auch Unternehmenszusammenschlüsse letztlich dahinge-
      hend überprüft werden können, ob sie zur Wahrung überwiegender öffentlicher Interessen
      notwendig sind. Art. 11 KG erfüllt folglich für Unternehmenszusammenschlüsse die gleiche
      Funktion wie Art. 8 KG für die Wettbewerbsabreden und die Verhaltensweisen marktbeherr-
      schender Unternehmen. Bisher gibt es noch keine Praxis zu Art. 11 KG.

2   Gemäss Art. 11 KG ist der Antrag auf ausnahmsweise Zulassung an den Bundesrat nur bei
      einer vorherigen Untersagung eines Zusammenschlusses möglich. Durch die Verfügung von
      Bedingungen und Auflagen lässt sich im Fusionskontrollverfahren in den meisten Fällen eine
      Untersagung vermeiden, insbesondere, wenn die Wettbewerbskommission die beteiligten
      Unternehmen in analoger Anwendung von Art. 37 KG bei der Suche nach dem geeignetsten
      Mittel zur Verhinderung einer schädlichen Marktstruktur mit einbezieht. Dennoch ist nicht zu
      übersehen, dass zwischen der Untersagung und der Zulassung unter Bedingungen und Auf-
      lagen unter Umständen (insbesondere, wenn die Wettbewerbskommission die von den Un-
      ternehmen vorgebrachten Vorschläge nicht akzeptieren kann) nur ein gradueller Unterschied
      bestehen kann. Unter einem ökonomischen Blickwinkel können Bedingungen und Auflagen
      für die Unternehmen derart schwerwiegend sein, dass der Zusammenschluss für sie keinen
      Sinn mehr macht. Es wäre folglich mit dem Grundgedanken von Art. 11 KG nicht zu verein-
      baren, wenn es die Wettbewerbskommission durch die Wahl des Interventionsmittels in der
      Hand hätte, den beteiligten Unternehmen selbst bei einer massiven Intervention durch Bedin-
      gungen und Auflagen den Weg an den Bundesrat für eine ausnahmsweise Zulassung im
      Sinne von Art. 11 KG abzuschneiden.

II. Formelle Anwendungsvoraussetzungen

3   Gemäss Art. 11 KG ist ein Antrag an den Bundesrat nur möglich, wenn die Wettbewerbs-
      kommission bzw. eine im Anschluss an deren Entscheid urteilende Rechtsmittelbehörde über
      das Zusammenschlussvorhaben negativ entschieden hat. Art. 36 KG hält zudem fest, dass
      eine Antragstellung an den Bundesrat bereits im Anschluss an den Entscheid der Wett-
      bewerbskommission möglich ist; es braucht folglich für die Ausnahmegenehmigung nicht der
      volle Rechtsmittelweg beschritten zu werden. Lehnt der Bundesrat den Antrag auf aus-

nahmsweise Zulassung ab, können die beteiligten Unternehmen immer noch den Rechtsmittelweg an die Rekurskommission für Wettbewerbsfragen einschlagen (Art. 36 Abs. 1 KG).

III. Materielle Voraussetzungen

4   Die bei der Entscheidfindung anzuwendenden materiellen Kriterien sind grundsätzlich die gleichen wie bei der Beurteilung von Wettbewerbsabreden und Verhaltensweisen marktbeherrschender Unternehmen im Sinne von Art. 8 KG. Es kann deshalb auf die entsprechenden Ausführungen bei der Kommentierung von Art. 8 KG verwiesen werden (vgl. die Kommentierung zu Art. 8 KG, N 7 ff. und YVO HANGARTNER/FELIX PRÜMMER, Die ausnahmsweise Zulassung grundsätzlich unzulässiger Wettbewerbsbeschränkungen und Unternehmenszusammenschlüsse, in: Aktuelle Juristische Praxis 2004, 1093 ff., und ISABELLE CHABLOZ, L'autorisation exceptionnelle en droit de la concurrence. Etude de droit suisse et comparé, Fribourg 2002).

3. Kapitel: Zivilrechtliches Verfahren

Vorbemerkungen zum zivilrechtlichen Verfahren (Art. 12–17 KG)

1   In den Art. 12–17 KG wird das kartellzivilrechtliche Verfahren umschrieben. Mit der Vereinheitlichung des materiellen Rechts in den Art. 5–7 sowie Art. 10 KG entfällt die in früheren kartellrechtlichen Erlassen anzutreffende Unterscheidung zwischen materiellem Kartellzivilrecht und materiellem Kartellverwaltungsrecht. Die Bestimmungen zum zivilrechtlichen Verfahren erfuhren in der Revision vom 20. Juni 2003 keine Änderungen.

2   Die durch die Abschnittsbezeichnung (zivilrechtliches Verfahren) angedeutete verfahrensbezogene Ausrichtung der Art. 12–17 KG erfährt durch Art. 12 Abs. 3 KG eine Ausnahme. Art. 12 Abs. 3 KG enthält die materiellen Anspruchsvoraussetzungen beim Vorliegen von zwar zulässigen, jedoch übermässigen Behinderungen aus Wettbewerbsbeschränkungen (vgl. dazu die nachfolgende Kommentierung zu Art. 12 KG, N 18 f.).

3   Bereits kurz nach Erlass des Kartellgesetzes wurde die Frage der zivilrechtlichen Wirkungen der in den materiellrechtlichen Bestimmungen angeordneten Rechtsfolgen heftig diskutiert (vgl. die Zusammenstellung bei REGULA WALTER, in: Homburger, Kommentar, Vorbemerkungen zu den Artikeln 12–17, N 33 ff.). Es wurde in diesem Zusammenhang das Problem der zeitlichen Rückwirkung der in Art. 5 und 7 KG angeordneten Rechtslage der Unzulässigkeit bezogen auf zivilrechtliche Verhältnisse aufgeworfen und in diesem Zusammenhang – was Wettbewerbsabreden betrifft – zwischen den Rechtsbeziehungen unter den Kartellmitgliedern und denjenigen zwischen Dritten (Behinderten) unterschieden. Während bezüglich der ersten Kategorie eine Tendenz besteht, die Rechtsfolgewirkung auf den Zeitpunkt der richterlichen Feststellung zu verlegen (ex nunc), soll im Gegenzug dazu die Rechtswidrigkeit der Behinderung eines Dritten (oder gemäss gewissen Stellungnahmen auch der behinderten Kartellmitglieder, weil mit dem in Art. 12 KG enthaltenen Begriff des Behinderten nicht nur der behinderte Dritte, sondern auch das behinderte Kartellmitglied gemeint ist; vgl. in diesem

Sinne REGULA WALTER, in: Homburger, Kommentar, Zürich 1996 f., Art. 12, Rz. 16 ff.) auf den Zeitpunkt der Behinderung zurückwirken.

4   Zunächst ist festzuhalten, dass die Anordnung der Rechtsfolgen sowohl in Art. 5 KG als auch in Art. 7 KG klar und unmittelbar ist. Wettbewerbsabreden bzw. Verhaltensweisen marktbeherrschender Unternehmen, welche den in den materiellen Prüfungsrastern der beiden Bestimmungen enthaltenen Anforderungen nicht standhalten, sind unzulässig, was in der zivilrechtlichen Terminologie mit der Widerrechtlichkeit gleichzusetzen ist. Zu beachten ist in diesem Zusammenhang, dass Art. 5 KG sowie Art. 7 KG nicht nur verwaltungsrechtliche, sondern gleichzeitig auch zivilrechtliche Normen sind und folglich unmittelbar die Rechtsfolgen der jeweiligen Rechtskategorie anordnen. Bei der Prüfung der zivilrechtlichen Rechtsfolgen geht es demzufolge nicht darum, eine öffentlich-rechtliche (verwaltungsrechtliche) Rechtsfolge – die Unzulässigkeit – in eine zivilrechtliche Rechtsfolge – die Rechtswidrigkeit – umzugiessen. Art. 5 KG und Art. 7 KG sind genauso öffentlich-rechtliche Rechtsnormen wie auch zwingende Zivilrechtsnormen.

5   Gemäss Art. 20 Abs. 1 OR ist ein Vertrag, der einen widerrechtlichen Inhalt hat, nichtig. Gemäss der zu Art. 20 OR entwickelten Lehre und Praxis tritt diese Nichtigkeitsfolge jedoch nicht automatisch ein, sondern nur dann, wenn das fragliche Gesetz sie ausdrücklich vorschreibt oder sie sich aus dem Sinn und Zweck der anzuwendenden Norm ergibt (BGE 102 II 404 mit Verweisen auf die bundesgerichtliche Praxis).

6   Art. 5 und 7 KG sehen als zwingende privatrechtliche Normen die Rechtsfolge der Unzulässigkeit vor. Aus dem Sinn und Zweck des Kartellgesetzes als auf dem Missbrauchsprinzip aufgebautem Schutzsystem zur Erhaltung einer marktwirtschaftlichen Ordnung ergibt sich, dass diese Rechtsfolge der Unzulässigkeit nur bei schwerwiegenden Verstössen – beispielsweise einer Beseitigung wirksamen Wettbewerbs oder bei missbräuchlichen Verhaltensweisen von marktbeherrschenden Unternehmen – zur Anwendung kommen soll. Von seinem Grundsatz her ist das Kartellgesetz ja nicht als Sanktionsgesetz ausgestaltet, sondern als Grundlage zur Bestimmung der Spielregeln in einer marktwirtschaftlichen Ordnung. In diesem Sinne soll das Kartellgesetz denn auch nicht durch die Wettbewerbsbehörden (Wettbewerbskommission und Zivilgerichte) angewandt werden, sondern im Sinne einer Selbstregulierung durch die Marktteilnehmer selbst.

7   Was Wettbewerbsabreden betrifft, besteht zwischen den daran Beteiligten in der Regel ein gleichmässig verteiltes Kräfteverhältnis, und die Beteiligten sind sich durchaus bewusst, dass sie im Falle einer unzulässigen Wettbewerbsabrede in schwerwiegender Weise gegen die im Kartellgesetz enthaltenen Normen verstossen haben. Eine ernsthafte Auseinandersetzung mit dem Schutzzweck des Gesetzes kann folglich bezüglich unzulässiger Wettbewerbsabreden aus zivilrechtlicher Sicht nur zur Anordnung der Rechtsfolge der Nichtigkeit im Sinne von Art. 20 OR führen, und zwar zu einer Nichtigkeit, die bereits auf den Zeitpunkt des Vertragsabschlusses zurückwirkt. Die Ahndung der vom Kartellgesetz mit der Rechtsfolge der Unzulässigkeit sanktionierten schwerwiegenden Verstösse gegen die wettbewerbsrechtliche Ordnung darf nicht von einer sich unter Umständen aus Zufälligkeiten ergebenden richterlichen Feststellung abhängig sein, sondern derartige schwerwiegende Verstösse müssen auf den Zeitpunkt ihrer Entstehung zurück mit dem Risiko der zivilrechtlichen Nichtigkeit behaftet sein.

8   Aus dem unzulässigen Verhalten marktbeherrschender Unternehmen können Vertragsbeziehungen entstehen, die gemäss der Anordnung der Rechtsfolge in Art. 7 KG mit dem Makel
der Unzulässigkeit behaftet sind. Im Zusammenhang mit Art. 7 KG geht es allerdings nicht
um Vertragsbeziehungen zwischen Vertragspartnern, die in einem ausgeglichenen Kräfteverhältnis zueinander stehen und sich im gegenseitigen Einvernehmen um eine Wettbewerbsbeschränkung bemühen. Sinn und Zweck der kartellgesetzlichen Norm verlangen bei
der Prüfung von Rechtsbeziehungen zwischen dem marktbeherrschenden Unternehmen und
seinen Vertragspartnern gerade nicht, dass sich das marktbeherrschende Unternehmen zusätzlich zu seinem missbräuchlichen Verhalten noch unter Berufung auf eine Nichtigkeit ex
tunc seinen vertraglichen Verpflichtungen entziehen kann. Zumindest wäre in diesen Fällen
gemäss Art. 2 Abs. 2 ZGB sehr genau zu prüfen, ob sich das Verhalten des marktbeherrschenden Unternehmens unter dem Blickwinkel des Rechtsmissbrauchsverbots mit den
Grundprinzipien der Rechtsordnung vereinbaren lässt. Hinzu kommt, dass das von einer unzulässigen Verhaltensweise betroffene marktschwächere Unternehmen in der Regel ein Interesse daran hat, seine bereits erbrachten Leistungen als vertragliche Leistungen qualifizieren
zu lassen und sie nicht nur als unzulässige Kartellleistungen den besonderen Rückabwick-
lungsregeln zu unterstellen (zum Problem der Rückabwicklung von unzulässigen Kartellleistungen vgl. die umfassende Darstellung bei ROGER ZÄCH, Die Rückabwicklung verbotener
Kartellleistungen, dargestellt am Kartellrecht der Europäischen Gemeinschaften, Bern 1977).
Dem dargestellten Problem könnte in der Tat mit einem variablen Zeitpunkt des Einsetzens
der Nichtigkeit Rechnung getragen werden. Unter Umständen erscheint es in solchen Fällen
sinnvoll, den vorvertraglichen Zustand nicht wiederherzustellen, sondern die bereits ausge-
tauschten Leistungen als vertragsmässige gelten zu lassen (vgl. zu den Tendenzen der Praxis
zum variablen Zeitpunkt der Nichtigkeit die Ausführungen bei CLAIRE HUGUENIN JACOBS, in:
Kommentar zum Schweizerischen Privatrecht, Basel/Frankfurt 2003, Art. 19/20 OR, Rz. 55).

9   Über den Zeitpunkt des Eintritts der Rechtswidrigkeit einer Behinderung eines Dritten durch
eine unzulässige bzw. übermässige (Art. 12 Abs. 3 KG) Wettbewerbsabrede bestehen keine
Zweifel. Die Rechtswirkungen müssen auf den Zeitpunkt des Beginns der Behinderung zurückwirken, weil anderenfalls der zivilrechtlichen Ahndung von Verstössen gegen das Kartellgesetz jegliche Wirkung entzogen wäre. Es versteht sich von selbst, dass bei einer Wirkung
der Rechtswidrigkeit der Behinderung erst ab dem Zeitpunkt ihrer richterlichen Feststellung
grundsätzlich keine Wiedergutmachungsansprüche eingefordert werden könnten, weil sie
zum Zeitpunkt der Feststellung gar noch nicht entstanden wären.

10   Die aufgezeigten zivilrechtlichen Lösungsmuster stehen nicht im Widerspruch zu den erst zum
Zeitpunkt nach der Feststellung der Unzulässigkeit wirkenden indirekten verwaltungsrechtlichen und strafrechtlichen Sanktionen (Art. 50 ff. KG und Art. 54 ff. KG). Auch in Bezug auf
das Verwaltungsrecht kann die Frage aufgeworfen werden, ob die in Art. 5 und 7 KG angeordnete Rechtsfolge der Unzulässigkeit nicht auf den Zeitpunkt der Vereinbarung der Wettbewerbsabrede bzw. des Beginns des unzulässigen Verhaltens zurückwirkt. Im Gegensatz
zum Zivilrecht hat jedoch der Gesetzgeber bezüglich der Sanktionen – und nicht der Rechtswirkungen – eine ausdrückliche Regelung getroffen, was jegliche Diskussion über den Zeitpunkt der Wirkungen aus verwaltungs- und strafrechtlicher Sicht ausschliesst.

JÜRG BORER

11 Was die zivilrechtlichen Rechtsfolgen der Vorschriften des Kartellgesetzes über Unternehmenszusammenschlüsse betrifft, ist auf die Regelung von Art. 34 KG zu verweisen (vgl. dazu die Kommentierung zu Art. 34 KG, N 3 ff.).

Art. 12   Ansprüche aus Wettbewerbsbehinderung

[1] Wer durch eine unzulässige Wettbewerbsbeschränkung in der Aufnahme oder Ausübung des Wettbewerbs behindert wird, hat Anspruch auf:

a. Beseitigung oder Unterlassung der Behinderung;

b. Schadenersatz und Genugtuung nach Massgabe des Obligationenrechts[1];

c. Herausgabe eines unrechtmässig erzielten Gewinns nach Massgabe der Bestimmungen über die Geschäftsführung ohne Auftrag.

[2] Als Wettbewerbsbehinderung fallen insbesondere die Verweigerung von Geschäftsbeziehungen sowie Diskriminierungsmassnahmen in Betracht.

[3] Die in Absatz 1 genannten Ansprüche hat auch, wer durch eine zulässige Wettbewerbsbeschränkung über das Mass hinaus behindert wird, das zur Durchsetzung der Wettbewerbsbeschränkung notwendig ist.

I. Ausgangslage

1 Art. 12 KG legt die Aktivlegitimation für zivilrechtliche Klagen gegen Wettbewerbsbehinderungen fest. Im Weiteren werden die dem Behinderten zustehenden Ansprüche im Einzelnen umschrieben (Art. 12 Abs. 1 lit. a–c KG). In Abs. 2 von Art. 12 KG werden beispielhaft zwei Arten von Wettbewerbsbehinderungen aufgeführt – nämlich die Verweigerung der Geschäftsbeziehung und die Diskriminierung.

2 Mit Art. 12 Abs. 3 KG erleidet das auf einer Vereinheitlichung des materiellen Rechts beruhende Konzept des Kartellgesetzes einen Einbruch. Art. 12 Abs. 3 KG statuiert nämlich die materiellrechtlichen Voraussetzungen für Ansprüche aus zwar zulässigen, jedoch übermässigen Wettbewerbsbehinderungen.

II. Aktivlegitimation

3 Aktivlegitimiert ist gemäss Art. 12 Abs. 1 KG jede natürliche oder juristische Person oder Personengesamtheit, die in der Aufnahme oder Ausübung des Wettbewerbs durch eine unzulässige Wettbewerbsbeschränkung behindert ist. Was eine unzulässige Wettbewerbsbeschränkung ist, legt das materielle Recht in den Art. 5–7 KG fest. Demnach kann es sich entweder um unzulässige Wettbewerbsabreden oder um unzulässige Verhaltensweisen marktbeherrschender Unternehmen handeln. Die tatsächliche Betroffenheit des Klägers reicht aus, und es ist nicht erforderlich, dass der Kläger in einem direkten Konkurrenzverhältnis zum Behinderer steht oder dass die unzulässige Wettbewerbsbeschränkung direkt gegen den Kläger gerichtet ist (REGULA WALTER, in: Homburger, Kommentar, Art. 12, Rz. 13 f.; anderer Meinung

---

1   SR 220

URSULA NORDMANN-ZIMMERMANN, La nouvelle loi sur les cartels – une chance pour les organisations de consommateurs, in: BRUNNER/REHBINDER/STAUDER, Jahrbuch des Schweizerischen Konsumentenrechts, Bern 1996, 118). Aktivlegitimiert ist auch der mittelbar Betroffene, der auf einem anderen Markt tätig ist als der Behinderer (vgl. die Entscheide der kantonalen Gerichte in RPW 1997/1, Arzneimittelhandel, Handelsgericht des Kantons Aargau, Vizepräsident, 102, sowie in RPW 1997/2, Arzneimittelmarkt, Handelsgericht des Kantons Aargau, 281). Nicht aktivlegitimiert sind jedoch Wirtschafts- und Berufsverbände (vgl. den Entscheid eines kantonalen Gerichts in RPW 1999/2, Cour de justice du canton de Genève: Demande de l'Association des Médecins du canton de Genève, 353 f.).

4   Das Kartellgesetz unterscheidet – im Gegensatz zu den früheren karellrechtlichen Erlassen – nicht mehr zwischen dem Kartellinnenrecht und Kartellaussenrecht. Aus zivilrechtlicher Sicht werden Kartellabreden zwischen den beteiligten Kartellmitgliedern nach den gleichen materiellen Kriterien beurteilt und verfahrensmässig verfolgt wie die sich aus einer Wettbewerbsabrede im Aussenverhältnis ergebenden Behinderungen gegenüber Dritten. Diese Vereinheitlichung hat zur Folge, dass die in Art. 12 KG umschriebenen Ansprüche grundsätzlich nicht nur dem behinderten Dritten, sondern auch dem behinderten Kartellmitglied zustehen. Der Begriff des Behinderten ist in Abweichung zum früheren Kartellgesetz (Art. 8 aKG 1985) gemäss Art. 12 KG umfassend zu verstehen. Als Behinderter ist nicht nur der durch eine Kartellabrede oder durch ein missbräuchliches Verhalten behinderte Dritte, sondern auch das an der Kartellabrede beteiligte Kartellmitglied zur Geltendmachung der in Art. 12 KG umschriebenen Ansprüche aktivlegitimiert.

5   Es ist nicht von der Hand zu weisen, dass im Falle eines ausgeglichenen wirtschaftlichen Kräfteverhältnisses unter den beteiligten Kartellmitgliedern die Möglichkeit der Berufung auf das eigene unrechtmässige Verhalten zur Durchsetzung von Ansprüchen gegenüber den übrigen Beteiligten stossend wirken kann. Die Korrektur dieser stossenden Wirkungen ist jedoch nicht durch eine dem Konzept des Kartellgesetzes widersprechende Einschränkung des Begriffs des Behinderten in Art. 12 Abs. 1 KG vorzunehmen, sondern durch das sich aus Art. 2 Abs. 2 ZGB ergebende Verbot des rechtsmissbräuchlichen Verhaltens (ebenso JEAN-MARC REYMOND, Commentaire romand, Art. 12, N 22 ff.; REGULA WALTER, in: Homburger, Kommentar, Art. 12, Rz. 15; vgl. auch den Entscheid eines kantonalen Gerichts in RPW 1998/1, Kiesaufbereitungsanlage, Obergericht des Kantons Luzern, 125 ff., 129 f., E. 7).

III. Passivlegitimation

6   Die Passivlegitimation wird in Art. 12 KG nicht geregelt. Es versteht sich jedoch von selbst, dass sich die Geltendmachung von Ansprüchen aus Behinderung an den oder die Behinderer richtet. Bezogen auf Kartellabreden handelt es sich dabei um die (übrigen) Kartellmitglieder; bei den Verhaltensweisen marktbeherrschender Unternehmen ist das marktbeherrschende Unternehmen passivlegitimiert. Bei mehreren Passivlegitimierten besteht grundsätzlich keine notwendige Streitgenossenschaft, sodass sie einzeln eingeklagt werden können (BGE 104 II 209, E. 2c; BGE 93 II 192, E. 11b; vgl. aber zur Behinderung durch eine einfache Gesellschaft.

IV. Ansprüche aus Behinderung

A. Feststellungsanspruch

7   Im Gegensatz zum früheren enthält das geltende Kartellgesetz keine Rechtsgrundlage für einen besonderen Anspruch auf Feststellung einer Wettbewerbsbehinderung (vgl. die frühere Regelung in Art. 8 Abs. 1 lit. a aKG 1985). In der Botschaft wurde der Verzicht auf einen derartigen Feststellungsanspruch damit begründet, dass mit der ausschliesslichen Zuständigkeit der Wettbewerbskommission zur Überprüfung der Zulässigkeit bzw. Unzulässigkeit einer Wettbewerbsabrede eine Notwendigkeit für einen derartigen gesonderten kartellrechtlichen Feststellungsanspruch nicht mehr bestehe (Botschaft 1994, 121). Durch die Neufassung von Art. 15 KG im Verlaufe der parlamentarischen Beratungen wurde diese ausschliessliche Zuständigkeit der Wettbewerbskommission zur Beurteilung der Zulässigkeit von Wettbewerbsbeschränkungen jedoch nicht in den Gesetzestext umgesetzt, sondern die Wettbewerbskommission hat bei der Beurteilung der Zulässigkeit bzw. Unzulässigkeit einer Wettbewerbsbeschränkung im zivilgerichtlichen Verfahren eine blosse Gutachterfunktion (vgl. die Formulierung von Art. 15 Abs. 1 KG).

8   Die in der Botschaft gegebene Begründung für den Verzicht auf die Gewährung eines gesonderten kartellgesetzlichen Feststellungsanspruchs lässt sich folglich nicht mehr umfassend aufrechterhalten. Dennoch ist nicht zu übersehen, dass bei der Umsetzung des Kartellgesetzes mit seinem zweigeteilten Rechtsdurchsetzungssystem auf die von einer Antragstellung der betroffenen Parteien unabhängige eigene Initiative der Wettbewerbskommission vertraut werden kann. Bei der kartellgesetzlichen Rechtsanwendung sind somit die von einer Wettbewerbsbeschränkung betroffenen Marktteilnehmer nicht im gleichen Umfang auf die Möglichkeit der Einleitung eines zivilgerichtlichen Feststellungsverfahrens angewiesen, wie dies beispielsweise im Bereich des Persönlichkeitsrechts oder des Gesetzes gegen den unlauteren Wettbewerb notwendig ist. Auch wenn die Anerkennung eines gesonderten kartellgesetzlichen Feststellungsanspruchs die zivilrechtliche Rechtsdurchsetzung in einzelnen Fällen erleichtern würde, können diese Sonderfälle nicht als Grundlage herangezogen werden, um den bei der Gesetzesredaktion klar zum Ausdruck gebrachten Verzicht auf den gesonderten Feststellungsanspruch zu ignorieren (a.M. JOHANNES A. BÜRGI, Zivilrechtsfolge Nichtigkeit bei Kartellrechtsverstössen, Bern 2001, 262; HUBERT STÖCKLI, Ansprüche aus Wettbewerbsbehinderung – Ein Beitrag zum Kartellzivilrecht, Freiburg 1999, Rz. 909; PIERRE TERCIER, Droit privé de la concurrence, in: VON BÜREN/DAVID, Schweizerisches Immaterialgüter- und Wettbewerbsrecht, Band V/2, Kartellrecht, Basel 2000, 354 f.; REGULA WALTER, in: Kommentar zum schweizerischen Kartellgesetz, Zürich 1996 f., Art. 12, Rz. 51 ff.). Es bleibt folglich dabei, dass auch für das Kartellzivilrecht lediglich, aber immerhin, der allgemeine bundesrechtliche Feststellungsanspruch gemäss den ihm eigenen Voraussetzungen zur Verfügung steht. Das erforderliche Rechtsschutzinteresse besteht aber nur, wenn

1.   kumulativ die Rechtsstellung des Klägers ungewiss, unsicher oder gefährdet ist;

2.   dem Kläger die Fortdauer dieser Rechtsungewissheit nicht zumutbar ist;

3. die Rechtsunsicherheit sich nur durch eine richterliche Feststellung beseitigen lässt (Subsidiarität). Aufgrund der Subsidiarität dieses Anspruchs ist ein Feststellungsinteresse grundsätzlich zu verneinen, wenn eine entsprechende Leistungsklage möglich und auch zulässig ist (vgl. dazu allgemein MAX GULDENER, Schweizerisches Zivilprozessrecht, 3. Auflage, Zürich 1979, 207 ff.).

B. Negatorische Ansprüche

9 In Art. 12 Abs. 1 lit. a KG werden die sogenannten negatorischen Ansprüche, d.h. die Beseitigungs- und Unterlassungsansprüche, formuliert. Der Beseitigungsanspruch ist naturgemäss gegen eine bereits bestehende, der Unterlassungsanspruch gegen eine drohende Wettbewerbsbehinderung gerichtet.

10 Für den Beseitigungsanspruch ist Voraussetzung, dass der rechtswidrige Zustand noch andauert. Falls die Behinderung im von der kantonalen Zivilprozessordnung angeordneten massgeblichen Zeitpunkt nicht mehr besteht, lässt sich im Falle einer Wiederholungsgefahr allenfalls ein Unterlassungsanspruch oder, bei fehlender Wiederholungsgefahr, ein allgemeiner Feststellungsanspruch formulieren.

11 Zur Begründung eines Unterlassungsinteresses ist die Gefahr der Wiederholung einer abgeschlossenen Behinderung oder das vorbeugende Vorgehen gegen eine drohende Behinderung nachzuweisen (vgl. zur Veranschaulichung den Entscheid in RPW 2003/2, Handelsgericht des Kantons Aargau: Allgemeines Bestattungsinstitut, 474). Eine Wiederholungsgefahr ist zu vermuten, wenn ein gemäss den Bestimmungen des Kartellgesetzes unzulässiges Verhalten rechtsgenügend erstellt ist. Es obliegt alsdann der Gegenpartei, die Wiederholungsvermutung umzustossen (BGE 116 II 357, E. 2a).

12 Stützt sich der Unterlassungsanspruch auf eine drohende Behinderung, muss eine unmittelbare Begehungsgefahr nachgewiesen werden. Dafür ist erforderlich, dass eine gesteigerte Wahrscheinlichkeit besteht, dass die widerrechtliche Handlung unmittelbar droht (vgl. zu dieser Begehungsgefahr MAX GULDENER, Schweizerisches Zivilprozessrecht, 3. Auflage, Zürich 1979, 206; ERIC HOMBURGER, Kommentar zum schweizerischen Kartellgesetz, Zürich 1990, Art. 8, Rz. 25; WALTER R. SCHLUEP, in: SCHÜRMANN/SCHLUEP, KG und PüG, Zürich 1988, 490, je mit weiteren Verweisen auf die einschlägige Praxis).

13 Mögliche Inhalte von Beseitigungs- und Unterlassungsklagen finden sich in Art. 13 KG (vgl. dazu die nachfolgende Kommentierung zu Art. 13 KG). Schliesslich ist anzumerken, dass die Ansprüche, obwohl sie keiner Verjährung unterliegen, bei längerem Zuwarten aufgrund des Rechtsmissbrauchsverbotes gemäss Art. 2 Abs. 2 ZGB verwirken können (BGE 117 II 575, E. 4a).

C. Pekuniäre Ansprüche

14 Schadenersatz- und Genugtuungsansprüche (Art. 12 Abs. 1 lit. b KG) richten sich nach den für derartige Ansprüche allgemein geltenden Deliktsvoraussetzungen (Art. 41 ff. OR; vgl. zur Veranschaulichung den Entscheid in RPW 2003/2, Handelsgericht des Kantons Aargau: Allgemeines Bestattungsinstitut, 474 ff.). Bei der Geltendmachung von Schadenersatzansprüchen aus Wettbewerbsrecht ergeben sich besondere Schwierigkeiten, weil es dem Kläger in den seltensten Fällen ohne grossen Aufwand gelingen wird, nicht nur den Schaden, sondern auch den adäquaten Kausalzusammenhang nachzuweisen. Er muss nämlich zu diesem Zweck

eine in den meisten Fällen nicht vorhandene Wettbewerbssituation modellhaft darstellen und unter Beschreibung seiner hypothetischen Marktsituation in dieser Modellvorstellung plausible Erklärungssätze über die Entwicklung und das Zusammenspiel der Marktkräfte aufstellen können. Hinzu kommt, dass, sofern die Gegenpartei nicht einen Verjährungsverzicht abgibt, die klagende Partei wegen der im Deliktsrecht geltenden bloss einjährigen Verjährungsfrist (Art. 60 Abs. 1 OR) unter einem ganz erheblichen Zeitdruck steht, welcher es ihr in den meisten Fällen verunmöglicht, ein substanziertes Klagefundament beim Zivilgericht einzureichen. Nicht zuletzt wegen dieser Schwierigkeiten sind im Wettbewerbsrecht in verschiedenen Rechtsordnungen Entwicklungen sichtbar, wonach sich die Rechtsdurchsetzung bei Kartellsachen zunehmend von den Zivilgerichten auf die Verwaltungsbehörden verlagert.

15   Als weiteren pekuniären Anspruch sieht Art. 12 Abs. 1 lit. c KG die Herausgabe eines unrechtmässig erzielten Gewinns nach Massgabe der Bestimmungen über die Geschäftsführung ohne Auftrag vor (Art. 419 ff. OR; vgl. zur Veranschaulichung den Entscheid in RPW 2003/2, Handelsgericht des Kantons Aargau: Allgemeines Bestattungsinstitut, 476 ff.). Die Formulierung im Kartellgesetz ist an ähnlich lautende Bestimmungen im Persönlichkeitsrecht (Art. 28a Abs. 3 ZGB) und im Gesetz gegen den unlauteren Wettbewerb (Art. 9 Abs. 3 UWG) angelehnt. Die materielle Begründung des Anspruchs ist darin zu suchen, dass die an einer Wettbewerbsbeschränkung Beteiligten durch ihr unrechtmässiges Verhalten Gewinne erwirtschafteten, die der Behinderte wegen der Abrede nicht oder nicht in dieser Höhe erzielen konnte (Botschaft 1994, 123 mit Hinweis auf die Formulierung bei WALTER R. SCHLUEP, in: SCHÜRMANN/SCHLUEP, KG und PüG, Zürich 1988, 494 f.). Soweit für diese Gewinne die widerrechtliche Behinderung kausal ist, kann sie der Behinderte als unrechtmässig erzielten Gewinn gestützt auf Art. 423 Abs. 1 OR herausverlangen (Botschaft 1994, 123). Mit der Stufenklage kann der Kläger den Gewinnherausgabeanspruch mit einem Nebenanspruch auf Auskunftserteilung und Rechenschaftsablegung verbinden, was ihm den Nachweis des Gewinnes erleichtert (BGE 123 III 140, E. 2b).

V. Wettbewerbsbehinderungen

16   Art. 12 Abs. 2 KG erwähnt im Sinne einer beispielhaften Veranschaulichung, was Grundlage für die Begründung eines Anspruches aus Wettbewerbsbehinderung im Sinne von Art. 12 Abs. 1 KG bilden kann. Die beiden Beispiele, die Verweigerung der Geschäftsbeziehung und die Diskriminierung, sind typische Massnahmen, welche sich gegen einen Dritten bzw. einen Geschäftspartner eines marktbeherrschenden Unternehmens richten (Botschaft 1994, 122).

17   Die beispielhafte Aufzählung ist nicht abschliessend und im Wesentlichen eine Reminiszenz aus dem aKG 1985 (Art. 6 aKG 1985). Aus der Formulierung von Art. 12 Abs. 2 KG ergeben sich folglich keinerlei Anhaltspunkte für eine Einschränkung der Aktivlegitimation von Art. 12 Abs. 1 KG auf den behinderten Dritten. Das Herausstreichen von bestimmten Behinderungstatbeständen durch den Gesetzgeber hat keine eigenständige rechtsetzende Bedeutung und darf aus diesem Grunde auch nicht für eine einschränkende Interpretation von Art. 12 Abs. 1 KG verwendet werden.

VI. Übermässige Behinderung

18 Art. 12 Abs. 3 KG statuiert ein Übermassverbot, das seine Begründung im Wesentlichen in persönlichkeitsrechtlichen Überlegungen hat und in der Praxis wohl nur in seltenen Ausnahmefällen zur Anwendung kommen wird.

19 Bei einer gestützt auf Gründe der wirtschaftlichen Effizienz gerechtfertigten Wettbewerbsabrede ist wegen der bereits im Rahmen der Effizienzprüfung eingebauten Schranken (Art. 5 Abs. 2 lit. a KG, der von der Notwendigkeit der Abrede spricht, sowie Art. 5 Abs. 2 lit. b KG mit der durch die Beseitigung wirksamen Wettbewerbs markierten absoluten Schranke) der Grundsatz der Verhältnismässigkeit in jedem Fall gewahrt. Angesprochen sind denn auch weniger Abreden, welche den Effizienztest erfolgreich bestanden haben und folglich zulässig sind, sondern solche, welche im Ausnahmeverfahren von Art. 8 KG vom Bundesrat im Nachhinein als zulässig erklärt wurden. Obwohl der Bundesrat im Rahmen der Prüfung von Art. 8 KG die Notwendigkeit der Abrede zum Schutz des überwiegenden öffentlichen Interesses zu berücksichtigen hat, können sich doch unter persönlichkeitsrechtlichen Gesichtspunkten bedenkliche Situationen ergeben, welche mit der Vorschrift von Art. 12 Abs. 3 KG in einem zivilrechtlichen Verfahren korrigiert werden können (vgl. in diesem Sinne das Protokoll der Kommission für Wirtschaft und Abgaben des Nationalrats vom 10. April 1995, 16).

Art. 13   Durchsetzung des Beseitigungs- und Unterlassungsanspruchs

Zur Durchsetzung des Beseitigungs- und Unterlassungsanspruchs kann das Gericht auf Antrag des Klägers namentlich anordnen, dass:

a. Verträge ganz oder teilweise ungültig sind;

b. der oder die Verursacher der Wettbewerbsbehinderung mit dem Behinderten marktgerechte oder branchenübliche Verträge abzuschliessen haben.

I. Ausgangslage

1   Art. 13 KG hat einen ähnlichen Zweck wie Art. 12 Abs. 2 KG. Es handelt sich um Erläuterungen für die Praxis, die jedoch keinen eigenständigen rechtsetzenden Stellenwert haben. Sie sollen es dem Kläger ermöglichen, sein Rechtsbegehren so zu formulieren, dass das spätere Urteilsdispositiv vollstreckt werden kann (WALTER R. SCHLUEP, in: SCHÜRMANN/SCHLUEP, KG und PüG, Zürich 1988, 501). Die beiden ausdrücklich erwähnten Anordnungen, die teilweise oder gänzliche Ungültigerklärung von Verträgen (Art. 13 lit. a KG) und der Kontrahierungszwang (Art. 13 lit. b KG), sind nur Beispiele, wie der Zivilrichter auf Antrag eines Behinderten der rechtswidrigen Wettbewerbsbeschränkung beikommen kann. Bereits die Botschaft stellt in diesem Zusammenhang klar, dass es sich bei den aufgeführten Anordnungen um Vorschläge handelt, welche im Übrigen die Kreativität der Parteien in keiner Weise einschränken sollen (Botschaft 1994, 124); vgl. zur Veranschaulichung den Entscheid in RPW 2003/2, Handelsgericht des Kantons Aargau: Allgemeines Bestattungsinstitut, 473 f.

II. Ungültigerklärung von Verträgen

2   Art. 13 lit. a KG scheint zunächst einen gewissen Widerspruch zur Rechtsauffassung zu schaffen, dass Kartellverträge, welche gemäss den materiellrechtlichen Bestimmungen von Art. 5 KG unzulässig sind, ex tunc als nichtig anzusehen sind (vgl. dazu die Vorbemerkungen zum zivilrechtlichen Verfahren, Vor Art. 12 ff. KG, N 7). Die Zuerkennung eines derartigen einschränkenden Gehalts von Art. 13 lit. a KG ist jedoch schon deshalb nicht stichhaltig, weil der beispielhaften Aufzählung in dieser Bestimmung gar keine eigenständige rechtsetzende Bedeutung zukommt. In diesem Zusammenhang ist zusätzlich zu beachten, dass der Behinderte nicht Vertragspartner des mit der Nichtigkeit behafteten Vertrages sein muss, sondern häufig am Vertragsverhältnis unbeteiligter Dritter ist, der aufgrund der zumindest behaupteten Wirksamkeit des Kartellvertrages von den Kartellmitgliedern erheblich behindert wird. Bei derartigen Fallkonstellationen kann die in Art. 13 lit. a KG beispielhaft aufgezählte Anordnung der Ungültigerklärung sehr wohl ein geeignetes Mittel sein, um dem behinderten Dritten den Marktzugang zu ermöglichen. Auf jeden Fall hat Art. 13 lit. a KG im Zusammenhang mit den missbräuchlichen Verhaltensweisen marktbeherrschender Unternehmen für die betroffenen Vertragspartner eine nicht zu unterschätzende Bedeutung.

III. Kontrahierungszwang

3   Art. 13 lit. b KG enthält die zur Beseitigung einer Behinderung allenfalls notwendige Verpflichtung der Kartellmitglieder bzw. des marktbeherrschenden Unternehmens zum Abschluss von Verträgen mit dem Behinderten zu marktgerechten oder branchenüblichen Konditionen (vgl. zur Veranschaulichung den Entscheid in RPW 1999/2, Handelsgericht des Kantons St. Gallen: Belieferung mit «Nintendo»-Videokonsolen, 337). Die in Art. 13 lit. b KG aufgeführte Kontrahierungspflicht beinhaltet folglich nicht einen direkten Bezugs- oder Lieferzwang, sondern lediglich den Zwang zum Abschluss von entsprechenden Verträgen. Was im Einzelfall als marktgerecht bzw. branchenüblich angesehen wird, muss aufgrund der konkreten Verhältnisse ermittelt werden. Die Kontrahierungspflicht darf nicht zu einer versteckten Preis- bzw. Konditionenkontrolle durch den Zivilrichter führen, sondern hat den konkreten markt- und betriebswirtschaftlichen Verhältnissen des betroffenen Unternehmens Rechnung zu tragen (vgl. zu dieser Problematik WALTER R. SCHLUEP, in: SCHÜRMANN/SCHLUEP, KG und PüG, Zürich 1988, 500).

4   Wiederum ist anzumerken, dass die in Art. 13 lit. b KG aufgeführte Möglichkeit zur Beseitigung einer unzulässigen Wettbewerbsbehinderung nicht die einzig mögliche Lösung eines kartellrechtlich unzulässigen Liefer- bzw. Abnahmeboykotts darstellt. Es ist der Kreativität der klagenden Partei überlassen, allenfalls andere den tatsächlichen Verhältnissen besser gerecht werdende Mittel zur Beseitigung des Boykotts beim Richter zu beantragen.

Art. 14[1]

Art. 15 Beurteilung der Zulässigkeit einer Wettbewerbsbeschränkung

[1] Steht in einem zivilrechtlichen Verfahren die Zulässigkeit einer Wettbewerbsbeschränkung in Frage, so wird die Sache der Wettbewerbskommission zur Begutachtung vorgelegt.

[2] Wird geltend gemacht, eine an sich unzulässige Wettbewerbsbeschränkung sei zur Verwirklichung überwiegender öffentlicher Interessen notwendig, so entscheidet der Bundesrat.

I. Ausgangslage

1 Im in der bundesrätlichen Botschaft publizierten Entwurf für ein neues Kartellgesetz war in Art. 15 vorgesehen, dass die Zivilgerichte das Verfahren über einen hängigen Kartellrechtsstreit auszusetzen und der zuständigen Wettbewerbsbehörde zum Entscheid vorzulegen hätten, wenn im zivilgerichtlichen Verfahren Streit über die Zulässigkeit einer Wettbewerbsbeschränkung entsteht. Der Grund für diese Kanalisierung kartellrechtlicher Entscheidfindung bei der Wettbewerbskommission war die Vereinheitlichung des materiellen Kartellrechts im Gesetzesentwurf. Die mit der Vereinheitlichung des materiellen Rechts angestrebte Gleichschaltung der zivilgerichtlichen mit der verwaltungsrechtlichen Praxis sollte auch auf institutioneller Ebene abgesichert werden, indem für die Beurteilung der Zulässigkeit bzw. der Unzulässigkeit einer Wettbewerbsbeschränkung eine ausschliessliche Zuständigkeit der Wettbewerbsbehörden begründet werden sollte (Botschaft 1994, 125 f.; vgl. dazu auch MARINO BALDI, Zur Konzeption des Entwurfs für ein neues Kartellgesetz, in: ZÄCH/ZWEIFEL, Grundfragen der schweizerischen Kartellrechtsreform, St. Gallen 1995, 282 ff.).

2 Im Verlaufe der parlamentarischen Beratungen wurden gegen diese Kanalisierung der Entscheidfindung Einwendungen vorgebracht, weil damit das zivilgerichtliche Verfahren weitgehend seiner Bedeutung beraubt worden wäre. Die Kompetenz der Zivilgerichte zur Beurteilung von Zivilrechtsstreitigkeiten wäre weitgehend beschnitten worden und hätte sich auf die Zusprechung von Ansprüchen im Anschluss an eine verbindliche Feststellung der Rechtslage durch die Wettbewerbsbehörden beschränkt.

3 Im Sinne einer Belebung des Kartellzivilverfahrens wurde folglich im Verlaufe der parlamentarischen Beratungen die Kompetenz des Zivilrichters zur Beurteilung der Zulässigkeit bzw. der Unzulässigkeit von Wettbewerbsabreden in Abweichung zum bundesrätlichen Entwurf und entsprechend dem früheren Kartellzivilrecht wiederhergestellt. Dem Vereinheitlichungsgedanken sollte immerhin dadurch Rechnung getragen werden, dass die Zivilgerichte nach der nun Gesetz gewordenen Regelung verpflichtet sind, bei Unklarheit über die Zu-

---

1 Aufgehoben durch Anhang 1 Ziff. II 3 der Schweizerischen Zivilprozessordnung (ZPO) vom 19. Dezember 2008, in Kraft seit 1. Januar 2011 (AS 2010 1739, 1836).

lässigkeit einer Wettbewerbsbeschränkung diese Frage der Wettbewerbskommission zur Begutachtung zu unterbreiten.

II. Vorlagepflicht

A. Vorlagepflichtige Gerichte

4   Gemäss dem Wortlaut von Art. 15 Abs. 1 KG richtet sich die Pflicht zur Vorlage der Frage der Zulässigkeit bzw. Unzulässigkeit einer Wettbewerbsbeschränkung uneingeschränkt an sämtliche Zivilgerichte. Sowohl vom Wortlaut als auch von der Systematik der Bestimmung her ergeben sich bezüglich der Adressaten der Vorlagepflicht keinerlei Einschränkungen. Das entspricht dem vom Gesetzgeber besonders hervorgehobenen Anliegen; gestützt auf einheitliches materielles Recht soll eine einheitliche Rechtsanwendung erfolgen. Das bedeutet, dass nicht nur die gemäss Art. 14 KG einzige kantonale Instanz der Vorlagepflicht untersteht, sondern auch die allenfalls bloss vorfrageweise entscheidenden kantonalen Zivilgerichte, Rechtsmittel- und Kassationsinstanzen. Bei den Kassationsinstanzen erscheint jedoch fraglich, ob die Zulässigkeit aufgrund der meist eingeschränkten Kassationsgründe in einem Kassationsverfahren überhaupt noch überprüft werden kann. Mit dem Zweck der Norm wäre es nicht zu vereinbaren, wenn bei einer bloss vorfrageweisen Prüfung der Zulässigkeit bzw. Unzulässigkeit einer Wettbewerbsbeschränkung keine Vorlagepflicht an die Wettbewerbskommission bestehen würde. Gerade bei der vorfrageweisen Prüfung des Bestands von Rechtsverhältnissen unter dem Blickwinkel des materiellen Kartellrechts stellen sich heikle und folgenschwere Kartellrechtsfragen. In der praktischen Rechtsanwendung geht das Kartellrechtsrisiko weniger von allenfalls behinderten Dritten bzw. behinderten Kartellmitgliedern aus, sondern von Vertragspartnern, welche sich beim Eintreten von Leistungsstörungen mit der «Ausrede» der Kartellrechtswidrigkeit aus einem für sie unliebsamen Rechtsverhältnis herauswinden wollen.

5   Diese weite Umschreibung der vorlagepflichtigen Gerichte erfährt nur für drei enge Bereiche eine Ausnahme (vgl. die Richtlinien der Wettbewerbskommission zur Vorlagepflicht in RPW 1997/4, 594 f.):

1.   Beim Erlass von vorsorglichen Massnahmen ist meistens eine besondere Dringlichkeit gegeben und der Entscheid des Massnahmerichters wird in der Regel auf der Grundlage einer provisorischen Beurteilung der Rechtslage gefällt. Eine Vorlagepflicht würde folglich eine effiziente Abwicklung des Massnahmeverfahrens verhindern (WALTER A. STOFFEL, Das neue Kartell-Zivilrecht, in: ZÄCH, Das neue schweizerische Kartellgesetz, Zürich 1996, 105; die Entscheide kantonaler Gerichte in RPW 1997/1, Caisses maladies, exclusion de cliniques, Cour de Justice de Genève, 81, in RPW 1997/4, Fluggesellschaften, Handelsgericht des Kantons Zürich, 637 und in RPW 1997/2, Film-Serienkopien, Handelsgericht des Kantons Zürich, 258; hier werden auch denkbare Ausnahmefälle aufgezählt).

2.   Das Bundesgericht in seiner Funktion als Rechtsmittelinstanz für die Zivilgerichte kann nicht zu einer Vorlage an die Wettbewerbskommission verpflichtet werden. Da das Bundesgericht gleichzeitig auch letztinstanzliche Rechtsmittelbehörde für Entscheide der

Wettbewerbskommission ist, würde durch die Vorlagepflicht eine Art Bindung der Rechtsmittelbehörde an die erstinstanzliche Entscheidbehörde eintreten.

3. Schiedsgerichte als privatrechtlich organisierte Rechtsfindungsinstanzen sind der Vorlagepflicht an die Wettbewerbskommission nicht unterstellt. Ihre Konstituierung erfolgt auf der Grundlage einer privatrechtlich begründeten Schiedsabrede. Die für das Schiedswesen geschaffenen Schiedsordnungen des interkantonalen Rechts bzw. des internationalen Privatrechts sehen in der Schweiz eine Berücksichtigung derartiger besonderer zivilprozessualer Normen wie Art. 15 Abs. 1 KG nicht vor. Eine Vorlagepflicht könnte folglich einzig durch eine entsprechende Parteiabrede begründet werden, wobei sich jedoch bei einer darauf abgestützten Vorlage an die Wettbewerbskommission die Frage stellen würde, ob die Wettbewerbskommission überhaupt verpflichtet wäre, eine derartige «private» Vorlage zur Begutachtung an die Hand zu nehmen (in diesem Sinne auch REGULA WALTER, in: Kommentar zum schweizerischen Kartellgesetz, Zürich 1996 f., Art. 15, Rz. 50 ff. Die Vorlagepflicht für Schiedsgerichte wird jedoch generell von PIERRE TERCIER, La lutte contre les contraintes cartellaires internes dans la nouvelle loi sur les cartels, in: Journal des Tribunaux 1996 I, 11, sowie teilweise von WALTER A. STOFFEL, Das neue Kartell-Zivilrecht, in: ZÄCH, Das neue schweizerische Kartellgesetz, Zürich 1996, 108 ff., befürwortet).

B. In Frage stehende Zulässigkeit einer Wettbewerbsbeschränkung

6 Gegenstand der Begutachtung durch die Wettbewerbskommission im Sinne von Art. 5 Abs. 1 KG ist die Frage der Zulässigkeit einer Wettbewerbsbeschränkung gemäss der in Art. 4 Abs. 1 und 2 KG enthaltenen Begriffsbestimmung. In ihrem Gutachten muss die Wettbewerbskommission Wettbewerbsabreden gemäss den Beurteilungskriterien von Art. 5 KG und Verhaltensweisen von marktbeherrschenden Unternehmen gemäss den Beurteilungskriterien von Art. 7 KG auf ihre Zulässigkeit hin überprüfen.

7 Art. 15 Abs. 1 KG nennt als weitere Voraussetzung für die Vorlagepflicht, dass die Zulässigkeit in Frage steht. Mit dieser Formulierung wird klar gemacht, dass nicht schon die Bestreitung der Zulässigkeit oder Unzulässigkeit durch eine Partei im Zivilprozess die Vorlagepflicht auslöst, sondern dass die Infragestellung bzw. die Unklarheit aufgrund einer Beurteilung durch das in der Sache zuständige Gericht zu erfolgen hat (Richtlinien der Wettbewerbskommission zur Vorlagepflicht in RPW 1997/4, 594 f.). Die Frage der Zulässigkeit bzw. Unzulässigkeit muss für das urteilende Gericht in Anwendung der materiellen Beurteilungskriterien des Kartellgesetzes fraglich bzw. unklar sein (Richtlinien der Wettbewerbskommission zur Vorlagepflicht in RPW 1997/4, 594 f.).

8 Derartige Unklarheiten können sich ergeben,

1. wenn es nicht um die Beurteilung eines Vermutungstatbestandes geht,

2. wenn die Vermutung aufgrund fundierter Tatsachenbehauptungen grundsätzlich widerlegt werden konnte,

3. wenn die Wettbewerbskommission bzw. der Bundesrat gemäss Art. 6 KG keine allgemeine Bekanntmachung bzw. Verordnung über die entsprechende Art von Wettbewerbsabreden erlassen hat oder

4.   wenn sich die Zulässigkeitsfrage nicht aufgrund eines eindeutigen Präjudizes der Rechtsanwendungsbehörden des Kartellgesetzes klären lässt.

Nur in diesen Fällen ist das Zivilgericht verpflichtet, die Frage der Zulässigkeit der Wettbewerbskommission zur Begutachtung vorzulegen, und wird die Wettbewerbskommission angehalten, im Rahmen von Art. 15 Abs. 1 KG ein entsprechendes Gutachten abzugeben.

III. Begutachtung durch die Wettbewerbskommission

9   Besteht eine Vorlagepflicht des Zivilgerichts, ist die Wettbewerbskommission auch verpflichtet, ein entsprechendes Gutachten im Sinne von Art. 15 Abs. 1 KG abzugeben. Zuständig für die Begutachtung ist nach dem ausdrücklichen Wortlaut von Art. 15 Abs. 1 KG die Wettbewerbskommission. In Anwendung von Art. 23 Abs. 1 KG wird in der Regel das Sekretariat der Wettbewerbskommission das Gutachten vorbereiten und der Kommission zum Entscheid vorlegen.

10   Über den Inhalt der Vorlage des Zivilgerichts an die Wettbewerbskommission enthält das Kartellgesetz keine Regelungen. Es ist jedoch davon auszugehen, dass die Unterbreitung einer abstrakten Rechtsfrage für die Lösung des anstehenden Zivilrechtsstreits nicht sehr hilfreich ist und folglich die rechtliche Würdigung eines konkreten Sachverhalts der Wettbewerbskommission zur Begutachtung unterbreitet werden muss.

11   Das Zivilgericht ist an die gutachterliche Stellungnahme der Wettbewerbskommission nicht gebunden (vgl. den Entscheid in RPW 2003/2, Handelsgericht des Kantons Aargau: Allgemeines Bestattungsinstitut, 471 ff.; hier ist das Gericht vom Gutachten der Wettbewerbskommission teilweise abgewichen). Die rechtliche Würdigung und deren Begründung im Entscheid fällt in die ausschliessliche Kompetenz des Zivilgerichts und nicht der Wettbewerbskommission. Die angesprochene Unverbindlichkeit der gutachterlichen Stellungnahme lässt es auch ohne Weiteres zu, dass das Zivilgericht eine von der Wettbewerbskommission abweichende Beurteilung vornimmt – dies umso mehr, weil der Wettbewerbskommission in der Regel nur ein isoliert umschriebener Teilbereich des anstehenden Rechtsstreits zur Begutachtung unterbreitet wird; in einem allfälligen Rechtsmittelverfahren kann folglich die Frage der Zulässigkeit bzw. Unzulässigkeit der Wettbewerbsbeschränkung von den Parteien erneut aufgeworfen werden.

IV. Zuständigkeit des Bundesrats

12   Gemäss Art. 15 Abs. 2 KG hat auch im Rahmen eines zivilgerichtlichen Verfahrens der Bundesrat darüber zu entscheiden, ob eine an sich unzulässige Wettbewerbsbeschränkung zur Verwirklichung überwiegender öffentlicher Interessen notwendig ist. Art. 15 Abs. 2 KG ist folglich die Umsetzung der in Art. 8 KG umschriebenen ausnahmsweisen Zulassung.

13   Der Wortlaut von Art. 15 Abs. 2 KG lässt zunächst den Eindruck entstehen, dass bereits die Geltendmachung von überwiegenden öffentlichen Interessen durch eine Prozesspartei genüge, um bei einer drohenden Qualifikation als unzulässige Wettbewerbsbeschränkung dem Bundesrat die Sache zum Entscheid zu überweisen. Es erscheint jedoch wenig sinnvoll und mit den verfassungsmässigen Vorgaben der Kompetenzabtrennung zwischen dem Bundesrat als oberster Exekutivbehörde und den Zivilgerichten als Judikativbehörden nicht vereinbar zu sein, wenn sich der Bundesrat in dieser Weise in die Entscheidfindung der Zivilgerichte ein-

mischt. Mit dem im Kartellgesetz verwirklichten Konzept der strikten Trennung der wettbewerbsrechtlichen von der allgemein politischen Beurteilung von Wettbewerbsbeschränkungen liesse es sich nicht vereinbaren, wenn bei der Frage der Zulässigkeit bzw. Unzulässigkeit einer Wettbewerbsbeschränkung im zivilgerichtlichen Verfahren durch die Einmischung des Bundesrates eine Vermischung der erwähnten Argumente eintreten würde.

14 Auch wenn in Art. 15 Abs. 2 KG der Zeitpunkt einer möglichen Überweisung der Angelegenheit zum Entscheid an den Bundesrat nicht angesprochen wird, ist unter Berücksichtigung des Wortlautes von Art. 8 KG und des Systems des Kartellgesetzes davon auszugehen, dass sich der Zivilrichter, eventuell unterstützt durch die gutachterliche Tätigkeit der Wettbewerbskommission (Art. 15 Abs. 1 KG), über die Zulässigkeit bzw. Unzulässigkeit einer Wettbewerbsbeschränkung eine abschliessende Meinung gebildet haben muss, bevor die Frage der Zulässigkeit durch den Bundesrat entschieden werden kann. Diese abschliessende Meinung kann der Zivilrichter, je nach Ausgestaltung des kantonalen Prozessrechts, in der Form eines Zwischenentscheides oder bereits eines Endentscheides den beteiligten Parteien mitteilen.

15 Wird die Unzulässigkeit in einem Zwischenentscheid festgestellt, hat der Zivilrichter den betroffenen Parteien in analoger Anwendung von Art. 31 Abs. 1 KG eine dreissigtägige Frist zur Anrufung des Bundesrates anzusetzen. Nach dem Entscheid des Bundesrates kann das zivilgerichtliche Verfahren unter Berücksichtigung der bundesrätlichen Qualifikation der Wettbewerbsbeschränkung weitergeführt werden. Erklärt der Bundesrat die Wettbewerbsabrede für zulässig, sollte der klagenden Partei die Möglichkeit eingeräumt werden, ihre Ansprüche gestützt auf das in Art. 12 Abs. 3 KG enthaltene Übermassverbot neu zu formulieren.

16 Entscheidet der Bundesrat nach Abschluss eines zivilgerichtlichen Verfahrens und erklärt er die vom Zivilrichter für unzulässig erklärte Wettbewerbsbeschränkung für zulässig, müsste das bereits abgeschlossene zivilgerichtliche Verfahren in einem Revisionsverfahren wohl wieder aufgerollt werden.

Art. 16[1]

Art. 17[2]

---

[1] Aufgehoben durch Anhang 1 Ziff. II 3 der Schweizerischen Zivilprozessordnung (ZPO) vom
     19. Dezember 2008, in Kraft seit 1. Januar 2011 (AS 2010 1739, 1836).
[2] Aufgehoben durch Anhang 1 Ziff. II 3 der Schweizerischen Zivilprozessordnung (ZPO) vom
     19. Dezember 2008, in Kraft seit 1. Januar 2011 (AS 2010 1739, 1836).

4. Kapitel: Verwaltungsrechtliches Verfahren

1. Abschnitt: Wettbewerbsbehörden

Art. 18   Wettbewerbskommission

[1] Der Bundesrat bestellt die Wettbewerbskommission und bezeichnet die Mitglieder des Präsidiums.[1]

[2] Die Wettbewerbskommission besteht aus 11–15 Mitgliedern. Die Mehrheit der Mitglieder müssen unabhängige Sachverständige sein.

[2bis] Die Mitglieder der Wettbewerbskommission legen ihre Interessen in einem Interessenbindungsregister offen.[2]

[3] Die Wettbewerbskommission trifft die Entscheide und erlässt die Verfügungen, die nicht ausdrücklich einer anderen Behörde vorbehalten sind. Sie gibt Empfehlungen (Art. 45 Abs. 2) und Stellungnahmen (Art. 46 Abs. 2) an die politischen Behörden ab und erstattet Gutachten (Art. 47 Abs. 1).

I. Wahl der Wettbewerbskommission

1   Wahlbehörde für die Mitglieder der Wettbewerbskommission ist gemäss Art. 18 Abs. 1 KG der Bundesrat. Die Antragstellung für die Wahl durch den Bundesrat erfolgt durch das in der Sache zuständige Departement, nämlich das Eidgenössische Volkswirtschaftsdepartement.

2   In der Absicht, bei der Wettbewerbskommission eine gewisse Professionalisierung zu verwirklichen, ist im Gesetz vorgesehen, dass der Bundesrat ein Präsidium zu wählen hat. In der bundesrätlichen Botschaft 1994 wird bezüglich der Wahl der Präsidiumsmitglieder darauf hingewiesen, dass für die Präsidiumsmitglieder Vollämter oder auch Halbämter geschaffen werden könnten (Botschaft 1994, 129). Die Präsidiumsmitglieder übernehmen jeweils die Funktion des Vorsitzenden bei den gemäss Art. 19 Abs. 1 KG gebildeten Kammern der Wettbewerbskommission. In der Revision 2003 wurde der bisherige Zusatz gestrichen, dass das Präsidium drei Mitglieder umfassen muss. Somit wäre es in Zukunft denkbar, neben dem Präsidenten oder der Präsidentin nur noch ein weiteres Präsidiumsmitglied zu bezeichnen, beispielsweise um künftig eine Organisationsstruktur mit zwei Kammern zu ermöglichen (Botschaft 2001, 2047). In ihrer Funktion als Kammerpräsidenten bzw. Kammerpräsidentinnen vertreten die Präsidiumsmitglieder nicht nur die Wettbewerbskommission nach aussen, sondern sie erlassen auch in Zusammenarbeit mit dem Sekretariat gestützt auf Art. 23 Abs. 1 KG die notwendigen verfahrensleitenden Verfügungen (vgl. die Kommentierung zu Art. 23 KG).

3   Die gegenwärtigen Präsidiumsmitglieder üben ihre Funktionen in Nebenämtern aus.

---

1   Fassung gemäss Ziff. I des BG vom 20. Juni 2003, in Kraft seit 1. April 2004 (AS 2004 1385 1390; BBl 2002 2022 5506).

2   Eingefügt durch Ziff. I des BG vom 20. Juni 2003, in Kraft seit 1. April 2004 (AS 2004 1385 1390; BBl 2002 2022 5506).

II. Mitglieder der Wettbewerbskommission

4 Die Zahl der Mitglieder der Wettbewerbskommission muss nach dem Gesetz 11–15 Personen betragen. Die heute bestehende Wettbewerbskommission besteht aus 15 Mitgliedern, die sich auf die gemäss Art. 19 Abs. 1 KG gebildeten drei Kammern verteilen (zur Kammerbildung nachfolgend die Kommentierung zu Art. 19 KG, N 4 f.).

5 Die Voraussetzungen für die Wahl werden in Art. 18 Abs. 2 KG nicht generell umschrieben. Art. 18 Abs. 2 KG legt lediglich fest, dass die Mehrheit der Mitglieder unabhängige Sachverständige sein müssen. Diese Formulierung schliesst zwar nicht aus, dass auch Personen ohne eigentlichen Sachverstand in die Wettbewerbskommission als Mitglieder gewählt werden können. Bei der Bildung von derartigen Sachkommissionen, wie zum Beispiel der Wettbewerbskommission, ist jedoch der Sachverstand entscheidende Voraussetzung, um in der komplexen Materie des Wettbewerbsrechts eine qualitativ hochstehende Entscheidfindung zu erreichen.

6 Das Schwergewicht bei der gesetzlichen Regelung der Wahlvoraussetzungen liegt auf dem Erfordernis der Unabhängigkeit. Gemäss Art. 18 Abs. 2 KG muss die Mehrheit der Kommissionsmitglieder dieses Kriterium erfüllen. Am ehesten ist dies bei Hochschullehrern oder anderen Personen, welche nicht durch Verflechtungen mit der Wirtschaft oder mit wirtschaftlichen Interessenvertretungsorganisationen in ihrer Meinungsbildung eingeschränkt sind, der Fall. Als unabhängige Sachverständige kommen vor allem Hochschulprofessoren und -professorinnen in Frage, welche bezüglich des Erfordernisses des Sachverstandes eine juristische oder ökonomische Ausrichtung haben.

7 Was die abhängigen Sachverständigen betrifft, steht die Wahl von Interessenvertretern von Wirtschaftsorganisationen oder anderen Organisationen, welche die Interessen der am Wirtschaftsprozess Beteiligten wahrnehmen, im Vordergrund. Im Sinne der Professionalität wurde gefordert, dass Verbände, die Mitglieder vorschlagen, nur Personen nominieren dürfen, die über besondere und anerkannte Kenntnisse des Wettbewerbsrechts verfügen (RPW 2000/3, Rechtsgutachten von Prof. Dr. YVO HANGARTNER vom 12. Juli 2000 zuhanden des Eidgenössischen Volkswirtschaftsdepartements betreffend die Verfügungen der Wettbewerbskommission, 532 ff., 551). Hingegen wurde in der Revision 2003 auf eine Änderung der Zusammensetzung der Wettbewerbskommission verzichtet (Botschaft 2001, 2031 f.). Mit der nun im Juni 2010 zur Diskussion gestellten neuen Teilrevision wird sich die Frage der Zusammensetzung der Wettbewerbsbehörden erneut stellen. Wird ein neues Wettbewerbsgericht geschaffen, ist davon auszugehen, dass darin für Mitglieder mit Interessenbindung kein Platz mehr ist.

III. Offenlegung der Interessen

8 Gemäss dem in der Revision 2003 neu eingefügten Art. 18 Abs. 2bis KG legen die Mitglieder der Wettbewerbskommission ihre Interessen in einem Interessenbindungsregister offen. Dieses Register ist auf der Website der Wettbewerbskommission einsehbar (http://www.weko. admin.ch/org/00113/00115/index.html?lang=de).

IV. Verfügungskompetenz der Wettbewerbskommission

9 In Art. 18 Abs. 3 KG ist eine der zentralen Neuerungen des Kartellgesetzes 1995 enthalten. Die Wettbewerbskommission als verwaltungsrechtliche Wettbewerbsbehörde ist zum Erlass

von Verfügungen berechtigt. Der noch unter dem aKG 1985 bestehende komplexe Weg der Umwandlung von Empfehlungen der Wettbewerbskommission in eine Verfügung des Eidgenössischen Volkswirtschaftsdepartements (vgl. Art. 37 Abs. 1 aKG 1985) entfällt unter dem geltenden Recht. Bei der Wettbewerbskommission handelt es sich zwar nicht um eine richterliche Instanz, jedoch um eine verwaltungsunabhängige Behörde mit Fachkompetenz. Gegen ihre Verfügungen steht die Beschwerde an die Rekurskommission für Wettbewerbsfragen und anschliessend an das Bundesgericht offen.

10 Die Verfügungskompetenz der Wettbewerbskommission gemäss Art. 18 Abs. 3 KG ist umfassend und nur auf ausdrückliche Anweisung des Gesetzgebers, beispielsweise bei einer Kompetenzzuweisung an das Sekretariat oder an den Bundesrat im Rahmen des Verfahrens der ausnahmsweisen Zulassung (Art. 8 und 11 KG), eingeschränkt. Die Anwendung des Kartellgesetzes und insofern die Zuständigkeit der Wettbewerbskommission zur Durchführung von Untersuchungshandlungen im Sinne der Art. 26 ff. KG wird jedoch durch Regelungen im Sinne von Art. 3 Abs. 1 KG ausgeschlossen. Bestand und Tragweite solcher Vorschriften müssen daher regelmässig vorab geklärt werden (nicht veröffentlichter Bundesgerichtsentscheid in RPW 2003/3, Elektra Baselland Liestal EBL/Watt Suisse AG, Migros-Genossenschafts-Bund, Wettbewerbskommission, Rekurskommission für Wettbewerbsfragen, 704 f.).

11 Neben der Beurteilung von Wettbewerbsbeschränkungen und Unternehmenszusammenschlüssen mittels Verfügung fallen zudem die Abgabe von Empfehlungen an Behörden (Art. 45 KG) und das Verfassen von Stellungnahmen im Vernehmlassungsverfahren (Art. 46 Abs. 2 KG) in die Zuständigkeit der Wettbewerbskommission. Hinzu kommen die Gutachtertätigkeiten gemäss Art. 15 Abs. 1 KG (vgl. dazu die Kommentierung zu Art. 15 KG). Gemäss Art. 10 BGBM kann die Wettbewerbskommission überdies eidgenössischen, kantonalen und kommunalen Verwaltungsbehörden sowie Rechtsprechungsorganen Gutachten über die Anwendung dieses Gesetzes erstatten.

Art. 19   Organisation

¹ Die Wettbewerbskommission ist von den Verwaltungsbehörden unabhängig. Sie kann sich in Kammern mit selbstständiger Entscheidungsbefugnis gliedern. Sie kann ein Mitglied des Präsidiums im Einzelfall ermächtigen, dringliche Fälle oder Fälle untergeordneter Bedeutung direkt zu erledigen.

² Die Wettbewerbskommission ist administrativ dem Eidgenössischen Volkswirtschaftsdepartement (Departement) zugeordnet.

I. Unabhängigkeit der Wettbewerbskommission

1 Gemäss Art. 19 Abs. 1 KG ist die Wettbewerbskommission eine von den übrigen Verwaltungsbehörden unabhängige Kommission. Das bedeutet, dass die Wettbewerbskommission bei der Erfüllung ihrer Aufgaben und beim Erlass ihrer Entscheide keine Weisungen von anderen Verwaltungsbehörden, auch nicht vom in der Sache zuständigen Departement, dem Eidgenössischen Volkswirtschaftsdepartement, dem sie gemäss Art. 19 Abs. 2 KG administrativ zugeordnet ist, entgegenzunehmen hat.

2 Der Begriff Wettbewerbsbehörde ist bei der Beurteilung der Tragweite der in Art. 19 Abs. 1 KG festgelegten Unabhängigkeit umfassend zu verstehen. Er betrifft die Wettbewerbskommission als Gesamtbehörde und erstreckt sich folglich auch auf deren Sekretariat.

3 Die Unabhängigkeit muss zudem bezüglich der ausserhalb der Kernkompetenz liegenden Tätigkeiten der Wettbewerbskommission gewahrt werden. Die Wettbewerbskommission und ihr Sekretariat wären nicht in der Lage, ihre in den Art. 45 ff. KG umschriebenen allgemeinen wettbewerbspolitischen Aufgaben mit der notwendigen Unabhängigkeit zu erfüllen, wenn sie für nicht dem Kernbereich zugehörige Tätigkeiten den Weisungen anderer Verwaltungsbehörden – insbesondere des Eidgenössischen Volkswirtschaftsdepartements – unterstellt wären.

II. Kammern der Wettbewerbskommission

4 Gemäss Art. 19 Abs. 1 KG braucht die Wettbewerbskommission ihre Entscheide nicht als Gesamtbehörde zu fällen, sondern sie kann sich in Kammern organisieren. Den Kammern kommt alsdann selbstständige Entscheidkompetenz zu (gemäss Botschaft 1994, 130, orientiert sich die Organisation der Wettbewerbskommission in Kammern weitgehend am Modell der damaligen Eidgenössischen Bankenkommission). Mit dem Kammersystem hat die Wettbewerbskommission im Rahmen ihrer Organisationsautonomie die Möglichkeit, unter verschiedenen Gesichtspunkten (nach Märkten oder nach Art der Wettbewerbsbeschränkung) Fachgremien auszuscheiden.

5 Die Wettbewerbskommission hat zwar in ihrem Geschäftsreglement vom 1. Juli 1996 (→ Nr. 2) von dieser Kompetenz Gebrauch gemacht und gemäss Art. 5 des Geschäftsreglements aufgrund von Marktabgrenzungen drei Kammern ausgeschieden. Es handelt sich dabei um

1. die Kammer für Märkte im Bereich der industriellen Produktion und des Gewerbes,

2. die Kammer für Märkte im Bereich der Dienstleistungen sowie

3. die Kammer für Märkte im Bereich der Infrastruktur (Art. 5 Abs. 1 lit. a–c des Geschäftsreglements der Wettbewerbskommission).

Zurzeit ist die Kommission allerdings nicht in Kammern organisiert und trifft sämtliche Entscheide als Gesamtkommission. Auf der Ebene des Sekretariats besteht jedoch nach wie vor eine nach den oben beschriebenen Märkten orientierte Organisation.

6 Für den Fall einer Organisation der Kommission in Kammern sind im Geschäftsreglement die Kompetenzen der Kammern im Verhältnis zur Gesamtkommission und zum Präsidium festgelegt. Gemäss Art. 6 Abs. 1 des Geschäftsreglements dürfen grundsätzliche Rechtsfragen und Praxisänderungen nicht von den Kammern entschieden, sondern müssen der Gesamtkommission zum Entscheid vorgelegt werden. Darüber hinaus können gemäss Art. 4 Abs. 4 des Geschäftsreglements mindestens drei Kommissionsmitglieder verlangen, dass ein bestimmtes Geschäft nicht in der Kammer, sondern in der Kommission beraten wird. Im Übrigen sind der Gesamtkommission gemäss Art. 4 Abs. 2 und 3 des Geschäftsreglements eine Reihe von weiteren Zuständigkeiten vorbehalten, welche insbesondere die Beschlussfassung über Anliegen betreffen, die die schweizerische Wettbewerbspolitik bzw. die Organisation der Wettbewerbskommission als Gesamtes betreffen.

III. Ermächtigung an das Präsidium

7   Gemäss Art. 19 Abs. 1 KG kann die Wettbewerbskommission ein Mitglied des Präsidiums im Einzelfall ermächtigen, dringliche Fälle oder Fälle von untergeordneter Bedeutung direkt zu erledigen. Die Ermächtigung muss von der Gesamtkommission erteilt werden und gilt nach dem Wortlaut des Gesetzes nur für einen ganz bestimmten Einzelfall.

8   Für eine Ermächtigung kommen nur sehr dringende Fälle und Fälle von untergeordneter Bedeutung in Frage, wobei sich das Gesetz über die anzuwendenden Kriterien für die Dringlichkeit bzw. die untergeordnete Bedeutung ausschweigt. Eine Umsetzung dieser Ermächtigung findet sich in Art. 7 Abs. 3 des Geschäftsreglements (→ Nr. 2). Dabei geht das Geschäftsreglement über den Wortlaut von Art. 19 Abs. 1 des Gesetzes hinaus, indem das Präsidialmitglied der jeweils zuständigen Kammer ermächtigt wird, bei besonderer Dringlichkeit auch von sich aus, d.h. ohne Ermächtigung durch die Gesamtkommission bzw. die zuständige Kammer, das Nötige anzuordnen.

IV. Administrative Zuordnung

9   Die in Art. 19 Abs. 2 KG festgelegte Zuordnung der Wettbewerbskommission zum Eidgenössischen Volkswirtschaftsdepartement hat lediglich administrative Bedeutung hinsichtlich der Kosten und anderer administrativer Belange. Die administrative Zuordnung hat insbesondere keinerlei Auswirkungen auf die in Art. 19 Abs. 1 KG ausdrücklich erwähnte Unabhängigkeit der Wettbewerbskommission (vgl. dazu die Ausführungen unter N 1 ff.; über die finanzielle Seite der Tätigkeiten der Wettbewerbskommission vgl. Art. 53a KG und die Verordnung über die Erhebung von Gebühren im Kartellgesetz vom 25. Februar 1998, KG-Gebührenverordnung, GebV-KG → Nr. 3).

Art. 20   Geschäftsreglement

¹ Die Wettbewerbskommission erlässt ein Geschäftsreglement; darin regelt sie insbesondere die Einzelheiten der Organisation, namentlich die Zuständigkeiten des Präsidiums, der einzelnen Kammern und der Gesamtkommission.

² Das Geschäftsreglement bedarf der Genehmigung durch den Bundesrat.

1   In Art. 20 KG wird die Wettbewerbskommission zum Erlass eines eigenen Geschäftsreglements ermächtigt. Der Wettbewerbskommission kommt bei ihrer Organisation eine weitgehende Autonomie zu. Das Gesetz regelt organisatorische Fragen nur in Ansätzen (vgl. beispielsweise Art. 18 Abs. 1, Art. 19 Abs. 1 und Art. 23 Abs. 1 KG).

2   Die Wettbewerbskommission hat von der ihr im Gesetz zugestandenen Organisationskompetenz Gebrauch gemacht. In ihrem Geschäftsreglement vom 1. Juli 1996 hat sie die Zuständigkeiten der einzelnen Kommissionsorgane (→ Nr. 2; es handelt sich dabei um die Gesamtkommission, die Kammern, das Präsidium und das Sekretariat) umfassend geregelt und auch die internen Organisationsabläufe der Kommission bzw. ihrer Kammern und des Sekretariats dargestellt. Die im Reglement enthaltene Kommission wird jedoch zurzeit nur teilweise genutzt. Die Kommission entscheidet jeweils als Gesamtkommission und macht derzeit von der Möglichkeit einer Organisation in Kammern keinen Gebrauch.

3   Das vom Bundesrat gemäss Art. 20 Abs. 2 KG zu genehmigende Reglement wurde gemäss Art. 27 des Geschäftsreglements auf den 1. November 1996 in Kraft gesetzt.

Art. 21   Beschlussfassung

1 Die Wettbewerbskommission und die Kammern sind beschlussfähig, wenn mindestens die Hälfte der Mitglieder, in jedem Fall aber mindestens drei Mitglieder, anwesend sind.

2 Sie fassen ihre Beschlüsse mit dem einfachen Mehr der anwesenden Mitglieder; bei Stimmengleichheit gibt der Präsident oder die Präsidentin den Stichentscheid.

1   Art. 21 Abs. 1 KG regelt die Beschlussfähigkeit der Gesamtkommission bzw. der Kammern. Danach ist die Kommission bzw. eine Kammer beschlussfähig, wenn mindestens die Hälfte ihrer Mitglieder anwesend ist. Im Minimum ist eine Zahl von drei anwesenden Kommissionsmitgliedern erforderlich.

2   Die Beschlussfassung erfolgt gemäss Art. 21 Abs. 2 KG mit dem einfachen Mehr der anwesenden Kommissions- bzw. Kammermitglieder. Bei Pattsituationen kommt dem Kommissionspräsidenten bzw. dem Kammerpräsidenten der Stichentscheid zu. Da bei der Beschlussfassung kein Anwesenheitserfordernis für die Präsidiumsmitglieder besteht, ist davon auszugehen, dass der dem Präsidiumsmitglied nach dem Gesetz zustehende Stichentscheid auch dem Tagesvorsitzenden der Kommission bzw. der entscheidenden Kammer zukommen kann.

Art. 22   Ausstand von Kommissionsmitgliedern

1 Ein Mitglied der Wettbewerbskommission tritt in den Ausstand, wenn ein Ausstandsgrund nach Artikel 10 des Verwaltungsverfahrensgesetzes vom 20. Dezember 1968[1] vorliegt.

2 Ein persönliches Interesse oder ein anderer Grund der Befangenheit ist in der Regel nicht gegeben, wenn ein Mitglied der Wettbewerbskommission einen übergeordneten Verband vertritt.

3 Ist der Ausstand streitig, so entscheidet die Wettbewerbskommission oder die entsprechende Kammer unter Ausschluss des betreffenden Mitgliedes.

I. Anwendung des VwVG

1   In konsequenter Anwendung des in Art. 39 KG enthaltenen Grundsatzes gilt auch für den Ausstand von Kommissionsmitgliedern das VwVG. Eine Ausnahme besteht jedoch für Vertreter von Spitzenverbänden, welche gemäss Art. 22 Abs. 2 KG einer besonderen Ausstandsregel unterstellt sind.

1   SR 172.021

2 Gemäss Art. 10 Abs. 1 VwVG müssen die an einem Verfahren mitwirkenden Personen in den Ausstand treten,

1. wenn sie in der Sache ein persönliches Interesse haben,

2. wenn verwandtschaftliche Beziehungen, eine Schwägerschaft oder ein Adoptionsverhältnis bestehen,

3. wenn sie als Parteivertreter oder für eine Partei in der gleichen Sache tätig waren oder

4. wenn sie allgemein aus anderen Gründen in der Sache befangen sein könnten (vgl. die Formulierung der Ausstandsgründe in Art. 10 Abs. 1 lit. a–d VwVG).

3 Von den genannten Ausstandsgründen kann allenfalls die Tätigkeit für eine Partei in der gleichen Sache (Art. 10 Abs. 1 lit. c VwVG) zu Abgrenzungsfragen führen. Mit der Präzisierung «in der gleichen Sache» wird angedeutet, dass nicht jegliche frühere oder auch noch laufende Tätigkeit für eine der Parteien eine Ausstandspflicht zu begründen vermag. Ist eine frühere Beratertätigkeit seit längerer Zeit vollumfänglich abgeschlossen (vgl. dazu auch ERIC HOMBURGER, Kommentar zum schweizerischen Kartellgesetz, Zürich 1990, Art. 22, Rz. 5) oder beschlägt eine laufende oder eine frühere Beratungstätigkeit eine vollkommen andere Materie, ist dieser Ausstandsgrund nicht gegeben. Eine frühere Tätigkeit bzw. eine noch laufende Tätigkeit in einer anderen Sache schliesst jedoch nicht aus, dass das betroffene Kommissionsmitglied unter Umständen aus anderen Gründen in der Sache befangen ist, weil durch das Beratungsmandat eben doch eine besonders nahe Beziehung zu der betroffenen Partei besteht (vgl. den Ausstandsgrund von Art. 10 Abs. 1 lit. d VwVG).

II. Ausstandsregel für Vertreter von Spitzenverbänden

4 Die in Art. 22 Abs. 2 KG enthaltene besondere Ausstandsregel für Vertreter von Spitzenverbänden ist ein Relikt aus dem aKG 1985 (Art. 22 Abs. 2 aKG 1985). Den in der Wettbewerbskommission als abhängige Sachverständige amtenden Vertretern von Spitzenverbänden wird in Bezug auf die Ausstandsregeln ein gewisses Privileg zugestanden. Sofern die von ihnen vertretene Branche in ein Verfahren vor der Wettbewerbskommission verstrickt ist, gelten sie nicht im Sinne von Art. 10 Abs. 1 lit. a oder d VwVG als befangen. Im Sinne einer Art Vermutung (Botschaft 1994, 132) wird den Vertretern von Spitzenverbänden zugestanden, dass bei ihnen besondere Umstände vorliegen müssen, damit für sie eine Befangenheit gemäss Art. 22 KG in Verbindung mit Art. 10 Abs. 1 VwVG angenommen werden kann. Die Interessenvertretung für den Spitzenverband der betroffenen Branche ist für sich alleine noch kein genügender Ausstandsgrund.

III. Ausstandsbegehren

5 Grundsätzlich sind die Kommissionsmitglieder verpflichtet, von sich aus beim Vorliegen eines Ausstandsgrundes in den Ausstand zu treten (Art. 10 Abs. 1 VwVG). In der Praxis sind es jedoch oft die an einem Verfahren beteiligten Parteien, welche gegenüber einem Mitglied der mit dem Entscheid befassten Behörde ein Ausstandsbegehren stellen.

6 Wird der Ausstandsgrund vom betroffenen Kommissionsmitglied bestritten, findet das in Art. 22 Abs. 3 KG umschriebene Verfahren Anwendung. Danach hat die Wettbewerbskommission oder die entsprechende Kammer über den Ausschluss des betreffenden Mitgliedes zu

entscheiden. Mangels eines Vorbehalts finden bezüglich der Weiterzugsmöglichkeiten eines derartigen Entscheides die allgemeinen Regeln des VwVG Anwendung (Art. 39 KG).

7 Gemäss Art. 45 Abs. 1 VwVG sind Zwischenverfügungen, die einen nicht wiedergutzumachenden Nachteil bewirken können, selbstständig mit Beschwerde anfechtbar. Diese Voraussetzung ist bei einer Zwischenverfügung, mit welcher über ein Ausstandsbegehren entschieden worden ist, erfüllt (vgl. in diesem Sinne die Hinweise in BGE 122 II 476, E. 3a). Das hat zur Folge, dass der Entscheid der Wettbewerbskommission bzw. einer ihrer Kammern mit Beschwerde an Bundesverwaltungsgericht bzw. an das Bundesgericht weitergezogen werden kann.

Art. 23 Aufgaben des Sekretariats

[1] Das Sekretariat bereitet die Geschäfte der Wettbewerbskommission vor, führt die Untersuchungen durch und erlässt zusammen mit einem Mitglied des Präsidiums die notwendigen verfahrensleitenden Verfügungen. Es stellt der Wettbewerbskommission Antrag und vollzieht ihre Entscheide. Es verkehrt mit Beteiligten, Dritten und Behörden direkt.

[2] Es gibt Stellungnahmen ab (Art. 46 Abs. 1) und berät Amtsstellen und Unternehmen bei Fragen zu diesem Gesetz.

I. Ausgangslage

1 Die Wettbewerbskommission ist eine Behörde mit einer zweigeteilten Organisationsstruktur. Neben der Kommission im engeren Sinne, wie sie in ihren Grundzügen in Art. 18 KG beschrieben ist, besteht das Sekretariat der Wettbewerbskommission, dem, wie Art. 23 KG bezüglich der Durchführung von Untersuchungen andeutet, selbstständige Kompetenzen zukommen. Das Sekretariat der Wettbewerbskommission ist keine Hilfsorganisation der Wettbewerbskommission im engeren Sinne, welche deren administrative Belange erledigt, sondern ein eigenständiges Organ der schweizerischen Wettbewerbsbehörde.

2 Eine eigentliche Regelung über das Verhältnis zwischen der Wettbewerbskommission im engeren Sinne und dem Sekretariat fehlt im Gesetz. Zwar kann das Sekretariat die Eröffnung einer Untersuchung gemäss Art. 27 Abs. 1 KG nur im Einvernehmen mit einem Mitglied des Präsidiums vornehmen, und es ist auch die Wettbewerbskommission, welche im Rahmen des in Art. 27 Abs. 2 KG umschriebenen Opportunitätsprinzips die Kompetenz besitzt, die Prioritäten für die Durchführung von Untersuchungen festzulegen. Eine grundsätzliche Aufsichtskompetenz der Wettbewerbskommission oder des Präsidiums über das Sekretariat wird im Gesetz nicht statuiert. Allerdings hat die Wettbewerbskommission selbst in Art. 8 ihres Geschäftsreglements festgelegt, dass der Präsident bzw. die Präsidentin der Wettbewerbskommission die Aufsicht über das Sekretariat wahrzunehmen habe (Art. 8 lit. b des Geschäftsreglements → Nr. 2). Diese vom Gesetzestext nicht ausdrücklich gedeckte Aufsichtskompetenz des Präsidenten bzw. der Präsidentin über das Sekretariat kann nicht verhindern, dass das Sekretariat bezüglich der ihm zugewiesenen Kompetenzen über weitreichende Autonomie verfügt.

3   Das Sekretariat der Wettbewerbskommission muss seine eigenständigen Kompetenzen unabhängig von der Kommission wahrnehmen können und angesichts der bei Kartellsanktionen zur Anwendung kommenden strafrechtlichen Grundsätze strikte darauf achten, seine eigenständigen Untersuchungskompetenzen nicht mit den Entscheidkompetenzen der Wettbewerbskommission zu vermischen. Die von der Wettbewerbskommission in ihrem Geschäftsreglement in Art. 17 Abs. 2 (→ Nr. 2) festgelegte Möglichkeit, dass die Mitglieder der Wettbewerbskommission an den Untersuchungshandlungen des Sekretariats teilnehmen können, ist vor diesem Hintergrund problematisch.

II. Aufgaben des Sekretariats

4   Hauptaufgabe des Sekretariats ist die selbstständige Durchführung von Vorabklärungen und Untersuchungen (Art. 23 Abs. 1 und Art. 26 Abs. 1 KG). Das Sekretariat kann sowohl das Vorabklärungs- wie auch das Untersuchungsverfahren autonom durchführen und ist nur für den Erlass von verfahrensleitenden Verfügungen auf die Mitwirkung der Präsidialmitglieder der Wettbewerbskommission angewiesen (Art. 23 Abs. 1 KG). Die Untersuchungskompetenz des Sekretariats betrifft sowohl das Untersuchungsverfahren bei Wettbewerbsbeschränkungen als auch das Vorprüfungs- (Art. 10 Abs. 1 und Art. 32 Abs. 1 KG) bzw. Hauptprüfungsverfahren (Art. 10 Abs. 2 und Art. 33 KG) bei Unternehmenszusammenschlüssen. Obwohl in den einschlägigen Bestimmungen des Kartellgesetzes (Art. 10 Abs. 1 und 2 sowie Art. 32 und 33 KG) die Wettbewerbskommission als zuständige Behörde genannt wird, ergibt eine die generelle Kompetenzordnung in Art. 23 Abs. 1 KG und Art. 18 Abs. 3 KG berücksichtigende systematische Auslegung, dass unter dem im Zusammenhang mit der Prüfung von Unternehmenszusammenschlüssen verwendeten Begriff der Wettbewerbskommission nur die Wettbewerbskommission im weiteren Sinne verstanden werden kann (d.h. die schweizerische Wettbewerbsbehörde mit dem Sekretariat als Untersuchungsbehörde und der Wettbewerbskommission im engeren Sinne als Entscheidbehörde).

5   Was unter einer verfahrensleitenden Verfügung im Sinne von Art. 23 Abs. 1 KG zu verstehen ist, wird im Gesetz selbst nicht geregelt. Das Bundesgericht hat in diesem Zusammenhang die Rechtsauffassung der Rekurskommission für Wettbewerbsfragen (vgl. den Entscheid der REKO/WEF in RPW 1997/2, Künstliche Besamung [vorsorgliche Massnahmen], 252 ff.) bestätigt, wonach der Begriff verfahrensleitende Verfügungen in Art. 23 Abs. 1 KG auf jeden Fall nicht die Kompetenz zum Erlass von vorsorglichen Massnahmen umfasse. Vorsorgliche Massnahmen können folglich nur durch die Wettbewerbskommission bzw. durch ihre Kammern als Entscheidbehörde angeordnet werden (nicht veröffentlichter Grundsatzentscheid des Bundesgerichts in RPW 1997/4, Künstliche Besamung [vorsorgliche Massnahmen], 624 f.). Nach Ansicht des Bundesgerichts sind die vom Sekretariat unter Mitwirkung eines Mitglieds des Präsidiums zu erlassenden verfahrensleitenden Verfügungen auf die Untersuchungskompetenz des Sekretariats gemäss Art. 23 Abs. 1 KG beschränkt. Danach sei das Sekretariat namentlich zur Anhörung der Parteien, zur Erhebung von Beweisen und zur Abklärung des Sachverhaltes befugt. Auf diese Befugnisse sei auch die Kompetenz des Sekretariats zum Erlass von verfahrensleitenden Verfügungen beschränkt (nicht veröffentlichter Grundsatzentscheid des Bundesgerichts, in RPW 1997/4, Künstliche Besamung [vorsorgliche Massnahmen], 623 f.;

Entscheid der REKO/WEF in RPW 2003/4, Agefi/Edipresse, Ringier SA, Le Nouveau Quotidien, Comco, 901 ff. mit Verweisen).

6 Nach Abschluss des Untersuchungsverfahrens stellt das Sekretariat der Wettbewerbskommission selbstständig Antrag und ist für den Vollzug der von der Wettbewerbskommission getroffenen Entscheide zuständig (Art. 23 Abs. 1 KG).

7 Auf der Grundlage von Art. 23 Abs. 2 KG gibt das Sekretariat ausserdem Stellungnahmen ab und berät Amtsstellen und Unternehmen bei Fragen zum Kartellgesetz. Durch solche Beratungen kann gegebenenfalls die Einleitung von kartellrechtlichen Verfahren vermieden werden, wenn die betroffenen Unternehmen dadurch auf wettbewerbsbeschränkende Verhaltensweisen verzichten (RPW 1999/4, Hoheitliche und kommerzielle Tätigkeiten der Zuchtorganisationen von Rindern, 597 ff.). Die rechtliche Qualifikation der vom Sekretariat im Rahmen seiner beratenden Tätigkeit nach Art. 23 Abs. 2 KG abgegebenen Erklärungen und Auskünfte ist allerdings aus verfahrensrechtlicher Sicht nicht unproblematisch (vgl. dazu ISABELLE HÄNER, Comfort letters – Einsatzmöglichkeiten im Schweizerischen Kartellrecht von Wettbewerbsstreitigkeiten, in: ZÄCH, Schweizerisches Kartellrecht. Revision und Praxis, Zürich 2002, 133 ff.).

8 Schliesslich ist das Sekretariat dazu verpflichtet, die bei der Wettbewerbskommission anfallenden Administrativgeschäfte zu erledigen. Gemäss dem Gesetz (Art. 23 Abs. 1 KG) ist das Sekretariat für die Vorbereitung der Geschäfte der Wettbewerbskommission zuständig. Darunter fallen alle Administrativarbeiten und insbesondere auch die Redaktion der von der Wettbewerbskommission erlassenen Entscheidungen.

Art. 24 Personal des Sekretariats

[1] Der Bundesrat wählt die Direktion, die Wettbewerbskommission wählt das übrige Personal des Sekretariats.

[2] Das Dienstverhältnis richtet sich nach der Personalgesetzgebung des Bundes.

1 In der Botschaft 1994 hat der Bundesrat ausführlich dargelegt, dass für eine effiziente schweizerische Wettbewerbspolitik eine ausreichende personelle und fachliche Dotierung des Sekretariats notwendig sei. Der Bundesrat erwähnte in diesem Zusammenhang eine Aufstockung des Personalbestands des Sekretariats um ca. 30 Stellen (vgl. Botschaft 1994, 164). Die Revision des Jahres 2003 brachte eine weitere Erhöhung des Personalbestandes um 15 Stellen (vgl. Botschaft 2001, 2049). Die im Kartellgesetz niedergelegten Vorgaben für eine effiziente und wirkungsvolle schweizerische Wettbewerbspolitik müssten ihren Niederschlag in einem professionell organisierten Sekretariat haben (Botschaft 1994, 161 ff.).

2 Das Kartellgesetz selbst schreibt den Umfang der personellen Dotierung des Sekretariats nicht vor. Die Stellenbewirtschaftung in der Bundesverwaltung ist denn auch grundsätzlich Sache des Bundesrates. In Art. 24 KG sind lediglich die Grundlagen über das Wahlverfahren und das Dienstverhältnis des Sekretariatspersonals enthalten. Demnach hat die Wahl der Direktion durch den Bundesrat und die Wahl des übrigen Personals des Sekretariats durch die

Wettbewerbskommission selbst zu erfolgen, wobei sich das Dienstverhältnis nach der Personalgesetzgebung des Bundes richtet.

3　In ihrem Geschäftsreglement (→ Nr. 2) hat die Wettbewerbskommission zur Umsetzung dieser Vorgaben festgehalten, dass die Antragstellung an den Bundesrat zur Wahl der Direktion des Sekretariats in die Kompetenz der Gesamtkommission falle (Art. 4 Abs. 3 lit. e des Geschäftsreglements). Die Wahl des übrigen Personals des Sekretariats erfolgt gemäss dem Geschäftsreglement ab Lohnklasse 18 durch die Gesamtkommission (Art. 4 Abs. 3 lit. f des Geschäftsreglements), während das Personal bis zur Lohnklasse 17 durch den Direktor bzw. die Direktorin angestellt wird (Art. 13 Abs. 1 lit. b des Geschäftsreglements). Die zuletzt genannte Delegation an den Direktor bzw. die Direktorin lässt sich mit dem Gesetzeswortlaut von Art. 24 Abs. 1 KG nicht ohne Weiteres vereinbaren.

Art. 25　Amts- und Geschäftsgeheimnis

[1] Die Wettbewerbsbehörden wahren das Amtsgeheimnis.

[2] Sie dürfen Kenntnisse, die sie bei ihrer Tätigkeit erlangen, nur zu dem mit der Auskunft oder dem Verfahren verfolgten Zweck verwerten.

[3] Dem Preisüberwacher dürfen die Wettbewerbsbehörden diejenigen Daten weitergeben, die er für die Erfüllung seiner Aufgaben benötigt.

[4] Die Veröffentlichungen der Wettbewerbsbehörden dürfen keine Geschäftsgeheimnisse preisgeben.

I. Ausgangslage

1　Art. 25 KG ist die für das Verwaltungsverfahren geltende Parallelvorschrift zu Art. 16 KG, welcher die Wahrung der Fabrikations- und Geschäftsgeheimnisse für das zivilgerichtliche Verfahren regelt (vgl. dazu die Kommentierung zu Art. 16 KG, N 1 ff.). Was im Rahmen von Art. 16 KG als geheimhaltungswürdige Fabrikations- und Geschäftsgeheimnisse umschrieben worden ist, muss auch geheimhaltungswürdig im Rahmen eines verwaltungsrechtlichen Verfahrens sein (vgl. die Umschreibung der Fabrikations- und Geschäftsgeheimnisse in der Kommentierung zu Art. 16 KG, N 3).

2　Zum Schutz dieser Fabrikations- und Geschäftsgeheimnisse kommt die Wahrung des Amtsgeheimnisses hinzu. Dabei geht es um die Verhinderung der unzulässigen Offenbarung von Geheimnissen, welche der Behörde im Rahmen ihrer dienstlichen Verrichtungen offenbart werden.

II. Wahrung des Amtsgeheimnisses

3　Welche Tatsachen bei der Tätigkeit der Wettbewerbskommission unter den Amtsgeheimnisbereich fallen, wird in Art. 25 KG nicht umschrieben. Die Grenze zwischen den geheim zu haltenden Informationen und denjenigen, welche der Öffentlichkeit zugänglich gemacht werden dürfen, ist nicht leicht zu ziehen. Insbesondere gilt es in diesem Zusammenhang zu beachten, dass die Wettbewerbskommission und ihr Sekretariat den im Gesetz enthaltenen umfassenden Informationspflichten nachkommen müssen. So hat das Sekretariat die Eröffnung einer Untersuchung (Art. 28 Abs. 1 KG) sowie die Einleitung des Hauptprüfungsverfahrens bei der Kontrolle von Unternehmenszusammenschlüssen (Art. 33 Abs. 1 KG sowie die entsprechenden Details in Art. 18 VKU → Nr. 4) durch amtliche Publikation bekannt zu geben. Gemäss Art. 48 KG kann die Wettbewerbskommission ihre Entscheide veröffentlichen, und gemäss Art. 49 Abs. 1 KG haben sowohl das Sekretariat als auch die Wettbewerbskommission die Öffentlichkeit über ihre Tätigkeit zu orientieren (vgl. auch die im Zusammenhang mit Unternehmenszusammenschlüssen bestehenden umfassenden Informationspflichten in Art. 22 und 23 VKU). Die gesetzlichen Informationspflichten dürfen nicht dazu missbraucht werden, um bereits während eines laufenden Untersuchungsverfahrens die Öffentlichkeit beispielsweise über den Inhalt eines Antrags des Sekretariats der Wettbewerbskommission zu informieren. Eine vorzeitige Publikation des Antrags (und damit von provisorischen Untersuchungsergebnissen) kann zur Folge haben, dass die entscheidende Kommission ihren Entscheid nicht mehr frei treffen kann, weil sie bei ihrer Entscheidfindung vom Umstand geprägt wird, dass sie das eigene Sekretariat nicht desavouieren möchte bzw. ein massiv erhöhter Begründungsaufwand besteht, um dem bereits in der Öffentlichkeit bekannten Antrag des Sekretariats nicht zu folgen. Eine offensive Öffentlichkeitsarbeit kann deshalb das Prinzip der Fairness im Verfahren verletzen.

4   Das Geheimhaltungsbedürfnis besteht zunächst für die Phase des Vorabklärungsverfahrens gemäss Art. 26 Abs. 1 KG, wenn es im Sinne von Art. 27 Abs. 1 KG noch darum geht, Anhaltspunkte für eine unzulässige Wettbewerbsbeschränkung zusammenzutragen. So lange sich ein bestimmter Verdacht nicht erhärtet hat, wäre es unverhältnismässig, wenn die Wettbewerbsbehörde aufgrund von ersten Ergebnissen während der Suche nach Anhaltspunkten für eine Wettbewerbsbeschränkung bereits eine umfassende Öffentlichkeitsorientierung durchführen würde.

5   Ist ein Untersuchungsverfahren eingeleitet worden, werden gemäss Art. 28 KG der Gegenstand und die Adressaten der Untersuchung durch eine amtliche Publikation bekannt gegeben. Auch in diesem Verfahrensstadium drängt es sich jedoch nicht auf, die Öffentlichkeit über Einzelheiten der gegenüber den Unternehmen bestehenden Vorwürfe zu orientieren. Es ist bei der Weitergabe von Informationen immer zu beachten, dass die betroffenen Unternehmen ein besonderes Interesse an der Geheimhaltung haben, da die Verstrickung in ein Untersuchungsverfahren bei der Wettbewerbskommission das Verhalten der übrigen Marktteilnehmer gegenüber den betroffenen Unternehmen wesentlich beeinflussen kann.

6   Nach der Rechtsprechung der Rekurskommission für Wettbewerbsfragen im Wettbewerbsrecht gelten erhöhte Anforderungen an das Akteneinsichtsrecht, indem den Parteien durch eine grundsätzlich offengelegte Aktenführung wie auch durch Einsichtsgewährung in alle einschlägigen Unterlagen Gelegenheit zu geben ist, in wirksamer Weise an der Erstellung des entscheiderheblichen Sachverhaltes mitzuwirken. Gleichzeitig obliegt den Wettbewerbsbehörden gemäss Art. 25 Abs. 1 KG jedoch die Pflicht, das Amtsgeheimnis zu wahren. Dementsprechend haben sie nach Art. 27 VwVG (i.V.m. Art. 39 KG) die Einsichtnahme in die Akten zu verweigern, wenn wesentliche private Interessen, insbesondere von Gegenparteien, die Geheimhaltung erfordern. Die Verweigerung der Einsichtnahme darf sich dabei nur auf Aktenstücke erstrecken, für die Geheimhaltungsgründe bestehen (vgl. den Entscheid der REKO/WEF in RPW 2002/4, Vertrieb von Tierarzneimitteln, 709 f. mit Verweisen; vgl. dazu auch die Kommentierung zu Art. 30 KG, N 5 f.).

III. Beschränkung des Verwendungszwecks

7   Art. 25 Abs. 2 KG beschränkt die Verwendung der von der Wettbewerbsbehörde im Rahmen ihrer Tätigkeit gewonnenen Informationen. Die Einschränkung bedeutet, dass die gewonnenen Informationen nur für den engen Zweck des konkret eingeleiteten Vorabklärungs-, Untersuchungs- oder Prüfungsverfahrens verwendet werden dürfen. Art. 25 Abs. 2 KG verhindert folglich, dass die Wettbewerbskommission und ihr Sekretariat eine eigentliche allgemeine Datenbank über Vorgänge in der Wirtschaft, welche allenfalls einmal kartellgesetzlich relevant werden könnten, anlegen.

8   Die Vorschrift will aber auch vermeiden, dass die in einem früheren Untersuchungs- bzw. Prüfungsverfahren gewonnenen Informationen in einem späteren Verfahren wieder verwendet werden dürfen.

9   Art. 25 Abs. 3 KG beschränkt die Weitergabe von Informationen an den Preisüberwacher. Diese Einschränkung erscheint deshalb angezeigt, weil der Preisüberwacher mit beratender Stimme an den Sitzungen der Wettbewerbskommission teilnehmen kann (Art. 5 Abs. 2 PüG) und folglich über dieses Konsultativverfahren grundsätzlich in der Lage wäre, die Sachverhaltsermittlungen der Wettbewerbskommission für die Durchführung von Preisüberwachungsverfahren unmittelbar zu verwenden. Art. 25 Abs. 3 KG beschränkt jedoch die Weitergabe von Informationen an den Preisüberwacher an die Voraussetzung, dass der Preisüberwacher begründet darzulegen vermag, dass er bestimmte Informationen zur Erfüllung einer konkreten Aufgabe (Durchführung eines konkreten Verfahrens) benötigt. Im Übrigen wäre eine generelle Weitergabe von Daten und Informationen mit der auch für das Verfahren des Preisüberwachers geltenden Offizialmaxime und dem daraus sich ergebenden Grundsatz, wonach die sachverhaltsermittelnde Behörde selbst an die Sachverhaltsabklärung herantreten muss, nicht zu vereinbaren (vgl. zur Tragweite des Untersuchungsgrundsatzes die Ausführungen bei FRITZ GYGI, Bundesverwaltungsrechtspflege, 2. Auflage, Bern 1983, 208 ff., insbesondere 210).

10   Aufgrund der Formulierung von Art. 25 Abs. 3 KG könnte der Eindruck entstehen, die Vorschrift regle auch das Verhältnis zu anderen Bundesbehörden oder kantonalen Behörden. Zwar werden in Art. 41 KG die Amtsstellen des Bundes und der Kantone zu einer umfassenden Mithilfe gegenüber der Wettbewerbskommission verpflichtet. Die restriktive Formulierung von Art. 25 Abs. 3 KG erweckt jedoch bezüglich der Amtshilfe der Wettbewerbskommission an andere Behörden den Eindruck, dass sich die Amtshilfe von vornherein nur auf das beschriebene eingeschränkte Spektrum gegenüber dem Preisüberwacher beschränke und folglich gegenüber allen anderen Behördenstellen ausgeschlossen sei.

11   Ob eine Möglichkeit zur Stellung eines Editionsbegehrens an die Wettbewerbskommission besteht, ist, soweit das Begehren von einem Zivilgericht gestellt wird, zunächst eine Frage des kantonalen Prozessrechts (vgl. dazu MAX GULDENER, Schweizerisches Zivilprozessrecht, 3. Auflage, Zürich 1979, 336 f.) und erst in zweiter Linie durch eine Interessenabwägung zwischen der prozessualen Offenbarungspflicht und dem durch das Amtsgeheimnis vorgegebenen verwaltungsrechtlichen Geheimhaltungsinteresse festzustellen. Eine generelle Verweigerung der Aktenedition sowohl gegenüber den kantonalen Zivilgerichten als auch gegenüber anderen kantonalen Verwaltungsbehörden oder Bundesbehörden lässt sich nur in krassen

Fällen rechtfertigen; grundsätzlich dürfte es genügen, dem durch das Amtsgeheimnis vorgegebenen Schutzanliegen durch geeignete Schutzmassnahmen Rechnung zu tragen.

2. Abschnitt: Untersuchung von Wettbewerbsbeschränkungen

Art. 26   Vorabklärung

[1] Das Sekretariat kann Vorabklärungen von Amtes wegen, auf Begehren von Beteiligten oder auf Anzeige von Dritten hin durchführen.

[2] Das Sekretariat kann Massnahmen zur Beseitigung oder Verhinderung von Wettbewerbsbeschränkungen anregen.

[3] Im Verfahren der Vorabklärung besteht kein Recht auf Akteneinsicht.

I. Ausgangslage

1   Das Verfahren zur Beurteilung von Wettbewerbsbeschränkungen, d.h. von Wettbewerbsabreden gemäss Art. 5 KG und Verhaltensweisen von marktbeherrschenden Unternehmen gemäss
Art. 7 KG, ist zweistufig und besteht aus einer Vorabklärung (Art. 26 Abs. 1 KG) und einer
allenfalls daran anschliessenden Untersuchung (Art. 27 Abs. 1 KG). Zunächst ist es Aufgabe
des Sekretariats, die untersuchungswürdigen Fälle im Rahmen eines Vorabklärungsverfahrens
auszusondern. Dabei geht es im Ergebnis um die Feststellung, ob genügend Anhaltspunkte
für eine Wettbewerbsbeschränkung bestehen, welche es rechtfertigen, eine Untersuchung
gemäss Art. 27 Abs. 1 KG einzuleiten (vgl. dazu Botschaft 1994, 135). Die Vorabklärung hat
somit einzig zum Ziel, auf summarische Weise tatsächlich und rechtlich festzustellen, ob Anhaltspunkte für eine unerlaubte Wettbewerbsbeschränkung bestehen (vgl. Feststellungsverfügung der Wettbewerbskommission in RPW 1999/1, X SA, 182 f.). Es kommt ihr in erster Linie eine sogenannte Triagefunktion zu (vgl. RPW 1999/3, Verfügung betreffend Schlussbe-
richt und Nichteröffnung einer Untersuchung, 525; PAUL RICHLI, Kartellverwaltungsverfahren,
in: VON BÜREN/DAVID, Schweizerisches Immaterialgüter- und Wettbewerbsrecht, Band V/2,
Kartellrecht, Basel 2000, 420).

2   Mit dem Vorabklärungsverfahren hat das Sekretariat die Möglichkeit, die in der Regel
komplexen wettbewerbsrechtlich relevanten Sachverhalte unter Beteiligung der betroffenen
Marktteilnehmer auf möglichst informelle Weise abzuklären und allenfalls im gegenseitigen
Einvernehmen rasch zu einer Lösung für die Beseitigung oder Verhinderung von Wettbewerbsbeschränkungen zu kommen. Das Kartellgesetz soll in erster Linie nicht eine von behördlichen Entscheiden beeinflusste Marktordnung schaffen, sondern im Sinne der Idee der
Selbstregulierung den Marktteilnehmern die für die Aufrechterhaltung einer Wettbewerbsordnung notwendigen Spielregeln vermitteln. Die Komplexität der zu beurteilenden Sachverhalte kann es jedoch erforderlich machen, dass die beteiligten Unternehmen auf die Fachkompetenz der Wettbewerbsbehörde zurückgreifen wollen, ohne dass diese Behörde gleich
verpflichtet ist, ein formelles Untersuchungsverfahren einzuleiten. Diesem Anliegen kommt
der Gesetzgeber mit dem Vorabklärungsverfahren entgegen, indem er der zuständigen Be-

hörde, dem Sekretariat, für das Vorabklärungsverfahren nicht nur einen weiten Freiraum bei der Verfahrensdurchführung belässt, sondern auch vorsieht, in einem gegenseitigen Dialog Möglichkeiten für eine einvernehmliche Regelung zu suchen (Art. 26 Abs. 2 KG).

3   Im Rahmen der Vorabklärung kann das Sekretariat die beteiligten Unternehmen gemäss Art. 40 KG zur Auskunftserteilung verpflichten, um feststellen zu können, ob sich die Eröffnung einer Untersuchung im Sinne von Art. 27 KG rechtfertigt. Die Verpflichtung zur Auskunftserteilung muss dem Verhältnismässigkeitsgrundsatz entsprechen.

II. Einleitung einer Vorabklärung

4   Gemäss Art. 26 Abs. 1 KG fällt die Zuständigkeit für die Einleitung von Vorabklärungen in die ausschliessliche Kompetenz des Sekretariats der Wettbewerbskommission. Das Sekretariat kann von Amtes wegen, auf Begehren von Beteiligten oder auf Anzeige von Dritten hin eine Vorabklärung durchführen (Art. 26 Abs. 1 KG). Leitet das Sekretariat das Verfahren von Amtes wegen ein, hat sich das Sekretariat an die sich aus der besonderen Umschreibung des Amtsgeheimnisses ergebenden Schranken (Art. 25 Abs. 2 KG und die entsprechende Kommentierung zu Art. 25 KG, N 8) zu halten. In der Praxis muss das bedeuten, dass das Sekretariat bei der Durchführung von neuen Vorabklärungen nicht auf die Sachverhaltsermittlungen aus einem früheren Verfahren abstellen darf, sondern jeweils eine neue, auf den konkret anstehenden Fall bezogene unmittelbare Sachverhaltsermittlung durchführen muss (a.M. PAUL RICHLI, Kartellverwaltungsverfahren, in: VON BÜREN/DAVID, Schweizerisches Immaterialgüter- und Wettbewerbsrecht, Band V/2, Kartellrecht, Basel 2000, 427).

5   Beim Entscheid über die Einleitung einer Vorabklärung, sei es von Amtes wegen oder aufgrund der Initiative von Beteiligten oder Dritten, steht dem Sekretariat zwar ein gewisser Beurteilungsspielraum zu, doch ist es beim Vorliegen von begründeten Anhaltspunkten verpflichtet, die ihm zugewiesene ausschliessliche Kompetenz auch wahrzunehmen. Allerdings besteht weder ein Anspruch auf Durchführung einer Vorabklärung noch ein Anspruch auf Eröffnung und Durchführung einer Untersuchung. Die Ablehnung, eine Vorabklärung durchzuführen oder eine Untersuchung zu eröffnen, ist keine Verfügung, gegen welche ein Rechtsmittel offen stünde (vgl. den Entscheid der REKO/WEF in RPW 2003/3, Sellita Watch Co. SA/ETA SA Manufacture Horlogère Suisse, 676 f. mit Verweisen). Die Beteiligten oder Dritten, welche gemäss Art. 26 Abs. 1 KG die Durchführung einer Vorabklärung beantragen, haben eine ähnliche Funktion wie ein Anzeiger: Sie geben der Behörde Informationen und Hinweise für das von Amtes wegen zu ergreifende Vorgehen; ein Anspruch auf eine förmliche Verfügung steht ihnen in diesem Stadium des Verfahrens nicht zu (nicht veröffentlichter Bundesgerichtsentscheid in RPW 2004/2, EVD/Sellita Watch Co. SA, Weko, REKO/WEF und ETA SA Manufacture Horlogère Suisse, 657 f.). Dennoch können Gesuchsteller unter gewissen Umständen Anspruch auf eine Feststellungsverfügung der Wettbewerbskommission haben, da der definitive Entscheid über die Auslegung der materiellrechtlichen Bestimmungen des Kartellgesetzes der Wettbewerbskommission und nicht dem Sekretariat zusteht (vgl. Feststellungsverfügung der Wettbewerbskommission in RPW 1998/3, Gasversorgung Rothenburg, 430 f.; kritisch dazu PAUL RICHLI, Kartellverwaltungsverfahren, in: VON BÜREN/DAVID, Schweizerisches Immaterialgüter- und Wettbewerbsrecht, Band V/2, Kartellrecht, Basel 2000,

478 ff., und STEFAN BILGER, Das Verwaltungsverfahren zur Untersuchung von Wettbewerbsbeschränkungen, Freiburg 2002, 192 ff.).

6 Andere Untersuchungsformen als die Untersuchung nach Art. 27 KG und als Vorstufe dazu die Vorabklärung nach Art. 26 KG sind unzulässig. Mit dem zweistufigen Aufbau des kartellrechtlichen Verfahrens zur Überprüfung von Wettbewerbsbeschränkungen hat der Gesetzgeber hinreichende verfahrensrechtliche Instrumente zum behördlichen Schutz des wirksamen Wettbewerbs geschaffen. Der Kreis der im Kartellgesetz vorgesehenen Verfahrenstypen kann nicht durch ein weiteres aussergesetzliches «summarisches Verfahren» oder ein dem Zivilprozess angenähertes «streitiges Verwaltungsverfahren sui generis» erweitert werden. Sobald das Sekretariat etwa die betroffenen Unternehmen zur Stellungnahme auffordert oder der Frage nachgeht, ob es sich rechtfertigt, vorsorgliche Massnahmen zu erlassen, ist dies somit als Vorabklärung im Sinne von Art. 26 KG zu qualifizieren (Entscheid der REKO/WEF in RPW 2000/4, Telekurs Holding AG, Europay [Switzerland] SA, Payserv AG/Erdölvereinigung, 711 ff., bestätigt mit dem Entscheid der REKO/WEF in RPW 2004/2, Cornèr Banca SA/Telekurs Multipay AG, Wettbewerbskommission, 634 f.).

7 Von Gesetzes wegen hat die Wettbewerbskommission keine Kompetenz, das Sekretariat zur Einleitung eines Vorabklärungsverfahrens zu verpflichten. Ein derartiges Initiativrecht kommt der Wettbewerbskommission nur für die Einleitung eines formellen Untersuchungsverfahrens gemäss Art. 27 Abs. 1 KG zu (so auch ASTRID WASER, Grundrechte der Beteiligten im europäischen und schweizerischen Wettbewerbsverfahren, Zürich 2002, 56).

III. Anregung von Massnahmen zur Beseitigung oder Verhinderung von Wettbewerbsbeschränkungen

8 Im Vorabklärungsverfahren kann das Sekretariat gemäss Art. 26 Abs. 2 KG gegenüber den Beteiligten Massnahmen zur Beseitigung oder Verhinderung von Wettbewerbsbeschränkungen anregen. Passen die Beteiligten ihr Verhalten an, wird die Vorabklärung ohne Folgen eingestellt. Dieses Instrument bewährt sich in der Praxis in zunehmendem Masse (ROLAND VON BÜREN, Einvernehmliche Erledigung von Wettbewerbsstreitigkeiten, in: ZÄCH, Schweizerisches Kartellrecht. Revision und Praxis, Zürich 2002, 71 ff., 74 ff.). Diese Möglichkeit des Sekretariats ist von der in Art. 29 KG vorgesehenen einvernehmlichen Regelung zu unterscheiden. Der Vorschlag für eine einvernehmliche Regelung im Sinne von Art. 29 KG kann nur nach Einleitung eines formellen Untersuchungsverfahrens, in welchem eine fundierte Abklärung des Sachverhalts und der Rechtslage notwendig ist, vorgenommen werden. Entsprechend wird die einvernehmliche Regelung gemäss Art. 29 Abs. 2 KG durch einen förmlichen Beschluss der Wettbewerbskommission abgeschlossen, der sämtliche am Verfahren Beteiligten, insbesondere auch die Wettbewerbskommission und deren Sekretariat, bindet.

9 Nimmt das Sekretariat im Rahmen einer Vorabklärung mit den beteiligten Unternehmen das Gespräch auf, um eine Massnahme zur Beseitigung oder Verhinderung von Wettbewerbsbeschränkungen im Sinne von Art. 26 Abs. 2 KG anzuregen, wird das Vorabklärungsverfahren bei einer Annahme der Anregung nicht durch einen förmlichen Entscheid abgeschlossen. Folgerichtig weist bereits die Botschaft 1994 in diesem Zusammenhang darauf hin, dass weder die Wettbewerbskommission noch das Eidgenössische Volkswirtschaftsdepartement bei ihrem Entscheid über die Einleitung einer Untersuchung an die zwischen dem Sekretariat und

den betroffenen Unternehmen vereinbarten Massnahmen gebunden sind (Botschaft 1994, 135 f.). Durch die Zustimmung zu vom Sekretariat angeregten Massnahmen kann das Initiativrecht der Wettbewerbskommission und des Eidgenössischen Volkswirtschaftsdepartements, gemäss Art. 27 Abs. 1 KG die Eröffnung einer Untersuchung zu verlangen, nicht beschnitten werden. Legen die beteiligten Unternehmen auf eine weitergehende Bindung Wert, müssen sie entweder die Eröffnung einer Untersuchung durch das Sekretariat provozieren, in dessen Verlauf das Verfahren mit einer formellen einvernehmlichen Regelung im Sinne von Art. 29 KG abgeschlossen werden kann, oder auf informellem Wege von der Wettbewerbskommission eine Zusicherung erhalten, dass sich die Wettbewerbskommission der vom Sekretariat geäusserten Rechtsauffassung bezüglich der angeregten Massnahmen anschliesst. Die rechtliche Einordnung von Anregungen gemäss Art. 26 Abs. 2 KG gibt Anlass zu verschiedenen verfahrensrechtlichen Fragen (vgl. dazu Isabelle Häner, Comfort letters – Einsatzmöglichkeiten im Schweizerischen Kartellrecht von Wettbewerbsstreitigkeiten, in: Zäch, Schweizerisches Kartellrecht. Revision und Praxis, Zürich 2002, 133 ff.). Es handelt sich zwar um ein Instrument des «Soft-Law»; die Eröffnung einer Untersuchung im Nachgang an eine solche Regelung dürfte aber grundsätzlich gegen das Vertrauensprinzip verstossen (Paul Richli, Verfahren und Rechtsschutz, in: Zäch, Das Kartellgesetz in der Praxis, Zürich 2000, 130 ff., 134 f.).

IV. Anwendung des VwVG für das Verfahren der Vorabklärung

10   Das Gesetz selbst enthält in Art. 26 KG keine ausdrückliche Regelung über die bei der Vorabklärung geltenden Verfahrensgrundsätze. Es wird lediglich festgehalten, dass im Verfahren der Vorabklärung kein Recht auf Akteneinsicht bestehe (Art. 26 Abs. 3 KG).

11   Gemäss Art. 39 KG ist auf die Verfahren das VwVG anwendbar, soweit das KG nicht davon abweicht. Ein Teil der Lehre schloss daraus, dass auch für das Verfahren der Vorabklärung die Regeln des VwVG zur Anwendung kommen (Astrid Waser, Grundrechte der Beteiligten im europäischen und schweizerischen Wettbewerbsverfahren, Zürich 2002, 57. Vgl. schon Paul Richli, Verfahren und Rechtsschutz, Art. 39–44 KG, in: Zäch, Das neue schweizerische Kartellgesetz, Zürich 1996, 167; er stellt zu Recht in Frage, ob das VwVG die für die formlosen Vorabklärungen geeigneten Verfahrensstrukturen enthält). Davon war anfänglich auch die Rekurskommission für Wettbewerbsfragen ausgegangen (REKO/WEF in RPW 2000/4, Telekurs Holding AG, Europay (Switzerland) SA, Payserv AG/Erdölvereinigung, 712). In ihrem Entscheid vom 22. Dezember 2003 (REKO/WEF in RPW 2004/2, Cornèr Banca SA/Telekurs Multipay AG, Wettbewerbskommission, 635 ff.) stellte sich die Rekurskommission für Wettbewerbsfragen aber mit der neueren Lehre (so etwa Paul Richli, Kartellverwaltungsverfahren, in: von Büren/David, Schweizerisches Immaterialgüter- und Wettbewerbsrecht, Band V/2, Kartellrecht, Basel 2000, 424 ff., und Stefan Bilger, Das Verwaltungsverfahren zur Untersuchung von Wettbewerbsbeschränkungen, Freiburg 2002) auf den Standpunkt, dass das VwVG angesichts der besonderen Natur des Vorabklärungsverfahrens auf dieses nicht zur Anwendung komme. Die Vorabklärung sei als Vorstufe zum formellen Untersuchungsverfahren konzipiert und solle informelles und kooperatives (d.h. verfügungsfreies) Staatshandeln ermöglichen, weshalb es als «Nichtverfügungsverfahren» zu charakterisieren sei, dessen Abschluss keine Verfügung darstelle. So wird sowohl der Untersuchungser-

öffnung als auch der Nichteröffnung einer Untersuchung die Verfügungseigenschaft abgesprochen (REKO/WEF in RPW 2004/2, Cornèr Banca SA/Telekurs Multipay AG, Wettbewerbskommission, 635 ff. mit Verweisen). Deswegen sind insbesondere vorsorgliche Massnahmen erst im Rahmen des (eröffneten) Untersuchungsverfahrens möglich (vgl. die Kommentierung zu Art. 27 KG, N 12 ff.). Im Gegensatz zum Untersuchungsverfahren wird die Vorabklärung nicht mit einem formellen Entscheid abgeschlossen, sondern entweder mit der Einleitung eines formellen Untersuchungsverfahrens oder mit dem formlosen Abschluss des Vorabklärungsverfahrens. Die Vorabklärung ist folglich auch bei einem formellen Abschluss durch die Einleitung eines Untersuchungsverfahrens nicht geeignet, eine allenfalls rechtswidrige Wettbewerbsbeschränkung förmlich zu beseitigen.

12 Mit dem in Art. 26 Abs. 3 KG enthaltenen Vorbehalt, wonach im Verfahren der Vorabklärung keine Akteneinsicht besteht, soll erreicht werden, dass das Sekretariat bei der Durchführung der Vorabklärung nicht verpflichtet werden kann, den beteiligten Unternehmen bereits in diesem Vorstadium alle Akten zugänglich zu machen und damit auch allenfalls die Namen der denunzierenden Marktteilnehmer bekannt zu geben. Der Schutz des Denunzianten kann unter Umständen die grundlegende Voraussetzung dafür sein, dass in den Fällen, bei denen im Rahmen der Vorabklärung keine gütliche Einigung erzielt werden kann, die notwendigen Sachverhaltselemente für die Durchführung eines formellen Untersuchungsverfahrens zusammengestellt werden können. Verweigert der Denunziant im anschliessenden Untersuchungsverfahren die Mitwirkung, weil das betroffene Unternehmen entweder das denunzierende Unternehmen in die Wettbewerbsabrede mit einbezieht oder diesem mit Repressalien droht, wird die Sachverhaltsermittlung für das formelle Untersuchungsverfahren wesentlich erschwert.

Art. 27   Eröffnung einer Untersuchung

1 Bestehen Anhaltspunkte für eine unzulässige Wettbewerbsbeschränkung, so eröffnet das Sekretariat im Einvernehmen mit einem Mitglied des Präsidiums eine Untersuchung. Eine Untersuchung wird in jedem Fall eröffnet, wenn das Sekretariat von der Wettbewerbskommission oder vom Departement damit beauftragt wird.[1]

2 Die Wettbewerbskommission entscheidet, welche der eröffneten Untersuchungen vorrangig zu behandeln sind.

I. Einleitung einer Untersuchung

1 Ziel der in Art. 26 KG geregelten Vorabklärung ist es festzustellen, ob genügend Anhaltspunkte für eine Wettbewerbsbeschränkung vorliegen, welche die Einleitung einer formellen Untersuchung gemäss Art. 27 KG rechtfertigen. Entsprechend der in Art. 26 KG an das Sekretariat zugewiesenen ausschliesslichen Kompetenz zur Durchführung der Vorabklärung fällt

---

[1] Fassung gemäss Ziff. I des BG vom 20. Juni 2003, in Kraft seit 1. April 2004 (AS 2004 1385 1390; BBl 2002 2022 5506).

auch die Einleitung eines Untersuchungsverfahrens gemäss Art. 27 KG ordentlicherweise in die Zuständigkeit des Sekretariats.

2   Zur Abstimmung mit den wettbewerbspolitischen Handlungszielen der Wettbewerbskommission hat sich jedoch das Sekretariat mit dem Präsidium vor der Einleitung eines Untersuchungsverfahrens ins Einvernehmen zu setzen. Nicht zuletzt auch im Hinblick auf das in Art. 27 Abs. 2 KG statuierte Opportunitätsprinzip (die Kommission kann gemäss Art. 27 Abs. 2 KG die Prioritäten für die Reihenfolge der Behandlung der eröffneten Untersuchungen festlegen) kann über dieses Einvernehmen bei der Einleitung von Untersuchungen eine gewisse Koordination zwischen den beiden Organisationen der Wettbewerbsbehörde erreicht werden. Es wäre wenig sinnvoll, wenn das Sekretariat eine Untersuchung eröffnen würde, welche infolge eines Entscheids der Wettbewerbskommission bezüglich der Festsetzung der Prioritäten gar nicht an die Hand genommen werden könnte.

3   Ähnlich wie bei Vorabklärungen (vgl. dazu die Kommentierung zu Art. 26 KG, N 5) liegt der Entscheid über die Einleitung einer Untersuchung nicht im freien Ermessen des Sekretariats. Haben sich im Rahmen der Vorabklärung genügend Anhaltspunkte für eine Wettbewerbsbeschränkung ergeben, ist das Sekretariat verpflichtet, das Einvernehmen mit der Kommission zu suchen, um eine Untersuchung zu eröffnen. Die Nichteröffnung einer Untersuchung käme in diesen Fällen einer Rechtsverweigerung gleich. Nach der Änderung der deutschen Fassung des Gesetzestextes in der Revision 2003 besteht nun gemäss Art. 27 Abs. 1 KG auch die Möglichkeit, Wettbewerbsbeschränkungen aufzugreifen, die möglicherweise zum Zeitpunkt der Untersuchung nicht mehr ausgeübt werden (vgl. dazu Botschaft 2001, 2047).

4   Neben der dargestellten ordentlichen Kompetenz des Sekretariats zur Eröffnung einer Untersuchung im Einvernehmen mit dem Präsidium steht der Wettbewerbskommission und dem Eidgenössischen Volkswirtschaftsdepartement ein Initiativrecht für die Einleitung eines Untersuchungsverfahrens zu (Art. 27 Abs. 1 KG). Macht eine der erwähnten Behörden von ihrem Initiativrecht Gebrauch, ist das Sekretariat verpflichtet, die Untersuchung zu eröffnen. Das Sekretariat ist nicht berechtigt, die Eröffnung einer von der Wettbewerbskommission oder vom Eidgenössischen Volkswirtschaftsdepartement anbegehrten Untersuchung unter Hinweis auf fehlende Anhaltspunkte für eine Wettbewerbsbeschränkung zu verweigern.

5   Das Initiativrecht des Eidgenössischen Volkswirtschaftsdepartements, vom Sekretariat gestützt auf Art. 27 Abs. 1 KG die Eröffnung einer Untersuchung zu verlangen, ist unter dem Blickwinkel der in Art. 19 Abs. 1 KG statuierten Unabhängigkeit der Wettbewerbskommission nicht unproblematisch. Das Eidgenössische Volkswirtschaftsdepartement kann durch dieses Initiativrecht einen gewissen Einfluss auf die Schwerpunktbildung bei der schweizerischen Wettbewerbspolitik ausüben. In Anwendung des in Art. 27 Abs. 2 KG enthaltenen Opportunitätsprinzips kann jedoch die Wettbewerbskommission bis zu einem gewissen Grade korrigierend eingreifen. Dennoch wird sich die Wettbewerbskommission dem Vorwurf der Rechtsverweigerung nicht entziehen können, wenn eine vom Eidgenössischen Volkswirtschaftsdepartement angeordnete Untersuchung auf Anordnung der Wettbewerbskommission vom Sekretariat überhaupt nicht an die Hand genommen wird.

6   Der Entscheid zur Einleitung des Untersuchungsverfahrens ist ein Beschluss des Sekretariats und dahingehend zu überprüfen, ob er im Sinne von Art. 45 VwVG selbstständig mit Be-

schwerde an das Bundesverwaltungsgericht angefochten werden kann. Gemäss Rechtsprechung und Lehre ist eine Anfechtbarkeit zu verneinen, weil die Eröffnung der Untersuchung nicht direkt und verbindlich die Rechte und Pflichten der betroffenen Unternehmen regelt. Vielmehr ist davon auszugehen, dass mit dem Beschluss über die Eröffnung der Untersuchung die Verfügung am Ende des Untersuchungsverfahrens vorbereitet wird (in diesem Sinne vor allem auch bezüglich des Fusionskontrollverfahrens FRANK SCHERRER, Das europäische und das schweizerische Fusionskontrollverfahren, Zürich 1996, 395 mit Hinweis auf PETER SALADIN, Das Verwaltungsverfahrensrecht des Bundes, Basel/Stuttgart 1979, 66, und auf ANDREAS LIMBURG, Das Untersuchungsverfahren nach schweizerischem Kartellgesetz, Bern 1993, 114 ff. Die zuletzt genannte Literaturstelle bezieht sich auf die unter dem aKG 1985 geltende Regelung). Die blosse Eröffnung des Untersuchungsverfahrens hat auf die Rechtsstellung der betroffenen Unternehmen noch keinen Einfluss, auch wenn nicht zu übersehen ist, dass mit der Eröffnung des Untersuchungsverfahrens gegenüber den betroffenen Unternehmen eine Reihe von weitreichenden Untersuchungsmassnahmen angeordnet werden kann (Art. 42 KG).

7   Entsprechend besteht gemäss Rechtsprechung weder ein Anspruch auf Durchführung einer Vorabklärung noch ein Anspruch auf Eröffnung und Durchführung einer Untersuchung (vgl. die Kommentierung zu Art. 26 KG). Die Ablehnung, eine Vorabklärung durchzuführen oder eine Untersuchung zu eröffnen, ist keine Verfügung, gegen welche ein Rechtsmittel offen stünde (REKO/WEF in RPW 2003/3, Sellita Watch Co. SA/ETA SA Manufacture Horlogère Suisse, 676 mit Verweisen; REKO/WEF in RPW 2000/1, Mietleitungen, 104).

8   Für die Einleitung einer Untersuchung ist das Sekretariat ordentlicherweise auf das Einvernehmen mit einem Mitglied des Präsidiums angewiesen.

II. Opportunitätsprinzip

9   Das Initiativrecht von drei verschiedenen Behörden (Sekretariat, Wettbewerbskommission im engeren Sinne und Eidgenössisches Volkswirtschaftsdepartement) zur Einleitung eines Untersuchungsverfahrens verlangt eine Regelung für die Festsetzung der Prioritäten. In Art. 27 Abs. 2 KG wird die Regelung der Prioritäten in die ausschliessliche Zuständigkeit der Wettbewerbskommission gelegt. Die Wettbewerbskommission hat dadurch die Möglichkeit, bis zu einem gewissen Grade die Schwerpunkte schweizerischer Wettbewerbspolitik festzusetzen.

10   Die Möglichkeit, Prioritäten zu setzen, macht deutlich, dass bei der kartellgesetzlichen Rechtsanwendung der verwaltungsrechtlichen Wettbewerbsbehörde auch Opportunitätsüberlegungen eine entscheidende Rolle spielen. Durch die Festsetzung von Prioritäten hat die Wettbewerbskommission die Möglichkeit, nach Opportunitätsgesichtspunkten das Sekretariat mit der Durchführung von Untersuchungen zu betrauen. Das Opportunitätsprinzip erfährt jedoch dann seine Grenze, wenn die Prioritätenfestsetzung zu einer eigentlichen Rechtsverweigerung ausartet. Sind Anhaltspunkte für eine erhebliche Wettbewerbsbeschränkung klar ersichtlich, kann die Wettbewerbskommission gestützt auf die Kompetenz zur Festsetzung der Prioritäten nicht auf die Durchführung einer Untersuchung verzichten.

III. Vorsorgliche Massnahmen

11   Das Kartellgesetz enthält keine ausdrückliche Regelung über den Erlass vorsorglicher Massnahmen im Verfahren vor den erstinstanzlichen Wettbewerbsbehörden. Die grundsätzliche Anwendung des VwVG (Art. 39 KG) auf das Untersuchungsverfahren bringt es jedoch mit sich, dass auch im erstinstanzlichen Verfahren vor den Wettbewerbsbehörden aufgrund der einschlägigen Praxis des Bundesgerichts (nicht veröffentlichter Grundsatzentscheid des Bundesgerichts in RPW 1997/4, Künstliche Besamung [vorsorgliche Massnahmen], 621 f. mit Verweisen auf die entsprechende Praxis im Rahmen des VwVG) die Möglichkeit zum Erlass von vorsorglichen Massnahmen besteht (vgl. dazu PATRICK SCHÄDLER, Vorsorgliche Massnahmen und einstweilige Anordnungen im Kartellverwaltungsverfahren der Schweiz und der Europäischen Gemeinschaft – Bestandesaufnahme, Kritik und Vorschläge de lege ferenda, Basel 2002; PAUL RICHLI, Kartellverwaltungsverfahren, in: VON BÜREN/DAVID, Schweizerisches Immaterialgüter- und Wettbewerbsrecht, Band V/2, Kartellrecht, Basel 2000, 468 ff.). So kann die Wettbewerbskommission nach Lehre und gefestigter Rechtsprechung im kartellrechtlichen Untersuchungsverfahren vorsorgliche Massnahmen treffen, obwohl das Kartellgesetz solche nicht ausdrücklich vorsieht (vgl. BGE 130 II 149 ff., 154, E. 2.1., mit Verweisen auf Rechtsprechung und Literatur). Diese Zuständigkeit gilt jedoch nur für die Wettbewerbskommission im engeren Sinne und nicht für das Sekretariat im Zusammenhang mit der Kompetenz zum Erlass von verfahrensleitenden Verfügungen im Einvernehmen mit einem Mitglied des Präsidiums gemäss Art. 23 Abs. 1 KG (nicht veröffentlichter Grundsatzentscheid des Bundesgerichts in RPW 1997/4, Künstliche Besamung [vorsorgliche Massnahmen], 624 f.). Vorsorgliche Massnahmen können nur im Rahmen einer Untersuchung gemäss Art. 27 KG erfolgen. Daher muss, falls zum Zeitpunkt des Erlasses vorsorglicher Massnahmen noch kein Verfahren eröffnet worden ist, gleichzeitig mit dem Erlass der vorsorglichen Massnahmen vom Sekretariat im Einvernehmen mit einem Mitglied des Präsidiums eine Untersuchung gemäss Art. 27 KG eröffnet werden (vgl. z.B. RPW 2003/3, ETA SA Fabriques d'Ebauches, 506; RPW 2002/4, Teleclub AG vs. Cablecom GmbH, 572).

12   Ursprünglich hatte die damalige Rekurskommission für Wettbewerbsfragen angenommen, dass ein Rechtsanspruch privater Rechtssubjekte auf vorsorgliche Massnahmen im Kartellverwaltungsverfahren nur subsidiär und insoweit bestehen könne, als die Wahrung des öffentlichen Interesses das Einschreiten der Wettbewerbskommission verlange. Dabei habe die Wettbewerbskommission darauf abzustellen, ob sie die beantragte Massnahme auch von Amtes wegen angeordnet hätte. Indessen ist nach der jüngsten bundesgerichtlichen Rechtsprechung der Erlass vorsorglicher Massnahmen von einer Abklärung der Sach- und Rechtslage abhängig zu machen, welche mit hinreichender Sicherheit ausschliessen muss, dass nicht sachliche Gründe (sogenannte legitimate business reasons) für das untersuchte angeblich kartellrechtswidrige Verhalten bestehen (REKO/WEF in RPW 2004/2, Cornèr Banca SA/Telekurs Multipay AG, Wettbewerbskommission, 636 f. mit Verweisen). Denn dem spezifischen öffentlichen Interesse am Schutz des wirksamen Wettbewerbs, welches im kartellrechtlichen Verwaltungsverfahren allein die Anordnung vorsorglicher Massnahmen rechtfertigt, ist im Rahmen einer umfassenden Interessenabwägung Rechnung zu tragen. Vorausgesetzt sind ein nicht leicht wieder gutzumachender Nachteil, eine über das allgemeine Bestreben nach möglichst rascher Umsetzung gesetzlicher Vorgaben hinausgehende besondere Dringlichkeit

sowie die Verhältnismässigkeit der Anordnung; zudem muss die Entscheidprognose derart eindeutig ausfallen, dass sich die ganze oder teilweise Vorwegnahme des mutmasslichen Resultats des Untersuchungsverfahrens rechtfertigt (nicht veröffentlichter Bundesgerichtsentscheid in: RPW 2003/4, Cablecom GmbH/Teleclub AG, Wettbewerbskommission, Rekurskommission für Wettbewerbsfragen, 916 f., BGer vom 5. September 2003, 2A.142/2003; BGE 130 II 149 ff., 155, E. 2.3, mit Verweisen auf die Literatur).

13 Nach der neueren bundesgerichtlichen Rechtsprechung ist zu beachten, dass Wettbewerbsbeschränkungen parallel auf dem zivilrechtlichen (Art. 12 ff. KG) und auf dem verwaltungsrechtlichen Weg (Art. 18 ff. KG) verfolgt werden können. Aus dieser «Doppelspurigkeit» folge, dass im kartellrechtlichen Verwaltungsverfahren vorsorgliche Massnahmen vorab dann anzuordnen seien, wenn dies dem öffentlichen Interesse am Schutz des wirksamen Wettbewerbs diene, während zur Durchsetzung von vorwiegend privaten Interessen der zivilrechtliche Weg (insbesondere Art. 17 KG) zu beschreiten sei (BGE 130 II 149 ff., 156, E. 2.4, und 160, E. 4.1, mit Verweisen auf die Literatur). Die Verwaltungsbehörde wird also nur dann auf ein Gesuch um vorsorgliche Massnahmen eintreten, wenn der wirksame Wettbewerb betroffen ist. (Nach PATRIK DUCREY, Abgrenzung zwischen vorsorglichen Massnahmen im Kartellverwaltungs- und Kartellzivilrecht, in: ZÄCH, Das Kartellgesetz in der Praxis, Zürich 2000, 115 ff., 127, ist der notwendige funktionale Zusammenhang zwischen der vorsorglichen Massnahme und dem damit zu schützenden wirksamen Wettbewerb eine Eintretensvoraussetzung.)

14 Entscheide der Wettbewerbskommission über vorsorgliche Massnahmen (oder deren Ablehnung) gelten als Zwischenverfügungen und können selbstständig angefochten werden, wenn sie einen nicht wieder gutzumachenden Nachteil bewirken können; für die Annahme eines solchen Nachteils genügt ein tatsächliches, insbesondere wirtschaftliches Interesse (BGE 130 II 149 ff., 153, E. 1.1 und die dortigen Verweise auf die Rechtsprechung; vgl. auch die Kommentierung zu Art. 39 KG). Ein von der Wettbewerbskommission ausserhalb eines Untersuchungsverfahrens getroffener Entscheid, ein Gesuch um Erlass vorsorglicher Massnahmen abzuweisen, lässt sich – da formal gesehen keine Hauptverfügung mehr ergehen wird – als verfahrensabschliessende Endverfügung auffassen (REKO/WEF in RPW 2000/4, Telekurs Holding AG, Europay [Switzerland] SA, Payserv AG/Erdölvereinigung, 708 mit Verweisen).

Art. 28 Bekanntgabe

[1] Das Sekretariat gibt die Eröffnung einer Untersuchung durch amtliche Publikation bekannt.

[2] Die Bekanntmachung nennt den Gegenstand und die Adressaten der Untersuchung. Sie enthält zudem den Hinweis, dass Dritte sich innert 30 Tagen melden können, falls sie sich an der Untersuchung beteiligen wollen.

[3] Die fehlende Publikation hindert Untersuchungshandlungen nicht.

I. Ausgangslage

1 Die Eröffnung einer Untersuchung durch das Sekretariat der Wettbewerbskommission im Sinne von Art. 27 Abs. 1 KG ist gemäss Art. 28 Abs. 1 KG durch amtliche Publikation bekannt zu geben. Nach Art. 22 Abs. 1 des Geschäftsreglements sind als amtliche Publikationsorgane sowohl das Bundesblatt als auch das Schweizerische Handelsamtsblatt vorgesehen. Gemäss dem Geschäftsreglement kann eine Veröffentlichung auch in anderen Publikationsorganen angeordnet werden, wenn der Zweck der Untersuchung dies erfordert (Art. 22 Abs. 2 des Geschäftsreglements → Nr. 2).

2 Die Publikation hat den Zweck, Dritten, wie beispielsweise Wettbewerbern oder auch Konsumenten, die Möglichkeit zu eröffnen, sich im Sinne von Art. 43 KG an der Untersuchung zu beteiligen. Die Wettbewerbsbehörden sind bei der Abklärung des Sachverhalts in einem Untersuchungsverfahren in erheblichem Masse darauf angewiesen, Informationen über das Marktverhalten der betroffenen Unternehmen von den übrigen Marktteilnehmern zu erhalten. Diesem Zweck dienen jedoch nicht nur die in Art. 43 KG vorgesehene Möglichkeit der Beteiligung Dritter am Untersuchungsverfahren, sondern auch die in Art. 40 KG geregelten weitreichenden Auskunftspflichten der beteiligten Unternehmen, aber auch betroffener Dritter.

II. Inhalt der Publikation

3 Der für die amtliche Publikation erforderliche Inhalt ist in Art. 28 Abs. 2 KG umschrieben. Demzufolge müssen der Gegenstand und die Adressaten der Untersuchung genannt werden. Zudem muss die Publikation den Hinweis enthalten, dass sich Dritte innerhalb von 30 Tagen bei der Wettbewerbskommission zu melden hätten, falls sie sich an der Untersuchung im Sinne von Art. 43 KG beteiligen wollen. Eine verspätete Meldung bei der Wettbewerbskommission hat zur Folge, dass der Dritte sein Recht, sich formell am Verfahren zu beteiligen, verwirkt hat. Das schliesst jedoch nicht aus, dass die vom Dritten verspätet an die Wettbewerbskommission herangetragenen Informationen bei der von Amtes wegen vorzunehmenden Sachverhaltsermittlung im Untersuchungsverfahren zu berücksichtigen sind. Insbesondere ist darauf hinzuweisen, dass die Auskunftspflicht gemäss Art. 40 KG nicht davon abhängt, dass sich ein Dritter im Sinne von Art. 43 KG an der Untersuchung beteiligt hat.

4 Im Geschäftsreglement wird der für die Publikation erforderliche Inhalt nicht näher präzisiert. Um Dritten sinnvoll die Beurteilung einer Beteiligung am Untersuchungsverfahren zu ermöglichen, sollte die Publikation zumindest die Namen und die Adressen der von der Untersuchung betroffenen Unternehmen, die Art der angeblich praktizierten Wettbewerbsbeschränkung und gewisse Hinweise darauf, welche Märkte von dieser Wettbewerbsbeschränkung betroffen sind, enthalten. Wie bereits bei der Umschreibung des in Art. 25 KG enthaltenen Amtsgeheimnisses festgehalten wurde, muss sich jedoch die Wettbewerbskommission zur Verhinderung nicht mehr kontrollierbarer Marktwirkungen durch die Publikation eine gewisse Zurückhaltung auferlegen (vgl. dazu die Kommentierung zu Art. 25 KG, N 5 und 6).

III. Wirkung der Publikation

5 Für die Durchführung einer Untersuchung – insbesondere für die Anordnung von Untersuchungsmassnahmen – hat die Publikation lediglich deklaratorische Bedeutung. Hat das Sekretariat im Einvernehmen mit einem Mitglied des Präsidiums oder auf Anordnung der Wett-

bewerbskommission bzw. des Eidgenössischen Volkswirtschaftsdepartements die Einleitung einer Untersuchung formell beschlossen, nimmt das Untersuchungsverfahren seinen Gang, auch wenn das Sekretariat vorerst, allenfalls aus Geheimhaltungsinteressen, auf eine Publikation verzichtet.

6   Der Verzicht auf die Publikation hat gegenüber den betroffenen Unternehmen keine Rechtswirkungen. Das ganze Spektrum an möglichen Untersuchungsmassnahmen steht der Wettbewerbskommission auch ohne die Bekanntgabe der Einleitung eines Untersuchungsverfahrens zur Verfügung. In diesem Zusammenhang ist hervorzuheben, dass die Auskunftspflicht gemäss Art. 40 KG unabhängig davon besteht, ob die Wettbewerbsbehörden im Rahmen einer Vorabklärung oder eines Untersuchungsverfahrens tätig sind. Im Gegensatz dazu setzt jedoch die Anordnung der in Art. 42 KG umschriebenen Untersuchungsmassnahmen die förmliche Eröffnung einer Untersuchung voraus.

7   Das Kartellgesetz sieht eine individuelle Mitteilung der Eröffnung einer Untersuchung an die betroffenen Unternehmen bei einer fehlenden amtlichen Publikation nicht vor. Zur Überprüfung der Rechtmässigkeit der angeordneten Untersuchungsmassnahmen im Sinne von Art. 42 KG, aber auch unter dem Blickwinkel der Gewährung eines fairen Verfahrens haben die Wettbewerbsbehörden den betroffenen Unternehmen mitzuteilen, in welcher Eigenschaft, als betroffene Unternehmen oder als Dritte, gegen sie Untersuchungshandlungen bzw. Auskunftsersuchen angeordnet werden (vgl. dazu auch die Kommentierung zu Art. 2 KG, N 16).

8   Die mangelnde Publikation der Eröffnung einer Untersuchung hat vor allem Rechtswirkungen gegenüber Dritten. Bei Unkenntnis über die Eröffnung einer Untersuchung fehlt den Dritten die Möglichkeit, sich am Untersuchungsverfahren im Sinne von Art. 43 KG zu beteiligen. Wollen sich die Wettbewerbsbehörden nicht dem Vorwurf der rechtswidrigen Verweigerung von Verfahrensrechten aussetzen, haben sie in jedem Falle im Verlaufe des Untersuchungsverfahrens Dritten durch amtliche Publikation die Möglichkeit einzuräumen, ihre Beteiligung am Verfahren anzumelden.

Art. 29   Einvernehmliche Regelung

¹ Erachtet das Sekretariat eine Wettbewerbsbeschränkung für unzulässig, so kann es den Beteiligten eine einvernehmliche Regelung über die Art und Weise ihrer Beseitigung vorschlagen.

² Die einvernehmliche Regelung wird schriftlich abgefasst und bedarf der Genehmigung durch die Wettbewerbskommission.

I. Ausgangslage

1   In paralleler Umsetzung des bereits in Art. 26 Abs. 2 KG enthaltenen Gedankens der Selbstregulierung (vgl. dazu die Kommentierung zu Art. 26 KG, N 2) hat der Gesetzgeber auch für die formelle Untersuchung die Möglichkeit geschaffen, das Verfahren mit einer einvernehmlichen Regelung zum Abschluss zu bringen. Die Idee der Selbstregulierung geht von der Vorstellung aus, dass der Entscheidfindungsprozess bessere Ergebnisse hervorbringt, wenn die vom Entscheid Betroffenen selbst am Verfahren durch Verhandlung in erheblichem Um-

fang mitwirken können. Das autoritative Staatshandeln soll durch ein kooperatives ersetzt werden (vgl. dazu PAUL RICHLI, Verfahren und Rechtsschutz, Art. 39–44 KG, in: ZÄCH, Das neue schweizerische Kartellgesetz, Zürich 1996, 168 mit Verweisen auf die einschlägige Literatur). Dies entspricht auch dem in Art. 5 Abs. 2 der neuen Bundesverfassung verankerten Verhältnismässigkeitsprinzip (RPW 2000/3, Rechtsgutachten von Prof. Dr. YVO HANGARTNER vom 12. Juli 2000 zuhanden des Eidgenössischen Volkswirtschaftsdepartements betreffend die Verfügungen der Wettbewerbskommission, 532 ff., 549).

II. Zuständigkeit für den Vorschlag einer einvernehmlichen Regelung

2 Gemäss Art. 29 Abs. 1 KG fällt das Vorschlagsrecht für eine einvernehmliche Regelung in die ausschliessliche Zuständigkeit des Sekretariats. Da die abschliessend vereinbarte einvernehmliche Regelung durch die Wettbewerbskommission gemäss Art. 29 Abs. 2 KG genehmigt werden muss, tut das Sekretariat gut daran, die Wettbewerbskommission zumindest auf informelle Weise bei den Verhandlungen über eine derartige Regelung mitwirken zu lassen, wobei sich die Mitglieder der Wettbewerbskommission allenfalls auf das in Art. 17 Abs. 2 des Geschäftsreglements (→ Nr. 2) statuierte Teilnahmerecht berufen können.

3 Gemäss dem Gesetzeswortlaut ist das Sekretariat der Wettbewerbskommission nicht verpflichtet, in jedem Fall dem Unternehmen eine einvernehmliche Regelung zur Beseitigung der Wettbewerbsbeschränkung vorzuschlagen. Der Gedanke des kooperativen Verwaltungshandelns sollte jedoch die Wettbewerbsbehörden dazu anhalten, grundsätzlich in jedem Fall den Verfahrensabschluss über eine einvernehmliche Regelung zu suchen (in diesem Sinne schon PAUL RICHLI, Verfahren und Rechtsschutz, Art. 39–44 KG, in: ZÄCH, Das neue schweizerische Kartellgesetz, Zürich 1996, 168). Ausnahmen ergeben sich selbstverständlich dort, wo die beteiligten Unternehmen sich weigern, in Verhandlungen über eine einvernehmliche Regelung einzutreten, und in den seltenen Fällen, bei welchen für die Beseitigung der Wettbewerbsbeschränkung mittels einvernehmlicher Regelung kein Spielraum besteht. Letzteres dürfte vor allem auf die unter die Vermutungstatbestände in Art. 5 Abs. 3 KG fallenden horizontalen Preis-, Mengen- und Gebietsabsprachen zutreffen. Allenfalls kann aber auch in diesen Fällen die Durchführung des Verfahrens beschleunigt werden, wenn die beteiligten Unternehmen die Unzulässigkeit ihres Verhaltens einsehen und sich folglich in der einvernehmlichen Regelung verpflichten, gänzlich auf die untersuchten Praktiken zu verzichten.

III. Gegenstand einer einvernehmlichen Regelung

4 Gegenstand einer einvernehmlichen Regelung können sämtliche Massnahmen sein, die geeignet sind, eine unzulässige Wettbewerbsbeschränkung, sei es, weil sie wirksamen Wettbewerb im Sinne von Art. 5 Abs. 1 KG beseitigt, oder sei es, weil sie im Sinne von Art. 7 KG eine missbräuchliche Verhaltensweise darstellt, zu beseitigen. Einvernehmliche Regelungen setzen voraus, dass das Sekretariat eine Wettbewerbsbeschränkung als unzulässig erachtet. Verhandlungsgegenstand ist somit nicht die Frage, ob ein Verhalten zulässig sei, sondern nur die Frage, wie eine unzulässige Wettbewerbsbeschränkung zu beseitigen sei (nicht veröffentlichter Bundesgerichtsentscheid in: RPW 2004/2, EVD/Sellita Watch Co. SA, Weko, REKO/WEF und ETA SA Manufacture Horlogère Suisse, 661 mit Verweisen auf die Literatur). Die Wettbewerbskommission bzw. deren Sekretariat ist dazu übergangen, auch in Sanktionsverfahren mit den betroffenen Unternehmen einvernehmliche Regelungen abzuschliessen, um

zu einem schnelleren und effizienteren Verfahrensabschluss zu kommen. Vordergründig wird in der einvernehmlichen Regelung lediglich das Verhalten der betroffenen Unternehmen für die Zukunft geregelt, was bei den in Frage stehenden Vermutungstatbeständen im Vergleich zu den allfälligen Missbrauchsfällen ein einfaches Unterfangen ist, da das zukünftige Verhalten – nämlich keine harten Kartellabreden zu treffen – schnell und klar bestimmt werden kann (vgl. z.B. RPW 2009/3, Elektroinsstallationsbetriebe Bern, 196 ff.). Die in diesen Verfahren abgeschlossenen einvernehmlichen Regelungen schliessen die Auflegung einer Sanktion im Sinne von Art. 49a KG nicht ein. Die Sanktion bzw. deren Höhe ist jedoch mittelbar Gegenstand einer derartigen einvernehmlichen Regelung, indem die Parteien im Voraus den beantragten möglichen Sanktionsrahmen kennen und sich entsprechend dazu verpflichten, die einvernehmliche Regelung zu akzeptieren, sollte sich die von der Wettbewerbskommission ausgesprochene Sanktion im entsprechenden Rahmen bewegen.

5 Im Sinne der Anwendung des Grundsatzes der Verhältnismässigkeit hat das Sekretariat unter Beteiligung der betroffenen Unternehmen diejenigen Massnahmen in einer einvernehmlichen Regelung festzuhalten, welche einerseits die Wettbewerbsbeschränkung als rechtlich zulässig qualifizieren und andererseits die Freiheit der betroffenen Unternehmung zur Gestaltung ihres Marktauftritts möglichst wenig einschränken. Dazu ist ein prozessartiges Vorgehen nötig, das sämtlichen Beteiligten die Teilnahme an echten Verhandlungen ermöglichen sollte.

IV. Genehmigung durch die Wettbewerbskommission

6 Gemäss den Ausführungen in der Botschaft soll die in Art. 29 Abs. 2 KG vorgesehene Genehmigung der schriftlich abgefassten einvernehmlichen Regelung durch die Wettbewerbskommission dafür sorgen, dass aufgrund der zweigeteilten Organisationsstruktur der Wettbewerbsbehörde keine Divergenzen bei der wettbewerbspolitischen Ausrichtung entstehen. Letztlich soll die Wettbewerbskommission die Verantwortung für die Grundausrichtung der schweizerischen Wettbewerbspolitik tragen (vgl. dazu Botschaft 1994, 137).

7 Die Genehmigung hat zur Folge, dass mit dem Zustandekommen der einvernehmlichen Regelung zwischen dem Sekretariat und den betroffenen Unternehmen nicht ein öffentlich-rechtlicher Vertrag abgeschlossen wird (PAUL RICHLI, Verfahren und Rechtsschutz, Art. 39–44 KG, in: ZÄCH, Das neue schweizerische Kartellgesetz, Zürich 1996, 169), sondern der Abschluss des Verfahrens durch Verfügung erfolgt (so auch STEFAN BILGER, Das Verwaltungsverfahren zur Untersuchung von Wettbewerbsbeschränkungen, Freiburg 2002, 350 ff.). Die Genehmigungspflicht durch die Wettbewerbskommission schafft Transparenz, indem auch beteiligte Dritte allenfalls die erzielte einvernehmliche Regelung mittels Beschwerde beim Bundesverwaltungsgericht anfechten können. Voraussetzung dafür ist, dass die allgemeinen Legitimationsvoraussetzungen gemäss Art. 48 VwVG vorhanden sind. Danach ist zur Beschwerde berechtigt, wer durch die angefochtene Verfügung berührt ist und ein schutzwürdiges Interesse an deren Aufhebung oder Änderung hat (Art. 48 lit. a VwVG). Gemäss der bundesgerichtlichen Rechtsprechung ist für die Legitimation zu verlangen, dass der Beschwerdeführer durch die angefochtene Verfügung stärker als jedermann betroffen ist und in einer besonderen, beachtenswerten, nahen Beziehung zur Streitsache steht (vgl. beispielsweise BGE 113 Ib 366). Die geforderte spezifische Beziehungsnähe ergibt sich dabei im Falle einer Konkurrentenbeschwerde durch die spezielle wirtschaftsverwaltungsrechtliche Ordnung,

welcher die Konkurrenten unterworfen sind. Die blosse Befürchtung verstärkter Konkurrenz vermag nicht zu genügen (BGE 109 Ib 202, E. 4d).

8   Was die Legitimation der betroffenen Unternehmen betrifft, steht ausser Zweifel, dass ihnen als Parteien des erstinstanzlichen Verfahrens die Beschwerdelegitimation im Sinne von Art. 48 lit. a VwVG ohne Weiteres zugesprochen werden kann. Fraglich wird das Rechtsschutzinteresse jedoch dann, wenn die Betroffenen versuchen, die mit den Wettbewerbsbehörden ausgehandelte einvernehmliche Regelung über das Rechtsmittelverfahren zu Fall zu bringen. Das nicht schützenswerte widersprüchliche Verhalten ist dabei offensichtlich, wenn sich das Rechtsmittel gegen eine Massnahme richtet, der das beschwerdeführende Unternehmen im Rahmen der einvernehmlichen Regelung ausdrücklich zugestimmt hat. Um mit dem Instrument der einvernehmlichen Regelung tatsächlich eine effiziente Wettbewerbspolitik durchführen zu können, ist erforderlich, dass es nur in den Fällen eingesetzt wird, bei denen wirklich eine von allen akzeptierte Regelung erzielt werden kann. Andernfalls entstehen Unsicherheiten und Anfechtungsmöglichkeiten, welche mit der mit einer einvernehmlichen Regelung verbundenen Idee der effizienten Verfahrensabwicklung nicht zu vereinbaren sind.

Art. 30   Entscheid

[1] Die Wettbewerbskommission entscheidet auf Antrag des Sekretariats mit Verfügung über die zu treffenden Massnahmen oder die Genehmigung einer einvernehmlichen Regelung.

[2] Die am Verfahren Beteiligten können schriftlich zum Antrag des Sekretariats Stellung nehmen. Die Wettbewerbskommission kann eine Anhörung beschliessen und das Sekretariat mit zusätzlichen Untersuchungsmassnahmen beauftragen.

[3] Haben sich die tatsächlichen oder rechtlichen Verhältnisse wesentlich geändert, so kann die Wettbewerbskommission auf Antrag des Sekretariats oder der Betroffenen den Entscheid widerrufen oder ändern.

I. Ausgangslage

1   Gestützt auf Art. 30 KG kann die Wettbewerbskommission unmittelbar gestützt auf das Kartellgesetz gegenüber den betroffenen Unternehmungen Verfügungen erlassen.

2   Die Entscheidbefugnis der Wettbewerbskommission im engeren Sinne muss sich als Grundlage auf einen Antrag des Sekretariats stützen. Der Antrag des Sekretariats kann entweder auf Genehmigung einer einvernehmlichen Regelung oder auf Erlass einer Verfügung lauten. Die Verfügungen sind zu begründen. Die Begründung ist nach den Tatbestandsmerkmalen des Gesetzes zu gliedern, und in den Ausführungen ist jedes dieser Merkmale in der Anwendung auf den konkreten Fall nachvollziehbar abzuhaken (RPW 2000/3, Rechtsgutachten von Prof. Dr. YVO HANGARTNER vom 12. Juli 2000 zuhanden des Eidgenössischen Volkswirtschaftsdepartements betreffend die Verfügungen der Wettbewerbskommission, 532 ff., 547).

3   Es entspricht gefestigter Rechtsprechung und Lehre, dass über Anträge zum Erlass vorsorglicher Massnahmen – soweit sie nicht die Sicherung von verfahrensleitenden Anordnungen zum Gegenstand haben, sondern die Sicherung allfälliger Behinderungs- oder Beseitigungs-

ansprüche – die Wettbewerbskommission und nicht das Sekretariat der Wettbewerbskommission zusammen mit einem Mitglied des Präsidiums (Art. 23 Abs. 1 KG) gemäss den Regeln von Art. 30 KG zu entscheiden hat (nicht veröffentlichter Grundsatzentscheid des Bundesgerichts in: RPW 1997/4, Künstliche Besamung [vorsorgliche Massnahmen], 624 f.). Mit der Klärung der Kompetenzfrage hat das Bundesgericht aber auch grundsätzlich festgehalten, dass die Wettbewerbskommission in Anwendung der in der Praxis entwickelten Grundsätze zum VwVG im erstinstanzlichen Verfahren zum Erlass von vorsorglichen Massnahmen zuständig ist (nicht veröffentlichter Grundsatzentscheid des Bundesgerichts in: RPW 1997/4, Künstliche Besamung [vorsorgliche Massnahmen], 621 f.; vgl. auch die Kommentierung zu Art. 27 KG, N 12 ff.).

4   Art. 30 Abs. 2 KG regelt einerseits den Anspruch auf rechtliches Gehör der beteiligten Unternehmen im Entscheidverfahren vor der Wettbewerbskommission und andererseits die Kompetenz der Wettbewerbskommission, korrigierend in das vom Sekretariat durchgeführte Untersuchungsverfahren einzugreifen.

II. Gewährung des rechtlichen Gehörs im Entscheidverfahren vor der Wettbewerbskommission

5   Art. 30 Abs. 2 KG gewährt den Beteiligten in Berücksichtigung ihres Anspruchs auf rechtliches Gehör im Verfahren vor der Wettbewerbskommission das Recht, zum Antrag des Sekretariats schriftlich Stellung zu nehmen, bevor die Wettbewerbskommission ihren Entscheid trifft. Diese Möglichkeit ist eine Erweiterung des nach der Verfassung bzw. dem Verwaltungsverfahrensgesetz bestehenden Anspruchs auf rechtliches Gehör (nicht veröffentlichter Bundesgerichtsentscheid in: RPW 2003/3, Elektra Baselland Liestal ELB/Watt Suisse AG, Migros-Genossenschafts-Bund, Wettbewerbskommission, Rekurskommission für Wettbewerbsfragen, 700 mit Verweisen). Dieser umfasst daneben aber auch die den Parteien aufgrund von Art. 26 VwVG zustehenden Rechte wie insbesondere das Recht auf Akteneinsicht, welches im Wettbewerbsrecht erhöhten Anforderungen untersteht (REKO/WEF in RPW 1998/4, Telecom PTT-Fachhändlerverträge, 668 ff. mit Verweisen). Danach haben die Parteien Anspruch auf Einsicht in die Akten, namentlich in die Eingaben anderer Parteien und in alle als Beweismittel dienenden Aktenstücke. Unter Letztere fallen nicht nur Akten, die in einem Verfahren tatsächlich als Beweismittel herangezogen werden, sondern alle Akten, die geeignet sind, als Beweismittel zu dienen. Diesem Anspruch steht das Geheimhaltungsinteresse für Geschäftsgeheimnisse gegenüber (RPW 2001/2, Qualifizierung und Umschreibung von Geschäftsgeheimnissen, 375; Astrid Waser, Grundrechte der Beteiligten im europäischen und schweizerischen Wettbewerbsverfahren, Zürich 2002, 257 ff.; vgl. die Kommentierung zu Art. 25 KG, N 6).

6   Die Stellungnahmen der Beteiligten, worunter einerseits die an einer Wettbewerbsbeschränkung unmittelbar beteiligten Unternehmen, anderseits betroffene Dritte im Sinne von Art. 43 KG verstanden werden können, müssen, auch wenn sie beim Sekretariat eingereicht werden, unmittelbar und unverändert der Wettbewerbskommission vorgelegt werden Das Sekretariat darf seinen Antrag nach der Stellungnahme der Beteiligten nur dann abändern, wenn es ihnen erneut Gelegenheit gibt, sich zu äussern (Astrid Waser, Grundrechte der Beteiligten im europäischen und schweizerischen Wettbewerbsverfahren, Zürich 2002, 242). Verfasst das Sekretariat der Wettbewerbskommission zu den Stellungnahmen der Beteiligten einen Kom-

mentar oder eine Ergänzung ihres Antrags, so müssen in konsequenter Anwendung von Art. 30 Abs. 2 KG die beteiligten Unternehmen erneut zur Stellungnahme aufgefordert werden. Angesichts der Arbeitsteilung der Wettbewerbskommission ist nicht erforderlich, dass die Schriftstücke sämtlichen Mitgliedern zugestellt werden, sondern es genügt, dass diese davon Kenntnis nehmen können, sofern dadurch eine umfassende und objektive Information aller Behördenmitglieder nicht gefährdet ist (REKO/WEF in RPW 2001/2, Schweizerischer Buchhändler- und Verlegerverband, 400 f.; REKO/WEF in RPW 2001/2, Börsenverein des Deutschen Buchhandels e.V., 431).

7 Wer im Rahmen einer behördlich festgesetzten Frist zur Stellungnahme in der Sache eine Begründung einer verfahrensleitenden Anordnung verlangt, muss damit rechnen, dass dieses Ersuchen abgelehnt wird, und sich daher mindestens innerhalb der gesetzten Frist auch zur Sache selbst äussern. Wenn eine Partei beschliesst, sich nur über einen Teil der ihr mit einer bestimmten Frist unterbreiteten Punkte zu äussern, erlaubt ihr dies nicht ohne Weiteres, in den Genuss einer weiteren Fristverlängerung zu kommen, um zur Gesamtheit der Fragen Stellung zu beziehen (BGE 129 II 497 ff., 505, E. 2.3).

8 Die Wettbewerbskommission nimmt am Untersuchungsverfahren des Sekretariats nicht teil. Der Anspruch auf rechtliches Gehör kann es als notwendig erscheinen lassen, die beteiligten Unternehmen durch die Wettbewerbskommission direkt anzuhören (Art. 30 Abs. 2 KG). Die Möglichkeit der Anhörung ist im Gesetz nicht als Pflicht für die Wettbewerbskommission formuliert. Ein Recht der Verfahrensbeteiligten auf eine solche Anhörung besteht daher grundsätzlich nicht (REKO/WEF in RPW 2001/2, Schweizerischer Buchhändler- und Verlegerverband, 401; REKO/WEF in RPW 2001/2, Börsenverein des Deutschen Buchhandels e.V., 432). Besondere Umstände – beispielsweise auch die Verhängung einer als strafrechtliche Massnahme zu qualifizierenden Sanktion – führen jedoch dazu, dass die Anhörung durch die Wettbewerbskommission zur Pflicht wird, wenn der Anspruch auf rechtliches Gehör der beteiligten Unternehmen auf andere Weise nicht rechtsgenüglich erfüllt werden kann. Art. 30 Abs. 2 KG bezieht sich im Übrigen bloss auf den «Entscheid» nach Abs. 1, nicht aber auch auf (Zwischen-)Verfügungen, die im Rahmen des Vorverfahrens nach Art. 26 ff. KG ergehen (nicht veröffentlichter Bundesgerichtsentscheid in RPW 2003/3, Elektra Baselland Liestal ELB/Watt Suisse AG, Migros-Genossenschafts-Bund, Wettbewerbskommission, Rekurskommission für Wettbewerbsfragen, 700 mit Verweisen).

9 Da das Bundesverwaltungsgericht mit umfassender Kognition ausgestattet ist, kann eine Verletzung des Anspruchs auf rechtliches Gehör im Beschwerdeverfahren grundsätzlich geheilt werden (vgl. REKO/WEF in RPW 2001/2, Schweizerischer Buchhändler- und Verlegerverband, 399; REKO/WEF in RPW 2001/2, Börsenverein des Deutschen Buchhandels e.V., 430). Allerdings ist zu berücksichtigen, dass eine Heilung dann nicht mehr möglich ist, wenn sich das Bundesverwaltungsgericht selber eine Kognitionsbeschränkung auferlegt und folglich den erstinstanzlichen Entscheid faktisch nicht mehr mit voller Kognition überprüft.

III. Möglichkeit des korrigierenden Eingriffs in die Untersuchungskompetenz des Sekretariats

10 Gemäss Art. 30 Abs. 2 KG kann die Wettbewerbskommission das Sekretariat im Anschluss an die Antragstellung mit der Durchführung zusätzlicher Untersuchungsmassnahmen beauftra-

gen. Aufgrund der systematischen Stellung von Art. 30 Abs. 2 KG ist davon auszugehen, dass eine derartige korrigierende Eingriffsmöglichkeit in die Untersuchungskompetenz des Sekretariats nur nach der Antragstellung an die Wettbewerbskommission möglich ist.

11 Auch bezüglich der Anordnung zusätzlicher Untersuchungsmassnahmen gilt das bereits für die Anhörung Festgestellte (vgl. die Ausführungen unter N 7). Die Anordnung zusätzlicher Untersuchungshandlungen wird für die Wettbewerbskommission zur Pflicht, wenn den sich aus dem Anspruch auf rechtliches Gehör ergebenden Verfahrensgrundsätzen nur durch die Anordnung von zusätzlichen Untersuchungsmassnahmen Genüge getan werden kann. Zu bedenken ist in diesem Zusammenhang, dass mit der Anordnung von zusätzlichen Untersuchungsmassnahmen ausschliesslich das Sekretariat beauftragt werden kann; die Wettbewerbskommission hat keine Möglichkeit, auch bei von ihr angeordneten zusätzlichen Untersuchungsmassnahmen unmittelbar am Untersuchungsverfahren mitzuwirken.

IV. Widerruf bei wesentlicher Änderung der Verhältnisse

12 Art. 30 Abs. 3 KG betrifft die Möglichkeit der Revision von Verfügungen der Wettbewerbskommission, wenn sich die tatsächlichen oder rechtlichen Verhältnisse wesentlich geändert haben. Der Widerruf setzt in jedem Fall einen Antrag des Sekretariats oder der Betroffenen voraus, wobei unter den Betroffenen die Adressaten des früheren Entscheids zu verstehen sind.

13 In diesem Zusammenhang ist die wesentliche Änderung der tatsächlichen Verhältnisse als Grund für den Widerruf einer Verfügung der Wettbewerbskommission unter Berücksichtigung allgemeiner verwaltungsrechtlicher Grundsätze nicht zu beanstanden. Es entspricht einem allgemeinen Prinzip des Verwaltungsrechts, dass rechtskräftige Verfügungen revidiert werden sollen, wenn sie den geänderten Verhältnissen nicht mehr entsprechen (vgl. dazu Botschaft 1994, 138 mit Verweisen auf entsprechende verwaltungsrechtliche Literatur).

14 Beim Widerruf auf der Grundlage wesentlich veränderter rechtlicher Verhältnisse ist zu berücksichtigen, dass es sich dabei in der Regel nicht um echte Rückwirkungen, sondern um eine Anpassung bestehender Rechtsverhältnisse an neues Recht handeln wird. Es ist jedoch Sache des Gesetzgebers, diese intertemporalrechtlichen Fragen unter Berücksichtigung der im Verwaltungsrecht geltenden Grundsätze (vgl. beispielsweise FRITZ GYGI, Verwaltungsrecht, Bern 1986, 111 f. und 115 ff.) im Rahmen eines Gesetzgebungsverfahrens zu beantworten.

Art. 31   Ausnahmsweise Zulassung

[1] Hat die Wettbewerbskommission entschieden, dass eine Wettbewerbsbeschränkung unzulässig ist, so können die Beteiligten innerhalb von 30 Tagen beim Departement eine ausnahmsweise Zulassung durch den Bundesrat aus überwiegenden öffentlichen Interessen beantragen. Ist ein solcher Antrag gestellt, so beginnt die Frist für die Einreichung einer Beschwerde beim Bundesverwaltungsgericht erst mit der Eröffnung des Entscheides des Bundesrates zu laufen.[1]

---

1 Fassung des Satzes gemäss Anhang Ziff. 27 des Verwaltungsgerichtsgesetzes vom 17. Juni 2005, in Kraft seit 1. Jan. 2007 (SR 173.32).

2 Der Antrag auf ausnahmsweise Zulassung durch den Bundesrat kann auch inner-halb von 30 Tagen nach Eintritt der Rechtskraft eines Entscheides des Bundesver-waltungsgerichts oder des Bundesgerichts gestellt werden.[1]

3 Die Zulassung ist zeitlich zu beschränken; sie kann mit Bedingungen und Auflagen verbunden werden.

4 Der Bundesrat kann eine Zulassung auf Gesuch hin verlängern, wenn die Voraus-setzungen dafür weiterhin erfüllt sind.

1 Art. 31 KG enthält die für die in Art. 8 KG materiell umschriebene ausnahmsweise Zulassung durch den Bundesrat notwendigen Verfahrensbestimmungen. Zu beachten ist, dass diese Verfahrensbestimmungen nur für das verwaltungsrechtliche Kartellverfahren gelten. Für das zivilgerichtliche Kartellverfahren ist das Verfahren der ausnahmsweisen Zulassung durch den Bundesrat in Ansätzen in Art. 15 Abs. 2 KG geregelt (vgl. die Kommentierung zu Art. 15 KG, N 12 ff.).

2 Grundgedanke der gesetzlichen Regelung in Art. 31 KG ist die Idee, dass im Sinne einer effizienten und raschen Verfahrensabwicklung für den Antrag auf eine ausnahmsweise Zulas-sung nicht die Rechtskraft des Entscheids der Wettbewerbskommission über die Unzulässig-keit abgewartet werden muss, sondern die Anrufung des Bundesrats bereits vor der Einlei-tung des Rechtsmittelverfahrens an das Bundesverwaltungsgericht (und anschliessend an das Bundesgericht) möglich ist.

3 Gemäss Art. 31 Abs. 3 KG kann der Bundesrat eine Ausnahme nur für eine zeitlich befristete Dauer gewähren. Zusätzlich muss er im Falle einer ausnahmsweisen Zulassung über Bedin-gungen und Auflagen sicherstellen, dass sich die vom Ausnahmeentscheid betroffenen Un-ternehmen tatsächlich an die Vorgaben halten, die schliesslich zu einer ausnahmsweisen Zu-lassung geführt haben.

II. Mögliche Antragsteller

4 Als Antragsteller kommen vordergründig die Adressaten des Entscheids der Wettbewerbs-kommission, mit welchem eine Wettbewerbsbeschränkung für unzulässig erklärt wurde, in Frage. Der Gesetzestext spricht jedoch in diesem Zusammenhang allgemein von den Betei-ligten, was nicht ausschliesst, dass auch beteiligte Dritte im Sinne von Art. 43 KG unter Umständen ein für die Antragstellung genügendes «Rechtsschutzinteresse» geltend machen können, wobei sinngemäss die Regeln über die Beschwerdelegitimation gemäss Art. 48 VwVG zur Anwendung kommen dürften.

III. Zeitpunkt für die Antragstellung

5 Für die Antragstellung ist nicht erforderlich, dass der Entscheid der Wettbewerbskommission über die Unzulässigkeit einer Wettbewerbsbeschränkung in Rechtskraft erwachsen ist. Die Beteiligten können ihr Gesuch innerhalb von 30 Tagen seit der Eröffnung des Entscheids der

---

1 Fassung gemäss Anhang Ziff. 27 des Verwaltungsgerichtsgesetzes vom 17. Juni 2005, in Kraft seit 1. Jan. 2007 (SR 173.32).

Wettbewerbskommission stellen. Der Antrag auf eine ausnahmsweise Zulassung an den Bundesrat hat gemäss Art. 31 Abs. 1 KG zur Folge, dass die Rechtsmittelfrist für die Beschwerde an das Bundesverwaltungsgericht erst mit der Eröffnung des Entscheids des Bundesrats zu laufen beginnt.

6 Ziehen es die Beteiligten vor, den Entscheid der Wettbewerbskommission zunächst unter wettbewerbsrechtlichen Gesichtspunkten durch die Rechtsmittelbehörden, das Bundesverwaltungsgericht und das Bundesgericht, überprüfen zu lassen, ist eine Antragstellung an den Bundesrat innerhalb von 30 Tagen seit Eintritt der Rechtskraft des Entscheids des Bundesverwaltungsgerichts bzw. des Bundesgerichts möglich (Art. 31 Abs. 2 KG). Das hat zur Folge, dass ein im Anschluss an den Entscheid des Bundesverwaltungsgerichts vom Bundesrat entschiedener Antrag auf ausnahmsweise Zulassung das Verfahren endgültig abschliesst und eine Beschwerde an das Bundesgericht nicht mehr möglich ist.

7 Die Rechtskraft eines Entscheids des Bundesverwaltungsgerichts tritt nach Ablauf der unbenutzten Beschwerdefrist für eine Verwaltungsgerichtsbeschwerde an das Bundesgericht von 30 Tagen ein. Für die Antragstellung an den Bundesrat besteht folglich noch eine Frist von 30 Tagen seit dem Ablauf der Rechtsmittelfrist für eine Beschwerde an das Bundesgericht. Im Anschluss an ein Urteil des Bundesgerichts beginnt die dreissigtägige Frist für die Antragstellung an den Bundesrat mit der Ausfällung des bundesgerichtlichen Entscheids zu laufen. Gemäss Art. 61 BGG werden die Entscheidungen des Bundesgerichts mit der Ausfällung rechtskräftig.

IV. Einzelheiten der Zulassung

8 Gemäss Art. 31 Abs. 3 KG ist der Bundesrat verpflichtet, eine ausnahmsweise Zulassung in jedem Fall zeitlich zu beschränken. Er kann jedoch die Zulassung verlängern, falls die in Art. 8 KG umschriebenen materiellen Bedingungen weiterhin gegeben sind. Durch diese zeitliche Befristung und die Pflicht zur erneuten Prüfung der materiellen Voraussetzungen bei einer Verlängerung wird der Bundesrat angehalten, sich über die Notwendigkeit der ausnahmsweisen Zulassung periodisch auszusprechen. Die Dynamik von Marktprozessen kann dazu führen, dass eine ausnahmsweise Zulassung aufgrund weitgehend veränderter Verhältnisse schon nach relativ kurzer Zeit nicht mehr notwendig erscheint. Das sollte den Bundesrat dazu anhalten, ausnahmsweise Zulassungen jeweils nur für eine relativ kurze Zeitdauer zu gewähren.

9 In eine ähnliche Richtung zielt die in Art. 31 Abs. 3 KG enthaltene Möglichkeit, die ausnahmsweise Zulassung mit Bedingungen und Auflagen zu verbinden. Der Bundesrat erhält die Kompetenz, den an einer Wettbewerbsbeschränkung beteiligten Unternehmen ein bestimmtes Marktverhalten vorzuschreiben und ihnen gegebenenfalls die Pflicht aufzuerlegen, über ihr Marktverhalten und die Marktsituation periodisch Bericht zu erstatten. Der Bundesrat könnte trotz der Pflicht zur Befristung seines Ausnahmeentscheids bei der Formulierung einer Bedingung auch vorsehen, dass die ausnahmsweise Zulassung entfällt, wenn bestimmte tatsächliche Verhältnisse nicht mehr vorliegen oder wenn bestimmte Marktbedingungen auf dem relevanten Markt eintreten, welche die weitere Gewährung der ausnahmsweisen Zulassung nicht mehr als notwendig erscheinen lassen.

3. Abschnitt: Prüfung von Unternehmenszusammenschlüssen

Art. 32   Einleitung des Prüfungsverfahrens

[1] Wird ein Vorhaben über einen Unternehmenszusammenschluss gemeldet (Art. 9), so entscheidet die Wettbewerbskommission, ob eine Prüfung durchzuführen ist. Sie hat die Einleitung dieser Prüfung den beteiligten Unternehmen innerhalb eines Monats seit der Meldung mitzuteilen. Erfolgt innerhalb dieser Frist keine Mitteilung, so kann der Zusammenschluss ohne Vorbehalt vollzogen werden.

[2] Die beteiligten Unternehmen dürfen den Zusammenschluss innerhalb eines Monats seit der Meldung des Vorhabens nicht vollziehen, es sei denn, die Wettbewerbskommission habe dies auf Antrag dieser Unternehmen aus wichtigen Gründen bewilligt.

I. Ausgangslage

1   Art. 32 KG enthält die für die Durchführung des Vorprüfungsverfahrens bei der Fusionskontrolle gemäss Art. 10 Abs. 1 KG notwendigen Verfahrensvorschriften. Nach Art. 32 Abs. 1 KG hat die Wettbewerbskommission einen Monat Zeit, um die Hauptprüfung einzuleiten, wenn sich aufgrund der Vorprüfung Anhaltspunkte ergeben, dass ein Zusammenschluss eine marktbeherrschende Stellung begründet oder verstärkt.

2   Während der einmonatigen Vorprüfungsfrist besteht gemäss Art. 32 Abs. 2 KG ein Vollzugsverbot, das gestützt auf einen begründeten Antrag der beteiligten Unternehmen von der Wettbewerbskommission aufgehoben werden kann.

II. Fristenlauf

3   Zentrales Element der Verfahrensvorschrift von Art. 32 KG ist die Regelung der einmonatigen Prüfungsfrist für die Durchführung des Vorprüfungsverfahrens durch die Wettbewerbskommission. Gemäss der Grundsatzregel in Art. 39 KG würden für die Fristberechnung eigentlich die Regeln des VwVG zur Anwendung kommen, sofern im Kartellgesetz selbst keine ausdrückliche Ausnahme vorgesehen ist. Die im VwVG enthaltenen Regelungen sind auf Fristen zugeschnitten, welche sich nach Tagen berechnen (Art. 20 ff. VwVG), während das Kartellgesetz für die Prüfung von Unternehmenszusammenschlüssen in Abweichung vom ordentlichen Fristenmassstab des VwVG auf Fristen abstellt, welche sich nach Monaten berechnen (Art. 32 Abs. 1 KG und Art. 33 Abs. 3 KG). Diese bewusste Abweichung des Kartellgesetzgebers bezüglich des Massstabs für die Fristberechnung hat zur Folge, dass die im Kartellgesetz enthaltenen Monatsfristen als eigenständige kartellgesetzliche Fristenregelung zu qualifizieren sind, welche nicht den allgemeinen Regelungen des VwVG über Fristen unterstellt ist. Die eigenständige Fristenregelung des Kartellgesetzes für den Bereich der Fusionskontrolle liefert die Grundlage dafür, dass der Bundesrat in seiner Verordnung über die Kontrolle von Unternehmenszusammenschlüssen (VKU → Nr. 4) eine von den Bestimmungen des VwVG abweichende Fristenregelung erlassen konnte.

4 Gemäss Art. 20 Abs. 1 VKU beginnt die Monatsfrist für die Einleitung des Prüfungsverfahrens nach Art. 32 Abs. 1 KG am Tag nach Eingang der vollständigen Meldung beim Sekretariat zu laufen. Gemäss Art. 14 VKU hat das Sekretariat den meldenden Unternehmen innerhalb von 10 Tagen die Vollständigkeit der Meldung schriftlich zu bestätigen. Das Sekretariat kann folglich den Fristenlauf für die Vorprüfung nach Eingang der Meldung nur dadurch hemmen, indem es den meldenden Unternehmen innerhalb der 10-Tages-Frist von Art. 14 VKU mitteilt, dass ihre Meldung unvollständig sei und somit die meldenden Unternehmen Ergänzungen beibringen müssten. Bestätigt das Sekretariat die Vollständigkeit der Meldung bzw. erhalten die meldenden Unternehmen innerhalb der 10-Tages-Frist keine Bestätigung durch das Sekretariat, gilt als Fristbeginn der Tag nach Eingang der Meldung (Art. 20 Abs. 1 VKU).

5 Einzelheiten über die für die Meldung erforderlichen Angaben können auf der Website des Sekretariats der Wettbewerbskommission abgerufen werden (www.weko.admin.ch). Unsicherheiten über die Vollständigkeit der Meldung lassen sich weitgehend vermeiden, wenn die meldepflichtigen Unternehmen vom in Art. 12 VKU als erleichterte Meldung bezeichneten Verfahren Gebrauch machen. Gemäss Art. 12 VKU besteht die Möglichkeit, mit dem Sekretariat die Einzelheiten des Inhalts einer Meldung einvernehmlich festzulegen. Halten sich die meldepflichtigen Unternehmen an das festgelegte Vorgehen, können sie mit grösster Gewissheit davon ausgehen, dass ihnen das Sekretariat kurz nach Eingang der Meldung auch deren Vollständigkeit umgehend bestätigen wird.

6 Gemäss der Sondervorschrift von Art. 20 VKU endet die einmonatige Frist mit Ablauf des Tages im Folgemonat, dessen Datum dieselbe Tageszahl trägt wie der Tag des Fristbeginns. Gibt es diesen Tag im Folgemonat nicht, so endet die Frist am letzten Tag des Folgemonats. Obwohl in Art. 20 Abs. 1 VKU nur die in Art. 22a VwVG enthaltene Regelung über den Stillstand der Fristen für die Fristberechnung bei der Prüfung von Unternehmenszusammenschlüssen ausgeschlossen wird, ist aufgrund der in Art. 20 Abs. 1 VKU mit Absicht formulierten starren Fristenregelung davon auszugehen, dass wegen der Eigenständigkeit der kartellgesetzlichen Fristenregelung Art. 20 Abs. 3 VwVG für den Fristenablauf an Samstagen, Sonntagen oder Feiertagen im Verfahren der Kontrolle von Unternehmenszusammenschlüssen keine Anwendung findet (vgl. dazu die grundsätzlichen Überlegungen in N 3). In der Praxis nehmen die Wettbewerbsbehörden jedoch derartige kurze Fristverlängerungen beim Fristablauf für sich in Anspruch.

III. Vollzugsverbot

7 Die in Art. 9 KG umschriebene Meldepflicht löst gemäss Art. 32 Abs. 2 KG ein Vollzugsverbot aus. Die beteiligten Unternehmen dürfen den Zusammenschluss innerhalb eines Monats seit der Meldung des Vorhabens nicht vollziehen.

8 Auf begründetes Gesuch hin kann die Wettbewerbskommission das Vollzugsverbot aus wichtigen Gründen aufheben und den beteiligten Unternehmen den Vollzug genehmigen. Diese definitive Vollzugsbewilligung ist von der vorläufigen in Art. 33 Abs. 2 KG zu unterscheiden. Hat die Wettbewerbskommission aufgrund eines begründeten Antrags den definitiven Vollzug gemäss Art. 32 Abs. 2 KG beschlossen, bleibt ihr im Falle einer im Hauptprüfungsverfahren verfügten Untersagung nur noch die Möglichkeit, das Verfahren gemäss Art. 37 KG einzuschlagen und von den beteiligten Unternehmen die Wiederherstellung wirk-

samen Wettbewerbs zu verlangen. Im Gegensatz dazu handelt es sich beim Entscheid über den ausnahmsweise vorläufigen Vollzug zu Beginn des Hauptprüfungsverfahrens gemäss Art. 33 Abs. 2 KG um eine provisorische Vollzugsentscheidung, welche den beteiligten Unternehmen keinerlei Rechtssicherheit gewährt und die Wettbewerbskommission auch nicht verpflichtet, im Falle einer Untersagung nach den in Art. 37 KG enthaltenen Grundsätzen vorzugehen. Vielmehr handelt es sich beim vorläufigen Vollzug gemäss Art. 33 Abs. 2 KG um eine vorsorgliche Massnahme, deren Regelungswirkung nur vorübergehend eintritt und mit dem Erlass der Entscheidung im Hauptprüfungsverfahren dahinfällt (RPW 2004/1, NZZ/ Espace Media/Der Bund: Vorläufiger Vollzug, 155).

9   Entsprechend dem unterschiedlichen Charakter der Bewilligung des Vollzugs im Sinne von Art. 32 Abs. 2 KG und von Art. 33 Abs. 2 KG erhält auch die in Art. 16 Abs. 2 VKU (→ Nr. 4) vorgesehene Möglichkeit, die Bewilligung des Vollzugs mit Bedingungen und Auflagen zu verbinden, eine andere Ausrichtung. Während es im Zusammenhang mit Art. 32 Abs. 2 KG bei der Formulierung von Bedingungen und Auflagen nur darum gehen kann, das materielle Ziel, nämlich die Erhaltung wirksamen Wettbewerbs, zu erreichen, müssen Bedingungen und Auflagen bei der Gewährung des vorläufigen Vollzugs gemäss Art. 33 Abs. 2 KG in erster Linie darauf ausgerichtet sein, dass bei einer allfälligen Untersagung die provisorisch miteinander verschmolzenen Unternehmen bzw. Unternehmensteile wieder entflechtet werden können.

10   Die Gründe für die Bewilligung eines definitiven Vollzugs im Sinne von Art. 32 Abs. 2 KG können das Vorliegen einer nicht aufschiebbaren Sanierungsfusion sein (Botschaft 1994, 141) oder die offensichtliche Unbedenklichkeit des Zusammenschlussvorhabens; dies gibt gemäss Art. 16 Abs. 1 VKU der Wettbewerbskommission die Möglichkeit, das Vorprüfungsverfahren vorzeitig mit einem Comfort Letter abzuschliessen. Auch die sonst unausweichliche Entlassung von 200 Arbeitnehmern wurde schon als wichtiger Grund für eine vorzeitige Zulassung im Sinne von Art. 32 Abs. 2 KG anerkannt (RPW 1998/2, Schweizerische Post – BEVO – vorzeitiger Vollzug, 268 ff.). Grundsätzlich liegt ein wichtiger Grund vor, wenn der Erfolg des Zusammenschlusses durch das einmonatige Vollzugsverbot in Frage gestellt ist oder auch wenn den beteiligten Unternehmen oder Dritten dadurch ein schwerer Schaden droht (RPW 2009/1, Schaeffler/Continental, 88 f.).

11   Vollziehen die beteiligten Unternehmen den Zusammenschluss vor Ablauf der Monatsfrist von Art. 32 Abs. 2 KG, ohne bei der Wettbewerbskommission um die Aufhebung des Vollzugsverbotes aus wichtigen Gründen ersucht zu haben, müssen sie Verwaltungssanktionen gemäss Art. 51 KG oder Strafsanktionen gemäss Art. 55 KG gewärtigen (z.B. BGE 127 III 219 ff., 227, E. 4c; REKO/WEF in RPW 2002/2, Rhône-Poulenc SA, Merck & Co. Inc., 386 ff.; RPW 1998/1, Merial, 98 ff.; vgl. auch die Kommentierung zu Art. 51 KG).

IV. Abschluss der Vorprüfung

12   Die Ausgestaltung des Prüfungsverfahrens der schweizerischen Fusionskontrolle als Widerspruchsverfahren hat zur Folge, dass das Fusionskontrollverfahren im Vorprüfungsverfahren ordentlicherweise nur durch den Ablauf der einmonatigen Prüfungsfrist abgeschlossen werden kann. (Vgl. Art. 32 Abs. 1 KG, wonach der Zusammenschluss ohne Vorbehalt vollzogen werden kann, wenn innerhalb der einmonatigen Frist die Wettbewerbskommission den beteiligten Unternehmen keine Mitteilung über die Einleitung des Hauptprüfungsverfahrens zu-

kommen lässt.) Abgeschlossen wird das Fusionskontrollverfahren im Vorprüfungsverfahren auch durch die formelle Einleitung des Hauptprüfungsverfahrens gemäss Art. 33 Abs. 1 KG. Die Mitteilung über die Einleitung des Prüfungsverfahrens muss den beteiligten Unternehmen gemäss Art. 20 Abs. 2 VKU (→ Nr. 4) vor Ablauf der einmonatigen Frist rechtsverbindlich zugestellt worden sein. Es liegt folglich in der Verantwortung der Wettbewerbskommission, dass den beteiligten Unternehmen die Mitteilung über die Einleitung des Prüfungsverfahrens rechtzeitig zukommt.

13 Die im Gesetz nicht vorgesehene Möglichkeit der Verkürzung der einmonatigen Prüfungsfrist hat der Bundesrat mit der Formulierung von Art. 16 Abs. 1 VKU geschaffen. Gemäss dieser Bestimmung kann die Wettbewerbskommission den beteiligten Unternehmen den Vollzug gemäss Art. 32 Abs. 2 KG bewilligen, wenn sie das Zusammenschlussvorhaben für unbedenklich hält. Ein derartiger Verfahrensabschluss durch einen Comfort Letter kann sich daraus ergeben, dass anfängliche Bedenken der Wettbewerbskommission durch Zusagen der beteiligten Unternehmen zerstreut werden. Zur Sicherung dieser Zusagen kann die Wettbewerbskommission den definitiven Vollzug und den Abschluss des Vorprüfungsverfahrens gemäss Art. 16 Abs. 2 VKU mit Bedingungen und Auflagen versehen.

Art. 33 Prüfungsverfahren

1 Beschliesst die Wettbewerbskommission die Durchführung einer Prüfung, so veröffentlicht das Sekretariat den wesentlichen Inhalt der Meldung des Zusammenschlusses und gibt die Frist bekannt, innerhalb welcher Dritte zum gemeldeten Zusammenschluss Stellung nehmen können.

2 Zu Beginn der Prüfung entscheidet die Wettbewerbskommission, ob der Zusammenschluss ausnahmsweise vorläufig vollzogen werden kann oder aufgeschoben bleibt.

3 Sie führt die Prüfung innerhalb von vier Monaten durch, sofern sie nicht durch Umstände gehindert wird, die von den beteiligten Unternehmen zu verantworten sind.

I. Ausgangslage

1 Art. 33 KG enthält die für das Hauptprüfungsverfahren anzuwendenden Verfahrensgrundsätze. Es fällt auf, dass das Gesetz im Gegensatz zur Regelung der Untersuchung von Wettbewerbsbeschränkungen (Art. 29 und 30 KG) das Hauptprüfungsverfahren bei Unternehmenszusammenschlüssen nur in den Grundzügen regelt. Angesichts der sehr knappen Prüfungsfrist von lediglich vier Monaten (Art. 33 Abs. 3 KG) ist das Vorgehen des Gesetzgebers durchaus verständlich. Die Wettbewerbskommission soll bei der Organisation des Hauptprüfungsverfahrens weitgehende Freiheit haben. Diese Freiheit hat jedoch insofern ihre Grenzen, als sie nicht die grundlegenden Verfahrensrechte der beteiligten Unternehmen, vor allem deren Anspruch auf rechtliches Gehör, beschneiden darf. Das bedeutet insbesondere, dass die Wettbewerbskommission in analoger Anwendung von Art. 30 Abs. 2 KG die beteiligten Unternehmen und allenfalls betroffene Dritte vor ihrem Entscheid in schriftlicher oder mündlicher Form anhören muss. Eine derartige Anhörung ist jedoch nur sinnvoll, wenn sich das Sekreta-

riat der Wettbewerbskommission in einem in analoger Anwendung von Art. 30 Abs. 1 KG verfassten Antrag bereits über die materiellrechtliche Würdigung des Zusammenschlussvorhabens im Sinne von Art. 10 Abs. 2 KG ausgesprochen hat.

II. Publikation der Einleitung des Prüfungsverfahrens

2 Gemäss Art. 33 Abs. 1 KG hat die Wettbewerbskommission die Einleitung des Prüfungsverfahrens zu publizieren und in ihrer Publikation den wesentlichen Inhalt der Meldung des Zusammenschlusses und die Frist bekannt zu geben, innerhalb derer Dritte zum gemeldeten Zusammenschluss Stellung nehmen können. In Art. 18 VKU (→ Nr. 4) wird der Inhalt der Publikation dahingehend präzisiert, dass die Veröffentlichung Firma, Sitz und Geschäftstätigkeit der beteiligten Unternehmen sowie eine kurze Beschreibung des Zusammenschlussvorhabens zu enthalten habe.

3 Die Publikation hat auf den Beginn oder den Ablauf der viermonatigen Hauptprüfungsfrist keinerlei Wirkungen. Sinn der Publikation ist einzig, betroffenen Dritten gemäss Art. 43 KG die Möglichkeit einzuräumen, sich am Fusionskontrollverfahren zu beteiligen. Einschränkend ist in diesem Zusammenhang anzumerken, dass Art. 43 Abs. 4 KG den sich beteiligenden Dritten Parteirechte für das Fusionskontrollverfahren ausdrücklich abspricht. Wie schon im Zusammenhang mit der Untersuchung von Wettbewerbsbeschränkungen erwähnt, schliesst die verspätete Meldung des Dritten nicht aus, dass die Wettbewerbskommission dessen Vorbringen im Rahmen der Sachverhaltsermittlung von Amtes wegen bei der Entscheidfindung berücksichtigen kann (vgl. dazu die Kommentierung zu Art. 28 KG, N 3).

III. Fristenlauf

4 Nach Art. 20 Abs. 3 VKU (→ Nr. 4) beginnt die viermonatige Frist gemäss Art. 33 Abs. 3 KG zur Durchführung der Prüfung am Tage nach der Zustellung des entsprechenden Beschlusses der Wettbewerbskommission zu laufen. Der Ablauf der Frist ist analog zum Vorprüfungsverfahren (vgl. die Kommentierung zu Art. 32 KG, N 6) in Art. 20 VKU geregelt. Danach endet die Frist mit Ablauf des Tages im Folgemonat, dessen Datum dieselbe Tageszahl trägt wie der Tag des Fristbeginns (Art. 20 Abs. 3 VKU in Verbindung mit Art. 20 Abs. 1 VKU). Wie im Zusammenhang mit der Vorprüfung bereits ausgeführt (vgl. die Kommentierung zu Art. 32 KG, N 3), ist die Fristenregelung im Kartellgesetz für die Prüfung von Unternehmenszusammenschlüssen eine eigenständige Ordnung; darin finden die im VwVG enthaltenen grundsätzlichen Regelungen (Art. 20 ff. VwVG) keine Anwendung.

5 Gemäss Art. 33 Abs. 3 KG kann die Wettbewerbskommission beim Vorliegen besonderer Umstände eine Verlängerung der viermonatigen Prüfungsfrist beschliessen. Derartige Umstände, die die Wettbewerbskommission zu einer Fristverlängerung berechtigen, müssen der Verantwortlichkeit der beteiligten Unternehmen zuzusprechen sein. Schwierigkeiten der Wettbewerbskommission, einen komplexen Sachverhalt innerhalb nützlicher Frist zu beurteilen, oder die Wahrnehmung von Verfahrensrechten durch die beteiligten Unternehmen berechtigen die Wettbewerbskommission in keinem Fall, eine Verlängerung der viermonatigen Prüfungsfrist zu beschliessen.

6 Beim Beschluss der Wettbewerbskommission über die Verlängerung der Prüfungsfrist handelt es sich um eine Zwischenverfügung, welche im Sinne von Art. 45 VwVG der Beschwerde an

die Rekurskommission für Wettbewerbsfragen untersteht. Die Feststellung, wer den nicht fristgerechten Abschluss des Hauptprüfungsverfahrens zu verantworten hat, hat auf die Rechtsposition der beteiligten Unternehmen grundlegenden Einfluss (WALTER A. STOFFEL, Die Beschwerde an die Rekurskommission für Wettbewerbsfragen, in: Sondernummer der Schweizerischen Zeitschrift für Wirtschaftsrecht, Das neue schweizerische Kartell- und Wettbewerbsrecht, Zürich 1996, 48).

IV. Vollzugsverbot

7 Das in Art. 32 Abs. 2 KG statuierte Vollzugsverbot gilt auch für die Dauer des Prüfungsverfahrens, wenn die Wettbewerbskommission nicht im Sinne von Art. 33 Abs. 2 KG zu Beginn der Hauptprüfung entscheidet, dass der Zusammenschluss ausnahmsweise vorläufig vollzogen werden kann. In analoger Anwendung von Art. 32 Abs. 2 KG haben die beteiligten Unternehmen zu diesem Zweck die wichtigen Gründe für die Bewilligung des vorzeitigen Vollzugs des Zusammenschlusses darzulegen (RPW 2001/3, GE/Honeywell, 564). Dem vorläufigen Charakter einer allfälligen Vollzugsgewährung ist durch geeignete Bedingungen und Auflagen im Sinne von Art. 16 Abs. 2 VKU (→ Nr. 4) Rechnung zu tragen. Dabei müssen diese Bedingungen und Auflagen in erster Linie darauf ausgerichtet sein, dass im Falle einer Untersagung die gemäss Art. 10 Abs. 2 KG bestehenden Interventionsmöglichkeiten der Wettbewerbskommission nicht eingeschränkt sind (zum Vollzugsverbot vgl. die Kommentierung zu Art. 32 KG, N 7 ff.).

8 Die Wettbewerbskommission hat über die Frage des vorläufigen Vollzugs gemäss Art. 33 Abs. 2 KG zu Beginn der Hauptprüfung zu entscheiden. Diese Vorschrift schliesst nicht aus, dass die Wettbewerbskommission aufgrund veränderter Verhältnisse auf ihren Entscheid über den vorläufigen Vollzug im Verlaufe des Hauptprüfungsverfahrens zurückkommen kann. Ein Zurückkommen wäre insbesondere dann angezeigt, wenn die finanzielle Situation eines der beteiligten Unternehmen einen vorläufigen Vollzug als vordringlich erscheinen lässt oder wenn dramatische Entwicklungen der Marktsituation eintreten, die allenfalls bei einer zeitlichen Verzögerung den Zusammenschluss als ökonomisch nicht mehr sinnvoll erscheinen lassen könnten. Allerdings setzt das Gesuch um vorläufigen Vollzug ein schutzwürdiges Interesse voraus; dies ist wenige Tage vor Ablauf der Viermonatsfrist grundsätzlich nicht mehr gegeben (RPW 2001/3, GE/Honeywell, 563).

V. Abschluss der Hauptprüfung

9 Ordentlicherweise wird die Hauptprüfung durch Ablauf der viermonatigen Prüfungsfrist von Art. 33 Abs. 3 KG oder durch eine förmliche Intervention der Wettbewerbskommission mittels Verfügung im Sinne von Art. 10 Abs. 2 KG abgeschlossen. Unter dem Blickwinkel des auch im Fusionskontrollverfahren geltenden Grundsatzes der Verhältnismässigkeit hat die Wettbewerbskommission im Falle des Vorliegens der materiellen Interventionsvoraussetzungen von Art. 10 Abs. 2 KG zunächst nach den mildesten Mitteln zu suchen, welche das Ziel der Aufrechterhaltung wirksamen Wettbewerbs verwirklichen. Dabei kann es zunächst sinnvoll sein, die beteiligten Unternehmen in die Gestaltung entsprechender Zusagen oder Bedingungen mit einzubeziehen. Hat sich die Wettbewerbskommission mit den beteiligten Unternehmen über derartige Zusagen verständigt, sollte sie das Hauptprüfungsverfahren durch einen for-

mellen Entscheid abschliessen, damit die Bedingungen und Auflagen unmittelbar zum Gegenstand einer Verfügung werden.

10 Ein Verfahrensabschluss über eine Art einvernehmliche Regelung im Fusionskontrollverfahren wäre solange unbedenklich, als den betroffenen Dritten ohnehin keine Möglichkeit zugestanden wird, eine derartige versteckte Intervention über den Rechtsmittelweg anzufechten (vgl. zur Diskussion über die Anfechtung von Entscheiden im Fusionskontrollverfahren durch betroffene Dritte die Kommentierung zu Art. 43 KG, N 14). Wird der in Art. 43 Abs. 4 KG vorgesehene Entzug der Parteirechte Dritter, wie im Gesetz vorgesehen, auf das erstinstanzliche Verfahren beschränkt, dürfen die Beschwerdemöglichkeiten Dritter nicht durch informelle einvernehmliche Regelungen abgeschnitten werden.

11 Die Wettbewerbskommission kann gemäss Art. 10 Abs. 2 KG den Zusammenschluss unter Bedingungen und Auflagen zulassen, wenn diese Bedingungen und Auflagen Gewähr dafür bieten, dass auf dem vom Zusammenschluss betroffenen Markt wirksamer Wettbewerb bestehen bleibt. Es kann sich dabei um Zusagen von Seiten der Unternehmen handeln, welche über Bedingungen und Auflagen in einem förmlichen Entscheid abgesichert werden; die Wettbewerbskommission kann aber auch von sich aus einseitig über die für eine Zulassung notwendigen Bedingungen und Auflagen entscheiden. Es empfiehlt sich jedoch, dass die Wettbewerbskommission die beteiligten Unternehmen, wie in anderem Zusammenhang in Art. 37 KG vorgesehen, in ihren Entscheidfindungsprozess über Bedingungen und Auflagen mit einbezieht, damit ihr Entscheid im Idealfall letztlich von allen getragen werden kann.

12 Über den möglichen Inhalt von Bedingungen und Auflagen lassen sich keine generellen Aussagen machen. Immerhin ist darauf hinzuweisen, dass es sich dabei in erster Linie um strukturbezogene Massnahmen handeln sollte, damit nicht über die Fusionskontrolle eine dem Anwendungsbereich von Art. 7 KG vorbehaltene Verhaltenskontrolle präventiv durchgeführt wird.

13 Die weitreichendste Intervention der Wettbewerbskommission besteht gemäss Art. 10 Abs. 2 KG in der Untersagung des Zusammenschlusses. In Anwendung des Grundsatzes der Verhältnismässigkeit ist davon auszugehen, dass die Wettbewerbskommission eine Untersagung eines Zusammenschlusses nur als Ultima Ratio verfügen soll (in diesem Sinne auch Botschaft 1994, 119).

Art. 34 Rechtsfolgen

Die zivilrechtliche Wirksamkeit eines meldepflichtigen Zusammenschlusses bleibt, unter Vorbehalt des Fristablaufs gemäss Artikel 32 Absatz 1 und der Bewilligung zum vorläufigen Vollzug, aufgeschoben. Trifft die Wettbewerbskommission innerhalb der in Artikel 33 Absatz 3 genannten Frist keine Entscheidung, so gilt der Zusammenschluss als zugelassen, es sei denn, die Wettbewerbskommission stelle mit einer Verfügung fest, dass sie bei der Prüfung durch Umstände gehindert worden ist, die von den beteiligten Unternehmen zu verantworten sind.

I. Ausgangslage

1 Gemäss Art. 32 Abs. 2 KG besteht während der einmonatigen Frist des Vorprüfungsverfahrens und, falls die Wettbewerbskommission gemäss Art. 33 Abs. 2 KG keinen anders lautenden Beschluss fasst, auch während des Hauptprüfungsverfahrens ein Vollzugsverbot für das Zusammenschlussvorhaben. Wie bereits in der Kommentierung von Art. 9 KG festgehalten wurde (vgl. die Kommentierung zu Art. 9 KG, N 23), beschränkt sich das Vollzugsverbot auf eigentliche Vollzugshandlungen und nicht auf den Abschluss des zivilrechtlichen Verpflichtungsgeschäfts.

2 Die zivilrechtlichen Folgen der Meldepflicht und des im Anschluss daran stattfindenden Fusionskontrollverfahrens sind in Art. 34 KG geregelt. Danach ist die zivilrechtliche Wirksamkeit eines Zusammenschlusses grundsätzlich aufgeschoben. Art. 34 KG hat seinen Stellenwert schwergewichtig bei der Beurteilung der zivilrechtlichen Implikationen eines meldepflichtigen Zusammenschlusses.

II. Zivilrechtliche Wirksamkeit

3 Gemäss Art. 34 KG bleibt die zivilrechtliche Wirksamkeit eines meldepflichtigen Zusammenschlusses unter Vorbehalt des Abschlusses des Meldeverfahrens oder der Bewilligung zum vorläufigen Vollzug aufgeschoben. Die zivilrechtliche Tragweite dieser Bestimmung ist aufgrund des in ihr verwendeten Wortlautes – «Die zivilrechtliche Wirksamkeit ... bleibt ... aufgeschoben» (Art. 34 KG) – nicht ohne Weiteres klar. Für die Anordnung einer derartigen Rechtsfolge findet sich in der schweizerischen Rechtsordnung auch kein entsprechendes Vorbild.

4 In der bundesrätlichen Botschaft, welche sich jedoch noch auf die damals vorgeschlagene Genehmigungspflicht und nicht auf das heute geltende Widerspruchsverfahren bezogen hat, wird die Wendung «schwebend unwirksam» (Botschaft 1994, 142) verwendet. Die Aufhebung des Schwebezustandes sei anschliessend vom Entscheid der Wettbewerbsbehörde abhängig. Gleichzeitig wird darauf hingewiesen, dass der Abschluss des Verpflichtungsgeschäfts von der schwebenden Unwirksamkeit im Gegensatz wohl zum Verfügungsgeschäft nicht berührt werde (Botschaft 1994, 142 f.).

5 Die eigentliche zivilrechtliche Nichtigkeit von Vollzugshandlungen ist im Kartellgesetz bezüglich Unternehmenszusammenschlüssen nicht vorgesehen. Es stellt sich folglich die Frage, wie ein Zivilrichter Rechtshandlungen im Rahmen einer schwebenden Unwirksamkeit bzw. einer aufgeschobenen Wirksamkeit zivilrechtlich qualifizieren würde.

6 Die Problematik lässt sich wohl am ehesten mit den im Zusammenhang mit den obligationenrechtlichen Bedingungen entwickelten Regelungsmustern lösen. Danach besteht auch schon während des Schwebezustands ein Schuldverhältnis zwischen den beteiligten Parteien mit Rechten und Pflichten, und die Parteien haben sich nach Treu und Glauben zu verhalten. Das bedeutet, dass während des Schwebezustandes nicht einfach von einer nichtigen Rechtsbeziehung ausgegangen werden kann, sondern durchaus eine vertragliche Bindung zwischen den beteiligten Unternehmen besteht.

7 Diese rechtliche Qualifikation hat auch Auswirkungen bezüglich der Eingriffsmöglichkeiten von Dritten. Aufgrund des bestehenden Schuldverhältnisses ist es Dritten grundsätzlich verwehrt, gestützt auf den Schwebezustand auf das Verhältnis zwischen den Beteiligten einzu-

wirken. Es ist davon auszugehen, dass während des Schwebezustandes in analoger Anwendung von Art. 152 Abs. 1 OR keine Rechtshandlungen vorgenommen werden dürfen, die die gehörige Erfüllung der Verbindlichkeit, d.h. die volle Rechtsgültigkeit bei Beendigung des Schwebezustandes, hindern könnten.

III. Beendigung der schwebenden Unwirksamkeit

8 Mit dem Ablauf der Prüfungsfristen von Art. 32 Abs. 1 KG und Art. 33 Abs. 3 KG bzw. mit der Gewährung des Vollzugs im Sinne von Art. 32 Abs. 2 KG oder des vorläufigen Vollzugs im Sinne von Art. 33 Abs. 2 KG wird der Schwebezustand in positiver Hinsicht beendet. Die bereits in einem gewissen Sinne bedingt abgeschlossenen Rechtsgeschäfte erlangen ihre volle Rechtswirksamkeit.

9 Mit Eintritt der Rechtskraft einer Untersagungsverfügung der Wettbewerbskommission wird die bisher schwebende zivilrechtliche Unwirksamkeit eine definitive. Das bedeutet, dass allfällige zivilrechtliche Vollzugshandlungen mit dem Makel der Unzulässigkeit und damit der zivilrechtlichen Nichtigkeit belastet sind. Was die Rückabwicklung der Rechtshandlungen aus dem bereits rechtsgültig abgeschlossenen Verpflichtungsgeschäft betrifft, ist es Sache der Parteien, in ihren vertraglichen Regelungen geeignete Mechanismen einzubauen.

Art. 35 Verletzung der Meldepflicht

Wurde ein meldepflichtiger Unternehmenszusammenschluss ohne Meldung vollzogen, so wird das Verfahren nach den Artikeln 32–38 von Amtes wegen eingeleitet. In einem solchen Fall beginnt die Frist nach Artikel 32 Absatz 1 zu laufen, sobald die Behörde im Besitz der Informationen ist, die eine Meldung enthalten muss.

I. Ausgangslage

1 Art. 35 KG sieht vor, dass die Wettbewerbskommission das Fusionskontrollverfahren gemäss Art. 10 Abs. 1 und 2 KG von Amtes wegen einzuleiten hat, falls sie Kenntnis von einem nicht gemeldeten meldepflichtigen und vollzogenen Zusammenschluss erhält.

2 Die Einleitung des Verfahrens von Amtes wegen ist auch Voraussetzung, um gegen die beteiligten Unternehmen bzw. die für sie handelnden Personen Verwaltungssanktionen (Art. 51 Abs. 1 KG) bzw. Strafsanktionen (Art. 55 KG) zu verhängen. Die Verhängung derartiger Sanktionen ist von der Voraussetzung abhängig, dass der bereits vollzogene Zusammenschluss effektiv meldepflichtig war und die Beteiligten die entsprechenden Vollzugshandlungen ohne Meldung vorgenommen haben.

II. Voraussetzungen für die Einleitung des Verfahrens von Amtes wegen

3 Für die Einleitung des Fusionskontrollverfahrens von Amtes wegen ist zunächst Voraussetzung, dass ein meldepflichtiger Zusammenschluss im Sinne von Art. 9 KG vorliegt. Als zweite Voraussetzung ist erforderlich, dass die beteiligten Unternehmen bereits Rechtshandlungen abgeschlossen haben, die den Zusammenschluss als vollzogen erscheinen lassen.

4 Die Verfahrenseinleitung von Amtes wegen hat durch Beschluss der Wettbewerbskommission zu erfolgen und ist den beteiligten Unternehmen umgehend mitzuteilen. Beim Beschluss der

Wettbewerbskommission über die Einleitung des Verfahrens von Amtes wegen, mit welchem das Bestehen einer Meldepflicht und der bereits erfolgte Vollzug festgestellt wird, handelt es sich nicht um eine anfechtbare Zwischenverfügung im Sinne von Art. 45 VwVG. Die Einleitung des Fusionskontrollverfahrens von Amtes wegen hat auf die Rechtsstellung der beteiligten Unternehmen vorerst keinen Einfluss. Erst mit der Untersagung des bereits vollzogenen Zusammenschlusses ist die Wettbewerbskommission berechtigt, zur Wiederherstellung wirksamen Wettbewerbs die in Art. 37 KG vorgesehenen Interventionsinstrumente anzuwenden. Folglich ergeben sich aus der blossen Verfahrenseinleitung keine nicht wiedergutzumachenden Nachteile, welche ein Rechtsmittel gegen den Einleitungsbeschluss der Wettbewerbskommission rechtfertigen würden.

5 Die in Art. 34 KG geregelten zivilrechtlichen Rechtsfolgen ergeben sich unabhängig davon, ob die Wettbewerbskommission bezüglich eines bereits vollzogenen meldepflichtigen Zusammenschlusses das Fusionskontrollverfahren von Amtes wegen eingeleitet hat oder die beteiligten Unternehmen eine ordentliche Meldung vor dem Vollzug eingereicht haben. So lange bezüglich eines meldepflichtigen Zusammenschlusses nicht die in Art. 34 KG umschriebenen Verfahrensschritte abgeschlossen sind, besteht der Aufschub der zivilrechtlichen Wirksamkeit mit den daraus sich ergebenden Rechtsfolgen (vgl. dazu die Kommentierung zu Art. 34 KG, N 3 ff.).

III. Beginn der Prüfungsfristen

6 Mit dem Beschluss über die Einleitung des Prüfungsverfahrens beginnen die in Art. 32 Abs. 1 KG für das Vorprüfungsverfahren und die in Art. 33 Abs. 3 KG für das Hauptprüfungsverfahren vorgesehenen Fristen von einem Monat bzw. vier Monaten noch nicht zu laufen. Erst wenn das Sekretariat der Wettbewerbskommission im Besitze der für eine Meldung notwendigen Informationen gemäss Art. 11 VKU (→ Nr. 4) ist, beginnt die Prüfungsfrist gemäss Art. 32 Abs. 1 KG für die Vorprüfung zu laufen. In analoger Anwendung von Art. 14 VKU hat das Sekretariat der Wettbewerbskommission den beteiligten Unternehmen zu bestätigen, dass es im Besitze aller Informationen ist, die die Meldung enthalten muss, und folglich die Prüfungsfrist zu laufen begonnen hat.

Art. 36 Verfahren der Ausnahmegenehmigung

[1] Hat die Wettbewerbskommission den Zusammenschluss untersagt, so können die beteiligten Unternehmen innerhalb von 30 Tagen beim Departement eine ausnahmsweise Zulassung durch den Bundesrat aus überwiegenden öffentlichen Interessen beantragen. Ist ein solcher Antrag gestellt, so beginnt die Frist für die Einreichung einer Beschwerde beim Bundesverwaltungsgericht erst mit der Eröffnung des Entscheides des Bundesrats zu laufen.[1]

---

1 Fassung des Satzes gemäss Anhang Ziff. 27 des Verwaltungsgerichtsgesetzes vom 17. Juni 2005, in Kraft seit 1. Jan. 2007 (SR 173.32).

[2] Der Antrag auf ausnahmsweise Zulassung durch den Bundesrat kann auch innerhalb von 30 Tagen nach Eintritt der Rechtskraft eines Entscheides des Bundesverwaltungsgerichts oder des Bundesgerichts gestellt werden.[1]

[3] Der Bundesrat entscheidet über den Antrag möglichst innerhalb von vier Monaten seit Eingang des Antrages.

1   Art. 36 KG enthält die notwendigen Verfahrensregeln für die in Art. 11 KG materiell umschriebene ausnahmsweise Zulassung eines Zusammenschlusses durch den Bundesrat. Art. 36 KG ist im Wesentlichen der analogen Verfahrensvorschrift für die ausnahmsweise Zulassung von Wettbewerbsbeschränkungen nachgebildet (Art. 31 KG). Es kann deshalb auf die Kommentierung von Art. 31 KG verwiesen werden (vgl. zur ausnahmsweisen Zulassung auch ISABELLE CHABLOZ, L'autorisation exceptionnelle en droit de la concurrence. Etude de droit suisse et comparé, Fribourg 2002).

2   Eine Antragstellung an den Bundesrat kann gemäss dem ausdrücklichen Wortlaut von Art. 36 KG nur durch die beteiligten Unternehmen erfolgen und nicht durch betroffene Dritte. Als beteiligte Unternehmen gelten in diesem Zusammenhang die nach Art. 3 VKU (→ Nr. 4) für die Berechnung der Grenzbeträge massgeblichen Unternehmen, aber auch, in Ausdehnung des Begriffs des beteiligten Unternehmens von Art. 3 VKU, der Veräusserer einer Beteiligung, weil das Interesse des Veräusserers am Abschluss des Fusionskontrollverfahrens es rechtfertigt, ihn bezüglich der Antragstellung an den Bundesrat als beteiligtes Unternehmen zu qualifizieren.

3   Obwohl in Art. 36 KG nicht ausdrücklich erwähnt, ist in analoger Anwendung von Art. 31 Abs. 3 KG davon auszugehen, dass der Bundesrat die Zulassung eines von der Wettbewerbskommission untersagten Zusammenschlusses mit Bedingungen und Auflagen verbinden kann. Eine zeitliche Befristung mit entsprechender Verlängerungsmöglichkeit kommt jedoch bei der ausnahmsweisen Zulassung eines Zusammenschlussvorhabens nicht in Frage, da es unverhältnismässig wäre, die durch den Zusammenschluss bewirkten dauerhaften Strukturveränderungen periodisch von einer behördlichen Genehmigung abhängig zu machen.

4   In Art. 36 Abs. 3 KG ist eine Ordnungsfrist enthalten, welche den Bundesrat dazu veranlassen soll, die Prüfung der ausnahmsweisen Zulassung innerhalb von vier Monaten seit Eingang des Antrags abzuschliessen. Der Bundesrat sollte diese Ordnungsfrist grundsätzlich nicht ohne wichtige Gründe überschreiten (Botschaft 1994, 144).

---

1   Fassung gemäss Anhang Ziff. 27 des Verwaltungsgerichtsgesetzes vom 17. Juni 2005, in Kraft seit 1. Jan. 2007 (SR 173.32).

Art. 37 Wiederherstellung wirksamen Wettbewerbs

1 Wird ein untersagter Zusammenschluss vollzogen oder ein vollzogener Zusammenschluss untersagt und für den Zusammenschluss keine ausnahmsweise Zulassung beantragt oder erteilt, so sind die beteiligten Unternehmen verpflichtet, die Massnahmen durchzuführen, die zur Wiederherstellung wirksamen Wettbewerbs erforderlich sind.

2 Die Wettbewerbskommission kann die beteiligten Unternehmen auffordern, verbindliche Vorschläge darüber zu machen, wie wirksamer Wettbewerb wiederhergestellt wird. Sie setzt dafür eine Frist fest.

3 Billigt die Wettbewerbskommission die Vorschläge, so kann sie verfügen, wie und innert welcher Frist die beteiligten Unternehmen die Massnahmen durchführen müssen.

4 Machen die beteiligten Unternehmen trotz Aufforderung der Wettbewerbskommission keine Vorschläge oder werden diese von der Wettbewerbskommission nicht gebilligt, so kann die Wettbewerbskommission folgende Massnahmen verfügen:

a. die Trennung der zusammengefassten Unternehmen oder Vermögenswerte;

b. die Beendigung des kontrollierenden Einflusses;

c. andere Massnahmen, die geeignet sind, wirksamen Wettbewerb wiederherzustellen.

I. Ausgangslage

1 Art. 37 KG beschreibt das Verfahren zur Wiederherstellung wirksamen Wettbewerbs, falls ein Zusammenschluss trotz einer Untersagungsverfügung von den beteiligten Unternehmen in Missachtung des Beschlusses der Wettbewerbskommission vollzogen oder ein bereits vollzogener Zusammenschluss durch die Wettbewerbskommission im Fusionskontrollverfahren untersagt wird.

2 Art. 37 KG zeigt erneut das Anliegen des Gesetzgebers, dem kooperativen Verwaltungshandeln (vgl. dazu die Hinweise bei PAUL RICHLI, Verfahren und Rechtsschutz, Art. 39–44 KG, in: ZÄCH, Das neue schweizerische Kartellgesetz, Zürich 1996, 168) im Kartellgesetz Raum zu belassen. In erster Linie sind es die an einem Zusammenschluss beteiligten Unternehmen, welche gegenüber der Wettbewerbskommission Vorschläge für die Wiederherstellung wirksamen Wettbewerbs unterbreiten sollen. Mit diesem Vorschlagsrecht ist auch der Gedanke verbunden, dass in erster Linie die auf einem bestimmten Markt tätigen Unternehmen in der Lage sind, die Wirksamkeit marktnaher Massnahmen zu beurteilen.

3 Erst wenn die beteiligten Unternehmen keine Vorschläge unterbreiten oder diese ungenügend sind, ist die Wettbewerbskommission gemäss Art. 37 Abs. 4 KG berechtigt, von sich aus die ihr notwendig erscheinenden Massnahmen zu verfügen.

4 Von den Unternehmen vorgeschlagene und in der Folge von der Wettbewerbskommission akzeptierte bzw. von ihr verfügte Massnahmen dürfen gemäss dem Sinn und Zweck der präventiven Fusionskontrolle nur strukturbezogene Wirkungen haben. Allfällige verhaltensbezogene Massnahmen dürfen bei der Verwirklichung des Anliegens der Wiederherstellung wirk-

samen Wettbewerbs nicht berücksichtigt werden. Sie unterstehen einzig der in Art. 7 KG enthaltenen Verhaltenskontrolle.

II. Anwendungsbereich

5   Das Verfahren von Art. 37 KG kommt zur Anwendung, falls ein von der Wettbewerbskommission untersagter Zusammenschluss dennoch in Missachtung der Verfügung der Wettbewerbskommission vollzogen wird oder ein bereits vollzogener Zusammenschluss durch Verfügung der Wettbewerbskommission untersagt wird. Mit Letzterem sind vor allem Zusammenschlüsse angesprochen, welche in Missachtung der Vorschriften über die Meldepflicht (Art. 9 KG) ohne vorherige Meldung an die Wettbewerbskommission vollzogen worden sind.

6   Art. 37 KG ist auch auf Zusammenschlüsse anwendbar, bei welchen die Wettbewerbskommission gestützt auf Art. 32 Abs. 2 KG den definitiven Vollzug im Verlaufe des Vorprüfungsverfahrens bewilligt hat. Keine Anwendung findet Art. 37 KG hingegen im Falle einer provisorischen Bewilligung des Vollzugs gemäss Art. 33 Abs. 2 KG. Wegen des provisorischen Charakters des bewilligten Vollzugs hat die Wettbewerbskommission bei einer Untersagung im noch durchzuführenden Hauptprüfungsverfahren keine besondere Rücksicht auf die beteiligten Unternehmen zu nehmen, sondern kann ohne Weiteres von den beteiligten Unternehmen die Auflösung des provisorisch bewilligten Zusammenschlusses verlangen. Hat die Wettbewerbskommission Bedenken bezüglich der Durchführung der sofortigen Auflösung, hat sie diesen bei der Verfügung von allfälligen Bedingungen und Auflagen im Sinne von Art. 16 Abs. 2 VKU (→ Nr. 4) Rechnung zu tragen.

III. Kooperative Festsetzung von Massnahmen

7   In Art. 37 KG wird der Leitgedanke zum Ausdruck gebracht, dass in erster Linie die unmittelbar auf einem bestimmten Markt tätigen Unternehmen in der Lage sind, die für die Wiederherstellung wirksamen Wettbewerbs notwendigen Massnahmen vorzuschlagen. Dabei sind der Kreativität der beteiligten Unternehmen grundsätzlich keine Grenzen gesetzt mit Ausnahme, dass es sich bei den Vorschlägen um strukturbezogene Massnahmen handeln sollte. Kann sich die Wettbewerbskommission mit den Vorschlägen der beteiligten Unternehmen grundsätzlich einverstanden erklären, hat sie die Details und insbesondere auch allfällige Fristen für die Umsetzung der Massnahmen durch eine an die beteiligten Unternehmen gerichtete Verfügung festzusetzen.

IV. Autoritative Festsetzung von Massnahmen

8   Der Wortlaut von Art. 37 Abs. 4 KG lässt keinen Zweifel darüber, dass die autoritative Festsetzung der Massnahmen zur Wiederherstellung wirksamen Wettbewerbs neben der bereits beschriebenen kooperativen Festsetzung nur subsidiär zur Anwendung kommen soll. Erst wenn die beteiligten Unternehmen keine Vorschläge unterbreitet haben oder die unterbreiteten Vorschläge der Wettbewerbskommission nicht als sinnvoll erscheinen, ist sie zu einer autoritativen Festsetzung von Massnahmen zur Wiederherstellung wirksamen Wettbewerbs berechtigt.

9   Der in Art. 37 Abs. 4 lit. a–c KG beschriebene Massnahmenkatalog lässt der Wettbewerbskommission einen grossen Ermessensspielraum, den sie insbesondere unter Berücksichtigung des Grundsatzes der Verhältnismässigkeit sinnvoll auszunutzen hat. Demnach ist die Wettbe-

werbskommission verpflichtet, nur diejenigen strukturbezogenen Massnahmen zu verfügen, die das verhältnismässigste Mittel darstellen, um das Ziel der Wiederherstellung wirksamen Wettbewerbs zu verwirklichen. In diesem Sinne wird auch in der Botschaft darauf hingewiesen, dass die Anordnung der Entflechtung eines Zusammenschlusses als Ultima Ratio zu gelten habe (Botschaft 1994, 146).

V. Verfahren

10   Das Verfahren zur Herstellung wirksamen Wettbewerbs ist im Falle des Vollzugs eines von der Wettbewerbskommission untersagten Zusammenschlusses ausserhalb des eigentlichen Fusionskontrollverfahrens angesiedelt. Die Wettbewerbskommission hat in diesen Fällen in Anwendung von Art. 37 KG in einer eigenständigen Verfügung über die Massnahmen zur Wiederherstellung wirksamen Wettbewerbs zu entscheiden. Diese Verfügung ist anschliessend mit dem ordentlichen Rechtsmittel der Beschwerde an das Bundesverwaltungsgericht anfechtbar.

11   Wird ein bereits vollzogener Zusammenschluss von der Wettbewerbskommission untersagt, hat die Wettbewerbskommission grundsätzlich die Möglichkeit, die zur Wiederherstellung wirksamen Wettbewerbs notwendigen Massnahmen im Sinne von Art. 37 KG bereits zusammen mit der Untersagungsverfügung zu beschliessen. Wegen des im Hauptprüfungsverfahren bestehenden erheblichen Zeitdrucks wird die Wettbewerbskommission jedoch aus praktischen Überlegungen das Verfahren zur Wiederherstellung wirksamen Wettbewerbs vom Fusionskontrollverfahren trennen und die gemäss Art. 37 KG zu erlassenden Massnahmen in einer separaten Verfügung erlassen. Auch in diesen Fällen besteht alsdann das Rechtsmittel der Beschwerde an das Bundesverwaltungsgericht.

Art. 38   Widerruf und Revision

1 Die Wettbewerbskommission kann eine Zulassung widerrufen oder die Prüfung eines Zusammenschlusses trotz Ablauf der Frist von Artikel 32 Absatz 1 beschliessen, wenn:

a.   die beteiligten Unternehmen unrichtige Angaben gemacht haben;

b.   die Zulassung arglistig herbeigeführt worden ist; oder

c.   die beteiligten Unternehmen einer Auflage zu einer Zulassung in schwerwiegender Weise zuwiderhandeln.

2 Der Bundesrat kann eine ausnahmsweise Zulassung aus denselben Gründen widerrufen.

I. Ausgangslage

1   Art. 38 KG enthält die besonders auf das Verfahren der Prüfung von Unternehmenszusammenschlüssen zugeschnittenen Revisionsgründe. Liegt ein Revisionsgrund vor, kann die Wettbewerbskommission eine unter Bedingungen und Auflagen erteilte Zulassung widerrufen und erneut über die angebrachte Intervention gemäss Art. 10 Abs. 2 KG entscheiden oder trotz Ablauf der Frist von Art. 32 Abs. 1 KG die Einleitung des Prüfungsverfahrens bzw., falls

der Zusammenschluss im Verlaufe des Hauptprüfungsverfahrens freigegeben worden ist, die erneute Einleitung eines Prüfungsverfahrens im Sinne von Art. 33 KG beschliessen.

2   Der Widerruf bzw. die Revision eines im Rahmen des Fusionskontrollverfahrens ergangenen Entscheids ist strikte auf die in Art. 38 Abs. 1 lit. a–c KG genannten Gründe beschränkt. Das schliesst nicht aus, dass aufgrund der allgemein geltenden Revisionsgründe des VwVG (welche zwar im VwVG nicht ausdrücklich geregelt sind, jedoch in der Praxis über den Weg der Feststellungsverfügung gemäss Art. 25 Abs. 2 VwVG gelöst werden; vgl. dazu PETER SALADIN, Das Verwaltungsverfahrensrecht des Bundes, Basel/Stuttgart 1979, 215) eine Wiedererwägung des Entscheids der Wettbewerbskommission verlangt werden kann.

3   Für das Verfahren der ausnahmsweisen Zulassung vor dem Bundesrat finden gemäss Art. 38 Abs. 2 KG die gleichen Regelungen über den Widerruf bzw. die Revision Anwendung.

II. Revisionsgründe

4   Als Grund für den Widerruf bzw. die Revision eines Entscheids der Wettbewerbskommission wird in Art. 38 Abs. 1 lit. a KG die Tatsache genannt, dass die beteiligten Unternehmen unrichtige Angaben gemacht haben. Derartige unrichtige Angaben können bereits in der Meldung enthalten sein, aber auch in der Beantwortung eines Auskunftsbegehrens gestützt auf Art. 15 VKU (→ Nr. 4). Es liegt auf der Hand, dass die unrichtigen Angaben für den Entscheid der Wettbewerbskommission kausal gewesen sein müssen.

5   Der Widerruf bzw. die Revision kann von der Wettbewerbskommission auch gestützt auf ein arglistiges Verhalten verfügt werden (Art. 38 Abs. 1 lit. b KG). Dabei muss sich das arglistige Vorgehen nicht speziell auf die Informationsbeschaffung (unrichtige Angaben), sondern es kann sich auf jegliches Verhalten im Zusammenhang mit dem Prüfungsverfahren beziehen. Insbesondere kann ein arglistiges Verhalten vorliegen, wenn die beteiligten Unternehmen Dritte zur Abgabe von unrichtigen Angaben an die Wettbewerbskommission veranlassten und diese unrichtigen Angaben für die Entscheidfindung der Wettbewerbskommission von wesentlicher Bedeutung waren.

6   Schliesslich wird in Art. 38 Abs. 1 lit. c KG auch die schwerwiegende Zuwiderhandlung gegen eine Auflage zu einer Zulassung als Widerrufs- bzw. Revisionsgrund genannt. Die Qualifikation durch den Zusatz schwerwiegend deutet bereits an, dass nicht jede Zuwiderhandlung gegen eine Auflage den Widerruf bzw. die Revision des Entscheids der Wettbewerbskommission zu begründen vermag. Die Zuwiderhandlung muss derart schwerwiegend sein, dass das mit dem Entscheid der Wettbewerbskommission angestrebte Ziel der Aufrechterhaltung wirksamen Wettbewerbs nicht mehr erreicht werden kann.

7   Kein Anlass für einen Widerruf bzw. eine Revision sind veränderte tatsächliche Verhältnisse, auch wenn die Änderung der tatsächlichen Verhältnisse dazu führen kann, dass die von der Wettbewerbskommission verfügte Auflage keinen Sinn mehr macht. Für eine Intervention der Wettbewerbskommission ist nach dem Wortlaut von Art. 38 Abs. 1 lit. c KG ausdrücklich erforderlich, dass eine schwerwiegende Zuwiderhandlung vorliegt; neue Marktverhältnisse vermögen für sich alleine genommen eine Revision gemäss Art. 38 KG nicht zu rechtfertigen.

4. Abschnitt: Verfahren und Rechtsschutz

Art. 39   Grundsatz

Auf die Verfahren sind die Bestimmungen des Verwaltungsverfahrensgesetzes[1] vom 20. Dezember 1968 anwendbar, soweit dieses Gesetz nicht davon abweicht.

I. Ausgangslage

1   In Abweichung der vom Bundesgericht zum aKG 1985 erarbeiteten Praxis wird für das Verwaltungsverfahren in Art. 39 KG ausdrücklich festgelegt, dass die Bestimmungen des Verwaltungsverfahrensgesetzes (VwVG) anwendbar sind. Gemäss der in BGE 113 Ib 90 ff. begründeten bundesgerichtlichen Praxis war das Verwaltungsverfahren des aKG 1985 von einem kartellgesetzlichen Sonderverfahren bestimmt, welches sich nicht nach den Bestimmungen des VwVG richtete. Dieser bundesgerichtliche Grundsatzentscheid hatte zur Folge, dass im Falle der Umwandlung einer Empfehlung der Kartellkommission in eine Verfügung des Eidgenössischen Volkswirtschaftsdepartementes gemäss Art. 37 Abs. 1 aKG 1985 das bereits von der Kartellkommission durchgeführte Kartellverfahren vom Eidgenössischen Volkswirtschaftsdepartement unter Anwendung der Grundsätze des VwVG wiederholt werden musste. Der Verweis auf die Bestimmungen des VwVG in Art. 39 KG ist nicht umfassend, sondern durch die im Kartellgesetz selbst ausdrücklich festgelegten Ausnahmen gemäss dem Gesetzeswortlaut von Art. 39 KG eingeschränkt.

2   Die grundsätzliche Anwendbarkeit der Verfahrensbestimmungen des VwVG ist konsequente Folge der der Wettbewerbskommission nach dem Kartellgesetz zukommenden Verfügungskompetenz (vgl. Art. 18 Abs. 3 KG).

3   Das verwaltungsrechtliche Kartellverfahren weist einige Besonderheiten auf, denen bei einer uneingeschränkten Anwendbarkeit des VwVG zu wenig Rechnung getragen werden könnte. Diese Besonderheiten entstehen insbesondere dadurch, als am verwaltungsrechtlichen Kartellverfahren in einem erheblichen Umfang Dritte beteiligt sind. Einerseits muss folglich mit dem Kartellverfahrensrecht dafür gesorgt werden, dass Dritte, d.h. die Konkurrenten, aber auch die Marktgegenseite als Informationslieferanten ins Kartellverfahren mit einbezogen werden können, ohne dass sie der Repression der vom Verfahren betroffenen Unternehmen ausgesetzt werden. Andererseits muss auch bezüglich der betroffenen Unternehmen sichergestellt sein, dass das Kartellverfahren nicht dazu missbraucht wird, sich über den Status als drittbeteiligtes Unternehmen marktsensible Daten der betroffenen Unternehmen zu beschaffen. Mit den im Kartellgesetz ausdrücklich statuierten Ausnahmen hat der Gesetzgeber versucht, die beschriebenen Anliegen zu berücksichtigen.

II. Grundsatz: Anwendbarkeit der Verfahrensbestimmungen des VwVG

4   Der Anwendungsbefehl für das VwVG in Art. 39 KG hat zur Folge, dass der in Art. 1 Abs. 1 VwVG umschriebene Grundsatz zur Bestimmung des Geltungsbereiches des VwVG für den

---

1   SR 172.021

Bereich des Kartellgesetzes keine Anwendung findet. Insbesondere ist die Anwendbarkeit des VwVG auf Kartellverfahren nicht davon abhängig, dass letztlich jedes Verfahren nach dem Kartellgesetz durch eine Verfügung im Sinne von Art. 5 VwVG abgeschlossen wird.

5   Die grundsätzliche Anwendung des VwVG auf Verfahren nach dem Kartellgesetz bewirkt, dass die im VwVG enthaltenen wesentlichen Verfahrensgrundsätze auch im Kartellverwaltungsrecht gelten.

6   Das gilt zunächst für den gemäss Art. 12 VwVG für das Verwaltungsverfahren geltenden Untersuchungsgrundsatz, der die Rechtsanwendungsbehörde verpflichtet, den Sachverhalt von Amtes wegen abzuklären. Darin eingeschlossen ist bezogen auf das Kartellverfahren auch die Suche von die betroffenen Unternehmen entlastenden Sachverhaltselementen – wie beispielsweise bei der Prüfung von Wettbewerbsabreden im Sinne von Art. 5 KG die Suche nach Effizienzgründen (vgl. Art. 5 Abs. 2 KG), die Suche nach Sachverhaltselementen, welche die Vermutung zur Beseitigung wirksamen Wettbewerbs (vgl. Art. 5 Abs. 3 KG) widerlegen, aber auch bei der Prüfung von Verhaltensweisen marktbeherrschender Unternehmen die Suche nach Sachverhaltselementen, welche das Verhalten des marktbeherrschenden Unternehmens als marktgerechte Reaktion (legitimate business reason) darstellen (vgl. die Generalklausel in Art. 7 Abs. 1 KG). Auch bei der Prüfung von Unternehmenszusammenschlüssen ist es in erster Linie Aufgabe der Rechtsanwendungsbehörde, nachzuweisen, dass durch ein Zusammenschlussvorhaben eine marktbeherrschende Stellung entsteht oder verstärkt wird, durch welche wirksamer Wettbewerb beseitigt werden kann (vgl. das materiellrechtliche Kriterium in Art. 10 Abs. 2 KG). Die Komplexität der nach dem Kartellgesetz zu beurteilenden Sachverhalte macht ohne Weiteres deutlich, dass der Pflicht der Wettbewerbsbehörden, den Sachverhalt von Amtes wegen abzuklären, eine bedeutende Mitwirkungspflicht der Parteien gemäss Art. 13 Abs. 1 lit. c VwVG gegenübersteht. Ohne die Mithilfe der Parteien im Rahmen der Sachverhaltsabklärung wäre ansonsten nicht sichergestellt, dass den Wettbewerbsbehörden die für die Untersuchung bzw. Prüfung notwendigen Marktdaten zur Verfügung ständen.

7   Art. 29 VwVG gewährt den Parteien Anspruch auf rechtliches Gehör. Gemäss bundesgerichtlicher Praxis ist der Anspruch auf rechtliches Gehör formeller Natur – seine Verletzung führt unabhängig von den Erfolgsaussichten der Beschwerde in der Sache selbst zur Aufhebung des angefochtenen Entscheids (BGE 120 Ib 383, E. 3a mit weiteren Verweisen). Nur ausnahmsweise kann eine Verletzung des rechtlichen Gehörs geheilt werden, wenn die Verletzung nicht besonders schwerwiegend ist und der Betroffene die Möglichkeit erhält, sich vor einer Beschwerdeinstanz zu äussern, die sowohl den Sachverhalt wie auch die Rechtslage frei überprüfen kann (BGE 124 V 183, E. 4a mit weiteren Verweisen; das Bundesverwaltungsgericht sollte Verfügungen der Wettbewerbskommission mit umfassender Kognition überprüfen, Art. 49 VwVG; vgl. REKO/WEF in RPW 2003/2, Cablecom GmbH, 423 ff., beschränkt seine Kognition jedoch faktisch dadurch, indem der Wettbewerbskommission ein weites Ermessen eingeräumt wird und die Überprüfung auf dem Rechtsmittelweg zu einer Plausibilitätsanalyse herabgestuft wird, RPW 2010/2, Bundesverwaltungsgericht in Sachen Publigroupe, 329 ff.).

8   Der Anspruch auf rechtliches Gehör umfasst unter anderem das in Art. 26 VwVG niedergelegte Recht auf Akteneinsicht. Das Akteneinsichtsrecht ist am Sitz der verfügenden oder einer

durch diese zu bezeichnenden kantonalen Behörde wahrzunehmen (Art. 26 Abs. 1 VwVG). Entsprechend besteht kein Anspruch auf Zustellung der der Einsicht unterliegenden Akten (REKO/WEF in RPW 1999/4, Beschwerdeentscheid vom 4. November 1999 betreffend vorsorgliche Massnahmen, 637; REKO/WEF in RPW 1998/4, Telecom PTT-Fachhändlerverträge, 668 f.). Im Übrigen wird Akteneinsicht grundsätzlich nur auf Gesuch hin gewährt. Im wettbewerbsrechtlichen Kontext genügt es hingegen nicht, wenn den Parteien am Anfang eines umfangreichen Untersuchungsverfahrens lediglich in allgemeiner Form mitgeteilt wird, das Akteneinsichtsrecht sei gegeben. Angesichts der oft komplexen wirtschaftlichen Zusammenhänge dürfen die Parteien erwarten, über die Entwicklung des Standes der Akten informiert zu werden. Die Wettbewerbskommission (bzw. deren Sekretariat) hat den Parteien im Untersuchungsverfahren zwecks Vorbereitung der Akteneinsicht gleichzeitig mit der Zustellung des Verfügungsentwurfes auch ein vollständiges Verzeichnis der zu den Untersuchungsakten gehörenden Schriftstücke zu übermitteln, das insbesondere festhält, ob diese einsehbar sind oder nicht (REKO/WEF in RPW 1998/4, Telecom PTT-Fachhändlerverträge, 669 f.). Ferner dürfen telefonisch eingeholte Auskünfte, welche als massgebliches Beweismittel verwendet werden, nicht als interne Aktenstücke angesehen werden, welche dem Einsichtsrecht nicht unterstehen. (Sie sind vielmehr Einvernahme- oder Befragungsprotokollen gleichzusetzen, welche den befragten Personen zur Bestätigung der Richtigkeit vorzulegen und den Parteien zur Kenntnis zu bringen sind. Dies gilt auch im summarischen Verfahren zum Erlass vorsorglicher Massnahmen, soweit die Dringlichkeit es zulässt (vgl. REKO/WEF in RPW 1999/4, Beschwerdeentscheid vom 4. November 1999 betreffend vorsorgliche Massnahmen, 637 f.). Für die von einem verwaltungsrechtlichen Kartellverfahren betroffenen Unternehmen ist der in Art. 26 VwVG niedergelegte Anspruch auf Akteneinsicht von zentraler Bedeutung. Allerdings ist nicht zu übersehen, dass sowohl bezüglich der betroffenen Unternehmen als auch der sich an einem Kartellverfahren beteiligenden Dritten erhebliche Geheimhaltungsinteressen bestehen können, welche gemäss der Sondervorschrift von Art. 25 KG zu schützen sind. Ausserdem darf die Behörde in Anwendung des VwVG die Einsichtnahme in Akten verweigern, wenn wesentliche private Interessen, insbesondere von Gegenparteien, die Geheimhaltung erfordern (vgl. Art. 27 Abs. 1 lit. b VwVG). Wird einer Partei die Einsichtnahme in ein Aktenstück verweigert, so darf auf dieses zum Nachteil der Partei nur dann abgestellt werden, wenn ihr die Behörde von seinem für die Sache wesentlichen Inhalt Kenntnis gegeben hat; vgl. Art. 28 VwVG. Eine zwecks Gewährung von Akteneinsicht vorgenommene Umschreibung geheimer Daten mittels Bandbreiten stellt solange keine Geschäftsgeheimnisverletzung dar, als eine genügend verfremdende Umschreibung gewählt wird, welche keine hinreichend substanziellen Rückschlüsse auf die fraglichen Ausgangszahlen erlaubt; dass Bandbreiten gewisse grobe Vorstellungen über die geheimen Angaben zu vermitteln vermögen, lässt sich aus sachlogischen Gründen nicht vermeiden. Die damit ermöglichte Bestimmung von Grössenordnungen dürfte aber dem entsprechen, was auch Dritte gestützt auf eigene Marktbeobachtungen und Schätzungen zu ermitteln imstande sind (vgl. REKO/WEF in RPW 2002/4, Vertrieb von Tierarzneimitteln, 715, 723. Betreffend Akteneinsicht und Geheimnisschutz siehe REKO/WEF in RPW 2002/4, Vertrieb von Tierarzneimitteln, 698 ff.; RPW 2002/2, Glue Software Engineering AG vs. Swisscom Enterprise Solutions AG, 279 f.; RPW 2001/2, Qualifizierung und Umschreibung von Geschäftsgeheimnissen, 375 ff.). Einschränkungen hinsichtlich des Anspruchs auf Akteneinsicht ergeben sich weiter bei der Vorabklärung (vgl. Art. 26 Abs. 3 KG) und bei der Prüfung von Unternehmenszusammenschlüssen (vgl. Art. 43 Abs. 4 KG), womit erreicht werden soll, dass die Wettbewerbskommission die im Gesetz enthaltenen zeitlichen Vorgaben überhaupt erfüllen kann.

9   Angesichts der zweigeteilten Organisationsstruktur der Wettbewerbskommission (aufgeteilt in die Wettbewerbskommission im engeren Sinne und in das Sekretariat der Wettbewerbskommission) können sich bei der Erfüllung des Anspruchs der betroffenen Unternehmen auf rechtliches Gehör Probleme ergeben. So kann sich der Gehörsanspruch der betroffenen Unternehmen nicht auf das unmittelbar zwischen den betroffenen Unternehmen und dem Sekretariat der Wettbewerbskommission stattfindende Vorabklärungs- (vgl. Art. 26 KG) und Untersuchungsverfahren (vgl. Art. 27 KG und die Zuständigkeitsregelung in Art. 23 Abs. 1 KG) beschränken. Auch die als blosse Entscheidbehörde wirkende Wettbewerbskommission im engeren Sinne muss den Gehörsanspruch der betroffenen Unternehmen mit der dafür wahren.

10   Das Recht auf Äusserung und Stellungnahme stellt einen zentralen Kern des Gehörsanspruchs dar. Der Betroffene muss sich zu allen für den Entscheid relevanten Tatsachen äussern können. (REKO/WEF in RPW 1998/3, BKW–AEK Unternehmenszusammenschluss [Verwaltungssanktion], 470. Der nicht veröffentlichte Bundesgerichtsentscheid vom 17. Juni 2003 betreffend Zuständigkeit der Wettbewerbskommission in RPW 2003/3, Elektra Baselland Liestal EBL/Watt Suisse AG, Migros-Genossenschafts-Bund, Wettbewerbskommission, Rekurskommission für Wettbewerbsfragen, 699, hält fest: «Wer ein Gesuch um Erlass einer Verfügung stellt, übt damit das ihm zustehende Anhörungsrecht aus und hat keinen Anspruch darauf, dass ihm die Behörde vor Erlass der nachgesuchten Verfügung noch einmal Gelegenheit gibt, sich zu äussern.» Vgl. ferner die REKO/WEF in RPW 2001/2, Schweizerischer Buchhändler- und Verlegerverband, 399 f., sowie die REKO/WEF in RPW 2001/2, Börsenverein des Deutschen Buchhandels e.V., 431, wonach eine schriftliche Stellungnahme nicht allen am Entscheid teilnehmenden Kommissionsmitgliedern zur Kenntnis gebracht werden, sondern es genügen muss, dass die Mitglieder der Behörde die Möglichkeit besitzen, in die Verfahrensakten Einsicht zu nehmen.) Grundsätzlich kein Anspruch besteht dahingegen auf Äusserung zur rechtlichen Beurteilung von Tatsachen (vgl. z.B. die REKO/WEF in RPW 2004/1, General Electric Company, Honeywell International Inc./Wettbewerbskommission, 183 f. mit weiteren Verweisen). Ferner steht den Verfahrensbeteiligten weder ein Recht auf eine Anhörung nach Art. 30 Abs. 2 KG (vgl. den Wortlaut von Art. 30 Abs. 2 KG sowie die REKO/WEF in RPW 2001/2, Börsenverein des Deutschen Buchhandels e.V., 432, und die REKO/WEF in RPW 2001/2, Schweizerischer Buchhändler- und Verlegerverband, 401) noch ein Recht auf Teilnahme an der Einvernahme von Auskunftspersonen zu. Dem Gehörsanspruch ist im letzteren Fall Genüge getan, wenn sich Einfluss- und Mitwirkungsmöglichkeiten auf eine nachträgliche Stellungnahme beschränken (RPW 2000/3, Vertrieb von Arzneimitteln/Sanphar, 335 f. mit Hinweis auf BGE 117 V 285).

11   Der Gehörsanspruch gewährt den Parteien das Recht, an der Erhebung wesentlicher Beweise mitzuwirken oder sich zumindest zum Beweisergebnis zu äussern, wenn dieses geeignet ist, den Entscheid zu beeinflussen (BGE 122 I 55, E. 4a mit weiteren Verweisen. Vgl. ferner die Untersuchungen der Weko in RPW 2003/1, Kreditkarten-Akzeptanzgeschäft, 115, und in

RPW 2001/2, Watt/Migros – EEF, 265, wonach die Behörde ihr angebotene Beweise nicht abnehmen muss, wenn diese nicht geeignet sind, den Sachverhalt weiter zu erhellen). Im Rahmen vorsorglicher Massnahmen können sich die Behörden in der Regel auf die Akten abstützen und haben daher keine weiteren Sachverhaltsabklärungen zu treffen. Da lediglich ein Prima-facie-Entscheid gefällt wird, kann auf Beweiserhebungen grundsätzlich verzichtet werden (REKO/WEF in RPW 2003/2, Cablecom GmbH, 421 mit weiteren Verweisen). Die Berechtigung der vorsorglichen Massnahmen muss aber glaubhaft erscheinen, und es muss hinreichend wahrscheinlich sein, dass sich aus nicht erhobenen Beweisen nicht das Gegenteil ergeben wird (REKO/WEF in RPW 1999/4, Beschwerdeentscheid vom 4. November 1999 betreffend vorsorgliche Massnahmen, 636).

12 In Konkretisierung des Untersuchungsgrundsatzes obliegt der Behörde die Pflicht zur Beweisabnahme und -würdigung. Das rechtliche Gehör wird verletzt, wenn sich die Ermittlung und Würdigung des Beweisergebnisses gestützt auf den Entscheid als nicht nachvollziehbar erweist (REKO/WEF in RPW 1998/4, Telecom PTT-Fachhändlerverträge, 672 f.; vgl. auch die Untersuchung der Weko in PRW 2003/1, Kreditkarten-Akzeptanzgeschäft, 113, wonach aus der Begründungspflicht kein Anspruch abgeleitet werden kann, dass die Entscheidbehörde über die Bezeichnung eines Beweismittels hinaus – in casu der Verweis auf jeweils ein gesamtes Aktenstück – zu einer differenzierteren Beweisangabe verpflichtet ist). Die Entscheidbegründung muss so abgefasst sein, dass der Betroffene ihn gegebenenfalls sachgerecht anfechten kann (BGE 126 I 102, E. 2b). Behörden sind von Verfassung wegen nicht verpflichtet, sich einlässlich mit sämtlichen Parteistandpunkten auseinanderzusetzen und jedes einzelne Vorbringen ausdrücklich zu widerlegen (BGE 126 I 102 f., E. 2b mit weiteren Verweisen, und Entscheid BGer vom 25. Juni 2001 in RPW 2001/3, Entscheid Zivilabteilung des Bundesgerichts in Sachen Kanton Aargau/Bestattungsinstitut A. betreffend Artikel 9, 27 und 29 BV, 584). Die Stellungnahme zu den wesentlichen Parteiauffassungen kann konkludent erfolgen, indem die Urteilsgründe der entscheidenden Instanz schlüssig in Erscheinung treten (REKO/WEF in RPW 1999/4, Beschwerdeentscheid vom 4. November 1999 betreffend vorsorgliche Massnahmen, 636). Auch informelle Befragungen, sogenannte Hearings, können als Beweismittel herangezogen werden, sofern die Mitwirkungsrechte der betroffenen Unternehmen gewahrt werden (vgl. REKO/WEF in RPW 1998/4, Telecom PTT-Fachhändlerverträge, 671 f.).

13 Das Kartellgesetz enthält Sonderformen verwaltungsrechtlichen Handelns. Darunter fällt beispielsweise die in Art. 26 KG umschriebene Vorabklärung des Sekretariats, welche nicht zwangsläufig in ein formelles Verwaltungsverfahren in der Form einer Untersuchung münden muss. Zudem sind sowohl in Art. 26 Abs. 2 KG als auch in Art. 29 KG Anweisungen an die Wettbewerbsbehörden zur Umsetzung kooperativen Verwaltungshandelns enthalten (vgl. dazu beispielsweise ROLF SCHMID, Kooperatives Verwaltungshandeln in den Kartellverfahren der Schweiz und der EG, Bamberg 1994, 256 ff.; ANDREAS LIMBURG, Das Untersuchungsverfahren nach schweizerischem Kartellgesetz, Bern 1993, 261 ff. und 299 ff.). Im Rahmen dieser besonderen Formen staatlichen Handelns darf das damit verbundene kooperative Element nicht dazu verleiten, die auf Rechtmässigkeit und Gleichbehandlung gerichteten Verfahrensgrundsätze des Verwaltungsverfahrensgesetzes ausser Acht zu lassen. Die Behörde darf deshalb nicht versucht sein, die Möglichkeit eines raschen und einvernehmlichen Verfahrensab-

schlusses dazu zu verwenden, sich über die im Kartellgesetz und im VwVG enthaltenen rechtlichen Verfahrensvorgaben hinwegzusetzen. Einigen sich die beteiligten Unternehmen und das Sekretariat in einer einvernehmlichen Regelung gemäss Art. 29 KG, handelt es sich bei dieser einvernehmlichen Regelung nicht um einen öffentlich-rechtlichen Vertrag, sondern um die Vorbereitung einer Genehmigungsverfügung durch die Wettbewerbskommission im Sinne von Art. 29 Abs. 2 KG. (Mangels entsprechender Entscheidgewalt hätte das Sekretariat auch gar keine Kompetenz zum Abschluss entsprechender öffentlich-rechtlicher Verträge.) Diese Vorbereitung und auch die anschliessende Genehmigung unterstehen gemäss Art. 39 KG grundsätzlich den Verfahrensregeln des VwVG.

14　Gemäss Art. 25 VwVG besteht ein Anspruch auf Feststellung über den Bestand, den Nichtbestand oder den Umfang öffentlich-rechtlicher Rechte oder Pflichten, wenn der Gesuchsteller ein schutzwürdiges Interesse an einer derartigen Feststellungsverfügung nachweisen kann. Ein schutzwürdiges Interesse liegt vor, wenn der Gesuchsteller ein rechtliches oder tatsächliches, aktuelles und konkretes Interesse an der sofortigen Feststellung des Bestehens oder Nichtbestehens eines Rechtsverhältnisses belegen kann, dem keine erheblichen öffentlichen oder privaten Interessen entgegenstehen und welches nicht ebenso gut mit einer rechtsgestaltenden Verfügung gewahrt werden kann (z.B. BGE 130 V 391 f., E. 2.4 und BGE 126 II 303, E. 2c). Zuständig für den Erlass der Feststellungsverfügung ist die Wettbewerbskommission (vgl. Art. 25 VwVG und Art. 18 Abs. 3 KG).

15　Ohne entsprechende Ausnahmevorschrift würde der Feststellungsanspruch grundsätzlich umfassend auf Kartellsachverhalte nach dem Kartellgesetz zur Anwendung kommen. Bezüglich der Beurteilung von Wettbewerbsabreden und von Verhaltensweisen marktbeherrschender Unternehmen kollidiert ein derartiger Feststellungsanspruch im Sinne von Art. 25 VwVG jedoch mit dem in Art. 27 Abs. 2 KG enthaltenen Opportunitätsprinzip, welches der Wettbewerbskommission das Recht gibt, über die Priorität der zu behandelnden Untersuchungsverfahren zu entscheiden. Ein Feststellungsanspruch würde zudem die zweistufige Verfahrensregelung kartellrechtlicher Verwaltungsverfahren mit der Unterteilung in ein Vorabklärungs- und ein Untersuchungsverfahren obsolet werden lassen. Durch die Anerkennung eines Feststellungsanspruchs hätten es die betroffenen Unternehmen in der Hand, im Falle von Wettbewerbsbeschränkungen (d.h. von wettbewerbsbeschränkenden Abreden und Verhaltensweisen marktbeherrschender Unternehmen) das Vorabklärungsverfahren zu umgehen und der Wettbewerbskommission unmittelbar die Einleitung eines Untersuchungsverfahrens aufzuzwingen. Das Bundesgericht hat im Zusammenhang mit dem Meldeverfahren gemäss Art. 49a Abs. 3 KG festgehalten, dass wegen des besonderen Charakters des kartellrechtlichen Verfahrens keine Möglichkeit bestehe, über den allgemeinen Feststellungsanspruch von Art. 25 VwVG eine verbindliche Aussage über die Zulässigkeit oder Unzulässigkeit eines gemäss Art. 49a Abs. 3 KG gemeldeten Verhaltens zu erhalten (BGE 135 II 60 ff.).

16　Im Gegensatz dazu kann bei der Beurteilung der Meldepflicht von Fusionsvorhaben im Sinne von Art. 9 Abs. 1 KG tatsächlich ein Feststellungsinteresse der beteiligten Unternehmen bestehen, welches die Wettbewerbskommission verpflichten würde, über die Frage der Meldepflicht eine Feststellungsverfügung zu erlassen. Haben die beteiligten Unternehmen den Zusammenschluss jedoch bereits vollzogen, hat die Wettbewerbskommission, falls sie die Meldepflicht im Widerspruch zu den beteiligten Unternehmen bejahen sollte, nicht einen Feststellungsentscheid zu erlassen, sondern gemäss der Spezialvorschrift von Art. 35 KG unmittelbar das Fusionskontrollverfahren von Amtes wegen einzuleiten (vgl. dazu die Kommentierung zu Art. 37 KG, N 10 f.).

17 In der Praxis wurde ein Feststellungsanspruch verschiedentlich bejaht. Legt das Sekretariat z.B. in einer Vorabklärung eine materiellrechtliche Bestimmung zum Nachteil der angeblich im Wettbewerb Behinderten aus, so kann die Wettbewerbskommission diese Auslegung in Form einer Feststellungsverfügung überprüfen (RPW 1998/3, Gasversorgung Rothenburg, 430). Ebenso können Parteien ein schutzwürdiges Interesse an der Feststellung haben, dass eine vorgesehene Transaktion keine nach Art. 51 KG verbotene Vollzugshandlung darstellt (RPW 2002/2, Ernst & Young/Arthur Andersen, 360 f.). Hingegen muss die Frage, ob ein missbräuchliches Verhalten vorliegt, nicht im Rahmen eines Verfahrens auf Erlass einer Feststellungsverfügung beantwortet, sondern durch eine Vorabklärung oder Untersuchung geklärt werden (vgl. RPW 1998/3, Gasversorgung Rothenburg, 432, und RPW 1999/1, X SA, 182 f.). Auch die Frage nach der Einleitung oder Nichteinleitung einer Untersuchung kann nicht Gegenstand eines Feststellungsverfahrens sein (RPW 1998/3, Gasversorgung Rothenburg, 432; vgl. auch RPW 1999/1, X SA, 182 f.), ebenso wenig wie der Entscheid über von der Wettbewerbsbehörde durchgeführte Medienorientierungen (REKO/WEF in RPW 2001/2, Schweizerischer Buchhändler- und Verlegerverband, 395; REKO/WEF in RPW 2001/2, Börsenverein des Deutschen Buchhandels e.V., 426 f.).

III. Ausnahmen von der Anwendbarkeit des VwVG

18 In Art. 39 KG wird die Anwendbarkeit des VwVG unter dem Vorbehalt der im Kartellgesetz enthaltenen Ausnahmen statuiert. Derartige Ausnahmen ergeben sich aufgrund der Besonderheiten des verwaltungsrechtlichen Kartellverfahrens, das insbesondere durch eine umfassende Beteiligung von Dritten und von der Notwendigkeit der Aufarbeitung sensibler Marktdaten geprägt ist (vgl. dazu die Ausführungen unter N 3).

19 Abweichungen vom VwVG müssen gemäss Art. 39 KG im Kartellgesetz selbst ausdrücklich als solche bezeichnet werden, ansonsten die in Art. 39 KG enthaltene Grundregel die Anwendung der Verfahrensbestimmungen des VwVG verlangt.

20 Für das Verfahren bezüglich der Verhängung von Verwaltungssanktionen findet sich im Gesetzestext selbst kein Hinweis darauf, dass die Anwendung des Verwaltungsverfahrensgesetzes in diesen Verfahren eingeschränkt wäre. Unter Berücksichtigung des Sinns und Zwecks dieser Verwaltungssanktionen ist nicht ohne Weiteres einsehbar, weshalb nicht, wie bei den Strafsanktionen in Art. 57 Abs. 1 KG ausdrücklich festgelegt, auch bei den Verwaltungssanktionen das für derartige Verfahren adäquate Verwaltungsstrafrecht zur Anwendung gelangen soll. Mit Hinweis darauf, dass Art. 53 KG eben keine abweichende Bestimmungen enthält, geht die Rechtsprechung hingegen von der Anwendbarkeit der Bestimmungen des VwVG aus (vgl. RPW 2001/1, Banque Nationale de Paris BNP/Paribas, 146; RPW 2000/2, Zusammenschluss Unternehmung X/C-AG und D-AG, 259 f.; RPW 1998/4, Curti & Co. AG, 614 f.; RPW 1998/1, Druckerei Wetzikon AG/Anzeiger von Uster AG, 95; vgl. dazu auch RPW 2010/2, Bundesgericht, Swisscom Terminierungsgebühren, 242 ff. sowie RPW 2010/2, Bundesgericht, Publigroupe, Berufsvermittler, 329 ff.).

21   Bei den im Kartellgesetz ausdrücklich festgelegten Abweichungen vom VwVG handelt es sich gemäss dem Wortlaut von Art. 39 KG um echte Ausnahmen von den Verfahrensbestimmungen des VwVG. Derartige vom Gesetzgeber gewollte Abweichungen dürfen nicht über die vom Bundesgericht in seiner Praxis bei der Auslegung von sondergesetzlich geregeltem Verfahrensrecht verlangte VwVG-konforme Auslegung zu einer Verwässerung der kartellgesetzlichen Sonderverfahrensregeln führen (zum Postulat der VwVG-konformen Auslegung von Sonderverfahrensrecht vgl. beispielsweise BGE 117 Ib 488. Das darin enthaltene Postulat bezieht sich jedoch auf das aKG 1985, das keinen Grundsatzentscheid zugunsten der Anwendung der Verfahrensbestimmungen des VwVG enthielt, sondern von seiner Grundkonzeption her nur sehr dürftig mit den verfahrensrechtlich notwendigen Grundstrukturen ausgestattet war). Die im Kartellgesetz enthaltenen verfahrensrechtlichen Sonderregeln verwirklichen durchaus eigenständige kartellgesetzliche Anliegen und sind deshalb in erster Linie mit Blick auf diese kartellgesetzlichen Sonderanliegen auszulegen, falls überhaupt ein entsprechender Auslegungsbedarf besteht.

22   Mit Blick auf die vom Kartellgesetz zu verwirklichenden verfahrensrechtlichen Sonderanliegen (vgl. die Ausführungen unter N 3) lassen sich insbesondere folgende Bereiche identifizieren, welche eine Abweichung von den Verfahrensbestimmungen des VwVG vorschreiben:

23   –   Für die Mitglieder der Wettbewerbskommission gelten gemäss Art. 22 Abs. 2 KG für die Vertreter von Spitzenverbänden besondere Ausstandsregeln. Die blosse Angehörigkeit zu einem Spitzenverband bildet, auch wenn die Interessen eines Verbandsmitglieds betroffen sind, noch nicht ohne Weiteres einen Ausstandsgrund für das betreffende Kommissionsmitglied. Es versteht sich von selbst, dass diese besondere Ausstandsregel nur für die Mitglieder der Wettbewerbskommission im engeren Sinne zur Anwendung kommt und folglich die Mitarbeiter des Sekretariats den gewöhnlichen Ausstandsregeln gemäss Art. 10 VwVG unterstellt sind.

24   –   Das Kartellverwaltungsverfahren ist dadurch gekennzeichnet, dass die Zuständigkeit von einer zweigeteilten Behörde wahrgenommen wird. Gemäss Art. 27 KG ist das Sekretariat für die Untersuchung und gemäss Art. 30 KG die Wettbewerbskommission im engeren Sinne für den Entscheid zuständig. Dieser gewollten Zweiteilung ist bei der Anwendung der Verfahrensbestimmungen des VwVG Rechnung zu tragen.

25   –   In Art. 26 Abs. 3 KG wird ausdrücklich festgehalten, dass im Verfahren der Vorabklärung kein Recht auf Akteneinsicht bestehe. Aus diesem ausdrücklichen Hinweis auf eine besondere Ausnahme kann geschlossen werden, dass im Übrigen die Verfahrensbestimmungen des VwVG auch im Verfahren der Vorabklärung vollumfänglich Anwendung finden sollen (vgl. dazu jedoch die kritischen Anmerkungen bei PAUL RICHLI, Verfahren und Rechtsschutz, Art. 39–44 KG, in: ZÄCH, Das neue schweizerische Kartellgesetz, Zürich 1996, 167. Das Bundesgericht hat die Frage, ob das VwVG im Vorabklärungsverfahren überhaupt keine Anwendung finde, offen gelassen; Bundesgerichtsentscheid vom 13. Juli 2004 in RPW 2004/4, Cornèr Banca SA/Telekurs Multipay AG, Wettbewerbskommission, Rekurskommission für Wettbewerbsfragen, 199 E. 2.7).

26   –   Das Verfahren zur Prüfung von Unternehmenszusammenschlüssen ist über weite Teile im Kartellgesetz eigenständig geregelt. Insbesondere wird in den Art. 32 und 33 KG

eine sondergesetzliche Fristenregelung geschaffen, welche sich auf dem VwVG unbekannte Monatsfristen abstützt. Für die Fristberechnung sind entsprechend die Sonderregeln gemäss Art. 20 VKU (→ Nr. 4) anwendbar.

27 – In Art. 42 KG werden den Wettbewerbsbehörden weitreichende Untersuchungskompetenzen eingeräumt, welche über diejenigen von Art. 12 VwVG hinausgehen.

28 – Zur Verhinderung von unüberblickbaren Massenverfahren kann das Sekretariat der Wettbewerbskommission gemäss Art. 43 Abs. 2 KG die Beteiligung Dritter auf eine Anhörung beschränken. Zur Beschleunigung des Verfahrens bei Unternehmenszusammenschlüssen ist die Rechtsstellung betroffener Dritter gemäss Art. 43 Abs. 4 KG weitgehend eingeschränkt. Die Parteirechte sind ihnen gemäss dem ausdrücklichen Willen des Gesetzgebers entzogen.

IV. Vorsorgliche Massnahmen

29 Im Gegensatz zum im zivilrechtlichen Verfahren anwendbaren Art. 17 KG enthält das Kartellgesetz für das Verwaltungsverfahren keine Norm, welche die Wettbewerbsbehörden zum Erlass von vorsorglichen Massnahmen im Verwaltungsverfahren ermächtigen würde. Auch das VwVG als gemäss Art. 39 KG grundsätzlich anwendbares Verfahrensrecht regelt den Erlass vorsorglicher Massnahmen in Art. 55 VwVG nur für das Beschwerdeverfahren.

30 Mit dem generellen Verweis in Art. 39 KG auf das VwVG ist indessen auch für das erstinstanzliche kartellgesetzliche Verwaltungsverfahren klargestellt, dass die Wettbewerbsbehörden zum Erlass von vorsorglichen Massnahmen zuständig sind. Zwar enthält das VwVG für das nichtstreitige (erstinstanzliche) Verwaltungsverfahren keine ausdrückliche Regelung über den Erlass vorsorglicher Massnahmen. Gemäss herrschender Lehre und Rechtsprechung ist jedoch die zuständige Behörde zur Anordnung derartiger Massnahmen für die Sicherung des Sachentscheids berechtigt (vgl. nicht veröffentlichter Grundsatzentscheid des Bundesgerichts in RPW 1997/4, Künstliche Besamung [vorsorgliche Massnahmen], 618 ff., insbesondere 621 f.).

31 Über die Zuständigkeit zum Erlass von vorsorglichen Massnahmen im erstinstanzlichen Verwaltungsverfahren der Kartellbehörden hat das Bundesgericht in seinem Urteil vom 3. November 1997 entschieden, dass es grundsätzlich Aufgabe der Wettbewerbskommission sei, die zur Sicherung eines Sachentscheids notwendigen Massnahmen zu erlassen. Für die Durchführung der in die Kompetenz des Sekretariats fallenden Untersuchungshandlungen ist der Erlass von auf den Sachentscheid bezogenen vorsorglichen Massnahmen nicht erforderlich (vgl. nicht veröffentlichter Grundsatzentscheid des Bundesgerichts in RPW 1997/4, Künstliche Besamung [vorsorgliche Massnahmen], 618 ff., insbesondere 623 f.).

32 Diese Grundaussage des Bundesgerichts schliesst nicht aus, dass das Sekretariat zur Sicherung der in seine Kompetenz fallenden Untersuchungshandlungen in einem beschränkten Bereich vorsorgliche Massnahmen im erstinstanzlichen Verfahren anordnen kann.

33 Aus Gründen der Dringlichkeit ergehen vorsorgliche Massnahmen aufgrund einer lediglich summarischen Prüfung der Sach- und Rechtslage. Die Voraussetzungen vorsorglicher Massnahmen müssen nicht bewiesen, sondern nur glaubhaft gemacht werden (vgl. REKO/WEF in RPW 2003/2, Cablecom GmbH, 419; REKO/WEF in RPW 2003/3, Sellita Watch Co. SA/ETA

SA Manufacture Horlogère Suisse, 686 f.; REKO/WEF in RPW 2004/3, Unique [Flughafen Zürich AG]/Sprenger Autobahnhof AG, Alternative Parking AG, Wettbewerbskommission, 879, bzw. 880 ff. als Beispiel einer konkreten Prüfung). Nach neuer bundesgerichtlicher Rechtsprechung ist die Anordnung vorsorglicher Massnahmen davon abhängig zu machen, dass die Abklärung der Sach- und Rechtslage mit hinreichender Sicherheit ausschliesst, dass das in Frage stehende, möglicherweise kartellrechtswidrige Verhalten nicht sachlich gerechtfertigt bzw. durch sogenannte «legitimate business reasons» gedeckt ist (vgl. REKO/WEF in RPW 2004/3, Unique [Flughafen Zürich AG]/Sprenger Autobahnhof AG, Alternative Parking AG, Wettbewerbskommission, 879 mit Verweis auf den Bundesgerichtsentscheid vom 5. September 2003 betreffend vorsorgliche Massnahmen in RPW 2003/4, Cablecom GmbH/Teleclub AG, Wettbewerbskommission, Rekurskommission für Wettbewerbsfragen, 917 und 920 ff.).

34   Vorsorgliche Massnahmen können grundsätzlich von Amtes wegen oder auf Antrag der Parteien ergehen. Im Vordergrund steht indessen der Erlass vorsorglicher Massnahmen von Amtes wegen. Die zuständige Behörde hat immer dann einzuschreiten, wenn dies Sinn und Zweck der Anwendung des materiellen Rechts erfordern (REKO/WEF in RPW 2003/3, Sellita Watch Co. SA/ETA SA Manufacture Horlogère Suisse, 675; RPW 1999/3, Erdöl-Vereinigung vs. Telekurs-Gruppe, 396, 398; REKO/WEF in RPW 1997/4, Recymet SA [vorsorgliche Massnahmen], 608). Es ist darauf hinzuweisen, dass es gemäss Art. 27 Abs. 2 KG Sache der Wettbewerbskommission ist, im Rahmen des bezüglich des Kartellverwaltungsrechts zur Anwendung kommenden Opportunitätsprinzips die Prioritätenordnung für die Durchführung von Untersuchungen festzulegen. Unter dem Blickwinkel des sich aus Art. 27 Abs. 2 KG ergebenden Opportunitätsprinzips kann es für die Wettbewerbskommission fraglich sein, ob sie den Erlass vorsorglicher Massnahmen an die Hand nehmen will, weil die beantragten Massnahmen und die damit verbundene förmliche Verfahrenseinleitung nicht immer in Übereinstimmung mit der von ihr festgesetzten Prioritätenordnung stehen. Allerdings wird mit dem Erlass vorsorglicher Massnahmen der Sachentscheid nicht vorweggenommen, sondern er soll nur sichergestellt werden. Folglich würde es in einem gewissen Widerspruch zum gesetzlichen Auftrag an die Wettbewerbskommission – nämlich die Sicherung wirksamen Wettbewerbs – stehen, wenn die Wettbewerbskommission bei einer glaubhaft gemachten Berechtigung das Gesuch nur deshalb ablehnen könnte, weil es nicht in die von ihr festgesetzte Prioritätenordnung passt. Nach fester Rechtsprechung der Rekurskommission für Wettbewerbsfragen besteht vor Eröffnung einer Untersuchung kein Anspruch auf Erlass vorsorglicher Massnahmen (REKO/WEF in RPW 2004/2, Cornèr Banca SA/Telekurs Multipay AG, Wettbewerbskommission, 638). Zum Erlass vorsorglicher Massnahmen nach Eröffnung einer Untersuchung hat die Rekurskommission für Wettbewerbsfragen festgehalten, dass ein Rechtsanspruch Privater nur subsidiär und höchstens insoweit bestehe, als die Wahrung des öffentlichen Interesses das Einschreiten der Wettbewerbskommission verlange. Die Wettbewerbskommission habe dabei darauf abzustellen, ob sie die beantragte Massnahme auch von Amtes wegen angeordnet hätte. Nach neuester bundesgerichtlicher Rechtsprechung hängt der Erlass vorsorglicher Massnahmen indessen von einer Abklärung der Sach- und Rechtslage ab, welche mit hinreichender Sicherheit ausschliessen müsse, dass nicht sachliche Gründe (sogenannte «legitimate business reasons») für das untersuchte, angeblich kartellrechtswidrige Verhalten bestehen

(REKO/WEF in RPW 2004/2, Cornèr Banca SA/Telekurs Multipay AG, Wettbewerbskommission, 637 mit weiteren Verweisen).

35 Die Behandlung eines Gesuchs um vorsorgliche Massnahmen durch die Wettbewerbskommission setzt nicht voraus, dass ein Verfahren nach Art. 26 ff. KG eröffnet worden ist (RPW 1999/3, Erdöl-Vereinigung vs. Telekurs-Gruppe, 398: vor Eröffnung einer Untersuchung nach Art. 27 KG besteht kein Rechtsanspruch der beteiligten Parteien auf Erlass einer vorsorglichen Massnahme; die Wettbewerbskommission wird den Erlass aber von Amtes wegen prüfen, wenn dies Sinn und Zweck der Anwendung des materiellen Kartellrechts erfordern). Ist zum Zeitpunkt des Erlasses der vorsorglichen Massnahmen jedoch noch kein Untersuchungsverfahren eingeleitet worden, ist gleichzeitig mit dem Erlass eine Untersuchung nach Art. 27 KG zu eröffnen (RPW 2004/1, Flughafen Zürich AG [Unique] – Valet Parking, 106; RPW 2002/4, Teleclub AG vs. Cablecom GmbH, 572 f.; RPW 2002/3, ADSL-Angebot der Swisscom AG, 442 f.; RPW 2002/2, Glue Software Engineering AG vs. Swisscom Enterprise Solutions AG, 278).

36 Grundsätzlich ist in analoger Anwendung von Art. 29 KG auch eine einvernehmliche Regelung über vorsorgliche Massnahmen möglich (vgl. RPW 2002/4, ETA SA Fabriques d'Ebauches, 597, worin die Wettbewerbskommission bejahte, dass das Sekretariat in analoger Anwendung von Art. 29 KG mit einer Partei eine einvernehmliche Regelung betreffend vorsorgliche Massnahmen treffen könne. Die Rekurskommission hielt daraufhin fest, dass ein Verhandeln der Wettbewerbsbehörden mit einem in Verdacht wegen unzulässiger Wettbewerbsbeschränkungen stehenden Unternehmen über den Gegenstand einer vorsorglichen Massnahme anstelle einer im öffentlichen Interesse zum Schutz des wirksamen Wettbewerbs erforderlichen Verfügung von Amtes wegen dem Grundsatz der Gleichbehandlung der Rechtsunterworfenen widerspreche: REKO/WEF in RPW 2003/3, Sellita Watch Co. SA/ETA SA Manufacture Horlogère Suisse, 685. Im nicht veröffentlichten Bundesgerichtsentscheid in RPW 2004/2, EVD/Sellita Watch Co. SA, Weko, REKO/WEF und ETA SA Manufacture Horlogère Suisse, 660, betont sodann das Bundesgericht, dass die analoge Anwendung von Art. 29 KG auf das Verfahren vorsorglicher Massnahmen nicht grundsätzlich zu beanstanden sei. Im gleichen Entscheid, 662, hält es fest, auch das Argument der Rekurskommission für Wettbewerbsfragen, das Aushandeln einvernehmlicher Regelungen sei mit Blick auf die Rechtsbeständigkeit der Regelung problematisch, sei unzutreffend, da einvernehmliche Regelungen gleichermassen wie einseitige Verfügungen mit Verwaltungs- oder Strafsanktionen durchgesetzt werden könnten). Die einvernehmliche Regelung setzt aber voraus, dass das Sekretariat eine Wettbewerbsbeschränkung als unzulässig erachtet; diese ist nur zulässig über die Art und Weise der Beseitigung dieser Beschränkung (vgl. Art. 29 Abs. 1 KG und nicht veröffentlichter Bundesgerichtsentscheid in RPW 2004/2, EVD/Sellita Watch Co. SA, Weko, REKO/WEF und ETA SA Manufacture Horlogère Suisse, 661).

37 Der Entscheid über vorsorgliche Massnahmen gilt im erstinstanzlichen wie im Beschwerdeverfahren als Zwischenverfügung (vgl. Art. 45 Abs. 2 lit. g VwVG sowie REKO/WEF in RPW 2004/3, Unique [Flughafen Zürich AG]/Sprenger Autobahnhof AG, Alternative Parking AG, Wettbewerbskommission, 868) und kann entsprechend im Sinne von Art. 45 Abs. 1 VwVG selbstständig angefochten werden, sofern ein nicht wieder gutzumachender Nachteil droht. Hingegen ist die ausserhalb eines Untersuchungsverfahrens getroffene Ablehnung eines Gesuchs um vorsorgliche Massnahmen entgegen der früheren Rechtsprechung der Rekurskom-

mission für Wettbewerbsfragen als nicht anfechtbare Ablehnung der Eröffnung eines Untersuchungsverfahrens zu qualifizieren (vgl. die Änderung der Rechtsprechung im Entscheid der
REKO/WEF in RPW 2004/2, Cornèr Banca SA/Telekurs Multipay AG, Wettbewerbskommission, 636 f.).

Art. 40   Auskunftspflicht

Beteiligte an Abreden, marktmächtige Unternehmen, Beteiligte an Zusammenschlüssen sowie betroffene Dritte haben den Wettbewerbsbehörden alle für deren
Abklärungen erforderlichen Auskünfte zu erteilen und die notwendigen Urkunden
vorzulegen. Das Recht zur Verweigerung der Auskunft richtet sich nach Artikel 16
des Verwaltungsverfahrensgesetzes vom 20. Dezember 1968[1].

I. Ausgangslage

1   Das kartellrechtliche Verwaltungsverfahren wird gemäss Art. 39 KG in Verbindung mit Art. 12
VwVG vom Untersuchungsgrundsatz beherrscht. Die Behörde hat folglich den Sachverhalt
von Amtes wegen abzuklären. Diese Sachverhaltsermittlungspflicht der Wettbewerbsbehörden kann bei der Abklärung komplexer kartellrechtlicher Sachverhalte an Grenzen stossen. In
der Regel verfügen die Behörden nicht über derart spezifische Marktkenntnisse, dass sie die
Strukturen und Verhaltensweisen der auf einem Markt aktiven Marktteilnehmer umfassend
analysieren können. Entsprechend sind sie auf die Mitwirkung der am Verfahren Beteiligten,
aber auch der auf einem bestimmten Markt tätigen weiteren Unternehmen angewiesen.

2   Der Untersuchungsgrundsatz wird ergänzt durch die in Art. 40 KG enthaltene umfassende
Auskunftspflicht für die unmittelbar an einem Untersuchungs- bzw. Prüfungsverfahren beteiligten Unternehmen, aber auch für betroffene Dritte. Über Art. 13 VwVG hinaus werden folglich nicht nur die Parteien, sondern ein weiterer Kreis von betroffenen Unternehmen zur Mitwirkung an der nach dem Kartellgesetz notwendigen Sachverhaltsermittlung verpflichtet.
Gemäss Art. 40 KG findet die Auskunftspflicht dann ihre Grenze, wenn sich das auskunfts-
pflichtige Unternehmen auf das Zeugnisverweigerungsrecht gemäss Art. 16 VwVG berufen
kann. Einschränkungen können sich auch bei grundsätzlich gegebener Auskunftspflicht aus
dem Verhältnismässigkeitsprinzip ergeben (RPW 2000/1, Obligation de renseigner, 91).

II. Auskunftspflichtige Personen

3   Der Auskunftspflicht von Art. 40 KG unterstellt sind einerseits marktmächtige Unternehmen
sowie Beteiligte an Abreden (RPW 2000/1, Obligation de renseigner, 89, Rz. 15, worin hervorgehoben wird, dass im Gesetzestext «Abrede» und nicht «Wettbewerbsabrede» oder
«unzulässige Wettbewerbsabrede» verwendet wird; «cette différence sémantique indique
que les personnes soumises à l'obligation de renseigner ne doivent pas être effectivement
parties à un accord en matière de concurrence ou à un accord illicite au sens des définitions
légales; l'utilisation du terme ‹ententes› suggère que c'est l'élément de collusion, indépen-

---

1   SR 172.021

damment de ses conséquences effectives [...], plutôt que la restriction de concurrence qui est déterminant au titre de l'article 40 LCart», RPW 2000/1, 89, Rz. 15) und Zusammenschlüssen, andererseits auch jeder Dritte, der durch die Abrede bzw. den Unternehmenszusammenschluss irgendwie betroffen ist. Es genügt, dass Indizien für das Vorliegen einer entsprechenden Wettbewerbsbeschränkung sprechen (RPW 2000/1, Obligation de renseigner, 89). An die Betroffenheit stellt das Kartellgesetz keine besonderen Anforderungen. Folglich dürfte es für die Betroffenheit genügen, wenn der Dritte auf dem gleichen Markt wie die unmittelbar beteiligten Unternehmen tätig ist oder mit den unmittelbar beteiligten Unternehmen in irgendeiner Form in einer Marktbeziehung steht.

4 Eine Verweigerung der Auskunft steht Personen zu, welche sich gemäss Art. 40 KG in Verbindung mit Art. 16 VwVG auf das Zeugnisverweigerungsrecht gemäss Art. 42 BZP berufen können. Danach kann das Zeugnis insbesondere verweigert werden «über Fragen, deren Beantwortung dem Zeugen, seinem Ehegatten, Verwandten oder Verschwägerten in gerader Linie und im zweiten Grad der Seitenlinie, den Adoptiveltern oder dem Adoptivkind die Gefahr strafgerichtlicher Verfolgung oder einer schweren Benachteiligung der Ehre zuziehen kann oder einen unmittelbaren vermögensrechtlichen Schaden verursachen würde» (Art. 42 Abs. 1 lit. a BZP). Art. 40 KG spricht von auskunftspflichtigen Unternehmen und betroffenen Dritten. Bisher musste davon ausgegangen werden, dass sich nur natürliche Personen auf das Auskunftsverweigerungsrecht berufen konnten. Dies hat sich mit Einführung der unmittelbaren Strafbarkeit der juristischen Personen geändert. Einer juristischen Person als Unternehmensträgerin, Verfahrensbeteiligte und potenziell zu Bestrafende muss das Recht zustehen, die Auskunft zu verweigern, soweit diese Auskunft negative Folgen für das betreffende Unternehmen haben könnte (CHRISTOPH LANG, Untersuchungsmassnahmen der Wettbewerbskommission im Spannungsverhältnis zwischen Wahrheitsfindung und Verteidigungsrechten eines Angeschuldigten, in: Jusletter vom 27. September 2004, Rz. 17). In einem Verfahren, das in die kartellrechtliche Sanktionierung des Unternehmens münden kann, müssen ausserdem die strafrechtlichen Mindestgarantien für Angeschuldigte beachtet werden. Hierzu gehört insbesondere das Recht, sich nicht selber belasten zu müssen. Ist ein Unternehmen unmittelbar Adressat von Sanktionen mit pönalem Charakter, so muss es sich auch direkt auf die entsprechenden Verteidigungsrechte gemäss Bundesverfassung bzw. EMRK stützen können. Die Auskunftspflicht nach Art. 40 KG ist durch verfassungsmässige Auslegung entsprechend zu beschränken (CHRISTOPH LANG, Untersuchungsmassnahmen der Wettbewerbskommission im Spannungsverhältnis zwischen Wahrheitsfindung und Verteidigungsrechten eines Angeschuldigten, in: Jusletter vom 27. September 2004, Rz. 18; vgl. auch STEFAN BILGER, Basler Kommentar, Art. 40, N 19).

5 Für das Kartellverwaltungsverfahren ist von besonderer Bedeutung, dass sich auch der Träger eines Berufsgeheimnisses nach Art. 16 Abs. 2 VwVG auf das Zeugnisverweigerungsrecht gemäss Art. 42 Abs. 2 BZP berufen kann. Damit ist klargestellt, dass der ein Unternehmen in Kartellsachen beratende Rechtsanwalt nicht zur Auskunft über das von ihm beratene Unternehmen verpflichtet werden kann und sich dieses Auskunftsverweigerungsrecht auch auf Dokumente bezieht, die im Rahmen der Klientenbeziehung vom Rechtsanwalt aufbewahrt werden.

6 Die Bezeichnung als Geschäftsgeheimnis berechtigt die auskunftspflichtigen Unternehmen und Personen nicht, die betreffenden Informationen und Dokumente zurückzubehalten. Die Auskunftspflicht bezieht sich auch auf Geschäftsgeheimnisse, deren Schutz der kartellgesetzlichen Sondernorm von Art. 25 KG unterstellt ist (vgl. Botschaft 1994, 148; REKO/WEF in RPW 2002/4, Vertrieb von Tierarzneimitteln, 708).

III. Gegenstand der Auskunftspflicht

7 Der Gegenstand der Auskunftspflicht muss im Zusammenhang mit einer Abklärung der Wettbewerbsbehörden stehen und für diese Abklärung auch erforderlich sein. Danach sind die Wettbewerbsbehörden nicht berechtigt, ohne einen bestimmten Zusammenhang zu einem im Kartellgesetz vorgesehenen Verfahren unsystematisch über die Anordnung von Auskunftsbegehren Informationen zusammenzutragen. Eine nahe liegende Verbindung zumindest zu einer Vorabklärung bei Wettbewerbsbeschränkungen oder zu einem Vorprüfungsverfahren bei Unternehmenszusammenschlüssen muss von den Wettbewerbsbehörden zur Begründung der geltend gemachten Auskunftspflicht offengelegt werden.

8 Das Kriterium, wonach die verlangte Auskunft für die Abklärungen der Wettbewerbsbehörden erforderlich ist, bedingt für dessen Überprüfbarkeit, dass die Wettbewerbsbehörden transparent machen, unter welchem Blickwinkel, sei es als an einer Wettbewerbsbeschränkung oder einem Unternehmenszusammenschluss beteiligtes Unternehmen oder als betroffene Dritte, sie von den Unternehmen die verlangten Auskünfte einholen. Nur wenn gegenüber den auskunftspflichtigen Unternehmen oder Personen diese Informationen offengelegt werden, können die um Auskunft ersuchten Unternehmen oder Personen darüber entscheiden, ob sie sich auf ein Auskunftsverweigerungsrecht berufen wollen und ob die von den Wettbewerbsbehörden verlangten Informationen für die Abklärungen wirklich erforderlich sind, die Wettbewerbsbehörden sich folglich an den Grundsatz der Verhältnismässigkeit gehalten haben.

IV. Verfahren

9 Bestreiten die betroffenen Personen oder Unternehmen die Auskunftspflicht, hat die zuständige Wettbewerbsbehörde eine entsprechende verfahrensleitende Verfügung zu erlassen und darin die Auskunftspflicht autoritativ festzustellen. Gemäss Art. 45 Abs. 2 lit. d VwVG handelt es sich dabei um eine selbstständig mit Beschwerde anfechtbare Zwischenverfügung. Die Anfechtung einer Zwischenverfügung setzt das Vorliegen eines nicht wiedergutzumachenden Nachteils voraus. Mit einer vorgesehenen Auskunftspflicht verbundene, grosse finanzielle Aufwendungen können als solcher Nachteil qualifiziert werden (vgl. REKO/WEF in RPW 1998/5, Swisscom AG, Auskunftspflicht gemäss PüG, Beschwerdeentscheid vom 25. November 1998, 878).

10 Im Sinne von Art. 52 und Art. 55 KG ist die Nichterfüllung oder nicht richtige Erfüllung der Auskunftspflicht mit Verwaltungs- bzw. Strafsanktionen bedroht. Dafür ist erforderlich, dass die Auskunftspflicht in Verfügungsform rechtskräftig festgestellt worden ist. Das weitere Verfahren richtet sich alsdann nach Art. 53 bzw. Art. 57 KG.

Art. 41 Amtshilfe

Amtsstellen des Bundes und der Kantone sind verpflichtet, an Abklärungen der Wettbewerbsbehörden mitzuwirken und die notwendigen Unterlagen zur Verfügung zu stellen.

1 Die Amtshilfe ergänzt die in Art. 40 KG enthaltene Auskunftspflicht für die an einer Wettbewerbsbeschränkung bzw. an einem Unternehmenszusammenschluss Beteiligten und die davon betroffenen Unternehmen. Art. 41 KG dehnt die Mitwirkungspflicht auf die Amtsstellen des Bundes und insbesondere auch auf diejenigen der Kantone aus. In dieser Amtshilfe ist nicht nur die direkte Informationsbeschaffung über die im Zusammenhang mit der Amtstätigkeit erlangten Kenntnisse enthalten, sondern auch die Unterstützung der Wettbewerbsbehörden bei der Vornahme von Untersuchungshandlungen gegenüber beteiligten oder betroffenen Unternehmen.

2 Zur Amtshilfe verpflichtet sind sämtliche Amtsstellen des Bundes und der Kantone, so weit und sofern sie nicht wegen einer Beteiligung oder Betroffenheit der Auskunftspflicht gemäss Art. 40 KG unterstellt sind. Abgrenzungsfragen können sich folglich ergeben, wenn Unternehmen des öffentlichen Rechts gemäss Art. 2 Abs. 1 KG in ein verwaltungsrechtliches Kartellverfahren verstrickt sind und gewisse mit diesem Unternehmen verbundene Amtsstellen, die unter Umständen Kenntnis von den strategischen Hintergründen unternehmerischer Entscheide haben, um Amtshilfe nachgesucht werden.

3 Die Amtshilfe der Amtsstellen des Bundes und der Kantone darf selbstverständlich nur im Rahmen der sich aus der Rechtsordnung ergebenden Möglichkeiten erfolgen. Spezialgesetzliche Vorschriften, welche die Weitergabe von amtlichen Daten gerade einschränken wollen, sind trotz der umfassenden Amtshilferegelung in Art. 41 KG zu beachten.

Art. 42[1] Untersuchungsmassnahmen

1 Die Wettbewerbsbehörden können Dritte als Zeugen einvernehmen und die von einer Untersuchung Betroffenen zur Beweisaussage verpflichten. Artikel 64 des Bundesgesetzes vom 4. Dezember 1947[2] über den Bundeszivilprozess ist sinngemäss anwendbar.

2 Die Wettbewerbsbehörden können Hausdurchsuchungen anordnen und Beweisgegenstände sicherstellen. Für diese Zwangsmassnahmen sind die Artikel 45–50 des Bundesgesetzes vom 22. März 1974[3] über das Verwaltungsstrafrecht sinngemäss anwendbar. Hausdurchsuchungen und Beschlagnahmen werden aufgrund eines Antrages des Sekretariats von einem Mitglied des Präsidiums angeordnet.

---

1 Fassung gemäss Ziff. I des BG vom 20. Juni 2003, in Kraft seit 1. April 2004 (AS 2004 1385 1390; BBl 2002 2022 5506).
2 SR 273
3 SR 313.0

I. Ausgangslage

1   Art. 42 KG enthält die Aufzählung der den Wettbewerbsbehörden zur Verfügung stehenden Untersuchungsmassnahmen. Neben den in Art. 12 VwVG enthaltenen Mitteln werden in Art. 42 KG den Wettbewerbsbehörden eine Reihe von zusätzlichen zum Teil sehr weitreichenden Untersuchungsmassnahmen zugestanden.

2   Ergänzend zu den Mitteln des VwVG (vgl. Art. 12 VwVG) wurde in Art. 42 KG auch die Möglichkeit geschaffen, die von einer Untersuchung Betroffenen zur Beweisaussage im Sinne von Art. 64 BZP zu verpflichten. Noch weitreichender ist die Kompetenz, eine ansonsten nur im Strafrecht bekannte Hausdurchsuchung anzuordnen und dabei Beweisgegenstände sicherzustellen. Art. 42 des Kartellgesetzes von 1995 sah lediglich vor, dass die Wettbewerbsbehörden Hausdurchsuchungen anordnen und Beweisgegenstände sicherstellen können. Ob damit eine hinreichende gesetzliche Grundlage für die entsprechenden Zwangsmassnahmen bestand, war unklar. Durch die Kartellrechtsrevision 2003 wurde der bestehende Art. 42 KG in zwei Absätze aufgespalten. Im ersten Absatz ist neu geregelt, dass Art. 64 BZP bloss sinngemäss anstatt unmittelbar Anwendung findet. Art. 42 Abs. 2 KG hält nunmehr ausdrücklich fest, dass auf Hausdurchsuchungen und Beschlagnahmen die Art. 45–50 VStrR sinngemäss anwendbar sind. (Revisionsbedarf bestand insbesondere in Anbetracht der Tatsache, dass Hausdurchsuchungen und Sicherstellung von Beweisgegenständen mit der Einführung direkter Sanktionen eine grössere Bedeutung erhalten würden; vgl. Botschaft 2001, 2044.) Ausserdem wird präzisiert, dass diese Zwangsmassnahmen nur aufgrund eines Antrags des Sekretariats von einem Mitglied des Präsidiums angeordnet werden können.

3   In der Botschaft des Bundesrates wird bereits darauf hingewiesen, dass die Anordnung der notwendigen Untersuchungsmassnahmen nach dem Grundsatz der Verhältnismässigkeit zu erfolgen habe (vgl. Botschaft 1994, 149). Das bedeutet insbesondere, dass eine in die Rechtssphäre der Betroffenen schwer einwirkende Hausdurchsuchung nur angeordnet werden darf, wenn die notwendige Sachverhaltsabklärung nicht auf anderem Wege vorgenommen werden kann. (Vgl. auch Art. 45 Abs. 1 VStrR, wonach Hausdurchsuchungen und Beschlagnahmen mit der gebührenden Schonung der Betroffenen und ihres Eigentums durchzuführen sind.) Weiter kann eine Hausdurchsuchung verhindert werden, indem die spezifischen Dokumente, deren Beschaffung mit der Hausdurchsuchung bezweckt wird, freiwillig herausgegeben werden (CHRISTOPH LANG, Untersuchungsmassnahmen der Wettbewerbskommission im Spannungsverhältnis zwischen Wahrheitsfindung und Verteidigungsrechten eines Angeschuldigten, in: Jusletter vom 27. September 2004, Rz. 31 mit weiteren Verweisen).

4   Gemäss dem neu eingeführten Art. 42a KG ist die Wettbewerbskommission die zuständige Behörde für die Durchführung des Luftverkehrsabkommens zwischen der Schweiz und der Europäischen Gemeinschaft. Für den Fall, dass sich ein Unternehmen einem Nachprüfverfahren nach dem Luftverkehrsabkommen widersetzt, können gemäss Art. 42a Abs. 2 KG auf Ersuchen der Kommission Untersuchungsmassnahmen nach Art. 42 KG vorgenommen werden. Der Verweis auf Art. 42 KG soll sicherstellen, dass Hausdurchsuchungen und Beschlagnahmen aufgrund einer Nachprüfungsentscheidung der Kommission von einem Mitglied des Präsidiums der Wettbewerbskommission angeordnet werden (vgl. dazu die Kommentierung zu Art. 42a KG, N 8).

II. Untersuchungsmassnahmen

5 Die nochmals in Art. 42 KG ausdrücklich erwähnte, jedoch bereits im VwVG vorgesehene Zeugeneinvernahme (vgl. Art. 12 lit. c VwVG) ist in den Art. 14–19 VwVG mit Verweis auf die entsprechenden Bestimmungen des BZP ausführlich geregelt. Für das Kartellgesetz ergeben sich insofern keine von der allgemeinen Regelung des VwVG abweichenden Besonderheiten.

6 Art. 42 KG sieht vor, dass die von einer Untersuchung Betroffenen zu einer Beweisaussage angehalten werden können. Art. 64 BZP ist sinngemäss anwendbar. Diese Möglichkeit zur Beweisaussage bezieht sich auf natürliche Personen. Neu muss für das kartellrechtliche Untersuchungsverfahren aber Art. 112 der Schweizerischen Strafprozessordnung analog Anwendung finden. Das Unternehmen kann damit einen Vertreter bestimmen, welcher gegenüber den Wettbewerbsbehörden die Beweisaussage tätigt. Diesem stehen dieselben Aussageverweigerungsrechte zu wie im Rahmen der Auskunftspflicht nach Art. 40 KG (CHRISTOPH LANG, Untersuchungsmassnahmen der Wettbewerbskommission im Spannungsverhältnis zwischen Wahrheitsfindung und Verteidigungsrechten eines Angeschuldigten, in: Jusletter vom 27. September 2004, Rz. 23).

7 Die Möglichkeit der Anordnung einer Beweisaussage durch die zuständigen Wettbewerbsbehörden hat zur Folge, dass die betreffenden Personen ihre Aussage unter der Strafdrohung von Art. 306 StGB zu tätigen haben. Konsequenterweise muss auch diese im VwVG nicht vorgesehene Beweisaussage unter den Voraussetzungen von Art. 16 VwVG in Verbindung mit Art. 42 BZP verweigert werden können, falls sich die betreffenden Personen oder Unternehmen auf das Zeugnisverweigerungsrecht berufen können.

8 Als Ultima Ratio können die für die Untersuchung zuständigen Wettbewerbsbehörden auch Hausdurchsuchungen und die Sicherstellung von Beweisgegenständen anordnen.

9 Hausdurchsuchungen müssen aufgrund eines Antrags des Sekretariats von einem Mitglied des Präsidiums angeordnet werden (Art. 42 Abs. 2 KG; die Voraussetzungen von Art. 48 Abs. 4 VStrR, wonach der untersuchende Beamte von sich aus eine Durchsuchung anordnen oder vornehmen kann, wenn Gefahr im Verzuge ist und ein Durchsuchungsbefehl nicht rechtzeitig eingeholt werden kann, dürften im Rahmen wettbewerbsrechtlicher Hausdurchsuchungen kaum je erfüllt sein; vgl. CHRISTOPH LANG, Untersuchungsmassnahmen der Wettbewerbskommission im Spannungsverhältnis zwischen Wahrheitsfindung und Verteidigungsrechten eines Angeschuldigten, in: Jusletter vom 27. September 2004, Rz. 28, und PATRICK SOMMER/ALAIN RAEMY, Rechtliche Fragen bei Hausdurchsuchungen im Rahmen des Schweizer Kartellrechts, in: sic! 2004, 760). Der schwere Eingriff einer Hausdurchsuchung ist jedenfalls nur dann gerechtfertigt, wenn wahrscheinlich ist, dass sich Gegenstände, die der Beschlagnahme unterliegen, oder Spuren der Widerhandlung in den entsprechenden Räumlichkeiten befinden (Art. 48 Abs. 1 VStrR). Die Anordnung des Präsidiumsmitglieds muss die zu untersuchenden Räume oder Gebäude wie auch die zu suchenden Beweismittel genau bezeichnen (CHRISTOPH LANG, Untersuchungsmassnahmen der Wettbewerbskommission im Spannungsverhältnis zwischen Wahrheitsfindung und Verteidigungsrechten eines Angeschuldigten, in: Jusletter vom 27. September 2004, Rz. 28, und PATRICK SOMMER/ALAIN RAEMY, Rechtliche Fragen bei Hausdurchsuchungen im Rahmen des Schweizer Kartellrechts, in: sic! 2004, 760). Das Unterneh-

men kann ein Doppel des Durchsuchungsbefehls verlangen (Art. 49 Abs. 4 VStrR). Die Durchsuchung darf grundsätzlich nur in wichtigen Fällen und bei dringender Gefahr an Sonn- und allgemeinen Feiertagen und zur Nachtzeit stattfinden (Art. 49 Abs. 3 VStrR). Vor Beginn der Durchsuchung hat sich der untersuchende Beamte auszuweisen und den Inhaber der Räume über den Grund der Untersuchung zu unterrichten (Art. 49 Abs. 1 und 2 VStrR; es ist zumindest darüber Auskunft zu geben, was für eine Verhaltensweise vermutet wird, welche Produkte bzw. Märkte oder Kunden und welche Gesellschaften konkret betroffen sind, welcher Zeitraum untersucht wird sowie welche konkreten Informationen die Wettbewerbskommission im Rahmen der Hausdurchsuchung gewinnen bzw. welchen Vermutungen sie nachgehen will; CHRISTOPH LANG, Untersuchungsmassnahmen der Wettbewerbskommission im Spannungsverhältnis zwischen Wahrheitsfindung und Verteidigungsrechten eines Angeschuldigten, in: Jusletter vom 27. September 2004, Rz. 30). Die eigentliche Durchsuchung wird von Mitarbeitern des Sekretariats der Wettbewerbskommission, notfalls unterstützt durch kantonale Polizeiorgane, durchgeführt (Art. 23 KG und Art. 20 Abs. 2 VStrR analog). Die Hausdurchsuchung darf nur im Beisein des Inhabers der betroffenen Räume und der gemäss Art. 49 VStrR erforderlichen Amtspersonen erfolgen. Ausnahmsweise kann auf den Beizug von Amtspersonen verzichtet werden, wenn Gefahr im Verzug ist oder der Inhaber der betroffenen Räume einem solchen Vorgehen zustimmt (Art. 49 Abs. 2 VStrR). Zudem kann das Unternehmen die Anwesenheit eines Rechtsvertreters verlangen. Die Frist, während der die Behördenvertreter warten müssen, bis ein Rechtsvertreter herbeigerufen ist, muss so bemessen sein, dass es dem Anwalt, der das Unternehmen normalerweise in kartellrechtlichen Fragen berät, möglich ist, mit normalen Transportmitteln an den Ort der zu durchsuchenden Räumlichkeiten anzureisen (CHRISTOPH LANG, Untersuchungsmassnahmen der Wettbewerbskommission im Spannungsverhältnis zwischen Wahrheitsfindung und Verteidigungsrechten eines Angeschuldigten, in: Jusletter vom 27. September 2004, Rz. 32). In Ausnahmefällen dürfte auch die Durchsuchung von Privatwohnungen (z.B. von Managern des Unternehmens) bzw. von Räumlichkeiten Dritter in Frage kommen (CHRISTOPH LANG, Untersuchungsmassnahmen der Wettbewerbskommission im Spannungsverhältnis zwischen Wahrheitsfindung und Verteidigungsrechten eines Angeschuldigten, in: Jusletter vom 27. September 2004, Rz. 25, und PATRICK SOMMER/ALAIN RAEMY, Rechtliche Fragen bei Hausdurchsuchungen im Rahmen des Schweizer Kartellrechts, in: sic! 2004, 761, welche diesbezüglich auf die offene Formulierung von Art. 48 Abs. 1 VStrR verweisen). Während der Hausdurchsuchung ist ein Protokoll zu führen, welches detailliert Auskunft gibt über die beschlagnahmten bzw. versiegelten Unterlagen und im Anschluss an die Durchsuchung dem Unternehmen in Kopie auszuhändigen ist (Art. 47 Abs. 2 und Art. 49 Abs. 4 VStrR). Das Unternehmen muss die Hausdurchsuchung grundsätzlich lediglich passiv erdulden. Da die Hausdurchsuchung eine strafprozessrechtliche Massnahme darstellt, in dessen Rahmen kein Zwang zur Selbstbelastung bestehen kann, obliegen dem Unternehmen keine weiteren Mitwirkungspflichten. Um eine Störung des Geschäftsbetriebs möglichst zu vermeiden sowie im Hinblick auf Art. 49a Abs. 2 KG, wonach die Mitwirkung des Unternehmens bei der Sanktionsbemessung zu berücksichtigen ist, wird es aber in aller Regel im Interesse des Unternehmens liegen, sich kooperativ zu verhalten (PATRICK SOMMER/ALAIN RAEMY, Rechtliche Fragen bei Hausdurchsuchungen im Rahmen des Schweizer Kartellrechts, in: sic! 2004, 763 ff. mit weiteren Hinweisen; CHRISTOPH LANG, Untersuchungsmassnahmen der Wettbewerbskommission im Spannungsverhältnis zwischen Wahrheitsfindung und Verteidigungsrechten eines Angeschuldigten, in: Jusletter vom 27. September 2004, Rz. 35).

10 Mit Beschlag belegt werden dürfen im Wesentlichen Gegenstände, die als Beweismittel von Bedeutung sein können (Art. 46 Abs. 1 lit. a VStrR). Zu denken ist insbesondere an Geschäftsakten wie Verträge oder Korrespondenz. Unter Beachtung des Verhältnismässigkeitsprinzips sollten die Behörden keine Originaldokumente, sondern lediglich Kopien beschlagnahmen, und es muss im Normalfall von der Beschlagnahmung umfangreicher Informatikmittel (Datenträger), ohne dem Unternehmen eine Arbeitskopie zu überlassen, abgesehen werden (CHRISTOPH LANG, Untersuchungsmassnahmen der Wettbewerbskommission im Spannungsverhältnis zwischen Wahrheitsfindung und Verteidigungsrechten eines Angeschuldigten, in: Jusletter vom 27. September 2004, Rz. 34; PATRICK SOMMER/ALAIN RAEMY, Rechtliche Fragen bei Hausdurchsuchungen im Rahmen des Schweizer Kartellrechts, in: sic! 2004, 762 f.). Die Beschlagnahmeverfügung kann zusammen mit dem Hausdurchsuchungsbefehl erlassen und jederzeit aufgehoben oder geändert werden (PATRICK SOMMER/ALAIN RAEMY, Rechtliche Fragen bei Hausdurchsuchungen im Rahmen des Schweizer Kartellrechts, in: sic! 2004, 762). Gemäss der bundesgerichtlichen Praxis unterliegt Anwaltskorrespondenz, die sich im Herrschaftsbereich des betreffenden Unternehmens befindet, nicht dem Anwaltsgeheimnis und damit dem Beschlagnahmeverbot (BGer vom 28. Oktober 2008, 1B_101/2008; Urteils des Bundesstrafgerichts vom 14. Januar 2010, BE.2009.21). Eine Ausnahme gilt nur dann, wenn die beim Beschuldigten liegende Anwaltskorrespondenz Verteidigerkorrespondenz im fraglichen Verfahren ist, was bei einer überraschenden kartellrechtlichen Hausdurchsuchung nicht der Fall ist, weil das Verfahren erst mit der Hausdurchsuchung eingeleitet wird.

11 Papiere sind mit grösster Schonung der Privatgeheimnisse zu durchsuchen. Insbesondere sind Papiere nur dann zu durchsuchen, wenn anzunehmen ist, dass sich darunter Schriften befinden, die für die Untersuchung von Bedeutung sind (Art. 50 Abs. 1 VStrR). Bei der Durchsuchung sind Amts-, Berufs- und Geschäftsgeheimnisse zu wahren (Art. 50 Abs. 2 VStrR). Dem Inhaber der Papiere ist Gelegenheit zu geben, sich vor der Durchsuchung über ihren Inhalt auszusprechen. Erhebt er gegen die Durchsuchung Einsprache, so werden die Papiere versiegelt und verwahrt. Über die Entsiegelung entscheidet anschliessen auf Ersuchen der Wettbewerbskommission die Beschwerdekammer des Bundesstrafgerichts.

III. Anfechtung von Untersuchungsmassnahmen

12 Gegen Untersuchungsmassnahmen steht der allgemeine Rechtsmittelweg an das Bundesverwaltungsgericht offen. Allerdings wird die für die Untersuchung zuständige Wettbewerbsbehörde nur dann den gewollten Überraschungseffekt erzielen, wenn sie gemäss Art. 55 Abs. 2 VwVG einer allfälligen Beschwerde an das Bundesverwaltungsgericht im Voraus die aufschiebende Wirkung entzieht. Deshalb wird ein Unternehmen eine Untersuchungsmassnahme in aller Regel erst im Nachhinein anfechten können (in diesem Zusammenhang halten PATRICK SOMMER/ALAIN RAEMY, Rechtliche Fragen bei Hausdurchsuchungen im Rahmen des Schweizer Kartellrechts, in: sic! 2004, 760 f., fest: «Gegen den Durchsuchungsbefehl bzw. die Hausdurchsuchung selbst kann keine Beschwerde mehr geführt werden, da der Beschwerdeführer nach Abschluss der Massnahme nicht mehr beschwert ist und es ihm deshalb an einem aktu-

ellen Rechtsschutzinteresse fehlt. Gemäss der Praxis des Bundesgerichts kann jedoch ausnahmsweise auf das Erfordernis des aktuellen Rechtsschutzinteresses verzichtet werden, wenn sich die gerügte Rechtsverletzung jederzeit wiederholen könnte und so eine rechtzeitige gerichtliche Überprüfung im Einzelfall kaum möglich wäre. Zu denken ist an den Fall, wo nur ein Teilbereich eines Unternehmens durchsucht worden ist bzw. an Fälle, in denen die Durchsuchung mehrere Tage in Anspruch nimmt und daher zu erwarten ist, dass weitere Bereiche des Unternehmens bzw. weitere Durchsuchungen an Folgetagen anstehen.» Ähnlich auch Yvo Hangartner, Aspekte des Verwaltungsverfahrensrechts nach dem revidierten Kartellgesetz von 2003, in: Stoffel/Zäch, Kartellgesetzrevision 2003. Neuerungen und Folgen, Zürich 2004, 259: «Im Beschwerdeverfahren vor der Rekurskommission für Wettbewerbsfragen kann die grundsätzliche Frage der Zulässigkeit einer Durchsuchung auch dann nicht mehr aufgeworfen werden, wenn der Betroffene gegen die Durchsuchung keinen Entscheid der Anklagekammer des Bundesgerichts erwirkt hat; die nachträgliche Geltendmachung der Unzulässigkeit der Durchsuchung im Beschwerdeverfahren vor der Rekurskommission wäre rechtsmissbräuchlich.»).

Art. 42a[1]　Untersuchungen in Verfahren nach dem Luftverkehrsabkommen Schweiz–EG

[1] Die Wettbewerbskommission ist die schweizerische Behörde, die für die Zusammenarbeit mit den Organen der Europäischen Gemeinschaft nach Artikel 11 des Abkommens zwischen der Schweizerischen Eidgenossenschaft und der Europäischen Gemeinschaft vom 21. Juni 1999[2] über den Luftverkehr zuständig ist.

[2] Widersetzt sich ein Unternehmen in einem auf Artikel 11 des Abkommens gestützten Verfahren der Nachprüfung, so können auf Ersuchen der Kommission der Europäischen Gemeinschaft Untersuchungsmassnahmen nach Artikel 42 vorgenommen werden; Artikel 44 ist anwendbar.

I. Luftverkehrsabkommen zwischen der Schweiz und der Europäischen Gemeinschaft

1　In Anbetracht der engen Verknüpfungen in der internationalen Zivilluftfahrt und um eine Angleichung der Vorschriften für den Luftverkehr innerhalb Europas zu erreichen, wurde im Rahmen der Bilateralen I zwischen der Schweiz und der Europäischen Gemeinschaft das Abkommen vom 21. Juni 1999 zwischen der Schweizerischen Eidgenossenschaft und der Europäischen Gemeinschaft über den Luftverkehr (Luftverkehrsabkommen, LVA, SR 0.748.127.192.68) abgeschlossen (vgl. auch die Botschaft zur Genehmigung der sektoriellen Abkommen zwischen der Schweiz und der EG vom 23. Juni 1999, in: BBl 1999 6253 ff.), welches am 1. Juni 2002 in Kraft getreten ist.

1　Eingefügt durch Ziff. I des BG vom 20. Juni 2003, in Kraft seit 1. April 2004 (AS 2004 1385 1390; BBl 2002 2022 5506).
2　SR 0.748.127.192.68

2 Materiell von Interesse sind die Art. 8 und 9 LVA, welche im Übrigen den Art. 101 und 102 AEUV entsprechen. Gemäss Art. 8 LVA sind alle Vereinbarungen zwischen Unternehmen, Beschlüsse von Unternehmensvereinigungen und aufeinander abgestimmte Verhaltensweisen, welche den Handel zwischen den Vertragsparteien zu beeinträchtigen geeignet sind und eine Verhinderung, Einschränkung oder Verfälschung des Wettbewerbs im räumlichen Geltungsbereich des Abkommens bezwecken oder bewirken, mit dem Abkommen unvereinbar und verboten. Entsprechende Absprachen können jedoch als zulässig erklärt werden, wenn sie unter angemessener Beteiligung der Verbraucher an dem entstehenden Gewinn zur Verbesserung der Warenerzeugung oder -verteilung oder zur Förderung des technischen oder wirtschaftlichen Fortschritts beitragen, ohne dass den beteiligten Unternehmen Beschränkungen auferlegt werden, die für die Verwirklichung dieser Ziele nicht unerlässlich sind, oder Möglichkeiten eröffnet werden, für einen wesentlichen Teil der betreffenden Waren den Wettbewerb auszuschalten. Nach Art. 9 LVA ist die missbräuchliche Ausnutzung einer beherrschenden Stellung im räumlichen Geltungsbereich des Abkommens oder in einem wesentlichen Teil desselben durch ein oder mehrere Unternehmen mit dem Abkommen unvereinbar und verboten, soweit dies dazu führen kann, den Handel zwischen den Vertragsparteien zu beeinträchtigen.

3 Das Verfahren zur Einhaltung der wettbewerbsrechtlichen Bestimmungen wird in den Art. 10 ff. LVA geregelt. Die Kontrolle von Unternehmenszusammenschlüssen sowie die Kompetenz zur Überprüfung der Sachverhalte nach Art. 8 und 9 LVA obliegen den Organen der Gemeinschaft (Art. 11 Abs. 1 LVA). Dem Erfordernis einer engen Zusammenarbeit zwischen den Gemeinschaftsorganen und den schweizerischen Behörden ist dabei Rechnung zu tragen (Art. 11 Abs. 1 LVA). Wettbewerbsrechtliche Sachverhalte, welche sich nur auf den Handel innerhalb der Schweiz auswirken, sowie Unternehmenszusammenschlüsse und die Anwendung der Art. 8 und 9 LVA in Bezug auf Drittstaaten unterstehen demgegenüber der Zuständigkeit der schweizerischen Behörden (Art. 10 und Art. 11 Abs. 2 LVA).

II. Erforderliche Ergänzungen des Kartellgesetzes

4 Die Bestimmungen des Luftverkehrsabkommens sind direkt anwendbar (Zusatzbotschaft zur Botschaft zur Änderung des Kartellgesetzes, Untersuchungen in Verfahren nach dem Luftverkehrsabkommen Schweiz–EG, vom 14. Juni 2002, in: BBl 2002 5510). Gemäss dem Anhang zum Abkommen sind die zur Anwendung kommenden Verfahrensregeln dem Gemeinschaftsrecht zu entnehmen (Zusatzbotschaft zur Botschaft zur Änderung des Kartellgesetzes, Untersuchungen in Verfahren nach dem Luftverkehrsabkommen Schweiz–EG, vom 14. Juni 2002, in: BBl 2002 5509).

5 Gestützt auf das Luftverkehrsabkommen ist die Schweiz völkerrechtlich verpflichtet, den zuständigen Gemeinschaftsorganen wettbewerbsrechtliche Untersuchungen im Bereich des Luftverkehrs auf Schweizer Hoheitsgebiet zu ermöglichen (Zusatzbotschaft zur Botschaft zur Änderung des Kartellgesetzes, Untersuchungen in Verfahren nach dem Luftverkehrsabkommen Schweiz–EG, vom 14. Juni 2002, in: BBl 2002 5508 f.) sowie der Kommission die erforderliche Unterstützung zur Durchführung von Nachprüfungen zu gewähren, wenn sich ein Unternehmen der Nachprüfung widersetzt (Zusatzbotschaft zur Botschaft zur Änderung des Kartellgesetzes, Untersuchungen in Verfahren nach dem Luftverkehrsabkommen Schweiz–EG,

vom 14. Juni 2002, in: BBl 2002 5510). Welche Behörde für die Gewährung solcher Unterstützung zuständig ist und welches Verfahrensrecht für den Erlass von Zwangsmassnahmen zur Anwendung kommt, wird durch den am 1. April 2004 in Kraft getretenen Art. 42a KG geregelt.

III. Zuständige Behörde und anwendbares Verfahrensrecht auf Zwangsmassnahmen nach Art. 11 des Luftverkehrsabkommens

6   Art. 42a Abs. 1 KG hält fest, dass die Wettbewerbskommission die für die Zusammenarbeit mit den Organen der Europäischen Union «zuständige Behörde» im Sinne von Art. 14 der Verordnung Nr. 17/62 bzw. Art. 11 der Verordnung Nr. 3975/87 ist.

7   Für den Fall, dass sich ein Unternehmen in einem Verfahren nach Art. 11 Abs. 1 des Luftverkehrsabkommens der Nachprüfungsbefugnis der EG-Kommission widersetzt, können gemäss Art. 42a Abs. 2 KG auf Ersuchen der EG-Kommission Untersuchungsmassnahmen nach Art. 42 KG vorgenommen werden. Der Verweis auf Art. 42 KG soll sicherstellen, dass Hausdurchsuchungen und Beschlagnahmen aufgrund einer Nachprüfungsentscheidung der EG-Kommission von einem Mitglied des Präsidiums der Wettbewerbskommission angeordnet werden. Für den Entscheid über die Durchführung von Zwangsmassnahmen ist nicht die wettbewerbsrechtliche Beurteilung des Sachverhalts relevant, sondern ob das Ersuchen der EG-Kommission den formellen Anforderungen entspricht und die verlangte Untersuchungsmassnahme nicht willkürlich oder unverhältnismässig ist. Diese formellen Anforderungen und der Gegenstand der Prüfung werden in einer Verordnung zu konkretisieren sein (Zusatzbotschaft zur Botschaft zur Änderung des Kartellgesetzes, Untersuchungen in Verfahren nach dem Luftverkehrsabkommen Schweiz–EG, vom 14. Juni 2002, in: BBl 2002 5511).

8   Gegen Untersuchungsmassnahmen, welche die Wettbewerbskommission in Anwendung von Art. 42a Abs. 2 KG auf Ersuchen der EG-Kommission anordnet, steht der gemeinschaftsrechtliche Rechtsmittelweg offen. Daneben steht gegen derartige Verfügungen auch die Beschwerde an das Bundesverwaltungsgericht offen (vgl. den Verweis auf den aufgehobenen Art. 44 in der Zusatzbotschaft zur Botschaft zur Änderung des Kartellgesetzes, Untersuchungen in Verfahren nach dem Luftverkehrsabkommen Schweiz–EG, vom 14. Juni 2002, in: BBl 2002 5511).

Art. 43   Beteiligung Dritter an der Untersuchung

[1] Ihre Beteiligung an der Untersuchung einer Wettbewerbsbeschränkung können anmelden:

a.   Personen, die aufgrund der Wettbewerbsbeschränkung in der Aufnahme oder in der Ausübung des Wettbewerbs behindert sind;

b.   Berufs- und Wirtschaftsverbände, die nach den Statuten zur Wahrung der wirtschaftlichen Interessen ihrer Mitglieder befugt sind, sofern sich auch Mitglieder des Verbands oder eines Unterverbands an der Untersuchung beteiligen können;

c.   Organisationen von nationaler oder regionaler Bedeutung, die sich statutengemäss dem Konsumentenschutz widmen.

² Das Sekretariat kann verlangen, dass Gruppen von mehr als fünf am Verfahren Beteiligten mit gleichen Interessen eine gemeinsame Vertretung bestellen, falls die Untersuchung sonst übermässig erschwert würde. Es kann in jedem Fall die Beteiligung auf eine Anhörung beschränken; vorbehalten bleiben die Parteirechte nach dem Verwaltungsverfahrensgesetz vom 20. Dezember 1968[1].

³ Die Absätze 1 und 2 gelten sinngemäss auch im Verfahren der ausnahmsweisen Zulassung einer unzulässigen Wettbewerbsbeschränkung durch den Bundesrat (Art. 8).

⁴ Im Verfahren der Prüfung von Unternehmenszusammenschlüssen haben nur die beteiligten Unternehmen Parteirechte.

I. Ausgangslage

1   Art. 43 KG regelt die Beteiligung Dritter am verwaltungsrechtlichen Kartellverfahren. Das Kartellgesetz unterscheidet zwischen den zumindest potenziellen Verfügungsadressaten, d.h. den an einer Wettbewerbsbeschränkung oder an einem Zusammenschlussvorhaben unmittelbar beteiligten Unternehmen, und den Dritten, worunter gemäss Art. 43 Abs. 1 KG die von einer Wettbewerbsbeschränkung behinderten Dritten (vgl. Art. 43 Abs. 1 lit. a KG), die Berufs- und Wirtschaftsverbände (vgl. Art. 43 Abs. 1 lit. b KG) und die Konsumentenschutzorganisationen (vgl. Art. 43 Abs. 1 lit. c KG) zu verstehen sind.

2   Es ist in der Praxis davon auszugehen, dass die Umschreibung der Dritten, wie sie in Art. 43 Abs. 1 KG skizziert wird, nicht zu eng ausgelegt werden darf. Insbesondere ist im Zusammenhang mit der Prüfung von Unternehmenszusammenschlüssen darauf hinzuweisen, dass gemäss Art. 33 Abs. 1 KG sich auch Dritte am Prüfungsverfahren über einen Unternehmenszusammenschluss beteiligen können, ohne dass dadurch das Erfordernis der Behinderung durch eine Wettbewerbsbeschränkung erfüllt wird. Generell lässt sich festhalten, dass die Umschreibung der Dritten, welche sich am Kartellverfahren beteiligen können, sich grundsätzlich am Begriff der Parteistellung im Sinne von Art. 6 VwVG in Verbindung mit Art. 48 VwVG orientieren soll. Danach ist für eine Beteiligung als Dritte an einem kartellrechtlichen Verfahren erforderlich, dass die Dritten eine besondere Beziehungsnähe zur Streitsache haben (vgl. die nachfolgenden Ausführungen unter N 5).

3   Unter Berücksichtigung dieser Ausgangslage ist festzuhalten, dass sich die Umschreibung der Beteiligung Dritter auf insgesamt drei Bereiche beschränkt, welche durch Art. 43 KG einer vom VwVG abweichenden Sonderregelung zugeführt werden:

   1.   Den Konsumentenschutzorganisationen wird ein spezialgesetzliches Recht zur Beteiligung am Untersuchungsverfahren zugesprochen (vgl. Art. 43 Abs. 1 lit. c KG);

   2.   bei Gruppen von mehr als fünf am Verfahren Beteiligten mit gleichen Interessen kann auf Anordnung des Sekretariats die Beteiligung am erstinstanzlichen Kartellverfahren auf eine Anhörung beschränkt werden (vgl. Art. 43 Abs. 2 KG);

---

1   SR 172.021

3.   bei der Prüfung von Unternehmenszusammenschlüssen sind Dritten die Parteirechte entzogen (vgl. Art. 43 Abs. 4 KG).

4   Gemäss dem ausdrücklichen Hinweis in Art. 43 Abs. 3 KG findet die kartellgesetzliche Sonderregelung für die Beteiligung Dritter auch auf das Verfahren der ausnahmsweisen Zulassung vor dem Bundesrat (vgl. Art. 8 und 11 KG) Anwendung.

II. Beteiligte Dritte

5   Beteiligte Dritte im Sinne von Art. 43 Abs. 1 KG sind zunächst alle diejenigen Unternehmen oder Personen, die nicht potenzielle unmittelbare Adressaten einer Verfügung der Wettbewerbskommission sind. Die verbleibenden Dritten müssen, um als beteiligte Dritte im Sinne von Art. 43 KG gelten zu können, sich durch einen bestimmten Bezug zum laufenden Kartellverfahren qualifizieren (vgl. dazu die Ausführungen unter N 2 und unter N 6). Art. 43 Abs. 1 lit. a KG umschreibt diesen Bezug nur unter dem Blickwinkel der Wettbewerbsbeschränkung (d.h. von Abreden, die den Wettbewerb beschränken im Sinne von Art. 5 KG, und Verhaltensweisen marktbeherrschender Unternehmen im Sinne von Art. 7 KG), nicht jedoch im Hinblick auf Unternehmenszusammenschlüsse. Bei Unternehmenszusammenschlüssen müssen Prognosen über zukünftige Marktstrukturen angestellt werden (vgl. die Umschreibung der Prüfungskriterien in Art. 10 Abs. 2 KG). Zum Zeitpunkt der Prüfung des Unternehmenszusammenschlusses sind folglich die vom Zusammenschluss betroffenen, auf dem Markt tätigen Unternehmen nicht ohne Weiteres als von einer Wettbewerbsbeschränkung behinderte Dritte zu qualifizieren, obwohl sie als Marktteilnehmer vom Zusammenschluss in erheblichem Umfang berührt sind.

6   Um seine Beteiligung am verwaltungsrechtlichen Kartellverfahren im Sinne von Art. 43 KG rechtfertigen zu können, muss der Dritte eine bestimmte Beziehungsnähe nachweisen können. Da mit der Anerkennung als beteiligter Dritter im Sinne von Art. 43 KG auch die Zuerkennung von Parteirechten gemäss Art. 6 VwVG verbunden ist, kann zur Umschreibung der Beziehungsnähe auf die für die Parteiqualifikation heranzuziehenden Kriterien für die Beschwerdelegitimation von Art. 48 VwVG abgestellt werden (vgl. beispielsweise PETER SALADIN, Das Verwaltungsverfahrensrecht des Bundes, Basel/Stuttgart 1979, 85). Danach ist zu verlangen, dass der Dritte durch das anstehende kartellrechtliche Verwaltungsverfahren stärker als jedermann betroffen ist und in einer besonderen, beachtenswerten, nahen Beziehung zur Streitsache steht (vgl. beispielsweise BGE 113 Ib 366, E. 3a). Handelt es sich beim Unternehmen, das sich im Sinne von Art. 43 KG am Verfahren beteiligen will, um einen Konkurrenten, ist zu verlangen, dass die als Prüfungsgrundlage dienende spezifische wirtschaftsverwaltungsrechtliche Ordnung, d.h. das Kartellgesetz, die geforderte Beziehungsnähe schafft (vgl. beispielsweise BGE 109 Ib 202, E. 4d). Die kartellgesetzliche wirtschaftsverwaltungsrechtliche Ordnung bezweckt den grundsätzlichen Schutz der Marktordnung, sodass die geforderte Beziehungsnähe im Falle der Anwendung des Kartellgesetzes bei Konkurrenten regelmässig gegeben sein dürfte.

7   Fehlt es an der für eine Beteiligung am Verfahren notwendigen Beziehungsnähe, können die von einem Dritten den Wettbewerbsbehörden zugeleiteten Informationen im von der Offizialmaxime beherrschten Kartellverfahren dennoch für die kartellgesetzliche Untersuchung verwendet werden. Allerdings ist die Rechtsstellung des Informanten eingeschränkt, weil er

gegenüber der untersuchenden Wettbewerbsbehörde keinerlei Parteirechte geltend machen kann.

III. Berufs-, Wirtschafts- und Konsumentenverbände

8   Die in Art. 43 Abs. 1 lit. b KG enthaltene Berechtigung der Berufs- und Wirtschaftsverbände zur Beteiligung am kartellrechtlichen Verfahren deckt sich bezüglich der darin festgelegten materiellen Voraussetzungen weitgehend mit den im Zusammenhang mit Art. 48 VwVG formulierten Legitimationsvoraussetzungen für die Verbandsbeschwerde. Gemäss der bundesgerichtlichen Praxis steht einem Verband die Beschwerdelegitimation nach Art. 48 lit. a VwVG zur Wahrung der Interessen seiner Mitglieder zu, «wenn er als juristische Person konstituiert ist, die einzelnen Mitglieder zur Beschwerde legitimiert wären, die Wahrung der Interessen der Mitglieder zu seinen statutarischen Aufgaben gehört und er tatsächlich ein Interesse der Mehrheit oder mindestens einer Grosszahl seiner Mitglieder vertritt» (BGE 119 Ib 376 f., E. 2a mit weiteren Verweisen auf die bundesgerichtliche Praxis und die einschlägigen Lehrmeinungen).

9   Die in Art. 43 Abs. 1 lit. b KG enthaltene Formulierung geht lediglich insofern über diese allgemeinen Legitimationsvoraussetzungen hinaus, als auch ein Spitzenverband die Interessen der ihm angehörenden Verbandsmitglieder vertreten kann, ohne dass im Einzelfall geprüft werden müsste, ob die Einzelmitglieder der vom Spitzenverband vertretenen Verbandsmitglieder vom anstehenden kartellrechtlichen Verwaltungsverfahren im Sinne der obigen Umschreibung der Legitimationsvoraussetzungen (vgl. die Ausführungen unter N 8) hinreichend betroffen wären.

10   Über die im Zusammenhang mit der Beschwerdelegitimation entwickelte Praxis zu Art. 48 VwVG hinaus legt Art. 43 Abs. 1 lit. c KG als kartellgesetzliche Sondernorm fest, dass auch Konsumentenschutzorganisationen sich am verwaltungsrechtlichen Kartellverfahren beteiligen können, obwohl eine Beteiligung ihrer Mitglieder nicht zuletzt aufgrund des beschränkten Adressatenkreises des Kartellgesetzes (vgl. die Kommentierung zu Art. 2 KG, N 10) gemäss der allgemeinen Regel in Art. 43 Abs. 1 lit. a KG ausgeschlossen wäre.

IV. Einschränkung von Parteirechten

11   Gemäss Art. 43 Abs. 2 KG kann das Sekretariat die Verfahrensbeteiligung bei einer Vielzahl von am Verfahren Beteiligten mit gleichen Interessen auf eine Anhörung beschränken. Die zusätzlich in Art. 43 Abs. 2 KG vorgesehene Möglichkeit zur Verpflichtung der Bestellung eines gemeinsamen Vertreters ergibt sich bereits aus Art. 11a VwVG.

12   Die Beschränkung der Beteiligung auf eine Anhörung betrifft einzig das konkrete Vorgehen bei der Abgabe von Stellungnahmen gegenüber den Wettbewerbsbehörden. Art. 43 Abs. 2 KG weist nämlich ausdrücklich darauf hin, dass im Übrigen die Parteirechte gemäss VwVG durch die Beschränkung auf eine Anhörung nicht berührt werden sollen. Es versteht sich von selbst, dass wegen des bloss beschränkten Geltungsbereichs dieser Bestimmung und des ausdrücklichen Vorbehalts bezüglich der Parteirechte des VwVG die Beschränkung auf eine Anhörung in der Praxis nur von untergeordneter Bedeutung sein wird.

13   Eine grundlegende Einschränkung betrifft die in Art. 43 Abs. 4 KG automatische Beschneidung der Parteirechte im Verfahren der Kontrolle von Unternehmenszusammenschlüssen.

Gemäss dieser Bestimmung stehen den sich am Verfahren der Prüfung eines Unternehmenszusammenschlusses nach Art. 43 KG beteiligenden Dritten keine Parteirechte zu. Diese Beschränkung der Parteistellung Dritter im Fusionskontrollverfahren in der bundesrätlichen Botschaft wird mit dem durch die engen Fristen gesetzten Zeitdruck der Wettbewerbsbehörden begründet (vgl. Botschaft 1994, 149).

14 Diese weitreichende Beschränkung der Verfahrensrechte Dritter im Verfahren der Fusionskontrolle müsste als Ausnahmebestimmung, welche im Bundesverwaltungsrecht kein Vorbild hat, eng ausgelegt werden. Der Entzug der Parteirechte im erstinstanzlichen Verfahren darf eigentlich nicht dazu führen, dass im Verfahren der Fusionskontrolle betroffenen Dritten, welche die Legitimationsvoraussetzungen gemäss Art. 48 VwVG erfüllen, der Beschwerdeweg an die Rekurskommission für Wettbewerbsfragen abgeschnitten wird. Das die Einschränkung der Parteirechte begründende Beschleunigungsgebot hat für das Beschwerdeverfahren keine entscheidende Bedeutung mehr. Hat die Wettbewerbskommission über einen Zusammenschluss entschieden, stellen die Möglichkeiten zum Erlass vorsorglicher Massnahmen bzw. zum Entzug oder zur Gewährung der aufschiebenden Wirkung gemäss Art. 55 und 56 VwVG ausreichende Mittel dar, um allfälligen Beschleunigungsanliegen beim Vollzug eines Zusammenschlusses bzw. bei der Sicherung des bestehenden Zustandes gerecht zu werden. Dennoch hat die Rekurskommission für Wettbewerbsfragen entschieden, dass Art. 43 Abs. 4 KG nicht nur auf das erstinstanzliche, sondern ebenfalls auf das Beschwerdeverfahren Anwendung findet (REKO/WEF in RPW 2004/3, Agefi/Edipresse SA, Edition Ringier SA, Le Nouveau Quotidien ERL SA, Commission de la concurrence, 901 ff., insbesondere 912, wie auch REKO/WEF in RPW 2004/3, Etablissements Ed. Cherix et Filanosa SA/Edipresse SA, Commission de la concurrence, concentration d'entreprises, 954 ff., insbesondere 962 f., «dans ces conditions, il paraît conforme à la volonté du législateur et au but qu'il a assigné au contrôle des opérations de concentration d'admettre que l'article 43 alinéa 4 LCart vise non seulement la procédure de première instance, mais également celle de recours»; vgl. ferner frühere Entscheide, in denen die Frage jeweils noch offen gelassen wurde; so z.B. die REKO/WEF in RPW 2003/4, Agefi/Edipresse, Ringier SA, Le Nouveau Quotidien, Comco, 909; BGE 124 II 503 f., E. 3a; Bundesgerichtsentscheid vom 22. Mai 2003 betreffend unter anderem den Entzug der aufschiebenden Wirkung in RPW 2003/3, Etablissements Ed. Cherix et Filanosa SA, 709; Bundesgerichtsentscheid betreffend die Aktivlegitimation bei Unternehmenszusammenschlüssen in RPW 1998/3, X/Commission de recours pour les questions de concurrence et Commission de la concurrence, 503 f.; REKO/WEF in PRW 1998/1, Le Temps, 122). Diese Rechtsauffassung hat das Bundesgericht bestätigt und in diesem Zusammenhang festgehalten, dass entgegen dem Wortlaut von Art. 43 Abs. 4 KG einer historischen und teleologischen Auslegung dieser Ausnahmebestimmung der Vorzug zu geben sei (BGE 131 II 497; BGer vom 12. Oktober 2006, 2A.161/2006). Nicht geprüft wurde vom Bundesgericht jedoch, ob das vom Gesetzgeber gewollte formelle Verfahren der Fusionskontrolle die verfassungsmässigen Vorgaben und die Vorgaben der EMRK erfüllt. Entscheidet sich der Gesetzgeber für die Einführung eines formellen Verfahrens, muss er auch sicherstellen, dass dieses den verfassungsmässigen Grundanforderungen rechtsstaatlichen Handelns entspricht.

Art. 44[1]

1 Die Bestimmung wurde im Zusammenhang mit der Schaffung des Bundesverwaltungsgerichts aufgehoben. Anstelle der ehemaligen Rekurskommission für Wettbewerbsfragen beurteilt heute das Bundesverwaltungsgericht Beschwerden gegen Verfügungen der Wettbewerbsbehörden (vgl. Art. 33 lit. f des Bundesgesetzes über das Bundesverwaltungsgericht vom 17. Juni 2005, Verwaltungsgerichtsgesetz, VGG, SR 173.32).

5. Abschnitt: Übrige Aufgaben und Befugnisse der Wettbewerbsbehörden

Art. 45   Empfehlungen an Behörden

1 Die Wettbewerbskommission beobachtet laufend die Wettbewerbsverhältnisse.

2 Sie kann den Behörden Empfehlungen zur Förderung von wirksamem Wettbewerb unterbreiten, insbesondere hinsichtlich der Schaffung und Handhabung wirtschaftsrechtlicher Vorschriften.

1 Art. 45 KG umschreibt die grundlegenden wettbewerbspolitischen Aufgaben der Wettbewerbskommission. Die Wettbewerbskommission soll nicht nur in konkreten Einzelfällen als Hüterin einer marktwirtschaftlichen Ordnung tätig werden, sondern allgemein die wettbewerbspolitischen Anliegen in die Wirtschaftspolitik einfliessen lassen.

2 Der in Art. 45 Abs. 1 KG enthaltene Auftrag zur laufenden Beobachtung der Wettbewerbsverhältnisse ist eigentlich eine Selbstverständlichkeit, welche im Kartellgesetz grundsätzlich nicht mehr speziell erwähnt werden müsste. Wird dem Sekretariat der Wettbewerbskommission in Art. 26 Abs. 1 KG die Kompetenz eingeräumt, Vorabklärungen von Amtes wegen durchzuführen, und kann die Wettbewerbskommission gemäss Art. 27 Abs. 1 KG das Sekretariat mit der Einleitung einer Untersuchung beauftragen, versteht es sich von selbst, dass diesen Behördeninitiativen eine gewisse Beobachtung der aktuellen Marktverhältnisse vorausgegangen sein muss (zur Abgrenzung des Verfahrens der Marktbeobachtung nach Art. 45 KG von einer Vorabklärung im Sinne von Art. 26 KG vgl. REKO/WEF in RPW 2004/2, Cornèr Banca SA/Telekurs Multipay AG, Wettbewerbskommission, 634 f.).

3 Von grösserer Bedeutung ist die in Art. 45 Abs. 2 KG enthaltene Kompetenz der Wettbewerbskommission, den Behörden auf eigene Initiative Empfehlungen zur Förderung von wirksamem Wettbewerb zu unterbreiten. Gemäss dem Gesetzeswortlaut bezieht sich dieses Empfehlungsrecht insbesondere auf wirtschaftsrechtliche Vorschriften. Diese Schwerpunktsetzung ist jedoch nicht einschränkend zu verstehen, sondern die Wettbewerbskommission

---

1   Aufgehoben durch Anhang Ziff. 27 des Verwaltungsgerichtsgesetzes vom 17. Juni 2005, mit Wirkung seit 1. Jan. 2007 (SR 173.32).

kann unabhängig von der wirtschaftsrechtlichen Ausrichtung in jedem gesetzgeberischen Sachbereich wettbewerbspolitisch empfehlend tätig werden.

4   Die Empfehlungskompetenz gemäss Art. 45 Abs. 2 KG ist als Korrelat zum in Art. 3 Abs. 1 KG enthaltenen Anwendungsausschluss des Kartellgesetzes gegenüber den die Wettbewerbordnung ausschliessenden öffentlich-rechtlichen Vorschriften zu verstehen (vgl. dazu die Kommentierung zu Art. 3 KG, N 1 ff.). Wenn die Wettbewerbskommission in diesen Bereichen von Gesetzes wegen daran gehindert ist, autoritativ einzugreifen, soll sie doch wenigstens den zuständigen Behörden für eine möglichst wettbewerbskonforme Rechtsanwendung oder auch Gesetzgebung Empfehlungen abgeben können.

5   Es ist zu erwarten, dass die Wettbewerbskommission ihr Empfehlungsrecht insbesondere auf die in Art. 3 Abs. 1 KG umschriebenen, vom Anwendungsbereich des Kartellgesetzes ausgenommenen Bereiche konzentrieren wird. Es sind diese Bereiche, bei denen aus wettbewerbsrechtlicher Sicht ein erheblicher Einflussbedarf besteht. Damit soll verhindert werden, dass über den Weg der staatlichen Regulierung die sich aus der marktwirtschaftlichen Ordnung ergebenden Anliegen vernachlässigt werden.

6   Im Übrigen hat die Wettbewerbskommission gestützt auf Art. 8 BGBM auch die Einhaltung des Binnenmarktgesetzes durch Bund, Kantone und Gemeinden sowie andere Träger öffentlicher Aufgaben zu überwachen und sie kann Bund, Kantonen und Gemeinden Empfehlungen zu vorgesehenen und bestehenden Erlassen abgeben. Die Wettbewerbskommission hat gestützt auf das BGBM ausserdem die Kompetenz, Untersuchungen durchzuführen und den betreffenden Behörden Empfehlungen abzugeben.

Art. 46   Stellungnahmen

[1] Entwürfe von wirtschaftsrechtlichen Erlassen des Bundes oder andern Bundeserlassen, die den Wettbewerb beeinflussen können, sind dem Sekretariat vorzulegen. Es prüft diese auf Wettbewerbsverfälschungen oder übermässige Wettbewerbsbeschränkungen hin.

[2] Die Wettbewerbskommission nimmt im Vernehmlassungsverfahren Stellung zu Entwürfen von rechtsetzenden Erlassen des Bundes, die den Wettbewerb beschränken oder auf andere Weise beeinflussen. Sie kann zu kantonalen rechtsetzenden Erlassesentwürfen Stellung nehmen.

1   In Ergänzung zu Art. 45 KG wird in Art. 46 KG vorgesehen, dass die Wettbewerbsbehörden zu laufenden Gesetzgebungsverfahren eine Stellungnahme aus wettbewerbspolitischer Sicht abgeben können.

2   Das Sekretariat der Wettbewerbskommission ist gemäss Art. 46 Abs. 1 KG zuständig, Entwürfe von wirtschaftsrechtlichen oder allgemein wettbewerbsrechtlich bedeutsamen Erlassen des Bundes auf Wettbewerbsverfälschungen oder übermässige Wettbewerbsbeschränkungen hin zu überprüfen. Es handelt sich dabei um die wettbewerbsrechtliche Überprüfung im Rahmen von verwaltungsinternen Gesetzgebungsprozessen (beispielsweise das Mitberichtsverfahren oder die Ämterkonsultation).

3 Die wettbewerbsrechtliche Überprüfung von wirtschaftsrechtlich bedeutsamen Erlassen im Vernehmlassungsverfahren ist Aufgabe der Wettbewerbskommission, die aufgrund von Art. 46 Abs. 2 KG zwingend in das Vernehmlassungsverfahren der Bundesbehörden mit einbezogen werden muss. Was das Rechtsetzungsverfahren kantonaler Gesetzgeber betrifft, besteht zwar gemäss Art. 46 Abs. 2 KG keine Pflicht zur Unterbreitung derartiger Vorlagen an die Wettbewerbskommission. Die Wettbewerbskommission kann jedoch von sich aus wettbewerbspolitisch tätig werden und aus eigener Initiative zu einem bedeutsamen wirtschaftsrechtlichen kantonalen Gesetzesentwurf eine Stellungnahme abgeben.

Art. 47 Gutachten

[1] Die Wettbewerbskommission verfasst für andere Behörden Gutachten zu Wettbewerbsfragen von grundsätzlicher Bedeutung. Sie kann das Sekretariat in Fällen von untergeordneter Bedeutung beauftragen, an ihrer Stelle Gutachten zu erstatten.

[2] ...[1]

1 Gemäss Art. 47 KG kann die Wettbewerbskommission für andere Behörden Gutachten zu Wettbewerbsfragen von grundsätzlicher Bedeutung erstellen. Die Wettbewerbskommission kann zu einer Gutachtertätigkeit nicht verpflichtet werden, sondern sie kann über die Annahme oder Ablehnung einer Gutachtertätigkeit in freiem Ermessen entscheiden.

2 Nach dem Willen des Gesetzgebers soll die Wettbewerbskommission nur Gutachten über Wettbewerbsfragen von grundsätzlicher Bedeutung verfassen, weniger bedeutsame Stellungnahmen sollen vom Sekretariat erstellt werden. Da in der Praxis davon auszugehen ist, dass die Gutachten der Wettbewerbskommission ohnehin vom Sekretariat vorbereitet werden, ist nicht zu befürchten, dass sich aus dieser Zweiteilung der Kompetenz zur Erstellung von Gutachten grundlegende Widersprüchlichkeiten ergeben könnten.

3 Gestützt auf Art. 10 Abs. 1 BGBM kann die Wettbewerbskommission den eidgenössischen, kantonalen und kommunalen Verwaltungsbehörden sowie Rechtsprechungsorganen auch Gutachten über die Anwendung des Binnenmarktgesetzes erstellen.

4 Die Gebühren für Gutachten der Wettbewerbskommission und des Sekretariats richten sich nach Art. 53a KG.

Art. 48 Veröffentlichung von Entscheiden und Urteilen

[1] Die Wettbewerbsbehörden können ihre Entscheide veröffentlichen.

[2] Die Gerichte stellen dem Sekretariat die Urteile, die in Anwendung dieses Gesetzes gefällt werden, unaufgefordert und in vollständiger Abschrift zu. Das Sekretariat sammelt diese Urteile und kann sie periodisch veröffentlichen.

---

1 Aufgehoben durch Ziff. I des BG vom 20. Juni 2003, mit Wirkung seit 1. April 2004 (AS 2004 1385 1390; BBl 2002 2022 5506).

1   Mit Art. 48 KG soll sichergestellt werden, dass die Praxis der Wettbewerbsbehörden für die davon betroffenen Unternehmen transparent wird. Diesem Anliegen hat die Wettbewerbskommission mit ihrer Publikationsreihe «Recht und Politik des Wettbewerbs», «Droit et politique de la concurrence», «Diritto e politica della concorrenza» Rechnung getragen. Die Wettbewerbskommission und ihr Sekretariat sind bemüht, in ihrer Publikationsreihe ihre gesamte Praxis möglichst umfassend zu publizieren.

2   Die Publikationsreihe der Wettbewerbskommission «Recht und Politik des Wettbewerbs» enthält neben den formellen Entscheiden der Wettbewerbsbehörden (gemäss Art. 21 des Geschäftsreglements der Wettbewerbskommission werden Verfügungen der Wettbewerbskommission und ihres Sekretariats in der Regel publiziert → Nr. 2) auch eine grosse Zahl von Stellungnahmen, welche die Praxis von Wettbewerbskommission und ihres Sekretariats über die formellen Entscheide hinaus transparent machen wollen. Es ist bei der Publikation von informellen Stellungnahmen jedoch zu beachten, dass diese, obwohl ihnen eine erhebliche präjudizielle Wirkung zukommen kann, von den davon betroffenen Unternehmen nicht auf dem Rechtsmittelweg überprüft werden können. Bei der Verwirklichung des berechtigten Anliegens der Schaffung von Transparenz sollten die Wettbewerbskommission und ihr Sekretariat nicht aus den Augen verlieren, dass mit der Publikation von nicht auf dem Rechtsmittelwege überprüfbaren Stellungnahmen dem Anliegen nach Rechtssicherheit nicht in jedem Fall Rechnung getragen werden kann.

3   Art. 48 Abs. 1 KG ist als Kann-Vorschrift formuliert. Es besteht folglich für die Wettbewerbsbehörden keine Verpflichtung, ihre Entscheide in jedem Fall zu veröffentlichen (vgl. RPW 2002/1, Submission Betonsanierung am Hauptgebäude der Schweizerischen Landesbibliothek SLB, 134 f. Gemäss RPW 1998/2, Curti & Co. AG/Schweizerische Speisewagen-Gesellschaft Holding, 251). Art. 49 Abs. 1 KG sieht allerdings vor, dass das Sekretariat und die Wettbewerbskommission die Öffentlichkeit über ihre Tätigkeit orientieren. Auch im Sinne einer transparenten Entscheidpraxis sowie zwecks Diskussion der ergangenen und Verbesserung der zukünftigen Entscheide bzw. Stellungnahmen scheine die integrale Veröffentlichung möglichst aller Entscheidbegründungen angezeigt. Zudem habe die Kommission an ihrer Plenarsitzung vom 20. Januar 1997 beschlossen, auch die Begründungen bei Nichtdurchführung einer Prüfung einzelfallweise zu publizieren. Über den Wortlaut dieser Bestimmung hinaus ist jedoch in Art. 23 VKU (→ Nr. 4) vorgesehen, dass ein im Verfahren der Fusionskontrolle ergangener förmlicher Entscheid nach Abschluss der Prüfung im Bundesblatt und im Schweizerischen Handelsamtsblatt zu veröffentlichen ist.

4   Gemäss Art. 48 Abs. 2 KG ist das Sekretariat der Wettbewerbskommission auch Dokumentationsstelle für die wettbewerbsrechtlich relevanten Urteile der kantonalen Gerichte und des Bundesgerichts. Das Sekretariat kann diese Urteile im Publikationsorgan der schweizerischen Wettbewerbsbehörden, der Zeitschrift «Recht und Politik des Wettbewerbs», publizieren.

Art. 49   Informationspflichten

¹ Das Sekretariat und die Wettbewerbskommission orientieren die Öffentlichkeit über ihre Tätigkeit.

² Die Wettbewerbskommission erstattet dem Bundesrat jährlich einen Tätigkeitsbericht.

1   In Art. 49 KG wird dem Sekretariat und der Wettbewerbskommission die Pflicht auferlegt, die Öffentlichkeit über ihre Tätigkeit zu informieren und dem Bundesrat einen jährlichen Tätigkeitsbericht abzuliefern.

2   Die Detailregelungen über die Öffentlichkeitsarbeit der Wettbewerbskommission und ihres Sekretariats finden sich in Art. 21 ff. des Geschäftsreglements der Wettbewerbskommission (→ Nr. 2).

3   Publikationsorgan der schweizerischen Wettbewerbsbehörden ist die Zeitschrift «Recht und Politik des Wettbewerbs». Darin werden die formellen Entscheide der Wettbewerbsbehörden und auch die informellen Stellungnahmen der Wettbewerbskommission und ihres Sekretariats regelmässig publiziert (vgl. die Kommentierung zu Art. 48 KG, N 2).

4   Neben der in Art. 49 KG umschriebenen Informationspflicht ist die Wettbewerbskommission gemäss Art. 22 VKU (→ Nr. 4) auch verpflichtet, dem Eidgenössischen Volkswirtschaftsdepartement laufend Bericht über die von ihr als unbedenklich erachteten Zusammenschlüsse zu erstatten. Eine derart detaillierte Informationspflicht an das Eidgenössische Volkswirtschaftsdepartement ist im Gesetz selbst nicht vorgesehen. Die vom Bundesrat verordnete, über den Gesetzeswortlaut von Art. 49 KG hinausgehende Informationspflicht hängt mit dem für die schweizerische Fusionskontrolle geltenden Widerspruchsverfahren zusammen. Es lässt sich jedoch nur schwerlich mit den mit diesem Verfahren gewonnenen Effizienzvorteilen in Einklang bringen, weil mit dem Widerspruchsverfahren gerade erreicht werden sollte, dass die Wettbewerbskommission «Genehmigungsentscheide» nicht ausdrücklich und im Detail begründen muss.

5   Neben den bereits erwähnten periodischen Veröffentlichungen gibt Art. 49 Abs. 1 KG der Wettbewerbskommission auch die Möglichkeit, über einzelne bei ihr hängige Verfahren im Rahmen von Pressekonferenzen die Öffentlichkeit zu informieren (vgl. die nähere Regelung der Informationspolitik in Art. 21 ff. des Geschäftsreglements der Wettbewerbskommission vom 1. Juli 1996).

6   Zu beachten ist, dass die Wettbewerbsbehörden bei ihrer Öffentlichkeitsarbeit an die Wahrung des Amts- und Geschäftsgeheimnisses gemäss Art. 25 KG gebunden sind.

6. Abschnitt: Verwaltungssanktionen[1]

Art. 49a[2] Sanktion bei unzulässigen Wettbewerbsbeschränkungen

[1] Ein Unternehmen, das an einer unzulässigen Abrede nach Artikel 5 Absätze 3 und 4 beteiligt ist oder sich nach Artikel 7 unzulässig verhält, wird mit einem Betrag bis zu 10 Prozent des in den letzten drei Geschäftsjahren in der Schweiz erzielten Umsatzes belastet. Artikel 9 Absatz 3 ist sinngemäss anwendbar. Der Betrag bemisst sich nach der Dauer und der Schwere des unzulässigen Verhaltens. Der mutmassliche Gewinn, den das Unternehmen dadurch erzielt hat, ist angemessen zu berücksichtigen.

[2] Wenn das Unternehmen an der Aufdeckung und der Beseitigung der Wettbewerbsbeschränkung mitwirkt, kann auf eine Belastung ganz oder teilweise verzichtet werden.

[3] Die Belastung entfällt, wenn:

a.   das Unternehmen die Wettbewerbsbeschränkung meldet, bevor diese Wirkung entfaltet. Wird dem Unternehmen innert fünf Monaten nach der Meldung die Eröffnung eines Verfahrens nach den Artikeln 26–30 mitgeteilt und hält es danach an der Wettbewerbsbeschränkung fest, entfällt die Belastung nicht;

b.   die Wettbewerbsbeschränkung bei Eröffnung der Untersuchung länger als fünf Jahre nicht mehr ausgeübt worden ist;

c.   der Bundesrat eine Wettbewerbsbeschränkung nach Artikel 8 zugelassen hat.

I. Ausgangslage

1   In den Art. 49a, 50, 51 und 52 KG werden die Tatbestandsmerkmale umschrieben, welche zur Verhängung von kartellrechtlichen Verwaltungssanktionen führen. Bei der Redaktion der Gesetzesbestimmungen über die Verwaltungssanktionen hat der Gesetzgeber anlässlich der Revision 2003 Wert darauf gelegt, dass die im Gesetz als Verwaltungssanktionen bezeichneten Tatbestände der Art. 49a ff. KG nicht als Strafsanktionen qualifiziert werden können. Es wird deshalb im Gesetzestext nach wie vor streng darauf geachtet, dass nicht etwa Bussen verhängt, sondern die betroffenen Unternehmen mit Beträgen belastet werden. Mit dieser Gesetzgebungstechnik wollte der Gesetzgeber den im Strafrecht bekannten dogmatischen Schwierigkeiten ausweichen, welche sich aus der mangelnden Strafempfindlichkeit juristischer Personen ergeben. Gemäss den Ausführungen in der bundesrätlichen Botschaft wurde die Schaffung von Verwaltungssanktionen damit begründet, dass nur natürliche Personen strafrechtlich belangbar seien; Unternehmen seien nach herrschender Strafrechtslehre

---

1   Ursprünglich vor Art. 50.
2   Eingefügt durch Ziff. I des BG vom 20. Juni 2003, in Kraft seit 1. April 2004 (AS 2004 1385 1390; BBl 2002 2022 5506). Siehe auch die SchlB am Ende dieses Erlasses.

nicht deliktsfähig, weil ihnen keine subjektive Schuld zugewiesen werden könne (Botschaft 1994, 152; Botschaft 2001, 2034).

2   Die strafrechtliche Verantwortlichkeit von Unternehmen generell wird in Art. 102 StGB ausdrücklich anerkannt. Das Bundesverwaltungsgericht hat zudem in seiner jüngsten Praxis anerkannt, dass die im Gesetz noch als «Betrag» bezeichnete Sanktion unbestrittenermassen einer strafrechtlichen Anklage gleichkomme, weshalb sie Strafcharakter im Sinne von Art. 6 EMRK habe (RPW 2010/2, Bundesverwaltungsgericht in Sachen Swisscom Terminierungsgebühren, 265; RPW 2010/2, Bundesveraltungsgericht in Sachen Publigroupe Berufsvermittler, 356 f.). Am vom Gesetzgeber suggerierten Konzept der Verwaltungssanktion kann deshalb nicht länger festgehalten werden, und es müssen folglich in kartellrechtlichen Verfahren zur Verhängung von Sanktionen strafrechtliche Aspekte – insbesondere die Verfahrensgarantien der BV und der EMRK – berücksichtigt werden. Es kommt für die Qualifikation als Strafsanktion nicht auf die vom Gesetzgeber gewählte Bezeichnung, sondern auf den tatsächlichen Charakter der Sanktionen an. Die kartellgesetzlichen Sanktionen zeitigen für die betroffenen Unternehmen mit einer Obergrenze von 10 % des in den letzten drei Geschäftsjahren in der Schweiz erzielten Umsatzes sehr einschneidende Wirkungen und sind daher weit von blossen Ordnungsbussen oder anderen herkömmlichen Verwaltungsmassnahmen entfernt. Sie haben somit Strafcharakter (vgl. ausführlich Marcel Alexander Niggli/Christof Riedo, Basler Kommentar, Art. 49a, N 1 ff. mit Hinweisen auf die kartellrechtliche und strafrechtliche Literatur; YVO HANGARTNER, Aspekte des Verwaltungsverfahrensrechts nach dem revidierten Kartellgesetz von 2003, in: STOFFEL/ZÄCH, Kartellgesetzrevision 2003. Neuerungen und Folgen, Zürich 2004, 269 f.; PHILIPPE SPITZ, Ausgewählte Problemstellungen im Verfahren und bei der praktischen Anwendung des revidierten Kartellgesetzes, in: sic! 2004, 564 ff., der von quasistrafrechtlichen Sanktionen sui generis spricht; entsprechend seien verfassungsrechtliche und strafprozessuale Grundsätze anwendbar. Sogar die Botschaft 2001 betont den vergeltenden (durch negativen Netto-Nutzen von Kartellrechtsverstössen) und abschreckenden Charakter der direkten Sanktionen (vgl. Botschaft 2001, 2033, 2037 f.). Die Verfahrensgarantien von BV und EMRK sind daher einzuhalten.

3   Die gesetzgeberische Fehlqualifikation darf nicht dazu missbraucht werden, gegenüber juristischen Personen in der Strafrechtstheorie allgemein verpönte, auf rein objektive Tatbestandsmerkmale abgestützte Formaldelikte für die Ahndung von Verstössen gegen das Kartellgesetz einzuführen (dazu die Analyse der Problematik in Bezug auf das Steuerstrafrecht bei KATHRIN KUMMER, Die Strafbarkeit der juristischen Person, insbesondere im Steuerrecht, in: Archiv für Schweizerisches Abgaberecht 65, 445 ff., insbesondere 457 f. REKO/WEF in RPW 2002/2, Rhône-Poulenc SA, Merck & Co. Inc., 398; im Entscheid hielt die Rekurskommission für Wettbewerbsfragen fest, dass kartellrechtliche Verwaltungssanktionen nicht alleine aus objektiven Gründen auferlegt werden könnten. In der Folge hat die Wettbewerbskommission in ihrer Praxis formal eine oberflächliche Prüfung von Vorwerfbarkeitsaspekten vorgenommen, jedoch in ihren Begründungen den Eindruck eines Zirkelschlusses hinterlassen, wonach die objektive Verletzung der Kartellrechtsregeln bereits schon den Schluss zulasse, dass im fraglichen Unternehmen die Sorgfaltspflichten verletzt worden seien; so in RPW 2007/2, Publigroupe, Berufsvermittler, 232 f.).

4   Die Einführung direkter Sanktionen in Art. 49a KG bildet den eigentlichen Kern der Revision 2003. Damit können gewisse verpönte Verhaltensweisen nicht mehr erst im Wiederholungsfalle, sondern bereits auf Anhieb empfindlich bestraft werden. Damit soll die präventive Wirkung des Kartellrechts verstärkt werden. In der Vergangenheit erwies sich das Fehlen direkter Sanktionen als problematisch, wie etwa beim sogenannten Vitaminkartell. Dementsprechend wurde die geringe abschreckende Wirkung oft als Hauptproblem des Kartellgesetzes von 1995 erachtet (Botschaft 2001, 2027 f.).

5   Vor der Revision 2003 war im öffentlich-rechtlichen Sanktionensystem des Kartellgesetzes der dem schweizerischen Kartellrecht als Vorgabe dienende Missbrauchsansatz als Begründung vorgebracht worden, um direkte Sanktionen als verfassungsrechtlich problematisch anzusehen. Von wenigen Ausnahmen abgesehen (die in den Art. 51 und 55 KG sanktionierte Missachtung der Meldepflicht für meldepflichtige Zusammenschlussvorhaben und die Missachtung des Vollzugsverbots von Art. 32 Abs. 2 KG bei einem gemeldeten Zusammenschlussvorhaben), war die Sanktionierung davon abhängig, dass die Verletzung des Kartellgesetzes in einem rechtskräftigen Entscheid der Wettbewerbsbehörden festgestellt worden war und sich die beteiligten Unternehmen bzw. die verantwortlichen Personen nicht an die Feststellungen der Wettbewerbsbehörden in diesem Entscheid hielten. Ein erstmaliger Verstoss gegen eine kartellgesetzliche Norm führte zwar zur Feststellung, dass das fragliche Verhalten unzulässig sei, eine Sanktion konnte jedoch erst im Wiederholungsfalle verhängt werden. Die Revision 2003 relativiert nun die Bedeutung dieses Ansatzes, der zwar ausserhalb der harten Abreden von Art. 5 Abs. 3 und 4 KG und des Missbrauchs einer marktbeherrschenden Stellung gemäss Art. 50 KG nach wie vor anwendbar bleibt. Die aufgeführten gravierenden Kartellrechtsverstösse unterstehen neu den direkten Sanktionen gemäss Art. 49a KG. Bezüglich solcher Verstösse hat der Gesetzgeber also einen eigentlichen Paradigmawechsel vollzogen. Dabei stellte sich auch die Frage der Verfassungsmässigkeit dieses neuen Instruments der Wettbewerbsbehörden. Diese wurde in einem entsprechenden Gutachten grundsätzlich bejaht (vgl. das entsprechende Gutachten von RENÉ RHINOW/ANDRÁS A. GUROVITS, Gutachten über die Verfassungsmässigkeit der Einführung von direkten Sanktionen im Kartellgesetz, zuhanden des Generalsekretariats des Eidgenössischen Volkswirtschaftsdepartements EVD, in RPW 2001/3, 592 ff.).

II. Tatbestandsmerkmale

A. Täterkreis

6   Die in Art. 49a KG umschriebenen Wettbewerbsbeschränkungen müssen von einem Unternehmen begangen werden, damit sie mit direkten Sanktionen belegt werden können. Der Täterkreis entspricht dem Adressatenkreis des Kartellgesetzes. Angesichts des weit zu fassenden Begriffes des Unternehmens können auch natürliche Personen mit (direkten) Verwaltungssanktionen belegt werden, sofern sie als Unternehmer durch wirtschaftliche Tätigkeiten am Markt teilnehmen. Entgegen dem vom Gesetzgeber hinterlassenen Eindruck geht es folglich bei Art. 49a KG nicht nur, jedoch vorwiegend, um die Sanktionierung von juristischen Personen.

B. Unzulässige Verhaltensweisen

7 Direkte Sanktionen nach Art. 49a KG setzen schwerwiegende Wettbewerbsverstösse voraus und die Tatbestandsmässigkeit muss sich aus der Strafnorm mit hinreichender Bestimmtheit ergeben. Sanktionen können nur ausgesprochen werden, wenn sich ein Unternehmen an einem harten Kartell, d.h. an einer unzulässigen Abrede nach Art. 5 Abs. 3 und 4 KG, beteiligt oder wenn sich ein marktbeherrschendes Unternehmen unzulässig gemäss Art. 7 KG verhält. Liegt keine Beteiligung an einer unzulässigen Abrede gemäss Art. 5 Abs. 3 und 4 vor, so fallen direkte Sanktionen ausser Betracht. Möglich bleibt dann hingegen im Wiederholungsfall bei unzulässigen Wettbewerbsabreden im Sinne von Art. 5 KG die Sanktionierung gestützt auf Art. 50 KG (so auch FRANZ HOFFET/KLAUS NEFF, Ausgewählte Fragen zum revidierten Kartellgesetz und zur KG-Sanktionsverordnung, in: Anwaltsrevue 4/2004, 130).

8 Keine direkten Sanktionen sind namentlich dann möglich, wenn die Vermutung der Beseitigung wirksamen Wettbewerbs nach Art. 5 Abs. 3 bzw. 4 KG zwar widerlegt werden kann, die fragliche Abrede aber mangels Rechtfertigung im Sinne von Art. 5 Abs. 2 KG dennoch unzulässig gemäss Art. 5 Abs. 1 KG ist. Wegen des klaren Wortlautes von Art. 49a Abs. 1 KG, aufgrund der Höhe der Sanktionen gemäss dieser Bestimmung sowie angesichts der Botschaft (demgemäss sind nach Art. 5 Abs. 1 KG unzulässige Verhaltensweisen vom Anwendungsbereich der direkten Sanktionen ausgenommen; vgl. Botschaft 2001, 2037) wäre das Legalitätsprinzip verletzt, würden solche unter Art. 5 Abs. 1 KG fallenden Abreden mit direkten Sanktionen belegt (so auch MARCEL ALEXANDER NIGGLI/CHRISTOF RIEDO, Basler Kommentar, Art. 49a, N 102 f.; RETO JACOBS/JOHANNES A. BÜRGI, Auswirkungen der Kartellgesetzrevision auf Verträge, in: Schweizerische Juristen-Zeitung 2004, 149 f.; FRANZ HOFFET/KLAUS NEFF, Ausgewählte Fragen zum revidierten Kartellgesetz und zur KG-Sanktionsverordnung, in: Anwaltsrevue 4/2004, 130; PHILIPPE SPITZ, Ausgewählte Problemstellungen im Verfahren und bei der praktischen Anwendung des revidierten Kartellgesetzes, in: sic! 2004, 561; MARC AMSTUTZ/MANI REINERT, Vertikale Preis- und Gebietsabreden – eine kritische Analyse von Art. 5 Abs. 4 KG, in: Jusletter vom 27. September 2004, Rz. 123 f. A.M. PATRICK KRAUSKOPF/DOROTHEA SENN, Die Teilrevision des Kartellrechts – Wettbewerbspolitische Quantensprünge, in: sic! 2003, 9; ROGER ZÄCH, Die sanktionsbedrohten Verhaltensweisen nach Art. 49a Abs. 1 KG, insbesondere der neue Vermutungtatbestand für Vertikalabreden, in: STOFFEL/ZÄCH, Kartellgesetzrevision 2003. Neuerungen und Folgen, Zürich 2004, 34 ff., 38). Angesichts des strafrechtlichen Charakters direkter Sanktionen (vgl. N 2) gebieten sodann das Analogieverbot und das Bestimmtheitsgebot, solche Sanktionen auf Abreden nach Art. 5 Abs. 3 und 4 KG zu beschränken. Dabei ist auf die Wirkung einer Abrede und nicht auf den Abredetyp abzustellen (a.M. Rolf Dähler, Die wichtigsten Neuerungen im KG im Überblick, in: Jusletter vom 27. September 2004, Rz. 10, wonach für die Frage der Sanktionierbarkeit der Typ der Abrede und nicht ihre Wirkung entscheidend sei; ferner sei unwesentlich, ob die Beteiligung an einem harten Kartell zur Beseitigung, Art. 5 Abs. 3 und 4 KG,oder bloss zu einer nicht gerechtfertigten erheblichen Beeinträchtigung des Wettbewerbs, Art. 5 Abs. 1 und 2 KG, führe). Der Abredetyp alleine erlaubt keine kartellrechtliche Würdigung (so auch RETO JACOBS/JOHANNES A. BÜRGI, Auswirkungen der Kartellgesetzrevision auf Verträge, in: Schweizerische Juristen-Zeitung 2004, 149 f., Fn. 5). Im Hinblick auf das Legalitätsprinzip und das strafrechtliche Bestimmtheitsgebot stellt sich im Weiteren die Frage, ob die zirkulär formu-

lierte Generalklausel von Art. 7 Abs. 1 KG hinreichend präzise ist, um als Grundlage für die Auferlegung einer Sanktion zu dienen. Wie bereits bei der Kommentierung von Art. 7 KG festgehalten wurde, ist die Frage der Zulässigkeit oder Unzulässigkeit eines Unternehmens in marktbeherrschender Stellung oft nicht eindeutig zu beantworten, wie schon die Frage der Marktbeherrschung selbst. Mit dem Bundesverwaltungsgericht ist folglich im Zusammenhang mit einer Sanktionierung gemäss Art. 7 Abs. 1 KG davon auszugehen, dass allein gestützt auf die Anwendung der Generalklausel von Art. 7 Abs. 1 KG eine Sanktionierung mangels Bestimmtheit der anzuwendenden Norm nicht in Frage kommen kann (RPW 2010/2, Bundesverwaltungsgericht in Sachen Swisscom Terminierungsgebühren, 267, sowie RPW 2010/2, Bundesverwaltungsgericht in Sachen Publigroupe Berufsvermittler, 360). Ob es allerdings ausreicht, im Sinne der vorerwähnten Rechtsprechung des Bundesverwaltungsgerichts zwischen Art. 7 Abs. 1 KG und Art. 7 Abs. 2 KG (dem Beispielkatalog) eine untrennbare Einheit zu sehen, um die Sanktionierung im Zusammenhang mit Art. 7 KG mit dem Legalitätsprinzip und dem Bestimmtheitsgebot als vereinbar anzusehen, ist zu bezweifeln. Wendungen wie «Verweigerung von Geschäftsbeziehungen», «Diskriminierung», «unangemessene Preise und Geschäftsbedingungen», «Unterbietung von Preisen» etc. (vgl. den Beispielkatalog von Art. 7 Abs. 2 KG) geben unter dem Aspekt des Bestimmtheitsgebots wenig für eine Konkretisierung her, wie die Wettbewerbskommission im erwähnten Fall der Terminierungsgebühren selbst bewiesen hat; sie hat zwar eine Überhöhung dieser Gebühren festgestellt, war jedoch trotz mehrjähriger Untersuchung nicht in der Lage, die Angemessenheit dieser Gebühren zu bestimmen.

9   Im Unterschied zu Verstössen gegen einvernehmliche Regelungen und behördliche Anordnungen gemäss Art. 50 KG setzen direkte Sanktionen nach Art. 49a KG nicht voraus, dass die betreffenden Unternehmen zu ihrem eigenen Vorteil handeln. Der Verzicht auf dieses Tatbestandsmerkmal ist angesichts dessen ohnehin geringer praktischer Bedeutung (vgl. dazu die Kommentierung zu Art. 50 KG, N 6) zu begrüssen.

C. Verschulden

10   Bereits unter dem Blickwinkel neuerer Strafrechtstheorien erscheint fraglich, ob die auch in der Botschaft 2001 wieder angeführte Begründung für die Einführung von Verwaltungssanktionen überhaupt stichhaltig ist. Von den erwähnten Theorien beeinflusste Gesetzgebungsarbeiten haben zur Erkenntnis geführt, dass dem Unternehmen als vernunftgesteuertem Gebilde sehr wohl strafbare Handlungen zugerechnet werden können (vgl. Art. 102 StGB und beispielsweise die Ansätze bei KATHRIN KUMMER, Die Strafbarkeit der juristischen Person, insbesondere im Steuerrecht, in: Archiv für Schweizerisches Abgaberecht 65, 445 ff., insbesondere 448 mit Hinweis auf GÜNTER STRATENWERTH, Strafrechtliche Unternehmenshaftung?, in: Festschrift für RUDOLF SCHMIDT, Tübingen 1992, 295 ff.).

11   Vor dem Hintergrund der ausdrücklichen Anerkennung der strafrechtlichen Verantwortlichkeit von Unternehmen in Art. 102 StGB läuft die bundesrätliche Begründung in der Botschaft für die Einführung von Verwaltungssanktionen endgültig ins Leere. Die erwähnte Bestimmung ermöglicht die Strafbarkeit eines Unternehmens selbst dann, wenn eine Straftat keiner bestimmten Person zugeordnet werden kann, im Unternehmen jedoch Organisationsmängel in Erfahrung gebracht werden können. Neben der Tatbestandsmässigkeit und Rechtswidrigkeit

des Verhaltens muss also auch ein Sorgfaltsmangel im Sinne einer Vorwerfbarkeit nachge-wiesen werden können, der die bei der juristischen Person nicht nachweisbaren subjektiven Strafbarkeitsvoraussetzungen bis zu einem gewissen Grade ersetzt (zu Organisationsmängeln bei YVAN JEANNERET, La responsabilité pénale de l'entreprise et le droit de la circulation routière, in: Aktuelle Juristische Praxis 2004, 922 ff.; vgl. auch MARK PIETH, Die strafrechtliche Verantwortung des Unternehmens, in: Schweizerische Zeitschrift für Strafrecht 2003, 360 f., 365 f.; ferner KATHRIN KUMMER, Die Strafbarkeit der juristischen Person, insbesondere im Steuerrecht, in: Archiv für Schweizerisches Abgaberecht 65, 454. In diesem Sinne ebenfalls SANDRA LÜTOLF, Strafbarkeit der juristischen Person, Zürich 1997, 238; in diesem Zusammen-hang auch die Ausführungen unter N 2 f.). Damit wird berücksichtigt, dass das Verhalten einzelner Führungskräfte nicht in jedem Fall ermittelt werden kann. Ein Unternehmen muss so organisiert werden, dass keine Rechtsverletzungen begangen werden. Wird dies unter-lassen, weil es beispielsweise nicht für notwendig erachtet wird, ein Compliance-Programm nachhaltig um- und durchzusetzen, trifft das Unternehmen ein Organisationsverschulden.

12 Dieser Entwicklung ist auch bei den kartellrechtlichen Verwaltungssanktionen Rechnung zu tragen. Für die Verhängung einer Verwaltungssanktion ist demzufolge erforderlich, dass ge-genüber der juristischen Person oder ihren Organen das zur Sanktion führende Verhalten im oben erwähnten Sinne (vgl. N 11) vorwerfbar ist. Abzulehnen ist hingegen der Ansatz, wo-nach überhaupt kein Verschulden vorauszusetzen ist und Verwaltungssanktionen ohne den Nachweis eines strafrechtlich vorwerfbaren Verhaltens einer natürlichen Person verhängt werden können (a.M. die Botschaft 2001, 2034, die noch auf dem inzwischen überholten Grundsatz der Deliktsunfähigkeit von Unternehmen beruht).

13 Wie bereits erwähnt, sind in der Praxis der Wettbewerbsbehörden zu Verwaltungssanktionen Ansätze vorhanden, die darauf hindeuten, dass auch subjektive Elemente im Sinne einer Vorwerfbarkeit berücksichtigt werden sollen; allerdings wird diese Prüfung schnell unter dem Vorwand abgebrochen, dass die objektive Verletzung der Kartellrechtsnorm bereits Beweis genug sei, dem betroffenen Unternehmen mangelnde Sorgfalt vorzuwerfen (vgl. N 3). In der Literatur wird die kausale Verantwortlichkeit von Unternehmen abgelehnt (FRANZ HOFFET/ KLAUS NEFF, Ausgewählte Fragen zum revidierten Kartellgesetz und zur KG-Sanktionsverord-nung, in: Anwaltsrevue 4/2004, 129 f., die zu Recht darauf hinweisen, dass die völlig ver-schuldensunabhängige Verhängung so hoher Sanktionen – wie im Kartellgesetz vorgesehen – kaum rechtsstaatlich vertretbar und EMRK-konform sei). Zu beachten ist schliesslich, dass kartellrechtliche Sanktionen nicht nur bei Vorsatz, sondern bereits bei Fahrlässigkeit ausge-fällt werden können (YVO HANGARTNER, Aspekte des Verwaltungsverfahrensrechts nach dem revidierten Kartellgesetz von 2003, in: STOFFEL/ZÄCH, Kartellgesetzrevision 2003, Neuerungen und Folgen, Zürich 2004, 277 f.; vgl. auch RPW 2002/3, Zusammenschluss Schweizerische National-Versicherungs-Gesellschaft/Coop Leben, 534, wonach schuldhafte Fahrlässigkeit notwendig sei). Unter Umständen ist ein entschuldbarer Sachverhaltsirrtum oder ein ent-schuldbarer Verbotsirrtum zu berücksichtigen (dazu PHILIPPE SPITZ, Ausgewählte Problem-stellungen im Verfahren und bei der praktischen Anwendung des revidierten Kartellgesetzes, in: sic! 2004, 564 f.).

III. Sanktion

14   Die in Art. 49a Abs. 1 KG vorgesehene Sanktion ist pekuniärer Art. Der maximale Sanktionsbetrag wird durch den in den letzten drei Geschäftsjahren in der Schweiz erzielten Umsatz begrenzt, wovon höchstens 10 % als Sanktion ausgefällt werden können. Bei Banken und Versicherungsgesellschaften ist Art. 9 Abs. 3 KG sinngemäss anwendbar.

15   Die konkrete Bemessung der Sanktion innerhalb des abstrakten Sanktionsrahmens von Art. 49a Abs. 1 KG hat den Umständen des Einzelfalls und dem Grundsatz der Verhältnismässigkeit Rechnung zu tragen. Das bedeutet insbesondere, dass eine kartellrechtliche Sanktion weder den Konkurs eines Sanktionierten herbeiführen noch dessen Wettbewerbsfähigkeit erheblich beeinträchtigen darf. Dies würde den Zielen des Wettbewerbsrechts diametral zuwiderlaufen. Dennoch verlangt die präventive Wirkung des Kartellgesetzes, dass die erwartete Sanktion auf jeden Fall höher ausfällt als die erwartete Kartellrente, das heisst, der Netto-Nutzen aus einem Kartellrechtsverstoss muss negativ sein (Botschaft 2001, 2033, 2037 f.). Bei der Sanktionierung von Konzerngesellschaften ist zu beachten, dass der für die Sanktionierung massgebende Umsatz der Unternehmensverantwortung des sanktionierten Unternehmens zugerechnet werden kann.

16   Die Bemessungskriterien bei der Verhängung von Sanktionen gemäss Art. 49a KG werden durch die Verordnung über die Sanktionen bei unzulässigen Wettbewerbsbeschränkungen (Verordnung über die Sanktionen bei unzulässigen Wettbewerbsbeschränkungen vom 12. März 2004, KG-Sanktionsverordnung, SVKG → Nr. 5) konkretisiert. Dabei ist nach Art. 3 SVKG von einem Basisbetrag auszugehen. Dieser beläuft sich, je nach Schwere und Art des Verstosses, höchstens auf 10 % des Umsatzes, den das betreffende Unternehmen in den letzten drei Geschäftsjahren auf den relevanten Märkten in der Schweiz erzielt hat. Anschliessend wird der Basisbetrag je nach Dauer des Wettbewerbsverstosses und bei Vorliegen erschwerender Umstände erhöht (Art. 4 f. SVKG). Bei mildernden Umständen wird der Betrag vermindert (Art. 6 SVKG).

17   Beim Festlegen des konkreten Sanktionsbetrages scheint die rechtsanwendende Behörde einen erheblicher Ermessensspielraum zu haben, denn die erwähnte Verordnung enthält – ausser für die an die Dauer geknüpfte Erhöhung – keine Anhaltspunkte hinsichtlich des Umfanges solcher Erhöhungen bzw. Verminderungen. Aufgrund des klaren Wortlautes der massgebenden Bestimmungen steht aber der Entscheid, ob der Basisbetrag überhaupt erhöht oder vermindert wird, bei Vorliegen der entsprechenden Voraussetzungen nicht im Ermessen der Wettbewerbsbehörden, sondern die Wettbewerbskommission hat einen Sanktionsentscheid zu erlassen, der auch von seinem Betrag her für die betroffenen Unternehmen nachvollziehbar und von der Rechtsmittelinstanz überprüfbar ist. Vor diesem Hintergrund ist die Praxis des Bundesverwaltungsgerichts fragwürdig, wenn es trotz schwer nachvollziehbarem Sanktionsbetrag den Entscheid der Wettbewerbskommission dennoch schützt (RPW 2010, Bundesverwaltungsgericht in Sachen Publigroupe, Berufsvermittler, 364 ff.). In keinem Fall aber beträgt die Sanktion mehr als 10 % des in den letzten drei Geschäftsjahren in der Schweiz erzielten Umsatzes (Art. 7 SVKG i.V.m. Art. 49a Abs. 1 KG).

18   Der Basisbetrag nach Art. 3 SVKG stellt auf den Umsatz auf den betroffenen relevanten Märkten in der Schweiz ab. Dieses Bemessungskriterium unterscheidet sich vom maximalen

Sanktionsbetrag nach Art. 7 SVKG i.V.m. Art. 49a Abs. 1 KG, welcher den gesamten in der Schweiz erzielten Umsatz berücksichtigt. Trotz dieser Unterscheidung sind unbefriedigende Ergebnisse nicht gänzlich auszuschliessen. Dies gilt namentlich dann, wenn ein Unternehmen in der Schweiz nur auf den nach Art. 3 SVKG relevanten Märkten Umsätze erzielt, zugleich bereits Schwere und Art eines Wettbewerbsverstosses zum maximalen Basisbetrag von Art. 3 SVKG führen und zusätzliche Erhöhungsgründe im Sinne von Art. 4 f. SVKG vorliegen. In diesem Falle besteht kein Handlungsspielraum mehr für solche Erhöhungen; es muss entweder – aufgrund einer vorweggenommenen, ergebnisorientierten Gesamtschau – der Basisbetrag zu tief angesetzt werden, um ihn anschliessend erhöhen zu können, oder aber es wird auf dessen Erhöhung verzichtet. Beides widerspricht den gesetzlichen Vorgaben. Mit unterschiedlich hohen Prozentsätzen in Art. 3 und 7 SVKG liesse sich dieses Problem lösen.

19   Schliesslich ist möglich, dass im Einzelfall erschwerende und gleichzeitig mildernde Umstände gegeben sind. In diesem Fall muss sowohl Art. 5 SVKG als auch Art. 6 SVKG Anwendung finden. Es ist denkbar, dass sich diese beiden Bestimmungen gegenseitig in ihrer Wirkung neutralisieren.

IV. Bonusregelung

20   Die Bonusregelung von Art. 49a Abs. 2 KG erlaubt den vollständigen oder teilweisen Sanktionsverzicht, wenn ein Unternehmen an der Aufdeckung und Beseitigung einer Wettbewerbsbeschränkung mitwirkt. Das soll die Verfolgung harter Kartelle erleichtern, namentlich durch einen besonderen Anreiz für austrittswillige Kartellmitglieder, durch das Schwächen bestehender Kartelle von innen her und durch leichter zugängliche Informationen für die Sachverhaltsermittlung (Botschaft 2001, 2038).

21   Der Zweck der Bonusregelung nach Art. 49a Abs. 2 KG liegt in der Aufdeckung unzulässiger Wettbewerbsbeschränkungen. Dies ist abzugrenzen von der Meldemöglichkeit nach Art. 49a Abs. 3 lit. a KG, deren Ziel die Schaffung von Rechtssicherheit für die betroffenen Unternehmen ist (RETO JACOBS, Sanktionen vermeiden – Meldung gemäss revidiertem Kartellgesetz, in: Jusletter vom 27. September 2004, Rz. 5; dazu nachfolgend Rz. 27). Die Bonusregelung in der Schweiz ist von ihrer gesetzlichen Ausgestaltung her nicht auf eigentliche Kartelle (horizontale Preis-, Mengen- oder Gebietsabreden im Sinne von Art. 5 Abs. 3 KG) beschränkt, sondern kann mangels entsprechender Einschränkungen grundsätzlich auch für vertikale Wettbewerbsabreden im Sinne von Art. 5 Abs. 4 KG (vgl. RPW 2009/2, Sécateurs et cisailles, 143 ff.) in Anspruch genommen werden und theoretisch, wenn auch in der Praxis noch nicht erprobt und eher schwer vorstellbar, beim Missbrauch durch ein marktbeherrschendes Unternehmen.

22   Die Voraussetzungen für einen vollständigen Erlass einer Sanktion bzw. für deren Reduktion sowie Form und Inhalt von Selbstanzeigen als auch die Kooperation mit den Wettbewerbsbehörden sind in Art. 8 ff. SVKG (→ Nr. 5) geregelt. Zu beachten ist insbesondere, dass ein vollständiger Sanktionserlass nur für dasjenige Unternehmen in Frage kommt, welches der Wettbewerbsbehörde zuerst relevante Informationen liefert oder entsprechende Beweismittel vorlegt (Art. 8 Abs. 1 lit. a und b SVKG). Das ergibt sich aus dem Zugangsprinzip gemäss Art. 10 SVKG. Ausserdem darf die Wettbewerbsbehörde nicht bereits über ausreichende Informationen verfügen, um ein entsprechendes Verfahren zu eröffnen (Art. 8 Abs. 3 SVKG).

Ausgeschlossen ist ein vollständiger Sanktionserlass für Unternehmen mit einer anstiftenden oder führenden Rolle im betreffenden Kartell, wenn der Wettbewerbsbehörde nicht unaufgefordert alle Informationen und Beweismittel vorgelegt werden, wenn nicht während der ganzen Verfahrensdauer uneingeschränkt mit der Wettbewerbsbehörde zusammengearbeitet wird oder wenn die Beteiligung am Kartell nicht nach der Selbstanzeige eingestellt wird (Art. 8 Abs. 2 lit. a bis d SVKG).

23   Ein teilweiser Sanktionserlass wird dann berücksichtigt, wenn bereits ein anderes Kartellmitglied eine Selbstanzeige erstattet hat. Im Unterschied zur vollständigen kann die teilweise Befreiung von einer Belastung auch mehreren Unternehmen gewährt werden. Dabei geht die Wettbewerbskommission in ihrer Praxis sogar so weit, praktisch allen beteiligten Unternehmen einen Sanktionserlass zu gewähren, wenn diese sich im Untersuchungsverfahren kooperativ zeigen und sich letztlich zum Abschluss einer einvernehmlichen Regelung bereit erklären, wobei fraglich ist, was bei einem horizontalen Preiskartell letztlich noch einvernehmlich geregelt werden kann (vgl. RPW 2009/3, Elektroinstallationen Bern, 196 ff.).

24   Die KG-Sanktionsverordnung regelt nur den vollständigen bzw. teilweisen Sanktionserlass bei Verstössen gegen Art. 5 Abs. 3 und 4 KG, nicht jedoch bei unzulässigen Verhaltensweisen nach Art. 7 KG. Das Kartellgesetz hingegen beschränkt gemäss Art. 49a Abs. 2 KG den vollständigen bzw. teilweisen Verzicht auf eine Sanktion nicht auf harte Kartelle. Deshalb müssen grundsätzlich auch sich unzulässig verhaltende marktbeherrschende Unternehmen von einem vollständigen bzw. teilweisen Sanktionserlass profitieren können (Franz Hoffet/Klaus Neff, Ausgewählte Fragen zum revidierten Kartellgesetz und zur KG-Sanktionsverordnung, in: Anwaltsrevue 4/2004, 131).

25   Die KG-Sanktionsverordnung sieht auch Selbstanzeigen in anonymisierter Form vor. Kommt ein Unternehmen nachträglich auf seinen Entscheid zur (vorerst anonymen) Selbstanzeige zurück und will es auf die Anzeige verzichten, besteht das Risiko, dass die Wettbewerbsbehörde gleichwohl aktiv wird und von Amtes wegen ein Verfahren eröffnet. Deshalb sollten anonyme Selbstanzeigen möglichst keine Rückschlüsse auf betroffene Märkte und andere beteiligte Unternehmen erlauben; es sind nicht nur Namen zu anonymisieren, sondern auch weitere Tatsachen nur in hypothetischer Form zu schildern (vgl. Patrick Krauskopf/Dorothea Senn, Die Teilrevision des Kartellrechts – Wettbewerbspolitische Quantensprünge, in: sic! 2003, 17).

V. Meldung und Widerspruchsverfahren

26   Gemäss Art. 49a Abs. 3 lit. a Satz 1 KG entfällt die Sanktion nach Art. 49a Abs. 1 KG, wenn ein Unternehmen den Behörden eine Wettbewerbsbeschränkung meldet, bevor diese Wirkung entfaltet. Eröffnen die Wettbewerbsbehörden innerhalb von fünf Monaten nach der Meldung keine Vorabklärung oder Untersuchung nach den Art. 26–30 KG, so kann die betreffende Verhaltensweise später nicht mehr sanktioniert werden, selbst wenn deren Unzulässigkeit festgestellt werden sollte. Wird jedoch innerhalb von fünf Monaten nach der Meldung durch die Behörden Widerspruch erhoben (dabei handelt es sich um das sogenannte Widerspruchsverfahren, s. dazu N 30) und ein Verfahren nach den Art. 26–30 KG eröffnet, dann entfällt die Sanktion nur, wenn das Unternehmen nach der Verfahrenseröffnung auf das wettbewerbsbeschränkende Verhalten verzichtet (Art. 49a Abs. 3 lit. a Satz 2 KG). Wird hin-

gegen daran festgehalten, entfällt das Sanktionsrisiko nur für die Zeit zwischen Meldung und Verfahrenseröffnung; für die Zeit danach lebt das Sanktionsrisiko wieder auf. Ob dann tatsächlich eine Sanktion ausgesprochen wird, entscheidet sich aufgrund der Ergebnisse der Vorabklärung bzw. Untersuchung nach Art. 26 f. KG und in einem allfälligen Sanktionsverfahren nach Art. 53 KG.

27   Mit Meldungen nach Art. 49a Abs. 3 lit. a KG können die betroffenen Unternehmen Rechtssicherheit schaffen. Sie sollen nicht das Risiko einer Fehleinschätzung der Zulässigkeit bestimmter Verhaltensweisen tragen müssen. Vielmehr soll das Sanktionsrisiko berechenbar sein, und die Unternehmen sollen die Möglichkeit haben, sich rechtmässig zu verhalten (Botschaft 2001, 2036, 2039). Dieser Zweck ist zu unterscheiden von demjenigen der Bonusregelung gemäss Art. 49a Abs. 2 KG (dazu N 21). Das Risiko von Fehleinschätzungen besteht deshalb, weil die Normen im Kartellgesetz, für deren Verletzung Art. 49a Abs. 1 KG direkte Sanktionen androht, von hohem Unbestimmtheitsgrad sind. Um für betroffene Unternehmen dennoch die erforderliche Rechtssicherheit zu gewährleisten, steht mit dem Meldeverfahren ein entsprechendes Korrektiv zur Verfügung. Direkte Sanktionen ohne die Möglichkeit einer vorgängigen Klarstellung der Rechtslage wären hingegen verfassungsrechtlich bedenklich (vgl. das entsprechende Gutachten von René Rhinow/András A. Gurovits, Gutachten über die Verfassungsmässigkeit der Einführung von direkten Sanktionen im Kartellgesetz, zuhanden des Generalsekretariats des Eidgenössischen Volkswirtschaftsdepartements EVD, in RPW 2001/3, 612; ebenso Botschaft 2001, 2036). Daraus folgt zunächst, dass die Wettbewerbsbehörden angemessen auf solche Meldungen reagieren müssen. Tun sie dies nicht, sind spätere Sanktionen nicht zulässig (René Rhinow/András A. Gurovits, Gutachten über die Verfassungsmässigkeit der Einführung von direkten Sanktionen im Kartellgesetz, zuhanden des Generalsekretariats des Eidgenössischen Volkswirtschaftsdepartements EVD, in RPW 2001/3, 612; vgl. auch N 26). Zudem haben die Unternehmen «(...) einen Anspruch auf Feststellung der ‹Unbedenklichkeit› einer Wettbewerbsbeschränkung» (René Rhinow/András A. Gurovits, Gutachten über die Verfassungsmässigkeit der Einführung von direkten Sanktionen im Kartellgesetz, zuhanden des Generalsekretariats des Eidgenössischen Volkswirtschaftsdepartements EVD, in RPW 2001/3, 613). Das ist jedoch kein eigentlicher Feststellungsanspruch auf materielle Beurteilung bestimmter Verhaltensweisen. Dies erfolgt nur im Anschluss an einen allfälligen Widerspruch durch die Wettbewerbsbehörden (vgl. dazu auch Patrik Ducrey, Erste Erfahrungen der Wettbewerbsbehörden mit den revidierten Bestimmungen – insbesondere mit der Meldung gemäss Art. 49a Abs. 3 lit. a KG, in: Jusletter vom 27. September 2004, Rz. 11). Diese Situation hat beispielsweise dazu geführt, dass das Sekretariat der Wettbewerbskommission bezüglich einer Interchange Fee für Debitkarten im Anschluss an eine Meldung der beteiligten Unternehmen eine die Sanktionierbarkeit wieder aufleben lassende Vorabklärung eröffnete, jedoch die Wettbewerbsbehörden sich auf den Standpunkt stellen konnten, dass keine Verpflichtung bestand, sich abschliessend zur Unzulässigkeit oder Zulässigkeit des Verhaltens zu äussern, und die betroffenen Unternehmen auch keinen Feststellungsanspruch hätten. Das Bundesgericht hat diesen Standpunkt der Wettbewerbsbehörden angesichts der wenig gelungenen gesetzlichen Regelung zähneknirschend geschützt (vgl. BGE 135 II 60).

28   Die Voraussetzungen und das Verfahren der Meldung sind in Art. 15 ff. SVKG (→ Nr. 5) geregelt. In diesem Zusammenhang ist auf das von der Wettbewerbskommission erstellte

Meldeformular hinzuweisen (→ Nr. 11; das in Art. 16 Abs. 1 SVKG erwähnte Formular ist auch auf der Internetseite der Wettbewerbskommission zu finden, www.weko.admin.ch). Zu beachten ist bezüglich Art. 49a Abs. 3 lit. a KG, dass nicht alle Wettbewerbsbeschränkungen meldefähig sind. Meldefähig sind ausschliesslich die in Art. 49a Abs. 1 KG erwähnten Wettbewerbsbeschränkungen, also harte Kartelle, und unzulässige Verhaltensweisen marktbeherrschender Unternehmen. Bei anderen Sachverhalten ist die Beratung durch das Sekretariat der Wettbewerbskommission gemäss Art. 23 Abs. 2 KG möglich. Bestehen bezüglich dieser Abgrenzung Zweifel, muss eine Meldung, auch im Sinne einer unpräjudiziellen vorsorglichen Meldung, möglich sein. Denn deren Zweck ist es ja gerade, in dieser Frage Rechtssicherheit zu schaffen (Botschaft 2001, 2039; vgl. auch RETO JACOBS, Sanktionen vermeiden – Meldung gemäss revidiertem Kartellgesetz, in: Jusletter vom 27. September 2004, Rz. 7). Ferner sind nur neue Wettbewerbsbeschränkungen meldefähig. Das sind solche, die zum Zeitpunkt der Meldung noch keine Wirkungen im Markt entfaltet haben. Dies ergibt sich aus dem Wortlaut von Art. 49a Abs. 3 lit. a KG. Im Zusammenhang mit dem Übergangsrecht in der Schlussbestimmung zur Revision 2003 hat das Bundesgericht entschieden, dass Sachverhalte, welche den Wettbewerbsbehörden bereits vor Ablauf der Übergangsfrist bekannt waren, nicht mehr gemäss dem Übergangsrecht gemeldet werden können (vgl. die Kommentierung zum Übergangsrecht).

29   Die Voraussetzung der Neuheit von Wettbewerbsbeschränkungen kann zu Abgrenzungsproblemen gegenüber bereits früher bestehenden Verhaltensweisen führen. (Näheres zu bestehenden Wettbewerbsbeschränkungen in N 33 ff.) Grundsätzlich ist darauf abzustellen, ob eine Wettbewerbsbeschränkung ihre Wirkungen vor oder nach dem 1. April 2004 entfaltete. Ebenfalls neue Wettbewerbsbeschränkungen sind solche, die bereits früher bestehende, jedoch befristete Verhaltensweisen verlängern. Denn erst der Verlängerungsentscheid führt zu weiteren Wettbewerbsbeschränkungen. Diese müssen daher für Art. 49a Abs. 3 lit. a KG als neu gelten (RETO JACOBS, Sanktionen vermeiden – Meldung gemäss revidiertem Kartellgesetz, in: Jusletter vom 27. September 2004, Rz. 11). Dementsprechend sind Meldungen im Sinne dieser Bestimmung auch bei der Wiederaufnahme früherer, jedoch inzwischen unterbrochener Verhaltensweisen möglich (RETO JACOBS, Sanktionen vermeiden – Meldung gemäss revidiertem Kartellgesetz, in: Jusletter vom 27. September 2004, Rz. 11).

30   Das Widerspruchsverfahren im Sinne von Art. 49a Abs. 3 lit. a KG dient einzig dem Entscheid, ob die Wettbewerbsbehörden bezüglich bestimmter Verhaltensweisen Widerspruch erheben oder nicht. Falls sie dies tun, erfolgt der Widerspruch mittels Eröffnung eines Verfahrens nach den Art. 26–30 KG. Im Widerspruchsverfahren wird keine abschliessende materielle Beurteilung eines Sachverhaltes vorgenommen (zum Widerspruchsverfahren PATRIK DUCREY, Meldung und Widerspruchsverfahren nach revidiertem Kartellgesetz, Art. 49a Abs. 3 lit. a KG, in: STOFFEL/ZÄCH, Kartellgesetzrevision 2003, Neuerungen und Folgen, Zürich 2004, 151 ff.; PATRIK DUCREY, Erste Erfahrungen der Wettbewerbsbehörden mit den revidierten Bestimmungen – insbesondere mit der Meldung gemäss Art. 49a Abs. 3 lit. a KG, in: Jusletter vom 27. September 2004, Rz. 11 ff.).

VI. Verwirkung und ausnahmsweise Zulassung von Wettbewerbsbeschränkungen

31   Eine Belastung nach Art. 49a Abs. 1 KG entfällt bei einer Meldung gemäss Art. 49a Abs. 3 lit. a KG und bei einer Wettbewerbsbeschränkung, die bei der Eröffnung einer Untersuchung schon länger als fünf Jahre nicht mehr ausgeübt worden ist (Art. 49a Abs. 3 lit. b KG). Dabei handelt es sich um eine Verwirkungsfrist, für welche auf die tatsächliche Ausübung der betreffenden Verhaltensweise abzustellen ist (PHILIPPE SPITZ, Ausgewählte Problemstellungen im Verfahren und bei der praktischen Anwendung des revidierten Kartellgesetzes, in: sic! 2004, 563 f.). Diese Bestimmung hatte allerdings erst ab dem 1. April 2009 praktische Bedeutung, denn die Sanktionen nach Art. 49a Abs. 1 KG hatten keine Rückwirkung vor dem 1. April 2004 (Botschaft 2001, 2048. Vgl. auch PHILIPPE SPITZ, Ausgewählte Problemstellungen im Verfahren und bei der praktischen Anwendung des revidierten Kartellgesetzes, in: sic! 2004, 564).

32   Schliesslich entfällt eine Belastung nach Art. 49a Abs. 1 KG, wenn der Bundesrat eine Wettbewerbsbeschränkung nach Art. 8 KG ausnahmsweise aus überwiegenden öffentlichen Interessen zugelassen hat (Art. 49a Abs. 3 lit. c KG).

VII. Am 1. April 2004 bestehende Wettbewerbsbeschränkungen

33   Die zum Zeitpunkt des Inkrafttretens von Art. 49a KG bestehenden Verhaltensweisen fallen unter die Schlussbestimmung zur Revision 2003. Demnach entfällt eine Belastung gemäss Art. 49a KG, wenn eine Wettbewerbsbeschränkung innerhalb eines Jahres nach Inkrafttreten des erwähnten Artikels gemeldet oder aufgelöst wird. Diese Jahresfrist ist am 31. März 2005 abgelaufen.

34   Das Bundesgericht hat in einem Leitentscheid entschieden, dass Sachverhalte, welche der Wettbewerbsbehörde bereits bekannt sind, nicht mehr gemäss der Schlussbestimmung zur Revision gemeldet werden können (vgl. nachfolgend die Kommentierung zur Schlussbestimmung). Um einer Sanktionsgefahr gänzlich zu entgehen, mussten die betroffenen Unternehmen deshalb der Behörde bereits bekannte Abreden bis zum 31. März 2005 aufgehoben haben.

Art. 50[1]   Verstösse gegen einvernehmliche Regelungen und behördliche Anordnungen

Verstösst ein Unternehmen zu seinem Vorteil gegen eine einvernehmliche Regelung, eine rechtskräftige Verfügung der Wettbewerbsbehörden oder einen Entscheid der Rechtsmittelinstanzen, so wird es mit einem Betrag bis zu 10 Prozent des in den letzten drei Geschäftsjahren in der Schweiz erzielten Umsatzes belastet. Artikel 9 Absatz 3 ist sinngemäss anwendbar. Bei der Bemessung des Betrages ist der mutmassliche Gewinn, den das Unternehmen durch das unzulässige Verhalten erzielt hat, angemessen zu berücksichtigen.

---

1   Fassung gemäss Ziff. I des BG vom 20. Juni 2003, in Kraft seit 1. April 2004 (AS 2004 1385 1390; BBl 2002 2022 5506).

I. Ausgangslage

1 Art. 50 KG beruht nach wie vor auf dem sogenannten Missbrauchsansatz (dazu die Kommentierung zu Art. 49a KG, N 5). Soweit kein Anwendungsfall für direkte Sanktionen nach Art. 49a Abs. 1 KG vorliegt (dazu die Kommentierung zu Art. 49a KG, N 1 ff.), können erstmalige Wettbewerbsverstösse nicht sanktioniert werden. Sie führen nur zur Feststellung, dass das fragliche Verhalten unzulässig ist. Eine Sanktionierung erfolgt erst im Wiederholungsfall. Namentlich Verletzungen einvernehmlicher Regelungen, rechtskräftiger Verfügungen der Wettbewerbsbehörden oder von Entscheiden der Rechtsmittelinstanzen werden dann mit der in Art. 50 KG vorgesehenen Sanktion belegt.

II. Tatbestandsmerkmale

A. Täterkreis

2 Was den Täterkreis betrifft, kann auf die Ausführungen bei der Kommentierung zu Art. 49a KG verwiesen werden (dazu die Kommentierung zu Art. 49a KG, N 6). Jedoch ist dieser generelle Adressatenkreis selbstverständlich dadurch eingeschränkt, als nur gegenüber denjenigen Unternehmen eine Sanktion verhängt werden kann, die in einem Entscheid der Wettbewerbsbehörden als formelle Adressaten bezeichnet worden sind. Ist also ein Unternehmensverband – der als solcher dem Kartellgesetz untersteht (RPW 1998/3, Ärztegesellschaft des Kantons Zürich AGZ, 423) – einziger Adressat einer Verfügung der Wettbewerbsbehörden, kann der Verband gestützt auf Art. 50 KG nicht für das Verhalten einzelner, rechtlich selbstständiger Mitglieder sanktioniert werden (RPW 1998/3, Ärztegesellschaft des Kantons Zürich AGZ, 424 f.).

B. Verstoss gegen einen Entscheid

3 Die Verhängung einer Verwaltungssanktion setzt voraus, dass die als formelle Adressaten des Entscheids genannten Unternehmen gegen eine einvernehmliche Regelung bzw. eine rechtskräftige Verfügung der Wettbewerbsbehörden oder gegen einen Entscheid der Rechtsmittelinstanzen verstossen haben. Zu beachten ist insbesondere, dass eine Verletzungshandlung im engeren Sinn vorliegen muss. Das nach Art. 50 KG zu sanktionierende Verhalten muss mit dem in der einvernehmlichen Regelung bzw. rechtskräftigen Verfügung bezeichneten, wettbewerbsrechtlich relevanten Verhalten übereinstimmen (RPW 2003/4, Swisscom-Werbebeilagen, 841 f.). Anderenfalls kann mangels Verstosses keine Sanktion ausgefällt werden.

4 Fraglich ist in diesem Zusammenhang, ob der Verstoss gegen eine einvernehmliche Regelung tatsächlich für sich alleine genommen zur Verhängung von Sanktionen führen kann. Es ist in diesem Zusammenhang zu beachten, dass die einvernehmliche Regelung gemäss Art. 29 Abs. 2 KG von der Wettbewerbskommission formell genehmigt werden muss; dadurch wird die einvernehmliche Regelung in eine Verfügung der Wettbewerbskommission umgegossen. Entsprechend kann das Untersuchungsverfahren nach Art. 27 KG nicht durch eine einvernehmliche Regelung im eigentlichen Sinne, sondern nur durch einen formellen Entscheid abgeschlossen werden. Konsequenterweise muss sich auch der zu sanktionierende Verstoss gegen einen derartigen formellen Verfahrensabschluss richten. Denkbar ist vor diesem Hintergrund, dass Art. 50 KG mit dem Hinweis auf einvernehmliche Regelungen selbst dann

Verstösse gegen solche Einigungen sanktionieren soll, wenn die formelle Genehmigung der Wettbewerbskommission zum Zeitpunkt des Verstosses noch aussteht.

5 Voraussetzung für eine Sanktionierung ist, dass der Entscheid, gegen den verstossen wird, rechtskräftig geworden ist. Art. 50 KG spricht in diesem Zusammenhang von Verfügungen der Wettbewerbsbehörden. Darunter kann neben einer Verfügung der Wettbewerbskommission oder ihres Sekretariats auch ein bundesrätlicher Entscheid über die ausnahmsweise Zulassung im Verfahren nach Art. 8 und 11 KG verstanden werden.

C. Zum Vorteil des Unternehmens

6 Die Verhängung einer Verwaltungssanktion setzt voraus, dass das gegen eine Verfügung verstossende Unternehmen zu seinem eigenen Vorteil gehandelt hat. Diesem Tatbestandsmerkmal dürfte wohl in den seltensten Fällen eine eigenständige Bedeutung zukommen, da die Wiederaufnahme eines kartellrechtswidrigen Verhaltens für die handelnden Unternehmen in jedem Fall, wenn nicht einen materiellen, so doch einen immateriellen Vorteil in Bezug auf ihren Marktauftritt zur Folge haben wird. Ergäben sich keine derartigen Vorteile und würde dennoch ein Verstoss vorliegen, müsste die Frage aufgeworfen werden, ob ein kartellrechtswidriges Verhalten überhaupt noch vorliegt.

D. Verschulden

7 Was das Verschulden betrifft, kann auf die Ausführungen bei der Kommentierung zu Art. 49a KG verwiesen werden (vgl. die Kommentierung zu Art. 49a KG, N 10 ff.).

III. Sanktion

8 Die in Art. 50 KG angedrohte Sanktion wurde im Zuge der Revision 2003 derjenigen nach Art. 49a Abs. 1 KG angepasst. Sie stellt nun in erster Linie ebenfalls auf den Umsatz ab. Somit kann auch bezüglich der Sanktion nach Art. 50 KG auf die Ausführungen bei der Kommentierung zu Art. 49a KG verwiesen werden (vgl. die Kommentierung zu Art. 49a KG, N 14 f.). Anzufügen bleibt, dass der für die Sanktionierung massgebende Umsatz der Unternehmensverantwortung des formellen Adressaten des missachteten Entscheides zurechenbar sein muss.

Art. 51 Verstösse im Zusammenhang mit Unternehmenszusammenschlüssen

[1] **Ein Unternehmen, das einen meldepflichtigen Zusammenschluss ohne Meldung vollzieht oder das vorläufige Vollzugsverbot missachtet, gegen eine mit der Zulassung erteilte Auflage verstösst, einen untersagten Zusammenschluss vollzieht oder eine Massnahme zur Wiederherstellung wirksamen Wettbewerbs nicht durchführt, wird mit einem Betrag bis zu einer Million Franken belastet.**

[2] **Bei wiederholtem Verstoss gegen eine mit der Zulassung erteilte Auflage wird das Unternehmen mit einem Betrag bis zu 10 Prozent des auf die Schweiz entfallenden Gesamtumsatzes der beteiligten Unternehmen belastet. Artikel 9 Absatz 3 ist sinngemäss anwendbar.**

I. Ausgangslage

1   In Art. 51 KG wurde für die Ahndung von Verstössen im Zusammenhang mit Unternehmens-zusammenschlüssen eine besondere Norm geschaffen. Schutzzweck dieser Bestimmung ist nicht primär der wirksame Wettbewerb an sich, sondern die präventive Funktion der Zusammenschlusskontrolle des Kartellgesetzes (RPW 1998/1, Druckerei Wetzikon AG/Anzeiger von Uster AG, 96). Indirekt wird dadurch auch der wirksame Wettbewerb geschützt (RPW 1998/4, Curti & Co. AG, 617). Grundsätzlich werden jedoch mehrere der in Art. 51 KG genannten Verstösse bereits in Art. 50 KG erfasst, wobei in Art. 51 KG als Sondervorschrift eine für Verstösse bei Unternehmenszusammenschlüssen besondere Sanktionszumessung zur Anwendung kommt. Im Unterschied zu Art. 50 KG blieb die Sanktionszumessung nach Art. 51 KG im Zuge der Revision 2003 unverändert.

2   Ausnahmen von der erwähnten Überschneidung mit Art. 50 KG bestehen bezüglich des Tatbestandes des Vollzugs eines meldepflichtigen Zusammenschlusses ohne Meldung und der Missachtung des vorläufigen Vollzugsverbots. Beiden Verletzungshandlungen geht nicht der Erlass eines rechtskräftigen Entscheides der Wettbewerbsbehörden voran. Immerhin sollte jedoch die Feststellung der Verletzung der Meldepflicht mit der gleichzeitigen Einleitung des Fusionskontrollverfahrens von Amtes wegen gemäss Art. 35 KG einhergehen.

II. Tatbestandsmerkmale

A. Täterkreis

3   Grundsätzlich erfasst die Fusionskontrolle nach Kartellgesetz auch neu gegründete Unternehmen, namentlich neu geschaffene Gemeinschaftsunternehmen (REKO/WEF in RPW 1998/3, BKW–AEK Unternehmenszusammenschluss [Verwaltungssanktion], 473). Allerdings schränkt die speziell für die Ahndung von Verstössen im Zusammenhang mit Unternehmenszusammenschlüssen geschaffene Spezialnorm von Art. 51 KG naturgemäss den Täterkreis auf diejenigen Unternehmen ein, welche an einem Unternehmenszusammenschluss im Sinne von Art. 9 KG beteiligt sind. Beteiligte Unternehmen gemäss dieser Bestimmung werden in Art. 3 der Verordnung über die Kontrolle von Unternehmenszusammenschlüssen (VKU → Nr. 4) definiert. Bei einem Verstoss gegen die Meldepflicht beschränkt sich der Täterkreis daher auf die gemäss Art. 3 Abs. 1 VKU der Meldepflicht unterstellten Unternehmen. Dabei gilt nach der Praxis das Folgende: Wird die Kontrolle über ein Gemeinschaftsunternehmen erlangt, gelten nach Art. 3 Abs. 1 lit. b VKU die kontrollierenden und die kontrollierten Unternehmen als beteiligte Unternehmen. Wird jedoch die gemeinsame Kontrolle über ein neu gegründetes Unternehmen erlangt, sind nur diejenigen Unternehmen als beteiligte Unternehmen anzusehen, welche die Kontrolle erwerben, nicht hingegen das neu gegründete Unternehmen (REKO/WEF in RPW 1998/3, BKW–AEK Unternehmenszusammenschluss [Verwaltungssanktion], 468 f.). Nicht unmittelbar beteiligt sind sodann diejenigen Unternehmen, die ein beteiligtes Unternehmen beherrschen. Daher werden sie von der Meldepflicht grundsätzlich nicht erfasst. Denn im Interesse der Rechtssicherheit ist der Kreis meldepflichtiger Unternehmen auf unmittelbar Beteiligte zu beschränken (REKO/WEF in RPW 1998/3, BKW–AEK Unternehmenszusammenschluss [Verwaltungssanktion], 469). Im Übrigen kann auf die Ausführungen betreffend den Täterkreis von Art. 50 KG verwiesen werden (vgl. die Kommentierung zu Art. 50 KG, N 2).

B. Verstosshandlungen

4 Wie bereits angedeutet (vgl. die Ausführungen unter N 1 f.), lassen sich die in Art. 51 KG sanktionierten Tatbestände in zwei Gruppen aufteilen. Es handelt sich einerseits um Verstösse gegen rechtskräftige Entscheide der Wettbewerbsbehörden wie den Verstoss gegen eine mit der Zulassung erteilte Auflage, den Vollzug eines untersagten Zusammenschlusses oder die Nichtdurchführung einer Massnahme zur Wiederherstellung wirksamen Wettbewerbs. Andererseits werden von Art. 51 KG auch unmittelbare Gesetzesverletzungen mit einer Sanktion belegt. Darunter fallen die Missachtung der Meldepflicht, die jedoch für eine Sanktionierung voraussetzt, dass die Wettbewerbskommission gemäss Art. 35 KG das Verfahren von Amtes wegen eingeleitet hat, und der Verstoss gegen das vorläufige Vollzugsverbot, das in der Regel nur dann neben der Verletzung der Meldepflicht eine eigenständige Bedeutung erlangt, wenn das Zusammenschlussvorhaben bereits bei der Wettbewerbskommission gemeldet, jedoch das nach Art. 32 Abs. 2 KG geltende einmonatige Vollzugsverbot nicht eingehalten worden ist.

5 Hinsichtlich der Meldepflicht ist Folgendes zu beachten: Vollzogen ist ein Zusammenschluss aus kartellrechtlicher Sicht, sobald die Möglichkeit besteht, einen bestimmenden Einfluss auf die Tätigkeit des zu übernehmenden Unternehmens auszuüben. Die tatsächliche Ausübung eines solchen Einflusses ist hingegen nicht relevant. Ebenso wenig ist ein Eintrag im Aktienbuch vorauszusetzen, denn die Möglichkeit der Einflussnahme auf die Geschäftstätigkeit eines Unternehmens hängt nicht alleine von der Ausübung des Stimmrechts ab (RPW 2002/3, Zusammenschluss Schweizerische National-Versicherungs-Gesellschaft/Coop Leben, 528 f., 530). Entsprechend muss die Meldung bei öffentlichen Übernahmeangeboten sofort nach einer Offerte und noch vor dem Vollzug erfolgen (dazu das Meldeformular für Unternehmenszusammenschlüsse, Abschnitt F betreffend den Zeitpunkt der Meldung und Fristen → Nr. 11; auch auf der Internetseite der Wettbewerbskommission zu finden, www.weko.admin.ch).

6 In Art. 51 KG wird zwischen gewöhnlichen und qualifizierten Verstössen im Zusammenhang mit Unternehmenszusammenschlüssen unterschieden. Als qualifizierter Tatbestand wird gemäss Art. 51 Abs. 2 KG einzig der wiederholte Verstoss gegen eine mit der Zulassung erteilte Auflage angesehen. Die Verschärfung der Sanktion ist berechtigt, weil die wiederholte Unterlaufung von Auflagen dazu führen kann, dass die Zulassung des Zusammenschlusses illusorisch wird. Konsequenterweise hat in diesen Fällen die Wettbewerbskommission gemäss Art. 38 KG die Kompetenz, die Zulassung des Zusammenschlusses zu widerrufen (s. Art. 38 Abs. 1 lit. c KG).

C. Verschulden

7 Was die Frage des Verschuldens betrifft, kann auf die Ausführungen bei der Kommentierung von Art. 49a KG verwiesen werden (vgl. die Kommentierung zu Art. 49a KG, N 10 ff.).

III. Sanktion

8 Für einfache Verstösse kann die Wettbewerbskommission die beteiligten Unternehmen mit einem Betrag bis zu einer Million Franken belasten, wobei sich die Wettbewerbskommission bei der Bemessung der Sanktion an den Grundsatz der Verhältnismässigkeit zu halten und

die Umstände des Einzelfalles zu berücksichtigen hat (vgl. die Kommentierung zu Art. 49a KG, N 15).

9   Beim gemäss Art. 51 Abs. 2 KG qualifizierten Verstoss wird als Massstab für die Sanktion ein Zehntel des auf die Schweiz entfallenden Gesamtumsatzes der beteiligten Unternehmen herangezogen. Wiederum gilt dieser Betrag als Höchstgrenze und die Wettbewerbskommission hat bei der Bemessung der Sanktion dem Grundsatz der Verhältnismässigkeit und den Umständen des Einzelfalles Rechnung zu tragen (vgl. die Kommentierung zu Art. 49a KG, N 15).

10   Art. 51 KG räumt den rechtsanwendenden Behörden kein Ermessen ein bei der Frage, ob unter bestimmten Umständen eine Sanktion auszufällen sei. Deren Höhe jedoch liegt im Ermessen der Wettbewerbsbehörden (REKO/WEF in RPW 2002/2, Rhône-Poulenc SA, Merck & Co. Inc., 402). Diese stellen dabei in ihrer Praxis auf folgende drei Kriterien ab:

1.   die Bedeutung des die Meldepflicht verletzenden Unternehmens auf dem Markt,

2.   die potenzielle Gefahr des Zusammenschlussvorhabens für den Wettbewerb (eine solche Gefahr wird bejaht, wenn ein Zusammenschluss zu einem gemeinsamen Marktanteil von mehr als 20 % bzw. mehr als 30 % im Sinne von Art. 11 Abs. 1 lit. d VKU → Nr. 4, führt) und

3.   die Möglichkeit der Beseitigung wirksamen Wettbewerbs im Sinne von Art. 10 Abs. 2 KG durch das Zusammenschlussvorhaben (RPW 2002/3, Zusammenschluss Schweizerische National-Versicherungs-Gesellschaft/Coop Leben, 535 f.; RPW 2001/1, Banque Nationale de Paris BNP/Paribas, 152 f.; RPW 2000/2, Zusammenschluss Unternehmung X/C-AG und D-AG, 261 f.; RPW 1998/4, Curti & Co. AG, 619 f.).

Zudem wird die Schwere der Sorgfaltspflichtverletzung berücksichtigt, wobei subjektive Elemente gewürdigt werden wie namentlich der gute Glaube des meldenden Unternehmens (RPW 2002/3, Zusammenschluss Schweizerische National-Versicherungs-Gesellschaft/Coop Leben, 536).

Art. 52   Andere Verstösse

Ein Unternehmen, das die Auskunftspflicht oder die Pflichten zur Vorlage von Urkunden nicht oder nicht richtig erfüllt, wird mit einem Betrag bis zu 100 000 Franken belastet.

1   In Art. 52 KG wird als Sondertatbestand die Verweigerung oder die nicht richtige Erfüllung der Auskunftspflicht mit einem Sanktionsbetrag bis zu 100'000 Franken geahndet. Als Täterkreis kommen wiederum nur Unternehmen in Frage. Der Täterkreis entspricht folglich demjenigen der Art. 49a–51 KG (dazu die Kommentierung zu Art. 49a KG, N 6, Art. 50 KG, N 2, und Art. 51 KG, N 3).

2   Umfassende Auskunftspflichten ergeben sich im Kartellgesetz aus Art. 40 KG, und zwar nicht nur für die unmittelbar an einer Abrede oder einer Verhaltensweise marktbeherrschender Unternehmen Beteiligten, sondern auch für die davon betroffenen Dritten. Sondervorschriften über die Auskunftspflicht bestehen gemäss Art. 15 VKU (→ Nr. 4) bei der Prüfung von Unternehmenszusammenschlüssen.

3   Wie bereits im Zusammenhang mit der Kommentierung von Art. 40 KG erwähnt, ist das bezüglich der kartellgesetzlichen Auskunftspflicht geltende Zeugnisverweigerungsrecht aufgrund seiner Umschreibung in Art. 42 BZP grundsätzlich nur auf natürliche Personen zugeschnitten, weshalb es im Zusammenhang mit dem Tatbestand von Art. 52 KG keine Bedeutung erlangen kann. Bei der Bemessung der Sanktion hat die Wettbewerbskommission den konkreten Umständen Rechnung zu tragen und insbesondere, wie bei den Art. 49a–51 KG auch, die Verschuldensfrage zu klären (dazu die Kommentierung zu Art. 49a KG, N 10 ff.).

Art. 53   Verfahren[1]

[1] Verstösse werden vom Sekretariat im Einvernehmen mit einem Mitglied des Präsidiums untersucht. Sie werden von der Wettbewerbskommission beurteilt.

[2] ...[2]

1   Art. 53 KG enthält einige wenige Verfahrensgrundsätze für die Durchführung des Untersuchungsverfahrens bei der Verhängung von Verwaltungssanktionen. Gemäss den Ausführungen in der bundesrätlichen Botschaft soll das Untersuchungsverfahren nach den Bestimmungen des VwVG durchgeführt werden (Botschaft 1994, 155). Bezogen auf die in Art. 53 KG enthaltenen Grundzüge ist diese Aussage in der Botschaft konsequent und steht auch in Übereinstimmung mit Art. 57 KG, welcher bei der Untersuchung von Straftatbeständen die Anwendbarkeit des VStrR ausdrücklich anordnet.

2   Im Hinblick auf die auch im Zuge der Revision 2003 noch verfolgte Absicht des Gesetzgebers, den dogmatischen Schwierigkeiten in Bezug auf die Strafbarkeit juristischer Personen auszuweichen, muss die Frage aufgeworfen werden, ob die Aussage des Bundesrates in der Botschaft über die Anwendbarkeit des VwVG auf das Verfahren der Verwaltungssanktionen nicht allzu formalistisch ist. Auch wenn die in Art. 53 KG enthaltenen verfahrensrechtlichen Vorgaben eine integrale Anwendung des VStrR ausschliessen, wäre im Sinne einer gewissen Kohärenz zwischen dem Verfahren zur Verhängung von Verwaltungssanktionen gegenüber Unternehmen und dem Verfahren zur Verhängung von Strafsanktionen gegenüber natürlichen Personen zumindest zu verlangen, dass die im Verwaltungsstrafrecht enthaltenen Grundsätze zum Schutze des Beschuldigten auch vom Sekretariat und von der Wettbewerbskommission bei der Untersuchung und beim Entscheid über Verwaltungssanktionen sinngemäss zur Anwendung gebracht werden. Der rechtstechnische «Trick» des Bundesgesetzgebers und der daraus sich ergebende Versuch einer Qualifikation als Verwaltungs- und nicht als Strafsanktion darf nicht dazu führen, dass den von weitreichenden Sanktionen betroffenen Unternehmen spezifisch auf Sanktionsverfahren zugeschnittene Verfahrensrechte abge-

---

1   Fassung gemäss Anhang Ziff. 27 des Verwaltungsgerichtsgesetzes vom 17. Juni 2005, in Kraft seit 1. Jan. 2007 (SR 173.32).

2   Aufgehoben durch Anhang Ziff. 27 des Verwaltungsgerichtsgesetzes vom 17. Juni 2005, mit Wirkung seit 1. Jan. 2007 (SR 173.32).

schnitten werden. Dies gilt umso mehr vor dem Hintergrund der in Art. 49a KG eingeführten direkten Sanktionen (dazu die Kommentierung zu Art. 49a KG, N 1 ff.).

3   Das Verfahren gemäss Art. 53 KG für Verwaltungssanktionen ist weitgehend der in Art. 18 Abs. 3 KG und in Art. 23 KG vorgesehenen Kompetenzaufteilung zwischen der Wettbewerbskommission und dem Sekretariat der Wettbewerbskommission nachgebildet.

4   Gemäss der Botschaft richtet sich die Verjährung bei den Verwaltungssanktionen nach den üblichen verwaltungsrechtlichen Grundsätzen (Botschaft 1994, 155 mit Hinweis auf MAX IMBODEN/RENÉ A. RHINOW, Schweizerische Verwaltungsrechtsprechung, 5. Auflage, Basel 1976, Nr. 34). Danach ist beim Fehlen von Sonderverjährungsfristen die Rechtsfindung darauf angewiesen, diejenigen Regeln zu beachten, die der Gesetzgeber für vergleichbare Tatbestände geschaffen hat. Für die Bestimmung von Verjährungsfristen öffentlich-rechtlicher Ansprüche fehlen in der Praxis jedoch eindeutige Regelungen. So wird beispielsweise vielfach auf eine Verjährungsfrist von fünf Jahren für öffentlich-rechtliche Ansprüche aus rechtswidrigem Verhalten geschlossen (MAX IMBODEN/RENÉ A. RHINOW, Schweizerische Verwaltungsrechtsprechung, 5. Auflage, Basel 1976, Nr. 34, B. IIIa). Bezüglich der Beseitigung eines andauernden rechtswidrigen Zustandes wurden jedoch auch schon längere Verjährungsfristen angenommen (vgl. das bei FRITZ GYGI, Verwaltungsrecht, Bern 1986, 301, aufgeführte Beispiel einer verbotenen Waldrodung). Obwohl die gesetzliche Regelung im Kartellgesetz auch nach der Revision 2003 eine eindeutige Stellungnahme über die Verjährung vermissen lässt (namentlich bei Art. 49a Abs. 3 lit. b KG handelt es sich um keine Verjährungs-, sondern um eine Verwirkungsfrist; vgl. PHILIPPE SPITZ, Ausgewählte Problemstellungen im Verfahren und bei der praktischen Anwendung des revidierten Kartellgesetzes, in: sic! 2004, 563 f.; dazu die Kommentierung zu Art. 49a KG, N 31), ist davon auszugehen, dass für Verstösse gegen das Kartellgesetz die in der Praxis weitaus am häufigsten anzutreffende fünfjährige Verjährungsfrist gilt. Dafür spricht nicht zuletzt auch der Umstand, dass die für direkte Sanktionen in Art. 49a Abs. 3 lit. b KG vorgesehene Verwirkungsfrist (vgl. zur Verjährung im Kartellrecht auch PHILIPPE SPITZ, Ausgewählte Problemstellungen im Verfahren und bei der praktischen Anwendung des revidierten Kartellgesetzes, in: sic! 2004, 563 f.) ebenfalls fünf Jahre beträgt. Denn unterschiedlich lange Verjährungs- bzw. Verwirkungsfristen innerhalb desselben Rechtsgebietes könnten zu erheblichen Rechtsunsicherheiten führen.

7. Abschnitt:[1] Gebühren

Art. 53a

[1] Die Wettbewerbsbehörden erheben Gebühren für:

a. Verfügungen über die Untersuchung von Wettbewerbsbeschränkungen nach den Artikeln 26–31;

b. die Prüfung von Unternehmenszusammenschlüssen nach den Artikeln 32–38;

c. Gutachten und sonstige Dienstleistungen.

[2] Die Gebühr bemisst sich nach dem Zeitaufwand.

[3] Der Bundesrat legt die Gebührensätze fest und regelt die Gebührenerhebung. Er kann vorsehen, dass für bestimmte Verfahren oder Dienstleistungen, namentlich bei der Einstellung der Verfahren, keine Gebühren erhoben werden.

1   Bereits vor der Revision 2003 wurden Gebühren erhoben für Verwaltungsverfahren, Gutachten und sonstige Dienstleistungen der Wettbewerbsbehörden. Als Rechtsgrundlage dafür wurden der inzwischen aufgehobene Art. 47 Abs. 2 KG, Art. 60 KG betreffend Ausführungsbestimmungen zum Kartellgesetz, die Verordnung über die Erhebung von Gebühren im Kartellgesetz vom 25. Februar 1998 (GebV-KG → Nr. 3) und sogar das Bundesgesetz über Massnahmen zur Verbesserung des Bundeshaushaltes (SR 611.010) herangezogen (Botschaft 2001, 2045). Art. 47 Abs. 2 KG bezog sich jedoch nur auf Gutachten und war damit offensichtlich keine ausreichende gesetzliche Basis für die Gebührenerhebung bei anderen Handlungen bzw. Dienstleistungen der Wettbewerbsbehörden. Das strenge Legalitätsprinzip im Abgaberecht verhindert, dass das Bundesgesetz über Massnahmen zur Verbesserung des Bundeshaushaltes uneingeschränkt als gesetzliche Grundlage der GebV-KG dienen konnte (REKO/WEF in RPW 2001/4, Ärztegesellschaft des Kantons Zürich AGZ, 819; zum Bundesgesetz über Massnahmen zur Verbesserung des Bundeshaushaltes als gesetzliche Grundlage für die GebV-KG s. auch BGE 128 II 247 ff.). Dasselbe gilt für Art. 60 KG (REKO/WEF in RPW 2001/4, Ärztegesellschaft des Kantons Zürich AGZ, 808).

2   Aus diesen Gründen und im Interesse verbesserter Transparenz wurde Art. 53a KG erlassen (Botschaft 2001, 2045 f.). Diese Bestimmung bildet nun die Rechtsgrundlage für Gebühren der Wettbewerbsbehörden. Dem Legalitätsprinzip entsprechend umschreibt Art. 53a Abs. 1 lit. a–c den Gegenstand der Gebühr, während Abs. 2 dieser Bestimmung die Bemessungsgrundlage festlegt; Abs. 3 ermächtigt den Bundesrat, die Gebührensätze festzulegen und die Gebührenerhebung zu regeln.

3   Die KG-Gebührenverordnung knüpft die Gebührenpflicht an das Verursacherprinzip (vgl. Art. 2 Abs. 1 GebV-KG → Nr. 3). Dieses Prinzip wurde durch die Praxis indes relativiert. Weil das in der erwähnten Verordnung vorgesehene generelle Verursacherprinzip nicht in allen

---

1   Eingefügt durch Ziff. I des BG vom 20. Juni 2003, in Kraft seit 1. April 2004 (AS 2004 1385 1390; BBl 2002 2022 5506).

möglichen Anwendungsfällen über eine genügende gesetzliche Grundlage verfüge, müsse es hinter das Unterliegerprinzip zurücktreten (BGE 128 II 257 f. zum Bundesgesetz über Massnahmen zur Verbesserung des Bundeshaushaltes, SR 611.010, als gesetzliche Grundlage für die KG-Gebührenverordnung). Angesichts von Art. 53a KG als neue Rechtsgrundlage der KG-Gebührenverordnung könnte sich die Frage stellen, inwieweit diese Praxis noch Geltung habe bzw. ob die Kostenpflicht nun generell an das Verursachen zu knüpfen sei und nicht mehr an das Unterliegen. Das würde die Gebührenpflicht deutlich erweitern. Diese Auffassung könnte damit begründet werden, dass Art. 53a KG ja gerade das in Art. 2 Abs. 1 GebV-KG bereits erwähnte Verursacherprinzip auf eine genügende gesetzliche Grundlage stellen sollte; entsprechend sei auch der Hinweis auf zu beseitigende Unklarheiten in der Botschaft zu verstehen (Botschaft 2001, 2045 f.). Dem ist allerdings entgegenzuhalten, dass eine Abkehr von der bestehenden Auslegung der KG-Gebührenverordnung eines ausdrücklichen Hinweises in der Botschaft bedurft hätte. Ohne solchen Hinweis vermag die neue Gesetzesbestimmung lediglich die Anwendung des bisherigen Rechts (Botschaft 2001, 2045 f.) – einschliesslich der dazu entwickelten Praxis (BGE 128 II 257 f.) – auf eine genügende gesetzliche Grundlage zu stellen. Daher ist auch unter Art. 53a KG daran festzuhalten, dass bei kartellrechtlichen Gebühren das Unterliegerprinzip das Verursacherprinzip relativiert.

4   Schliesslich bleibt der Hinweis, dass die in Art. 3 Abs. 2 GebV-KG (→ Nr. 3) erwähnten Fälle von Gebührenfreiheit nicht abschliessend, sondern nur beispielhaft aufgezählt sind (BGE 128 II 258).

5. Kapitel: Strafsanktionen

Art. 54   Widerhandlungen gegen einvernehmliche Regelungen und behördliche Anordnungen

Wer vorsätzlich einer einvernehmlichen Regelung, einer rechtskräftigen Verfügung der Wettbewerbsbehörden oder einem Entscheid der Rechtsmittelinstanzen zuwiderhandelt, wird mit Busse bis zu 100 000 Franken bestraft.

1   Art. 54 KG ist die Parallelbestimmung zu Art. 50 KG. Die Unterschiede bestehen bezüglich des Täterkreises und hinsichtlich der Sanktionen, welche im Falle von Art. 54 KG als strafrechtliche Norm mit Busse bis zu 100'000 Franken umschrieben werden.

2   Art. 54 und 55 KG sind strafrechtliche Sanktionen, welche gegenüber natürlichen Personen verhängt werden können und welche gemäss Art. 57 Abs. 1 KG nach dem VStrR verfolgt und beurteilt werden müssen.

3   Der Täterkreis wird in Art. 54 KG nicht näher präzisiert, doch handelt es sich gemäss den Ausführungen in der Botschaft um diejenigen natürlichen Personen, welche als Entscheidungsträger durch ihre Anordnungen im Unternehmen gegen einen rechtskräftigen Entscheid der Wettbewerbsbehörden verstossen haben. Als Täter kommen folglich alle Personen in Betracht, welche aufgrund des zivilrechtlichen Organbegriffs im Geschäftsbetrieb eines Unternehmens selbstständige Entscheidungsbefugnisse ausüben (Botschaft 1994, 155). In diesem

Sinne wird in Art. 6 Abs. 3 des auf die Strafsanktionen des Kartellgesetzes anwendbaren VStrR ausdrücklich darauf hingewiesen, dass die in einem Unternehmen als Organe, Organmitglieder, geschäftsführende Gesellschafter oder faktische Organe handelnden natürlichen Personen für die Handlungen der juristischen Person die strafrechtliche Verantwortung tragen (vgl. dazu auch die Bemerkung in der Botschaft 1994, 152, Fn. 234, wonach mit Art. 6 VStrR in einem gewissen Umfange ebenfalls ein Instrument zur Bestrafung der Organe zur Verfügung stehe).

4 Als Rechtsfolge sieht Art. 54 KG die Verhängung einer Busse bis zu 100'000 Franken vor. Für die Strafzumessung sind gemäss Art. 57 Abs. 1 KG in Verbindung mit Art. 2 VStrR die allgemeinen Bestimmungen des StGB anwendbar.

5 Gemäss den Ausführungen in der bundesrätlichen Botschaft können Verwaltungs- und Strafsanktionen kumulativ gegenüber den verantwortlichen Unternehmen und Personen verhängt werden. Die Verhängung einer Verwaltungssanktion gegen das Unternehmen schliesst folglich nicht aus, dass auch noch gegenüber den in Organstellung handelnden Personen zusätzlich Strafsanktionen gemäss Art. 54 KG ausgesprochen werden können (Botschaft 1994, 152).

Art. 55 Andere Widerhandlungen

Wer vorsätzlich Verfügungen der Wettbewerbsbehörden betreffend die Auskunftspflicht (Art. 40) nicht oder nicht richtig befolgt, einen meldepflichtigen Zusammenschluss ohne Meldung vollzieht oder Verfügungen im Zusammenhang mit Unternehmenszusammenschlüssen zuwiderhandelt, wird mit Busse bis zu 20 000 Franken bestraft.

1 Art. 55 KG fasst die in Art. 51 und 52 KG als Verwaltungssanktionen gegenüber Unternehmen geregelten Tatbestände zusammen und belegt die Verletzung der Auskunftspflicht und Verstösse im Zusammenhang mit Unternehmenszusammenschlüssen mit einer Busse bis zu 20'000 Franken.

2 Der von Art. 55 KG angesprochene Täterkreis entspricht demjenigen von Art. 54 KG (dazu die Kommentierung zu Art. 54 KG, N 3). Was die Umschreibung der Verletzungshandlungen betrifft, ist darauf hinzuweisen, dass die unmittelbare Verletzung der Auskunftspflicht durch eine natürliche Person in Art. 55 KG nicht direkt geahndet wird, sondern eine Busse gegenüber einer natürlichen Person erst angeordnet werden kann, wenn der Gegenstand der Auskunftspflicht in einer Verfügung festgesetzt worden ist und der Täter gegen diese Verfügung vorsätzlich verstossen hat.

3 Für die Strafzumessung sind die bereits bei der Kommentierung von Art. 54 KG umschriebenen Grundsätze auch für die Anwendung von Art. 55 KG relevant (dazu die Kommentierung zu Art. 54 KG, N 4 f.).

Art. 56   Verjährung

[1] Die Strafverfolgung für Widerhandlungen gegen einvernehmliche Regelungen und behördliche Anordnungen (Art. 54) verjährt nach fünf Jahren. Die Verjährungsfrist kann durch Unterbrechung um nicht mehr als die Hälfte hinausgeschoben werden.

[2] Die Strafverfolgung für andere Widerhandlungen (Art. 55) verjährt nach zwei Jahren.

1   Art. 56 KG legt für die Strafverfolgung für Widerhandlungen gegen einvernehmliche Regelungen oder behördliche Anordnungen gemäss Art. 54 KG eine Verjährungsfrist von fünf Jahren fest. In Anwendung von Art. 333 Ziff. 6 StGB ist diese Fünfjahresfrist umzurechnen. Eine Umrechnung muss auch für die in Art. 56 Abs. 2 KG enthaltene Zweijahresfrist erfolgen. Entsprechend ergibt sich eine zehnjährige bzw. eine zweijährige Dauer der Frist für die Verfolgungsverjährung.

2   Eine Unterbrechung der Fristen ist seit der Inkraftsetzung des neuen Verjährungsrechts im Strafrecht nicht mehr möglich. Die Verjährung kann jedoch während der Dauer eines Einsprache-, Beschwerde- oder gerichtlichen Verfahrens über die Leistungs- oder Rückweisungspflicht (was bei Kartellsachen regelmässig nicht zur Anwendung kommt) oder während der Beurteilung einer Vorfrage ruhen. Letzteres könnte allenfalls dann eine Rolle spielen, wenn die Wettbewerbsbehörden allfällige Anwendungsvorbehalte gemäss Art. 3 des Kartellgesetzes in gesonderten Verfahren überprüfen.

3   Die Frist wird durch einen Entscheid im erstinstanzlichen Verfahren gewahrt (Art. 97 Abs. 3 StGB).

Art. 57   Verfahren und Rechtsmittel

[1] Für die Verfolgung und die Beurteilung der strafbaren Handlung gilt das Bundesgesetz über das Verwaltungsstrafrecht vom 22. März 1974[1].

[2] Verfolgende Behörde ist das Sekretariat im Einvernehmen mit einem Mitglied des Präsidiums. Urteilende Behörde ist die Wettbewerbskommission.

1   Im Gegensatz zu den Verfahrensregeln für die Verwaltungssanktionen in Art. 53 KG wird in Art. 57 Abs. 1 KG ausdrücklich angeordnet, dass die Verfolgung und Beurteilung der im Kartellgesetz umschriebenen strafbaren Handlungen nach dem VStrR zu erfolgen habe. Das bedeutet, dass das Sekretariat, welches im Einvernehmen mit einem Mitglied des Präsidiums als verfolgende Behörde handelt (Art. 57 Abs. 2 KG), das Untersuchungsverfahren gemäss den Art. 32 ff. VStrR durchzuführen hat. Den von einer Untersuchung betroffenen Personen werden folglich auch im kartellgesetzlichen Verfahren die in Strafverfahren üblichen weitreichenden Teilnahme- und Verteidigungsrechte eingeräumt (zu dieser Problematik im Zusammenhang mit den direkten Sanktionen nach Art. 49a KG vgl. die Kommentierung zu Art. 49a, N 1 ff.).

1   SR 313.0

2   Urteilende Behörde ist gemäss Art. 57 Abs. 2 KG die Wettbewerbskommission, welche ihren Entscheid in der Form eines Strafbescheids gemäss Art. 64 VStrR zu erlassen hat.

3   Gegen den Strafbescheid kann der Betroffene innerhalb von 30 Tagen seit der Eröffnung Einsprache bei der Wettbewerbskommission erheben (Art. 67 Abs. 1 VStrR). Im Anschluss an die Einsprache hat die Wettbewerbskommission eine begründete Strafverfügung im Sinne von Art. 70 VStrR zu erlassen. Der Betroffene kann bezüglich dieser Strafverfügung innerhalb einer Frist von zehn Tagen eine gerichtliche Beurteilung durch das zuständige Strafgericht verlangen (Art. 72 VStrR).

6. Kapitel: Ausführung internationaler Abkommen

Art. 58   Feststellung des Sachverhalts

1 Macht eine Vertragspartei eines internationalen Abkommens geltend, eine Wettbewerbsbeschränkung sei mit dem Abkommen unvereinbar, so kann das Departement das Sekretariat mit einer entsprechenden Vorabklärung beauftragen.

2 Das Departement entscheidet auf Antrag des Sekretariats über das weitere Vorgehen. Es hört zuvor die Beteiligten an.

1   Art. 58 und 59 KG enthalten die notwendigen Verfahrensregeln für die Ausführung von Wettbewerbsregeln internationaler Abkommen (vgl. dazu die ausführliche Darstellung zu ähnlichen Regeln des aKG 1985 bei MARINO BALDI, Die Wettbewerbsbestimmungen internationaler Abkommen der Schweiz und die Art. 42/43 des Kartellgesetzes [KG], in: ZÄCH, Kartellrecht auf neuer Grundlage, Bern/Stuttgart 1989, 286 ff.). Es handelt sich dabei um Staatsverträge, welche nicht unmittelbar anwendbare Wettbewerbsregeln enthalten (vgl. beispielsweise Art. 23 des Freihandelsabkommens [Abkommen zwischen der Schweizerischen Eidgenossenschaft und der Europäischen Wirtschaftsgemeinschaft vom 22. Juli 1972, SR 0.623.401] sowie Art. 15 des EFTA-Übereinkommens [Übereinkommen zur Errichtung der Europäischen Freihandels-Assoziation vom 4. Januar 1960, SR 0.632.31]).

2   Ergibt sich aufgrund einer in einem derartigen Staatsvertrag enthaltenen materiellrechtlichen Bestimmung, dass eine unzulässige Wettbewerbsbeschränkung vorliegt, die ihre Ursachen zwar in der Schweiz hat, sich jedoch zum grössten Teil nur im Ausland auswirkt, stellt die schweizerische Rechtsordnung mit den Art. 58 und 59 KG die notwendigen Ausführungsbestimmungen zur Verfügung, um ihren Rechtpflichten aus dem Staatsvertrag nachzukommen. Dazu dienen das in Art. 58 KG beschriebene Verfahren zur Feststellung des Sachverhalts und die in Art. 59 KG umschriebenen Möglichkeiten zur Beseitigung von Unvereinbarkeiten mit derartigen Staatsverträgen.

3   Da es sich in der Regel um Wettbewerbsbeschränkungen handelt, die sich zumindest nicht wesentlich in der Schweiz auswirken, besteht nach Art. 2 Abs. 2 KG grundsätzlich keine Zuständigkeit der schweizerischen Wettbewerbsbehörden zur Einleitung einer Vorabklärung im Sinne von Art. 26 KG oder zur Eröffnung einer Untersuchung gemäss Art. 27 KG. In Abwei-

chung von Art. 2 Abs. 2 KG kann das Eidgenössische Volkswirtschaftsdepartement in diesen Fällen das Sekretariat der Wettbewerbskommission mit einer entsprechenden Vorabklärung beauftragen (vgl. Art. 58 Abs. 1 KG). Mit der Vorabklärung soll sich das Eidgenössische Volkswirtschaftsdepartement, welches in der Regel über das Staatssekretariat für Wirtschaft die Verbindung mit dem Staatsvertragspartner hält, Klarheit über die Sachlage in der Schweiz verschaffen.

4 Im Anschluss an die Vorabklärung hat das Sekretariat der Wettbewerbskommission dem Eidgenössischen Volkswirtschaftsdepartement einen Antrag über das weitere Vorgehen zu unterbreiten (vgl. Art. 58 Abs. 2 KG). Das Departement ist in der Folge nach Anhörung der Beteiligten frei, über das weitere Vorgehen zu entscheiden. Da wegen der fehlenden Auswirkung auf schweizerische Märkte grundsätzlich keine Untersuchungskompetenz von Seiten der schweizerischen Wettbewerbsbehörden besteht, wird das Eidgenössische Volkswirtschaftsdepartement unter Berücksichtigung von Staatsinteressen versuchen, die beteiligten Unternehmen auf informellem Wege zu einer Lösung der Konfliktsituation zu bewegen. Scheitern diese Bemühungen, stehen dem Departement die in Art. 59 KG aufgeführten Mittel zur Verfügung.

Art. 59   Beseitigung von Unvereinbarkeiten

¹ **Wird bei der Ausführung eines internationalen Abkommens festgestellt, dass eine Wettbewerbsbeschränkung mit dem Abkommen unvereinbar ist, so kann das Departement im Einvernehmen mit dem Eidgenössischen Departement für auswärtige Angelegenheiten den Beteiligten eine einvernehmliche Regelung über die Beseitigung der Unvereinbarkeit vorschlagen.**

² **Kommt eine einvernehmliche Regelung nicht rechtzeitig zustande und drohen der Schweiz von der Vertragspartei Schutzmassnahmen, so kann das Departement im Einvernehmen mit dem Eidgenössischen Departement für auswärtige Angelegenheiten die Massnahmen verfügen, die zur Beseitigung der Wettbewerbsbeschränkung erforderlich sind.**

1 In Art. 59 KG werden die dem Eidgenössischen Volkswirtschaftsdepartement für die Beseitigung von Unvereinbarkeiten zur Verfügung stehenden Mittel umschrieben. Da es sich um die Beseitigung von Wettbewerbsbeschränkungen handelt, die gemäss Art. 2 Abs. 2 KG nicht vom Kartellgesetz erfasst werden, musste mit Art. 59 KG, sowohl was den materiellen Gehalt als auch die Zuständigkeit betrifft, Sonderrecht geschaffen werden, das isoliert von den übrigen Bestimmungen des Kartellgesetzes anzuwenden ist.

2 Die Frage der Unvereinbarkeit ist nicht nach den materiellen Regeln des Kartellgesetzes, sondern nach den materiellen Regeln des zur Anwendung gelangenden internationalen Abkommens zu beurteilen. Damit ist auch klargestellt, dass der Entscheid über die Unvereinbarkeit nicht eine Sache der schweizerischen Behörden, insbesondere des Eidgenössischen Volkswirtschaftsdepartements, ist; nur die im Staatsvertrag vorgesehenen Organe sind zuständig, die materiellrechtliche Frage zu entscheiden (vgl. Botschaft 1994, 158).

3 Wird in einem Verfahren vor dem zuständigen internationalen Organ festgestellt, dass eine von schweizerischen Unternehmen veranlasste Verhaltensweise zu einer Unvereinbarkeit mit

dem fraglichen Abkommen führt, so kann das Eidgenössische Volkswirtschaftsdepartement den beteiligten Unternehmen eine einvernehmliche Regelung zur Beseitigung dieser Unvereinbarkeit vorschlagen (vgl. Art. 59 Abs. 1 KG). Da in diesen Fällen auch aussenpolitische Aspekte berührt werden, hat sich das Eidgenössische Volkswirtschaftsdepartement vor Einleitung eines derartigen Verständigungsverfahrens mit dem Eidgenössischen Departement für auswärtige Angelegenheiten ins Einvernehmen zu setzen.

4 Ist eine derartige einvernehmliche Regelung mit den beteiligten Unternehmen aus zeitlichen Gründen nicht möglich, so kann das Eidgenössische Volkswirtschaftsdepartement die entsprechenden Massnahmen auch verfügen (vgl. Art. 59 Abs. 2 KG). Wiederum muss sich das Eidgenössische Volkswirtschaftsdepartement ins Einvernehmen mit dem Eidgenössischen Departement für auswärtige Angelegenheiten setzen.

5 Obwohl das Kartellgesetz darüber keine Vorschriften enthält, ist davon auszugehen, dass in diesem Verfahren das VwVG als massgebliches Verfahrensrecht zur Anwendung kommt. Gegen den Departementsentscheid ist das ordentliche Rechtsmittel der Verwaltungsgerichtsbeschwerde an das Bundesgericht gegeben (vgl. Art. 82 BGG).

6a. Kapitel:[1] Evaluation

Art. 59a

[1] Der Bundesrat sorgt für die Evaluation der Wirksamkeit der Massnahmen und des Vollzugs dieses Gesetzes.

[2] Der Bundesrat erstattet nach Abschluss der Evaluation, spätestens aber fünf Jahre nach Inkrafttreten dieser Bestimmung, dem Parlament Bericht und unterbreitet Vorschläge für das weitere Vorgehen.

1 Die Evaluation soll sicherstellen, dass die mit der Teilrevision angestrebten Ziele auch tatsächlich erreicht werden. Es ist vorgesehen, zu diesem Zweck wissenschaftliche Studien erstellen zu lassen (Botschaft 2001, 2048).

2. Im Jahre 2009 fand eine umfangreiche Evaluation der Kartellgesetzrevision 2003 statt. Die Ergebnisse dieser Evaluation wurden in verschiedenen Studien publiziert (zugänglich über die Internetseite www.weko.admin.ch/dokumentation/00216/index.html?lang=de) und waren Grundlage für die am 30. Juni 2010 bekannt gemachte erneute Teilrevision für das Kartellgesetz.

---

1 Eingefügt durch Ziff. I des BG vom 20. Juni 2003, in Kraft seit 1. April 2004 (AS 2004 1385 1390; BBl 2002 2022 5506).

7. Kapitel: Schlussbestimmungen

Art. 60   Ausführungsbestimmungen

Der Bundesrat erlässt die Ausführungsbestimmungen.

1   Art. 60 KG ermächtigt den Bundesrat, die für die Anwendung des Kartellgesetzes notwendigen Ausführungsbestimmungen zu erlassen. Der Bundesrat hat von dieser Kompetenz mit dem Erlass der Verordnung über die Kontrolle von Unternehmenszusammenschlüssen vom 17. Juni 1996 (VKU → Nr. 4), der Verordnung über die Erhebung von Gebühren im Kartellgesetz vom 25. Februar 1998 (GebV-KG → Nr. 3) und der Verordnung über die Sanktionen bei unzulässigen Wettbewerbsbeschränkungen vom 12. März 2004 (SVKG → Nr. 5) Gebrauch gemacht.

2   Eine weitere Kompetenz zum Erlass von Ausführungsrecht zum Kartellgesetz ist in Art. 6 KG enthalten. Gemäss dieser Bestimmung kann der Bundesrat in Verordnungen die Voraussetzungen umschreiben, unter denen einzelne Arten von Wettbewerbsabreden aus Gründen der wirtschaftlichen Effizienz im Sinne von Art. 5 Abs. 2 KG in der Regel als gerechtfertigt gelten. Der Bundesrat hat bis anhin von dieser Kompetenz keinen Gebrauch gemacht.

3   In Abweichung von der Grundsatzregel in Art. 60 KG hat der Gesetzgeber auch der Wettbewerbskommission in einem beschränkten Umfang das Recht zum Erlass von Ausführungsvorschriften zum Kartellgesetz eingeräumt. Einerseits kann die Wettbewerbskommission gemäss Art. 6 KG in allgemeinen Bekanntmachungen die Voraussetzungen umschreiben, unter denen einzelne Arten von Wettbewerbsabreden aus Gründen der wirtschaftlichen Effizienz im Sinne von Art. 5 Abs. 2 KG in der Regel als gerechtfertigt gelten (vgl. dazu die Kommentierung zu Art. 5 und 6 KG). Andererseits ist die Wettbewerbskommission gemäss Art. 20 KG auch ermächtigt, ein Geschäftsreglement zu erlassen. Von letzterer Befugnis hat die Wettbewerbskommission durch den Erlass des Geschäftsreglements vom 1. Juli 1996 Gebrauch gemacht (→ Nr. 2).

Art. 61   Aufhebung bisherigen Rechts

Das Kartellgesetz vom 20. Dezember 1985[1] wird aufgehoben.

1   In Art. 61 KG wird die Aufhebung des Kartellgesetzes vom 20. Dezember 1985 angeordnet.

---

1   [AS 1986 874, 1992 288 Anhang Ziff. 12]

Art. 62   Übergangsbestimmungen

1 Laufende Verfahren der Kartellkommission über Wettbewerbsabreden werden mit Inkrafttreten dieses Gesetzes sistiert; nötigenfalls werden sie nach Ablauf von sechs Monaten nach neuem Recht weitergeführt.

2 Neue Verfahren der Wettbewerbskommission über Wettbewerbsabreden können frühestens sechs Monate nach Inkrafttreten des Gesetzes eingeleitet werden, es sei denn, mögliche Verfügungsadressaten verlangten eine frühere Untersuchung. Vorabklärungen sind jederzeit möglich.

3 Rechtskräftige Verfügungen und angenommene Empfehlungen nach dem Kartellgesetz vom 20. Dezember 1985[1] unterstehen auch bezüglich der Sanktionen dem bisherigen Recht.

1   In Art. 62 KG ist das Übergangsrecht des Kartellgesetzes 1995 enthalten. Entgegen der allgemeinen Bezeichnung regelt Art. 62 KG jedoch nur die Übergangsordnung bezüglich Wettbewerbsabreden im Sinne von Art. 5 KG. Danach wurden laufende Verfahren der Kartellkommission über Wettbewerbsabreden mit dem Inkrafttreten des neuen Gesetzes am 1. Juli 1996 über einen Zeitraum von sechs Monaten sistiert. Gleichzeitig wird in Art. 62 Abs. 2 KG angeordnet, dass neue Verfahren betreffend Wettbewerbsabreden frühestens sechs Monate nach dem Inkrafttreten des neuen Gesetzes eingeleitet werden konnten.

2   Die Regelung bedeutet eine Gleichbehandlung für bereits unter dem alten Recht hängige Verfahren gegenüber neuen Verfahren. Den an Wettbewerbsabreden beteiligten Unternehmen wurde eine Schonfrist bis zum 1. Januar 1997 eingeräumt, um ihre Verträge an das neue Recht anzupassen.

3   Für Verfahren zur Kontrolle des Verhaltens marktbeherrschender Unternehmen besteht keine Übergangsregelung. Das bedeutet, dass mit dem Inkrafttreten des Kartellgesetzes 1995 am 1. Juli 1996 sich marktbeherrschende Unternehmen bezüglich ihres Verhaltens dem neuen Recht anpassen mussten. Eine Schonfrist wurde ihnen nicht gewährt.

4   Eine Übergangsregelung für die Meldepflicht von Unternehmenszusammenschlüssen ist in Art. 62 KG nicht enthalten. Zur Klarstellung der Rechtslage hat sich jedoch der Bundesrat veranlasst gesehen, in der Verordnung über die Kontrolle von Unternehmenszusammenschlüssen eine eigenständige Übergangsregelung zu erlassen. Art. 24 VKU (→ Nr. 4) räumte unter der Voraussetzung, dass der dem Zusammenschluss zugrunde liegende Vertrag vor dem Inkrafttreten des Gesetzes abgeschlossen oder dass ein öffentliches Kaufangebot vor dem Inkrafttreten des Gesetzes veröffentlicht worden war, den beteiligten Unternehmen eine Frist von vier Monaten ein, um den Vollzug des Zusammenschlusses abzuschliessen, ohne dass für derartige Zusammenschlussvorhaben eine Meldepflicht bestanden hätte.

---

1   [AS 1986 874, 1992 288 Anhang Ziff. 12]

Art. 63   Referendum und Inkrafttreten

[1] Dieses Gesetz untersteht dem fakultativen Referendum.

[2] Der Bundesrat bestimmt das Inkrafttreten.

1   Gegen das Kartellgesetz 1995 wurde das Referendum nicht ergriffen. Gleiches gilt für die auf den 1. April 2004 in Kraft gesetzte Teilrevision.

Datum des Inkrafttretens:
Artikel 18–25 am 1. Februar 1996[1]
alle übrigen Bestimmungen am 1. Juli 1996[2]

Schlussbestimmung zur Änderung vom 20. Juni 2003[3]

Wird eine bestehende Wettbewerbsbeschränkung innert eines Jahres nach Inkrafttreten von Artikel 49a gemeldet oder aufgelöst, so entfällt eine Belastung nach dieser Bestimmung.

1   Mit dieser Schlussbestimmung sollte der Übergang vom alten zum neuen Recht für die betroffenen Unternehmen abgefedert und ihnen Gelegenheit eingeräumt werden, sich auf Verschärfungen des neuen Rechts einzustellen.

2.   Die Wettbewerbskommission, bestätigt durch das Bundesgericht (Entscheid vom 19. August 2005, 2A.287/2005), hat sich auf den Standpunkt gestellt, dass Sachverhalte, welche bereits Gegenstand eines laufenden Untersuchungsverfahrens vor der Wettbewerbskommission sind, nicht mehr nach der Schlussbestimmung gemeldet werden können, sondern entweder bis zum Ablauf der Übergangsfrist am 1. April 2005 kartellrechtlich bereinigt sein müssen oder dass bei ihnen ein Sanktionsrisiko besteht.

1   BRB vom 24. Jan. 1996 (AS 1996 562)
2   V vom 17. Juni 1996 (AS 1996 1805)
3   AS 2004 1385; BBl 2002 2022 5506

Ausführungserlasse

Nr. 2 **Geschäftsreglement der Wettbewerbskommission**

vom 1. Juli 1996 (Stand am 1. Februar 2009)
vom Bundesrat genehmigt am 30. September 1996

SR 251.1

Die Wettbewerbskommission,

gestützt auf Artikel 20 Absatz 1 des Kartellgesetzes vom 6. Oktober 1995[1] (KG),

verordnet:

1. Kapitel: Organisation der Wettbewerbskommission

1. Abschnitt: Organe

Art. 1 Entscheidungsorgan

[1] Entscheidungen im Namen der Wettbewerbskommission (Kommission) treffen:

a. die Kommission;

b. ...[2]

c. das Präsidium;

d. die einzelnen Präsidiumsmitglieder.

[2] Das Präsidium besteht aus dem Präsidenten oder der Präsidentin der Kommission sowie aus ihren Vizepräsidenten oder Vizepräsidentinnen.[3]

Art. 2[4]

AS 1996 2870

1 SR 251

2 Aufgehoben durch Ziff. I der V der Kommission vom 15. Dez. 2008, mit Wirkung seit 1. Febr. 2009 (AS 2009 355).

3 Fassung gemäss Ziff. I der V der Kommission vom 15. Dez. 2008, in Kraft seit 1. Febr. 2009 (AS 2009 355).

4 Aufgehoben durch Ziff. I der V der Kommission vom 15. Dez. 2008, mit Wirkung seit 1. Febr. 2009 (AS 2009 355).

Art. 3   Zusammensetzung des Sekretariates

Das Sekretariat setzt sich zusammen aus:

a.   dem Direktor oder der Direktorin;

b.   dem stellvertretenden Direktor oder der stellvertretenden Direktorin;

c.[1]   den Vizedirektoren oder Vizedirektorinnen;

d.[2]   den Mitarbeitern und Mitarbeiterinnen.

Art. 3a[3]   Vertraulichkeit

Die Kommissionsmitglieder, das Personal des Sekretariates sowie beigezogene Experten und Expertinnen sind verpflichtet, das Amtsgeheimnis über vertrauliche Tatsachen zu wahren, die ihnen bei ihrer Tätigkeit für die Wettbewerbsbehörden zur Kenntnis gelangen.

2. Abschnitt: Zuständigkeiten

Art. 4   Kommission

[1] Die Kommission trifft die Entscheide und erlässt die Verfügungen, die nicht ausdrücklich einem andern Organ zugewiesen sind.

[2] ...[4]

[3] Im Weiteren ist sie zuständig für:

a.   die Anordnung einer Untersuchung (Art. 27 Abs. 1 KG) und die Prioritätensetzung bei den eröffneten Untersuchungen (Art. 27 Abs. 2 KG);

b.   die Behandlung des Jahresberichts (Art. 49 Abs. 2 KG) und die Verabschiedung des Voranschlages;

c.[5]   die Festlegung der allgemeinen Ziele ihrer Tätigkeit sowie der Tätigkeit des Sekretariats;

d.   den Erlass von Bekanntmachungen und die Antragstellung an den Bundesrat zum Erlass von Verordnungen (Art. 6 KG);

---

1   Fassung gemäss Ziff. I der V der Kommission vom 15. Dez. 2008, in Kraft seit 1. Febr. 2009 (AS 2009 355).

2   Fassung gemäss Ziff. I der V der Kommission vom 15. Dez. 2008, in Kraft seit 1. Febr. 2009 (AS 2009 355).

3   Eingefügt durch Ziff. I der V der Kommission vom 15. Dez. 2008, in Kraft seit 1. Febr. 2009 (AS 2009 355).

4   Aufgehoben durch Ziff. I der V der Kommission vom 15. Dez. 2008, mit Wirkung seit 1. Febr. 2009 (AS 2009 355).

5   Fassung gemäss Ziff. I der V der Kommission vom 15. Dez. 2008, in Kraft seit 1. Febr. 2009 (AS 2009 355).

e. die Antragstellung an den Bundesrat zur Wahl der Direktion des Sekretariates (Art. 24 Abs. 1 KG);

f. die Wahl des übrigen Personals des Sekretariates ab der Lohnklasse 18 (Art. 24 Abs. 1 KG);

g.[1] die Stellungnahme in Verfahren nach den Artikeln 8 und 11 KG sowie in Verfahren vor dem Bundesverwaltungsgericht oder dem Bundesgericht;

h. den Entscheid über Sanktionen nach den Artikeln 53 und 57 KG.

4 ...[2]

5 Sie kann das Präsidium, besondere Ausschüsse oder einzelne Mitglieder mit der Prüfung bestimmter Geschäfte oder Geschäftskategorien betrauen.[3]

Art. 5[4]

Art. 6[5] Grundsätzliche Rechtsfragen

1 Das Präsidium kann der Kommission im Laufe eines Verfahrens Rechtsfragen von grundsätzlicher Bedeutung zur Stellungnahme unterbreiten.

2 Die Stellungnahmen der Kommission sind vom Präsidium wie vom Sekretariat zu befolgen.

Art. 7[6] Präsidium

1 Das Präsidium pflegt die Beziehungen mit der Wirtschaft, mit den Verwaltungen und mit ausländischen Wettbewerbsbehörden.

2 Das Präsidium kann mit dem Sekretariat Fragen besprechen, die im Zusammenhang mit einem Verfahren stehen oder unabhängig von einem solchen sind. Es kann zu dieser Besprechung ein oder mehrere Kommissionsmitglieder einladen.

---

1 Fassung gemäss Ziff. I der V der Kommission vom 15. Dez. 2008, in Kraft seit 1. Febr. 2009 (AS 2009 355).

2 Aufgehoben durch Ziff. I der V der Kommission vom 15. Dez. 2008, mit Wirkung seit 1. Febr. 2009 (AS 2009 355).

3 Fassung gemäss Ziff. I der V der Kommission vom 15. Dez. 2008, in Kraft seit 1. Febr. 2009 (AS 2009 355).

4 Aufgehoben durch Ziff. I der V der Kommission vom 15. Dez. 2008, mit Wirkung seit 1. Febr. 2009 (AS 2009 355).

5 Fassung gemäss Ziff. I der V der Kommission vom 15. Dez. 2008, in Kraft seit 1. Febr. 2009 (AS 2009 355).

6 Fassung gemäss Ziff. I der V der Kommission vom 15. Dez. 2008, in Kraft seit 1. Febr. 2009 (AS 2009 355).

²bis Das Präsidium bereitet mit dem Direktor oder der Direktorin sowie den von diesem oder dieser bestimmten Mitarbeitern und Mitarbeiterinnen die Kommissionssitzungen vor.

³ Die Kommission kann im Einzelfall ihren Präsidenten oder ihre Präsidentin ermächtigen, dringliche Fälle oder Fälle untergeordneter Bedeutung direkt zu erledigen (Art. 19 Abs. 1 KG). Bei besonderer Dringlichkeit kann das zuständige Mitglied des Präsidiums das Nötige anordnen; es orientiert die Kommission sofort.

⁴ Das Präsidium begründet, verändert und beendet auf Vorschlag des Direktors oder der Direktorin das Dienstverhältnis der Angestellten des Sekretariates ab der Lohnklasse 18; vorbehalten bleibt Artikel 4 Absatz 3 Buchstabe f.

Art. 8   Präsident oder Präsidentin

Der Präsident oder die Präsidentin

a.   leitet die Verhandlungen der Kommission;

abis.¹informiert die Kommission und gegebenenfalls den Direktor oder die Direktorin über seine oder ihre Tätigkeiten sowie über die Tätigkeiten des Präsidiums;

ater.² sorgt für die sachgerechte und rechtzeitige Information der Kommission über die Tätigkeiten des Sekretariats;

b.   beaufsichtigt die Geschäftsführung des Sekretariates;

c.³ sorgt für die Koordination zwischen der Kommission und dem Sekretariat;

d.   ist verantwortlich für die Kontakte mit den Medien.

Art. 9   Kostenentscheid

Das in der Sache entscheidende Organ entscheidet auch über die Kosten.

3. Abschnitt: Sitzungen

Art. 10   Einberufung und Beschlussfassung

¹ Die Kommission und das Präsidium werden durch den Präsidenten oder die Präsidentin einberufen. Die Kommission muss einberufen werden, wenn vier Mitglieder dies unter Angabe von Gründen verlangen.¹

---

1   Eingefügt durch Ziff. I der V der Kommission vom 15. Dez. 2008, in Kraft seit 1. Febr. 2009 (AS 2009 355).

2   Eingefügt durch Ziff. I der V der Kommission vom 15. Dez. 2008, in Kraft seit 1. Febr. 2009 (AS 2009 355).

3   Fassung gemäss Ziff. I der V der Kommission vom 15. Dez. 2008, in Kraft seit 1. Febr. 2009 (AS 2009 355).

1bis Die Kommission ist beschlussfähig, wenn mindestens die Hälfte der Mitglieder anwesend ist und mehr als die Hälfte der Anwesenden unabhängige Sachverständige sind.[2]

1ter Die Kommission fasst ihre Beschlüsse mit dem einfachen Mehr der anwesenden Mitglieder; bei Stimmengleichheit gibt der Präsident oder die Präsidentin den Stichentscheid.[3]

[2] Die Kommission kann auf dem Zirkulationsweg beschliessen, es sei denn, drei Mitglieder verlangen unter Angabe von Gründen eine Beratung.[4]

[3] Die Verhandlungen sind nicht öffentlich.

Art. 11[5]   Teilnahme des Preisüberwachers oder der Preisüberwacherin

Der Preisüberwacher oder die Preisüberwacherin nimmt mit beratender Stimme an den Sitzungen der Kommission teil. Er oder sie kann sich auch schriftlich vernehmen lassen oder sich vertreten lassen durch den Stellvertreter oder die Stellvertreterin.

2. Kapitel: Tätigkeiten der Kommission

1. Abschnitt: Tätigkeiten des Sekretariates

Art. 12   Aufgaben des Sekretariates

[1] Das Sekretariat bereitet die Geschäfte der Kommission vor, stellt ihr Anträge und vollzieht ihre Entscheide. Es führt diese Aufgaben unter Vorbehalt der Kompetenzen der Kommission selbstständig durch. Insbesondere:

a.[6] führt es die Vorabklärungen durch und informiert das Präsidium über den Abschluss einer Vorabklärung;

b.   leitet es die Untersuchungshandlungen;

c.[1] legt es die Dossiers der Kommission oder, in den Fällen nach Artikel 7 Absatz 3, dem Präsidium mit einem begründeten Antrag zum Entscheid vor;

---

1   Fassung gemäss Ziff. I der V der Kommission vom 15. Dez. 2008, in Kraft seit 1. Febr. 2009 (AS 2009 355).

2   Eingefügt durch Ziff. I der V der Kommission vom 15. Dez. 2008, in Kraft seit 1. Febr. 2009 (AS 2009 355).

3   Eingefügt durch Ziff. I der V der Kommission vom 15. Dez. 2008, in Kraft seit 1. Febr. 2009 (AS 2009 355).

4   Fassung gemäss Ziff. I der V der Kommission vom 15. Dez. 2008, in Kraft seit 1. Febr. 2009 (AS 2009 355).

5   Fassung gemäss Ziff. I der V der Kommission vom 15. Dez. 2008, in Kraft seit 1. Febr. 2009 (AS 2009 355).

6   Fassung gemäss Ziff. I der V der Kommission vom 15. Dez. 2008, in Kraft seit 1. Febr. 2009 (AS 2009 355).

d. berät es Amtsstellen und Unternehmen, informiert in Fragen zu diesem Gesetz (Art. 23 Abs. 2 KG) und gibt Stellungnahmen nach Artikel 46 Absatz 1 KG ab.

[2] Es kann Fragen schon vor einer Antragstellung oder unabhängig von einer solchen mit der Kommission oder dem Präsidium diskutieren.[2]

[3] Es gibt der Kommission an, wenn der Antrag nach Absatz 1 Buchstabe c ein Präjudiz oder eine Praxisänderung beinhaltet.

Art. 13 Aufgaben des Direktors oder der Direktorin

[1] Der Direktor oder die Direktorin:

a. leitet die Sekretariatsgeschäfte und ist für die Tätigkeiten des Sekretariates verantwortlich;

b. begründet, verändert oder beendet die Dienstverhältnisse der Beamten und Beamtinnen und der Angestellten bis zu Lohnklasse 17;

c. organisiert die Arbeiten im Rahmen der von der Kommission gesetzten Prioritäten;

d.[3] nimmt ohne gegenteiligen Beschluss der Kommission zusammen mit den von ihm oder ihr bestimmten Mitarbeitern und Mitarbeiterinnen an den Beratungen über den Antrag teil;

d[bis].[4] informiert mit den von ihm oder ihr bestimmten Mitarbeitern und Mitarbeiterinnen die Kommission und das Präsidium über alle Geschäfte, die in deren Zuständigkeit liegen, und über die Tätigkeiten des Sekretariats im Allgemeinen;

e. regelt die Unterschriftsbefugnis und bezeichnet die Mitarbeiterinnen und Mitarbeiter des Sekretariats, die zu Zeugeneinvernahmen und zur Leitung von Anhörungen befugt sind.

[2] Der stellvertretende Direktor oder die stellvertretende Direktorin kann alle in diesem Reglement dem Direktor oder der Direktorin übertragenen Funktionen ausüben, wenn dieser oder diese verhindert ist.

---

1   Fassung gemäss Ziff. I der V der Kommission vom 15. Dez. 2008, in Kraft seit 1. Febr. 2009 (AS 2009 355).

2   Fassung gemäss Ziff. I der V der Kommission vom 15. Dez. 2008, in Kraft seit 1. Febr. 2009 (AS 2009 355).

3   Fassung gemäss Ziff. I der V der Kommission vom 15. Dez. 2008, in Kraft seit 1. Febr. 2009 (AS 2009 355).

4   Eingefügt durch Ziff. I der V der Kommission vom 15. Dez. 2008, in Kraft seit 1. Febr. 2009 (AS 2009 355).

Art. 14   Interne Information

[1] Der Direktor oder die Direktorin sorgt gestützt auf ein Konzept der Kommission für den Informationsfluss innerhalb der Kommission.

[2] Das Sekretariat informiert die Entscheidorgane so, dass diese ihre Aufgaben wahrnehmen können.

[3] Es erteilt den Kommissionsmitgliedern auf Verlangen jederzeit Auskünfte über laufende Geschäfte, die in die Entscheidkompetenz der Kommission oder des Präsidiums fallen.[1]

Art. 15   Beziehungen des Sekretariates nach aussen

Der Direktor oder die Direktorin pflegt, in Absprache mit dem Präsidium, die Beziehungen mit der Wirtschaft, den Verwaltungen und mit ausländischen Wettbewerbsbehörden sowie, nach den Weisungen des Präsidenten oder der Präsidentin, mit den Medien.

2. Abschnitt: Tätigkeit der Kommission und des Präsidiums[2]

Art. 16   Verfügungen

[1] Verfügungen tragen die Unterschrift des zuständigen Präsidiumsmitgliedes und des Direktors oder der Direktorin.

[2] Das zuständige Präsidiumsmitglied genehmigt die redaktionelle Ausfertigung aller Beschlüsse.

Art. 17   Vorabklärungen und Untersuchungen

[1] Die Kommission kann eine Untersuchung eröffnen, wie auch immer die Vorabklärung des Sekretariats ausfällt.[3]

[2] Die Kommissionsmitglieder können an den Untersuchungshandlungen des Sekretariats, insbesondere an Anhörungen und Zeugeneinvernahmen, teilnehmen.

[3] Die Kommission kann das Sekretariat mit zusätzlichen Untersuchungsmassnahmen beauftragen.[4]

[4] Die Kommission oder eine Delegation kann die Verfahrensbeteiligten selbst anhören.[1]

---

1   Fassung gemäss Ziff. I der V der Kommission vom 15. Dez. 2008, in Kraft seit 1. Febr. 2009 (AS 2009 355).

2   Fassung gemäss Ziff. I der V der Kommission vom 15. Dez. 2008, in Kraft seit 1. Febr. 2009 (AS 2009 355).

3   Fassung gemäss Ziff. I der V der Kommission vom 15. Dez. 2008, in Kraft seit 1. Febr. 2009 (AS 2009 355).

4   Fassung gemäss Ziff. I der V der Kommission vom 15. Dez. 2008, in Kraft seit 1. Febr. 2009 (AS 2009 355).

Art. 18[2]   Einleitung des Prüfungsverfahrens bei Unternehmenszusammenschlüssen

[1] Das Präsidium prüft, ob im Zusammenhang mit Unternehmenszusammenschlüssen (Art. 32 KG) ein Prüfungsverfahren eingeleitet werden soll.

[2] Es schlägt gegebenenfalls der Kommission vor, ein solches Verfahren einzuleiten. In dringlichen Fällen eröffnet es das Verfahren selbst.

[3] Die Kommission kann ein Prüfungsverfahren auch ohne Vorschlag des Präsidiums einleiten.

Art. 19[3]   Expertinnen und Experten

Die Kommission und das Sekretariat können in allen Verfahren Expertinnen und Experten beiziehen.

Art. 20   Informationskonzept

Die Kommission erarbeitet ein Konzept über die internen Informationsabläufe.

3. Kapitel: Informationspolitik, Publikationen, Rechnungswesen

Art. 21   Informationspolitik

Die Kommission legt die Grundsätze ihrer Informationspolitik fest. Verfügungen werden in der Regel publiziert.

Art. 22   Bekanntgabe einer Untersuchung

[1] Das Sekretariat veranlasst die Publikation der Eröffnung einer Untersuchung (Art. 28 KG) im Bundesblatt und im Schweizerischen Handelsamtsblatt.

[2] Die Eröffnung kann auch anderweitig publiziert werden, wenn der Zweck der Untersuchung dies erfordert.

---

1   Fassung gemäss Ziff. I der V der Kommission vom 15. Dez. 2008, in Kraft seit 1. Febr. 2009 (AS 2009 355).

2   Fassung gemäss Ziff. I der V der Kommission vom 15. Dez. 2008, in Kraft seit 1. Febr. 2009 (AS 2009 355).

3   Fassung gemäss Ziff. I der V der Kommission vom 15. Dez. 2008, in Kraft seit 1. Febr. 2009 (AS 2009 355).

Art. 23   Jahresbericht

[1] Der Jahresbericht wird vom Sekretariat redigiert, vom Präsidium vorberaten und von der Kommission verabschiedet.

[2] Er gibt den Behörden und der Öffentlichkeit eine Übersicht über die Tätigkeiten in Anwendung des KG und des Bundesgesetzes vom 6. Oktober 1995[1] über den Binnenmarkt.

Art. 24   Rechnungswesen

Die Kommission gilt für die Rechnungsführung als Verwaltungseinheit des Eidgenössischen Volkswirtschaftsdepartementes; dieses stellt Personal- und Sachkosten in den Voranschlag ein.

4. Kapitel: Schlussbestimmungen

Art. 25   Aufhebung bisherigen Rechts

Das Reglement der Kartellkommission vom 24. Februar 1986[2] wird aufgehoben.

Art. 26[3]

Art. 27   Inkrafttreten

Dieses Reglement tritt am 1. November 1996 in Kraft.

---

1   SR 943.02
2   [AS 1986 977]
3   Aufgehoben durch Ziff. I der V der Kommission vom 15. Dez. 2008, mit Wirkung seit 1. Febr. 2009 (AS 2009 355).

Nr. 3   **Verordnung über die Gebühren zum Kartellgesetz (Gebührenverordnung KG, GebV-KG)**

vom 25. Februar 1998 (Stand am 4. Juli 2006)[1]

SR 251.2

Der Schweizerische Bundesrat,

gestützt auf Artikel 53a des Kartellgesetzes vom 6. Oktober 1995[2] (KG)
sowie auf Artikel 4 des Bundesgesetzes vom 4. Oktober 1974[3] über Massnahmen
zur Verbesserung des Bundeshaushalts,[4]

verordnet:

Art. 1   Geltungsbereich

[1] Diese Verordnung regelt die Erhebung von Gebühren durch die Wettbewerbskommission und ihr Sekretariat für:

a. Verfügungen über die Untersuchung von Wettbewerbsbeschränkungen nach den Artikeln 26–30 des Kartellgesetzes (KG);

b. die Behandlung einer Meldung im Widerspruchsverfahren nach Artikel 49a Absatz 3 Buchstabe a KG;

c. die Prüfung von Unternehmenszusammenschlüssen nach den Artikeln 32–38 KG;

d. Gutachten und sonstige Dienstleistungen.[5]

[2] Die Gebühren für Strafverfahren gemäss den Artikeln 54 und 55 KG richten sich nach den Bestimmungen der Verordnung vom 25. November 1974[6] über Kosten und Entschädigungen im Verwaltungsstrafverfahren.

Art. 1a[7]   Anwendbarkeit der Allgemeinen Gebührenverordnung

Soweit diese Verordnung keine besondere Regelung enthält, gelten die Bestimmungen der Allgemeinen Gebührenverordnung vom 8. September 2004[8] (AllgGebV).

AS 1998 919

1   Fassung gemäss Ziff. I der V vom 16. Juni 2006, in Kraft seit 1. Aug. 2006 (AS 2006 2637).
2   SR 251
3   SR 611.010
4   Fassung gemäss Ziff. I der V vom 12. März 2004 (AS 2004 1391).
5   Fassung gemäss Ziff. I der V vom 12. März 2004 (AS 2004 1391).
6   SR 313.32
7   Eingefügt durch Ziff. I der V vom 16. Juni 2006, in Kraft seit 1. Aug. 2006 (AS 2006 2637).
8   SR 172.041.1

Art. 2   Gebührenpflicht

[1] Gebührenpflichtig ist, wer Verwaltungsverfahren verursacht oder Gutachten und sonstige Dienstleistungen nach Artikel 1 veranlasst.

[2] …[1]

Art. 3   Gebührenfreiheit

[1] Behörden des Bundes und, soweit sie Gegenrecht gewähren, Kantone, Gemeinden und interkantonale Organe bezahlen keine Gebühren.[2] Vorbehalten bleiben Gebühren für Gutachten.

[2] Keine Gebühren bezahlen ferner:

a.   Dritte, auf deren Anzeige hin ein Verfahren nach den Artikeln 26–30 KG durchgeführt wird;

b.   Beteiligte, die eine Vorabklärung verursacht haben, sofern diese keine Anhaltspunkte für eine unzulässige Wettbewerbsbeschränkung ergibt;

c.   Beteiligte, die eine Untersuchung verursacht haben, sofern sich die zu Beginn vorliegenden Anhaltspunkte nicht erhärten und das Verfahren aus diesem Grund eingestellt wird.[3]

Art. 4   Gebührenbemessung

[1] Die Gebühr bemisst sich nach dem Zeitaufwand.

[2] Es gilt ein Stundenansatz von 100–400 Franken. Dieser richtet sich namentlich nach der Dringlichkeit des Geschäfts und der Funktionsstufe des ausführenden Personals.[4]

[3] Für die vorläufige Prüfung gemäss Artikel 32 KG erhebt das Sekretariat statt der Gebühr nach Zeitaufwand eine Pauschalgebühr von 5000 Franken.[5]

[4] Auslagen für Porti sowie Telefon- und Kopierkosten sind sowohl in den Gebühren nach Aufwand als auch in den Pauschalgebühren eingeschlossen.[6]

---

1   Eingefügt durch Ziff. I der V vom 12. März 2004 (AS 2004 1391. Aufgehoben durch Ziff. I der V vom 16. Juni 2006, mit Wirkung seit 1. Aug. 2006 (AS 2006 2637).

2   Fassung gemäss Ziff. I der V vom 16. Juni 2006, in Kraft seit 1. Aug. 2006 (AS 2006 2637).

3   Fassung gemäss Ziff. I der V vom 12. März 2004 (AS 2004 1391).

4   Fassung gemäss Ziff. I der V vom 12. März 2004 (AS 2004 1391).

5   Fassung gemäss Ziff. I der V vom 12. März 2004 (AS 2004 1391).

6   Eingefügt durch Ziff. I der V vom 12. März 2004 (AS 2004 1391).

Art. 5[1]   Auslagen

Neben dem Aufwand nach Artikel 4 hat der Gebührenpflichtige die Auslagen gemäss Artikel 6 AllgGebV[2] zu erstatten sowie die Kosten, die durch Beweiserhebung oder besondere Untersuchungsmassnahmen verursacht werden.

Art. 6 und 7[3]

Art. 8   Aufhebung bisherigen Rechts

Die Verordnung vom 17. Juni 1996[4] über Gebühren für Gutachten der Wettbewerbskommission wird aufgehoben.

Art. 9[5]

Art. 10   Inkrafttreten

Diese Verordnung tritt am 1. April 1998 in Kraft.

Schlussbestimmung zur Änderung vom 12. März 2004[6]

Bei Verwaltungsverfahren und Dienstleistungen, die beim Inkrafttreten dieser Änderungen noch nicht abgeschlossen sind, gilt für die Bemessung der Gebühren und Auslagen für denjenigen Teil der Aufwendungen, der vor dem Inkrafttreten der Änderung erfolgt ist, das bisherige Recht.

---

1   Fassung gemäss Ziff. I der V vom 16. Juni 2006, in Kraft seit 1. Aug. 2006 (AS 2006 2637).
2   SR 172.041.1
3   Aufgehoben durch Ziff. I der V vom 16. Juni 2006, mit Wirkung seit 1. Aug. 2006 (AS 2006 2637).
4   [AS 1996 1806]
5   Aufgehoben durch Ziff. I der V vom 12. März 2004 (AS 2004 1391).
6   AS 2004 1391

Nr. 4   Verordnung über die Kontrolle von
Unternehmenszusammenschlüssen (VKU)

vom 17. Juni 1996 (Stand am 23. März 2004)

SR 251.4

Der Schweizerische Bundesrat,

gestützt auf Artikel 60 des Kartellgesetzes vom 6. Oktober 1995[1] (Gesetz),

verordnet:

Art. 1   Erlangung der Kontrolle

Ein Unternehmen erlangt im Sinne von Artikel 4 Absatz 3 Buchstabe b des Gesetzes die Kontrolle über ein bisher unabhängiges Unternehmen, wenn es durch den Erwerb von Beteiligungsrechten oder auf andere Weise die Möglichkeit erhält, einen bestimmenden Einfluss auf die Tätigkeit des andern Unternehmens auszuüben. Mittel zur Kontrolle können, einzeln oder in Kombination, insbesondere sein:

a. Eigentums- oder Nutzungsrechte an der Gesamtheit oder an Teilen des Vermögens des Unternehmens;

b. Rechte oder Verträge, die einen bestimmenden Einfluss auf die Zusammensetzung, die Beratungen oder Beschlüsse der Organe des Unternehmens gewähren.

Art. 2   Gemeinschaftsunternehmen

[1] Ein Vorgang, durch den zwei oder mehr Unternehmen gemeinsam die Kontrolle über ein Unternehmen erlangen, das sie bisher nicht gemeinsam kontrollierten, stellt einen Unternehmenszusammenschluss im Sinne von Artikel 4 Absatz 3 Buchstabe b des Gesetzes dar, wenn das Gemeinschaftsunternehmen auf Dauer alle Funktionen einer selbstständigen wirtschaftlichen Einheit erfüllt.

[2] Gründen zwei oder mehr Unternehmen ein Unternehmen, das sie gemeinsam kontrollieren wollen, so liegt ein Unternehmenszusammenschluss vor, wenn das Gemeinschaftsunternehmen die Funktionen nach Absatz 1 erfüllt und in es Geschäftstätigkeiten von mindestens einem der kontrollierenden Unternehmen einfliessen.

AS 1996 1658
1   SR 251

Art. 3   Beteiligte Unternehmen

[1] Für die Berechnung der Grenzbeträge nach Artikel 9 Absätze 1–3 des Gesetzes sind die Umsätze der am Zusammenschluss beteiligten Unternehmen massgebend. Als beteiligte Unternehmen im Sinne dieser Verordnung gelten:

a.   bei der Fusion: die fusionierenden Unternehmen;

b.   bei der Erlangung der Kontrolle: die kontrollierenden und die kontrollierten Unternehmen.

[2] Ist Gegenstand des Zusammenschlusses ein Teil eines Unternehmens, so gilt dieser Teil als beteiligtes Unternehmen.

Art. 4   Berechnung des Umsatzes

[1] Für die Berechnung des Umsatzes sind von den Erlösen, die die beteiligten Unternehmen während des letzten Geschäftsjahres mit Waren und Leistungen in ihrem normalen geschäftlichen Tätigkeitsbereich erzielt haben, Erlösminderungen wie Skonti und Rabatte, Mehrwertsteuern und andere Verbrauchssteuern sowie weitere unmittelbar auf den Umsatz bezogene Steuern abzuziehen.

[2] Geschäftsjahre, die nicht zwölf Monate umfassen, sind nach dem Durchschnitt der erfassten Monate auf volle zwölf Monate umzurechnen. Umsätze in ausländischen Währungen sind nach den in der Schweiz geltenden Grundsätzen ordnungsmässiger Rechnungslegung in Schweizer Franken umzurechnen.

[3] Finden zwischen denselben Unternehmen innerhalb von zwei Jahren zwei oder mehr Vorgänge zur Erlangung der Kontrolle über Teile von diesen Unternehmen statt, so sind diese Vorgänge für die Umsatzberechnung als einziger Zusammenschluss anzusehen. Der Zeitpunkt des letzten Geschäftes ist massgebend.

Art. 5   Umsatz eines beteiligten Unternehmens

[1] Der Umsatz eines beteiligten Unternehmens setzt sich zusammen aus den Umsätzen aus eigener Geschäftstätigkeit und den Umsätzen:

a.   der Unternehmen, bei denen es mehr als die Hälfte des Kapitals oder der Stimmrechte besitzt oder mehr als die Hälfte der Mitglieder der zur gesetzlichen Vertretung berufenen Organe bestellen kann oder auf andere Weise das Recht hat, die Geschäfte des Unternehmens zu führen (Tochterunternehmen);

b.   der Unternehmen, die bei ihm einzeln oder gemeinsam die Rechte oder Einflussmöglichkeiten nach Buchstabe a haben (Mutterunternehmen);

c.   der Unternehmen, bei denen ein Unternehmen nach Buchstabe b die Rechte oder Einflussmöglichkeiten nach Buchstabe a hat (Schwesterunternehmen);

d.   der Unternehmen, bei denen mehrere der in diesem Absatz aufgeführten Unternehmen die Rechte oder Einflussmöglichkeiten nach Buchstabe a jeweils gemeinsam haben (Gemeinschaftsunternehmen).

2 Bei der Berechnung des Gesamtumsatzes eines beteiligten Unternehmens sind die Umsätze aus Geschäften zwischen den in Absatz 1 genannten Unternehmen nicht zu berücksichtigen.

3 Umsätze eines Gemeinschaftsunternehmens, das von den beteiligten Unternehmen gemeinsam kontrolliert wird, sind diesen Unternehmen zu gleichen Teilen zuzurechnen. Absatz 2 ist sinngemäss anwendbar.

Art. 6   Berechnung der Bruttoprämieneinnahmen bei Versicherungsgesellschaften

1 Die Bruttoprämieneinnahmen umfassen die im letzten Geschäftsjahr in Rechnung gestellten Prämien im Erst- und im Rückversicherungsgeschäft, einschliesslich der in Rückdeckung gegebenen Anteile und abzüglich der auf den Erstversicherungsprämien eingenommenen Steuern oder sonstigen Abgaben. Für die Berechnung des auf die Schweiz entfallenden Anteils ist auf die Bruttoprämieneinnahmen abzustellen, die von in der Schweiz ansässigen Personen gezahlt werden.

2 Artikel 4 Absätze 2 und 3 sowie Artikel 5 sind sinngemäss anwendbar.

Art. 7[1]

Art. 8[2]   Ermittlung der Grenzwerte bei Beteiligung von Banken und übrigen Finanzintermediären

1 Die Bruttoerträge umfassen sämtliche im letzten Geschäftsjahr erwirtschafteten Erträge aus der ordentlichen Geschäftstätigkeit gemäss den Bestimmungen des Bundesgesetzes vom 8. November 1934[3] über Banken und Sparkassen und dessen Ausführungserlasse, einschliesslich:

a.   des Zins- und Diskontertrages;

b.   des Zins- und Dividendenertrages aus den Handelsbeständen;

c.   des Zins- und Dividendenertrages aus Finanzanlagen;

d.   des Kommissionsertrages aus dem Kreditgeschäft;

e.   des Kommissionsertrages aus dem Wertschriften- und Anlagegeschäft;

f.   des Kommissionsertrages aus dem übrigen Dienstleistungsgeschäft;

g.   des Erfolges aus dem Handelsgeschäft;

h.   des Erfolges aus Veräusserungen von Finanzanlagen;

i.   des Beteiligungsertrages;

---

1   Aufgehoben durch Ziff. I der V vom 12. März 2004 (AS 2004 1395).
2   Fassung gemäss Ziff. I der V vom 12. März 2004 (AS 2004 1395).
3   SR 952.0

j.   des Liegenschaftenerfolges; und

k.   anderer ordentlicher Erträge.

2 Mehrwertsteuern und andere unmittelbar auf die Bruttoerträge bezogene Steuern dürfen davon abgezogen werden.

3 Banken und übrige Finanzintermediäre, welche internationale Rechnungslegungsvorschriften anwenden, berechnen die Bruttoerträge analog den vorstehenden Bestimmungen.

4 Sind an einem Zusammenschluss Unternehmen beteiligt, von denen nur ein Teil Banken oder Finanzintermediäre sind oder die nur teilweise solche Tätigkeiten betreiben, so sind zur Ermittlung des Erreichens der Grenzwerte die Bruttoerträge dieser Unternehmen oder Unternehmensteile zu veranschlagen und zum Umsatz beziehungsweise zu den Bruttoprämieneinnahmen der übrigen beteiligten Unternehmen oder Unternehmensteile hinzuzuzählen.

5 Artikel 4 Absätze 2 und 3 sowie Artikel 5 sind sinngemäss anwendbar.

Art. 9   Meldung eines Zusammenschlussvorhabens

1 Die Meldung eines Zusammenschlussvorhabens ist in fünffacher Ausfertigung beim Sekretariat der Wettbewerbskommission (Sekretariat) einzureichen, und zwar:

a.   bei der Fusion durch die beteiligten Unternehmen gemeinsam;

b.   bei der Erlangung der Kontrolle durch das Unternehmen, welches die Kontrolle erlangt, beziehungsweise gemeinsam durch die Unternehmen, welche die Kontrolle erlangen.

2 Bei gemeinsamer Meldung haben die meldenden Unternehmen mindestens einen gemeinsamen Vertreter zu bestellen.

3 Meldende Unternehmen oder ihre Vertreter mit Wohnsitz oder Sitz im Ausland haben in der Schweiz ein Zustellungsdomizil zu bezeichnen.

Art. 10   Benachrichtigung der Eidgenössischen Finanzmarktaufsicht[1]

Die Wettbewerbskommission informiert die Eidgenössische Finanzmarktaufsicht unverzüglich über die Meldung von Zusammenschlussvorhaben von Banken im Sinne des Bundesgesetzes vom 8. November 1934[2] über die Banken und Sparkassen.

---

1   Die Bezeichnung der Verwaltungseinheit wurde in Anwendung von Art. 16 Abs. 3 der Publikationsverordnung vom 17. Nov. 2004 (SR 170.512.1) angepasst. Die Anpassung wurde im ganzen Text vorgenommen.

2   SR 952.0

Art. 11 Inhalt der Meldung

¹ Die Meldung muss folgende Angaben enthalten:

a. Firma, Sitz und Kurzbeschreibung der Geschäftstätigkeit der Unternehmen, die nach den Artikeln 4–8 zur Feststellung des Erreichens der Grenzwerte miteinzubeziehen sind, sowie der Veräusserer der Beteiligungen;

b. eine Beschreibung des Zusammenschlussvorhabens, der relevanten Tatsachen und Umstände sowie der Ziele, die mit dem Zusammenschlussvorhaben verfolgt werden;

c. die nach den Artikeln 4–8 berechneten Umsätze beziehungsweise Bilanzsummen oder Bruttoprämieneinnahmen sowie die auf die Schweiz entfallenden Anteile der beteiligten Unternehmen;

d. die Angabe aller sachlichen und räumlichen Märkte, die von dem Zusammenschluss betroffen sind und in denen der gemeinsame Marktanteil in der Schweiz von zwei oder mehr der beteiligten Unternehmen 20 Prozent oder mehr beträgt oder der Marktanteil in der Schweiz von einem der beteiligten Unternehmen 30 Prozent oder mehr beträgt, und eine Beschreibung dieser Märkte, die zumindest über die Vertriebs- und Nachfragestrukturen sowie die Bedeutung von Forschung und Entwicklung Auskunft gibt;

e. hinsichtlich der nach Buchstabe d erfassten Märkte für die letzten drei Jahre die Marktanteile der am Zusammenschluss beteiligten Unternehmen und, soweit bekannt, von jedem der drei wichtigsten Wettbewerber sowie eine Erläuterung der Grundlagen für die Berechnung der Marktanteile;

f. für die nach Buchstabe d erfassten Märkte die Angabe der in den letzten fünf Jahren neu eingetretenen Unternehmen sowie derjenigen Unternehmen, die in den nächsten drei Jahren in diese Märkte eintreten könnten, und, nach Möglichkeit, die Kosten, die ein Markteintritt verursacht.

² Der Meldung sind ferner folgende Unterlagen beizulegen:

a. Kopien der neuesten Jahresrechnungen und Jahresberichte der beteiligten Unternehmen;

b. Kopien der Verträge, die den Zusammenschluss bewirken oder sonst mit ihm in einem Zusammenhang stehen, soweit sich deren wesentlicher Inhalt nicht bereits aus den Angaben nach Absatz 1 Buchstabe b ergibt;

c. im Falle eines öffentlichen Kaufangebots Kopien der Angebotsunterlagen;

d. Kopien der Berichte, Analysen und Geschäftspläne, die im Hinblick auf den Zusammenschluss erstellt wurden, soweit sie für die Beurteilung des Zusammenschlusses wichtige Angaben enthalten, die sich nicht bereits aus der Beschreibung nach Absatz 1 Buchstabe b ergeben.

³ Die sachlichen und räumlichen Märkte nach Absatz 1 Buchstaben d–f bestimmen sich wie folgt:

a. Der sachliche Markt umfasst alle Waren oder Leistungen, die von der Marktgegenseite hinsichtlich ihrer Eigenschaften und ihres vorgesehenen Verwendungszwecks als substituierbar angesehen werden.

b. Der räumliche Markt umfasst das Gebiet, in welchem die Marktgegenseite die den sachlichen Markt umfassenden Waren oder Leistungen nachfragt oder anbietet.

⁴ Die Meldung ist in einer der Amtssprachen einzureichen. Das Verfahren wird in dieser Sprache durchgeführt, sofern nichts anderes vereinbart wird. Die Beilagen können auch in englischer Sprache eingereicht werden.

Art. 12   Erleichterte Meldung

Die beteiligten Unternehmen und das Sekretariat können vor der Meldung eines Zusammenschlusses Einzelheiten des Inhalts der Meldung einvernehmlich festlegen. Das Sekretariat kann dabei von der Pflicht zur Vorlage von einzelnen Angaben oder Unterlagen nach Artikel 11 Absätze 1 und 2 befreien, wenn es der Ansicht ist, dass diese für die Prüfung des Falles nicht notwendig sind. Vorbehalten bleibt die Pflicht zur Vorlage von zusätzlichen Angaben und Unterlagen nach Artikel 15.

Art. 13   Meldeformulare und Erläuterungen

¹ Die Wettbewerbskommission kann die Angaben nach Artikel 11 in Meldeformularen umschreiben und die Anmeldeerfordernisse in Erläuterungen näher bezeichnen. Sie kann festlegen, inwieweit eine bei einer ausländischen Behörde eingereichte Meldung für die Meldung eines Zusammenschlussvorhabens in der Schweiz verwendet werden kann.

² Die Wettbewerbskommission veranlasst die Veröffentlichung der Meldeformulare und der Erläuterungen im Bundesblatt.

Art. 14   Bestätigung der Vollständigkeit der Meldung

Das Sekretariat bestätigt den meldenden Unternehmen innert zehn Tagen schriftlich den Eingang der Meldung und deren Vollständigkeit. Sind die Angaben oder Beilagen in einem wesentlichen Punkt unvollständig, so fordert das Sekretariat die meldenden Unternehmen innert der gleichen Frist auf, die Meldung zu ergänzen.

Art. 15   Zusätzliche Angaben und Unterlagen

¹ Beteiligte Unternehmen und mit ihm im Sinne von Artikel 5 verbundene Unternehmen sowie Veräusserer von Beteiligungen müssen auch nach der Bestätigung der Vollständigkeit der Meldung dem Sekretariat binnen einer von ihm gesetzten Frist zusätzliche Angaben machen und Unterlagen einreichen, die für die Prüfung des Zu-

sammenschlussvorhabens von Bedeutung sein können. Insbesondere müssen sie Auskunft erteilen über bisherige oder geplante Absatz- oder Umsatzzahlen sowie über die Marktentwicklung und ihre Stellung im internationalen Wettbewerb.

[2] Das Sekretariat kann bei betroffenen Dritten Auskünfte einholen, die für die Beurteilung des Zusammenschlussvorhabens von Bedeutung sein können. Es kann dabei Dritten unter Wahrung der Geschäftsgeheimnisse der beteiligten Unternehmen und der mit ihnen im Sinne von Artikel 5 verbundenen Unternehmen sowie der Veräusserer vom Zusammenschlussvorhaben in geeigneter Weise Kenntnis geben.

Art. 16   Bewilligung des Vollzugs

[1] Die beteiligten Unternehmen dürfen den Zusammenschluss vor Ablauf der Monatsfrist nach Artikel 32 Absatz 2 des Gesetzes vollziehen, wenn ihnen die Wettbewerbskommission mitteilt, dass sie den Zusammenschluss für unbedenklich hält.

[2] Bewilligt die Wettbewerbskommission den Vollzug nach Artikeln 32 Absatz 2 und 33 Absatz 2 des Gesetzes, so kann sie diesen mit Bedingungen und Auflagen verbinden. Im Falle der Bewilligung des Vollzugs im Zusammenhang mit einem öffentlichen Kaufangebot kann sie insbesondere anordnen, dass die durch die übernehmende Gesellschaft erworbenen Stimmrechte nur zur Erhaltung des Werts der getätigten Investition ausgeübt werden dürfen.

Art. 17   Bewilligung des Vollzugs bei Banken

Erachtet die Eidgenössische Finanzmarktaufsicht einen Zusammenschluss von Banken aus Gründen des Gläubigerschutzes als notwendig, so kann sie auf Ersuchen der beteiligten Banken oder von Amtes wegen in jedem Zeitpunkt des Verfahrens und nötigenfalls vor Eingang der Meldung des Zusammenschlussvorhabens den Vollzug nach den Artikeln 32 Absatz 2 und 33 Absatz 2 in Verbindung mit Artikel 10 Absatz 3 des Gesetzes bewilligen. Sie lädt vor ihrem Entscheid die Wettbewerbskommission zur Stellungnahme ein.

Art. 18   Veröffentlichung der Einleitung eines Prüfungsverfahrens

Beschliesst die Wettbewerbskommission, ein Prüfungsverfahren nach Artikel 32 des Gesetzes einzuleiten, so ist dies in der nächstmöglichen Ausgabe des Bundesblattes und des Schweizerischen Handelsamtsblattes zu veröffentlichen. Die Veröffentlichung enthält Firma, Sitz und Geschäftstätigkeit der beteiligten Unternehmen und eine kurze Beschreibung des Zusammenschlusses sowie die Angabe der Frist, innert welcher Dritte zum gemeldeten Zusammenschlussvorhaben Stellung nehmen können.

Art. 19   Stellungnahme Dritter

Die Stellungnahme Dritter im Sinne von Artikel 33 Absatz 1 des Gesetzes erfolgt in schriftlicher Form. Das Sekretariat kann im Einzelfall eine Anhörung anordnen.

Art. 20   Fristen

[1] Die Frist von einem Monat für die Einleitung des Prüfungsverfahrens nach Artikel 32 Absatz 1 des Gesetzes beginnt am Tag nach Eingang der vollständigen Meldung und endet mit Ablauf des Tages im Folgemonat, dessen Datum dieselbe Tageszahl trägt wie der Tag des Fristbeginns; gibt es diesen Tag im Folgemonat nicht, so endet die Frist am letzten Tag des Folgemonats. Artikel 22a des Verwaltungsverfahrensgesetzes vom 20. Dezember 1968[1] findet keine Anwendung.

[2] Der Beschluss über die Einleitung der Prüfung ist den beteiligten Unternehmen innerhalb der Monatsfrist nach Artikel 32 Absatz 1 des Gesetzes zuzustellen.

[3] Die Frist für die Durchführung einer Prüfung nach Artikel 33 Absatz 3 des Gesetzes beginnt am Tag nach der Zustellung des Beschlusses der Wettbewerbskommission zur Durchführung der Prüfung nach Artikel 10 des Gesetzes. Für die Fristberechnung gilt Absatz 1 sinngemäss.

Art. 21   Wesentliche Änderungen der Verhältnisse

Wesentliche Änderungen der in der Meldung beschriebenen tatsächlichen Verhältnisse sind dem Sekretariat unaufgefordert und umgehend mitzuteilen. Können diese Änderungen erhebliche Auswirkungen auf die Beurteilung des Zusammenschlussvorhabens haben, so kann das Sekretariat vor Einleitung des Prüfungsverfahrens oder die Wettbewerbskommission nach Einleitung des Prüfungsverfahrens beschliessen, dass die Frist nach Artikel 20 erst am Tag nach Eingang der Mitteilung über die wesentlichen Änderungen beim Sekretariat zu laufen beginnt.

Art. 22   Berichterstattung über unbedenkliche Zusammenschlüsse

Die Wettbewerbskommission erstattet dem Eidgenössischen Volkswirtschaftsdepartement laufend Bericht über die von ihr als unbedenklich erachteten Zusammenschlüsse. Sie bezeichnet die beteiligten Unternehmen und begründet in kurzer Form, warum hinsichtlich eines meldepflichtigen Zusammenschlusses kein Prüfungsverfahren eingeleitet wurde (Art. 32 Abs. 1 des Gesetzes) beziehungsweise weder eine Untersagung noch eine Zulassung mit Bedingungen oder Auflagen ausgesprochen wurde.

Art. 23   Veröffentlichung des Entscheides nach Abschluss der Prüfung

Das Sekretariat veranlasst die Veröffentlichung des Entscheides der Wettbewerbskommission nach Abschluss der Prüfung im Bundesblatt und im Schweizerischen Handelsamtsblatt. Die Veröffentlichung enthält Firma und Sitz der beteiligten Unternehmen, eine kurze Beschreibung des Zusammenschlussvorhabens, eine summarische Wiedergabe der Entscheidgründe und des Dispositivs des Entscheides.

1   SR 172.021

Art. 24   Übergangsbestimmung

[1] Unternehmenszusammenschlüsse im Sinne des Gesetzes sind bis vier Monate nach dem Inkrafttreten des Gesetzes nicht meldepflichtig, sofern:

a. der dem Zusammenschluss zugrundeliegende Vertrag vor dem Inkrafttreten des Gesetzes abgeschlossen worden ist;

b. ein öffentliches Kaufangebot vor dem Inkrafttreten des Gesetzes veröffentlicht worden ist.

[2] Wird der Vollzug in der Schweiz durch ein vorläufiges Vollzugsverbot verhindert, das sich aus einem öffentlich-rechtlichen Bewilligungsverfahren einschliesslich eines ausländischen Fusionskontrollverfahrens ergibt, so steht die Frist von vier Monaten bis zum Wegfall dieses Vollzugsverbots still.

Art. 25   Inkrafttreten

Diese Verordnung tritt am 1. Juli 1996 in Kraft.

Nr. 5 — Verordnung über die Sanktionen bei unzulässigen Wettbewerbsbeschränkungen (KG-Sanktionsverordnung, SVKG)

vom 12. März 2004 (Stand am 23. März 2004)

SR 251.5

Der Schweizerische Bundesrat,

gestützt auf Artikel 60 des Kartellgesetzes vom 6. Oktober 1995[1] (KG),

verordnet:

1. Abschnitt: Allgemeines

Art. 1

Diese Verordnung regelt:

a. die Bemessungskriterien bei der Verhängung von Sanktionen gemäss Artikel 49a Absatz 1 KG;

b. die Voraussetzungen und das Verfahren beim gänzlichen oder teilweisen Verzicht auf eine Sanktion gemäss Artikel 49a Absatz 2 KG;

c. die Voraussetzungen und das Verfahren der Meldung nach Artikel 49a Absatz 3 Buchstabe a KG.

2. Abschnitt: Sanktionsbemessung

Art. 2   Grundsätze

[1] Die Sanktion bemisst sich nach der Dauer und der Schwere des unzulässigen Verhaltens. Der mutmassliche Gewinn, den das Unternehmen dadurch erzielt hat, ist angemessen zu berücksichtigen.

[2] Bei der Festsetzung der Sanktion ist das Prinzip der Verhältnismässigkeit zu beachten.

Art. 3   Basisbetrag

Der Basisbetrag der Sanktion bildet je nach Schwere und Art des Verstosses bis zu 10 Prozent des Umsatzes, den das betreffende Unternehmen in den letzten drei Geschäftsjahren auf den relevanten Märkten in der Schweiz erzielt hat.

AS 2004 1397

1   SR 251

Art. 4   Dauer

Dauerte der Wettbewerbsverstoss zwischen ein und fünf Jahren, so wird der Basisbetrag um bis zu 50 Prozent erhöht. Dauerte der Wettbewerbsverstoss mehr als fünf Jahre, so wird der Basisbetrag für jedes zusätzliche Jahr mit einem Zuschlag von je bis zu 10 Prozent erhöht.

Art. 5   Erschwerende Umstände

[1] Bei erschwerenden Umständen wird der Betrag nach den Artikeln 3 und 4 erhöht, insbesondere wenn das Unternehmen:

a. wiederholt gegen das Kartellgesetz verstossen hat;

b. mit einem Verstoss einen Gewinn erzielt hat, der nach objektiver Ermittlung besonders hoch ausgefallen ist;

c. die Zusammenarbeit mit den Behörden verweigert oder versucht hat, die Untersuchungen sonstwie zu behindern.

[2] Bei Wettbewerbsbeschränkungen nach Artikel 5 Absätze 3 und 4 KG wird der Betrag nach den Artikeln 3 und 4 zusätzlich erhöht, wenn das Unternehmen:

a. zur Wettbewerbsbeschränkung angestiftet oder dabei eine führende Rolle gespielt hat;

b. zur Durchsetzung der Wettbewerbsabrede gegenüber anderen an der Wettbewerbsbeschränkung Beteiligten Vergeltungsmassnahmen angeordnet oder durchgeführt hat.

Art. 6   Mildernde Umstände

[1] Bei mildernden Umständen, insbesondere wenn das Unternehmen die Wettbewerbsbeschränkung nach dem ersten Eingreifen des Sekretariats der Wettbewerbskommission, spätestens aber vor der Eröffnung eines Verfahrens nach den Artikeln 26–30 KG beendet, wird der Betrag nach den Artikeln 3 und 4 vermindert.

[2] Bei Wettbewerbsbeschränkungen gemäss Artikel 5 Absätze 3 und 4 KG wird der Betrag nach den Artikeln 3 und 4 vermindert, wenn das Unternehmen:

a. dabei ausschliesslich eine passive Rolle gespielt hat;

b. Vergeltungsmassnahmen, die zur Durchsetzung der Wettbewerbsabrede vereinbart waren, nicht durchgeführt hat.

Art. 7   Maximale Sanktion

Die Sanktion beträgt in keinem Fall mehr als 10 Prozent des in den letzten drei Geschäftsjahren in der Schweiz erzielten Umsatzes des Unternehmens (Art. 49a Abs. 1 KG).

3. Abschnitt: Vollständiger Erlass der Sanktion

Art. 8 Voraussetzungen

¹ Die Wettbewerbskommission erlässt einem Unternehmen die Sanktion vollständig, wenn es seine Beteiligung an einer Wettbewerbsbeschränkung im Sinne von Artikel 5 Absätze 3 und 4 KG anzeigt und als Erstes:

a. Informationen liefert, die es der Wettbewerbsbehörde ermöglichen, ein kartellrechtliches Verfahren gemäss Artikel 27 KG zu eröffnen; oder

b. Beweismittel vorlegt, welche der Wettbewerbsbehörde ermöglichen, einen Wettbewerbsverstoss gemäss Artikel 5 Absätze 3 oder 4 KG festzustellen.

² Sie erlässt die Sanktion nur, wenn das Unternehmen:

a. kein anderes Unternehmen zur Teilnahme an dem Wettbewerbsverstoss gezwungen hat und nicht die anstiftende oder führende Rolle im betreffenden Wettbewerbsverstoss eingenommen hat;

b. der Wettbewerbsbehörde unaufgefordert sämtliche in seinem Einflussbereich liegenden Informationen und Beweismittel betreffend den Wettbewerbsverstoss vorlegt;

c. während der gesamten Dauer des Verfahrens ununterbrochen, uneingeschränkt und ohne Verzug mit der Wettbewerbsbehörde zusammenarbeitet;

d. seine Beteiligung am Wettbewerbsverstoss spätestens zum Zeitpunkt der Selbstanzeige oder auf erste Anordnung der Wettbewerbsbehörde einstellt.

³ Der Erlass der Sanktion gemäss Absatz 1 Buchstabe a wird nur gewährt, sofern die Wettbewerbsbehörde nicht bereits über ausreichende Informationen verfügt, um ein Verfahren nach den Artikeln 26 und 27 KG betreffend die angezeigte Wettbewerbsbeschränkung zu eröffnen.

⁴ Der Erlass der Sanktion gemäss Absatz 1 Buchstabe b wird nur gewährt, sofern:

a. nicht bereits ein anderes Unternehmen die Voraussetzungen für einen Erlass gemäss Absatz 1 Buchstabe a erfüllt; und

b. die Wettbewerbsbehörde nicht bereits über ausreichende Beweismittel verfügt, um den Wettbewerbsverstoss zu beweisen.

Art. 9 Form und Inhalt der Selbstanzeige

¹ Die Selbstanzeige enthält die nötigen Informationen zum anzeigenden Unternehmen, zur Art des angezeigten Wettbewerbsverstosses, zu den an diesem Verstoss beteiligten Unternehmen und zu den betroffenen bzw. relevanten Märkten. Die Selbstanzeige kann auch mündlich zu Protokoll gegeben werden.

² Das Unternehmen kann die Selbstanzeige unter Einreichung der Informationen in anonymisierter Form stellen. Das Sekretariat regelt die Modalitäten im Einzelfall im Einvernehmen mit einem Mitglied des Präsidiums der Wettbewerbskommission.

³ Das Sekretariat bestätigt den Eingang der Selbstanzeige unter Angabe der Eingangszeit. Es teilt dem anzeigenden Unternehmen im Einvernehmen mit einem Mitglied des Präsidiums mit:

a. inwieweit es die Voraussetzungen für einen vollständigen Erlass der Sanktion nach Artikel 8 Absatz 1 als gegeben erachtet;

b. welche Informationen das anzeigende Unternehmen zusätzlich einzureichen hat, insbesondere um die Voraussetzungen von Artikel 8 Absatz 1 zu erfüllen; und

c. im Falle einer anonymen Selbstanzeige, binnen welcher Frist das Unternehmen seine Identität offen legen muss.

Art. 10   Verfahren bei mehreren Selbstanzeigen

Die Wettbewerbsbehörde prüft später eingegangene Selbstanzeigen erst, wenn sie über früher eingegangene Selbstanzeigen nach Massgabe von Artikel 9 Absatz 3 befunden hat.

Art. 11   Entscheid über den vollständigen Erlass der Sanktion

¹ Die Wettbewerbskommission entscheidet über die Gewährung des vollständigen Erlasses der Sanktion.

² Die Wettbewerbskommission kann von einer Mitteilung des Sekretariats gemäss Artikel 9 Absatz 3 Buchstabe a nur abweichen, wenn ihr nachträglich Tatsachen bekannt werden, die dem Erlass der Sanktion entgegenstehen.

4. Abschnitt: Reduktion der Sanktion

Art. 12   Voraussetzungen

¹ Die Wettbewerbskommission reduziert die Sanktion, wenn ein Unternehmen an einem Verfahren unaufgefordert mitgewirkt und im Zeitpunkt der Vorlage der Beweismittel die Teilnahme am betreffenden Wettbewerbsverstoss eingestellt hat.

² Die Reduktion beträgt bis zu 50 Prozent des nach den Artikeln 3–7 berechneten Sanktionsbetrags. Massgebend ist die Wichtigkeit des Beitrags des Unternehmens zum Verfahrenserfolg.

³ Die Reduktion beträgt bis zu 80 Prozent des nach den Artikeln 3–7 berechneten Sanktionsbetrags, wenn ein Unternehmen unaufgefordert Informationen liefert oder Beweismittel vorlegt über weitere Wettbewerbsverstösse gemäss Artikel 5 Absatz 3 oder 4 KG.

Art. 13 Form und Inhalt der Kooperation

[1] Das Unternehmen legt der Wettbewerbsbehörde die nötigen Informationen zum anzeigenden Unternehmen, zur Art des angezeigten Wettbewerbsverstosses, zu den an diesem Verstoss beteiligten Unternehmen und zu den betroffenen bzw. relevanten Märkten vor.

[2] Das Sekretariat bestätigt den Eingang der Beweismittel unter Angabe der Eingangszeit.

Art. 14 Entscheid über die Reduktion

[1] Die Wettbewerbskommission entscheidet darüber, um wie viel die Sanktion gegen das kooperierende Unternehmen reduziert wird.

[2] Legt das kooperierende Unternehmen der Wettbewerbskommission Beweismittel über die Dauer des Wettbewerbsverstosses vor, von welchen diese keine Kenntnis hatte, so berechnet sie die Sanktion ohne Berücksichtigung dieses Zeitraumes.

5. Abschnitt: Meldung und Widerspruchsverfahren

Art. 15 Meldung einer möglicherweise unzulässigen Wettbewerbsbeschränkung

Die Meldung gemäss Artikel 49a Absatz 3 Buchstabe a KG ist in einer der Amtssprachen in dreifacher Ausfertigung beim Sekretariat einzureichen.

Art. 16 Meldeformulare und Erläuterungen

[1] Die Wettbewerbskommission umschreibt die für die Meldung erforderlichen Angaben in einem Meldeformular. Sie gibt bekannt, inwieweit eine bei einer ausländischen Behörde eingereichte Meldung für die Meldung in der Schweiz verwendet werden kann.

[2] Sie veranlasst die Veröffentlichung der Meldeformulare und der Erläuterungen im Bundesblatt.

Art. 17 Erleichterte Meldung

Das Sekretariat und das meldende Unternehmen können vor der Meldung einer Wettbewerbsbeschränkung Einzelheiten des Inhalts der Meldung einvernehmlich festlegen. Das Sekretariat kann dabei das Unternehmen von der Vorlage von einzelnen Angaben oder Unterlagen befreien, wenn es der Ansicht ist, dass diese für die Beurteilung des Falles nicht notwendig sind.

Art. 18   Bestätigung des Eingangs der Meldung

Das Sekretariat bestätigt dem meldenden Unternehmen den Eingang der Meldung. Sind die Angaben oder Beilagen in einem wesentlichen Punkt unvollständig, so fordert das Sekretariat das meldende Unternehmen auf, die Meldung zu ergänzen.

Art. 19   Widerspruchsverfahren

Wird dem Unternehmen innerhalb von fünf Monaten nach Eingang der Meldung keine Eröffnung eines Verfahrens nach den Artikeln 26–30 KG mitgeteilt, so entfällt für den gemeldeten Sachverhalt eine Sanktion nach Artikel 49a Absatz 1 KG.

6. Abschnitt: Inkrafttreten

Art. 20

Diese Verordnung tritt am 1. April 2004 in Kraft.

Bekanntmachungen

Nr. 6 Bekanntmachung über die wettbewerbsrechtliche Behandlung vertikaler Abreden (Vertikalbekanntmachung, VertBek)

Beschluss der Wettbewerbskommission vom 28. Juni 2010

BBl 2010 5078

Die Wettbewerbskommission
erlässt die folgende allgemeine Bekanntmachung
in Erwägung nachstehender Gründe:

I. Gemäss Artikel 6 des Bundesgesetzes vom 6. Oktober 1995 über Kartelle und andere Wettbewerbsbeschränkungen (KG; SR 251) kann die Wettbewerbskommission in allgemeinen Bekanntmachungen die Voraussetzungen umschreiben, unter denen einzelne Arten von Wettbewerbsabreden aus Gründen der wirtschaftlichen Effizienz im Sinne von Artikel 5 Absatz 2 KG in der Regel als gerechtfertigt gelten. Wenn ein Bedürfnis nach mehr Rechtssicherheit es erfordert, kann sie in analoger Anwendung von Artikel 6 KG auch andere Grundsätze der Rechtsanwendung in allgemeinen Bekanntmachungen veröffentlichen.

II Vertikale Vereinbarungen können die volkswirtschaftliche Effizienz innerhalb einer Produktions- oder Vertriebskette erhöhen, weil sie eine bessere Koordinierung zwischen den beteiligten Unternehmen ermöglichen. Sie können insbesondere die Transaktions- und Distributionskosten der Beteiligten verringern und deren Umsätze und Investitionen optimieren.

III. Die Wahrscheinlichkeit, dass derartige effizienzsteigernde Wirkungen stärker ins Gewicht fallen als wettbewerbsschädliche Wirkungen, die von Beschränkungen in vertikalen Abreden verursacht werden, hängt von der Marktmacht der beteiligten Unternehmen und somit vom Ausmass des Wettbewerbs zwischen Anbietern verschiedener Marken (Interbrand-Wettbewerb) ab. Dabei geht die Wettbewerbskommission davon aus, dass vertikale Abreden im Allgemeinen zu einer Verbesserung der Produktion oder des Vertriebs führen, sofern keines der an einer vertikalen Abrede beteiligten Unternehmen einen Anteil von mehr als 30 % am relevanten Markt hält und es sich nicht um eine qualitativ schwerwiegende Abrede handelt.

IV. Im Rahmen der KG-Revision 2003 wurden mit dem Artikel 5 Absatz 4 KG neue Tatbestände eingeführt mit dem Ziel, Preisbindungen und Abschottungen des schweizerischen Marktes zu verhindern und den markeninternen Wettbewerb (Intrabrand-Wettbewerb) zu fördern. Gemäss Artikel 5 Absatz 4 KG wird die Beseitigung des wirksamen Wettbewerbs vermutet bei der Festsetzung von Mindest- oder Festpreisen (Preisbindungen zweiter Hand) sowie bei gebietsabschottenden Klauseln, die ein Verbot des Passivverkaufs an Händler oder Endkunden statuieren.

V.   Der Gesetzgeber hat in der KG-Revision 2003 zum Ausdruck gebracht, dass er die Festsetzung von Mindest- und Festpreisen sowie gebietsabschottende Klauseln in vertikalen Vereinbarungen als potenziell besonders schädlich erachtet. Die Wettbewerbskommission hat diese Einschätzung in ihren bisherigen Entscheiden konkretisiert und bereits in der Bekanntmachung über die wettbewerbsrechtliche Behandlung vertikaler Abreden vom 2. Juli 2007 (Vertikalbekanntmachung 2007) entsprechende Kriterien zur Beurteilung vertikaler Abreden erlassen, insbesondere hinsichtlich der Widerlegung der Vermutung der Beseitigung wirksamen Wettbewerbs (Art. 5 Abs. 4 KG), der Erheblichkeit (Art. 5 Abs. 1 KG) sowie der Rechtfertigungsgründe (Art. 5 Abs. 2 KG).

VI.   Vorliegende Bekanntmachung basiert auf der Vertikalbekanntmachung 2007, welche sich an die Verordnung (EG) Nr. 2790/1999 der Kommission vom 22. Dezember 1999 über die Anwendung von Artikel 81 Absatz 3 des Vertrages auf Gruppen von vertikalen Vereinbarungen und aufeinander abgestimmten Verhaltensweisen (ABl 1999 L 336/21) sowie an die Mitteilung der Kommission betreffend Leitlinien für vertikale Beschränkungen (ABl 2000 C 291/1) anlehnte. Diese Rechtsgrundlagen wurden am 1. Juni 2010 ersetzt durch die Verordnung (EU) Nr. 330/2010 der Kommission vom 20. April 2010 über die Anwendung von Artikel 101 Absatz 3 des Vertrags über die Arbeitsweise der Europäischen Union auf Gruppen von vertikalen Vereinbarungen und abgestimmten Verhaltensweisen (ABl 2010 L 102/1) und die entsprechenden Leitlinien (ABl 2010 C 130/1), welche in einzelnen Punkten Anpassungen vorsehen. Mit den Änderungen soll im Wesentlichen den Marktentwicklungen Rechnung getragen werden, vor allem der gewachsenen Nachfragemacht grosser Einzelhandelsunternehmen und der Entwicklung des Online-Vertriebs.

VII.   Die aktuelle Revision der Bekanntmachung trägt der jüngsten Fallpraxis der Wettbewerbskommission sowie den Anpassungen im europäischen Recht – unter Berücksichtigung der in der Schweiz herrschenden rechtlichen und wirtschaftlichen Bedingungen – Rechnung. Damit stellt sie sicher, dass in der Schweiz im Bereich der vertikalen Abreden weiterhin möglichst die gleichen Regeln zur Anwendung kommen wie in der Europäischen Union, eine Isolierung der schweizerischen Märkte vermieden und Rechtssicherheit geschaffen wird. In diesem Sinne gelten die europäischen Regeln (vgl. Erw. VI.) analog auch für die Schweiz.

VIII.   Ziffer 10 konkretisiert die Abreden, bei welchen gemäss Artikel 5 Absatz 4 KG vermutet wird, dass sie zu einer Beseitigung des wirksamen Wettbewerbs führen. Ziffer 11 macht deutlich, dass für eine Widerlegung der Vermutung auf einer Gesamtbetrachtung des Marktes (Intrabrand- und Interbrand-Wettbewerb auf dem relevanten Markt) abgestellt wird.

IX.   Kann die Vermutung widerlegt werden, ist die Erheblichkeit der Abrede gemäss Ziffer 12 (1) zu prüfen. Dabei sind sowohl qualitative wie auch quantitative Kriterien zu berücksichtigen, wobei die Abwägung dieser beiden Kriterien einzelfallweise in einer Gesamtbeurteilung erfolgt. Ziffer 12 (2) zeigt auf, welche Abreden aufgrund des Gegenstands als qualitativ schwerwiegend betrachtet werden. Bei solchen Abreden genügen in quantitativer Hinsicht tiefere Anforderungen, um sie als erhebliche Wettbewerbsbeschränkung zu qualifizieren.

X. Ziffer 13 macht deutlich, dass in der Regel keine erhebliche Wettbewerbsbeeinträchtigung vorliegt, falls die Marktanteilsschwelle von 15 % nicht überschritten wird und sich die Abrede nicht kumulativ mit anderen Abreden auf den Markt auswirkt (Bagatellfälle). Wird die Marktanteilsschwelle von 15 % überschritten oder wirkt sich die Abrede kumulativ mit anderen Abreden auf den Markt aus, wird die Wettbewerbsbeeinträchtigung im Einzelfall geprüft.

XI. Ziffer 15 bringt zum Ausdruck, wie Preisempfehlungen gewürdigt werden und welche Umstände Anlass geben können, Preisempfehlungen aufzugreifen.

XII. Kann die Vermutung der Beseitigung des wirksamen Wettbewerbs widerlegt werden und liegt eine den Wettbewerb erheblich beeinträchtigende Abrede vor, ist zu prüfen, ob die Abrede durch Gründe der wirtschaftlichen Effizienz gerechtfertigt werden kann. In Ziffer 16 werden die Voraussetzungen umschrieben, unter denen vertikale Wettbewerbsabreden aus Gründen der wirtschaftlichen Effizienz im Sinne von Artikel 5 Absatz 2 KG in der Regel als gerechtfertigt gelten. Sind keine Effizienzgründe ersichtlich, ist die Abrede unzulässig. Unzulässige Wettbewerbsabreden nach Artikel 5 Absatz 4 KG sind nach Artikel 49a KG sanktionsbedroht, selbst wenn die Vermutung der Beseitigung wirksamen Wettbewerbs widerlegt werden kann.

XIII. Diese Bekanntmachung bindet die Zivilgerichte, das Bundesverwaltungsgericht und das Bundesgericht nicht bei der Auslegung der kartellrechtlichen Bestimmungen.

A. Begriffe

Ziffer 1 Vertikale Wettbewerbsabreden

Erzwingbare oder nicht erzwingbare Vereinbarungen sowie aufeinander abgestimmte Verhaltensweisen (vgl. Art. 4 Abs. 1 KG) von Unternehmen verschiedener Marktstufen, die eine Wettbewerbsbeschränkung bezwecken oder bewirken und Geschäftsbedingungen betreffen, zu denen die beteiligten Unternehmen bestimmte Waren oder Dienstleistungen beziehen, verkaufen oder weiterverkaufen können.

Ziffer 2 Aktiver Verkauf

Die aktive Ansprache einzelner Kunden (Endkunden oder Händler) in einem Gebiet oder einzelner Mitglieder einer Kundengruppe, das bzw. die der Anbieter sich selbst vorbehalten oder ausschliesslich einem anderen Händler zugewiesen hat.

Ziffer 3   Passiver Verkauf

Die Erfüllung unaufgeforderter Bestellungen einzelner Kunden (Endkunden oder Händler) aus einem Gebiet oder einzelner Mitglieder einer Kundengruppe, das bzw. die der Anbieter sich selbst vorbehalten oder ausschliesslich einem anderen Händler zugewiesen hat, d.h. das Liefern von Waren an bzw. das Erbringen von Dienstleistungen für solche Kunden. Allgemeine Werbe- oder Verkaufsförderungsmassnahmen, die Kunden in Gebieten oder Kundengruppen, die anderen Händlern (ausschliesslich) zugewiesen sind, erreichen, die aber eine vernünftige Alternative zur Ansprache von Kunden ausserhalb dieser Gebiete oder Kundengruppen, z.b. im eigenen Gebiet, darstellen, sind passive Verkäufe. In diesem Sinne gelten Internetverkäufe als passive Verkäufe, ausser wenn sich Verkaufsbemühungen gezielt an Kunden ausserhalb des zugewiesenen Gebiets richten.

Ziffer 4   Selektive Vertriebssysteme

(1) Allgemein

Vereinbarungen zwischen Anbietern und Händlern, wonach

i)   der Anbieter die Vertragswaren oder -dienstleistungen nur an Händler verkaufen darf, die aufgrund festgelegter Merkmale ausgewählt werden (zugelassene Händler) und

ii)   diese Händler die betreffenden Waren oder Dienstleistungen nicht an Händler weiter verkaufen dürfen, die nicht zum Vertrieb zugelassen sind.

(2) Rein qualitativer Selektivvertrieb

Ein Vertriebssystem, bei dem die Auswahl der Händler ausschliesslich nach objektiven qualitativen Kriterien erfolgt, die sich nach den Anforderungen des betreffenden Produkts richten, z.B. in Bezug auf die Verkäuferschulung, den in der Verkaufsstätte gebotenen Service oder ein bestimmtes Spektrum der angebotenen Produkte.

Ziffer 5   Querlieferungen

Die gegenseitige Belieferung von Händlern gleicher oder unterschiedlicher Marktstufen innerhalb eines selektiven Vertriebssystems.

Ziffer 6   Wettbewerbsverbote

Alle unmittelbaren oder mittelbaren Verpflichtungen, die den Abnehmer veranlassen, keine Waren oder Dienstleistungen herzustellen, zu beziehen, zu verkaufen oder weiterzuverkaufen, die mit den Vertragswaren oder -dienstleistungen im Wettbewerb stehen. Des Weiteren alle unmittelbaren oder mittelbaren Verpflichtungen des Abnehmers, mehr als 80 % seiner auf der Grundlage des Einkaufswertes des vorherigen Kalenderjahres berechneten gesamten Einkäufe von Vertragswaren oder -dienstleistungen sowie ihrer Substitute auf dem relevanten Markt vom Anbieter oder einem anderen vom Anbieter bezeichneten Unternehmen zu beziehen.

Ziffer 7   Know-how

Eine Gesamtheit nicht patentierter praktischer Kenntnisse, die der Anbieter durch Erfahrung und Erprobung gewonnen hat und die

i)   geheim, d.h. nicht allgemein bekannt und nicht leicht zugänglich sind,

ii)   wesentlich, d.h. für die Verwendung, den Verkauf oder den Weiterverkauf der Vertragswaren oder -dienstleistungen bedeutsam und nützlich sind, und

iii)   identifiziert sind, d.h. umfassend genug beschrieben sind, so dass überprüft werden kann, ob die Merkmale «geheim» und «wesentlich» erfüllt sind.

B. Regeln

Ziffer 8   Geltungsbereich

(1) Diese Bekanntmachung gilt für vertikale Wettbewerbsabreden.

(2) Diese Bekanntmachung findet auch Anwendung, wenn Wettbewerber eine nicht gegenseitige vertikale Vereinbarung treffen und

a)   der Anbieter zugleich Hersteller und Händler von Waren ist, der Abnehmer dagegen Händler, jedoch kein Wettbewerber auf der Herstellungsebene; oder

b)   der Anbieter ein auf mehreren Handelsstufen tätiger Dienstleister ist, der Abnehmer dagegen Waren oder Dienstleistungen auf der Einzelhandelsstufe anbietet und auf der Handelsstufe, auf der er die Vertragsdienstleistungen bezieht, kein Wettbewerber ist.

(3) Die Anwendung der vorliegenden Bekanntmachung schliesst nicht aus, dass ein Sachverhalt ganz oder teilweise als horizontale Wettbewerbsabrede gemäss Artikel 5 Absatz 3 KG qualifiziert oder von Artikel 7 KG erfasst wird. Diesfalls ist der Sachverhalt unabhängig von der vorliegenden Bekanntmachung gemäss den einschlägigen Vorschriften des Kartellgesetzes zu beurteilen.

(4) Diese Bekanntmachung gilt nicht für vertikale Vereinbarungen, die Bestimmungen enthalten, welche die Übertragung von geistigen Eigentumsrechten auf den Abnehmer oder die Nutzung solcher Rechte durch den Abnehmer betreffen, sofern diese Bestimmungen Hauptgegenstand der Vereinbarung sind und sofern sie sich nicht unmittelbar auf die Nutzung, den Verkauf oder den Weiterverkauf von Waren oder Dienstleistungen durch den Abnehmer oder seine Kunden beziehen.

Ziffer 9   Verhältnis zu anderen Bekanntmachungen

(1) Die Bekanntmachung über die wettbewerbsrechtliche Behandlung von vertikalen Abreden im Kraftfahrzeughandel vom 21. Oktober 2002 (Kfz-Bekanntmachung[1]) geht dieser Bekanntmachung vor. Soweit sich die Kfz-Bekanntmachung nicht äussert, sind die Vorschriften dieser Bekanntmachung anwendbar.

(2) Diese Bekanntmachung geht der Bekanntmachung betreffend Abreden mit beschränkter Marktwirkung vom 19. Dezember 2005 (KMU-Bekanntmachung[2]) vor.

Ziffer 10   Vermutungstatbestände

(1) Bei vertikalen Wettbewerbsabreden wird die Beseitigung wirksamen Wettbewerbs nach Artikel 5 Absatz 4 KG vermutet, wenn sie Folgendes zum Gegenstand haben:

a)   Festsetzung von Mindest- oder Festpreisen;

b)   Zuweisung von Gebieten, soweit Verkäufe in diese durch gebietsfremde Vertriebspartner ausgeschlossen werden (insbesondere Verbot des Passivverkaufs an Händler oder Endkunden).

(2) Artikel 5 Absatz 4 KG umfasst auch Abreden, welche indirekt zu Mindest- oder Festpreisen oder einem absoluten Gebietsschutz führen.

(3) Artikel 5 Absatz 4 KG umfasst auch in Empfehlungsform gekleidete Abreden, die auf einer Vereinbarung oder einer aufeinander abgestimmten Verhaltensweise beruhen und eine Festsetzung von Mindest- oder Festpreisen oder einen absoluten Gebietsschutz bezwecken oder bewirken.

Ziffer 11   Widerlegung der Vermutung

Für die Widerlegung der Vermutung der Beseitigung des wirksamen Wettbewerbs ist eine Gesamtbetrachtung des Marktes unter Berücksichtigung des Intrabrand- und Interbrand-Wettbewerbs massgebend. Ausschlaggebend ist, ob genügend Intrabrand- oder Interbrand-Wettbewerb auf dem relevanten Markt besteht oder die Kombination der beiden zu genügend wirksamem Wettbewerb führt.

Ziffer 12   Erhebliche Wettbewerbsbeschränkungen

(1) Bei der Prüfung der Frage, ob eine erhebliche Wettbewerbsbeeinträchtigung im Sinne von Artikel 5 Absatz 1 KG vorliegt, sind sowohl qualitative wie auch quantitative Kriterien zu berücksichtigen. Die Abwägung dieser beiden Kriterien erfolgt einzelfallweise in einer Gesamtbeurteilung. Dabei kann eine qualitativ schwerwiegende Beeinträchtigung trotz quantitativ geringfügiger Auswirkungen erheblich sein.

---

1   Abrufbar unter www.weko.ch.
2   BBl 2006 883 ff.

Umgekehrt kann eine Beeinträchtigung mit quantitativ beträchtlichen Auswirkungen den Wettbewerb erheblich beeinträchtigen, auch wenn sie qualitativ nicht schwerwiegend ist.

(2) Abreden werden als qualitativ schwerwiegend betrachtet, wenn sie Folgendes zum Gegenstand haben:

a) Beschränkung der Möglichkeit des Abnehmers, seinen Verkaufspreis selbst festzusetzen; dies gilt unbeschadet der Möglichkeit des Anbieters, Höchstverkaufspreise festzusetzen oder Preisempfehlungen auszusprechen, sofern sich diese nicht infolge der Ausübung von Druck oder der Gewährung von Anreizen durch eines der beteiligten Unternehmen tatsächlich wie Fest- oder Mindestverkaufspreise auswirken;

b) Beschränkung des Gebiets oder der Kundengruppe, in das oder an die ein an der Vereinbarung beteiligter Abnehmer, vorbehältlich einer etwaigen Beschränkung in Bezug auf den Ort seiner Niederlassung, Vertragswaren oder -dienstleistungen verkaufen darf; eine qualitativ schwerwiegende Beeinträchtigung des Wettbewerbs aufgrund des Gegenstandes liegt jedoch nicht vor bei

   i) Beschränkungen des aktiven Verkaufs in Gebiete oder an Kundengruppen, die der Anbieter sich selbst vorbehalten oder ausschliesslich einem anderen Händler zugewiesen hat, vorausgesetzt dass Passivverkäufe uneingeschränkt möglich sind;

   ii) Beschränkungen des Direktverkaufs von Grossisten an Endverbraucher;

   iii) Beschränkungen des Verkaufs an nicht zugelassene Händler durch die Mitglieder eines selektiven Vertriebssystems innerhalb des vom Anbieter für den Betrieb dieses Systems festgelegten Gebiets;

   iv) Beschränkungen der Möglichkeit des Abnehmers, Teile, die zur Weiterverwendung geliefert werden, an Kunden zu verkaufen, die diese Teile für die Herstellung derselben Art von Waren verwenden würden, wie sie der Anbieter herstellt;

c) Beschränkungen des aktiven oder passiven Verkaufs an Endverbraucher durch auf der Einzelhandelsstufe tätige Mitglieder eines selektiven Vertriebssystems; dies gilt unbeschadet der Möglichkeit, Mitgliedern des Systems zu untersagen, Geschäfte von nicht zugelassenen Niederlassungen aus zu betreiben;

d) Beschränkungen von Querlieferungen zwischen Händlern innerhalb eines selektiven Vertriebssystems, auch wenn diese auf unterschiedlichen Marktstufen tätig sind;

e) Beschränkungen, die zwischen einem Anbieter von Teilen und einem Abnehmer, der diese Teile weiterverwendet, vereinbart werden, welche den Anbieter daran hindern, die Teile als Ersatzteile an Endverbraucher, an Reparaturbetriebe oder andere Dienstleister zu verkaufen, die der Abnehmer nicht mit der Reparatur oder der Wartung seiner Waren betraut hat;

f) Wettbewerbsverbote, welche für eine unbestimmte Dauer oder für eine Dauer von mehr als fünf Jahren vereinbart werden; die Begrenzung auf fünf Jahre gilt nicht, sofern der Abnehmer die Vertragswaren oder -dienstleistungen in den Räumlichkeiten und auf Grundstücken des Verkäufers (Eigentum oder Miete/Pacht) anbietet;

g) nachvertragliche Wettbewerbsverbote; dies gilt nicht, wenn das nachvertragliche Wettbewerbsverbot

   i) sich auf Waren oder Dienstleistungen bezieht, die mit den Vertragswaren oder -dienstleistungen im Wettbewerb stehen,

   ii) sich auf Räumlichkeiten und Grundstücke beschränkt, von denen aus der Abnehmer während der Vertragsdauer seine Geschäfte betrieben hat;

   iii) unerlässlich ist, um dem Abnehmer vom Anbieter übertragenes Know-how zu schützen, und es

   iv) auf einen Zeitraum von höchstens einem Jahr nach Beendigung der Vereinbarung begrenzt ist.

   Die Beschränkung der Nutzung und Offenlegung von nicht allgemein zugänglichem Know-how bleibt zeitlich unbegrenzt möglich;

h) Einschränkungen von Mehrmarkenvertrieb in selektiven Vertriebssystemen, welche sich gezielt auf Marken bestimmter konkurrierender Anbieter beziehen.

Ziffer 13 Unerhebliche Wettbewerbsbeeinträchtigung aufgrund der Marktanteile

(1) Vertikale Wettbewerbsabreden, welche nicht unter Ziffer 12 (2) lit. a bis e fallen, führen in der Regel nicht zu einer erheblichen Beeinträchtigung des Wettbewerbs, wenn kein an der Abrede beteiligtes Unternehmen auf einem von der Abrede betroffenen relevanten Markt einen Marktanteil von 15 % überschreitet.

(2) Wenn der Wettbewerb auf dem relevanten Markt durch die kumulativen Auswirkungen mehrerer gleichartiger, nebeneinander bestehender vertikaler Vertriebsnetze beschränkt wird, wird die in Ziffer 13 (1) genannte Marktanteilsschwelle auf 5 % herabgesetzt. In der Regel liegt kein kumulativer Abschottungseffekt vor, wenn weniger als 30 % des relevanten Marktes von gleichartigen, nebeneinander bestehenden vertikalen Vertriebsnetzen abgedeckt werden.

Ziffer 14   Unerheblichkeit von rein qualitativem Selektivvertrieb

Abreden, die einen rein qualitativen Selektivvertrieb zum Gegenstand haben, führen nicht zu einer erheblichen Wettbewerbsbeeinträchtigung, sofern kumulativ drei Voraussetzungen erfüllt sind:

i)   die Beschaffenheit des fraglichen Produkts muss einen selektiven Vertrieb erfordern, d.h., ein solches Vertriebssystem muss ein Erfordernis zur Wahrung der Qualität und zur Gewährleistung des richtigen Gebrauchs des betreffenden Produkts sein;

ii)   die Wiederverkäufer müssen aufgrund objektiver Kriterien qualitativer Art ausgewählt werden. Diese sind einheitlich festzulegen, allen potenziellen Wiederverkäufern zur Verfügung zu stellen und unterschiedslos anzuwenden;

iii)   die aufgestellten Kriterien dürfen nicht über das hinausgehen, was erforderlich ist.

Ziffer 15   Preisempfehlungen

(1) Bei Preisempfehlungen von Anbietern an Wiederverkäufer oder Händler ist im Einzelfall zu prüfen, ob eine unzulässige Wettbewerbsabrede im Sinne von Artikel 5 Absatz 4 i.V.m. Absatz 1 KG vorliegt.

(2) Preisempfehlungen werden dann als qualitativ schwerwiegend betrachtet, wenn sich diese infolge der Ausübung von Druck oder der Gewährung von Anreizen durch eines der beteiligten Unternehmen tatsächlich wie Fest- oder Mindestverkaufspreise auswirken (vgl. Ziffer 12 (2) lit. a).

(3) Folgende Umstände können Anlass geben, Preisempfehlungen aufzugreifen:

a)   der Umstand, dass Preisempfehlungen in nicht allgemein zugänglicher Weise abgegeben werden, sondern nur an die Wiederverkäufer oder Händler;

b)   der Umstand, dass Preisempfehlungen, die von Herstellern oder Lieferanten in Schweizerfranken auf den Produkten, Verpackungen oder in Katalogen etc. angebracht werden, nicht ausdrücklich als unverbindlich bezeichnet sind;

c)   der Umstand, dass das Preisniveau der von den Preisempfehlungen betroffenen Produkte bei vergleichbarer Gegenleistung deutlich höher liegt als im benachbarten Ausland;

d)   der Umstand, dass die Preisempfehlungen tatsächlich von einem bedeutenden Teil der Wiederverkäufer oder Händler befolgt werden.

Ziffer 16   Rechtfertigung

(1) Liegt eine den Wettbewerb erheblich beeinträchtigende Abrede vor, ist zu prüfen, ob diese gemäss Artikel 5 Absatz 2 KG gerechtfertigt ist. Sind keine Effizienzgründe ersichtlich, ist die Abrede unzulässig.

(2) Abreden gelten in der Regel ohne Einzelfallprüfung als gerechtfertigt, wenn der Anteil des Anbieters an dem relevanten Markt, auf dem er die Vertragswaren oder

-dienstleistungen anbietet, und der Anteil des Abnehmers an dem relevanten Markt, auf dem er die Vertragswaren und -dienstleistungen bezieht, jeweils nicht mehr als 30 % beträgt. Davon ausgenommen sind Abreden nach Ziffer 12 (2) und Abreden, die sich mit anderen kumulativ auf den Markt auswirken und den Wettbewerb erheblich beeinträchtigen.

(3) Den Wettbewerb erheblich beeinträchtigende Abreden, die von Ziffer 16 (2) nicht erfasst werden, unterliegen einer Einzelfallprüfung. Ein Rechtfertigungsgrund liegt vor, wenn eine Abrede die wirtschaftliche Effizienz im Sinne von Artikel 5 Absatz 2 KG erhöht – beispielsweise durch eine effizientere Vertriebsgestaltung im Sinne einer Verbesserung der Produkte oder Produktionsverfahren oder einer Senkung der Vertriebskosten – und die Wettbewerbsbeeinträchtigung dazu notwendig ist.

(4) Unternehmen können im Rahmen der in Artikel 5 Absatz 2 KG genannten Rechtfertigungsgründe namentlich Folgendes geltend machen:

a) Zeitlich begrenzter Schutz von Investitionen für die Erschliessung neuer räumlicher Märkte oder neuer Produktmärkte;

b) Sicherung der Einheitlichkeit und Qualität der Vertragsprodukte;

c) Schutz vertragsspezifischer Investitionen, die ausserhalb der Geschäftsbeziehung nicht oder nur mit hohem Verlust verwendet werden können (Hold-up Problem);

d) Vermeidung von ineffizient tiefen Verkaufsförderungsmassnahmen (z.B. Beratungsdienstleistungen), die resultieren können, wenn ein Hersteller oder Händler von den Verkaufsförderungsbemühungen eines anderen Herstellers oder Händlers profitieren kann (Trittbrettfahrerproblem);

e) Vermeidung eines doppelten Preisaufschlags, der sich ergeben kann, wenn sowohl der Hersteller als auch der Händler über Marktmacht verfügen (Problem der doppelten Marginalisierung);

f) Förderung der Übertragung von wesentlichem Know-how;

g) Sicherung von finanziellen Engagements (z.B. Darlehen), die durch den Kapitalmarkt nicht zur Verfügung gestellt werden.

Ziffer 17   Publikation

Diese Bekanntmachung wird im Bundesblatt veröffentlicht (Art. 6 Abs. 3 KG).

Ziffer 18   Aufhebung der bisherigen Bekanntmachung

Mit dem Inkrafttreten dieser Bekanntmachung wird die Bekanntmachung über die wettbewerbsrechtliche Behandlung vertikaler Abreden vom 2. Juli 2007[1] aufgehoben.

---

1   BBl 2007 7597 ff.

Ziffer 19   Übergangsregelung

Diese Bekanntmachung soll während der Periode zwischen dem 1. August 2010 und dem 31. Juli 2011 auf all diejenigen Vereinbarungen nicht zur Anwendung kommen, welche vor dem 1. August 2010 in Kraft traten und den Kriterien der aufgehobenen Bekanntmachung entsprachen, nicht hingegen den Kriterien vorliegender Bekanntmachung genügen.

Ziffer 20   Inkrafttreten

Diese Bekanntmachung tritt am 1. August 2010 in Kraft.

Anhang 1:
Prüfschema für die Beurteilung von vertikalen Abreden

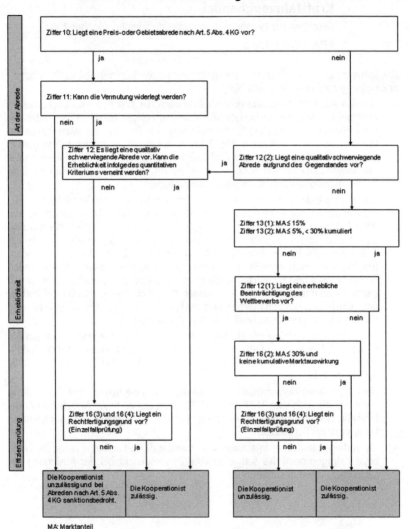

MA: Marktanteil

303

Nr. 7 — Bekanntmachung über die wettbewerbsrechtliche Behandlung von vertikalen Abreden im Kraftfahrzeughandel

Beschluss der Wettbewerbskommission vom 21. Oktober 2002

RPW 2002/4, 770 ff.

Die Schweizerische Wettbewerbskommission erlässt die folgende Bekanntmachung in Erwägung nachstehender Gründe:

– Gemäss Art. 6 Kartellgesetz (KG; SR 251) kann die Wettbewerbskommission in allgemeinen Bekanntmachungen die Voraussetzungen umschreiben, unter denen einzelne Arten von Wettbewerbsabreden aus Gründen der wirtschaftlichen Effizienz im Sinne von Art. 5 Abs. 2 KG in der Regel als gerechtfertigt gelten. Wenn ein Bedürfnis nach mehr Rechtssicherheit es erfordert, kann sie in analoger Anwendung von Art. 6 KG auch andere Grundsätze der Rechtsanwendung in allgemeinen Bekanntmachungen veröffentlichen.

– Die vorliegende Bekanntmachung nimmt Bezug auf die Verordnung (EG) Nr. 1400/2002 der Kommission vom 31. Juli 2002 über die Anwendung von Art. 81 Abs. 3 des Vertrags auf Gruppen von vertikalen Vereinbarungen und aufeinander abgestimmten Verhaltensweisen im Kraftfahrzeugsektor, die am 1. Oktober 2002 für den EWR-Raum in Kraft getreten ist (im Folgenden: Gruppenfreistellungsverordnung). Sie berücksichtigt die in der Schweiz herrschenden ökonomischen und rechtlichen Bedingungen. Die Wettbewerbskommission will damit Preisbindungen und Abschottungen des schweizerischen Marktes verhindern sowie den markeninternen Wettbewerb fördern. Sie will damit auch den Wettbewerb auf dem Kundendienstmarkt stimulieren.

– Diese Bekanntmachung gilt ab dem 1. November 2002. Sie ersetzt den am 20. Januar 1997 erlassenen Entscheid der Wettbewerbskommission über die Exklusivvertriebsverträge im Kraftfahrzeuggewerbe (RPW 1997/1, S. 55 und RPW 1997/2, S. 178).

– Die (allgemeine) Bekanntmachung über die wettbewerbsrechtliche Behandlung vertikaler Abreden vom 18. Februar 2002 findet auf vertikale Abreden im Kraftfahrzeughandel insoweit Anwendung, als die vorliegende Bekanntmachung keine Vorschriften enthält.

– Die vorliegende Bekanntmachung bindet weder die Rekurskommission für Wettbewerbsfragen noch das Schweizerische Bundesgericht bei der Auslegung der kartellrechtlichen Bestimmungen.

A. Begriffe

Ziffer 1   Kraftfahrzeuge

[1] Kraftfahrzeuge sind Fahrzeuge mit Selbstantrieb und mindestens drei Rädern, die für den Verkehr auf öffentlichen Strassen bestimmt sind.

[2] Kraftfahrzeuge im Sinne der vorliegenden Bekanntmachung sind namentlich:

a)   Personenkraftwagen, die der Beförderung von Personen dienen und zusätzlich zum Fahrersitz nicht mehr als acht Sitze aufweisen.

b)   Leichte Nutzfahrzeuge, die der Beförderung von Waren oder Personen dienen und deren zulässige Gesamtmasse 3,5 Tonnen nicht überschreitet.

c)   Lastkraftwagen, die der Beförderung von Waren dienen und deren zulässige Gesamtmasse 3,5 Tonnen überschreitet.

d)   Busse, die der Beförderung von Personen dienen.

Ziffer 2   Kraftfahrzeuglieferant

Unter Kraftfahrzeuglieferant ist der Hersteller oder der Importeur von Kraftfahrzeugen zu verstehen.

Ziffer 3   Vertriebssysteme

[1] Unter Vertriebssystemen sind selektive und exklusive Vertriebssysteme zu verstehen.

[2] Selektive Vertriebssysteme sind Vertriebssysteme, in denen sich der Kraftfahrzeuglieferant verpflichtet, die Vertragswaren oder Dienstleistungen unmittelbar oder mittelbar nur an Händler oder Werkstätten zu verkaufen, die aufgrund festgelegter Merkmale ausgewählt werden, und in denen sich diese Händler oder Werkstätten verpflichten, die betreffenden Waren oder Dienstleistungen nicht an nicht zugelassene Händler oder unabhängige Werkstätten zu verkaufen. Dies gilt unbeschadet der Möglichkeit des Ersatzteilverkaufs an unabhängige Werkstätten und der Pflicht, unabhängigen Marktbeteiligten sämtliche für die Instandsetzung und Wartung der Kraftfahrzeuge und für Umweltschutzmassnahmen erforderlichen technischen Informationen, Diagnoseausrüstung, Geräte und fachliche Unterweisung zur Verfügung zu stellen.

[3] Exklusive Vertriebssysteme sind Vertriebssysteme, bei denen jeder vom Kraftfahrzeuglieferant zugelassene Händler ein eigenes Verkaufsgebiet zugewiesen bekommt.

Ziffer 4   Aktiver Verkauf

Die Möglichkeit des aktiven Verkaufs ist gegeben, wenn sich ein Mitglied eines Vertriebssystems beim Verkauf oder der Werbung für seine Kraftfahrzeuge direkt an den Endverbraucher wenden darf.

Ziffer 5   Einschränkungen

Einschränkungen im Sinne der vorliegenden Bekanntmachung sind namentlich:

a)   Vereinbarungen zwischen Kraftfahrzeuglieferanten und Händlern, die den Verkauf von Kraftfahrzeugen durch Händler an Endverbraucher einschränken, indem beispielsweise die Vergütung des Händlers oder der Verkaufspreis vom Bestimmungsort des Fahrzeugs oder dem Wohnort des Endverbrauchers abhängig gemacht wird.

b)   Vereinbarungen zwischen Kraftfahrzeuglieferanten und Händlern, die den Verkauf durch Händler an Endverbraucher einschränken, indem beispielsweise eine auf den Bestimmungsort des Fahrzeugs bezogene Prämienregelung oder irgendeine Form einer diskriminierenden Produktlieferung an Händler vereinbart wird.

c)   Vereinbarungen zwischen Kraftfahrzeuglieferanten und Händlern, die zugelassene Werkstätten im Vertriebssystem eines Kraftfahrzeuglieferanten nicht verpflichten, Gewähr, unentgeltlichen Kundendienst und Kundendienst im Rahmen von Rückrufaktionen in Bezug auf jedes in der Schweiz oder im Europäischen Wirtschaftsraum (EWR) verkaufte Kraftfahrzeug der betroffenen Marke zu leisten.

Ziffer 6   Zugelassene Werkstatt

Eine zugelassene Werkstatt ist ein Erbringer von Instandsetzungs- und Wartungsdienstleistungen für Kraftfahrzeuge, der einem vom Kraftfahrzeuglieferanten errichteten Vertriebssystem angehört.

Ziffer 7   Unabhängige Werkstatt

[1] Eine unabhängige Werkstatt ist ein Erbringer von Instandsetzungs- und Wartungsdienstleistungen für Kraftfahrzeuge, der nicht dem von einem Kraftfahrzeuglieferanten, dessen Kraftfahrzeuge er Instand setzt oder wartet, errichteten Vertriebssystem angehört.

[2] Als unabhängige Werkstätten im Sinne dieser Bekanntmachung gelten auch zugelassene Werkstätten im Vertriebssystem eines Kraftfahrzeuglieferanten hinsichtlich der Instandsetzungs- und Wartungsdienstleistungen für Kraftfahrzeuge anderer Lieferanten, deren Vertriebssystem sie nicht angehören.

Ziffer 8   Ersatzteile

Ersatzteile sind Waren, die in ein Kraftfahrzeug eingebaut oder an ihm angebracht werden und ein Bauteil dieses Fahrzeugs ersetzen. Dazu zählen auch Waren wie Schmieröle, die für den Betrieb des Kraftfahrzeugs erforderlich sind (wenn diese für Unterhalts- oder Reparaturleistungen verwendet werden), mit Ausnahme von Treibstoffen.

Ziffer 9   Original-Ersatzteile

[1] Original-Ersatzteile sind Bauteile, die von gleicher Qualität sind wie die Bauteile, welche bei der Montage des Neufahrzeugs Verwendung finden, sofern sie nach den Spezifizierungen und Produktionsanforderungen hergestellt wurden, die vom Kraftfahrzeughersteller für die Herstellung der Bauteile oder Ersatzteile des fraglichen Kraftfahrzeugs vorgegeben werden.

[2] Als Original-Ersatzteile gelten auch solche Ersatzteile, die auf der gleichen Produktionsanlage hergestellt wurden wie die Bauteile.

[3] Es wird bis zum Beweis des Gegenteils vermutet, dass Ersatzteile Original-Ersatzteile sind, wenn der Hersteller bescheinigt, dass diese Teile von gleicher Qualität sind wie die für die Herstellung des betreffenden Fahrzeugs verwendeten Bauteile, und dass sie nach den Spezifizierungen und Produktionsanforderungen des Kraftfahrzeugherstellers hergestellt wurden.

Ziffer 10   Qualitativ gleichwertige Ersatzteile

Wenn ein Hersteller von Ersatzteilen jederzeit bescheinigen kann, dass die von ihm hergestellten Ersatzteile qualitativ den bei der Montage der Fahrzeuge verwendeten Bauteilen entsprechen, so gelten diese Ersatzteile als qualitativ gleichwertig.

B. Regeln

Ziffer 11   Grundsatz

Die Wettbewerbskommission erachtet Vertriebsvereinbarungen grundsätzlich als erhebliche Beeinträchtigung des Wettbewerbs im Sinne von Art. 5 Abs. 1 KG, die nicht aus Gründen der wirtschaftlichen Effizienz gerechtfertigt werden können, wenn sie eine der in den Ziffern 12 bis 17 aufgeführten Klauseln zum Gegenstand haben.

Ziffer 12   Preisbindungen

Nachfolgende Klauseln sind in der Regel erhebliche Wettbewerbsbeschränkungen und nicht gerechtfertigt:

Beschränkung der Möglichkeiten des Händlers oder Werkstatt, den Verkaufspreis selbst festzusetzen; der Kraftfahrzeuglieferant kann jedoch Höchstverkaufspreise festsetzen oder Preisempfehlungen aussprechen, sofern sich diese nicht infolge der Ausübung von Druck oder der Gewährung von Anreizen durch eine der Vertragsparteien tatsächlich wie Fest- oder Mindestverkaufspeise auswirken.

Ziffer 13 Verkauf im Rahmen eines Exklusivvertriebssystems

Nachfolgende Klauseln sind in der Regel erhebliche Wettbewerbsbeschränkungen und nicht gerechtfertigt:

a) Beschränkung der Möglichkeit der Endverbraucher in der Schweiz oder der unabhängigen Verkäufer in der Schweiz, Kraftfahrzeuge ohne Einschränkung bei einem in der Schweiz zugelassenen oder im Europäischen Wirtschaftsraum (EWR) tätigen Händler zu beziehen.

b) Beschränkung des Verkaufs von Kraftfahrzeugen durch Mitglieder eines Exklusivvertriebssystems in der Schweiz an Endverbraucher im Europäischen Wirtschaftsraum (EWR) und an unabhängige Verkäufer im EWR.

c) Beschränkung des aktiven und passiven Verkaufs von Kraftfahrzeugen durch Mitglieder eines Exklusivvertriebssystems an Endverbraucher oder nicht zugelassene Händler, die sich in Märkten befinden, in denen selektiver Vertrieb verwendet wird.

Ziffer 14 Verkauf im Rahmen eines Selektivvertriebssystems

Nachfolgende Klauseln sind in der Regel erhebliche Wettbewerbsbeschränkungen und nicht gerechtfertigt:

a) Beschränkung der Möglichkeit der Endverbraucher in der Schweiz, der Mitglieder eines Selektivvertriebssystems in der Schweiz oder der Verkäufer in der Schweiz, die von einem Endverbraucher in der Schweiz beauftragt worden sind, Kraftfahrzeuge ohne Einschränkungen bei einem in der Schweiz zugelassenen oder im Europäischen Wirtschaftsraum (EWR) tätigen Händler zu beziehen.

b) Beschränkung des Verkaufs von Kraftfahrzeugen durch Mitglieder eines Selektivvertriebssystems in der Schweiz an Endverbraucher im Europäischen Wirtschaftsraum (EWR), an zugelassene Händler im EWR und an Verkäufer, die von einem Endverbraucher im EWR beauftragt worden sind.

c) Beschränkung des aktiven Verkaufs von Kraftfahrzeugen, Ersatzteilen für sämtliche Kraftfahrzeuge oder Instandsetzungs- und Wartungsdienstleistungen an in der Schweiz oder im Europäischen Wirtschaftsraum (EWR) wohnhafte Endverbraucher durch Mitglieder eines Selektivvertriebssystems in der Schweiz oder durch Mitglieder eines Selektivvertriebsystems im EWR, welche auf der Einzelhandelsstufe tätig sind.

d) Beschränkung der Möglichkeit von Mitgliedern eines Selektivvertriebssystems, den aktiven Verkauf von Personenkraftwagen oder leichten Nutzfahrzeugen durch zusätzliche Verkaufs- oder Auslieferungsstellen in der Schweiz oder im Europäischen Wirtschaftsraum (EWR), wo selektiver Vertrieb verwendet wird, zu betreiben.

e) Beschränkung des passiven Verkaufs durch Mitglieder eines Selektivvertriebssystems an Endverbraucher oder nicht zugelassene Händler, die sich in Märkten befinden, in denen exklusive Gebiete zugeteilt wurden.

Ziffer 15   Kundendienst

[1] Nachfolgende Klauseln sind in der Regel erhebliche Wettbewerbsbeschränkungen und nicht gerechtfertigt:

a) Beschränkung des Rechts einer zugelassenen Werkstatt, ihre Tätigkeit auf die Erbringung von Instandsetzungs- und Wartungsdienstleistungen sowie auf den Ersatzteilvertrieb zu begrenzen.

b) Beschränkung der Möglichkeit des Händlers, die Erbringung von Instandsetzungs- und Wartungsdienstleistungen an zugelassene Werkstätten untervertraglich weiterzuvergeben; der Kraftfahrzeuglieferant kann jedoch verlangen, dass der Händler dem Endverbraucher vor Abschluss des Kaufvertrags den Namen und die Anschrift der zugelassenen Werkstatt oder der zugelassenen Werkstätten mitteilt und, sollte sich eine der zugelassenen Werkstätten nicht in der Nähe der Verkaufsstelle befinden, den Endverbraucher über die Entfernung der fraglichen Werkstatt oder Werkstätten von der Verkaufsstelle unterrichtet.

c) Beschränkung des Verkaufs von Kraftfahrzeugersatzteilen durch Mitglieder eines Selektivvertriebssystems an unabhängige in der Schweiz oder im Europäischen Wirtschaftsraum (EWR) tätige Werkstätten, welche diese Teile für die Instandsetzung und Wartung eines Kraftfahrzeugs verwenden.

d) Beschränkung der Möglichkeit eines Lieferanten von Original-Ersatzteilen oder qualitativ gleichwertigen Ersatzteilen, Instandsetzungsgeräten, Diagnose- oder Ausrüstungsgegenständen, diese Waren an zugelassene oder unabhängige in der Schweiz oder im Europäischen Wirtschaftsraum (EWR) ansässige Händler sowie zugelassene oder unabhängige, in der Schweiz oder im Europäischen Wirtschaftsraum tätige Werkstätten oder an Endverbraucher zu verkaufen.

e) Beschränkung der Möglichkeit eines Händlers oder einer zugelassenen Werkstatt, Original-Ersatzteile oder qualitativ gleichwertige Ersatzteile von einem dritten in der Schweiz oder im Europäischen Wirtschaftsraum (EWR) ansässigen Unternehmen ihrer Wahl zu erwerben und diese Teile für die Instandsetzung oder Wartung von Kraftfahrzeugen zu verwenden; davon unberührt bleibt das Recht der Lieferanten neuer Kraftfahrzeuge, für Arbeiten im Rahmen der Gewährleistung, des unentgeltlichen Kundendienstes oder von Rückrufaktionen die Verwendung von Original-Ersatzteilen, die vom Fahrzeughersteller bezogen wurden, vorzuschreiben.

f) Weigerung von Kraftfahrzeuglieferanten, unabhängigen Marktbeteiligten den Zugang zu den für die Instandsetzung und Wartung ihrer Kraftfahrzeuge oder für Umweltschutzmassnahmen erforderlichen technischen Informationen, Diagnose- und anderen Geräten und Werkzeugen nebst einschlägiger Software oder die fachliche Unterweisung zu gewähren.

[2] Der Zugang gemäss Absatz 1 Buchstabe f muss insbesondere die uneingeschränkte Nutzung der elektronischen Kontroll- und Diagnosesysteme eines Kraftfahrzeugs[1], deren Programmierung gemäss den Standardverfahren des Kraftfahrzeuglieferanten, die Instandsetzungs- und Wartungsanleitungen und die für die Nutzung von Diagnose- und Wartungsgeräten sowie sonstiger Ausrüstung erforderlichen Informationen beinhalten. Unabhängigen Marktbeteiligten ist dieser Zugang unverzüglich in nicht diskriminierender und verhältnismässiger Form zu gewähren. Die Angaben müssen verwendbar sein. Der Zugang zu Gegenständen, die durch geistige Eigentumsrechte geschützt sind oder Know-how darstellen, darf nicht missbräuchlich verweigert werden.

Ziffer 16   Mehrmarkenvertrieb

Nachfolgende Klauseln sind in der Regel erhebliche Wettbewerbsbeschränkungen und nicht gerechtfertigt:

Unmittelbare oder mittelbare Verpflichtungen[2], welche die Mitglieder eines Vertriebssystems veranlassen, Kraftfahrzeuge oder Ersatzteile konkurrierender Kraftfahrzeuglieferanten nicht zu verkaufen oder Instandsetzungs- und Wartungsdienstleistungen für Kraftfahrzeuge konkurrierender Kraftfahrzeuglieferanten nicht zu erbringen.

Ziffer 17   Vertragsauflösung

Bestimmungen über Vertragsauflösungen sind in der Regel erhebliche Wettbewerbsbeschränkungen und nicht gerechtfertigt, wenn die Kündigung nicht schriftlich begründet ist und wenn sie den folgenden Kündigungsmodalitäten nicht entsprechen:

a)   Laufzeit der Verträge von mindestens fünf Jahren; Verpflichtung der Vertragsparteien, die Nichtverlängerung mehr als sechs Monate im Voraus anzukündigen.

b)   Bei unbefristeten Verträgen eine Kündigungsfrist von mindestens zwei Jahren.

---

1   Ein Kraftfahrzeuglieferant ist jedoch berechtigt, technische Angaben vorzuenthalten, die Dritten die Umgehung oder Ausschaltung eingebauter Diebstahlschutzvorrichtungen, die Neueichung elektronischer Anlagen oder die Manipulierung beispielsweise von Geschwindigkeitsbegrenzungsvorrichtungen ermöglichen könnten, soweit ein Schutz gegen Umgehung, Ausschaltung, Neueichung oder Manipulierung solcher Vorrichtungen nicht durch andere weniger restriktive Mittel verwirklicht werden kann.

2   Dies trifft namentlich auf Verpflichtungen des Händlers zu, den Vertrieb für jede einzelne Marke über eine eigene unabhängige juristische Personen zu organisieren, Kraftfahrzeuge anderer Kraftfahrzeuglieferanten in verschiedenen Ausstellungsräumen zu verkaufen und für verschiedene Kraftfahrzeugmarken markenspezifisches Verkaufspersonal zu beschäftigen. Eine Verpflichtung des Händlers, Kraftfahrzeuge anderer Kraftfahrzeuglieferanten in gesonderten Bereichen des Ausstellungsraums zu verkaufen, um eine Verwechslung der Marken zu vermeiden, wird von der Wettbewerbskommission nicht als erhebliche Wettbewerbsbeschränkung erachtet.

c) Bei unbefristeten Verträgen eine verkürzte Kündigungsfrist von mindestens einem Jahr, sofern

  i) der Kraftfahrzeuglieferant aufgrund gesetzlicher Bestimmungen oder aufgrund besonderer Absprachen bei Vertragsbeendigung eine angemessene Entschädigung zu zahlen hat, oder

  ii) sich für den Kraftfahrzeuglieferanten die Vertragsbeendigung durch die Notwendigkeit ergibt, das Vertriebsnetz insgesamt oder zu einem wesentlichen Teil umzustrukturieren.

Ziffer 18   Übergangsregelung

[1] Diese Bekanntmachung tritt am 1. November 2002 in Kraft.

[2] Bestehende Vertriebsvereinbarungen im Kraftfahrzeughandel sind bis 1. Januar 2005 mit der vorliegenden Bekanntmachung in Einklang zu bringen.

[3] Ziffer 14 Bst. d gilt ab dem 1. Oktober 2005.

Nr. 8 Bekanntmachung betreffend Abreden mit beschränkter Marktwirkung (KMU-Bekanntmachung)

Beschluss der Wettbewerbskommission vom 19. Dezember 2005

BBl 2006 883; RPW 2006/1, 209 ff.

In Erwägung,

I) dass die Wettbewerbskommission nach Art. 6 Abs. 1 KG in allgemeinen Bekanntmachungen die Voraussetzungen umschreiben kann, unter denen einzelne Arten von Wettbewerbsabreden aus Gründen der wirtschaftlichen Effizienz im Sinne von Art. 5 Abs. 2 KG in der Regel als gerechtfertigt gelten;

II) dass dabei unter anderem Abreden in Betracht fallen mit dem Zweck, die Wettbewerbsfähigkeit von kleinen und mittleren Unternehmen (KMU) sowie Kleinstunternehmen zu verbessern, sofern sie nur eine beschränkte Marktwirkung aufweisen (Art. 6 Abs. 1 lit. e KG);

III) dass einerseits insbesondere Preis-, Gebiets- und Mengenabreden zwischen Konkurrenten (Art. 5 Abs. 3 KG) sowie Preisbindungen und Gebietsabreden in Vertriebsverträgen (Art. 5 Abs. 4 KG) als problematisch anzusehen sind;

IV) dass andererseits Abreden von kleinen und mittleren Unternehmen sowie Kleinstunternehmen dann einer Rechtfertigung aus Gründen der wirtschaftlichen Effizienz zugänglich sind, wenn sie der Verbesserung der Wettbewerbsfähigkeit dieser Unternehmen dienen (Art. 6 Abs. 1 lit. e KG);

V) dass bei derartigen Abreden nicht von einer beschränkten Marktwirkung (Art. 6 Abs. 1 lit. e KG am Ende) ausgegangen werden kann, wenn sie marktumfassend sind;

VI) dass es die ersten Erfahrungen erlauben, Umstände zu formulieren, unter welchen nach der vorliegenden Bekanntmachung angenommen werden darf, eine horizontale oder vertikale Wettbewerbsabrede diene der Verbesserung der Wettbewerbsfähigkeit und weise nur eine beschränkte Marktwirkung auf;

VII) dass damit der spezifischen wettbewerbsrechtlichen Situation der KMU im binnenwirtschaftlichen, aber auch im gesamtwirtschaftlichen und internationalen Umfeld Rechnung getragen werden soll und gleichzeitig die Ausgangslage der Kleinstunternehmen besondere Berücksichtigung finden soll;

VIII) dass dabei das Recht Dritter, bei den Wettbewerbsbehörden eine Anzeige wegen wettbewerbswidrigen Verhaltens einzureichen, unberührt bleibt und auch zivilrechtliche Ansprüche Dritter wegen Behinderung in der Aufnahme oder Ausübung des Wettbewerbs vorbehalten bleiben;

IX) dass die Zeit seit dem Inkrafttreten der Revision 2003 noch zu begrenzt ist, um eine umfassende Praxisbildung zu erlauben;

X) dass die mit dieser Bekanntmachung gemachten Erfahrungen nach spätestens zwei Jahren zu überprüfen sind;

erlässt die Wettbewerbskommission gestützt auf Art. 6 Abs. 1 lit. e KG die folgende Bekanntmachung:

A. Allgemeine Bestimmungen

Ziffer 1 Verzicht auf Verfahrenseröffnung

(1) Die Wettbewerbskommission erachtet Wettbewerbsabreden in der Regel nach Art. 5 KG als zulässig, wenn sie gemäss Ziffer 2 dieser Bekanntmachung im Dienste einer Verbesserung der Wettbewerbsfähigkeit der beteiligten Unternehmen stehen und ihnen im Sinne von Ziffer 3 nur eine beschränkte Marktwirkung zukommt.

(2) Wettbewerbsabreden, an denen ausschliesslich Kleinstunternehmen im Sinne von Ziffer 4 beteiligt sind, gelten in der Regel nicht als erhebliche Beeinträchtigung des Wettbewerbs.

(3) Bei Abreden gemäss den Absätzen 1 und 2 sieht die Wettbewerbskommission in der Regel keinen Grund zur Eröffnung eines wettbewerbsrechtlichen Verfahrens.

B. Kriterien

Ziffer 2 Verbesserung der Wettbewerbsfähigkeit

(1) Eine Wettbewerbsabrede dient in der Regel der Verbesserung der Wettbewerbsfähigkeit, wenn sie durch leistungssteigernde oder innovationsfördernde Massnahmen Grössen- oder Verbundsvorteile ermöglicht oder wenn sie Verkaufsanreize für die nachgelagerte Stufe schafft und sie hierzu notwendig ist.

(2) Solche Verbesserungen können sich namentlich bei Abreden in folgenden Bereichen ergeben:

a) Produktion (z.B. Ausweitung oder Verbreiterung der Produktion, Erhöhung der Qualität);

b) Forschung und Entwicklung (z.B. gemeinsame Forschungs- und Entwicklungsprojekte);

c) Finanzierung, Verwaltung und Rechnungswesen (z.B. zentrale Auftragsverwaltung);

d) Werbung und Marketing (z.B. gemeinsame Werbemittel, gemeinsame Zeitschriftenbeilage);

e) Einkauf, Vertrieb und Logistik (z.B. Einkaufs-, Transport- und Lagerhaltungsgemeinschaften);

f) Markteintritt von Produkten oder Unternehmen (z.B. Vertriebsabreden, Franchising).

Ziffer 3   Beschränkte Marktwirkung

(1) In der Regel weisen Wettbewerbsabreden eine beschränkte Marktwirkung auf, wenn

a)   der von den an einer horizontalen Wettbewerbsabrede beteiligten Unternehmen insgesamt gehaltene Marktanteil auf keinem der von der Abrede betroffenen relevanten Märkten 10 % überschreitet, oder

b)   der von jedem an einer vertikalen Wettbewerbsabrede (insbesondere Vertriebsabrede) beteiligten Unternehmen gehaltene Marktanteil auf keinem der von der Abrede betroffenen relevanten Märkte 15 % überschreitet.

(2) Von einer beschränkten Marktwirkung wird nicht ausgegangen, wenn

a)   eine horizontale Wettbewerbsabrede eine Abrede über die direkte oder indirekte Festsetzung von Preisen, die Einschränkung von Produktions-, Bezugs- oder Liefermengen oder die Aufteilung von Märkten nach Gebieten oder Geschäftspartnern beinhaltet (vgl. Art. 5 Abs. 3 lit. a–c KG), oder

b)   eine vertikale Wettbewerbsabrede eine Abrede über Mindest- oder Festpreise oder absoluten Gebietsschutz beinhaltet (vgl. Art. 5 Abs. 4 KG).

C. Spezialregeln für Kleinstunternehmen

Ziffer 4   Definition

Als Kleinstunternehmen gelten Unternehmen, welche weniger als 10 Personen (Mitarbeitende) beschäftigen und deren Jahresumsatz in der Schweiz CHF 2 Mio. nicht überschreitet.

Ziffer 5   Regeln

Die Wettbewerbskommission erachtet Wettbewerbsabreden, an denen ausschliesslich Kleinstunternehmen beteiligt sind, in der Regel als unerheblich, es sei denn,

a)   eine horizontale Wettbewerbsabrede zwischen Kleinstunternehmen beinhalte eine Abrede über die direkte oder indirekte Festsetzung von Preisen, die Einschränkung von Produktions-, Bezugs- oder Liefermengen oder die Aufteilung von Märkten nach Gebieten oder Geschäftspartnern (vgl. Art. 5 Abs. 3 lit. a–c KG), oder

b)   eine vertikale Wettbewerbsabrede zwischen Kleinstunternehmen beinhalte eine Abrede über Mindest- oder Festpreise oder absoluten Gebietsschutz (vgl. Art. 5 Abs. 4 KG).

D. Gemeinsame Bestimmungen

Ziffer 6   Unternehmen

Als Unternehmen gelten alle Einheiten des privaten und des öffentlichen Rechts, unabhängig von ihrer Rechtsform, die eine wirtschaftliche Tätigkeit als Nachfrager oder Anbieter von Gütern und Dienstleistungen im Wirtschaftsprozess ausüben (Art. 2 Abs. 1 und 1bis KG).

Ziffer 7   Abreden

(1) Als Wettbewerbsabreden gelten rechtlich erzwingbare oder nicht erzwingbare Vereinbarungen sowie aufeinander abgestimmte Verhaltensweisen von Unternehmen gleicher oder verschiedener Marktstufen, die eine Wettbewerbsbeschränkung bezwecken oder bewirken (Art. 4 Abs. 1 KG).

(2) Als horizontale Wettbewerbsabreden gelten rechtlich erzwingbare oder nicht erzwingbare Vereinbarungen sowie aufeinander abgestimmte Verhaltensweisen zwischen Unternehmen gleicher Marktstufe, die tatsächlich oder der Möglichkeit nach miteinander im Wettbewerb stehen.

(3) Als vertikale Wettbewerbsabreden gelten rechtlich erzwingbare oder nicht erzwingbare Vereinbarungen sowie aufeinander abgestimmte Verhaltensweisen von zwei oder mehr Unternehmen verschiedener Marktstufen, welche die Geschäftsbedingungen betreffen, zu denen die beteiligten Unternehmen bestimmte Waren oder Dienstleistungen beziehen, verkaufen oder weiterverkaufen können.

Ziffer 8   Zahl der Mitarbeitenden

(1) Die Zahl der Mitarbeitenden entspricht der Zahl der Personen, die im Unternehmen oder auf Rechnung dieses Unternehmens während des letzten Rechnungsjahres einer Vollbeschäftigung nachgegangen sind. Die Arbeit von Personen, die nicht das ganze Jahr gearbeitet haben oder die im Rahmen einer Teilzeitregelung tätig waren, wird anteilsmässig berücksichtigt. Bei einem neu gegründeten Unternehmen, das noch keinen Jahresabschluss vorweisen kann, gilt die Zahl der Mitarbeitenden im Zeitpunkt der Beteiligung an der Abrede.

(2) Die Zahl der Mitarbeitenden umfasst:

a)   Für das Unternehmen tätige Personen, die in einem Unterordnungsverhältnis zu diesem stehen (insbesondere Lohn- und Gehaltsempfänger);

b)   mitarbeitende Eigentümer;

c)   Teilhaber, die eine regelmässige Tätigkeit im Unternehmen ausüben und finanzielle Vorteile daraus ziehen.

(3) In der beruflichen Ausbildung stehende Personen, die in einem Lehrvertragsverhältnis stehen, werden in der Zahl der Mitarbeitenden nicht berücksichtigt.

Ziffer 9   Jahresumsatz

Für die Berechnung des Jahresumsatzes der an der Abrede beteiligten Unternehmen gelten die Art. 4 bis 8 der Verordnung über die Kontrolle von Unternehmenszusammenschlüssen (VKU, SR 251.4) analog.

Ziffer 10   Überprüfung

Die Wettbewerbskommission überprüft die Auswirkungen dieser Bekanntmachung nach spätestens zwei Jahren.

Ziffer 11   Publikation

Diese Bekanntmachung wird im Bundesblatt veröffentlicht (Art. 6 Abs. 3 KG).

Nr. 9 Bekanntmachung «Homologation und Sponsoring bei Sportartikeln»

Beschluss der Wettbewerbskommission vom 15. Dezember 1997

BBl 1998 2350; RPW 1998/1, 154 ff.

Die Schweizerische Wettbewerbskommission
in der Erwägung, dass

Artikel 6 KG der Wettbewerbskommission die Möglichkeit gibt, mit allgemeinen Bekanntmachungen bestimmte Abreden oder besondere Kooperationsformen in einzelnen Wirtschaftszweigen als in der Regel gerechtfertigte Abreden zu bezeichnen,

die Wettbewerbskommission in einer Bekanntmachung einzig klärende Aussagen über Regelfälle machen kann, d.h. über Fälle, die in Untersuchungen nach Artikel 27 KG regelmässig zum selben Resultat führen würden,

demzufolge ein konkreter anderer Entscheid gestützt auf die Umstände des konkreten Einzelfalles immer vorbehalten bleiben muss,

die Wettbewerbskommission mehrfach mit Problemen der Finanzierung des Leistungssports über Sponsoring-Verträge (auch: Offizialisierungsverträge) der Sportverbände mit Sportartikellieferanten (Herstellern, Importeuren, Händlern) für verschiedene Sportartikelmärkte befasst wurde,

wettbewerbsrechtliche Probleme auf den Sportartikelmärkten sich insbesondere dort zeigen, wo Sponsoring für die Homologation vorausgesetzt wird,

in der Sportartikelbranche und namentlich bei den Sportverbänden ein offensichtliches Bedürfnis nach klärenden Aussagen der Wettbewerbskommission zu diesen Problemen besteht;

erlässt

gestützt auf Artikel 6 des Bundesgesetzes über Kartelle und andere Wettbewerbsbeschränkungen (KG)

die folgende allgemeine Bekanntmachung

A. Geltungsbereich

1. Diese Bekanntmachung erfasst Abreden über Homologation und Sponsoring im Sportartikelbereich, soweit diese Abreden den Wettbewerb auf dem Sportartikelmarkt regeln oder beeinflussen.

B. Begriffe

2. Unter Homologation versteht diese Bekanntmachung die Zulassung eines Sportartikels für den Einsatz in Turnieren oder Wettkämpfen gestützt auf eine Prüfung, ob ein Sportartikel bestimmte definierte Qualitätseigenschaften aufweist. Die Homologation trägt damit zur Regularität der Wettkämpfe bei und kann Sicherheitsaspekten Rechnung tragen. Sie gibt dem Konsumenten eine Qualitätsgarantie.

3. Beim Sponsoring fördert der Sponsor die betreffende Sportart und den betreffenden Sportverband mit Geld, Sach- oder Dienstleistungen; er erhält dafür Werbeleistungen, namentlich verpflichtet sich der Sportverband, den Namen und die Marke des Sponsors in seinen öffentlichkeitswirksamen Tätigkeiten zu nennen. Sponsoring hängt nicht von der Qualität der Produkte des Sponsors ab.

C. Grundregeln

Homologations- und Sponsoringabreden, die die Verwendung von Sportartikeln bei offiziellen Turnieren oder Wettkämpfen regeln, sind bei Beachtung der unter D und E nachfolgend genannten Voraussetzungen in der Regel kartellrechtlich zulässig,

4. wenn die Homologation weder rechtlich noch verfahrensmässig von Sponsoring oder andern, nicht mit der Qualität der Sportartikel zusammenhängenden Bedingungen abhängig gemacht wird;

5. wenn an die Homologation oder an das Sponsoring keine anderen Abreden über das Wettbewerbsverhalten der Sportartikellieferanten geknüpft werden, namentlich keine Preis- oder Absatz- oder Beschaffungsvorschriften. Insbesondere dürfen die Absatzkanäle nicht vorgeschrieben und der Parallelimport nicht untersagt werden.

D. Voraussetzungen für gerechtfertigte Homologationsabreden

Homologationsabreden sind in der Regel zulässig,

6. wenn die Homologation jedem Sportartikelanbieter zu gleichen Bedingungen offensteht;

7. wenn die Homologationsprüfung für jeden Sportartikel, für dessen Kategorie eine Homologation vorgesehen ist, zu jeder Zeit offen steht. Die Zusammenfassung mehrerer Verfahren ist ausnahmsweise zulässig, aber nur, wenn dieses Vorgehen Kosten spart oder organisatorisch zwingend ist;

8. wenn die Homologationsprüfungen zeitlich so durchgeführt werden, dass noch nicht homologierte Produkte rechtzeitig vor der Sportsaison als homologiert auf dem Markt angeboten werden können;

9. die die Homologation mit der Verleihung eines Homologationslabels/Homologationsclaims verbinden;

10. wenn die Homologationskriterien sich in objektiver Weise an technischen oder qualitativen Erfordernissen des Verwendungszwecks des betreffenden Sportartikels ausrichten;

11. die eine internationale oder ausländische Homologation bei Beachtung der Regeln dieser Bekanntmachung anerkennen;

12. wenn die Entscheide über die Homologationskriterien, die Durchführung des Verfahrens und die Entscheide über die Homologation neutralen Personen obliegen, idealerweise Dritten. Sportartikellieferanten dürfen unter Vorbehalt allfälliger Anhörungsrechte daran nicht beteiligt sein;

13. die bei Vergabe der Homologationsprüfungen an Dritte diese Dritten nach Kriterien auswählen, deren Erfüllung sachlich nachprüfbar ist;

14. die den Sportartikellieferanten die tatsächlichen Kosten des Homologationsverfahrens auferlegen. Die Kostenberechnung ist offenzulegen.

Homologationsabreden sind in der Regel unzulässig,

15. die nur Sportartikel mit internationalem Renommee oder nur Sportartikel von Lieferanten, die über ein nationales Vertriebsnetz verfügen, für offizielle Turniere oder Wettkämpfe zulassen.

E. Voraussetzungen für gerechtfertigte Sponsoringabreden

Sponsoringabreden, die die Verwendung von Sportartikeln bei offiziellen Turnieren oder Wettkämpfen vom Sponsoring abhängig machen, sind in der Regel zulässig,

16. wenn jeder Sportartikellieferant zu gleichen Bedingungen Sponsor werden kann;

17. wenn bei Beschränkung auf ausgewählte Sportartikellieferanten oder einen Exklusivpartner als Sponsor die Auswahl nach Kriterien erfolgt, deren Erfüllung sachlich nachprüfbar ist, und wenn Vertragsdauer und Vergabeverfahren so angesetzt werden, dass regelmässig eine Wettbewerbssituation entsteht;

18. wenn die exklusive Verwendung der Produkte eines Sponsors sich beschränkt auf ein Turnier oder eine andere offizielle Veranstaltung, die einmalig oder nur in grössern Abständen organisiert wird und sich nicht über einen grössern Zeitraum erstreckt;

19. wenn ein allfälliges dem Sponsor zur Verfügung gestelltes Label (z.B. des Verbandslogos) den Konsumenten nicht zur Annahme verleitet, es gewährleiste eine bestimmte Qualität. Die Verwechslungsgefahr mit einem Homologationszeichen muss ausgeschlossen sein. Die Verwendung in der Werbung hat diese Grundsätze ebenfalls zu beachten;

20. die die Höhe des Sponsoringbeitrages nach der Anzahl verkaufter Sportartikel oder dem Umsatz mit den Sportartikeln bemessen, sofern die Kontrolle der entsprechenden Zahlen nicht zur Information der Sportartikellieferanten über die Zahlen ihrer Konkurrenten führt. Beispielsweise kann die treuhänderische Kontrolle und Erhebung der Beiträge vorgesehen werden.

Sponsoringabreden, die die Verwendung von Sportartikeln bei offiziellen Turnieren oder Wettkämpfen vom Sponsoring abhängig machen, sind in der Regel unzulässig,

21. wenn die exklusive Verwendung von Sportartikeln eines oder ausgewählter Sponsoren sich auf den ganzen regelmässigen Turnier- oder Wettkampfbetrieb eines Jahres oder einer Saison oder grosser Teile davon erstreckt.

F. Publikation dieser Bekanntmachung

22. Diese allgemeine Bekanntmachung wird im Bundesblatt veröffentlicht (Art. 6 Abs. 3 KG). Sie entfaltet mit der Publikation die vom Kartellgesetz vorgesehenen Wirkungen.

Nr. 10 Bekanntmachung betreffend die Voraussetzungen für die kartellgesetzliche Zulässigkeit von Abreden über die Verwendung von Kalkulationshilfen

Beschluss der Wettbewerbskommission vom 9. Juni 1998

BBl 1998 3936; RPW 1998/2, 351 ff.

Die Schweizerische Wettbewerbskommission hat in Erwägung nachstehender Gründe:

– Gemäss Art. 6 KG kann die Wettbewerbskommission in allgemeinen Bekanntmachungen die Voraussetzungen umschreiben, unter denen einzelne Arten von Wettbewerbsabreden aus Gründen der wirtschaftlichen Effizienz im Sinne von Art. 5 Abs. 2 lit. a KG in der Regel als gerechtfertigt gelten. Dabei werden auch ausdrücklich Abreden über die Spezialisierung und Rationalisierung, einschliesslich diesbezügliche Abreden über den Gebrauch von Kalkulationshilfen, in Betracht gezogen (Art. 6 Abs. 1 lit. b KG).

– Die Wettbewerbskommission ist bereits mehrfach mit der Frage der kartellgesetzlichen Zulässigkeit des Gebrauchs von Kalkulationshilfen konfrontiert worden, welche von Wirtschaftsverbänden, anderen Branchenorganisationen und Dritten zur Verfügung gestellt werden.

– Im Wettbewerb stehende Unternehmen können ihre Preisbildung durch den Gebrauch von Kalkulationshilfen bewusst oder unbewusst aufeinander abstimmen.

– Des weiteren können Wirtschaftsverbände und Branchenorganisationen durch die Zurverfügungstellung von Kalkulationshilfen eine direkte oder indirekte Preisabrede zwischen ihren Mitgliedern vermitteln, fördern oder diesen eine solche gar aufzwingen.

– Die Verwendung von Kalkulationshilfen, sei es mit oder ohne die Vermittlung von Wirtschaftsverbänden und Branchenorganisationen, kann somit einer Abrede im Sinne von Art. 4 Abs. 1 KG entsprechen. Unbedeutend ist, ob die Abrede über die Verwendung von Kalkulationshilfen verbindlichen oder unverbindlichen Charakter hat, weil sowohl rechtlich erzwingbare als auch nicht erzwingbare Vereinbarungen sowie das aufeinander abgestimmte Verhalten als Abreden gemäss Art. 4 Abs. 1 KG gelten.

– In den Verbands- und Branchenkreisen besteht offensichtlich ein Bedürfnis nach klärenden Aussagen der Wettbewerbskommission zur kartellgesetzlichen Zulässigkeit von Abreden über die Verwendung von Kalkulationshilfen.

– Die Wettbewerbskommission kann in einer Bekanntmachung Aussagen über Regelfälle machen, d.h. über Fälle, die in Untersuchungen nach Artikel 27 KG regelmässig zum selben Resultat führen würden. Die vorliegende Bekanntmachung hat branchenübergreifenden Charakter und kommt in sämtlichen Wirtschaftssektoren zur Anwendung. Sie bezieht sich auf Abreden über die Verwendung von Kalkulationshilfen und nicht auf die Kalkulationshilfen als solche. Ein konkreter Entscheid bezüglich eines Einzelfalles bleibt stets vorbehalten.

– Die vorliegende Bekanntmachung repräsentiert den Stand der heutigen Praxis im Bereich der Kalkulationshilfen. Mit fortschreitender Praxis kann die Bekanntmachung gegebenenfalls angepasst werden.

gestützt auf Artikel 6 des Bundesgesetzes über Kartelle und andere Wettbewerbsbeschränkungen (KG)
die folgende allgemeine Bekanntmachung erlassen:

A. Geltungsbereich
Art. 1

Diese Bekanntmachung erfasst Abreden im Sinne von Art. 4 Abs. 1 KG von Unternehmen gleicher Marktstufe über die Verwendung von Kalkulationshilfen einschliesslich entsprechende Vermittlungtätigkeiten von Branchenverbänden oder Dritten, sofern diese Abreden den Wettbewerb erheblich beeinträchtigen (Art. 5 Abs. 1 KG).

B. Begriff
Art. 2

Kalkulationshilfen sind standardisierte, in allgemeiner Form abgefasste Hinweise und rechnerische Grundlagen, welche den Anwendern erlauben, die Kosten von Produkten oder der Erbringung von Dienstleistungen im Hinblick auf die Preisbestimmung zu berechnen oder zu schätzen.

C. Regeln
Art. 3

Abreden (im Sinne von Art. 1) zwischen Unternehmen gleicher Marktstufe über den Gebrauch von Kalkulationshilfen sowie entsprechende Vermittlungtätigkeiten von Branchenverbänden oder Dritten lassen sich aus Gründen der wirtschaftlichen Effizienz in der Regel dann rechtfertigen, wenn

a) die Kalkulationshilfen inhaltlich auf Angaben und Formeln zur Kalkulation der Kosten oder Bestimmung der Preise beschränkt sind,

b) die betreffenden Abreden den Austausch von Wissen und Fähigkeiten der Beteiligten im Bereich der Kostenrechnung und der Kalkulation bewirken,

c) sie den Beteiligten die Freiheit zur Bestimmung von Leistungs- oder Lieferkonditionen und Abnehmerpreisen sowie zur Gewährung von Rabatten und anderen Preisabschlägen belassen und

d) sie keinen Austausch von Informationen beinhalten, die Aufschluss über das effektive Verhalten von einzelnen Beteiligten in der Offertstellung beziehungsweise bezüglich der Bestimmung von Endpreisen und Konditionen geben können.

Art. 4

Abreden (im Sinne von Art. 1) über den Gebrauch von Kalkulationshilfen lassen sich aus Gründen der wirtschaftlichen Effizienz in der Regel dann nicht rechtfertigen, wenn

a) sie den Beteiligten pauschale Beträge oder pauschale Prozentsätze für Gemeinkostenzuschläge oder andere Kostenzuschläge zur Bestimmung der Selbstkosten vorgeben oder vorschlagen oder

b) sie den Beteiligten Margen, Rabatte, andere Preisbestandteile oder Endpreise vorgeben oder vorschlagen oder

c) sie den Beteiligten in anderer Form Aufschluss über das effektive Verhalten von einzelnen Beteiligten in der Offertstellung beziehungsweise bezüglich der Bestimmung von Endpreisen und Konditionen geben können.

D. Publikation dieser Bekanntmachung

Art. 5

Diese allgemeine Bekanntmachung wird im Bundesblatt veröffentlicht (Art. 6 Abs. 3 KG).

323

Meldeformulare

Nr. 11 Formular für die Meldung einer möglicherweise unzulässigen Wettbewerbsbeschränkung

vom 20. Dezember 2004

BBl 2005 738; RPW 2005/1 213 ff.

I. Erläuterungen

I.1. Grundlage und Zweck

Ein Unternehmen, das an einer unzulässigen Abrede nach Art. 5 Abs. 3 und 4 KG beteiligt ist oder sich nach Art. 7 KG unzulässig verhält,[1] wird mit einem Betrag bis zu 10 Prozent des in den letzten drei Geschäftsjahren in der Schweiz erzielten Umsatzes belastet (vgl. den am 1. April 2004 in Kraft getretenen Art. 49a Abs. 1 des Bundesgesetzes vom 6. Oktober 1995 über Kartelle und andere Wettbewerbsbeschränkungen [Kartellgesetz, KG; SR 251]).

Die Belastung entfällt unter anderem, wenn das Unternehmen die Wettbewerbsbeschränkung meldet, bevor diese Wirkung entfaltet. Die Belastung entfällt allerdings nicht, wenn dem Unternehmen innert fünf Monaten nach der Meldung die Eröffnung eines Verfahrens nach den Artikeln 26–30 KG mitgeteilt wird und es danach an der Wettbewerbsbeschränkung festhält (Art. 49a Abs. 3 Bst. a KG).[2]

Meldung der Wettbewerbsbeschränkung

Dieses Meldeformular legt die Voraussetzungen einer Meldung gemäss Art. 49a Abs. 3 Bst. a KG fest und soll dem meldenden Unternehmen gleichzeitig das Einreichen der Meldung eines möglicherweise wettbewerbsbeschränkenden Verhaltens erleichtern (vgl. Art. 16 der Verordnung über die Sanktionen bei einer unzulässigen Wettbewerbsbeschränkung KG-Sanktionenverordnung, SVKG, vom 12. März 2004).

---

[1] Die Art. 5 Abs. 3 und 4 KG sowie Art. 7 KG sind im Anhang 1 zu diesem Formular wiedergegeben.

[2] Gemäss Übergangsbestimmung zur Änderung des KG vom 20. Juni 2003 entfällt die Belastung auch, wenn eine bestehende Wettbewerbsbeschränkung innert eines Jahres nach Inkrafttreten von Art. 49a KG gemeldet oder aufgelöst wird, d.h. die Meldung oder Auflösung erfolgt spätestens bis am 31. März 2005. Das vorliegende Formular kann somit auch für die Meldung einer bestehenden Wettbewerbsbeschränkung innerhalb der genannten Übergangsfrist benützt werden. Hingegen ist dieses Formular nicht zu verwechseln mit einer Selbstanzeige gemäss Art. 9 Abs. 2 SVKG.

Eröffnung eines Verfahrens nach Art. 26–30 KG / Beurteilung der Wettbewerbsbeschränkung

Bei Meldungen nach Art. 49 Abs. 3 Bst. a KG haben die Wettbewerbsbehörden zu entscheiden, ob ein Verfahren nach den Art. 26–30 KG zu eröffnen ist. Dazu müssen sie über ein Minimum an Informationen verfügen. Die in diesem Formular verlangten Angaben sollen dem Sekretariat der Wettbewerbskommission (Sekretariat) erlauben, rasch und mit minimalem administrativem Aufwand zu beurteilen, ob das gemeldete Verhalten Anlass für die Eröffnung eines Verfahrens nach den Art. 26–30 KG gibt.

Das Sekretariat ist gerne bereit, Fragen zum Meldeformular oder zur Beurteilung von Wettbewerbsbeschränkungen im Allgemeinen zu beantworten. An der Wettbewerbsbeschränkung beteiligte Unternehmen und das Sekretariat können vor der Meldung Einzelheiten des Inhalts der Meldung einvernehmlich festlegen (vgl. auch Abschnitt I.5 dieses Formulars). Die Adresse des Sekretariats lautet:

Sekretariat der Wettbewerbskommission
Monbijoustrasse 43
3003 Bern

Telefon 031 322 20 40
Fax 031 322 20 53
e-mail: weko@weko.admin.ch

I.2. Begriffsbestimmungen

Unzulässige Wettbewerbsbeschränkung

Eine unzulässige Wettbewerbsbeschränkung ist entweder eine unzulässige Wettbewerbsabrede nach Art. 5 KG oder eine unzulässige Verhaltensweise eines marktbeherrschenden Unternehmens gemäss Art. 7 KG (vgl. Anhang 1).

Beteiligte(s) Unternehmen

Dieser Begriff umfasst:

–   bei Wettbewerbsabreden: diejenigen Unternehmen, welche die Abrede vereinbart haben oder welche sich der Abrede später angeschlossen haben;

–   bei Verhaltensweisen marktbeherrschender Unternehmen: das oder die möglicherweise marktbeherrschende(n) Unternehmen.

Von der Wettbewerbsbeschränkung betroffener Bereich («relevanter Markt»)

Er umfasst alle Tätigkeiten und Waren oder Dienstleistungen, auf welche sich die Wettbewerbsbeschränkung bezieht oder welche von der Wettbewerbsbeschränkung in nennenswertem Ausmass beeinflusst werden. Beispiel: Legen die Hersteller von Vitaminen die Preise für ihre Vitaminprodukte gemeinsam fest, handelt es sich beim von der Wettbewerbsbeschränkung betroffenen Bereich um die Vitaminprodukte der an der Preisabrede beteiligten Unternehmen, aber auch um die Vitaminprodukte von Herstellern, welche nicht an der Abrede beteiligt sind, falls deren Stellung im Wettbewerb von der Preisabrede beeinflusst wird. Sofern von der Wettbewerbsabrede beeinflusst und für die Fragestellung relevant, gehören auch Nachfrager und Lieferanten zum von der Wettbewerbsbeschränkung betroffenen Bereich.

I.3. Wer kann melden?

Bei Wettbewerbsabreden: Ein beteiligtes Unternehmen alleine oder die beteiligten Unternehmen gemeinsam. Eines oder mehrere der beteiligten Unternehmen können sich durch ein oder mehrere der anderen beteiligten Unternehmen vertreten lassen.

Bei Verhaltensweisen marktbeherrschender Unternehmen: Das oder die möglicherweise marktbeherrschende/n Unternehmen. Beherrschen mehrere Unternehmen den Markt gemeinsam (kollektive Marktbeherrschung) kann die Meldung von einem der möglicherweise kollektiv marktbeherrschenden Unternehmen alleine, von mehreren oder allen gemeinsam eingereicht werden.

Meldende Unternehmen oder ihre Vertreter mit Wohnsitz oder Sitz im Ausland haben in der Schweiz ein Zustellungsdomizil zu bezeichnen.

Die beteiligten Unternehmen können sich von einem Branchenverband vertreten lassen. In diesem Fall kann die Meldung auch vom Branchenverband eingereicht werden.

I.4. Wie ist zu melden?

Die Meldung ist in einer der Amtssprachen in dreifacher Ausfertigung beim Sekretariat einzureichen (Art. 15 SVKG). Die Beilagen können grundsätzlich auch in englischer Sprache eingereicht werden.

Um die Arbeit des Sekretariats zu erleichtern, sind die Antworten in der angegebenen Reihenfolge und mit der entsprechenden Nummer bezeichnet einzureichen.

I.5. Erleichterte Meldung

Das Sekretariat und das meldende Unternehmen können vor der Meldung einer Wettbewerbsbeschränkung Einzelheiten des Inhalts der Meldung einvernehmlich festlegen. Das Sekretariat kann dabei das Unternehmen von der Vorlage von einzelnen Angaben oder Unterlagen befreien, wenn es der Ansicht ist, dass diese für die Beurteilung des Falles nicht notwendig sind (Art. 17 SVKG).

Denkbar ist eine erleichterte Meldungen beispielsweise, wenn das Sekretariat die von der Wettbewerbsabrede betroffenen Märkte bereits aus früheren Entscheidungen kennt oder wenn für ein Unternehmen bereits in einem früheren kartellrechtlichen Verfahren festgestellt worden ist, dass es auf einem bestimmten Markt eine marktbeherrschende Stellung innehat.

I.6. Bestätigung des Eingangs der Meldung / Fristenlauf / Tragweite der Meldung

Das Sekretariat bestätigt den meldenden Unternehmen den Eingang der Meldung.

Bei Meldungen nach Art. 49 Abs. 3 Bst. a KG beginnt die Frist von fünf Monaten, innerhalb welcher die Wettbewerbsbehörde zu entscheiden hat, ob ein Verfahren nach den Art. 26–30 KG zu eröffnen ist, am Tag nach Eingang der Meldung beim Sekretariat der Wettbewerbskommission. Diese Frist endet nach fünf Monaten an jenem Tag, welcher dieselbe Tageszahl trägt wie der Tag des Fristbeginns; gibt es diese Tageszahl nicht, so endet die Frist am letzten Tag des fünften Monats (vgl. Art. 20 Abs. 1, 1. Satz, der Verordnung über die Kontrolle von Unternehmenszusammenschlüssen vom 17. Juni 1996, SR 251.4, der hier analog angewendet wird).[1]

Wird kein Verfahren nach Art. 26–30 KG eröffnet, sind von der Sanktion befreit ausschliesslich die in der Meldung beschriebenen Wettbewerbsbeschränkungen. Erachtet das Sekretariat die Angaben oder Beilagen als unvollständig, so kann das Sekretariat das meldende Unternehmen auffordern, die Meldung zu ergänzen (vgl. Art. 18 SVKG).

In jedem Fall kann das Sekretariat von den beteiligten Unternehmen oder von Dritten zusätzliche Informationen einholen, die es als notwendig erachtet.

I.7. Geschäftsgeheimnisse

Art. 25 KG bestimmt, dass die Wettbewerbsbehörden das Amtsgeheimnis zu wahren haben. Sie dürfen Kenntnisse, die sie bei ihrer Tätigkeit erlangen, nur zu dem mit der Auskunft oder dem Verfahren verfolgten Zweck verwerten. Ferner dürfen die Veröffentlichungen der Wettbewerbsbehörden keine Geschäftsgeheimnisse preisgeben.

Falls die Interessen eines beteiligten Unternehmens gefährdet werden, wenn bestimmte in diesem Formular verlangte Angaben veröffentlicht oder sonst wie Dritten oder einem anderen beteiligten Unternehmen bekannt gegeben werden, sind diese Angaben in geeigneter Form (z.B. separat) und als «Geschäftsgeheimnis» bezeichnet einzureichen. Das meldende Unternehmen kann zu diesem Zweck allenfalls eine

---

1   Bei Meldungen gemäss der Übergangsbestimmung zur Änderung vom 20. Juni 2003 ist die Wettbewerbsbehörde an keine Fristvorgaben gebunden.

Meldung einreichen, welche alle Angaben inklusive Geschäftsgeheimnisse beinhaltet, und zusätzlich eine Meldung beilegen, welche um Geschäftsgeheimnisse bereinigt ist.

Geschäftsgeheimnisse sind in der Regel einzelne Angaben, d.h. nicht ganze Dokumente. In jedem Fall ist anzugeben, weshalb diese Angaben Geschäftsgeheimnisse darstellen. Falls in der Meldung keine Aussagen über allfällige Geschäftsgeheimnisse gemacht werden, geht das Sekretariat davon aus, dass die Meldung keine Geschäftsgeheimnisse enthält.

I.8. Ausländische Meldeformulare

Werden Wettbewerbsbeschränkungen, die von Art. 5 und/oder Art. 7 KG erfasst werden, auch in anderen Staaten angemeldet, können in diesen Staaten eingereichte Meldungen grundsätzlich auch dem Sekretariat zugestellt werden.[1] Allerdings müssen solche Meldungen in einer schweizerischen Amtssprache gehalten sein und alle in Teil II des vorliegenden Formulars verlangten Angaben enthalten. Ferner müssen diejenigen Stellen bezeichnet werden, an welchen die für die Meldung in der Schweiz relevanten Daten gefunden werden können.

Der Inhalt von Begriffen wie Wettbewerbsabrede, marktbeherrschendes Unternehmen, beteiligtes Unternehmen und andere sind in ausländischen Erlassen zum Teil nicht mit jenen im KG identisch. Wird beabsichtigt, Meldeformulare von anderen Staaten in der Schweiz einzureichen, wird daher empfohlen, vorgängig mit dem Sekretariat Kontakt aufzunehmen.

I.9. Antwort der Wettbewerbsbehörden

Wird dem Unternehmen innerhalb von fünf Monaten nach Eingang der Meldung keine Eröffnung eines Verfahrens nach den Art. 26–30 KG mitgeteilt, d.h. erheben die Wettbewerbsbehörden innerhalb dieser Frist keinen Widerspruch gegen die angemeldete Wettbewerbsbeschränkung, so entfällt für den gemeldeten Sachverhalt eine Sanktion nach Art. 49a Abs. 1 KG (vgl. Art. 19 SVKG).

---

1   Solche Meldeformulare sind z.B. das Formblatt A/B der EU-Kommission (Bestandteil der Verordnung [EG] Nr. 3385/94 der Kommission vom 21. Dezember 1994) oder Anmeldungen beim Bundeskartellamt (BKartA) auf Grundlage der Bekanntmachungen Nr. 109/98 und 110/98 über Verwaltungsgrundsätze des BKartA über das Verfahren bei der Anmeldung von diversen Kartellformen.

I.10. Gebühren

Die Behandlung der Meldung einer Wettbewerbsbeschränkung ist gemäss Art. 1 Abs. 1 Bst. b der Verordnung über die Gebühren im Kartellgesetz vom 25. Februar 1998 (KG-Gebührenverordnung, SR 251.2) gebührenpflichtig. Die Gebühr bemisst sich nach Zeitaufwand (Art. 4 Abs. 1 KGGebührenverordnung). Gemäss Art. 4 Abs. 2 KG-Gebührenverordnung gilt ein Stundenansatz von 100–400 Franken.

II. Für die Meldung der Wettbewerbsbeschränkung notwendige Angaben

1. Angaben zu den Unternehmen

Bitte geben Sie an:

1.1   Zum (zu den) meldenden *Unternehmen:*

1.1.1   Firmenname, Rechtsform und Sitz des oder der Unternehmen, welche/s die Meldung einreicht/en.

1.1.2   Geschäftstätigkeiten dieses/r Unternehmen/s (kurze Beschreibung).

1.1.3   Namen, Adresse, Tel-Nr., Fax-Nr. und e-mail-Adresse sowie Funktion der Kontaktperson(en) in diesem/n Unternehmen.

1.2   Zum (zu den) *Vertreter/n* des/der meldenden Unternehmen/s:

1.2.1   Name und Adresse.

1.2.2   Name der Kontaktperson/en sowie deren Tel-Nr., Fax-Nr. und e-mail-Adresse.

1.3   Zum (zu den) anderen beteiligten Unternehmen:

1.3.1   Firmenname, Rechtsform und Sitz des/der Unternehmen/s, welche/s an der Wettbewerbsabrede bzw. der möglicherweise unzulässigen Verhaltensweise beteiligt ist/sind.

1.3.2   Geschäftstätigkeiten dieses/r Unternehmen (kurze Beschreibung).

1.3.3   Namen, Adresse, Tel-Nr., Fax-Nr. und e-mail-Adresse sowie Funktion der Kontaktperson(en) in diesem/n Unternehmen.

1.3.4   Sind diese anderen beteiligten Unternehmen von der Meldung unterrichtet? Falls nein: Bitte nennen Sie die Gründe, weshalb die anderen beteiligten Unternehmen nicht unterrichtet wurden.

1.4   Hatten Sie betreffend die hier gemeldete Wettbewerbsbeschränkung bereits früher Kontakt mit den Wettbewerbsbehörden in der Schweiz? Falls ja, geben Sie bitte die entsprechende Registernummer an oder legen Sie die Korrespondenz bei.

1.5   Wurden Wettbewerbsbehörden anderer Länder ebenfalls von der Wettbewerbsbeschränkung in Kenntnis gesetzt? Falls ja:

a.   Welche Wettbewerbsbehörden wurden von der Wettbewerbsbeschränkung in Kenntnis gesetzt?

b.   Haben diese Wettbewerbsbehörden bereits über die Zulässigkeit bzw. Unzulässigkeit der Wettbewerbsbeschränkung entschieden? Falls ja:

   i)   Legen Sie bitte den Entscheid dieser Wettbewerbsbehörden bei.

2.   Beschreibung der Wettbewerbsbeschränkung

Bitte beschreiben Sie die Wettbewerbsbeschränkung, insbesondere

2.1.   die Art der Wettbewerbsbeschränkung, d.h.

2.1.1. handelt es sich um eine in Art. 5 Abs. 3 KG erwähnte horizontale Wettbewerbsabrede, d.h. um eine Abrede zwischen gegenwärtigen oder möglichen Konkurrenten über Preise, Mengen, Gebiete- oder Kunden oder um eine Kombination solcher Abreden?

2.1.2. handelt es sich um eine in Art. 5 Abs. 4 KG erwähnte vertikale Wettbewerbsabrede, d.h. um eine Abrede zwischen Unternehmen verschiedener Marktstufen über Mindest- oder Festpreise oder über Gebietszuweisungen oder um eine Kombination solcher Abreden?

2.1.3. handelt es sich um eine oder mehrere Verhaltensweise/n, die unter Art. 7 KG fällt/fallen (vgl. Anhang 1)?

Falls Sie die zu meldende Wettbewerbsbeschränkung nicht mit Sicherheit einem der oben aufgezählten Tatbestände zuordnen können, bitten wir Sie sich zwecks Klärung dieser (oder auch anderer) Fragen mit dem Sekretariat in Verbindung zu setzen.

2.2.   die Waren oder Dienstleistungen, auf welche sich die Wettbewerbsbeschränkung bezieht.

2.3.   die Ziele, die mit der Wettbewerbsbeschränkung verfolgt werden respektive die Probleme, welche mit der Wettbewerbsbeschränkung gelöst werden sollen.[1]

2.4.   (falls es sich bei der Wettbewerbsbeschränkung um eine Wettbewerbsabrede handelt) ob es zwischen den beteiligten Unternehmen weitere Vereinbarungen oder andere Kooperationsformen gibt oder ob es solche in den letzten drei Jahren gegeben hat.

---

1   Bei Meldungen gemäss der Übergangsbestimmung zur Änderung des KG vom 20. Juni 2003 sind hier zusätzlich zu beantworten: a) seit wann die Wettbewerbsbeschränkung besteht bzw. wann sie eingeführt wurde und b) ob die Wettbewerbsbeschränkung weiterhin bestehen bleibt oder ob sie in Zukunft nicht mehr praktiziert wird.

3.   Der Meldung beizulegende Unterlagen

3.1.   Kopien der drei letzten Jahresrechnungen und Jahresberichte des/der meldenden Unternehmen/s und, sofern vorhanden, der anderen beteiligten Unternehmen.

3.2.   Kopien der Verträge, von Korrespondenzen oder sonstiger schriftlicher oder elektronischer Aufzeichnungen, die der Wettbewerbsbeschränkung zugrunde liegen oder sonst mit ihr in einem Zusammenhang stehen.

3.3.   sonstige sachdienliche Unterlagen, die Sie zur Beurteilung der gemeldeten Wettbewerbsbeschränkung als notwendig erachten (z.B. Kopien der Berichte, Analysen und Geschäftspläne, die im Hinblick auf die Wettbewerbsbeschränkung erstellt wurden).

4.   Vollmacht

Der/die Vertreter des/r meldenden Unternehmen/s hat/ben sich durch schriftliche Vollmacht auszuweisen.

Falls es sich bei der gemeldeten Wettbewerbsbeschränkung um[1]

–   eine Wettbewerbsabrede nach Art. 5 Abs. 3 KG handelt, beantworten Sie bitte den Frageblock 5.

–   eine Wettbewerbsabrede nach Art. 5 Abs. 4 KG handelt, beantworten Sie bitte den Frageblock 6.

–   eine möglicherweise unzulässige Verhaltensweise eines marktbeherrschenden Unternehmens nach Art. 7 KG handelt, beantworten Sie bitte den Frageblock 7.

5.   Angaben zu den Wettbewerbsverhältnissen bei Meldungen betreffend Wettbewerbsabreden nach Art. 5 Abs. 3 KG

5.1.   Bitte geben Sie an:

5.1.1.   den Umsatz[2] für jedes der beteiligten Unternehmen, welchen diese mit den Waren oder Dienstleistungen, auf welche sich die Wettbewerbsabrede bezieht, im letzten Jahr erzielt haben.

---

1   Falls Sie gemäss der Übergangsbestimmung zur Änderung des KG vom 20. Juni 2003 eine bestehende Wettbewerbsbeschränkung melden und die Wettbewerbsbeschränkung in Zukunft nicht mehr praktiziert wird, sind keine weiteren Angaben zu machen oder Unterlagen beizulegen, d.h. die Frageblöcke 5, 6 oder 7 brauchen nicht beantwortet zu werden.

2   Bei Versicherungsgesellschaften treten an die Stelle des Umsatzes die jährlichen Bruttoprämieneinnahmen, bei Banken und übrigen Finanzintermediären die Bruttoerträge, sofern sie den Rechnungslegungsvorschriften gemäss dem Bankengesetz vom 8. November 1934 (SR 952.0) unterstellt sind.

5.1.2. sofern bekannt, den ungefähren Gesamtumsatz, welche alle im von der Wettbewerbsbeschränkung betroffenen Bereich tätigen Unternehmen im letzten Jahr insgesamt erzielt haben.

5.2. Bitte nennen Sie Firmennamen und Adressen Ihrer fünf wichtigsten Konkurrenten und geben Sie – falls bekannt – deren ungefähre Jahresumsätze im von der Wettbewerbsbeschränkung betroffenen Bereich an. Als Konkurrenten gelten nur Unternehmen, welche nicht an der Wettbewerbsabrede beteiligt sind.

5.3. Falls Sie der Auffassung sind, es sei für die Beurteilung der gemeldeten Wettbewerbsabrede notwendig, erläutern bzw. nennen Sie bitte

5.3.1. Firmennamen und Adressen derjenigen Unternehmen, welche in den letzten 3 Jahren neu in den von der Wettbewerbsbeschränkung betroffenen Bereich zugetreten sind. Falls es solche Unternehmen gibt, geben Sie bitte, sofern bekannt, deren ungefähre Jahresumsätze im von der Wettbewerbsbeschränkung betroffenen Bereich an.

5.3.2. Firmennamen und Adressen jener Unternehmen, welche Ihres Erachtens über das Know-how, die finanziellen Mittel und alle sonst erforderlichen Fähigkeiten verfügen, um innerhalb kurzer Zeit (2 Jahre) neu als Konkurrenten in den von der Wettbewerbsbeschränkung betroffenen Bereich zuzutreten.

5.3.3. die Vertriebs- und Nachfragestrukturen im von der Wettbewerbsbeschränkung betroffenen Bereich.

5.3.4. die Bedeutung von Forschung und Entwicklung (F+E) im von der Wettbewerbsbeschränkung betroffenen Bereich.

5.3.5. spezielle gesetzliche Vorschriften oder Bewilligungen/Konzessionen/Auflagen von Behörden, die den Wettbewerb im betroffenen Bereich beschränken.

5.3.6. andere Umstände, welche bei der Beurteilung der gemeldeten Wettbewerbsabrede zu berücksichtigen sind.

6. *Angaben zu den Wettbewerbsverhältnissen bei Meldungen betreffend Wettbewerbsabreden nach Art. 5 Abs. 4 KG*

6.1. Bitte beschreiben Sie anhand des in Anhang 2 befindlichen Schemas auf welcher Marktstufe Sie sich befinden.

6.2. Bitte geben Sie an

6.2.1. den Umsatz[1] für jedes der beteiligten Unternehmen, welchen diese mit den Waren oder Dienstleistungen, auf welche sich die Wettbewerbsabrede bezieht, im letzten Jahr erzielt haben.

6.2.2. sofern bekannt, den ungefähren Gesamtumsatz, welche alle im von der Wettbewerbsbeschränkung betroffenen Bereich tätigen Unternehmen im letzten Jahr insgesamt erzielt haben. Bitte geben Sie den Gesamtumsatz unterteilt nach Marktstufe an.

6.3. Bitte nennen Sie Firmennamen und Adressen Ihrer fünf wichtigsten Konkurrenten auf jeder betroffenen Marktstufe und geben Sie – falls bekannt – deren ungefähre Jahresumsätze im von der Wettbewerbsbeschränkung betroffenen Bereich an. Als Konkurrenten gelten nur Unternehmen, welche nicht an der Wettbewerbsabrede beteiligt sind.

6.4. Beschreiben Sie bitte den Vertrieb ab Herstellung bis zum Endkunden der von Ihnen vertriebenen und von der Wettbewerbsabrede betroffenen Waren oder Dienstleistungen.

6.5. Geben Sie bitte an, ob die Wettbewerbsbeschränkung zu einer Unterbindung von Parallelimporten führt.

6.6. Falls Sie der Auffassung sind, es sei für die Beurteilung der gemeldeten Wettbewerbsabrede notwendig, erläutern bzw. nennen Sie bitte

6.6.1. Firmennamen und Adressen derjenigen Unternehmen, welche in den letzten 3 Jahren neu in den von der Wettbewerbsbeschränkung betroffenen Bereich zugetreten sind. Falls es solche Unternehmen gibt, geben Sie bitte für jede Marktstufe, sofern bekannt, deren ungefähre Jahresumsätze im von der Wettbewerbsbeschränkung betroffenen Bereich an.

6.6.2. für jede Marktstufe Firmennamen und Adressen jener Unternehmen, welche Ihres Erachtens über das Know-how, die finanziellen Mittel und alle sonst erforderlichen Fähigkeiten verfügen, um innerhalb kurzer Zeit (2 Jahre) neu als Konkurrenten in den von der Wettbewerbsbeschränkung betroffenen Bereich zuzutreten.

6.6.3. die Bedeutung von Forschung und Entwicklung (F+E) im von der Wettbewerbsbeschränkung betroffenen Bereich.

6.6.4. spezielle gesetzliche Vorschriften oder Bewilligungen/Konzessionen/Auflagen von Behörden, die den Wettbewerb im betroffenen Bereich beschränken.

6.6.5. andere Umstände, welche bei der Beurteilung der gemeldeten Wettbewerbsabrede zu berücksichtigen sind.

---

[1] Bei Versicherungsgesellschaften treten an die Stelle des Umsatzes die jährlichen Bruttoprämieneinnahmen, bei Banken und übrigen Finanzintermediären die Bruttoerträge, sofern sie den Rechnungslegungsvorschriften gemäss dem Bankengesetz vom 8. November 1934 (SR 952.0) unterstellt sind.

7. Angaben zu den Wettbewerbsverhältnissen bei Meldungen betreffend möglicherweise unzulässige Verhaltensweisen marktbeherrschender Unternehmen nach Art. 7 KG

7.1.   Bitte erläutern Sie, aus welchem Grund Sie davon ausgehen, Ihr Unternehmen sei marktbeherrschend im Sinne von Art. 4 Abs. 2 KG.

7.2.   Bitte nennen Sie

7.2.1. den Umsatz[1] des möglicherweise marktbeherrschenden Unternehmens, welchen dieses mit den Waren oder Dienstleistungen, auf welche sich die Wettbewerbsbeschränkung bezieht, im letzten Jahr erzielt hat.

7.2.2. sofern bekannt, den ungefähren Gesamtumsatz, welche alle im von der Wettbewerbsbeschränkung betroffenen Bereich tätigen Unternehmen im letzten Jahr insgesamt erzielt haben.

7.3.   Bitte nennen Sie Ihre wichtigsten Konkurrenten und geben Sie deren Firmenamen und Adressen sowie – falls bekannt – deren ungefähre Jahresumsätze im von der Wettbewerbsbeschränkung betroffenen Bereich an.

7.4.   Bitte nennen Sie alle Unternehmen, die von der möglicherweise unzulässigen Verhaltensweise betroffen sind. (Ein Unternehmen ist von einer möglicherweise unzulässigen Verhaltensweise betroffen, wenn es durch diese Verhaltensweise in der Aufnahme oder Ausübung des Wettbewerbs behindert oder benachteiligt werden könnte). Handelt es sich um eine Vielzahl von Unternehmen, sind zumindest fünf davon anzugeben.

7.5.   Sofern Sie sich in Frage 7.1. als gegenüber bestimmten Lieferanten als marktbeherrschend bezeichnet haben, nennen Sie bitte Firmenamen und Adressen jener Ihrer Lieferanten, bei welchen Sie Abnehmer von vermutlich mehr als 20 % des Umsatzes dieses Lieferanten sind. Massgebend ist derjenige Umsatz des Lieferanten, welchen dieser im von der Wettbewerbsbeschränkung betroffenen Bereich erzielt (mögliche Abhängigkeit bestimmter Lieferanten von den beteiligten Unternehmen).

7.6.   Bitte beschreiben Sie anhand des in Anhang 2 befindlichen Schemas auf welcher Marktstufe Sie sich befinden.

7.7.   Geben Sie bitte an, ob die Wettbewerbsbeschränkung zu einer Unterbindung von Parallelimporten führt.

7.8.   Falls Sie der Auffassung sind, es sei für die Beurteilung der gemeldeten Wettbewerbsbeschränkung notwendig, erläutern bzw. nennen Sie bitte

---

1   Bei Versicherungsgesellschaften treten an die Stelle des Umsatzes die jährlichen Bruttoprämieneinnahmen, bei Banken und übrigen Finanzintermediären die Bruttoerträge, sofern sie den Rechnungslegungsvorschriften gemäss dem Bankengesetz vom 8. November 1934 (SR 952.0) unterstellt sind.

7.8.1.   Firmenamen und Adressen derjenigen Unternehmen, welche in den letzten 3 Jahren neu in den von der Wettbewerbsbeschränkung betroffenen Bereich zugetreten sind. Falls es solche Unternehmen gibt, geben Sie bitte, sofern bekannt, deren ungefähre Jahresumsätze im von der Wettbewerbsbeschränkung betroffenen Bereich an.

7.8.2.   Firmenamen und Adressen jener Unternehmen, welche Ihres Erachtens über das Know-how, die finanziellen Mittel und alle sonst erforderlichen Fähigkeiten verfügen, um innerhalb kurzer Zeit (2 Jahre) neu als Konkurrenten in den von der Wettbewerbsbeschränkung betroffenen Bereich zuzutreten.

7.8.3.   die Vertriebs- und Nachfragestrukturen im von der Wettbewerbsbeschränkung betroffenen Bereich.

7.8.4.   die Bedeutung von Forschung und Entwicklung (F+E) im von der Wettbewerbsbeschränkung betroffenen Bereich.

7.8.5.   spezielle gesetzliche Vorschriften oder Bewilligungen/Konzessionen/Auflagen von Behörden, die den Wettbewerb im betroffenen Bereich beschränken.

7.8.6.   andere Umstände, welche bei der Beurteilung der gemeldeten Wettbewerbsbeschränkung zu berücksichtigen sind.

Anhang 1: Auszug aus den materiellrechtlichen Bestimmungen des Kartellgesetzes
vom 6. Oktober 1995 (Stand am 23. März 2004)

Art. 4 Abs. 1 und 2, Art. 5 Abs. 3 und 4, Art. 7 → Nr. 1

Anhang 2: Fragen 6.1 und 7.6 des Meldeformulars

Zur Veranschaulichung werden Sie gebeten, die wichtigsten Produktions- und Handelsstufen vom Produzenten bis Konsument einzufügen:

z.B. Produzent/Hersteller/Lieferant; Generalimporteur; Grossist; Händler/Weiterverkäufer; Detailhändler; Konsument

Bitte zögern Sie nicht, weitere Grafiken, Strukturelemente oder Bemerkungen anzufügen.

Beispiel 1

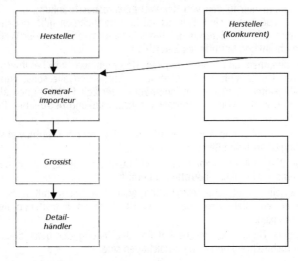

Beispiel 2

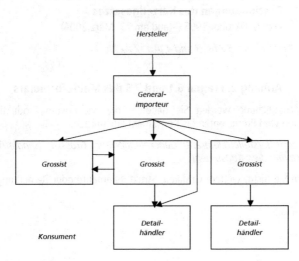

Nr. 12 — Formular für die Notifikation von Zusammenschlüssen (Meldung eines Zusammenschlussvorhabens)

vom 7. September 1998 (revidiert am 6. Mai 2004; geändert am 16. Februar 2005)

BBl 1998 4533 (ursprüngliche Fassung; aktuelle Fassung unter www.reko.admin.ch)

Teil I

A. Grundlage und Zweck

Dieses Formular erläutert die in Artikel 11 der Verordnung vom 17. Juni 1996 über die Kontrolle von Unternehmenszusammenschlüssen (VKU) (SR 251.4) verlangten Angaben bei Meldungen von Unternehmenszusammenschlüssen gemäss Artikel 4 Absatz 3 und Artikel 9 des Bundesgesetzes vom 6. Oktober 1995 über Kartelle und andere Wettbewerbsbeschränkungen (Kartellgesetz, KG) (SR 251). Es erleichtert das Einreichen der vollständigen Meldung und erlaubt den Wettbewerbsbehörden die rasche und reibungslose Durchführung der vorläufigen Prüfung im Sinne von Artikel 10 Absatz 1 und Artikel 32 KG. Dem Formular kommt keine Gesetzeskraft zu. Die meldenden Unternehmen werden daher auf die einschlägigen Gesetzes- und Verordnungstexte verwiesen.

Das Sekretariat der Wettbewerbskommission (Sekretariat), ist gerne bereit, Fragen zum Meldeformular oder zur Vorprüfung und Prüfung von Unternehmenszusammenschlüssen im allgemeinen zu beantworten. Am Zusammenschluss beteiligte Unternehmen und das Sekretariat können vor der Meldung eines Zusammenschlusses Einzelheiten des Inhalts der Meldung einvernehmlich festlegen. Die Adresse des Sekretariats lautet:

Sekretariat der Wettbewerbskommission
Monbijoustrasse 43
3003 Bern

Telefon 031 322 20 40
Fax 031 322 20 53

B. Erleichterte Meldung

Das Sekretariat kann von der Pflicht zur Vorlage von einzelnen Angaben oder Unterlagen nach Artikel 11 VKU befreien, wenn es der Ansicht ist, dass diese für die Prüfung des Falles nicht notwendig sind (Art. 12 VKU).

Denkbar ist eine erleichterte Meldung beispielsweise, wenn die Wettbewerbskommission die vom Zusammenschluss betroffenen Märkte bereits aus früheren Entscheidungen kennt oder wenn ein Gemeinschaftsunternehmen gegründet wird, um in einen entstehenden Markt zu treten. In jedem Fall ist der Inhalt der erleichterten Meldung mit dem Sekretariat abzusprechen.

C. Begriffsbestimmungen

Unternehmenszusammenschluss

Dieser Begriff umfasst:

- die Fusion von zwei oder mehr bisher voneinander unabhängigen Unternehmen (Art. 4 Abs. 3 Bst. a KG);
- die Erlangung der Kontrolle (Art. 4 Abs. 3 Bst. b KG). Ein Unternehmen erlangt die Kontrolle über ein bisher unabhängiges Unternehmen, wenn es durch den Erwerb von Beteiligungsrechten oder auf andere Weise die Möglichkeit erhält, einen bestimmenden Einfluss auf die Tätigkeit des andern Unternehmens auszuüben (Art. 1 VKU);
- die gemeinsame Erlangung der Kontrolle über ein Unternehmen oder die Gründung eines Unternehmens, welches zwei oder mehr Unternehmen gemeinsam kontrollieren wollen (Art. 2 VKU). Zwei (oder mehr) Unternehmen kontrollieren ein anderes Unternehmen gemeinsam, wenn sie gemeinsam einen bestimmenden Einfluss auf die Tätigkeiten des kontrollierten Unternehmens (auch Gemeinschaftsunternehmen genannt) ausüben können. Für Gemeinschaftsunternehmen ist typisch, dass keines der kontrollierenden Unternehmen Massnahmen gegen den Willen des oder der anderen kontrollierenden Unternehmen erzwingen kann und es somit zu sogenannten Pattsituationen kommen kann. Die Gründung eines Gemeinschaftsunternehmens gilt nur als Unternehmenszusammenschluss im Sinne des Kartellgesetzes, wenn in das Gemeinschaftsunternehmen Geschäftstätigkeiten von mindestens einem der kontrollierenden Unternehmen einfliessen (Art. 2 Abs. 2 VKU).

Beteiligte(s) Unternehmen

Dieser Begriff umfasst:

- bei der Fusion: die fusionierenden Unternehmen (Art. 3 Abs. 1 Bst. a VKU). Beispiele: Falls A und B zur Unternehmung C verschmelzen, sind beteiligte Unternehmen A und B. Dasselbe gilt, wenn A das Unternehmen B absorbiert oder umgekehrt;
- bei der Erlangung der Kontrolle (und der Erlangung der gemeinsamen Kontrolle), die kontrollierenden und die kontrollierten Unternehmen (Art. 3 Abs. 1 Bst. b VKU). Beispiele: Übernimmt A die Unternehmung B, sind beteiligte Unternehmungen A und B. Übernehmen A und B zusammen die Unternehmung C, sind beteiligte Unternehmen A, B und C;

– ist Gegenstand des Zusammenschlusses ein Teil eines Unternehmens, so gilt dieser Teil als beteiligtes Unternehmen (Art. 3 Abs. 2 VKU). Beispiel: Besteht B aus den Divisionen B1 und B2, und übernimmt A nur die Division B1, sind beteiligte Unternehmen A und B1.

Meldende(s) Unternehmen

Vgl. unten, Abschnitt D (die meldenden Unternehmen sind nicht in jedem Fall identisch mit den beteiligten Unternehmen).

Vollzug

Als Vollzug gilt die Erfüllung des Verpflichtungsgeschäfts.

D. Wer melden muss

Bei der Fusion: Die beteiligten Unternehmen gemeinsam (Art. 9 Abs. 1 Bst. a VKU).

Bei der Erlangung der Kontrolle: Das Unternehmen, welches die Kontrolle erlangt (Art. 9 Abs. 1 Bst. b VKU).

Bei der Erlangung der gemeinsamen Kontrolle: Gemeinsam diejenigen Unternehmen, welche die gemeinsame Kontrolle erlangen (Art. 9 Abs. 1 Bst. b VKU).

Bei gemeinsamer Meldung haben die meldenden Unternehmen mindestens einen gemeinsamen Vertreter zu bestellen (Art. 9 Abs. 2 VKU).

Meldende Unternehmen oder ihre Vertreter mit Wohnsitz oder Sitz im Ausland haben in der Schweiz ein Zustellungsdomizil zu bezeichnen (Art. 9 Abs. 3 VKU).

E. Vollständigkeitserfordernis

Alle in diesem Formular oder – bei erleichterter Meldung – alle vom Sekretariat verlangten Angaben sind einzureichen. Kann eine Angabe nicht oder nicht vollständig gemacht werden, sind die Gründe zu nennen.

Falls nicht alle im Formular oder vom Sekretariat verlangten Angaben eingereicht werden und keine hinreichenden Gründe genannt werden, weshalb diese Angaben nicht gemacht werden können, ist die Meldung unvollständig.

Wesentliche Änderungen der in der Meldung beschriebenen tatsächlichen Verhältnisse sind dem Sekretariat unaufgefordert und umgehend mitzuteilen (Art. 21 VKU).

F. Zeitpunkt der Meldung und Fristen

Die Meldung muss gemäss Art. 9 KG vor dem Vollzug des Zusammenschlusses erfolgen. Voraussetzung für die Meldung ist grundsätzlich der Abschluss des Verpflichtungsgeschäfts. Ist das Verpflichtungsgeschäft noch nicht abgeschlossen und der Zusammenschluss lediglich beabsichtigt, ist eine Meldung möglich, wenn dem Sekretariat glaubhaft dargelegt wird, dass die beteiligten Unternehmen gewillt sind, das entsprechende Verpflichtungsgeschäft abzuschliessen. Erfolgt eine Übernahme ohne schriftlichen Vertrag, d.h. durch blossen Erwerb von Anteilen, ist die Meldung sofort nach dem öffentlichen Übernahmeangebot und vor dem Vollzug einzureichen. Die Meldung kann auch die Kundgabe lediglich der Absicht beinhalten, ein öffentliches Übernahmeangebot abzugeben.

Die Frist von einem Monat für die vorläufige Prüfung des Zusammenschlussvorhabens beginnt am Tag nach Eingang der vollständigen Meldung und endet mit Ablauf des Tages im Folgemonat, dessen Datum dieselbe Tageszahl trägt wie der Tag des Fristbeginns; gibt es diesen Tag im Folgemonat nicht, so endet die Frist am letzten Tag des Folgemonats (Art. 20 VKU). Fällt der letzte Tag auf einen Samstag, einen Sonntag oder einen am Wohnsitz oder Sitz der Partei oder ihres Vertreters vom kantonalen Recht anerkannten Feiertag, so endigt die Frist am nächsten Werktag (Art. 20 Abs. 3 des Bundesgesetzes über das Verwaltungsverfahren; SR 172.021).

Das Sekretariat bestätigt den meldenden Unternehmen innert zehn Tagen schriftlich den Eingang der Meldung und deren Vollständigkeit (Art. 14 VKU).

G. Wie zu melden ist

Die Meldung ist in einer der Amtssprachen einzureichen. Das Verfahren wird in dieser Sprache durchgeführt, sofern nichts anderes vereinbart wird. Die Beilagen können auch in englischer Sprache eingereicht werden (Art. 11 Abs. 4 VKU).

Die Meldung ist in fünffacher Ausfertigung beim Sekretariat einzureichen (Art. 9 Abs. 1 VKU). Das Sekretariat kann dem meldenden Unternehmen gestatten, weniger Ausfertigungen einzureichen.

Um die Arbeit des Sekretariats zu erleichtern, sollten die Antworten in der angegebenen Reihenfolge und mit der entsprechenden Nummer bezeichnet eingereicht werden.

H. Vollzugsverbot

Die beteiligten Unternehmen dürfen den Zusammenschluss innerhalb eines Monats seit der Meldung des Vorhabens nicht vollziehen, es sei denn, die Wettbewerbskommission habe dies auf Antrag dieser Unternehmen aus wichtigen Gründen bewilligt (Art. 32 Abs. 2 KG). Als wichtiger Grund können etwa Sanierungsübernahmen gelten, falls der Konkurs der übernommenen Unternehmung unmittelbar droht, wenn der Erwerber nicht sofort die operative und finanzielle Führung übernehmen kann (Botschaft vom 25. November 1994 zum Kartellgesetz; BBl 1995 I 608).

I. Geschäftsgeheimnisse

Die am Zusammenschluss beteiligten Unternehmen haben den Wettbewerbsbehörden alle für deren Abklärungen erforderlichen Auskünfte zu erteilen und die notwendigen Urkunden vorzulegen (Art. 40 KG).

Artikel 25 KG bestimmt, dass die Wettbewerbsbehörden das Amtsgeheimnis zu wahren haben. Sie dürfen Kenntnisse, die sie bei ihrer Tätigkeit erlangen, nur zu dem mit der Auskunft oder dem Verfahren verfolgten Zweck verwerten. Ferner dürfen die Veröffentlichungen der Wettbewerbsbehörden keine Geschäftsgeheimnisse preisgeben.

Falls die Interessen eines beteiligten Unternehmens gefährdet werden, wenn bestimmte in diesem Formular verlangten Angaben veröffentlicht oder sonst wie Dritten oder einem anderen beteiligten Unternehmen bekanntgegeben werden, sind diese Angaben separat und als «Geschäftsgeheimnis» bezeichnet einzureichen. Ferner ist anzugeben, weshalb diese Angaben Geschäftsgeheimnisse darstellen.

J. Sanktionen

Ein Unternehmen, das einen meldepflichtigen Zusammenschluss ohne Meldung vollzieht oder das vorläufige Vollzugsverbot missachtet, wird mit einem Betrag bis zu 1 Million Franken belastet (Art. 51 Abs. 1 KG). Ein Unternehmen, welches die Auskunftspflicht oder die Pflichten zur Vorlagen von Urkunden nicht oder nicht richtig erfüllt, wird mit einem Betrag bis zu 100 000 Franken belastet (Art. 52 KG).

Wer vorsätzlich Verfügungen der Wettbewerbskommission betreffend die Auskunftspflicht nicht oder nicht richtig befolgt, einen meldepflichtigen Zusammenschluss ohne Meldung vollzieht oder Verfügungen im Zusammenhang mit Unternehmenszusammenschlüssen zuwiderhandelt, wird mit Busse bis zu 20 000 Franken bestraft (Art. 55 KG).

K. Ausländische Meldeformulare

Müssen Zusammenschlussvorhaben auch in anderen Staaten angemeldet werden, können in diesen Staaten eingereichte Meldungen grundsätzlich auch der Wettbewerbskommission zugestellt werden. Als vollständig gelten solche Meldungen, wenn sie in einer Amtssprache gehalten sind (Art. 11 Abs. 4 VKU) und alle in Artikel 11 VKU verlangten Angaben enthalten. Ferner müssen diejenigen Stellen bezeichnet werden, an welchen die für die Meldung in der Schweiz relevanten Daten gefunden werden können.

Der Inhalt von Begriffen wie Kontrolle, Gemeinschaftsunternehmen, beteiligtes Unternehmen und andere sind in ausländischen Erlassen zum Teil nicht mit jenen im KG und in der VKU identisch. Wird beabsichtigt, Meldeformulare von anderen Staaten in der Schweiz einzureichen, empfiehlt die Wettbewerbskommission daher, vorgängig mit dem Sekretariat Kontakt aufzunehmen und zu klären, ob eine solche Meldung auch in der Schweiz als vollständig gilt. Das Sekretariat kann der meldenden Partei auch mitteilen, welche Angaben allenfalls noch zu ergänzen sind.

Meldeformular EU: Die Abschnitte 1–12 des Formblattes CO zur Anmeldung eines Zusammenschlusses gemäss der Verordnung (EWG) 4064/89 des EWG-Rates enthalten alle in Artikel 11 VKU verlangten Angaben, sofern die entsprechenden Daten für die Schweiz ergänzt werden.

Gemeinsames Meldeformular D, F, GB: Das gemeinsame Meldeformular für Zusammenschlüsse im Vereinigten Königreich, in Frankreich und in Deutschland enthält die meisten in Artikel 11 VKU verlangten Angaben. Wird dieses Formular ausgefüllt, sind zur Vollständigkeit der Meldung in der Schweiz folgende zusätzlichen Angaben zu machen:

1. Umsatzangaben gemäss Artikel 11 Absatz 1 Buchstabe c VKU (Ziff. 3.1–3.3 des zweiten Teils dieses Meldeformulars);

2. Beschreibung der im Sinne von Artikel 11 Absatz 1 Buchstabe d VKU betroffenen Märkte, die zumindest über die Vertriebs- und Nachfragestrukturen sowie die Bedeutung von Forschung und Entwicklung Auskunft gibt (Ziff. 4.3–4.8 des zweiten Teils dieses Meldeformulars);

3. Marktanteile der beteiligten Unternehmen und der drei wichtigsten Wettbewerber in den betroffenen Märkten für die letzten drei Jahre (Art. 11 Abs. 1 Bst. e VKU), d.h. Ziffern 5.1 und 5.2 des zweiten Teils dieses Meldeformulars;

4. Angaben gemäss Artikel 11 Absatz 1 Buchstabe f VKU (Ziff. 6.1–6.4 des zweiten Teils dieses Meldeformulars);

5. Beilagen gemäss Artikel 11 Absatz 2 VKU bzw. Ziffern 7.1–7.4 des zweiten Teils dieses Meldeformulars.

Meldeformular OECD: Die OECD bereitet zurzeit ein Meldeformular für Zusammenschlüsse vor. Sobald dieses Formular von den zuständigen Gremien verabschiedet wird, wird die Wettbewerbskommission angeben, ob und unter welchen Umständen es auch in der Schweiz eingereicht werden kann.

Teil II

1. Angaben zu den Unternehmen (Art. 11 Abs. 1 Bst. a VKU)

Bitte geben Sie an:

1.1   Zum (zu den) meldenden Unternehmen:

1.1.1   Firma und Sitz des oder der Unternehmen, welche die Kontrolle über ein bisher von ihr bzw. ihnen unabhängiges Unternehmen erwerben, oder der Unternehmen, welche fusionieren.

1.1.2   Geschäftstätigkeiten dieses/r Unternehmen/s (kurze Beschreibung).

1.1.3   Namen, Adresse, Tel-Nr. und Fax-Nr. sowie Funktion der Kontaktperson(en) in diesem/n Unternehmen.

1.2   Zum (zu den) anderen beteiligten Unternehmen:

1.2.1   Firma und Sitz des/der Unternehmen/s, welches/die übernommen oder – im Fall eines Gemeinschaftsunternehmens – gegründet wird/werden.

1.2.2   Geschäftstätigkeiten dieses/r Unternehmen (kurze Beschreibung).

1.2.3   Namen, Adresse, Tel. Nr. und Fax Nr. sowie Funktion der Kontaktperson(en) in diesem/n Unternehmen.

1.3   Alle Unternehmen, deren Umsätze gemäss Art. 5 VKU zu jenen der beteiligten Unternehmen hinzuzuaddieren sind. Ist aus den Jahresberichten nicht ersichtlich, welche Unternehmen hierzu gehören, sind diese auf einem Beiblatt zu nennen und die Geschäftstätigkeiten anzugeben.

1.4   Zum (zu den) Veräusserer:

1.4.1   Name und Sitz der veräussernden Unternehmung/en.

1.4.2   Geschäftstätigkeiten dieses/r Unternehmen (kurze Beschreibung).

1.4.3   Namen, Adresse, Tel-Nr. und Fax-Nr. sowie Funktion der Kontaktperson(en) in diesem/n Unternehmen.

1.5   Zum (zu den) Vertreter/n des/der meldepflichtigen Unternehmen/s:
          1.5.1 Name und Adresse.

1.5.2   Name der Kontaktperson/en.

1.5.3   Tel. Nr. und Fax Nr.

2. Beschreibung des Zusammenschlussvorhabens (Art. 11 Abs. 1 Bst. b VKU)

Bitte beschreiben Sie:

2.1   das Zusammenschlussvorhaben. Handelt es sich um eine Fusion, eine Übernahme, ein öffentliches Kaufangebot, ein Gemeinschaftsunternehmen? Wie werden sich die Kontrollverhältnisse gestalten bzw. welches ist die Änderung des bisherigen Kontrollverhältnisses? Welches sind die Modalitäten des Zusammenschlusses?

2.2 die Umstände, die zum Zusammenschlussvorhaben geführt haben.

2.3 die Ziele, die mit dem Zusammenschlussvorhaben verfolgt werden.

3. Umsätze (Art. 11 Abs. 1 Bst. c VKU)

Entfällt für marktbeherrschende Unternehmen im Sinne von Artikel 9 Absatz 4 KG und solche, welche mit ersteren am Zusammenschluss beteiligt sind.

Für die Umsatzberechnung wird auf die Artikel 9 KG und 4–8 VKU verwiesen. Banken und Versicherungen werden auf die Sonderbestimmungen in Artikel 9 Absatz 3 KG und Artikel 6 und 8 VKU aufmerksam gemacht. Für Banken und Finanzintermediäre, die den Rechnungslegungsvorschriften gemäss dem Bankengesetz vom 8. November 1934 (SR 952.0) unterstellt sind, gelten Bruttoerträge als in der Schweiz erzielt (Art. 9 Abs. 1 lit. b KG), falls diese bei einer Zweigniederlassung oder Geschäftsstelle in der Schweiz verbucht werden.[1]

Gemäss Artikel 5 Absatz 1 VKU sind zu erfassen nicht nur die Umsätze der direkt am Zusammenschluss beteiligten Unternehmen, sondern ebenfalls diejenigen

«a. der Unternehmen, bei denen es mehr als die Hälfte des Kapitals oder der Stimmrechte besitzt oder mehr als die Hälfte der Mitglieder der zur gesetzlichen Vertretung berufenen Organe bestellen kann oder auf andere Weise das Recht hat, die Geschäfte des Unternehmens zu führen (Tochterunternehmen);

b. der Unternehmen, die bei ihm einzeln oder gemeinsam die Rechte oder Einflussmöglichkeiten nach Buchstabe a haben (Mutterunternehmen);

c. der Unternehmen, bei denen ein Unternehmen nach Buchstabe b die Rechte oder Einflussmöglichkeiten nach Buchstabe a hat (Schwesterunternehmen);

d. der Unternehmen, bei denen mehrere der in diesem Absatz aufgeführten Unternehmen die Rechte oder Einflussmöglichkeiten nach Buchstabe a jeweils gemeinsam haben (Gemeinschaftsunternehmen).»

Die Umsätze des veräussernden Unternehmens bleiben bei der Umsatzberechnung unberücksichtigt.

Auch wenn Gegenstand des Zusammenschlusses ein Teil eines Unternehmens ist (welches z.B. in ein Gemeinschaftsunternehmen eingebracht wird), sind die Umsätze der/des zukünftigen Mutterunternehmen/s und allfälliger Tochter-, Schwester- und Gemeinschaftsunternehmen zu berücksichtigen.

---

[1]   Für die Berechnung des auf die Schweiz entfallenden Anteils des Umsatzes von Banken und Finanzintermediären (Art. 9 Abs. 1 lit. b KG), welche nicht den Rechnungslegungsvorschriften des Bankengesetzes unterstellt sind (z.B. Umsätze ausländischer Banken ohne Zweigniederlassung oder Geschäftsstelle in der Schweiz), gilt der Wohnsitz des Kunden als Kriterium.

Bitte geben Sie an:

3.1 die kumulierten Umsätze im letzten Geschäftsjahr aller beteiligten Unternehmen weltweit. Massgebend für die Bestimmung des letzten Geschäftsjahres ist der Zeitpunkt des Verpflichtungsgeschäfts bzw. im Falle eines beabsichtigten Zusammenschlusses der Zeitpunkt der Absichtserklärung, welche(s) dem Zusammenschlussvorhaben zugrunde liegt.

3.2 die kumulierten Umsätze im letzten Geschäftsjahr aller beteiligten Unternehmen in der Schweiz.

3.3 den Umsatz im letzten Geschäftsjahr von jedem beteiligten Unternehmen in der Schweiz.

4. *Definition der vom Zusammenschluss betroffenen Märkte (Art. 11 Abs. 1 Bst. d VKU)*

Um die betroffenen Märkte zu bestimmen, sind vorgängig die relevanten Märkte abzugrenzen. Der relevante Markt besteht aus einer sachlichen und einer räumlichen Dimension.

Der sachliche Markt umfasst alle Waren oder Leistungen, die von der Marktgegenseite hinsichtlich ihrer Eigenschaften und ihres vorgesehenen Verwendungszwecks als substituierbar angesehen werden (Art. 11 Abs. 3 Bst. a VKU).

Der räumliche Markt umfasst das Gebiet, in welchem die Marktgegenseite die den sachlichen Markt umfassenden Waren oder Leistungen nachfragt oder anbietet (Art. 11 Abs. 3 Bst. b VKU).

Die VKU definiert den relevanten Markt aus der Sicht der Marktgegenseite und damit in der Regel aus der Sicht des Nachfragers. Bei Vorliegen bestimmter Voraussetzungen kann aber zusätzlich und separat das Konzept der Angebotssubstitution zur Anwendung gelangen. Sind Anbieter in der Lage, ihre Produktion auf die – bei Definition aus Nachfragersicht – den sachlichen Markt umfassenden Waren oder Leistungen umzustellen und sie kurzfristig auf den Markt zu bringen, ohne spürbare Zusatzkosten oder Risiken einzugehen, so sind die entsprechenden Produktionskapazitäten dieser Anbieter dem Volumen des relevanten Marktes zuzurechnen. Mit anderen Worten: Diese Anbieter sind als Wettbewerber der beteiligten Unternehmen zu betrachten.

Für die Angaben in diesem Formular gelten als vom Zusammenschluss betroffene Märkte jene Märkte,

– in welchen der gemeinsame Marktanteil in der Schweiz von zwei oder mehr der beteiligten Unternehmen 20 Prozent oder mehr beträgt, und jene Märkte,

– in denen der Marktanteil in der Schweiz von einem der beteiligten Unternehmen 30 Prozent oder mehr beträgt.

Bitte nennen Sie:

4.1 jeden vom Zusammenschluss betroffenen Markt und erläutern Sie, weshalb bestimmte Waren oder Leistungen in den relevanten Markt einbezogen und weshalb andere ausgeschlossen wurden, wobei die Austauschbarkeit dieser Waren oder Leistungen hinsichtlich Eigenschaften und der/des Verwendungszweck/s zu würdigen sind. Dabei ist auszugehen von der Optik

    a. Ihrer Kunden (d.h. zu nennen sind die betroffenen Absatzmärkte) und

    b. Ihrer Lieferanten (d.h. zu nennen sind die betroffenen Beschaffungsmärkte)

4.2 die Grundlagen, welche zur Berechnung des Marktvolumens und der Marktanteile dienten.

Die Beantwortung der folgenden Fragen ist nur notwendig, wenn in Frage 4.1 betroffene Märkte zu nennen sind.

Bitte beschreiben Sie für jeden betroffenen Markt:

4.3 die Vertriebs- und Nachfragestrukturen. Hierzu gehören insbesondere

– die Marktphase (Experimentierungs-, Expansions-, Stagnations- oder Rückbildungsphase). Bitte erläutern Sie in diesem Zusammenhang, ob die Nachfrage in Zukunft zunehmen wird, stagniert oder abnehmende Tendenz zeigt;

– die Unterteilung der Nachfrage in Kundensegmente und/oder eine Beschreibung des/r «typischen» Kunden.

4.4 die Bedeutung von Forschung und Entwicklung (F+E) für die Fähigkeit auch längerfristig im Wettbewerb bestehen zu können. Als Indikatoren können die jährlich notwendigen F+E-Ausgaben sowie die F+E-Intensität dienen, d.h. der Anteil der F+E-Ausgaben am Umsatz.

4.5 die wichtigsten F+E-Tätigkeiten bzw. -bereiche der beteiligten Unternehmen.

4.6 die wichtigsten Innovationen (insbesondere Verfahrens- aber auch Produkteoder andere Innovationen) und nennen Sie Zeitpunkt und deren Urheber.

4.7 die Innovationszyklen und in welchem Stadium dieses Zyklus sich die F+E-Aktivitäten der beteiligten Unternehmen befinden.

4.8 die Patente, Know-how oder andere Schutzrechte, über welche die beteiligten Unternehmen verfügen.

5. Marktanteile (Art. 11 Abs. 1 Bst. e VKU)

Die Beantwortung der folgenden Fragen ist nur notwendig, wenn es betroffene Märkte im Sinne von Artikel 11 Absatz 1 Buchstabe d VKU gibt (vgl. Frage 4.1).

Bitte geben Sie für jeden betroffenen Markt und für die letzten drei Jahre an und nennen Sie die Berechnungsgrundlagen (sofern diese von denjenigen in Frage 4.2 abweichen):

5.1 das Marktvolumen und die Marktanteile der am Zusammenschluss beteiligten Unternehmen.

5.2 die Marktanteile von jedem der drei wichtigsten Wettbewerber, soweit bekannt.

6. Marktzutritte (Art. 11 Abs. 1 Bst. f VKU)

Die Beantwortung der folgenden Fragen ist nur notwendig, wenn es betroffene Märkte im Sinne von Artikel 11 Absatz 1 Buchstabe d VKU gibt (vgl. Frage 4.1).

Bitte nennen Sie für jeden betroffenen Markt:

6.1 die in den letzten fünf Jahren neu eingetretenen Unternehmen und deren aktuelle Marktanteile.

6.2 diejenigen Unternehmen, welche in den nächsten drei Jahren eintreten könnten und die Wahrscheinlichkeit, dass es tatsächlich zu einem solchen Zutritt kommt.

6.3 nach Möglichkeit, die Kosten, die ein Marktzutritt verursacht (Kapitalbedarf für Ausrüstung, Marketingaktivitäten, Aufbau von Vertriebssystemen, F+E Aktivitäten usw.). Es ist ein Marktzutritt von genügender Grösse anzunehmen, so dass die zutretende Unternehmung tatsächlich als ernstzunehmender Wettbewerber gelten könnte.

6.4 andere Faktoren, welche die Kosten des Marktzutritts beeinflussen. Solche sind insbesondere

– behördliche Bewilligungen und/oder Normen;

– bestehende Exklusivverträge betreffend den Bezug oder die Belieferung;

– Patente, Know-how und andere Schutzrechte;

– die Kundenbindungen und der Stellenwert der Werbung;

– Grössenvorteile bei der Produktion von Waren oder Leistungen;

– die Frist, innerhalb welcher ein Marktzutritt vollzogen werden könnte (Startpunkt ist der Zeitpunkt ab Planung des Zutritts, Vollzugszeitpunkt ist das Wirksamwerden des Zutritts).

7. *Der Meldung beizulegende Unterlagen (Art. 11 Abs. 2 VKU)*

7.1 Kopien der neuesten Jahresrechnungen und Jahresberichte der beteiligten Unternehmen.

7.2 Kopien der Verträge, die den Zusammenschluss bewirken oder sonst mit ihm in einem Zusammenhang stehen, soweit sich deren wesentlicher Inhalt nicht bereits aus den Angaben 2.1–2.3 ergibt.

7.3 Im Falle eines öffentlichen Kaufangebots Kopien der Angebotsunterlagen.

7.4 Kopien der Berichte, Analysen und Geschäftspläne, die im Hinblick auf den Zusammenschluss erstellt wurden, soweit sie für die Beurteilung des Zusammenschlusses wichtige Angaben enthalten, die sich nicht bereits aus der Beschreibung in 2.1–2.3 ergeben.

8. *Vollmacht*

Der/die Vertreter des/r meldenden Unternehmen/s hat/ben sich durch schriftliche Vollmacht auszuweisen (Art. 11 Abs. 2 des Bundesgesetzes über das Verwaltungsverfahren; SR 172.021).

Stichwortverzeichnis

Es werden nach jedem Stichwort die Artikelnummer mit der zugehörigen Kommentar-Note angegeben.

W